A
REPÚBLICA

A REPÚBLICA

PLATÃO

A REPÚBLICA

Tradução
Fábio Meneses Santos

Principis

Esta é uma publicação Principis, selo exclusivo da Ciranda Cultural
© 2021 Ciranda Cultural Editora e Distribuidora Ltda.

Traduzido do inglês
The republic

Texto
Platão

Tradução
Fábio Meneses Santos

Preparação
Walter Sagardoy

Revisão
Renata Daou Paiva
Maitê Ribeiro

Leitura crítica
Maria Stephania da Costa Flores

Produção editorial e projeto gráfico
Ciranda Cultural

Diagramação
Linea Editora

Imagens
Vangelis aragiannis/shutterstock.com

Design de capa
Ana Dobón

Traduzido para o inglês e comentado por Benjamin Jowett, PhD nas universidades de Oxford e Leiden.

Dados Internacionais de Catalogação na Publicação (CIP) de acordo com ISBD

P716r	Platão
	A República / Platão ; traduzido por Fábio Meneses Santos. - Jandira, SP : Principis, 2021.
	640 p. ; 15,5cm x 22,6cm. – (Clássicos da literatura mundial)
	ISBN: 978-65-5552-414-7
	1. Filosofia. 2. Platão. I. Santos, Fábio Meneses. II. Título. III. Série.
2021-908	CDD 184
	CDU 1(38)

Elaborado por Vagner Rodolfo da Silva - CRB-8/9410

Índice para catálogo sistemático:
1. Filosofia : Platão 184
2. Filosofia : Platão 1(38)

1ª edição em 2021
www.cirandacultural.com.br
Todos os direitos reservados.
Nenhuma parte desta publicação pode ser reproduzida, arquivada em sistema de busca ou transmitida por qualquer meio, seja ele eletrônico, fotocópia, gravação ou outros, sem prévia autorização do detentor dos direitos, e não pode circular encadernada ou encapada de maneira distinta daquela em que foi publicada, ou sem que as mesmas condições sejam impostas aos compradores subsequentes.

SUMÁRIO

Introdução e análise 7
Personagens do Diálogo 251
Livro I 253
Livro II 292
Livro III 329
Livro IV 377
Livro V 415
Livro VI 461
Livro VII 500
Livro VIII 537
Livro IX 574
Livro X 605

Introdução e Análise

> *República.*
> Introdução

A *República* de Platão é a mais longa de suas obras, com exceção das *Leis*, e é certamente a maior delas. Existem abordagens mais próximas da metafísica moderna no *Filebo* e no *Sofista*; o *Político* ou o *Estadista* são mais idealistas; a forma e as instituições do Estado são mais claramente delineadas nas *Leis*; como obras de arte, o *Simpósio* e o *Protágoras* são de maior excelência. Mas nenhum outro *diálogo* de Platão tem a mesma amplitude de visão e a mesma perfeição de estilo; nenhum outro mostra um conhecimento igual do mundo, ou contém mais daqueles pensamentos que são ao mesmo tempo novos e antigos, e não pertencem a uma era apenas, mas a todas. Em nenhum lugar da obra de Platão há uma ironia mais profunda ou uma riqueza maior de humor ou imagens, ou uma expressão mais dramática. Nem em qualquer outro de seus escritos é feita a tentativa de entrelaçar vida e especulações, ou de conectar a política à filosofia. A *República* é o centro em torno do qual os outros *diálogos* podem ser agrupados; aqui a filosofia atinge o ponto mais alto (especialmente nos livros V, VI, VII) que os pensadores antigos já tenham alcançado. Platão entre os gregos, como Bacon entre os modernos, foi o primeiro a conceber um método de conhecimento, embora nenhum deles tenha distinguido o delineamento puro ou a forma da substância da verdade; e ambos tiveram que se contentar com uma abstração da ciência que ainda não havia sido descoberta. Ele foi o maior gênio metafísico que o mundo já viu; e nele, mais do que em qualquer outro pensador antigo, estão contidos os germes do conhecimento futuro. As ciências da lógica e da psicologia, que forneceram tantos instrumentos de pensamento aos tempos posteriores, baseiam-se nas análises de Sócrates e Platão. Os princípios de definição, a lei da contradição, a falácia de argumentar em círculo, a distinção entre a essência e os acidentes de uma coisa ou noção, entre os meios e os fins, entre as causas e as condições; também a divisão da mente em elementos racionais, concupiscentes e irascíveis, ou de prazeres e desejos em necessários e desnecessários – essas e outras grandes formas de pensamento são todas encontradas em *A República*, e provavelmente foram inventadas pela primeira vez por Platão. A maior de todas as verdades lógicas, e aquela das quais os escritores de filosofia são mais propensos a perder de vista, a diferença entre palavras e coisas, foi a mais tenazmente defendida por ele (compare *A República* com *Crátilo*), embora nem sempre tenha evitado a confusão deles em seus próprios escritos (como, por exemplo, em *A República*). Mas ele não liga a verdade na *logica formulae* – a lógica ainda está velada na metafísica; e a ciência que imagina "contemplar toda a verdade e toda a existência" é muito diferente da doutrina do silogismo que Aristóteles afirma ter descoberto (em *Refutação Sofística*, de Aristóteles).

Também não devemos esquecer que *A República* é apenas a terça parte de um projeto ainda maior que deveria incluir uma história ideal de Atenas, bem como uma filosofia política e física. O fragmento do *Crítias* deu origem a uma ficção mundialmente famosa, perdendo apenas em importância para o conto de Troia e a lenda do Rei Arthur; e é tido como fato que tenha inspirado alguns dos primeiros navegadores do século XVI. Este conto mítico, cujo assunto era uma história das guerras dos atenienses contra a Ilha de Atlântida, deve ser fundamentado em um poema inacabado de Sólon, com o qual teria a mesma relação que os escritos dos logógrafos para os poemas de Homero. Teria falado de uma luta pela Liberdade, destinada a representar o conflito da Pérsia e Hellas. Podemos julgar pelo nobre início do *Timeu*, pelo fragmento do próprio *Crítias* e pelo terceiro livro das *Leis*, de que maneira Platão teria tratado esse argumento elevado. Só podemos imaginar por que o grande projeto foi abandonado; talvez porque Platão tenha percebido alguma incongruência em uma história fictícia, ou porque havia perdido o interesse nele, ou porque o avanço dos anos impediu a sua conclusão; e podemos nos agradar com a fantasia de que, se essa narrativa imaginária tivesse sido concluída, teríamos encontrado o próprio Platão simpatizando com a luta pela independência helênica (ver em *Leis*, livro III), cantando um hino de triunfo sobre Maratona e Salamina, talvez fazendo a reflexão de Heródoto (verso 78), onde contempla o crescimento do império ateniense – "Quão corajosa é a liberdade de expressão, que fez os atenienses até agora excederem todos os outros Estados da Hélade em grandeza!" ou, mais provavelmente, atribuindo a vitória à antiga ordem de Atenas e sob os auspícios de Apolo e Atenas (compare à Introdução de *Crítias*).

Novamente, Platão pode ser considerado o "capitão" (*arhchegoz*) ou líder de um expressivo bando de seguidores; pois em *A República* se encontra o original da *De Republica* de Cícero, da *Cidade de Deus* de Santo Agostinho, da *Utopia* de Sir Thomas More e dos numerosos outros Estados imaginários que se enquadram no mesmo modelo. Até que ponto Aristóteles ou a escola aristotélica deviam à *Política* foi pouco considerado, e o reconhecimento é tanto mais necessário porque não foi feito pelo próprio Aristóteles. Os dois filósofos tinham mais em comum do que percebiam; e provavelmente alguns elementos de Platão permanecem ainda não detectados em Aristóteles. Também na filosofia inglesa, muitas afinidades podem ser referenciadas, não apenas nas obras dos platônicos de Cambridge, mas em grandes escritores originais como Berkeley ou Coleridge, a Platão e suas ideias. Que existe uma verdade superior à experiência, da qual a mente dá testemunho de si mesma, é uma convicção que em nossa própria geração tem sido afirmada com entusiasmo e talvez esteja ganhando terreno. Dos autores gregos que na Renascença trouxeram uma nova vida ao mundo, Platão teve a maior influência. A *República* de Platão é também o primeiro tratado sobre educação, do qual os escritos de Milton e Locke, Rousseau, Jean-Paul Sartre e Goethe são os descendentes legítimos. Como Dante ou Bunyan, ele tem uma revelação de outra vida; como Bacon, está profundamente impressionado com a unidade do conhecimento; na Igreja primitiva exerceu uma influência real na Teologia, e na revitalização da Literatura na política. Mesmo os fragmentos de suas palavras quando "repetidos em segunda mão" (*O Banquete*, de Platão) em todas as épocas arrebataram os corações dos homens, que viram refletida neles sua própria natureza superior. Ele é o pai do idealismo na filosofia, na política, na literatura. E muitos dos conceitos mais recentes dos pensadores e estadistas modernos, como a unidade do conhecimento, o regimento da lei e a igualdade dos sexos, foram antecipados por ele em um sonho.

O argumento de *A República* é a busca da justiça, cuja natureza é sugerida pela primeira vez por Céfalo, o velho justo e irrepreensível, então discutida com base na moralidade proverbial por Sócrates e Polemarco – depois caricaturada por Trasímaco e parcialmente explicada por Sócrates – reduzido a uma abstração por Glauco e Adimanto, e, tendo se tornado invisível no indivíduo, reaparece longamente no Estado ideal que é construído por Sócrates. O primeiro cuidado dos governantes deve ser a educação, da qual um esboço é traçado segundo o antigo modelo helênico, proporcionando apenas uma religião e moralidade aprimoradas, e mais simplicidade na música e na ginástica, uma linha mais masculina de poesia e uma maior harmonia entre o indivíduo e o Estado. Somos, assim, levados à concepção de um Estado superior, no qual "ninguém chama nada de seu" e no qual não há "casamento nem dotação em casamento" e "reis são filósofos" e "filósofos são reis"; e há outra educação superior, intelectual, bem como moral e religiosa, tanto da ciência como da arte, e não apenas na juventude, mas ao longo de toda a vida. Esse Estado dificilmente pode ser concebido neste mundo e degenera rapidamente. Ao ideal perfeito sucede o governo do soldado e do amante da honra, este novamente declinando para a democracia, e a democracia para a tirania, em uma ordem imaginária, mas regular, sem muita semelhança com os fatos. Quando "a roda dá uma volta completa", não começamos novamente com um novo período de vida humana; mas passamos do melhor para o pior, e aí nós chegamos ao fim. O assunto é então mudado e a velha disputa de poesia e filosofia, que tinha sido tratada com mais leveza nos primeiros livros de *A República*, é agora retomada e trabalhada até uma conclusão. A poesia é descoberta como uma imitação três vezes removida da verdade, e Homero, assim como os poetas dramáticos, tendo sido condenados como imitadores, foi banido junto com eles. E a ideia de Estado é complementada pela revelação de uma vida futura.

A divisão em livros, como todas as divisões semelhantes[1], é provavelmente posterior à era de Platão. As divisões naturais são cinco: (1) Livro I e a primeira metade do Livro II até o início do parágrafo, "Eu sempre admirei o gênio de Glauco e Adimanto", que é introdutório; o primeiro livro contém uma refutação das noções populares e sofísticas de justiça e é concluído, como alguns dos *diálogos* antecedentes, sem chegar a nenhum resultado definitivo. A esse é anexada uma reafirmação da natureza da justiça de acordo com a opinião comum, e uma resposta é exigida para a pergunta: o que é justiça, despojada das aparências? A segunda divisão (2) inclui o restante do segundo e todo o terceiro e quarto livros, que são principalmente ocupados com a construção do primeiro Estado e da primeira educação. A terceira divisão (3) consiste no quinto, sexto e sétimo livros, nos quais a filosofia, em vez da justiça, é o objeto de investigação, e o segundo Estado é construído sobre os princípios do comunismo e governado por filósofos, e a contemplação da ideia do bem toma o lugar das virtudes sociais e políticas. Nos livros oitavo e nono (4), as perversões dos Estados e dos indivíduos que a eles correspondem são revistas em sequência; e a natureza do prazer e o princípio da tirania são posteriormente analisados no homem individual. O décimo livro (5) é a conclusão do todo, em que as relações da filosofia com a poesia são finalmente determinadas, e a felicidade dos cidadãos nesta vida, agora assegurada, é coroada pela visão de uma outra.

---

[1] Ver Sir G. C. Lewis na obra *O Museu Clássico*, vol. II. (N.T.E.)

Platão

Ou uma divisão mais geral em duas partes pode ser adotada; a primeira (Livros I – IV) contendo a descrição de um Estado enquadrado geralmente de acordo com as noções helênicas de religião e moralidade, enquanto na segunda (Livros V – X) o Estado helênico é transformado em um reino ideal da filosofia, comparado ao qual todos os outros governos são perversões. Esses dois pontos de vista são realmente opostos, e a oposição só é velada pelo gênio de Platão. A *República*, como o *Fedro* (ver Introdução de *Fedro*), é um todo imperfeito; a luz superior da filosofia rompe a regularidade do templo helênico, que finalmente se desvanece nos céus. Se essa imperfeição de estrutura decorre de uma ampliação do plano; ou da reconciliação imperfeita na própria mente do escritor dos elementos conflitantes do pensamento que agora são reunidos pela primeira vez por ele; ou, talvez, da composição da obra em momentos diferentes – são questões, como as perguntas semelhantes sobre a *Ilíada* e a *Odisseia*, que valem a pena ser feitas, mas que não podem ter uma resposta definitiva. Na época de Platão não havia um modo regular de publicação, e um autor teria menos escrúpulos em alterar ou acrescentar algo a uma obra que fosse conhecida apenas por alguns de seus amigos. Não há nenhum absurdo em supor que ele possa ter deixado seu trabalho de lado por um tempo, ou passado de um trabalho para outro; e tais interrupções seriam mais prováveis de ocorrer no caso de uma escrita longa do que em uma obra curta. Em todas as tentativas de determinar a ordem cronológica dos escritos platônicos com base em evidências internas, essa incerteza sobre qualquer *diálogo* único sendo composto ao mesmo tempo é um elemento perturbador, que, deve-se admitir, pode afetar obras mais longas, como *A República* e as *Leis*, mais do que as mais curtas. Mas, por outro lado, as aparentes discrepâncias de *A República* só podem surgir dos elementos discordantes que o filósofo tentou reunir em um único todo, talvez sem mesmo ser capaz de reconhecer a incoerência que nos é óbvia. Pois há um julgamento de eras posteriores que poucos grandes escritores foram capazes de antecipar por si próprios. Eles não percebem a falta de conexão em seus próprios escritos, ou as lacunas em seus sistemas que são visíveis o suficiente para aqueles que vêm depois deles. Nos primórdios da literatura e da filosofia, em meio aos primeiros esforços do pensamento e da linguagem, ocorreram mais incoerências do que agora, quando os caminhos da especulação estão bem trilhados e o significado das palavras definido com precisão. Também para a consistência concorre a passagem do tempo; e a algumas das maiores criações da mente humana tem faltado unidade. Tentados por este teste, vários dos *diálogos platônicos*, de acordo com nossas ideias modernas, parecem estar defeituosos, mas a deficiência não é prova de que tenham sido compostos em épocas diferentes ou por outras mãos. E a suposição de que *A República* foi escrita ininterruptamente e por um esforço contínuo é até certo ponto confirmada pelas numerosas referências de uma parte da obra a outra.

O segundo título, *Sobre a Justiça,* não é aquele pelo qual *A República* é citada, seja por Aristóteles ou genericamente na Antiguidade, e, como os outros segundos títulos dos *diálogos platônicos*, pode, portanto, ser presumido como sendo de data posterior. Morgenstern e outros questionaram se a definição de justiça, que é o objetivo expresso, ou a construção do Estado é o principal argumento da obra. A resposta é que os dois se fundem em um e são duas faces da mesma verdade; pois a justiça é a ordem do Estado, e o Estado é a personificação visível da justiça nas condições da sociedade humana. Um é a alma e o outro é o corpo, e o ideal grego do Estado, como do indivíduo, é uma mente justa em um corpo belo. Na fraseologia hegeliana, o Estado é a realidade da qual a justiça é a ideia. Ou, descrito em linguagem cristã, o reino de Deus está dentro, e ainda se desenvolve em uma Igreja ou reino externo; "a casa não construída por mãos, eterna, nos céus"[2], é reduzida às proporções de uma construção terrestre. Ou, para usar uma imagem platônica, a justiça e o Estado são a urdidura e a trama que perpassam toda a textura. E quando a constituição do Estado é concluída, a concepção de justiça não é abandonada, mas reaparece sob os mesmos diferentes nomes ao longo da obra, ambos como a lei interna da alma individual, e finalmente como o princípio de recompensas e punições em outra vida. As virtudes se baseiam na justiça,

---
[2] "Nós sabemos: quando a nossa morada terrestre, a nossa tenda, for destruída, receberemos de Deus, uma habitação no céu, uma casa eterna não construída por mãos humanas." (Coríntios 2,5:1)

da qual a honestidade comum na compra e venda é a sombra, e a justiça se baseia na ideia do bem, que é a harmonia do mundo, e se reflete tanto nas instituições dos Estados quanto nos movimentos dos corpos celestes (comparar com *Timeu*). O *Timeu*, que aborda o lado político e não o ético de *A República* e se ocupa principalmente com hipóteses a respeito do mundo exterior, ainda contém muitas indicações de que a mesma lei deve reinar sobre o Estado, sobre a natureza e sobre o homem.

Muito, entretanto, tem sido feito acerca dessa questão, tanto nos tempos antigos quanto modernos. Há uma fase da crítica em que todas as obras, sejam da natureza ou da arte, são referenciadas ao *design*. Agora, em escritos antigos, e de fato na literatura em geral, permanece frequentemente um grande elemento que não foi compreendido no projeto original. Pois o plano cresce sob a mão do autor; novos pensamentos lhe ocorrem no ato de escrever; ele não trabalhou o argumento até o fim antes de começar. O leitor que procura encontrar alguma ideia única, sob a qual o todo possa ser concebido, deve necessariamente agarrar-se ao mais vago e geral. Assim, Stallbaum, que estava insatisfeito com as explicações ordinárias do argumento de *A República*, imagina ter encontrado o verdadeiro argumento "na representação da vida humana em um Estado aperfeiçoado pela justiça e governado de acordo com a ideia do bem". Pode haver algum uso em tais descrições gerais, mas dificilmente se pode dizer que expressam o desígnio do escritor. A verdade é que podemos tanto falar de muitos projetos como de apenas um; nem precisamos que nada seja excluído do plano de uma grande obra para a qual a mente é naturalmente conduzida pela associação de ideias, e que não interfere no propósito geral. Que tipo ou grau de unidade deve ser buscado em um edifício, nas artes plásticas, na poesia, na prosa, é um problema que deve ser determinado em relação à matéria em causa. Para o próprio Platão, a investigação de "qual era a intenção do escritor" ou "qual era o principal argumento de *A República*" teria sido dificilmente inteligível e, portanto, melhor se fosse imediatamente rejeitada (como na Introdução de *Fedro*).

Não é *A República* o veículo de três ou quatro grandes verdades que, na opinião de Platão, são mais naturalmente representadas na forma do Estado? Assim como nos profetas judeus, o reinado do Messias, ou "o dia do Senhor", ou o Servo sofredor ou povo de Deus, ou o "Sol da justiça com a cura em suas asas" (Mal. 4:2), apenas transmitem, pelo menos para nós, seus grandes ideais espirituais. Por meio do Estado grego, Platão nos revela seus próprios pensamentos sobre a perfeição divina, que é a ideia do bem, como o sol no mundo visível; sobre a perfeição humana, que é a justiça; sobre a educação, começando na juventude e continuando nos anos posteriores; sobre poetas, sofistas e tiranos que são os falsos mestres e governantes malignos da humanidade; sobre "o mundo", que é a personificação deles; sobre um reino que não existe em nenhum lugar da Terra mas está estabelecido no céu para ser o padrão e a regra da vida humana. Nenhuma dessas criações inspiradas está em unidade consigo mesma, da mesma forma que as nuvens do céu, quando o sol brilha por entre elas. Cada sombra de luz e escuridão, da verdade e da ficção, que é o véu da verdade, é permitida em uma obra de imaginação filosófica. Não está tudo no mesmo plano; passa facilmente das ideias aos mitos e fantasias, dos fatos às figuras de linguagem. Não é prosa, mas poesia, pelo menos uma grande parte dela, e não deve ser julgada pelas regras da lógica ou pelas probabilidades da história. O escritor não está moldando suas ideias em um todo artístico; elas tomam posse dele e são demais para ele. Não temos necessidade, portanto, de discutir se um Estado como o concebeu Platão é factível ou não, ou se a forma externa ou a vida interna veio primeiro à mente do escritor. Pois a aplicabilidade de suas ideias nada tem a ver com sua verdade; e os pensamentos mais elevados que ele atinge trazem as maiores "marcas do desígnio" – a justiça mais do que a estrutura externa do Estado; a ideia do bem, mais do que a da justiça. A grande ciência da dialética ou da organização das ideias não tem conteúdo real; mas é apenas um tipo de método ou espírito no qual o conhecimento superior deve ser buscado pelo espectador de todos os tempos e de toda a existência. No quinto, sexto e sétimo livros Platão atinge o "ápice da especulação", e estes, embora não satisfaçam os requisitos de um pensador moderno, podem, portanto, ser considerados os mais importantes, pois também são as porções do trabalho mais originais.

Não é necessário discutir longamente uma questão menor que foi levantada por Boeckh, a respeito da data imaginária em que a conversa foi realizada (o ano 411 a.C., que é proposto por ele, servirá tão bem quanto qualquer outro); pois para um escritor de ficção, e especialmente um escritor que, como Platão, é notoriamente descuidado com a cronologia, as datas indicam apenas uma probabilidade geral. Se todas as pessoas mencionadas em *A República* poderiam ter se encontrado em algum momento, não é uma questão que teria ocorrido a um ateniense que lesse a obra quarenta anos depois, ou ao próprio Platão no momento em que este artigo foi escrito (não mais do que Shakespeare, a respeito de um de seus próprios dramas); e não precisa nos incomodar muito agora. No entanto, essa pode ser uma pergunta sem resposta "o que ainda vale a pena perguntar", porque a investigação mostra que não podemos argumentar historicamente a partir das datas em Platão; seria inútil, portanto, perder tempo inventando reconciliações rebuscadas delas a fim de evitar dificuldades cronológicas, como, por exemplo, a conjectura de C. F. Hermann, que Glauco e Adimanto não seriam irmãos, mas tios de Platão (ver em Apolo), ou a fantasia de Stallbaum de que Platão deixou intencionalmente anacronismos ao indicar as datas em que alguns de seus *diálogos* foram escritos.

Os personagens principais de *A República* são Céfalo, Polemarco, Trasímaco, Sócrates, Glauco e Adimanto. Céfalo aparece apenas na introdução, Polemarco cai no final do primeiro argumento, e Trasímaco é reduzido ao silêncio ao final do primeiro livro. A discussão principal é continuada por Sócrates, Glauco e Adimanto. Entre a companhia estão Lísias (o orador) e Eutidemo, os filhos de Céfalo e irmãos de Polemarco, um Carmântides desconhecido – são ouvintes mudos; também há Cleitofonte, que uma vez interrompe, onde, como no *diálogo* que leva seu nome, aparece como amigo e aliado de Trasímaco.

Céfalo, o patriarca da casa, está apropriadamente empenhado em oferecer um sacrifício. É o modelo de um homem velho que, quase no final da sua vida, está em paz consigo mesmo e com toda a humanidade. Ele sente que está se aproximando do mundo lá embaixo e parece demorar-se na memória do passado. Está ansioso para que Sócrates venha visitá-lo, apaixonado pela poesia da última geração, feliz na consciência de uma vida bem vivida, feliz por ter escapado da tirania dos desejos juvenis. Seu amor pelo diálogo, seu afeto, sua indiferença às riquezas, até mesmo sua tagarelice, são interessantes traços de caráter. Não é um daqueles que não têm nada a dizer, porque toda a sua mente esteve concentrada em ganhar dinheiro. No entanto, reconhece que as riquezas têm a vantagem de colocar os homens acima da tentação da desonestidade ou falsidade. A respeitosa atenção que lhe foi dispensada por Sócrates, cujo amor pelo diálogo, não menos do que a missão que lhe foi imposta pelo Oráculo, o leva a fazer perguntas a todos os homens, jovens e velhos, também deve ser notada. Quem mais adequado para levantar a questão da justiça do que Céfalo, cuja vida pode expressar a própria expressão dela? A moderação com que a velhice é retratada por Céfalo como uma porção muito tolerável da existência é característica, não só dele, mas do sentimento grego em geral, e contrasta com o exagero de Cícero na obra *De Senectute*. A noite da vida é descrita por Platão da maneira mais expressiva, mas com o menor número possível de detalhes. Como Cícero observa (*Cartas a Ático*, IV, 16), o idoso Céfalo estaria fora de lugar na discussão que se segue, e que ele não poderia ter compreendido nem participado sem uma violação da propriedade dramática (ver em Lisímaco para Laques).

Seu "filho e herdeiro" Polemarco tem a franqueza e a impetuosidade da juventude; ele é a favor de deter Sócrates à força na cena de abertura, e não vai "deixá-lo escapar" no assunto mulheres e crianças. Como Céfalo, é limitado em seu ponto de vista e representa o proverbial estágio da moralidade que tem regras da vida em vez de princípios; e cita Simônides (ver Aristófanes em *As Nuvens*), como seu pai havia citado Píndaro. Mas depois disso ele não tem mais nada a dizer; as respostas que oferece só são extraídas dele pela dialética de Sócrates. Ele ainda não experimentou a influência dos sofistas como Glauco e Adimanto, nem está ciente da necessidade de refutá-los; ele pertence à era pré-socrática ou predialética. É incapaz de argumentar e fica tão perplexo com Sócrates, em tal grau, que não sabe o que está dizendo. É levado a admitir que a justiça é uma ladra e que as virtudes seguem a analogia das artes. De seu irmão Lísias (contra Erastóstenes), ficamos sabendo que ele foi vítima dos Trinta Tiranos, mas nenhuma alusão aqui é feita ao seu destino, nem às circunstâncias de que Céfalo e sua família eram de origem siracusana e haviam migrado de Thurii para Atenas.

O "gigante calcedoniano", Trasímaco, de quem já ouvimos falar no *Fedro*, é a personificação dos sofistas, segundo a concepção que Platão tem deles, em algumas de suas piores características. É vaidoso e fanfarrão, recusando-se a discursar a menos que seja pago, gosta de fazer um discurso e espera assim escapar do inevitável Sócrates; mas uma mera criança na discussão, e incapaz de prever que o próximo "movimento" (para usar uma expressão platônica) irá "calá-lo". Ele atingiu o estágio de estruturar noções gerais e, a esse respeito, está à frente de Céfalo e Polemarco. Mas é incapaz de defendê-los em uma discussão, e em vão tenta disfarçar sua confusão com piadas e insolências. Se as doutrinas atribuídas a Trasímaco por Platão foram realmente defendidas por ele ou por qualquer outro sofista, é incerto; na infância da filosofia, erros graves sobre moralidade podiam crescer facilmente – eles são certamente colocados na boca de quem fala em Tucídides; mas estamos preocupados, no momento, com a descrição que Platão faz dele, e não com a realidade histórica. A desigualdade da disputa contribui muito para o humor da cena. O pomposo e vazio sofista está totalmente desamparado nas mãos do grande mestre da dialética, que sabe tocar em todas as suas fontes de vaidade e fraqueza. Ele fica muito irritado com a ironia de Sócrates, mas sua raiva ruidosa e débil apenas o deixa mais e mais aberto aos golpes de seu agressor. Sua determinação de enfiar goela abaixo ou colocar "fisicamente em suas almas" suas próprias palavras, provoca um grito de horror em Sócrates. O Estado de seu temperamento é tão digno de nota quanto o processo da discussão. Nada é mais divertido do que sua submissão total quando foi completamente derrotado. A princípio, ele parece continuar a discussão com relutância, mas logo com aparente boa vontade, e ele mesmo declara seu interesse, em uma fase posterior, com um ou dois comentários ocasionais. Quando atacado por Glauco, é ironicamente protegido por Sócrates "como alguém que nunca foi seu inimigo e que agora é seu amigo". Aprendemos com Cícero e Quintiliano, e com a *Retórica* de Aristóteles, que o sofista que Platão tornou tão ridículo era um homem notável, cujos escritos foram preservados para épocas posteriores. A brincadeira com seu nome, feita por seu contemporâneo Heródico (Aristóteles, em *Retórica*), "Você sempre foi ousado nas batalhas", parece mostrar que a descrição dele não é desprovida de verossimilhança.

Quando Trasímaco foi silenciado, os dois principais respondentes, Glauco e Adimanto, aparecem em cena: aqui, como na tragédia grega (ver a Introdução de *Fédon*, de Platão), três atores são introduzidos. À primeira vista, os dois filhos de Aristão podem parecer guardar uma semelhança de família, como os dois amigos Símias e Cebes no *Fédon*. Mas, em um exame mais próximo deles, a semelhança desaparece e eles são identificados como personagens distintos. Glauco é o jovem impetuoso que "nunca se cansa de ser atraente" (ver a descrição de seu caráter em Xenofonte, *Memorabilia*, III, 6); o homem de prazer que conhece os mistérios do amor; o *"juvenis qui gaudet canibus"*, e que aprimora a raça dos animais; o amante da arte e da música que tem todas as experiências da vida juvenil. Ele está cheio de rapidez e penetração, adentrando facilmente abaixo dos chavões desajeitados de Trasímaco até alcançar a dificuldade real; ele revela à luz o lado desagradável da vida humana, mas não perde a fé no que é justo e verdadeiro. É Glauco quem agarra o que pode ser denominada a relação ridícula do filósofo com o mundo, para quem um Estado de simplicidade é "uma cidade dos porcos", que está sempre preparado com uma piada quando a discussão lhe oferece uma oportunidade, e que está sempre pronto a apoiar o humor de Sócrates e a apreciar o ridículo, seja nos conhecedores de música, seja nos amantes do teatro, seja no comportamento fantástico dos cidadãos da democracia. Suas fraquezas são várias vezes aludidas por Sócrates, que, entretanto, não permitirá que ele seja atacado por seu irmão Adimanto. Ele é um soldado e, como Adimanto, foi reconhecido pela batalha de Mégara (ano 456?). O caráter de Adimanto é mais profundo e grave, e as objeções mais profundas são comumente colocadas em sua boca. Glauco é mais demonstrativo e geralmente é quem abre o jogo. Adimanto segue adiante com o argumento. Glauco tem mais da vivacidade e simpatia pronta da juventude; Adimanto tem o julgamento mais maduro de um homem adulto do mundo. No segundo livro, quando Glauco insiste que a justiça e a injustiça devem ser consideradas sem levar em conta suas consequências, Adimanto observa que elas são consideradas pela humanidade em geral apenas por causa de suas consequências; e em uma linha de reflexão semelhante, insiste, no início do quarto livro que, Sócrates falha em fazer seus cidadãos felizes, e é respondido que a felicidade não é a primeira, mas a segunda coisa, não o objetivo direto, mas a consequência indireta do bom governo de um Estado. Na discussão sobre religião e mitologia, Adimanto é o respondente, mas Glauco interrompe com um leve gracejo, e continua a conversa em tom mais leve sobre música e ginástica até o final do livro. É Adimanto novamente quem oferece a crítica do bom senso ao método socrático de argumentação, e se recusa a permitir que Sócrates passe levianamente pela questão das mulheres e crianças. É Adimanto quem responde nas partes mais argumentativas, como Glauco nas porções mais leves e imaginativas do *Diálogo*. Por exemplo, ao longo da maior parte do sexto livro, as causas da corrupção da filosofia e a concepção da ideia do bem são discutidas com Adimanto. Glauco reassume seu lugar de principal respondente; mas tem dificuldade em apreender a educação superior de Sócrates e dá alguns palpites falsos no decorrer da discussão. Mais uma vez, Adimanto volta com a alusão a seu irmão Glauco, a quem compara ao Estado contencioso; no próximo livro ele é novamente substituído, e Glauco continua até o fim.

Assim, em uma sucessão de personagens, Platão representa os estágios sucessivos da moralidade, começando com o cavalheiro ateniense dos tempos antigos, que é seguido pelo homem prático daquela época regulando sua vida por provérbios e visões; a ele sucede a generalização selvagem dos sofistas e, por fim, vêm os jovens discípulos do grande mestre, que conhecem os argumentos sofísticos, mas não serão convencidos por eles, e desejam aprofundar-se na natureza das coisas. Esses também, como Céfalo, Polemarco e Trasímaco, são claramente distintos uns dos outros. Nem em *A República*, nem em qualquer outro *diálogo* de Platão, um único personagem é repetido.

O delineamento de Sócrates em *A República* não é totalmente consistente. No primeiro livro, temos mais do Sócrates real, como é retratado na *Memorabilia* de Xenofonte, nos primeiros *diálogos* de Platão e na *Apologia*. Ele é irônico, provocador, questionador, o velho inimigo dos sofistas, pronto para colocar a máscara de Sileno, mas também para discutir seriamente. Mas no sexto livro sua inimizade para com os sofistas diminui; reconhece que eles são os representantes e não os corruptores do mundo. Ele também se torna mais dogmático e construtivo, ultrapassando o alcance das ideias políticas ou especulativas do Sócrates real. Em uma passagem, o próprio Platão parece sugerir que agora havia chegado o momento de Sócrates, que havia passado toda a sua vida na filosofia, dar sua própria opinião, e não estar sempre repetindo as noções de outros homens. Não há nenhuma evidência de que a ideia do bem ou a concepção de um Estado perfeito foram entendidas no ensino socrático, embora certamente tenha se concentrado na natureza do universal e das causas finais (ver Xenofonte, *Memorabilia*; *Fédon*); e um pensador profundo como ele, em seus trinta ou quarenta anos de ensino público, dificilmente poderia ter deixado de abordar a natureza das relações familiares, para as quais há também algumas evidências positivas na *Memorabilia*. O método socrático é nominalmente retido; e toda inferência é colocada na boca do respondente ou representada como a descoberta comum dele e de Sócrates. Mas qualquer um pode ver que se trata de uma mera forma, da qual a afetação se torna cansativa à medida que a obra avança. O método de investigação passou a ser um método de ensino no qual, com a ajuda de interlocutores, a mesma tese é examinada de vários pontos de vista. A natureza do processo é verdadeiramente caracterizada por Glauco, quando se descreve como um companheiro que não presta muito em uma investigação, mas pode ver o que lhe é revelado e pode, talvez, dar a resposta a uma pergunta com mais fluência do que outro.

Nem podemos estar absolutamente certos de que o próprio Sócrates ensinou a imortalidade da alma, que é desconhecida de seu discípulo Glauco em *A República* (ver *Apologia*); nem há razão para supor que ele usou mitos ou revelações de outro mundo como um veículo de instrução, ou que teria banido a poesia ou denunciado a mitologia grega. Seu juramento favorito é mantido, e uma ligeira menção é feita ao *daemonium*[3], ou sinal interno, ao qual Sócrates alude como um fenômeno peculiar a ele

---

[3] Daemonium – segundo Sócrates, é a voz divina dentro de cada homem que lhe ordena o que fazer e o que não fazer (N.T.).

mesmo. Um elemento real do ensino socrático, que é mais proeminente em *A República* do que em qualquer um dos outros *diálogos* de Platão, é o uso do exemplo e da ilustração: "Vamos aplicar o teste dos exemplos comuns". "Você", diz Adimanto ironicamente no sexto livro, "não está acostumado a falar por imagens." E esse uso de exemplos ou imagens, embora de origem verdadeiramente socrática, é ampliado pelo gênio de Platão na forma de uma alegoria ou parábola, que incorpora no concreto o que já foi descrito, ou que está prestes a ser descrito, no abstrato. Assim, a alegoria da caverna no Livro VII é uma recapitulação das divisões do conhecimento no Livro VI. O animal composto no Livro IX é uma alegoria das partes da alma. O nobre capitão, o navio e o verdadeiro piloto no Livro VI são uma imagem da relação do povo com os filósofos no Estado em que foi descrito. Outras figuras, como o cachorro, ou o casamento da donzela sem dote, ou os zangões e vespas nos livros oitavo e nono, também formam elos de conexão em passagens longas ou são usadas para relembrar discussões anteriores.

Platão é mais fiel ao caráter de seu mestre quando o descreve como "não deste mundo". E com essa representação dele, o Estado ideal e os outros paradoxos de *A República* estão totalmente de acordo, embora não se possa demonstrar que tenham sido especulações de Sócrates. Para ele, como para outros grandes mestres filosóficos e religiosos, quando olhavam para cima, o mundo parecia ser a personificação do erro e do mal. O bom-senso da humanidade se revoltou contra essa visão, ou apenas a admitiu parcialmente. E mesmo no próprio Sócrates, o julgamento mais severo da multidão às vezes se transforma em uma espécie de piedade irônica ou amor. Os homens em geral são incapazes de filosofia e, portanto, estão em inimizade com o filósofo; mas sua incompreensão dele é inevitável: pois eles nunca o viram como ele realmente é, em sua própria imagem; eles só conhecem sistemas artificiais que não possuem nenhuma força nativa da verdade – palavras que admitem muitas aplicações. Seus líderes não têm nada com o que se medir e, portanto, ignoram sua própria estatura. Mas eles devem ser dignos de pena ou motivo de riso, não devem ser incomodados com brigas; têm boas intenções com suas panaceias, se ao menos pudessem saber que estão cortando a cabeça de uma Hidra. Essa moderação para com os que estão errados é um dos traços mais característicos de Sócrates em *A República*. Em todas as diferentes representações de Sócrates, seja de Xenofonte, seja de Platão, e em meio às diferenças dos *diálogos* anteriores ou posteriores, ele sempre mantém o caráter do buscador incansável e desinteressado pela verdade, sem o qual teria deixado de ser Sócrates.

Deixando os personagens, podemos agora analisar o conteúdo de *A República*, e então passar a considerar (1) Os aspectos gerais desse ideal helênico do Estado; (2) As luzes modernas nas quais os pensamentos de Platão podem ser lidos.

A República I.
ANÁLISE.

LIVRO I. *A República* abre com uma cena verdadeiramente grega – um festival em homenagem à deusa Bêndis que é realizado no Pireu; a isso é adicionada a promessa de uma corrida equestre com tochas à noite. A obra inteira deve ser recitada por Sócrates no dia seguinte ao festival para um pequeno grupo, formado por *Crítias, Timeu, Hermócrates* e outro; isso aprendemos com as primeiras palavras do *Timeu*.

Quando a vantagem retórica de recitar o *diálogo* é conquistada, a atenção não é distraída por nenhuma referência ao público; nem o leitor é novamente lembrado da extraordinária extensão da narrativa. Das inúmeras companhias, apenas três tomam parte séria na discussão; nem somos informados se à noite foram à corrida da tocha ou conversaram, assim como no Simpósio, durante a noite. A maneira como a conversa surgiu é descrita da seguinte forma: – Sócrates e seu companheiro Glauco estavam prontos para deixar a festa quando são detidos por uma mensagem de Polemarco, que rapidamente aparece acompanhado de Adimanto, o irmão de Glauco, e com violência lúdica os obriga a ficar, prometendo-lhes não só a corrida da tocha, mas o prazer de conversar com os jovens, que para Sócrates é uma atração muito maior. Eles voltam para a casa de Céfalo, pai de Polemarco, agora em idade muito avançada, que é encontrado sentado em um assento almofadado e coroado para um sacrifício. "Você deveria vir a mim com mais frequência, Sócrates, pois estou muito velho para ir até você; e no meu tempo de vida, tendo perdido outros prazeres, me preocupo mais com o diálogo." Sócrates pergunta o que ele pensa da idade, ao que o velho responde que as tristezas e descontentamentos da idade devem ser atribuídos ao temperamento dos homens, e que a idade é um tempo de paz, em que a tirania das paixões não é mais sentida. Sim, responde Sócrates, mas o mundo dirá, Céfalo, que você é feliz na velhice porque é rico. "E há algo no que eles dizem, Sócrates, mas não tanto quanto imaginam", como Temístocles respondeu ao serifiano, "nem você, se você fosse um ateniense, nem eu, se fosse um serifiano, jamais teríamos sido famosos." "Eu poderia responder da mesma maneira a você: nem um homem bom e pobre pode ser feliz com o avançar da idade, nem um homem rico e ruim." Sócrates observa que Céfalo parece não se importar com as riquezas, uma qualidade que ele atribui ao fato de tê-las herdado, não adquirido, e gostaria de saber o que ele considera ser sua principal vantagem. Céfalo responde que, quando você envelhece, a crença no mundo inferior cresce em você, e então ter feito justiça, e nunca ter sido compelido a fazer injustiça pela pobreza, e nunca ter enganado ninguém, são consideradas bênçãos indescritíveis. Sócrates, que está evidentemente se preparando para uma discussão, pergunta a seguir: Qual é o significado da palavra justiça? Falar a verdade e pagar suas dívidas? Não mais do que isso? Ou devemos admitir exceções? Devo eu, por exemplo, devolver às mãos do meu amigo que enlouqueceu a espada que me emprestou quando estava em seu juízo perfeito? "Deve haver exceções." "E, no entanto", diz Polemarco, "a definição que foi dada tem a autoridade de Simônides." Aqui Céfalo se retira para cuidar dos sacrifícios e lega, como Sócrates comenta jocosamente, a posse do argumento a seu herdeiro, Polemarco.

A República I.
ANÁLISE.

A descrição da velhice está terminada, e Platão, como é de seu costume, tocou a nota-chave de toda a obra ao pedir a definição de justiça, sugerindo primeiro a questão que Glauco depois persegue a respeito dos bens externos e se preparando para o mito conclusivo do mundo inferior na ligeira alusão a Céfalo. O retrato do homem justo é um frontispício natural ou uma introdução ao longo discurso que se segue, e pode talvez sugerir que em toda a nossa perplexidade sobre a natureza da justiça, não há dificuldade em discernir "quem é um homem justo". A primeira explicação foi apoiada por um ditado de Simônides; e agora Sócrates pretende mostrar que a resolução da justiça em dois preceitos desconexos, que não têm um princípio comum, falha em satisfazer as demandas da dialética.

A República I.
INTRODUÇÃO.

Ele prossegue: o que Simônides quis dizer com esta afirmação? Ele quis dizer que eu deveria devolver as armas a um louco? "Não, não nesse caso, não se as partes forem amigas, e o mal resultaria desse ato. Ele quis dizer que você deveria fazer o que fosse apropriado, bom para os amigos e mau para os inimigos. Cada ato produz algo para alguém; e seguindo essa analogia, Sócrates pergunta: O que é isso, devido e apropriado, que a justiça faz, e a quem? Ele recebe a resposta de que a justiça faz bem aos amigos e mal aos inimigos. Mas de que forma é esse bem ou mal? "Fazendo alianças com um e indo à guerra com o outro." Então, em tempo de paz, qual é o bem para a justiça? A resposta é que a justiça é útil em contratos, e os contratos são parcerias monetárias. Sim; mas como, em tais parcerias, o homem justo é mais útil do que qualquer outro homem? "Quando você quer ter dinheiro guardado com segurança e não usado." Então a justiça será útil quando o dinheiro for inútil. E há outra dificuldade: a justiça, como a arte da guerra ou qualquer outra arte, deve ser de opostos, boa tanto no ataque quanto na defesa, tanto no roubo quanto na guarda. Mas então a justiça é uma ladra, embora seja ainda uma heroína, como Autólico, o herói homérico, que foi "excelente acima de todos os homens em roubo e perjúrio" – a tal ponto que você, Homero e Simônides nos apresentaram; embora eu não me esqueça que o roubo deve ser para o bem dos amigos e mal dos inimigos. E ainda surge ali outra questão: os amigos devem ser interpretados como reais ou aparentes; inimigos também seriam reais ou aparentes? E nossos amigos devem ser apenas os bons, e nossos inimigos, os maus? A resposta é que devemos fazer o bem aos nossos bons amigos reais ou aparentes, e o mal aos nossos inimigos reais ou aparentes – o bem para o bem, o mal para o mal. Mas devemos combater o mal com o mal, quando fazê-lo só tornará os homens piores? A justiça pode produzir injustiça mais do que a arte da equitação pode fazer maus cavaleiros, ou o calor produzir frio? A conclusão final é que nenhum sábio ou poeta jamais disse que o justo retribui o mal com o mal; esta era uma máxima de algum homem rico e poderoso, Periandro, Pérdicas ou Ismênias, o Tebano (cerca de 398-381 a.C.).

A República I.
Análise.

Assim, o primeiro estágio da moralidade aforística ou inconsciente mostra-se inadequado para as necessidades da época; a autoridade dos poetas é posta de lado e, por meio dos labirintos intrincados da dialética, abordamos o preceito cristão do perdão das ofensas. Palavras semelhantes são usadas pelo poeta místico persa ao ser divino quando o espírito questionador se agita dentro dele: "Se, porque faço o mal, Tu me castigas pelo mal, qual é a diferença entre mim e Ti?" Nisso, tanto Platão quanto Caiam se elevam acima do nível de muitos teólogos cristãos. A primeira definição de justiça passa facilmente para a segunda; pois as palavras simples "falar a verdade e pagar suas dívidas" são substituídas pelas mais abstratas "fazer o bem a seus amigos e mal a seus inimigos". Qualquer uma dessas explicações fornece uma regra de vida suficiente para os homens simples, mas ambas ficam aquém da precisão da filosofia. Podemos notar de passagem a antiguidade da casuística, que não surge apenas do conflito de princípios estabelecidos em casos particulares, mas também do esforço para alcançá-los, e é anterior e posterior às nossas noções fundamentais de moralidade. O "interrogatório" de ideias morais; o apelo à autoridade de Homero; a conclusão de que a máxima "Faça o bem aos seus amigos e prejudique os seus inimigos", sendo errônea, não poderia ter expressado as palavras de nenhum grande homem, mas são todas muito características do Sócrates platônico.

A República I.
Introdução.

... Aqui Trasímaco, que já fez várias tentativas de interromper, mas até agora foi mantido na ordem pelo companheiro, aproveita uma pausa e corre para a arena, começando, como um animal selvagem, com um rugido. "Sócrates", diz ele, "que loucura é essa? Por que você concorda em ser derrotado um pelo outro em uma discussão fingida?" Ele então proíbe todas as definições comuns de justiça; ao que Sócrates responde que ele não pode dizer quanto são doze, se está proibido de dizer 2 × 6, ou 3 × 4, ou 6 × 2, ou 4 × 3. A princípio, Trasímaco reluta em discutir; mas, por fim, com a promessa de pagamento por parte da companhia e de elogios de Sócrates, ele é induzido a abrir o jogo. "Escutem", diz ele, "minha resposta é que a força está certa, a justiça, o interesse do mais forte: agora me elogie." "Deixe-me entender você primeiro. Quer dizer que porque o lutador Polidamas, que é mais forte que nós, acha que comer carne é do seu interesse, comer carne também é do nosso interesse, que não somos assim tão fortes?" Trasímaco fica indignado com a ilustração e, em palavras pomposas, aparentemente com a intenção de devolver dignidade ao argumento, explica que seu significado é que os governantes fazem leis para seus próprios interesses. Mas suponha, diz Sócrates, que o governante ou o mais forte cometa um erro – então o interesse do mais forte não é seu interesse. Trasímaco é salvo dessa queda rápida por seu discípulo Cleitofonte, que introduz a palavra "pensa" – não o interesse real do governante, mas o que ele pensa ou o que parece ser seu interesse, é justiça. A contradição é contornada pela evasão sem sentido: pois, embora seus interesses reais e aparentes possam diferir, o que o governante pensa ser seu interesse sempre permanecerá o que pensa ser seu interesse.

 É claro que essa não era a afirmação original, nem a nova interpretação aceita pelo próprio Trasímaco. Mas Sócrates não está disposto a discutir sobre palavras se, como insinua significativamente, seu adversário mudou de ideia. No que segue, Trasímaco retira de fato sua colocação de que o governante pode cometer um erro, pois afirma que o governante como governante é infalível. Sócrates está pronto para aceitar a nova posição, que ele igualmente se volta contra Trasímaco fazendo uso da analogia com as artes. Toda arte ou ciência tem um interesse, mas esse interesse deve ser diferenciado do interesse acidental do artista, e está preocupado apenas com o bem das coisas ou pessoas que estão sob a arte. E a justiça tem um interesse, que não é o do governante ou juiz, mas daqueles que estão sob seu domínio.

Trasímaco está à beira da conclusão inevitável, quando faz uma ousada intervenção. "Diga-me, Sócrates", diz ele, "você tem uma ama?" "Que pergunta! Por que você pergunta?" "Porque, se você tiver, ela te negligencia e te deixa tagarelar por aí, sem ao menos ter te ensinado a distinguir o pastor das ovelhas. Pois você imagina que os pastores e governantes nunca pensam em seus próprios interesses, mas apenas em suas ovelhas ou súditos, ao passo que a verdade é que eles os engordam para seu uso, ovelhas e súditos do mesmo modo. E a experiência prova que, em cada relação da vida, o homem justo é o perdedor e o injusto o ganhador, especialmente onde a injustiça ocorre em grande escala, o que é bem diferente dos malandros mesquinhos, dos vigaristas, assaltantes e ladrões dos templos. A linguagem dos homens prova isso – nosso tirano 'gracioso' e 'abençoado' e assim por diante – tudo o que tende a mostrar (1) que a justiça é do interesse do mais forte; e (2) que a injustiça é mais lucrativa e também mais forte do que a justiça."

Trasímaco, que é melhor em um discurso do que em uma discussão fechada, tendo inundado o grupo com palavras, deseja escapar. Mas os outros não o deixarão ir, e Sócrates acrescenta um pedido humilde, mas sincero, de que não os abandone em tal crise de seus destinos. "E o que posso fazer mais por você?", ele diz. "Você gostaria que eu colocasse as palavras fisicamente em suas almas?" "Claro que não!", responde Sócrates, "mas queremos que você seja consistente no uso de termos, e não empregue 'médico' em um sentido exato, e então novamente 'pastor' ou 'governante' de forma inexata; se as palavras forem estritamente tomadas, o governante e o pastor olham apenas para o bem de seu povo ou rebanho e não para o seu próprio: enquanto você insiste que os governantes são movidos exclusivamente pelo amor ao cargo." "Não há dúvida", responde Trasímaco. "Então, por que eles são pagos? Não é pelo motivo de que seu interesse não está contido na sua arte e, portanto, é a preocupação de outra arte, a arte do pagamento, que é comum às artes em geral e, portanto, não idêntica a nenhuma delas? Nem qualquer homem seria um governante a menos que fosse induzido pela esperança de recompensa ou pelo medo da punição; a recompensa é dinheiro ou honra, a punição seria a necessidade de ser governado por um homem pior do que ele. E se um Estado (ou religião) fosse composto inteiramente por homens bons, eles seriam afetados apenas pelo último motivo; e haveria tantas recusas em aceitar o cargo, quanto existe atualmente o oposto..."

> *A República I.*
> ANÁLISE.

A sátira aos governos existentes é intensificada pela maneira simples e aparentemente incidental como o último comentário é introduzido. Há uma ironia semelhante no argumento de que os governantes da humanidade não gostam de assumir cargos e, portanto, exigem pagamento.

> *A República I.*
> INTRODUÇÃO.

Basta disso: a outra afirmação de Trasímaco é muito mais importante – que a vida injusta é mais lucrativa do que a justa. Agora, como você e eu, Glauco, não estamos convencidos por ele, devemos responder a ele; mas se tentarmos comparar seus respectivos ganhos, vamos querer que um juiz decida por nós; é melhor, portanto, proceder admitindo mutuamente a verdade.

Trasímaco havia afirmado que a injustiça perfeita era mais lucrativa do que a justiça perfeita e, após um pouco de hesitação, é induzido por Sócrates a admitir o paradoxo ainda maior de que a injustiça é a virtude e que a justiça é imoral. Sócrates elogia sua franqueza e assume a atitude de quem só deseja compreender o significado de seus oponentes. Ao mesmo tempo, ele está tecendo uma rede na qual Trasímaco será finalmente envolto. Ele admite que o justo busca obter vantagem apenas sobre o injusto, mas não sobre o justo, enquanto o injusto obteria vantagem sobre qualquer um deles. Sócrates, para testar essa afirmação, emprega mais uma vez a analogia favorita das artes. O músico, médico, artista habilidoso de qualquer tipo, não busca ganhar mais do que o habilidoso, mas apenas um pouco mais do que o não habilidoso (isto é, trabalha de acordo com uma regra, norma, lei, e não a excede), enquanto o não qualificado faz esforços aleatórios em excesso. Assim, o habilidoso fica do lado do bem, e o não habilidoso, do lado do mal, e o justo é o habilidoso, e o injusto é o não habilidoso.

Houve grande dificuldade em levar Trasímaco ao ponto; o dia estava quente e ele transpirava rios de suor e, pela primeira vez na vida, foi visto corando. Mas sua outra tese de que a injustiça era mais forte do que a justiça ainda não foi refutada, e Sócrates agora passa a discorrer sobre isso, que, com a ajuda de Trasímaco, espera esclarecer; o último é rude inicialmente, mas nas mãos judiciosas de Sócrates, logo é restaurado o bom humor: não há honra entre os ladrões? A força da injustiça não é apenas um remanescente da justiça? A injustiça absoluta não é também a fraqueza absoluta? Uma casa dividida em si mesma não pode subsistir; dois homens que brigam diminuem a força um do outro, e aquele que está em guerra consigo mesmo é inimigo de si mesmo e dos deuses. Portanto, não a maldade, mas a semimaldade floresce nos Estados – um remanescente do bem é necessário para tornar possível a união em ação – não há reino do mal absoluto neste mundo.

Outra pergunta não foi respondida: Os justos ou os injustos são os mais felizes? A isso respondemos que toda arte tem um fim e uma excelência ou virtude pela qual o fim é atingido. E não é a finalidade da alma a felicidade, e a justiça a excelência da alma, pela qual felicidade é alcançada? A justiça e a felicidade, assim demonstradas como inseparáveis, mostra que a questão de saber se o justo ou o injusto é o mais feliz, desaparece.

Trasímaco responde: "Que este seja o seu entretenimento, Sócrates, no festival de Bêndis". "Sim; e um entretenimento muito bom com o qual sua bondade me forneceu, agora que você parou com a sua repreensão. E, no entanto, não era um bom entretenimento – mas por minha própria culpa, pois eu tinha experimentado coisas demais. Em primeiro lugar, a natureza da justiça foi o assunto de nossa investigação, e então, se a justiça é virtude e sabedoria, ou maldade e tolice; e então as vantagens comparativas de justo e injusto: e a soma de tudo é que eu não sei o que é justiça; como então saberei se o justo é mais feliz ou não?..."

> A República I.
> ANÁLISE.

Assim, a construção sofística foi demolida, principalmente pelo apelo à analogia das artes. "A justiça é como as artes (1) por não ter nenhum interesse externo, e (2) por não visar ao excesso, e (3) a justiça é para a felicidade o que o implemento do trabalhador é para seu trabalho." Nisso o leitor moderno pode tropeçar, porque se esquece de que Platão está escrevendo em uma época em que as artes e as virtudes, como as faculdades morais e intelectuais, ainda eram indistintas. Entre os primeiros pesquisadores da natureza da ação humana, as artes ajudaram a preencher o vazio da especulação; e a princípio a comparação entre as artes e as virtudes não foi considerada por eles como falaciosa. Eles só viam os pontos de concordância nelas e não os pontos de diferença. A virtude, como a arte, deve levar os meios para um fim; boas maneiras são uma arte e uma virtude; o caráter é naturalmente descrito sob a imagem de uma estátua; e existem muitas outras figuras de linguagem que são facilmente transferidas da arte para a moral. A próxima geração esclareceu essas perplexidades; ou pelo menos forneceu após várias épocas uma análise mais aprofundada delas. Os contemporâneos de Platão estavam em um Estado de transição e ainda não haviam percebido totalmente a distinção do senso comum de Aristóteles, de que "a virtude está preocupada com a ação; a arte com a produção" (ver *Ética a Nicômaco*), ou que "virtude implica intenção e constância de propósito", enquanto "arte requer conhecimento apenas". E ainda assim, nos absurdos que seguem de alguns usos da analogia, parece haver uma sugestão de que a virtude é mais do que a arte. Isso está implícito no *reductio ad absurdum*[4] de que "a justiça é uma ladra" e na insatisfação que Sócrates expressa com o resultado.

A expressão "uma arte do pagamento", descrita como "comum a todas as artes", não está de acordo com o uso normal da linguagem. Nem é empregada em nenhum outro lugar, nem por Platão, nem por qualquer outro escritor grego. É sugerido pelo argumento e parece estender o conceito de arte tanto para fazer quanto para produzir. Outra falha ou imprecisão da linguagem pode ser observada nas palavras "os homens que são feridos tornam-se mais injustos". Pois aqueles que são feridos não são necessariamente tornados injustos, mas apenas machucados ou maltratados.

O segundo dos três argumentos, "que o justo não visa o excesso", tem um significado real, embora envolto em uma forma enigmática. Que o bem é da natureza do finito é um sentimento peculiarmente helênico, que

---

[4] *Reductio ad absurdum* (latim para "redução ao absurdo"), é um tipo de argumento lógico no qual alguém assume uma ou mais hipóteses e, a partir destas, deriva uma consequência absurda ou ridícula, e então conclui que a suposição original deve estar errada (N.T.).

pode ser comparado com a linguagem daqueles escritores modernos que falam da virtude como adequação e da liberdade como obediência à lei. A noção matemática ou lógica de limite passa facilmente para uma noção ética, e até encontra uma expressão mitológica na concepção da inveja. Ideias de medida, igualdade, ordem, unidade, proporção, ainda perduram nos escritos dos moralistas; e o verdadeiro espírito das belas-artes é mais bem transmitido por tais termos do que por superlativos.

> "Quando os trabalhadores se esforçam para fazer melhor do que bem,
> Eles confundem sua habilidade com cobiça." (Rei João)

A harmonia da alma e do corpo, e das partes da alma umas com as outras, uma harmonia "mais bela que a das notas musicais", é o verdadeiro modo helênico de conceber a perfeição da natureza humana.

No que pode ser chamado de epílogo da discussão com Trasímaco, Platão argumenta que o mal não é um princípio da força, mas de discórdia e dissolução, apenas tocando a questão que tem sido frequentemente tratada nos tempos modernos por teólogos e filósofos, da natureza negativa do mal. No último argumento, traçamos o germe da doutrina aristotélica de um fim e uma virtude voltada para o fim, o que novamente é sugerido pelas artes. A reconciliação final de justiça e felicidade e a identidade do indivíduo e do Estado também são sugeridas. Sócrates reassume a personagem de um "nada sabe"; ao mesmo tempo, parece não estar totalmente satisfeito com a maneira pela qual a discussão foi conduzida. Nada está concluído; mas a tendência do processo dialético, aqui como sempre, é ampliar nossa concepção de ideias e ampliar sua aplicação à vida humana.

A República II.
INTRODUÇÃO.

LIVRO II. Trasímaco foi pacificado, mas o intrépido Glauco insiste em continuar a discussão. Ele não está satisfeito com a maneira indireta com que, no final do último livro, Sócrates havia resolvido a questão "se o justo ou o injusto é o mais feliz". Ele começa dividindo os bens em três classes: primeiro, os bens desejáveis em si mesmos; em segundo lugar, bens desejáveis em si mesmos e por seus resultados; em terceiro lugar, bens desejáveis apenas pelos seus resultados. Ele então pergunta a Sócrates em qual das três classes colocaria a justiça. Na segunda classe, responde Sócrates, entre os bens desejáveis por si e por seus resultados. "Então o mundo em geral pensa diferente, pois eles dizem que a justiça pertence à classe problemática de bens que são desejáveis apenas por seus resultados." Sócrates responde que esta é a doutrina de Trasímaco, que ele rejeita. Glauco pensa que Trasímaco estava pronto demais para ouvir a voz do encantador e se propõe a considerar a natureza da justiça e da injustiça em si mesmas e à parte dos resultados e recompensas que o mundo está sempre berrando em seus ouvidos. Em primeiro lugar, ele falará da natureza e origem da justiça; em segundo lugar, da maneira como os homens veem a justiça como uma necessidade e não um bem; e em terceiro lugar, provará a razoabilidade de sua visão.

"Fazer uma injustiça é considerado um bem; sofrer uma injustiça, um mal." Como o mal é descoberto por experiência como sendo maior do que o bem, os que com ele sofreram, que não podem ser também os que o praticaram, formam uma composição em que não terão nem o bem, nem o mal; e essa composição ou acerto na média é chamada de justiça, mas é realmente a impossibilidade de fazer injustiça. Ninguém obedeceria a tal acerto se não fosse obrigado. Suponhamos que o justo e o injusto tenham dois anéis, como o de Giges na conhecida história, que os tornam invisíveis, e então nenhuma diferença haverá entre eles, pois cada um fará o mal, se puder. E aquele que se abstiver, será considerado pelo mundo como um tolo por essa decisão. Os homens podem elogiá-lo em público por medo de si mesmos, mas irão rir dele em seus corações (ver em *Górgias*).

"E agora vamos conceber um ideal do justo e do injusto. Imagine o homem injusto como mestre em seu ofício, raramente cometendo erros e corrigindo-os facilmente; tendo os dons do dinheiro, da fala, da força, o maior vilão mantendo o caráter mais elevado. E ao seu lado coloquemos o justo em sua nobreza e simplicidade – sendo, não parecendo, sem nome ou recompensa, vestido apenas com sua justiça – o melhor dos homens, mas considerado um dos piores, e deixe-o morrer como viveu.

Devo acrescentar (mas prefiro colocar o resto na boca dos panegiristas da injustiça, eles lhe dirão) que o homem justo será açoitado, torturado, amarrado, terá os olhos arrancados e, por fim, será crucificado (literalmente empalado), e tudo isso porque ele deveria ter preferido parecer a ser. Quão diferente é o caso do injusto que se agarra à aparência como a verdadeira realidade! Seu alto caráter o torna um governante; ele pode se casar onde quiser, negociar onde quiser, ajudar seus amigos e prejudicar seus inimigos; tendo ficado rico pela desonestidade, pode adorar melhor os deuses e, portanto, será mais amado por eles do que o justo."

Eu estava pensando no que responder quando Adimanto entrou na disputa que já era desigual. Ele considerou que o ponto mais importante de tudo tinha sido omitido: "Os homens são ensinados a ser justos por causa das recompensas; pais e tutores fazem da reputação o incentivo à virtude". E outras vantagens são prometidas por eles de um tipo mais palpável, como casamentos lucrativos e altos cargos. Há imagens em Homero e Hesíodo de ovelhas gordas e lãs pesadas, ricos campos de milho e árvores cobertas de frutas, que os deuses fornecem nesta vida para os justos. E os poetas órficos acrescentam imagens semelhantes de outros. Os heróis de Musaeus e Eumolpo deitam-se em sofás em um festival, com guirlandas em suas cabeças, desfrutando como recompensa da virtude um paraíso de embriaguez imortal. Alguns vão além e falam de uma posteridade justa até a terceira e a quarta gerações. Mas os ímpios eles enterram em um lamaçal e os fazem carregar água em uma peneira: e nessa vida eles lhes atribuem a infâmia que Glauco supunha ser o destino dos justos, quando fossem tomados por injustos.

Considere outro tipo de argumento que é encontrado tanto na poesia quanto na prosa: "A Virtude", como diz Hesíodo, "é honrosa, mas difícil, o vício é fácil e lucrativo". Você pode frequentemente ver os iníquos em grande prosperidade e os justos afligidos pela vontade dos céus. E profetas mendicantes batem às portas dos homens ricos, prometendo expiar os pecados de si próprios ou de seus pais de maneira fácil com sacrifícios e jogos festivos, ou com encantos e invocações para se livrar de um inimigo bom ou mau pela ajuda divina e por uma pequena taxa; eles apelam para livros que professam ter sido escritos por Musaeus e Orfeu, e levam a mente de cidades inteiras, e prometem "tirar almas do purgatório"; e, se nos recusarmos a ouvi-los, ninguém sabe o que poderá acontecer conosco.

Quando um jovem ingênuo de espírito vivaz ouve tudo isso, qual será sua conclusão? "Será que ele", na linguagem de Píndaro, "fará da justiça sua torre mais alta ou se fortalecerá com esse engano desonesto?" Justiça, ele reflete, sem a aparência de justiça, é miséria e ruína; a injustiça traz a promessa de uma vida gloriosa. A aparência é dona da verdade e senhora da felicidade. Para a aparência, então eu me voltarei – eu darei um show de virtude e terei atrás de mim a raposa de Arquíloco[5]. Ouço alguém dizer que "a maldade não se esconde facilmente", ao que respondo que "nenhuma grandeza é fácil". União, força e retórica realizarão muito; e se os homens dizem que não podem prevalecer sobre os deuses, ainda assim, como saberemos se os deuses existem? Somente por meio dos poetas, que afirmam que os deuses podem ser apaziguados com sacrifícios. Então por que não pecar e pagar por indulgências com o seu próprio pecado? Pois se os justos ficarem impunes, não terão mais recompensa, enquanto os ímpios podem ficar impunes, e ter o prazer de pecar também. Mas e o mundo inferior? Não, diz o argumento, há poderes expiatórios que resolverão esse assunto, como nos dizem os poetas, que são filhos dos deuses; e isso é confirmado pela autoridade do Estado.

"Como podemos resistir a tais argumentos em favor da injustiça?" Adicione boas maneiras e, como os sábios nos dizem, teremos o melhor dos dois mundos. Aquele que não for um pobre desprezível irá se abster de sorrir aos valores da justiça? Mesmo que um homem conheça a melhor parte, não ficará zangado com os demais; pois sabe também que mais do que a virtude humana se faz necessário para a salvação de um homem, e que ele só elogia a justiça que é incapaz de cometer a injustiça.

"A origem do mal é que todos os homens desde o início, heróis, poetas, instrutores da juventude, sempre aclamaram 'a dispensação temporal', as

---

[5] Referência à A Raposa e o Ouriço, alegoria usada por Arquíloco de Páros, que afirmava que a raposa conhecia vários truques, mas que o ouriço conhecia muito bem apenas um. (N.T.)

honras e os lucros da justiça. Se tivéssemos sido ensinados na juventude o poder da justiça e da injustiça inerentes à alma, e invisíveis a qualquer olho humano ou divino, não precisaríamos que outros fossem nossos guardiões, mas cada um teria sido o guardião de si mesmo. Isto é o que quero que você mostre, Sócrates; outros homens usam argumentos que tendem a fortalecer a posição de Trasímaco de que 'o poder é correto'; mas de você eu espero coisas melhores. E, por favor, como disse Glauco, exclua a reputação; deixe o justo ser considerado injusto e o injusto justo, e você ainda poderá nos provar a superioridade da justiça."

A República II.
ANÁLISE.

A tese, que por uma questão de argumentação foi mantida por Glauco, é oposta à de Trasímaco: o não correto é o interesse do mais forte, mas o correto é a necessidade do mais fraco. Partindo das mesmas premissas, ele leva a análise da sociedade um passo atrás; o poder ainda é correto, mas o poder é a fraqueza de muitos, combinada contra a força de poucos.

Houve teorias, tanto nos tempos modernos como nos antigos, que têm uma semelhança familiar com as especulações de Glauco; por exemplo, que o poder é o fundamento do direito; ou que um monarca tem o direito divino de governar bem ou mal; ou que a virtude é amor-próprio ou amor ao poder; ou que a guerra é o Estado natural do homem; ou que os vícios privados são benefícios públicos. Todas essas teorias têm uma espécie de plausibilidade devido à sua concordância parcial com a experiência prática. Pois a natureza humana oscila entre o bem e o mal, e a motivação das ações e a origem das instituições podem ser explicadas até certo ponto em qualquer uma das hipóteses, de acordo com o caráter ou ponto de vista de um pensador em particular. A obrigação de manter a autoridade em todas as circunstâncias, e às vezes por meios bastante questionáveis, é fortemente sentida e se tornou uma espécie de instinto entre os homens civilizados. O direito divino dos reis, ou mais geralmente dos governos, é uma das formas sob as quais esse sentimento natural é expresso. Também não existe nenhum mal que não esteja acompanhado de algum bem ou prazer; nem qualquer bem que esteja livre de algum aspecto do mal; nem qualquer pensamento nobre ou generoso que não possa ser acompanhado por uma sombra, ou o fantasma de uma sombra, de interesses pessoais ou de amor-próprio. Sabemos que todas as ações humanas são imperfeitas; mas, por isso não as atribuímos ao pior, nem ao melhor motivo ou princípio. Tal filosofia é tola e falsa, como aquela opinião do malandro astuto, que presume que todos os outros homens são como ele. E teorias desse tipo não representam a natureza real do Estado, que se baseia em um vago senso de direito gradualmente corrigido e ampliado pelos costumes e pela lei (embora também passíveis de perversão), assim como não descrevem a origem da sociedade, que deve ser buscada na família e nos sentimentos sociais e religiosos do homem. Nem representam o caráter médio dos indivíduos, que não pode ser explicado simplesmente com base em uma teoria do mal, mas sempre tem um elemento neutralizante do bem. E, à medida que os homens se tornam melhores, tais teorias parecem cada vez mais falsas para eles, porque estão mais conscientes de seu próprio desinteresse. Um pouco da experiência pode tornar um homem cínico; muita experiência o trará de volta a uma visão mais verdadeira e mais gentil da natureza ambígua de si mesmo e de seus semelhantes.

Os dois irmãos pedem a Sócrates que prove a eles que o justo permanece feliz, quando lhe tiram tudo aquilo em que a felicidade normalmente consiste. Não que haja (1) qualquer absurdo na tentativa de enquadrar uma noção de justiça independente das circunstâncias. Pois o ideal deve ser sempre um paradoxo quando comparado com as condições normais da vida humana. Nem o ideal estoico nem o ideal cristão, posterior à época de Platão, são verdadeiros como um fato, mas podem servir de base para a educação e exercer uma influência enobrecedora. Um ideal não é pior porque "alguém fez a descoberta" de que tal ideal jamais foi imaginado. E em alguns indivíduos excepcionais que estão elevados acima do nível comum da humanidade, o ideal de felicidade pode ser percebido na morte e na miséria. Esse pode ser o Estado que a razão deliberadamente aprova e que o utilitarista, assim como qualquer outro moralista, pode ser obrigado, em certos casos, a preferir.

Nem (2) devemos esquecer que Platão, embora concorde geralmente com a visão implícita no argumento dos dois irmãos, não está expressando sua própria conclusão, mas antes buscando dramatizar um dos aspectos da verdade ética. Ele está desenvolvendo sua ideia gradualmente em uma série de posições ou situações. Ele está revelando Sócrates pela primeira vez, utilizando o questionamento socrático. Por último, (3) a palavra "felicidade" envolve algum grau de confusão porque é associada, na linguagem da filosofia moderna, com o prazer ou a satisfação conscientes, que não estava igualmente presente na mente de Sócrates naquela época.

Glauco tem traçado um quadro da miséria dos justos e da felicidade dos injustos, para o qual a miséria do tirano no Livro IX é a resposta e o paralelo. E ainda assim o injusto deve parecer justo; essa é "a homenagem que o vício presta à virtude". Mas agora Adimanto, pegando a dica que já havia sido dada por Glauco, passa a mostrar que, na opinião da humanidade, a justiça é considerada apenas por causa das recompensas e da reputação, e aponta a vantagem que é dada a argumentos como aqueles de Trasímaco e Glauco pela moralidade convencional da humanidade. Ele parece sentir a dificuldade de "justificar os caminhos dos deuses ao homem". Ambos os irmãos tocam na questão, se a moralidade das ações é determinada por suas consequências; e ambos vão além da posição de Sócrates, de que a justiça pertence à classe de bens não desejáveis apenas por si próprios, mas desejáveis por si e pelos seus resultados, que os faz relembrar. Em sua tentativa de ver a justiça como um princípio interno, e em sua condenação dos poetas, eles o antecipam. A vida comum na Grécia não é suficiente para eles; devem penetrar mais profundamente na natureza das coisas.

Foi objetado que justiça é honestidade, no sentido de Glauco e Adimanto, mas é considerada por Sócrates como significando toda a virtude. Não podemos dizer mais verdadeiramente que a noção antiquada de justiça é ampliada por Sócrates e se torna equivalente à ordem universal ou bem-estar, primeiro no Estado, e depois no indivíduo? Ele encontrou uma nova resposta para sua velha pergunta (Protágoras) "se as virtudes são uma ou muitas", o que significa que a primeira é o princípio de ordenamento das outras três.

Ao procurar estabelecer a natureza mais interna e pura da justiça, ele se depara com o fato de que o homem é um ser social, e tenta harmonizar as duas teses opostas o melhor que pode. Não há mais inconsistência nisso do que seria inevitável em sua época e país; não adianta apontar para ele as luzes cruzadas da filosofia moderna, que, de algum outro ponto de vista, pareceriam igualmente inconsistentes. Platão não nos dá a solução final das questões filosóficas; nem pode ser julgado sob o nosso padrão.

O restante de *A República* é desenvolvido a partir da questão dos filhos de Ariston. Três pontos merecem destaque no que se segue imediatamente: em primeiro lugar, que a resposta de Sócrates é totalmente indireta. Ele não diz que a felicidade consiste na contemplação da ideia de justiça e menos ainda será tentado a afirmar o paradoxo estoico de que o justo pode ser feliz na tortura. Mas primeiro se detém na dificuldade do problema e insiste em restaurar o homem à sua condição natural, antes de responder definitivamente à pergunta. Ele também construirá um ideal, mas seu ideal compreende não apenas a justiça abstrata, mas todas as relações do homem. Sob a ilustração fantasiosa das letras grandes, dá a entender que só buscará justiça na sociedade e que a partir do Estado seguirá para o indivíduo. Sua resposta, em substância, se resume a isto: que sob condições favoráveis, isto é, no Estado perfeito, justiça e felicidade coincidirão, e que quando a justiça for finalmente encontrada, a felicidade pode ser deixada para cuidar de si mesma. Que ele cai em algum grau de inconsistência, quando no décimo livro afirma ter se livrado das recompensas e honras da justiça, pode ser admitido, pois ele abandonou aqueles que existem no Estado perfeito. E o filósofo "que se recolhe sob o abrigo de uma parede" dificilmente pode ter sido considerado feliz por ele, pelo menos não neste mundo. Ainda assim, ele mantém a verdadeira atitude da ação moral. Deixe um homem cumprir seu dever primeiro, sem perguntar se será feliz ou não, e a felicidade será o acidente inseparável que o acompanhará. "Buscai primeiro o reino de Deus e sua justiça, e todas essas coisas vos serão acrescentadas" é o preceito que séculos mais tarde o cristianismo estabelecerá.

Em segundo lugar, pode-se observar que Platão preserva o caráter genuíno do pensamento grego, ao começar com o Estado e prosseguir até o indivíduo. Primeiro a ética, depois a política – esta é a ordem das ideias para nós; o reverso é a ordem da história. Só depois de muitas lutas em pensamento o indivíduo afirma seu direito como um ser moral. Na tenra idade, ele não é UM, mas um entre muitos, o cidadão de um Estado que é anterior a ele; e não tem noção do bem ou do mal à parte da lei de seu país ou de seu credo. E para esse tipo, tende constantemente a retornar, sempre que a influência dos costumes, do espírito de festa ou da lembrança do passado se tornam fortes demais para ele.

Em terceiro lugar, podemos observar a confusão ou identificação do indivíduo e do Estado, da ética e da política, que permeia a especulação grega primitiva, e mesmo nos tempos modernos mantém um certo grau de influência. A diferença sutil entre a ação coletiva e individual da humanidade parece ter escapado aos primeiros pensadores, e nós às vezes corremos o risco de esquecer as condições da ação humana em conjunto, sempre que elevamos a política à ética, ou rebaixamos a ética ao nível da política. O homem bom e o bom cidadão só coincidem no Estado perfeito; e essa perfeição não pode ser alcançada com uma legislação atuando sobre eles a partir de fora, mas, se for atingida, virá pela educação moldando-os por dentro.

A República II.
Introdução.

... Sócrates elogia os filhos de Ariston, "descendência inspirada do herói renomado", como o poeta elegíaco os chama; mas não entende como eles podem argumentar tão eloquentemente em nome da injustiça enquanto seu caráter mostra que eles não são influenciados por seus próprios argumentos. Ele não sabe como responder, embora tenha medo de abandonar a justiça na hora da necessidade. Portanto, impõe a condição de que, tendo olhos fracos, a ele seja permitido ler primeiro as letras grandes e depois passar para as menores, ou seja, primeiro deve buscar a justiça no Estado e depois proceder para o indivíduo. Assim, ele começa a construir o Estado.

A sociedade surge das necessidades do homem. Sua primeira necessidade é a comida; a segunda, uma casa; a terceira, um casaco. A percepção dessas necessidades e a possibilidade de satisfazê-las por meio da troca aproximam os indivíduos no mesmo lugar; e este é o começo de um

Estado, que tomamos a liberdade de fundar, embora a necessidade seja o verdadeiro inventor. Deve haver primeiro um lavrador, em segundo um construtor, em terceiro um tecelão, ao qual se pode acrescentar um sapateiro. Quatro ou cinco cidadãos, pelo menos, são necessários para se fazer uma cidade. Agora, os homens têm naturezas diferentes e um homem fará alguma coisa melhor do que os outros; e os negócios não esperam por ninguém. Portanto, deve haver uma divisão do trabalho em diferentes empregos; no comércio atacadista e varejista; em trabalhadores e fabricantes de ferramentas para eles; em pastores e lavradores. Uma cidade que inclua tudo isso terá excedido em muito o limite de quatro ou cinco, e ainda assim não será muito grande. Mas então, novamente, as importações serão necessárias e as importações exigem exportações, e isso implica na variedade de produtos para atrair o gosto dos compradores; também mercadores e navios. Também na cidade devemos ter um mercado, dinheiro e comércio de varejo; caso contrário, compradores e vendedores nunca se encontrarão, e o valioso tempo dos produtores será desperdiçado em esforços inúteis de troca. Se adicionarmos os empregados contratados, o Estado ficará completo. E podemos supor que em algum lugar do relacionamento dos cidadãos entre si, justiça e injustiça aparecerão.

Aqui segue uma imagem rústica de seu modo de vida. Eles passam os dias nas casas que construíram para si próprios; fazem suas próprias roupas e produzem seu próprio milho e vinho. Seu alimento principal é milho e farinha, e bebem com moderação. Vivem em bons termos uns com os outros e tomam cuidado para não ter muitos filhos. "Mas", disse Glauco, interpondo-se, "eles não têm nenhum prazer?" Certamente; eles terão sal, azeitonas e queijo, vegetais e frutas e castanhas para assar no fogo. – É uma cidade de porcos, Sócrates. Por que, eu respondi, o que você queria mais? "Apenas os confortos da vida – sofás e mesas, também molhos e doces." Entendo; você deseja não apenas um Estado, mas um Estado luxuoso; e, possivelmente, no quadro mais complexo, podemos encontrar mais cedo justiça e injustiça. Então, as belas artes irão fazer o seu trabalho, todos os instrumentos e ornamentos concebíveis pela luxúria serão desejados. Haverá dançarinos, pintores, escultores, músicos, cozinheiros, barbeiros, costureiras, enfermeiras, artistas; pastores de porcos e cuidadores também para os animais, e médicos para curar as doenças das quais o luxo é a fonte. Para alimentar todas essas bocas supérfluas, precisaremos de uma parte das terras dos nossos vizinhos, e eles vão querer uma parte das nossas. E esta é a origem da guerra, que pode ser atribuída às mesmas causas de outros males políticos. Nossa cidade agora exigirá a pequena adição de um acampamento, e o cidadão será convertido em um soldado. Mas, novamente, nossa velha doutrina da divisão do trabalho não deve ser esquecida. A arte da guerra não pode ser aprendida em um único dia e deve haver uma aptidão natural para os deveres militares. Haverá algumas naturezas guerreiras que terão essa aptidão; cães habilidosos com seus faros, velozes para perseguir e com membros fortes para lutar. E como o espírito é a base da coragem, tais naturezas, sejam de homens ou animais, serão cheias de coragem. Mas essas naturezas animadas tendem a morder e devorar umas às outras; a união da gentileza com os amigos e da ferocidade contra os inimigos parece uma impossibilidade, e o guardião de um Estado requer ambas as qualidades. Quem então pode ser um guardião? A imagem do cachorro sugere uma resposta. Pois os cães são calmos com seus amigos e impiedosos com os estranhos. Seu cão é um filósofo que julga pela regra de saber ou não saber; e a filosofia, seja no homem ou na besta, é a mãe da gentileza. Os cães de guarda humanos devem ser filósofos ou amantes do conhecimento, o que os tornará gentis. E como eles podem aprender sem educação?

Mas qual deve ser a correta educação? Existe alguma coisa melhor do que o tipo antigo, que é compreendido sob o nome de música e ginástica? Música inclui literatura, e a literatura é de dois tipos, verdadeira e falsa. "O que você quer dizer?", ele perguntou. Quero dizer que as crianças ouvem histórias antes de aprenderem ginástica, e que as histórias ou não são verdadeiras ou têm, no máximo, um ou dois grãos de verdade em um alqueire de falsidade. Ora, a infância é muito impressionável e as crianças não devem aprender o que terão de desaprender quando crescerem; devemos, portanto, ter uma seleção nos contos infantis, banindo alguns e mantendo outros. Alguns deles são muito impróprios, como podemos ver nos grandes exemplos de Homero e Hesíodo, que não apenas contam mentiras, mas mentiras péssimas; histórias sobre Urano e Saturno, que são imorais além de falsas, e que nunca deveriam ser contadas aos jovens, ou não contadas de forma alguma; ou, se fosse o caso, contadas como um enigma, após o sacrifício, não de um porco de Elêusis, mas de algum animal exótico. Deveriam nossos jovens ser encorajados a lutar com seus pais pelo exemplo de Zeus, ou nossos cidadãos ser incitados a brigar ao ouvir ou ver representações de disputas entre os deuses? Deveriam eles ouvir a narrativa de Hefesto amarrando sua mãe, e de Zeus mandando-o voar para ajudá-la quando ela foi espancada? Esses contos podem ter uma interpretação mística, mas os jovens são incapazes de compreender alegorias. Se alguém perguntar quais contos devem ser permitidos, responderemos que somos legisladores e não produtores de livros; nós apenas estabelecemos os princípios de acordo com os quais os livros devem ser escritos; escrevê-los é dever de outros.

E nosso primeiro princípio é que os deuses devem ser representados como são; não como autores de todas as coisas, mas apenas do bem. Não permitiremos que os poetas digam que eles são o mordomo do bem e do mal, ou que tem dois tonéis cheios de destinos; ou que Atenas e Zeus incitaram Pândaro a violar o tratado; ou que alguma divindade causou os sofrimentos de Níobe, ou de Pélopes, ou a guerra de Troia; ou que os deuses levam os homens a pecar quando desejam destruí-los. Ou essas não eram ações dos deuses, ou eles eram justos, e os homens se tornavam melhores após serem punidos. Mas pensar que a ação era má, e os deuses os autores, é uma ficção suicida e perversa, que não permitiremos que ninguém, velho ou jovem, dissemine. Este é o nosso primeiro e grande princípio: os deuses são autores apenas do bem.

E o segundo princípio é semelhante ao anterior: com os deuses não há variação ou mudança de forma. A razão nos ensina isso; pois se supusermos a possibilidade de uma mudança nos deuses, eles devem ser substituídos por outros ou mudarem apenas por si mesmos. Por outro? Mas as melhores obras da natureza e da arte e as mais nobres qualidades da mente são as menos suscetíveis de serem alteradas por qualquer força externa. Por si mesmos? Mas eles não podem mudar para melhor; e dificilmente mudariam para pior. Permanecem para sempre os mais justos e melhores à sua própria imagem. Portanto, nos recusamos a ouvir os poetas que nos falam de Hera mendigando à semelhança de uma sacerdotisa ou de outras divindades que vagam à noite em disfarces estranhos; todo aquele absurdo blasfemo com que as mães enganam a masculinidade de seus filhos deve ser suprimido. Mas alguém dirá que Zeus, que é ele mesmo imutável, pode assumir uma forma em relação a nós. Por que ele deveria fazer isso? Pois os deuses, assim como os homens, odeiam em sua alma a mentira, ou o princípio da falsidade; e quanto a qualquer outra forma de mentira usada para um propósito, que é considerada inocente em certos casos excepcionais, que necessidade têm os deuses dela? Pois eles não ignoram a antiguidade como os poetas, nem têm medo de seus inimigos, nem qualquer louco se torna seu amigo. Os deuses então são verdadeiros, absolutamente verdadeiros; não mudam, não enganam, de dia ou de noite, por palavra ou por algum sinal. Este é o nosso segundo grande princípio – os deuses são verdadeiros. Fora com o sonho mentiroso de Agamenon em Homero e a acusação de Tétis contra Apolo em Ésquilo.

A República II.
ANÁLISE.

Para dar clareza à sua concepção do Estado, Platão passa a traçar os primeiros princípios da necessidade mútua e da divisão do trabalho em uma comunidade imaginária de quatro ou cinco cidadãos. Gradualmente, essa comunidade aumenta; a divisão do trabalho se estende a outras terras; as importações exigem exportações; um meio de troca é necessário e os varejistas se colocam no mercado para economizar o tempo dos produtores. Essas são as etapas pelas quais Platão constrói o primeiro ou primitivo Estado, introduzindo os elementos da economia política pelo caminho. Como ele vai enquadrar um segundo Estado ou Estado civilizado, o simples naturalmente vem antes do complexo. Ele se entrega, como Rousseau, a um retrato da vida primitiva, uma ideia que, de fato, muitas vezes teve influência poderosa na imaginação da humanidade, mas ele não quer realmente dizer que um é melhor do que o outro (*Politicus*); nem pode qualquer inferência ser tirada da descrição do primeiro Estado separadamente do segundo, tal como Aristóteles parece fazer na obra *Política*. Não devemos interpretar um diálogo platônico de modo diferente do que um poema ou parábola, em um estilo muito literal ou factual. Por outro lado, quando comparamos a fantasia viva de Platão com as abstrações dissecadas de tratados modernos sobre filosofia, somos compelidos a dizer com Protágoras, que o "mito é mais interessante".

Vários comentários interessantes que nos tempos modernos teriam um lugar em um tratado de Economia Política estão espalhados de um lado para outro nos escritos de Platão: especialmente *Leis*, *População*; *Livre Comércio*; *Adulteração*; *Testamentos e legados*; *Apelações*; *Eríxias* (embora não a de Platão), *Valor e Demanda*; *A República*, *Divisão do Trabalho*. O último assunto, e a origem do Comércio Varejista, são tratados com admirável lucidez no segundo livro de *A República*. Mas Platão nunca combinou suas ideias econômicas em um sistema, e nunca parece ter reconhecido que o comércio é uma das grandes forças motrizes do Estado e do mundo. Ele trataria os comerciantes de varejo apenas como um tipo inferior de cidadãos (*A República*, *Leis*), embora observe, curiosamente (*Leis*), que "se apenas os melhores homens e as melhores mulheres em todos os lugares fossem obrigados a manter tavernas por um tempo ou para realizar o comércio varejista, etc., então saberíamos como todas essas coisas são agradáveis e prazerosas".

A decepção de Glauco com a "cidade dos porcos", a descrição ridícula dos ministros na luxúria do Estado mais refinado e a reflexão tardia sobre a necessidade dos médicos, a alegoria da natureza do guardião comparada à de um cachorro, a desejabilidade de oferecer algum sacrifício quase impossível de se obter, quando se celebram mistérios impuros, o comportamento de Zeus para com seu pai e de Hefesto para com sua mãe, são toques de humor que também têm um significado mais sério. Ao falar de educação, Platão nos surpreende ao afirmar que uma criança deve ser treinada primeiro na falsidade e na verdade posteriormente. No entanto, isso não é muito diferente de dizer que as crianças devem ser ensinadas por meio da imaginação e da razão; que suas mentes só podem se desenvolver gradualmente e que há muito que precisam aprender sem que compreendam imediatamente. Esta também é a substância da visão de Platão, embora deva ser reconhecido que ele traçou a linha um pouco diferente dos escritores éticos modernos, respeitando a verdade e a falsidade. Para nós, economias ou acomodações não seriam permitidas a menos que fossem exigidas pelas faculdades humanas ou necessárias para a comunicação do conhecimento aos simples e ignorantes. Devemos insistir que a palavra é inseparável da intenção e que não devemos ser "falsamente verdadeiros", isto é, falar ou agir falsamente em defesa do que é certo ou verdadeiro. Mas Platão limitaria o uso de ficções apenas exigindo que elas tivessem um bom efeito moral e que uma arma tão perigosa como a falsidade fosse empregada apenas pelos governantes e para grandes assuntos.

Um grego da época de Platão não daria importância à questão de saber se sua religião era um fato histórico. Ele estava apenas começando a ter consciência de que o passado tinha uma história; mas não conseguia ver nada além de Homero e Hesíodo. Se suas narrativas eram verdadeiras ou falsas, isso não afetou seriamente a vida política ou social da Hélade. Os homens só começaram a suspeitar que eram ficções quando as reconheceram como imorais. E então, em todas as religiões: a consideração de sua moralidade vem primeiro, depois a verdade dos documentos em que estão registradas, ou dos eventos naturais ou sobrenaturais que falam delas. Mas nos tempos modernos, e nos países protestantes talvez mais do que nos católicos, temos sido muito inclinados a identificar o histórico com o moral; e alguns se recusaram a acreditar em qualquer religião, a menos que uma precisão sobre-humana fosse discernível em cada parte dos registros. Os fatos de uma história antiga ou religiosa estão entre os mais importantes de todos os fatos; mas são frequentemente incertos, e só aprendemos a verdadeira lição que deve ser tirada quando nos colocamos acima deles. Essas reflexões tendem a mostrar que a diferença entre Platão e nós mesmos, embora não sem importância, não é tão grande como pode parecer à primeira vista. Pois devemos concordar com ele em colocar a moral antes da verdade histórica e da religião; e, geralmente, em desconsiderar aqueles erros ou distorções dos fatos que necessariamente ocorrem nos primeiros estágios de todas as religiões. Sabemos também que mudanças nas tradições de um país não podem ser feitas em um único dia; e, portanto, somos tolerantes com muitas coisas que a ciência e a crítica condenariam.

Notamos de passagem que a interpretação alegórica da mitologia, que se crê ter sido introduzida pela primeira vez no século VI antes de Cristo por Teágenes de Régio, estava bem estabelecida na era de Platão, e aqui, como no *Fedro*, embora por uma razão diferente, foi rejeitada por ele. Que os anacronismos religiosos ou jurídicos, quando os homens alcançaram outro estágio de civilização, devam ser eliminados pela ficção, está de acordo com a experiência universal. Grande é a arte da interpretação; e por um processo natural, que uma vez descoberto estava sempre acontecendo, o que não podia ser alterado foi explicado seguidamente. Então, sem nenhuma inconsistência palpável, existiam lado a lado duas formas de religião, a tradição herdada ou inventada pelos poetas e a adoração usual no templo; por outro lado, havia a religião do filósofo, que vivia no paraíso das ideias, mas não se recusava, no entanto, a oferecer um galo em sacrifício a Esculápio, nem em ser observado fazendo suas orações ao nascer do sol. Finalmente o antagonismo entre a religião popular e a filosófica, nunca tão grande entre os gregos como em nossa época, desapareceu e só se fez sentir como a diferença entre a religião dos cultos e dos iletrados entre nós. O Zeus de Homero e Hesíodo passou facilmente para a "mente real" de Platão (*Filebo*); o gigante Hércules tornou-se o cavaleiro errante e benfeitor da humanidade. Essas e outras transformações ainda mais maravilhosas foram prontamente efetuadas pela engenhosidade dos estoicos e neoplatônicos nos dois ou três séculos antes e depois de Cristo. As religiões grega e romana foram gradativamente permeadas pelo espírito da filosofia; tendo perdido seu antigo significado, foram separadas em poesia e em moralidade; e provavelmente nunca foram mais puras do que na época de sua decadência, quando sua influência sobre o mundo estava diminuindo.

Uma concepção singular que ocorre no final do livro é a mentira na alma; esta está conectada com a doutrina platônica e socrática de que a ignorância involuntária é pior do que a voluntária. A mentira na alma é uma mentira verdadeira, a corrupção da verdade suprema, o engano da parte mais elevada da alma, da qual aquele que é enganado não tem poder de se livrar. Por exemplo, representar os deuses como falsos ou imorais, ou, de acordo com Platão, como enganando os homens com as aparências ou como autores do mal; ou ainda, para afirmar com Protágoras que "conhecimento é sensação", ou que "ser é se tornar", ou com Trasímaco "que o poder é correto", teria sido considerado por Platão como uma mentira desse tipo odioso. A maior inconsciência da maior inverdade, por exemplo se, na linguagem dos Evangelhos (João), "aquele que era cego" dissesse "eu vejo", é outro aspecto do Estado de espírito que Platão descreve. A mentira na alma pode ainda ser comparada ao pecado contra o Espírito Santo (Lucas), permitindo a diferença entre os modos de falar grego e cristão. A isso se opõe a mentira em palavras, que é apenas um engano que pode ocorrer em uma peça ou poema, ou em uma alegoria ou figura de linguagem, ou em qualquer tipo de acomodação, que, embora inútil para os deuses, pode ser útil para os homens em certos casos. Sócrates está aqui respondendo à pergunta que ele próprio levantou sobre a conveniência de enganar um louco; e também está contrastando a natureza dos deuses e do homem. Pois os deuses são a verdade, mas a humanidade só pode ser verdadeira aparentando às vezes ser parcial ou falsa.

Reservando para outro lugar as questões mais importantes sobre a religião ou educação, podemos observar ainda: (1) a aprovação da velha educação tradicional da Grécia; (2) a preparação que Platão está fazendo para o ataque a Homero e aos poetas; (3) a preparação que também está fazendo para o aproveitamento das economias do Estado; (4) a maneira desdenhosa e ao mesmo tempo eufemística na qual aqui, como abaixo, alude ao "Escândalo Crônico" dos deuses.

A República III.
INTRODUÇÃO.

LIVRO III. Existe outro motivo para purificar a religião, que é banir o medo; pois nenhum homem pode ser corajoso quando tem medo da morte, ou quando acredita nas histórias que são repetidas pelos poetas a respeito do mundo inferior. Eles devem ser gentilmente solicitados a não abusar do inferno; podem ser lembrados de que suas histórias são falsas e desanimadoras.

A República

Nem devem ficar zangados se eliminarmos passagens desagradáveis, como as palavras deprimentes de Aquiles: "Prefiro ser um servo a governar sobre todos os mortos"; e os versos que falam das mansões esquálidas, das sombras insensíveis, da alma esvoaçante lamentando a perda da força e da juventude, a alma tagarela indo para baixo da terra como fumaça, ou as almas dos pretendentes revoando como morcegos. Os terrores e horrores de Cócito e Estige, fantasmas e sombras sem vida, e o resto de sua nomenclatura tartária, devem desaparecer. Esses contos podem ter sua utilidade; mas não são o alimento adequado para soldados. Tampouco podemos admitir as tristezas e simpatias dos heróis homéricos: Aquiles, o filho de Tétis, em lágrimas, jogando cinzas sobre a própria cabeça, ou andando para cima e para baixo na praia em distração; ou Príamo, o primo dos deuses, chorando alto, rolando na lama. Um bom homem não fica prostrado com a perda de um filho ou da fortuna. Nem a morte é terrível para ele; e, portanto, lamentações sobre os mortos não devem ser cultivadas por homens notáveis; devem ser preocupação apenas de pessoas inferiores, sejam mulheres ou homens. Pior ainda é a atribuição de tal fraqueza aos deuses; como quando as deusas dizem, "Ai de mim! Meu trabalho de parto!" e o pior de tudo, quando o próprio rei do céu lamenta sua incapacidade de salvar Heitor, ou lamenta a iminente condenação de seu querido Sarperdão. Esse caráter nos deuses, se não for ridicularizado por nossos jovens, provavelmente será imitado por eles. Tampouco nossos cidadãos devem rir em excesso, "Esses prazeres violentos" são seguidos por uma reação violenta. A descrição na *Ilíada* dos deuses tremendo de lado por causa da falta de jeito de Hefesto não será admitida por nós. "Certamente não."

A verdade deve ocupar um lugar de destaque entre as virtudes, pois a falsidade, como dizíamos, é inútil para os deuses e só serve aos homens como remédio. Mas esse emprego da falsidade deve permanecer um privilégio do Estado; o homem comum não deve, em troca, mentir ao governante; mais do que o paciente mentiria ao médico, ou o marinheiro ao capitão.

Em segundo lugar, nossos jovens devem ser temperantes, e a temperança consiste em autodomínio e obediência à autoridade. Essa é uma lição que Homero ensina em alguns lugares: "Os aqueus marcharam com sua respiração controlada, em silenciosa admiração aos seus líderes"; mas usavam uma respiração diferente em outros lugares: "Ó embotado de vinho, que tens olhos de cachorro, mas o coração de um veado". Linguagem deste tipo não inspira autocontrole na mente dos jovens. O mesmo pode ser dito sobre seus elogios à comida e à bebida e seu pavor de morrer de fome; além disso, sobre os versos nos quais ele fala dos amores arrebatadores de Zeus e Hera, ou de como Hefesto certa vez prendeu Ares e Afrodite em uma rede em ocasião semelhante. Há uma linhagem mais nobre ouvida nas palavras: "Resista, minha alma, você já suportou coisas piores". Nem devemos permitir que nossos cidadãos recebam subornos, ou digam, "Presentes persuadem os deuses, presentes reverenciam os reis"; ou para aplaudir o conselho ignóbil de Fênix a Aquiles de que ele deveria tirar dinheiro dos gregos antes de ajudá-los; ou a maldade do próprio Aquiles em receber presentes de Agamenon; ou sua exigência de resgate pelo corpo de Heitor; ou seus xingamentos a Apolo; ou sua insolência ao deus do rio Escamandro; ou sua dedicação ao falecido Pátroclo de seu próprio cabelo, que já havia sido dedicado ao outro deus do rio Esperqueu; ou sua crueldade em arrastar o corpo de Heitor ao redor dos muros e matar os prisioneiros na pira: tal combinação de mesquinhez e crueldade do aluno de Quíron é inconcebível. As façanhas amorosas de Pirítoo e Teseu são igualmente indignas. Ou esses chamados filhos dos deuses não eram filhos dos deuses, ou não eram como os poetas os imaginam, não mais do que os próprios deuses são os autores do mal. A juventude, que acredita que tais coisas são feitas por quem tem o sangue divino correndo em suas veias, estará pronta demais para imitar seu exemplo.

Chega de deuses e heróis; o que devemos dizer sobre os homens? O que os poetas e contadores de histórias dizem, que os iníquos prosperam e os justos são afligidos ou que a justiça é o ganho de outrem? Tais deturpações não podem ser permitidas por nós. Mas nisso estamos antecipando a definição de justiça e, portanto, é melhor adiar a investigação.

Os temas da poesia foram suficientemente tratados; a seguir vem o estilo. Agora, toda poesia é uma narrativa de eventos passados, presentes ou futuros; e a narrativa é de três tipos: a simples, a imitativa e uma composição de ambas. Uma instância deixará meu significado claro. A primeira cena de Homero é do último tipo, ou do tipo misto, sendo em parte descrição e em parte diálogo. Mas se você lançar o diálogo na *oratio obliqua*, a passagem será assim: o sacerdote veio e rogou a Apolo para que os aqueus tomassem Troia e tivessem um retorno seguro, caso Agamenon ao menos lhe devolvesse sua filha; e os outros gregos concordaram, mas Agamenon ficou irado, e assim por diante. O todo então se torna descritivo, e o poeta é o único narrador restante; ou, se você omitir a narrativa, o todo se transforma em um diálogo. Esses são os três estilos – qual deles deve ser admitido em nosso Estado? "Você pergunta se a tragédia e a comédia devem ser admitidas?" Sim, mas também algo mais, não é duvidoso que nossos guardiões devam ser imitadores também? Ou melhor, a pergunta já não foi respondida, pois decidimos que um homem não pode em sua vida desempenhar muitos papéis, da mesma forma que não pode representar tragédia e comédia, ou ser antologista e ator ao mesmo tempo? A natureza humana é cunhada em peças muito pequenas, e como os nossos guardiões já têm sua própria tarefa, que é o cuidado da liberdade, já terão o suficiente que fazer, sem a necessidade de imitar. Se eles imitarem, deverão imitar, não qualquer mesquinhez ou baixeza, mas apenas o bem; pois a máscara que o ator usa tende a se tornar a sua face permanente. Não podemos permitir que os homens atuem no papel de mulheres, brigando, chorando, repreendendo ou vangloriando-se contra os deuses, menos ainda ao fazer amor ou ao entrar em trabalho de parto. Eles não devem representar escravos, ou valentões, ou covardes, bêbados ou loucos, ou ferreiros, ou cavalos relinchando, ou touros berrando, ou rios barulhentos, ou um mar furioso. Um homem bom ou sábio estará disposto a realizar ações boas e sábias, mas terá vergonha de desempenhar um papel inferior que nunca praticou; e preferirá empregar o estilo descritivo com o mínimo de imitação possível. O homem que não tem respeito próprio, ao contrário, imitará qualquer pessoa e qualquer coisa; sons da natureza e gritos de animais igualmente; toda a sua performance será uma imitação de gestos e voz. Agora, no estilo descritivo, há poucas mudanças, mas no dramático, existem muitas delas. Poetas e músicos usam um, ou um composto de ambos, e este composto é muito atrativo para os jovens e seus professores, bem como para o homem comum. Mas nosso Estado, em que um homem desempenha apenas um papel, não está adaptado para a complexidade. E quando um desses cavalheiros pantomímicos polifônicos se oferecer para expor a si mesmo e sua poesia, mostraremos a ele todas as observâncias de respeito, mas ao mesmo tempo lhe diremos que não há lugar para sua espécie em nosso Estado; preferimos o poeta rude e honesto, e não nos afastamos de nossos modelos originais (*Leis*).

Em seguida, quanto à música. Uma canção ou ode tem três partes: o tema, a harmonia e o ritmo; os dois últimos dependem do primeiro. Assim como banimos os acordes de lamentação, devemos agora banir as harmonias lídias mistas, que são as harmonias de lamentação; e como nossos cidadãos devem ser moderados, podemos também banir harmonias conviviais, como a jônica e a lídia pura. Restam duas: a dórica e a frígia, a primeira para a guerra, a segunda para a paz; uma expressiva de coragem, a outra de obediência, instrução ou sentimento religioso. E, ao rejeitarmos as variedades de harmonia, devemos também rejeitar as multifacetadas, de vários instrumentos que dão expressão a elas, e em particular a flauta, que é mais complexa do que qualquer um deles. A lira e a harpa podem ser permitidas na cidade, e a flauta de Pan nos campos. Portanto, fizemos uma purgação na música e agora faremos uma purgação das métricas. Devem ser como as harmonias, simples e adequadas à ocasião. Existem quatro notas do tetracórdio e três proporções de métrica, 3/2, 2/2, 2/1, que têm todas as suas características, e as métricas têm características diferentes, assim como os ritmos. Mas sobre isso você e eu devemos perguntar a Damon, o grande músico, que fala, se bem me lembro, tanto de uma medida marcial como de ritmos dactílico, troqueu e iâmbico, que ele organiza de modo a equalizar as sílabas umas com as outras, atribuindo a cada uma a quantidade adequada. Só nos aventuramos a afirmar o princípio geral de que o estilo deve conformar-se ao sujeito e a métrica ao estilo; e que a simplicidade e harmonia da alma devem ser refletidas em todos eles. Este princípio de simplicidade deve ser aprendido por todos, nos dias de sua juventude, e pode ser obtido em qualquer lugar, desde as artes criativas e construtivas, bem como das formas de plantas e animais.

Outros artistas, bem como poetas, devem ser advertidos contra a mesquinhez ou inconveniência. A escultura e a pintura, igualmente com a música, devem obedecer à lei da simplicidade. Aquele que a viola não pode trabalhar em nossa cidade e corromper o gosto de nossos cidadãos. Pois nossos guardiões devem crescer, não em meio a imagens de deformidades que gradualmente envenenarão e corromperão suas almas, mas em uma terra de saúde e beleza, onde absorverão de cada objeto influências doces e harmoniosas. E de todas essas influências, a maior é a educação dada pela música, que encontra um caminho para o íntimo da alma e transmite-lhe o sentido da beleza e da deformidade. A princípio, o efeito é inconsciente; mas quando a razão chega, aquele que foi assim treinado a recebe como a amiga que ele sempre conheceu. Como ao aprender a ler, primeiro adquirimos os elementos ou letras separadamente, e depois suas combinações, e não podemos reconhecer reflexos deles até que conheçamos as letras por si mesmas; da mesma maneira, devemos primeiro conhecer os elementos ou formas essenciais das virtudes, e então seguir suas combinações na vida e na experiência. Há uma música da alma que responde à harmonia do universo; e o mais belo objeto de uma alma musical é a bela mente em um belo corpo. Algum defeito no último pode ser desculpado, mas não no primeiro. O verdadeiro amor é filho da temperança, e a temperança é totalmente oposta à loucura do prazer corporal. Já se disse o suficiente sobre a música, o que torna esse um final justo e com amor.

Em seguida, passamos para a ginástica; sobre a qual eu observaria que a alma está relacionada ao corpo como uma causa para um efeito e, portanto, se educarmos a mente, podemos deixar a educação do corpo sob sua responsabilidade, e precisamos apenas dar um alinhamento geral do caminho a ser perseguido. Em primeiro lugar, os guardiões devem se abster de bebidas fortes, pois devem ser as últimas pessoas a perder o juízo. É mais duvidoso que os hábitos da palestra sejam adequados a eles, pois a ginástica comum é uma espécie de atividade sonolenta, mas, se deixada de lado de repente, pode pôr em perigo a saúde. Mas nossos atletas guerreiros devem ser cachorros bem acordados, e devem também estar acostumados a todas as mudanças de alimentos e de clima. Consequentemente exigirão um tipo mais simples de ginástica, semelhante à sua música simples; e para sua dieta uma regra pode ser encontrada em Homero, que alimenta seus heróis apenas com carne assada, e não lhes dá peixes, embora vivam à beira-mar, nem carnes cozidas que envolvam um aparato de panelas e frigideiras; e, se não me engano, em lugar nenhum menciona molhos doces. A culinária siciliana, os doces áticos e as cortesãs coríntias, que estão para a ginástica como as melodias lídia e jônica estão para a música, devem ser proibidos. Onde a gula e a intemperança prevalecem, a cidade rapidamente se enche de médicos e defensores; e a lei e a medicina ganham ares de importância assim que os homens livres de um Estado se interessam por elas. Mas o que pode mostrar um estado de educação mais vergonhoso do que ter que ir ao exterior por justiça porque você não tem nenhuma em casa? E, no entanto, *existe* um estágio pior da mesma doença – quando os homens aprenderam a ter prazer e orgulho nas voltas e reviravoltas da lei; sem considerar o quão melhor seria para eles ordenar suas vidas de forma a não ter necessidade dos acenos da justiça. E existe uma desgraça semelhante em consultar um médico, não para a cura de feridas ou doenças epidêmicas, mas porque um homem, por preguiça e luxúria, contraiu doenças que eram desconhecidas nos dias de Asclépio. Quão simples é a prática da medicina homérica. Eurípilo, após ter sido ferido, bebe um *posset*[6] de vinho pramniano, que é de natureza quente; no entanto, os filhos de Asclépio não culpam a donzela que lhe dá a bebida, nem Pátroclo que está cuidando dele. A verdade é que este sistema moderno de cuidar das enfermidades foi introduzido por Heródico, o treinador; que, tendo uma constituição doentia, por um misto de treinamento e medicina, torturou primeiro a si mesmo e depois a muitas outras pessoas, e viveu muito mais tempo do que tinha direito. Mas Asclépio não praticava essa arte, porque sabia que os cidadãos de um

---

[6] *Posset* era uma bebida preparada com vinho ou cerveja e leite adoçado e temperado, muito comumente usado como remédio na Inglaterra do século XVI (N.T.)

Estado bem ordenado não tinham tempo para adoecer e, por isso, adotou o método de "matar ou curar", empregado por artesãos e operários. "Eles devem estar trabalhando", dizem, "e não têm tempo para mimos: se se recuperarem, muito bem; se não o fizerem, haverá um fim para eles." Ao passo que o homem rico é considerado um cavalheiro que pode se dar ao luxo de ficar doente. Você conhece uma máxima de Focílides – que "quando um homem começa a ficar rico" (ou, talvez, um pouco antes) "ele deve praticar a virtude"? Mas como pode o cuidado excessivo com a saúde ser inconsistente com uma ocupação comum e, ainda assim, consistente com a prática da virtude que Focílides promove? Quando um estudante imagina que a filosofia lhe dá dor de cabeça, ele nunca faz nada; estará sempre doente. Esta foi a razão pela qual Asclépio e seus filhos não praticavam tal arte. Eles estavam agindo no interesse do público e não desejavam preservar vidas inúteis ou criar uma prole insignificante para pais miseráveis. Doenças honestas eles curavam honestamente; e se um homem estava ferido, aplicavam os remédios apropriados, e então o deixavam comer e beber o que quisesse. Mas se recusaram a tratar de assuntos destemperados e sem valor, embora pudessem ter feito grandes fortunas com eles. Quanto à história de Píndaro, que Asclépio foi morto por um raio por devolver a vida a um homem rico, isso é uma mentira: seguindo nossa velha regra, devemos dizer que ou ele não aceitou suborno, ou que não era o filho de um deus.

Glauco então pergunta a Sócrates se os melhores médicos e os melhores juízes não serão aqueles que tiveram individualmente a maior experiência de doenças e crimes. Sócrates faz uma distinção entre as duas profissões. O médico deveria ter passado por doenças em seu próprio corpo, pois ele cura com a mente e não com o corpo. Mas o juiz controla mente por mente; e, portanto, sua mente não deve ser corrompida pelo crime. Onde então deve ganhar experiência? Como pode ser sábio e ainda inocente? Quando jovem, um bom homem pode ser enganado por malfeitores, porque ele não tem nenhum padrão da maldade em si mesmo; e, portanto, o juiz deve ser de uma certa idade; sua juventude deve ter sido inocente, e ele deve ter adquirido uma visão do mal, não pela prática dele, mas pela observação dele nos outros. Este é o ideal de um juiz; o criminoso que se tornou detetive é demasiadamente desconfiado, mas quando está na companhia de homens bons que têm experiência, ele está em falta, pois tolamente imagina que cada um é tão mau quanto ele. O vício pode ser conhecido pela virtude, mas não pode conhecer a virtude. Este é o tipo de medicamento e o tipo de lei que prevalecerá em nosso Estado; serão artes de cura para naturezas melhores; mas o corpo mau será deixado para morrer pelo primeiro, e a alma má será morta pelo outro. E a necessidade de qualquer um deles será grandemente diminuída por boa música, que proporcionará harmonia à alma, e boa ginástica, que proporcionará saúde ao corpo. Não que essa divisão entre música e ginástica corresponda realmente à alma e ao corpo; pois ambos estão igualmente relacionados com a alma, que é domesticada por um e despertada e sustentada pelo outro. Os dois juntos fornecem aos nossos guardiões sua dupla natureza. O temperamento apaixonado quando praticamos muita ginástica é endurecido e brutalizado, o temperamento gentil ou filosófico em contato com muita música se torna enfraquecido. Enquanto um homem permite que a música escorra como água pelo funil de seus ouvidos, a borda de sua alma gradualmente se desgasta e o elemento apaixonado ou espirituoso se desfaz dele. Muito pouca disposição se esgota facilmente; muita disposição, por sua vez, rapidamente se transforma em irritabilidade nervosa. Então, novamente, o atleta, ao se alimentar e treinar, tem sua coragem dobrada, mas logo se torna estúpido; é como um animal selvagem, pronto para fazer tudo por explosão e nada por conselho ou politicamente. Existem dois princípios no homem, razão e paixão, e a estes, não à alma ou ao corpo, as duas artes da música e da ginástica correspondem. Aquele que os mistura em concordância harmoniosa é o verdadeiro músico – ele será o guia genial de nosso Estado.

A próxima pergunta é, quem devem ser nossos governantes? Primeiro, o mais velho deve governar o mais jovem; e os melhores dos mais velhos serão os melhores guardiões. Agora, eles devem ser os que amam seus súditos ao máximo, e imaginam que tenham um interesse comum com eles no bem-estar do Estado. Devemos selecionar estes; mas devem ser vigiados em todas as épocas da vida para ver se mantiveram as opiniões e se resistiram à força e ao encantamento. Pois o tempo, a persuasão e o amor ao prazer podem encantar um homem a uma mudança de propósito, e a força da tristeza e da dor podem compeli-lo. E portanto nossos guardiões devem ser homens que foram testados por muitas provações, como o ouro no fogo do forjador, e passaram primeiro pelo perigo, depois pelo prazer, e em todas as idades saíram dessas provações vitoriosos e sem mácula, com pleno domínio de si mesmos e de seus princípios; tendo todas as suas faculdades em exercício harmonioso para o bem de seu país. Estes receberão as mais altas honras tanto na vida como na morte. (Talvez seja melhor limitar o termo "guardiões" a esta classe especial: os homens mais jovens podem ser chamados de "auxiliares".)

E agora por uma magnífica mentira, em cuja crença, ah, que pudéssemos treinar nossos governantes! – de qualquer forma, façamos uma tentativa com o resto do mundo. O que vou contar é apenas outra versão da lenda de Cadmo; mas nossa geração incrédula demorará a acreditar em tal história. A história deve ser contada, primeiro aos governantes, depois aos soldados e por último ao povo. Informaremos a eles que sua juventude era um sonho e que, durante o tempo em que pareciam estar se educando, estavam realmente sendo moldados na terra, que os enviou quando estavam prontos; e que devem proteger e cuidar dela, de quem são filhos, e considerar uns aos outros como irmãos e irmãs. Não me surpreende que você tenha vergonha de propor tal ficção. Há mais por trás. Esses irmãos e irmãs têm naturezas diferentes, e alguns deles os deuses criaram para governar, a quem eles moldaram em ouro; outros foram feitos de prata, para serem auxiliares; outros ainda para serem lavradores e artesãos, e estes foram formados de latão e ferro. Mas como são todos originados de um estoque comum, um pai dourado pode ter um filho prateado, ou um pai prateado um filho dourado, e então deve haver uma mudança de posição; o filho do rico deve descer, e o filho do artesão subir na escala social; pois um oráculo diz "que o Estado chegará ao fim se for governado por um homem de latão ou ferro". Nossos cidadãos acreditarão em tudo isso? "Não na geração atual, mas na próxima, talvez, sim."

Platão

Agora que os homens nascidos na terra saiam sob o comando de seus governantes, e olhem ao redor e armem seu acampamento em um lugar alto, que estará seguro contra os inimigos de fora e contra as insurreições de dentro. Deixe-os sacrificar e armar suas tendas; pois soldados eles deverão ser e não comerciantes, os cães de guarda e pastores das ovelhas; e a luxúria e a avareza os transformarão em lobos e tiranos. Seus hábitos e moradas devem corresponder à sua educação. Não devem ter propriedade; seu pagamento deve apenas cobrir suas despesas; e deveriam ter refeições comuns. Ouro e prata diremos que eles têm dos deuses, e em razão deste dom divino em suas almas eles não devem se misturar com aquela escória terrestre que se conhece pelo nome de ouro. Somente eles entre os demais cidadãos não podem tocá-lo, ou estar sob o mesmo teto com ele, ou beber nele; pois ele é a coisa maldita. Se algum dia adquirirem casas ou terras ou dinheiro próprio, eles se tornarão chefes de família e comerciantes em vez de guardiões, inimigos e tiranos em vez de auxiliares, e a hora da ruína, tanto para eles próprios quanto para o resto do Estado, estará próxima.

A República III.
Análise.

O aspecto religioso e ético da educação de Platão será doravante considerado sob um título separado. Alguns pontos menores podem ser mais convenientemente anotados.

1. O apelo constante à autoridade de Homero, a quem, com grave ironia, Platão, à maneira de sua época, convoca como testemunha sobre ética e psicologia, bem como sobre dieta e medicina; tentando diferenciar a melhor lição do pior, às vezes alterando os textos dos desígnios; mais de uma vez citando ou aludindo a Homero de maneira imprecisa, à maneira dos primeiros logógrafos que transformaram a *Ilíada* em prosa, e se deliciando em tirar inferências rebuscadas de suas palavras, ou fazer aplicações ridículas delas. Como Heráclito, ele não fica furioso com Homero e Arquíloco (Heráclito), mas usa suas palavras e expressões como veículos de uma verdade superior; não de um modo como Teágenes de Régio ou Metrodoro, ou em tempos posteriores dos estoicos, mas como a fantasia pode ditar. E as conclusões deles tiradas são sólidas, embora as premissas sejam fictícias. Esses apelos fantasiosos a Homero adicionam charme ao estilo de Platão e,

ao mesmo tempo, têm o efeito de uma sátira às loucuras da interpretação homérica. Para nós (e provavelmente para ele mesmo), embora tomem a forma de argumentos, eles são realmente figuras de linguagem. Elas podem ser comparadas com citações modernas das Escrituras, que frequentemente têm um grande poder retórico, mesmo quando o significado original das palavras é totalmente perdido de vista. O real, como o Sócrates platônico, como deduzimos da *Memorabilia* de Xenofonte, gostava de fazer adaptações semelhantes. Excelente em todas as idades e países, na religião, bem como no direito e na literatura, tem sido a arte da interpretação.

2. "O estilo deve estar em conformidade com o assunto e a métrica com o estilo." Apesar do fascínio que a palavra "clássico" exerce sobre nós, dificilmente podemos sustentar que essa regra é observada em toda a poesia grega que chegou até nós. Não podemos negar que o pensamento muitas vezes excede o poder de expressão lúcida em Ésquilo e Píndaro; ou que a retórica leva a melhor sobre o pensamento do poeta sofista Eurípides. Só talvez em Sófocles haja uma harmonia perfeita entre os dois; somente nele encontramos uma graça da linguagem como a beleza de uma estátua grega, à qual não há nada a acrescentar nem retirar; pelo menos isso é verdade para peças únicas ou para grande parte delas. Na conexão entre os Coros Trágicos e os poetas líricos gregos não é raro encontrar um fio emaranhado, que em uma época anterior à lógica, o poeta era incapaz de desembaraçar. Muitos pensamentos e sentimentos se misturavam em sua mente, e ele não tinha o poder de separá-los ou organizá-los. Pois existe uma influência sutil da lógica que precisa ser transferida da prosa para a poesia, assim como a música e a perfeição na linguagem são infundidas pela poesia na prosa. Em todas as épocas, o poeta foi um mau juiz de seu próprio significado (Apolo); pois ele não vê que a palavra que está cheia de associações para sua própria mente, é difícil e sem sentido para a de outro; ou que a sequência que é clara para ele, é confusa para os outros. Há muitas passagens em alguns de nossos grandes poetas modernos que são obscuras demais; em que não há proporcionalidade entre estilo e assunto, em que qualquer figura parcialmente expressa, qualquer construção rude, qualquer colocação distorcida de palavras, qualquer sequência remota

de ideias é permitida; e não há voz "vindo docemente da natureza", ou música acrescentando a expressão de sentimento ao pensamento. Como se pudesse haver poesia sem a beleza, ou a beleza sem facilidade e clareza. As obscuridades dos primeiros poetas gregos surgiram necessariamente do Estado de linguagem e lógica que existia em sua época. Eles não são exemplos a ser seguidos por nós; pois o uso da linguagem deve tornar-se cada vez mais claro a cada nova geração. Como Shakespeare, eles eram grandes, apesar das (não em consequência de) suas imperfeições de expressão. Mas não há razão para retornar à obscuridade necessária que prevaleceu na infância da literatura. Os poetas ingleses do século passado certamente não eram obscuros; e não temos desculpa para perder o que eles ganharam, ou para voltar à era anterior ou de transição que os precedeu. O pensamento de nossa época não superou a linguagem; a falta da "arte de medir" de Platão é a causa principal da desproporção entre eles.

3. No terceiro livro de *A República*, uma abordagem mais próxima é feita de uma teoria da arte do que em qualquer outro lugar de Platão. Suas opiniões podem ser resumidas como segue: a verdadeira arte não é fantasiosa e imitativa, mas simples e ideal; a expressão da mais alta energia moral, seja em ação ou em repouso. Viver entre as obras de artes plásticas que são desse caráter nobre e simples, ou ouvir a tais acordes, é a melhor das influências, a verdadeira atmosfera grega, na qual a juventude deve ser criada. Essa é a forma de incutir neles um bom gosto natural, que terá um sentimento de verdade e beleza em todas as coisas. Pois embora os poetas devam ser expulsos, a arte inanimada é reconhecida como outro aspecto da razão – como o amor em *Banquete*, estendendo-se pela mesma esfera, mas confinado à educação preliminar e agindo pelo poder do hábito; e esta concepção de arte não se limita aos acordes musicais ou às formas de artes plásticas, mas permeia toda a natureza e tem uma vasta família no mundo. *A República* de Platão, como a *Atenas* de Péricles, tem um lado artístico e político.

Quase não há menção em Platão das artes criativas; apenas em duas ou três passagens que alude a elas (*A República*; *Sofista*). Ele não está perdido em êxtase com as grandes obras de Fídias, o Partenon, a Propileia, as estátuas de Zeus ou Atena. Ele provavelmente teria considerado qualquer verdade abstrata de número ou valor como mais elevada do que a maior delas. No entanto, é difícil supor que alguma influência, como a que espera inspirar na juventude, não tenha passado em sua mente a partir das obras de arte que viu ao seu redor. Estamos vivendo sobre os fragmentos delas, e encontrando em algumas pedras quebradas o padrão da verdade e da beleza. Mas em Platão esse sentimento não tem expressão; ele em lugar algum diz que a beleza é o objeto da arte; parece negar que a sabedoria pode assumir uma forma externa (*Fedro*); ele não distingue as belas artes das artes mecânicas. Quer ele sentisse ou não, como alguns escritores, mais do que expressava, é pelo menos notável que a maior perfeição das belas-artes coincidisse com um silêncio quase total sobre elas. Em uma passagem muito surpreendente, ele nos diz que uma obra de arte, como o Estado, é um todo; e esta concepção de um todo e o amor das recém-nascidas ciências matemáticas podem ser consideradas, se não como as inspiradoras, pelo menos como os princípios reguladores da arte grega (Xenofonte; *Memorabilia* e *Sofista*).

4. Platão faz a observação sutil e verdadeira de que é melhor que o médico não esteja em uma saúde perfeita; e deveria saber o que é a doença em sua própria pessoa. Mas o juiz não deveria ter passado pela experiência semelhante do mal; ele deve ser um bom homem que, tendo passado a juventude na inocência, conheceu tarde na vida a maldade dos outros. E, portanto, de acordo com Platão, um juiz não deve ser jovem, assim como um jovem, de acordo com Aristóteles, não é adequado para ser um ouvinte de filosofia moral. Os maus, por outro lado, conhecem o vício, mas não conhecem a virtude. Pode-se duvidar, entretanto, se essa linha de reflexão é bem fundamentada. Em uma passagem notável do livro *Leis* reconhece-se que o mal pode formar uma estimativa correta do bem. A união da gentileza e da coragem no Livro II, a princípio parecia um paradoxo, mas depois foi considerada uma verdade. E Platão também pode ter descoberto que a intuição do mal pode ser consistente com a aversão por ele. Há uma objetividade direta na virtude que dá uma visão do vício. E o conhecimento do caráter é, em certo grau, um sentido natural independente de qualquer experiência especial do bem ou do mal.

5. Uma das concepções mais marcantes de Platão, porque não grega e muito diferente de tudo o que existiu em sua época, é a transposição de classes. No Estado espartano, houve alforria para os hilotas e degradação de cidadãos em circunstâncias especiais. E nas antigas aristocracias gregas, o mérito era certamente reconhecido como um dos elementos em que o governo se baseava. Os fundadores dos Estados deveriam ser seus benfeitores, que foram elevados por suas grandes ações acima do nível comum da humanidade; em um período posterior, os serviços de guerreiros e legisladores foram realizados para dar a eles e a seus descendentes os privilégios de cidadania e a primeira posição no Estado. E embora a existência de uma aristocracia ideal seja vagamente provada a partir dos vestígios da história grega primitiva, e temos dificuldade em atribuir-lhe tal característica, qualquer que seja a ideia que possa ser definida, a qualquer Estado helênico real (ou mesmo a qualquer Estado que tenha jamais existido no mundo) ainda assim, o governo dos melhores era certamente a aspiração dos filósofos, que provavelmente acomodaram em grande parte suas visões da história primitiva às suas próprias noções de um bom governo. Platão ainda insiste em aplicar aos guardiões de seu Estado uma série de testes pelos quais todos aqueles que ficaram aquém de um padrão fixo foram ou removidos do corpo do governo ou não admitidos nele; e essa disciplina "acadêmica" prevaleceu até certo ponto nas cidades-Estados gregas, especialmente em Esparta. Ele também indica que o sistema de castas, que existia em grande parte da Antiguidade e não está de forma alguma extinto no mundo europeu moderno, deve ser posto de lado de tempos em tempos em favor do mérito. Ele tem consciência de como a maior parte da humanidade se ressente de qualquer interferência na ordem da sociedade e, portanto, propõe sua nova ideia na forma do que ele próprio chama de "ficção monstruosa" (compare a cerimônia de preparação para as duas "grandes ondas" no Livro V). Dois princípios são indicados por ele: primeiro, que há uma distinção de classes dependendo das circunstâncias anteriores ao indivíduo; segundo, que esta distinção é e deve ser quebrada por qualidades pessoais. Ele adapta a mitologia, como os poemas homéricos, às necessidades do Estado, tornando "o conto fenício" o veículo de

suas ideias. Cada cidade-Estado grega tinha um mito a respeito de sua própria origem; a república platônica também pode ter uma história dos homens nascidos naquela terra. A gravidade e verossimilhança com que a história é contada, e a analogia da tradição grega, são uma verificação suficiente da "falsidade monstruosa". A poesia antiga falava de uma idade do ouro, da prata, do latão e do ferro se sucedendo, mas Platão supõe que essas diferenças na natureza dos homens coexistem em um único Estado. A mitologia fornece uma figura sob a qual a lição pode ser ensinada (como diz Protágoras, "o mito é mais interessante"), e permite que Platão toque levemente em novos princípios sem entrar em detalhes. Nesta passagem, deixa transparecer uma verdade geral, mas não nos diz por quais passos a transposição das fileiras deve ser efetuada. De fato, em toda *A República*, permite que os escalões mais baixos se dissipem. Não sabemos se devem portar armas e se no quinto livro estão ou não incluídos nos regulamentos comunistas relativos à propriedade e ao casamento. Tampouco adianta argumentar estritamente a partir de algumas palavras casuais, ou do silêncio de Platão, ou de fazer inferências que estavam além de sua visão. Aristóteles, em sua crítica à posição das classes populares, não percebe que a criação poética é "como o ar, invulnerável" e não pode ser penetrada pelos eixos de sua lógica (Política).

6. Dois paradoxos que atingem o leitor moderno como no mais alto grau de fantasia e ideal, e que lhe sugerem muitas reflexões, podem ser encontrados no terceiro livro de *A República*: primeiro, o grande poder da música, muito além de qualquer influência que é experimentada por nós nos tempos modernos, quando a arte ou a ciência estão muito mais desenvolvidas e encontraram o segredo da harmonia, bem como da melodia; em segundo lugar, o controle indefinido e quase absoluto que a alma deve exercer sobre o corpo.

No primeiro suspeitamos de algum grau de exagero, como o que também podemos observar entre certos mestres da arte, que não são desconhecidos para nós na atualidade. Com esse entusiasmo natural, que só alguns poucos sentem, parece se misturar em Platão uma espécie de reverência pitagórica pelos números e pela proporção numérica à qual

Aristóteles é um estranho. Os intervalos do som e numéricos são para ele coisas sagradas que têm uma lei própria, não dependentes das variações dos sentidos. Eles se elevam acima do sentido, e tornam-se um elo com o mundo das ideias. Mas é evidente que Platão está descrevendo o que para ele parece ser também um fato. O poder de uma melodia simples e característica na mente impressionável do grego é mais do que podemos apreciar facilmente. Os efeitos das melodias nacionais podem guardar alguma comparação com isso. E, além de tudo, há uma confusão entre a harmonia das notas musicais e a harmonia da alma e do corpo, tão potentemente inspirada por elas.

O segundo paradoxo leva a algumas questões curiosas e interessantes: Até que ponto a mente pode controlar o corpo? A relação entre eles é de antagonismo mútuo ou de harmonia mútua? Eles são dois ou apenas um, e seria algum deles a causa do outro? Que às vezes não abandonemos a oposição entre eles e o modo de descrevê-los, que é tão familiar para nós, mas dificilmente transmite qualquer significado preciso, e tentemos ver esta criatura complexa, o homem, de uma maneira mais simples? Não devemos, de qualquer modo, admitir que existe na natureza humana um princípio superior e um inferior, separados por nenhuma linha divisória, que às vezes se dividem e se armam um contra o outro? Ou ainda, eles se reconciliam e se movem juntos, seja inconscientemente no trabalho normal da vida, ou conscientemente na busca de algum objetivo nobre, a ser alcançado não sem esforço, e para o qual todos os pensamentos e nervos são tensionados. E então o corpo se torna o bom amigo ou aliado, ou servo ou instrumento da mente. E a mente frequentemente tem um poder maravilhoso e quase sobre-humano de banir doenças e fraquezas e invocar uma força oculta. Razão e os desejos, o intelecto e os sentidos são colocados em harmonia e obediência de modo a formar um único ser humano. Eles estão sempre se separando, sempre se encontrando; e a identidade ou diversidade de suas tendências ou operações passa, em grande parte, por nós despercebida. Quando a mente toca o corpo através dos apetites, reconhecemos a responsabilidade de um para com o outro. Existe uma tendência em nós que diz "Beba". Há outra que diz: "Não beba; não é bom para você". E todos nós sabemos qual é o legítimo superior. Também somos responsáveis por nossa saúde, embora nesta esfera entrem alguns elementos de necessidade que podem estar além de nosso controle. Ainda na gestão da saúde, o cuidado e o pensamento, continuados por muitos anos, podem nos tornar quase agentes livres, se não exigirmos muito de nós mesmos, e se reconhecermos que toda liberdade humana é limitada pelas leis da natureza e da mente.

Ficamos desapontados ao descobrir que Platão, na condenação geral que transmite à prática da medicina prevalecente em sua época, deprecia os efeitos da dieta alimentar. Ele gostaria de ter doenças de caráter definido e capazes de receber um tratamento definido. Tem medo de que a invalidez interfira nos assuntos da vida. Não reconhece que o tempo é o grande curador dos distúrbios mentais e corporais; e os remédios que são graduais e tomados aos poucos são mais seguros do que aqueles que produzem uma catástrofe repentina. Tampouco ele nota que não há maneira pela qual a mente possa influenciar mais seguramente o corpo do que pelo controle de comer e beber; ou qualquer outra ação ou ocasião da vida humana em que a maior liberdade da vontade pode ser mais simples ou verdadeiramente afirmada.

7. Questões menores de estilo podem ser observadas.
   1. A ignorância da música afetada, que é a maneira de Platão de expressar que está passando suavemente pelo assunto.
   2. A tentativa na qual aqui, como no segundo livro, ele prossegue com a construção do Estado.
   3. A descrição do Estado às vezes como uma realidade, e então novamente como uma obra da imaginação apenas; essas são as artes pelas quais ele mantém o interesse do leitor.
   4. A conexão ou a preparação para a expulsão total dos poetas no Livro X.
   5. Os retratos inseparáveis do amante do litígio e do valetudinário, a piada satírica sobre a máxima de Focílides, o modo com o qual a imagem dos cidadãos de ouro e prata é retomada no assunto,

e o argumento da prática de Asclépio não devem passar despercebidos.

A República IV.
INTRODUÇÃO.

LIVRO IV. Adimanto disse: "Suponha que uma pessoa argumente, Sócrates, que você torna seus cidadãos infelizes, e isso por sua livre e espontânea vontade; eles são os senhores da cidade e, no entanto, em vez de ter, como outros homens, terras, casas e dinheiro próprios, vivem como mercenários e estão sempre montando guarda". Você pode acrescentar, eu respondi, que eles não recebem nenhum pagamento, mas apenas comida, e não têm dinheiro para gastar em uma viagem ou com uma amante. "Bem, e que resposta você dá?" Minha resposta é que nossos tutores podem ou não ser os mais felizes dos homens (não deveria ficar surpreso ao descobrir, afinal, que eles eram) mas este não é o objetivo de nossa constituição, que foi projetada para o bem do todo e não de uma parte. Se eu fosse a um escultor e o culpasse por ter pintado os olhos, que são a característica mais nobre do rosto, não de roxo, mas de preto, ele responderia: "O olho deve ser um olho, e você deve olhar para a estátua como um todo". "Bem posso imaginar o paraíso de um tolo, em que todos comem e bebem, vestidos de púrpura e linho fino, e oleiros deitam-se em sofás e têm suas rodas à mão, para trabalharem um pouco quando quiserem; e os sapateiros e todas as outras classes de um Estado perdem seu caráter distintivo. E um Estado pode continuar sem sapateiros; mas quando os guardiões degeneram em conviviais, então a ruína está completa. Lembre-se de que não estamos falando de camponeses em gozo de suas férias, mas de um Estado em que cada homem deve fazer seu próprio trabalho. A felicidade não reside nesta ou naquela classe, mas no Estado como um todo. Eu tenho outro comentário para fazer: uma condição média é melhor para artesãos; eles devem ter dinheiro suficiente para comprar ferramentas, e não o suficiente para serem independentes do seu negócio. E não será a mesma condição a melhor para todos os nossos cidadãos? Se forem pobres, serão maus; se ricos, luxuriosos e preguiçosos; e em nenhum dos casos estarão satisfeitos. "Mas então como nossa pobre cidade será capaz de ir à guerra contra um inimigo que tem dinheiro?" Pode haver dificuldade em lutar contra um inimigo; contra dois não haverá nenhuma. Em primeiro lugar, a luta será conduzida por guerreiros treinados contra cidadãos abastados: e um atleta comum não é um páreo fácil para pelo menos dois adversários fortes? Suponha também que, antes do início da batalha, enviaremos embaixadores a uma das duas cidades, dizendo, "Prata e ouro não temos; você nos ajuda e fica com a nossa parte do despojo"; – quem lutaria contra os cães magros e esguios, quando poderiam se juntar a eles na caça às ovelhas na engorda? "Mas se muitos Estados juntarem seus recursos, não estaremos em perigo?" É divertido ouvir você usar a palavra "Estado" para designar qualquer um, menos o nosso. Eles são "Estados", mas não "um Estado" – muitos em um. Pois em cada Estado existem dois povos hostis, ricos e pobres, que você pode colocar um contra o outro. Mas nosso Estado, embora permaneça fiel a seus princípios, será de fato o mais poderoso dos Estados helênicos.

Para o tamanho do Estado não há limite, mas a necessidade de unidade; não deve ser nem muito grande nem muito pequeno para se manter unido. Este é um assunto de importância secundária, como o princípio da transposição que foi sugerido na parábola dos homens nascidos na terra. O significado ali implícito era que cada homem deveria fazer aquilo para o qual fosse mais adequado e viver de acordo consigo mesmo, e então toda a cidade seria unida. Mas todas essas coisas são secundárias, se a educação, que é a grande questão, for devidamente considerada. Quando a roda é posta em movimento, a velocidade estará sempre aumentando; e cada geração melhora em relação à anterior, tanto em qualidades físicas como morais. O cuidado dos governantes deve ser direcionado para preservar a música e a ginástica da inovação; altere as canções de um país, diz Damon, e você logo terminará alterando suas leis. A mudança parece inocente a princípio, e começa como uma brincadeira; mas o mal logo se torna sério, atuando secretamente sobre o caráter dos indivíduos, depois sobre as relações sociais e comerciais e, por último, sobre as instituições de um Estado; e haverá ruína e confusão por toda parte. Mas se a educação permanecer na forma estabelecida, não haverá perigo. Um processo restaurador estará sempre em andamento; o espírito da lei e da ordem reerguerá o que havia caído. Nem serão necessárias leis para as questões menos importantes da vida, como as regras de conduta ou modas de vestuário. Semelhantes atraem semelhantes para o bem ou para o mal. A educação corrigirá as deficiências e fornecerá o poder do autogoverno. Longe de nós entrar nas particularidades da legislação; deixem que os tutores cuidem da educação, e a educação cuidará de todas as outras coisas.

Mas sem educação eles podem remendar e consertar como quiserem; não farão nenhum progresso, não mais do que um paciente que pensa em se curar por algum remédio favorito, mas que não desiste de seu estilo de vida de luxúria. Se você disser a essas pessoas que elas devem primeiro alterar seus hábitos, elas ficarão zangadas; elas, que são pessoas encantadoras. Encantadoras... não, exatamente o contrário. Evidentemente, esses senhores não estão em suas boas graças, nem o Estado que for semelhante a eles. E há tais Estados que primeiro ordenam, sob pena de morte, que ninguém altere a constituição, e então se deixam lisonjear por qualquer coisa; e aquele que os elogia e bajula, será seu líder e salvador. "Sim, os homens são tão ruins quanto os Estados." Mas você não admira sua inteligência? – Não, alguns deles são estúpidos o suficiente para acreditar no que as pessoas lhes dizem. E quando todo mundo está dizendo a um homem que ele tem um metro e oitenta de altura e não tem aquela medida, como ele pode acreditar em qualquer outra coisa? Mas não se deixe dominar pela paixão: ver nossos estadistas testando suas panaceias e imaginando que podem eliminar os malandros semelhantes à Hidra da humanidade de um só golpe, é tão bom quanto assistir a uma peça. Decretos emergenciais são supérfluos em bons Estados, e são inúteis nos maus.

E agora, o que resta do trabalho legislativo? Nada para nós; mas para Apolo, o deus de Delfos, deixamos a organização da maior de todas as coisas, isto é, a religião. Somente nossa divindade ancestral sentada no centro e umbigo da terra terá a nossa confiança se tivermos algum senso, em um assunto de tal magnitude. Nenhum deus estrangeiro será supremo em nossos reinos...

A República IV.
ANÁLISE.

Aqui, como diria Sócrates, vamos "refletir sobre" o que precedeu: até agora não falamos da felicidade dos cidadãos, mas apenas do bem-estar do Estado.

Eles podem ser os mais felizes dos homens, mas nosso principal objetivo ao fundar o Estado não era fazê-los felizes. Eles deveriam ser tutores, não turistas. Dessa maneira agradável é apresentada a nós a famosa questão, tanto da filosofia antiga quanto da moderna, tocando a relação do dever com a felicidade, do direito com a utilidade.

Primeiro o dever, depois a felicidade, é a ordem natural de nossas ideias morais. O princípio utilitário é valioso como corretivo dos erros, e nos mostra um lado da ética que é negligenciado. Pode-se admitir ainda que direito e utilidade são coextensivos, e que aquele que faz da felicidade da humanidade seu objetivo, tem um dos motivos mais elevados e nobres da ação humana. Mas a utilidade não é a base histórica da moralidade; nem o aspecto em que as ideias morais e religiosas comumente ocorrem à mente. A maior felicidade de todas é, como acreditamos, o resultado longínquo do governo divino do universo. A maior felicidade do indivíduo certamente é encontrada em uma vida de virtude e bondade. Mas parece que estamos mais seguros de uma lei de direito do que de um propósito divino, de que "toda a humanidade deve ser salva"; e inferimos um do outro. E a maior felicidade do indivíduo pode ser o reverso da maior felicidade no sentido comum do termo, e pode ser compreendida em uma vida de dor ou em uma morte voluntária. Além disso, a palavra "felicidade" tem várias ambiguidades; pode significar prazer ou uma vida ideal, felicidade subjetiva ou objetiva, neste mundo ou em outro, somente de nós mesmos ou de nossos vizinhos e de todos os homens em toda parte. Pelo fundador moderno do Utilitarismo os motivos de ação egoísta e desinteressada estão incluídos no mesmo termo, embora sejam comumente entendidos por nós como benevolência e amor-próprio. A palavra felicidade não tem a precisão ou a sacralidade da "verdade" e do "direito"; não apela igualmente à nossa natureza superior, e não mergulhou na consciência da humanidade. Está muito associada aos confortos e conveniências da vida; muito pouco com "os bens da alma que desejamos para o nosso próprio bem". Em uma grande provação, ou perigo, ou tentação, ou em qualquer ação grande e heroica, mal pensamos nela. Por essas razões, o princípio da "maior felicidade" não é o verdadeiro fundamento da ética. Mas embora não seja o primeiro princípio, é o segundo, que é semelhante a ele e frequentemente de aplicação mais fácil. Pois a maior parte das ações humanas não são certas nem erradas, exceto na medida em que tendem para a felicidade da humanidade (Introdução de *Górgias* e *Filebo*).

A mesma questão reaparece na política, onde o útil ou oportuno parecem reivindicar uma esfera maior e ter uma autoridade maior. No que diz respeito às medidas políticas, perguntamos principalmente: como elas afetarão a felicidade da humanidade? No entanto, também aqui podemos observar que o que chamamos de conveniência é apenas a lei do direito limitada pelas condições da sociedade humana. O direito e a verdade são os objetivos mais elevados do governo e dos indivíduos; e não devemos perdê-los de vista porque não podemos aplicá-los diretamente. Eles apelam para as melhores cabeças das nações; e às vezes são demais para que interesses meramente temporais possam resistir. Eles são as palavras de ordem que todos os homens usam em questões de política pública, bem como em seus negócios privados; pode-se dizer que a paz da Europa depende deles. Nos Estados mais comerciais e utilitários da sociedade, o poder das ideias permanece. E toda a classe mais alta de estadistas traz em si algo daquele idealismo que Péricles supostamente reuniu dos ensinamentos de Anaxágoras. Eles reconhecem que o verdadeiro líder dos homens deve estar acima das motivações da ambição, e que o caráter nacional é de maior valor do que o conforto material e a prosperidade. E esta é a ordem do pensamento em Platão; primeiro, ele espera que seus cidadãos cumpram seu dever e, em seguida, em circunstâncias favoráveis, ou seja, em um Estado bem ordenado, sua felicidade está assegurada. Que ele estava longe de excluir o princípio moderno da utilidade na política é suficientemente evidente em outras passagens; nas quais "o mais benéfico é considerado o mais honrado" e "o mais sagrado".

Podemos notar:

1. A maneira pela qual a objeção de Adimanto, aqui, é projetada para extrair e aprofundar o argumento de Sócrates.
2. A concepção de um todo como sendo a base tanto da política quanto da arte, nesta última fornecendo o único princípio da crítica, que,

sob os vários nomes de harmonia, simetria, medida, proporção, unidade, o grego parece ter aplicado às obras de arte.
3. A exigência de que o Estado seja limitado em tamanho, seguindo o modelo tradicional de um Estado grego; como na Política de Aristóteles, o fato de as cidades da Hélade serem pequenas é convertido em um princípio.
4. Os retratos bem-humorados dos cães magros e das ovelhas gordas, do boxeador leve e ativo perturbando pelo menos dois cavalheiros corpulentos, dos pacientes "charmosos" que estão sempre piorando; ou ainda, a lúdica suposição de que não existe outro Estado senão o nosso; ou a grave ironia com a qual o estadista é desculpado quando acredita que tem um metro e oitenta de altura porque isso lhe foi dito, e não ter nada com que se possa medir, deve ser perdoado por sua ignorância – é divertido demais para ficarmos seriamente zangados com ele.
5. A maneira leve e superficial em que a religião é deixada de lado quando a provisão é feita para dois grandes princípios: primeiro, que a religião deve ser baseada na mais elevada concepção dos deuses e, em segundo lugar, que o verdadeiro tipo nacional ou helênico deve ser mantido...

> *A República IV.*
> INTRODUÇÃO.

Sócrates prossegue: mas onde, em meio a tudo isso, está a justiça? Filho de Ariston, diga-me onde. Acenda uma vela e vasculhe a cidade, e peça ao seu irmão e ao resto de nossos amigos para ajudar a procurá-la. "Não adianta", respondeu Glauco, "você mesmo prometeu fazer a busca e falou sobre a impiedade de abandonar a justiça." Bem, eu disse, vou mostrar o caminho, mas você deverá seguir. Minha percepção é que nosso Estado sendo perfeito conterá todas as quatro virtudes: sabedoria, coragem, temperança, justiça. Se eliminarmos os três primeiros, o desconhecido restante será a justiça.

Em primeiro lugar, da sabedoria: o Estado que criamos será sábio porque será político. E a política é um entre muitos tipos de habilidade – não a habilidade do carpinteiro, ou do metalúrgico, ou do lavrador, mas a habilidade de quem aconselha sobre os interesses de todo o Estado. Desse tipo é a habilidade dos guardiões, que são uma classe pequena em número, muito menor do que os ferreiros; mas neles está concentrada a sabedoria do Estado. E se esta pequena classe dominante tiver sabedoria, então todo o Estado será sábio.

Nossa segunda virtude é a coragem, que não temos dificuldade em encontrar em outra classe, a dos soldados. A coragem pode ser definida como uma espécie de salvação – a salvação infalível das opiniões que a lei e a educação prescrevem considerando os perigos. Você conhece a maneira pela qual os tintureiros primeiro preparam o fundo branco e depois aplicam a tinta roxa ou de qualquer outra cor. As cores tingidas desta forma tornam-se fixas e nenhum sabão ou soda cáustica as desbotará. Agora, a base é a educação e as leis são as cores; e se o solo for devidamente assentado, nem o sabão do prazer, nem a soda cáustica da dor ou do medo jamais os desbotarão. A esse poder que preserva a opinião correta sobre o perigo, eu pediria que você chamasse de "coragem", acrescentando o epíteto de "político" ou "civilizado" a fim de distingui-lo da mera coragem animal e de uma coragem superior que será discutida a seguir.

Duas virtudes permanecem; temperança e justiça. Mais do que as virtudes precedentes, a temperança sugere a ideia de harmonia. Alguma luz é lançada sobre a natureza dessa virtude pela descrição popular de um homem como "senhor de si mesmo", o que soa como um absurdo, porque o senhor também é o servo. A expressão realmente significa que o melhor princípio em um homem domina o pior. Existem nas cidades turmas inteiras, mulheres, escravos e afins, que correspondem ao pior, e alguns apenas ao melhor; e em nosso Estado a primeira classe está sob controle da segunda. Agora, a qual dessas classes a temperança pertence? "A ambas." E nosso Estado, se houver, será a morada da temperança; e estávamos certos ao descrever esta virtude como uma harmonia que se difunde pelo todo, fazendo com que os moradores da cidade tenham uma única opinião e afinando as classes alta, média e baixa como as cordas de um instrumento, ainda que você as suponha diferir em sabedoria, força ou riqueza.

E agora estamos perto do local; vamos puxar e afastar a cobertura e observar com todos os nossos olhos, para que a justiça não escorregue ou escape. Diga-me, se você vir o movimento do matagal primeiro. – Não, gostaria que você liderasse. Pois bem, faça então uma oração e me siga. O caminho é escuro e difícil, mas devemos seguir em frente. Eu começo a ver uma trilha. "Boas notícias." Nossa, Glauco, nossa incapacidade para os cheiros é ridícula! Enquanto estamos forçando nossos olhos na distância, a justiça está caindo aos nossos pés. Somos tão maus quanto as pessoas que procuram algo que já têm nas mãos. Você se esqueceu de nosso antigo princípio de divisão do trabalho, ou de cada homem fazendo suas próprias atividades, sobre o qual falamos na fundação do Estado – o que, senão isso, seria a justiça? Existe alguma outra virtude remanescente que possa competir com sabedoria, temperança e coragem na escala da virtude política? Para "todos terem o seu próprio" é o grande objetivo do governo; e o grande objetivo do comércio é que cada homem faça seus próprios negócios. Não que haja muito mal em um carpinteiro tentar ser sapateiro, ou um sapateiro transformar-se em carpinteiro; mas um grande mal pode surgir quando o sapateiro deixa o seu ofício, e se transforma em guardião ou legislador, ou quando um único indivíduo é treinador, guerreiro, legislador, tudo de uma vez. E esse mal é a injustiça, ou todo homem fazendo os negócios alheios. Eu não disse isso como se nesse momento estivéssemos em condições de chegar a uma conclusão final. Pois a definição que acreditamos ser válida para os Estados ainda precisa ser testada pelos indivíduos. Tendo lido as grandes cartas voltaremos agora às pequenas. Das duas juntas, uma luz brilhante pode ser atingida...

A República IV.
ANÁLISE.

Sócrates começa a descobrir a natureza da justiça por um método de resíduos. Cada uma das três primeiras virtudes corresponde a uma das três partes da alma e a uma das três classes do Estado, embora a terceira, temperança, tenha mais a característica de uma harmonia do que as duas primeiras. Se houver uma quarta virtude, ela só pode ser buscada na relação entre as três partes da alma ou classes no Estado. É óbvio e simples, e por isso mesmo não foi descoberta. O lógico moderno estará inclinado a objetar que as ideias não podem ser separadas como substâncias químicas, mas que elas se chocam umas com as outras e podem ser apenas aspectos ou nomes diferentes da mesma coisa, e neste assunto, esse parece ser o caso. Pois a definição aqui dada de justiça é verbalmente a mesma que uma das definições de temperança dadas por Sócrates nas *Cármides*, a qual, entretanto, é apenas provisória, e posteriormente rejeitada. E, longe de que a justiça termine quando as outras virtudes forem eliminadas, a justiça e a temperança de *A República* dificilmente podem ser distinguidas. A temperança parece ser a virtude de apenas uma parte e uma das três, enquanto a justiça é uma virtude universal de toda alma. No entanto, por outro lado, a temperança também é descrita como uma espécie de harmonia e, a esse respeito, é semelhante à justiça. A justiça parece diferir da temperança mais em grau do que em espécie; enquanto a temperança é a harmonia dos elementos discordantes, a justiça é a ordem perfeita pela qual todas as naturezas e classes fazem seus próprios negócios, o homem certo no lugar certo, a divisão e cooperação entre todos os cidadãos. Justiça, novamente, é uma noção mais abstrata do que as outras virtudes e, portanto, do ponto de vista de Platão, o fundamento delas, a que se referem e que, em ideia, as precede. A proposta de omitir a temperança é um mero truque de estilo para evitar a monotonia.

Há uma questão famosa discutida em dois dos primeiros *diálogos de Platão* (*Protágoras*; *Da erística*, e na *Ética a Nicômaco*, de Aristóteles): "As virtudes são uma ou muitas?" Isso recebe uma resposta no sentido de que existem quatro virtudes cardeais (agora pela primeira vez reunidas na filosofia ética), e uma é suprema sobre as demais, o que difere da concepção de Aristóteles de justiça universal, virtude em relação às outras, mas toda a virtude em relação às partes. Para essa concepção universal de justiça ou ordem na primeira educação e na natureza moral do homem, a concepção ainda mais universal do bem na segunda educação e na esfera do conhecimento especulativo parece ter sucesso. Ambas podem ser igualmente descritas pelos termos "lei", "ordem", "harmonia"; mas enquanto a ideia do bem abrange "todo o tempo e toda a existência", a concepção de justiça não se estende além do homem.

> A República IV.
> INTRODUÇÃO.

...Sócrates vai agora identificar o indivíduo e o Estado. Mas primeiro ele deve provar que existem três partes da alma individual. Seu argumento é conforme segue: – A quantidade não faz diferença na qualidade. A palavra "justo", seja aplicada ao indivíduo, seja ao Estado, tem o mesmo significado. E o termo "justiça" implicava que os mesmos três princípios no Estado e no indivíduo estavam fazendo seus próprios negócios. Mas elas são realmente três ou uma? A questão é difícil, e dificilmente pode ser resolvida pelos métodos que estamos usando agora; mas o caminho mais verdadeiro e longo ocuparia muito do nosso tempo. "O mais curto vai me satisfazer." Pois bem, você admitiria que as qualidades dos Estados significam as qualidades dos indivíduos que os compõem? Os citas e trácios são apaixonados, nossa própria raça é intelectual, e os egípcios e fenícios são ambiciosos, porque os membros individuais de cada etnia têm tais e tais características; a dificuldade é determinar se os vários princípios são um ou três; ou seja, se nós raciocinamos com uma parte de nossa natureza, desejamos com outra, estamos com raiva de outra, ou se toda a alma entra em jogo em cada tipo de ação. Essa investigação, entretanto, requer uma definição muito exata de termos. A mesma coisa na mesma relação não pode ser afetada de duas maneiras opostas. Mas não há impossibilidade em um homem ficar parado, ainda movendo seus braços, ou em uma plataforma que é fixada em um ponto que gira em torno de seu eixo. Não há necessidade de mencionar todas as exceções possíveis; vamos supor provisoriamente que os opostos não podem fazer, ser ou sofrer opostos na mesma relação. E à classe de opostos pertencem concordância e discordância, desejo e aversão. E uma forma de desejo é a sede e a fome, e aqui surge um novo ponto: a sede é a sede de bebida, a fome é a fome de comida; não de uma bebida quente ou de um tipo particular de comida, com a única exceção, é claro, de que o próprio fato de desejarmos algo, implica que ela seja boa. Quando os termos relativos não têm atributos, seus correlativos não têm atributos; quando possuem atributos, seus correlativos também os possuem. Por exemplo, o termo "maior" é simplesmente relativo a "menor", e conhecimento se refere a um assunto de conhecimento. Mas, por outro lado, um determinado conhecimento é relativo a um determinado assunto. Novamente, toda ciência tem um caráter distinto, que é definido por um objeto; medicina, por exemplo, é a ciência da saúde, embora não se confunda com a saúde em si. Tendo esclarecido nossas ideias até agora, vamos voltar à instância original da sede, que tem um objetivo definido: beber. Agora, a alma sedenta pode sentir dois impulsos distintos; o animal dizendo "beba"; o racional, que diz "não beba". Os dois impulsos são contraditórios; e, portanto, podemos supor que surgem de princípios distintos na alma. Mas seria a paixão um terceiro princípio ou é semelhante ao desejo? Há a história de um certo Leôncio que lança alguma luz sobre esta questão. Ele estava chegando do Pireu do lado de fora da muralha norte e passou por um local onde havia cadáveres deitados próximos a um carrasco. Sentiu um desejo ardente de vê-los e uma aversão a eles; no começo virou-se e fechou os olhos, então, abrindo-os de repente, disse: "Aproveitem, desgraçados, da bela vista". Ora, não há aqui um terceiro princípio que muitas vezes corre ao auxílio da razão contra o desejo, mas nunca do desejo contra a razão? Isso é paixão ou espírito, de cuja existência em separado podemos nos convencer ainda mais, propondo o seguinte caso: quando um homem sofre com justiça, se ele é de uma natureza generosa, não fica indignado com as adversidades que sofre; mas quando ele sofre injustamente, sua indignação é seu grande apoio; a fome e a sede não podem domá-lo; o espírito dentro dele deve ceder ou morrer, até que a voz do pastor, isto é, da razão, ordenando a seu cão que não lata mais, seja ouvida dentro dele. Isso mostra que a paixão é aliada da razão. A paixão é então a mesma com relação à razão? Não, pois a primeira existe também nas crianças e nos brutos; e Homero fornece uma prova da distinção entre elas quando diz: "Ele bateu no peito, e assim repreendeu sua alma".

 E agora, finalmente, alcançamos terreno firme e podemos inferir que as virtudes do Estado e do indivíduo são as mesmas. Pois sabedoria, coragem e justiça no Estado são, separadamente, a sabedoria, a coragem e a justiça dos indivíduos que formam o Estado. Cada uma das três classes fará o seu próprio trabalho no Estado, e cada parte da alma individual; a razão, o superior, e a paixão, o inferior, serão harmonizados pela influência da música e da ginástica. O conselheiro e o guerreiro, a cabeça e o braço, atuarão juntos na cidade de Mansoul e manterão os desejos na sujeição adequada. A coragem do guerreiro é aquela qualidade que preserva uma opinião correta sobre os perigos, apesar dos prazeres e dores. A sabedoria do conselheiro é aquela pequena parte da alma que tem autoridade e razão. A virtude da temperança é a amizade dos princípios dominantes e sujeitos, tanto no Estado como no indivíduo. Da justiça nós já temos falado; e a noção já apresentada sobre ela pode ser confirmada por exemplos comuns. Irá o Estado justo ou o indivíduo justo roubar, mentir, cometer adultério ou ser culpado de impiedade para com deuses e homens? "Não." E não é por isso que os vários princípios, seja no Estado, seja no indivíduo, realizam suas próprias atividades? E a justiça é a qualidade que torna os homens justos e os Estados justos. Além disso, nossa velha divisão de trabalho, que exigia que houvesse um homem para cada uso, era um sonho ou uma antecipação do que estava por vir; e esse sonho foi agora materializado na justiça, que começa ligando as três cordas da alma, e então age harmoniosamente em todas as relações da vida. E a injustiça, que é a insubordinação e desobediência dos elementos inferiores da alma, é o oposto da justiça e é desarmoniosa e antinatural, sendo para a alma o que a doença é para o corpo; pois, tanto na alma como no corpo, as boas ou más ações produzem bons ou maus hábitos. E a virtude é a saúde, a beleza e o bem-estar da alma, e o vício é a doença, a fraqueza e a deformidade da alma.

Novamente a velha questão volta sobre nós: a justiça ou a injustiça, qual a mais lucrativa? A pergunta se tornou ridícula. Pois a injustiça, como a doença mortal, torna a vida sem valor. Suba comigo até a colina que se ergue ao largo da cidade e contemple a única forma de virtude, e as infinitas formas de vício, entre as quais há quatro especiais, características tanto de Estados como de indivíduos. E o Estado que corresponde à forma única de virtude é aquele que estamos descrevendo, no qual a razão governa sob um de dois nomes: monarquia e aristocracia. Portanto existem cinco formas ao todo, tanto de Estados quanto de almas...

A República IV.
Análise.

Na tentativa de provar que a alma tem três faculdades distintas, Platão aproveita a ocasião para discutir o que faz diferença nas faculdades. E o critério que ele propõe é a diferença no funcionamento de cada uma. A mesma faculdade não pode produzir efeitos contraditórios. Mas o caminho dos primeiros pensadores é cercado por emaranhados espinhosos, e ele não dará um passo sem primeiro limpar o terreno. Isso o leva a uma digressão cansativa, que visa explicar a natureza da contradição. Em primeiro lugar, a contradição deve estar ao mesmo tempo e na mesma relação. Em segundo lugar, nenhuma palavra irrelevante deve ser introduzida em qualquer um dos termos em que a proposição contraditória é expressa: por exemplo, a sede é de bebida, não de bebida quente. Ele insinua, o que ele não diz, que, se pelo conselho da razão ou pelo impulso da raiva, um homem é impedido de beber, isso prova que a sede, ou desejo sob o qual a sede está incluída, é distinto da raiva e da razão. Mas suponha que permitamos que o termo "sede" ou "desejo" seja modificado e digamos "sede raivosa" ou "desejo vingativo"; então, as duas esferas de desejo e raiva se sobrepõem e se tornam confusas. Portanto, este caso deve ser excluído. E ainda permanece uma exceção à regra no uso do termo "bom", que está sempre implícito no objeto de desejo. Essas são as discussões de uma era anterior à lógica; e qualquer um que tenha se cansado delas, deve se lembrar de que são necessárias para o esclarecimento das ideias no primeiro desenvolvimento das faculdades humanas.

A psicologia de Platão não se estende além da divisão da alma em elementos racionais, irascíveis e concupiscentes, que, até onde sabemos, foi feita pela primeira vez por ele e mantida por Aristóteles e escritores éticos posteriores. A principal dificuldade nesta análise inicial da mente é definir exatamente o lugar da faculdade irascível, que pode ser descrito de várias maneiras sob os termos indignação justa, espírito e paixão. É a base da coragem, que inclui em Platão a coragem moral, a coragem de suportar a dor e de superar as dificuldades intelectuais, bem como de enfrentar os perigos na guerra. Embora irracional, inclina-se para o lado do racional: não pode ser despertado pelo castigo quando infligido com justiça; às vezes assume a forma de um entusiasmo que sustenta o homem na realização de grandes ações. É o "coração de leão" com o qual a razão faz um trato. Por outro lado, é mais negativo do que positivo; fica indignado com o erro ou a falsidade, mas não aspira, como o Amor no *Simpósio* e no *Fedro*, à visão da Verdade ou do Bem. É o espírito militar categórico que prevalece em um governo de honra. É diferente de raiva, este último termo não tendo nenhuma noção acessória de indignação justa. Embora Aristóteles tenha mantido a palavra, podemos observar que "paixão" com ele perdeu sua afinidade com o racional e tornou-se indistinta da "raiva". E para isso o uso do vernáculo pelo próprio Platão nas *Leis* parece se inverter, embora nem sempre. Também pela filosofia moderna, assim como em nossas conversas comuns, as palavras *raiva* e *paixão* são empregadas quase exclusivamente em um mau sentido; não há conotação de uma causa justa ou razoável pela qual sejam despertadas. O sentimento de "indignação justa" é muito parcial e acidental para admitir nossa consideração como uma virtude ou hábito separado. Somos tentados também a duvidar se Platão está certo ao supor que se poderia esperar que um criminoso, embora justamente condenado, reconhecesse a justiça de sua sentença; este é o espírito de um filósofo ou mártir, e não de um criminoso.

Podemos observar quão próximo Platão se aproxima da famosa tese de Aristóteles, de que "boas ações produzem bons hábitos". As palavras "assim como as práticas saudáveis produzem saúde, as práticas justas produzem justiça" tem um som muito similar da *Ética a Nicômaco*. Mas notamos também que uma observação incidental em Platão se tornou um princípio de longo alcance em Aristóteles, e uma parte inseparável de um grande sistema ético.

Há uma dificuldade em compreender o que Platão quis dizer com "o caminho mais longo": ele parece sugerir alguma metafísica do futuro que não ficará satisfeita em argumentar a partir do princípio da contradição. No sexto e no sétimo livros (compare *Sofista* e *Parmênides*), ele nos deu um esboço de tal metafísica; mas quando Glauco pede a revelação final da ideia do bem, ele se desanima com a declaração de que ainda não estudou as ciências preliminares. Como teria preenchido o esboço, ou argumentado sobre tais questões de um ponto de vista mais elevado, podemos apenas conjeturar. Talvez esperasse encontrar algum método *a priori* de desenvolver as partes a partir do todo; ou poderia ter perguntado quais das ideias continham as outras ideias, e possivelmente ter tropeçado na identidade hegeliana do "ego" e do "universal". Ou pode ter imaginado que as ideias podem ser elaboradas de alguma maneira análoga à construção de cifras e números nas ciências matemáticas. A verdade mais certa e necessária era para Platão o universal; e a isso ele estava sempre procurando referir todo conhecimento ou opinião, assim como nos tempos modernos procuramos colocá-los no polo oposto da indução e da experiência. As aspirações dos metafísicos sempre tenderam a ultrapassar os limites do pensamento e da linguagem humanos: eles parecem ter atingido uma altura em que estão "se movendo em mundos não imaginados" e suas concepções, embora afetem profundamente suas próprias mentes, tornam-se invisíveis ou ininteligíveis para os outros. Não nos surpreendemos, portanto, ao descobrir que o próprio Platão não explicou claramente em parte alguma sua doutrina das ideias; ou que sua escola em uma geração posterior, como seus contemporâneos Glauco e Adimanto, foram incapazes de acompanhá-lo nesta área de especulação. No *Sofista*, onde refuta o ceticismo que afirmava a inexistência da predicação, ou que tudo poderia ser predicado de todos, ele chega à conclusão de que algumas ideias combinam com algumas, mas não todas com todas. Mas ele dá apenas um ou dois passos à frente neste caminho; em parte alguma atinge qualquer sistema conectado de ideias, ou mesmo um conhecimento das relações mais elementares das ciências entre si.

A República V.
INTRODUÇÃO.

LIVRO V. Eu ia enumerar as quatro formas de vício ou declínio em Estados, quando Polemarco (ele estava sentado um pouco mais longe de mim do que Adimanto) pegando-o pelo casaco e inclinando-se para ele, disse algo em voz baixa, do qual eu só ouvi as palavras, "Vamos deixá-lo sair?". "Certamente não", disse Adimanto, erguendo a voz. Quem, eu perguntei, vocês não vão deixar escapar? "Você", disse ele. Por quê? "Porque pensamos que você não está lidando com justiça conosco ao omitir mulheres e crianças, as quais negligentemente descartou, sob a fórmula geral, que os amigos têm todas as coisas em comum." E eu não estava certo? "Sim", respondeu ele, "mas existem muitos tipos de comunismo ou comunidade, e queremos saber quais deles estão certos". Os companheiros, como acabaram de ouvir, estão decididos a obter mais explicações. Trasímaco disse: "Você acha que viemos até aqui para cavar em busca de ouro ou para ouvir seu discurso?" Sim, eu disse; mas o discurso deve ser de uma extensão razoável. Glauco acrescentou: "Sim, Sócrates, e há razão em passar a vida inteira nessas discussões; mas por favor, sem mais delongas, diga-nos como esta comunidade deve ser organizada, e como o intervalo entre o nascimento e a educação deve ser preenchido". Bem, eu disse, o sujeito tem várias dificuldades. O que é possível? é a primeira pergunta. O que é desejável? é a segunda. "Não temas", respondeu ele, "pois falas entre amigos". Isso, respondi, é um consolo lamentável; devo destruir meus amigos e também a mim mesmo. Não que eu me importe com uma risadinha inocente; mas aquele que mata a verdade é um assassino. "Então", disse Glauco, rindo, "caso você venha a nos assassinar, vamos absolvê-lo de antemão e você ficará livre da culpa de nos ter enganado."

Sócrates prossegue: os guardiões do nosso Estado devem ser cães de guarda, como já dissemos. Agora, os cães não são divididos em eles e elas; não levamos o gênero masculino para caçar e deixamos as fêmeas em casa para cuidar de seus filhotes. Eles têm os mesmos empregos, a única diferença entre eles é que um sexo é mais forte e o outro mais fraco. Mas, se as mulheres devem ter os mesmos empregos que os homens, elas devem ter a mesma educação; devem aprender música, ginástica e a arte da guerra. Sei que haverá uma grande piada sobre elas cavalgando e carregando armas; a visão das mulheres nuas, velhas enrugadas mostrando sua agilidade na palestra certamente não será uma visão de beleza, e pode-se esperar que se tornem uma piada famosa. Mas não devemos nos importar com a inteligência; houve um tempo em que eles poderiam ter rido de nossa atual ginástica. Tudo é hábito: as pessoas finalmente descobriram que a exposição é melhor do que se esconder, e agora não riem mais disso. Somente o mal deve ser objeto de ridículo.

A primeira questão é se as mulheres podem, total ou parcialmente, participar das atividades dos homens. E aqui podemos ser acusados de inconsistência ao simplesmente fazer tal proposta. Pois começamos originalmente com a divisão do trabalho; e a diversidade de empregos baseava-se na diferença de naturezas. Mas não há diferença entre homens e mulheres? Não, eles não são totalmente diferentes? *Aí está* a dificuldade, Glauco, que me deixou sem vontade de falar sobre as relações familiares. No entanto, quando um homem está além de sua profundidade, seja em uma piscina ou em um oceano, ele só pode nadar por sua vida; e devemos tentar encontrar uma maneira de escapar, se pudermos.

O argumento é que naturezas diferentes têm usos diferentes, e diz que as naturezas de homens e mulheres são diferentes. Mas esta é apenas uma oposição verbal. Não consideramos que a diferença possa ser puramente nominal e acidental; por exemplo, um homem careca e um homem cabeludo se opõem em um único ponto de vista, mas você não pode inferir que, porque um homem careca é um sapateiro, um homem cabeludo não deva ser também um sapateiro. Agora, por que essa inferência é errônea? Simplesmente porque a oposição entre eles é apenas parcial, como a diferença entre um médico e uma médica, não perpassa toda a natureza, como a diferença entre um médico e um carpinteiro. E se a diferença dos sexos é apenas que uns procriam e outros geram os filhos, isso não prova que devam ter educações distintas. Admitindo que as mulheres diferem dos homens em capacidade, os homens não diferem igualmente uns dos outros? A natureza por acaso não espalhou todas as qualidades que nossos cidadãos requerem, indiferentemente para uns e outros, entre os dois sexos? E, mesmo em suas atividades peculiares, as mulheres não são frequentemente, embora em alguns casos superiores aos homens, ridiculamente superadas por eles? Mulheres são da mesma essência que os homens e têm a mesma aptidão ou falta de aptidão para a medicina, a ginástica ou a guerra, mas em menor grau. Uma mulher será uma boa guardiã, outra não; e os bons devem ser escolhidos para serem os colegas de nossos tutores. Se, no entanto, suas naturezas forem as mesmas, a inferência é que sua educação também deve ser a mesma; não há mais nada antinatural ou impossível em uma mulher aprender música ou ginástica. E a educação que lhes daremos será a melhor, muito superior à dos sapateiros, e formará as melhores mulheres, e nada pode ser mais vantajoso para o Estado do que isso. Portanto que se dispam, vestidas em sua castidade, e participem nas labutas da guerra e na defesa do seu país; aquele que ri delas é um tolo por suas dores.

    A primeira onda passou, e o argumento é obrigado a admitir que homens e mulheres têm deveres e objetivos comuns. Uma segunda e maior onda está surgindo: comunidade de esposas e filhos; isso é conveniente ou possível? Não duvido da conveniência; não estou tão certo dessa possibilidade. "Não, eu acho que uma dúvida considerável será alimentada em ambos os pontos." Eu pretendia ter escapado do trabalho de provar o primeiro, mas como você detectou o pequeno estratagema, devo me submeter. Permitam-me apenas alimentar minha fantasia como um solitário em suas caminhadas, com um sonho do que poderia ser, e então voltarei à questão do que pode ser.

    Em primeiro lugar, nossos governantes farão cumprir as leis e fazer novas onde são desejadas, e seus aliados ou ministros obedecerão. Você, como legislador, já selecionou os homens; e agora você deve selecionar as mulheres. Depois de feita a seleção, eles vão morar em casas comuns e fazer suas refeições em comum, e serão reunidos por uma necessidade mais certa do que a matemática. Mas eles não podem viver em licenciosidade; isso é uma coisa profana, que os governantes estão determinados a prevenir. Para evitar isso, festivais de casamento sagrado serão instituídos, e sua santidade será proporcional à sua utilidade. E aqui, Glauco, gostaria de perguntar, pois sei que você é criador de pássaros e animais, você não toma o maior cuidado no acasalamento? "Certamente." E não há razão para supor que menos cuidado seja necessário no casamento entre seres humanos. Mas então nossos governantes devem ser hábeis médicos do Estado, pois muitas vezes precisarão de uma forte dose de falsidade a fim de trazer uniões desejáveis entre seus súditos. O bom deve ser emparelhado com o bom, e o mau com o mau, e a descendência de um deve ser estimulada, e a do outro evitada; dessa forma, o rebanho será preservado em ótimas condições. Os festivais himeniais serão celebrados em horários fixados à vista da população, e as noivas e noivos se encontrarão neles; e por um engenhoso sistema de sorteios os governantes planejarão que o bravo e o belo se unam, e que aqueles de raça inferior sejam emparelhados com os inferiores, estes últimos atribuirão ao acaso o que é realmente uma invenção dos governantes. E quando as crianças nascerem, a descendência dos bravos e belos será levada para um recinto em certa parte da cidade, e ali assistida por babás adequadas; o resto será levado às pressas para lugares desconhecidos. As mães serão trazidas ao grupo e amamentarão os filhos; deve-se ter cuidado, entretanto, para que nenhuma delas reconheça sua prole; e se necessário, outras babás também podem ser contratadas. O trabalho de vigiar e levantar à noite será transferido para os atendentes. "Então as esposas de nossos tutores terão um tempo muito fácil quando tiverem filhos." E eu disse que elas deveriam.

Os pais devem estar no auge da vida, o que para um homem pode ser estimado em trinta anos – dos vinte e cinco, quando ele "atingiu o ponto em que a velocidade da vida é a melhor", até os cinquenta e cinco; e aos vinte anos para uma mulher – de vinte a quarenta. Qualquer um acima ou abaixo dessas idades que participe dos Himeniais será culpado de imprudência; assim como todo aquele que formar uma conexão matrimonial em outras ocasiões, sem o consentimento dos governantes. Este último regulamento se aplica àqueles que estão dentro das idades especificadas, após as quais eles podem escolher à vontade, desde que evitem os graus proibidos de pais e filhos, ou de irmãos e irmãs, que afinal, no entanto, não são absolutamente proibidos, se uma dispensa for obtida. "Mas como saberemos os graus de afinidade, quando todas as coisas são comuns?" A resposta é que irmãos e irmãs são todos os que nascem sete ou nove meses após o casamento, e seus pais aqueles que são então casados, e cada um terá muitos filhos e cada filho muitos pais.

Sócrates prossegue: Tenho agora de provar que este esquema é vantajoso e consistente com toda a nossa política. O maior bem de um Estado é a unidade; o maior mal, a discórdia e a distração. E haverá unidade onde não há prazeres, dores ou interesses privados – onde, se um membro sofre, todos os membros sofrem, se um cidadão é tocado, todos ficam rapidamente sensíveis; e a menor dor ao dedo mínimo do Estado percorre todo o corpo e vibra até a alma. Pois o verdadeiro Estado, como um indivíduo, está ferido como um todo quando qualquer parte é afetada.

A República

Todo Estado tem súditos e governantes, que em uma democracia são chamados governantes, e senhores em outros: mas em nosso Estado eles são chamados salvadores e aliados; e os súditos que em outros Estados são denominados escravos são por nós denominados mantenedores e financiadores, e aqueles que são denominados camaradas e colegas em outros lugares são chamados de pais e irmãos. E enquanto em outros Estados membros do mesmo governo consideram um de seus colegas como amigo e outro como inimigo, em nosso Estado nenhum homem é estranho ao outro; pois cada cidadão está ligado aos outros por laços de sangue, e esses nomes e essa maneira de falar terão uma realidade correspondente: irmão, pai, irmã, mãe, repetidos desde a infância aos ouvidos das crianças, não serão meras palavras. Então novamente os cidadãos terão todas as coisas em comum; tendo uma propriedade comum, eles terão prazeres e dores comuns.

Pode haver disputa e discórdia entre os que pensam da mesma maneira; ou ações judiciais sobre propriedades quando os homens nada têm além de seus corpos, que possam chamar de seus; ou processos sobre violência quando qualquer um for capaz de se defender? A permissão para atacar quando insultado será um "antídoto" para a faca e evitará distúrbios no Estado. Mas nenhum jovem atacará um ancião; a reverência o impedirá de colocar as mãos sobre seus parentes, e ele temerá que o resto da família possa retaliar. Além disso, nossos cidadãos se livrarão dos males menores da vida; não haverá lisonja dos ricos, nem cuidados domésticos sórdidos, nem empréstimos e nem pagamentos. Comparados com os cidadãos de outros Estados, os nossos serão vencedores olímpicos e coroados com bênçãos ainda maiores; eles e seus filhos terão melhores cuidados durante a vida e, após a morte, um funeral honroso. Nem a felicidade do indivíduo foi sacrificada à felicidade do Estado; nosso vencedor olímpico não se transformou em sapateiro, e terá uma felicidade além da de qualquer sapateiro. Ao mesmo tempo, se algum jovem vaidoso começa a sonhar em se apropriar do Estado, deve ser lembrado de que "a metade é melhor do que o todo". "Eu certamente o aconselharia a ficar onde está, quando ele tem a promessa de uma vida tão corajosa."

Mas essa comunidade é possível? Como entre os animais, assim também entre os homens; e se possível, de que maneira é possível? Sobre a guerra não há dificuldade; o princípio do comunismo se adapta ao serviço militar. Os pais levam os filhos para assistir a uma batalha, assim como os meninos dos oleiros são treinados para o negócio olhando para a roda. E para os próprios pais, como para outros animais, a visão de seus filhos será um grande incentivo à bravura. Os jovens guerreiros devem aprender, mas não devem correr para o perigo, embora valha a pena incorrer um certo grau de risco quando o benefício é grande. As criaturas jovens devem ser colocadas sob os cuidados de veteranos experientes e devem ter asas, ou seja, corcéis tratáveis e rápidos nos quais eles possam voar e escapar. Uma das primeiras coisas a fazer é ensinar um jovem a montar.

Covardes e desertores serão rebaixados à classe dos lavradores; cavalheiros que se deixam fazer prisioneiros, podem ser presenteados ao inimigo. Mas o que deve ser feito ao herói? Em primeiro lugar, ele será coroado por todos os jovens do exército; em segundo lugar, receberá a destra da comunhão; e em terceiro lugar, você acha que há algum mal em ele ser beijado? Já determinamos que ele terá mais esposas do que outros, a fim de que possa ter tantos filhos quanto possível. E em um banquete terá mais o que comer; temos a autoridade de Homero para homenagear os homens bravos com "grandes costelas", o que é um elogio apropriado, porque a carne é algo muito fortalecedor. Encham a tigela então, e deem os melhores assentos e carnes aos bravos – que eles sejam beneficiados! E aquele que morrer em batalha será imediatamente declarado da casta dourada e, como acreditamos, se tornará um dos anjos da guarda de Hesíodo. Ele deve ser adorado após a morte da maneira prescrita pelo oráculo; e não só ele, mas todos os outros benfeitores do Estado que morrem de qualquer outra forma, serão admitidos nas mesmas honras.

A próxima pergunta é, como devemos tratar nossos inimigos? Devem os helenos ser escravizados? Não, pois há um risco muito grande de toda a raça passar para o jugo dos bárbaros. Ou deverão os mortos ser espoliados? Certamente não, pois esse tipo de coisa é uma desculpa para se esconder e tem sido a ruína de muitos exércitos. Há maldade e malícia feminina em fazer do cadáver um inimigo, quando a alma que era sua dona foge, como um cachorro que não consegue alcançar seus agressores e briga com as pedras que são atiradas contra ele. Novamente, os braços dos helenos não devem ser oferecidos nos templos dos deuses; eles são uma poluição, pois são tirados dos irmãos. E por motivos semelhantes, deveria haver um limite para a devastação do território helênico; as casas não deveriam ser queimadas, nem mais do que a produção anual deve ser levada. Pois a guerra é de dois tipos, civil e estrangeira; a primeira das quais é apropriadamente denominada "discórdia" e apenas a segunda "guerra"; e a guerra entre os helenos é na realidade uma guerra civil, uma briga em uma família, que sempre deve ser considerada como antipatriótica e antinatural, e deve ser processada com vistas à reconciliação em um verdadeiro espírito filo-helênico, como daqueles que castigariam, mas não escravizariam totalmente. A guerra não é contra uma nação inteira que é uma multidão amigável de homens, mulheres e crianças, mas apenas contra alguns culpados; quando eles forem punidos, a paz será restaurada. Essa é a maneira pela qual os helenos devem guerrear uns contra os outros, e contra os bárbaros, como eles guerreiam uns contra os outros agora.

"Mas, meu caro Sócrates, você está se esquecendo da questão principal: esse Estado é possível? Eu concedo tudo e mais do que você diz sobre a bem-aventurança de ser uma família – pais, irmãos, mães, filhas, indo para a guerra juntos; mas eu quero averiguar a possibilidade desse Estado ideal." Você é muito impiedoso. Quase não escapei da primeira onda e da segunda onda, e agora você certamente vai me afogar com a terceira. Quando você vir a crista da onda crescente, espero que fique com pena. "Nem um pouco."

Pois bem, fomos levados a formar nossa política ideal na busca da justiça, e o justo respondia ao justo Estado. Esse ideal é por acaso o pior por ser impraticável? O retrato de um homem perfeitamente belo seria pior porque nenhum homem assim jamais existiu? Alguma realidade pode vir com a ideia? A natureza não permitirá que as palavras sejam totalmente percebidas; mas se devo tentar perceber o ideal do Estado em certa medida, penso que se pode fazer uma aproximação à perfeição com a qual sonho por um ou dois, não digo pouco, mas mudanças possíveis na atual constituição dos Estados. Eu iria reduzi-los a um único: a grande onda, como eu a chamo. Até, então, os reis são filósofos, ou os filósofos são reis, as cidades nunca cessarão do mal: não, nem a raça humana; nem nossa política ideal jamais virá a existir. Sei que é um discurso difícil, que poucos estão aptos a receber. "Sócrates, todo o mundo vai tirar o seu casaco e correr para cima de você com paus e pedras, portanto, eu o aconselho a elaborar uma resposta." Você me atrapalhou, eu disse. "E eu estava certo", respondeu ele. No entanto, vou ficar ao seu lado como uma espécie de aliado bem-intencionado que não faz nada. Com a ajuda desse campeão, farei o possível para manter minha posição. E, primeiro, devo explicar de quem eu falo e de que tipo de naturezas são esses que serão filósofos e governantes. Como você é um homem de prazer, não terá esquecido como os amantes são indiscriminados em seus apegos; eles amam a todos, e transformam imperfeições em belezas. Diz-se que o jovem de nariz arrebitado tem uma graça vencedora; o bico de outro tem aparência real; os sem características são perfeitos; os escuros são viris, os justos, anjos; os enfermos têm um novo termo carinhoso inventado especificamente para eles, que é "pálido como o mel". Amantes do vinho e amantes da ambição também desejam os objetos de sua afeição em todas as formas. Agora aqui vem o ponto: o filósofo também é um amante do conhecimento em todas as formas; ele tem uma curiosidade insaciável. "Mas a curiosidade faz um filósofo? Devem ser chamados de filósofos os amantes das imagens e dos sons, que dão ouvidos a todos os coros dos festivais dionisíacos?" Eles não são verdadeiros filósofos, mas apenas uma imitação. "Então, como vamos descrever a verdade?"

Você reconheceria a existência de ideias abstratas, como justiça, beleza, bem, mal, que são únicas isoladamente, mas em suas várias combinações parecem ser muitas. Aqueles que reconhecem essas realidades são filósofos; enquanto a outra classe ouve sons e vê cores e entende seu uso nas artes, mas não pode atingir a visão verdadeira ou desperta de justiça, beleza ou verdade absolutas; eles não têm a luz do conhecimento, mas da opinião, e o que veem é apenas um sonho. Talvez aquele de quem dizemos o último, fique com raiva de nós; podemos pacificá-lo sem revelar a desordem de sua mente? Suponha que, se ele tiver conhecimento, regozijamo-nos em ouvi-lo, mas o conhecimento deve ser de algo que é, como a ignorância é de algo que não é; e há uma terceira coisa, que é e não é, que se trata apenas de uma questão de opinião. Opinião e conhecimento, então, tendo objetos distintos, devem também ser faculdades distintas. E por faculdades refiro-me a poderes invisíveis e distinguíveis apenas pela diferença em seus objetos, pois a opinião e o conhecimento diferem, visto que a primeira está sujeita a errar, mas o segundo é infalível e é a mais poderosa de todas as nossas faculdades. Se o ser é o objeto do conhecimento, e o não ser é o da ignorância, e esses são os extremos, a opinião deve estar entre eles e pode ser chamada de mais sombria do que um e mais brilhante do que o outro. Esta matéria intermediária ou contingente é e não é ao mesmo tempo e participa tanto da existência quanto da não existência. Agora eu perguntaria ao meu bom amigo, que nega a beleza abstrata e a justiça, e afirma muitos belos e muitos justos, se tudo o que ele vê não é diferente em algum ponto de vista: o belo feio, o piedoso ímpio, o justo injusto? Não é o dobro também a metade, e não são "pesado" e "leve" termos relativos, que se misturam um no outro? Tudo é e não é, como no velho enigma: "Um homem e um não-homem atirou e não atirou em um pássaro e um não-pássaro com uma pedra e uma não-pedra." A mente não pode se fixar em nenhuma das alternativas; e esses objetos ambíguos, intermediários, errantes, mal iluminados, que têm um movimento desordenado na região entre o ser e o não-ser, são a própria questão da opinião, assim como os objetos imutáveis são a própria questão do conhecimento. E aquele que rasteja no mundo dos sentidos, e tem apenas essa percepção incerta das coisas, não é um filósofo, mas um amante da opinião apenas...

A República V.
ANÁLISE.

O quinto livro é o novo começo de *A República*, no qual a comunidade de propriedade e de família é estabelecida pela primeira vez, e a transição é feita para o reino dos filósofos. Pois ambos esses "Platões", à sua maneira, vêm preparando algumas palavras casuais do Livro IV, que passam despercebidas na mente do leitor, pois a princípio se supõe que tenham caído nos ouvidos de Glauco e Adimanto. Os "paradoxos", como Morgenstern os chama, deste livro de *A República* serão reservados para outro lugar; algumas observações sobre o estilo e algumas explicações das dificuldades podem ser adicionadas resumidamente.

Em primeiro lugar, existe a imagem das ondas, que serve para uma espécie de esquema ou planta do livro. A primeira onda, a segunda onda, a terceira e maior onda vêm rolando, e ouvimos o rugido delas. Tudo o que pode ser dito sobre a extravagância das propostas de Platão é antecipado por ele mesmo. Nada é mais admirável do que a hesitação com que propõe o texto solene: "Até que os reis sejam filósofos", etc.; ou a reação do sublime ao ridículo, quando Glauco descreve a maneira como a nova verdade será recebida pela humanidade.

Alguns defeitos e dificuldades podem ser notados na execução do plano comunista. Nada nos é falado da aplicação do comunismo às classes mais baixas; nem é possível decifrar a tabela de graus proibidos. É bem possível que uma criança nascida em um festival himenial possa se casar com um de seus próprios irmãos ou irmãs, ou mesmo com um de seus pais, em um outro festival. Platão tem medo de uniões incestuosas, mas ao mesmo tempo não deseja trazer diante de nós o fato de que a cidade seria dividida em famílias daqueles nascidos sete e nove meses após cada festa himenial. Se valesse a pena discutir seriamente sobre tais fantasias, poderíamos observar que, embora todas as antigas afinidades sejam abolidas, a afinidade recentemente proibida não se baseia em nenhum princípio natural ou racional, mas apenas no acidente de crianças terem nascido no mesmo mês e ano. Nem explica como os lotes puderam ser assim manipulados pelo legislativo a ponto de reunir os mais justos e os melhores. A expressão singular que é empregada para descrever a idade de vinte e cinco anos pode, talvez, ser tirada de algum poeta.

No delineamento do filósofo as ilustrações da natureza da filosofia derivada do amor são mais adequadas à apreensão de Glauco, o homem ateniense do prazer, do que aos gostos ou sentimentos modernos. Eles são parcialmente engraçados, mas também contêm um germe da verdade. Que a ciência é um todo, permanece um princípio verdadeiro da filosofia indutiva, bem como da filosofia metafísica; e o amor pelo conhecimento universal ainda é a característica do filósofo tanto nos tempos modernos como nos antigos.

No final do quinto livro, Platão introduz a invenção da matéria contingente, que exerceu uma influência tão grande tanto na Ética quanto na Teologia do mundo medieval e que ocorre aqui pela primeira vez na história da filosofia. Ele não observou que os graus de conhecimento no assunto não têm nada que corresponda a eles no objeto. Com ele, uma palavra deve responder a uma ideia; e ele não conseguia conceber uma opinião que fosse uma opinião sobre nada. A influência da analogia o levou a inventar "paralelos e conjugados" e a ignorar os fatos. Para nós, algumas de suas dificuldades são intrigantes apenas por sua simplicidade: não percebemos que a resposta a elas "está caindo aos nossos pés". Para a mente dos primeiros pensadores, a concepção de não ser era sombria e misteriosa; eles não viram que esta terrível aparição que ameaçava a destruição de todo o conhecimento era apenas uma determinação lógica. O termo comum sob o qual, por meio do uso acidental da linguagem, duas ideias inteiramente diferentes foram incluídas, tornou-se outra fonte de confusão. Portanto, por meio da ambiguidade de Platão, ao tentar introduzir ordem no primeiro caos do pensamento humano, parece ter confundido percepção e opinião, e não conseguiu distinguir o contingente do relativo. No *Teeteto*, a primeira dessas dificuldades começa a se esclarecer; no *Sofista*, a segunda; e por isso, bem como por outras razões, esses dois diálogos devem provavelmente ser considerados posteriores a *A República*.

A República VI.
INTRODUÇÃO.

LIVRO VI. Tendo determinado que a maioria não tem conhecimento do verdadeiro ser, e não tem padrões claros em suas mentes de justiça, beleza, verdade, e que os filósofos têm tais padrões, temos agora que perguntar se esses ou se a maioria deverá governar nosso Estado. Mas quem pode duvidar que os filósofos devam ser escolhidos, se eles têm as outras qualidades que são exigidas em um governante? Pois eles amam o conhecimento do eterno e de toda a verdade; odeiam a falsidade; seus desejos mais mesquinhos são absorvidos no interesse do conhecimento; são espectadores de todos os tempos e de toda a existência; e na magnificência de sua contemplação, a vida do homem nada é para eles, nem a morte temível. Além disso, eles, de uma disposição social graciosa, estão igualmente livres da covardia e da arrogância. Aprendem e se lembram facilmente; têm mentes harmoniosas e bem reguladas; a verdade flui para eles docemente por sua natureza. Pode o próprio deus do ciúme encontrar qualquer falha em tal conjunto de boas qualidades?

Aqui, Adimanto interpõe: "Ninguém pode responder a você, Sócrates; mas todo homem sente que isso se deve à sua própria deficiência de argumentos. Ele é levado de uma posição para outra, até que não tenha mais nada a dizer, assim como um jogador inábil de damas é reduzido a seu último movimento por um oponente mais habilidoso. E, no entanto, o tempo todo ele pode estar certo. Ele pode saber, neste caso exato, que aqueles que fazem da filosofia o negócio de suas vidas, geralmente se tornam malandros se forem maus, e tolos se forem bons. O que você disse?" Devo dizer que ele está certo. "Então, como tal admissão é compatível com a doutrina de que os filósofos deveriam ser reis?"

Vou responder-lhe com uma parábola que também lhe mostrará como sou pobre na invenção de alegorias. A relação dos homens bons com seus governos é tão peculiar, que, a fim de defendê-los, devo tirar uma ilustração do mundo da ficção. Imagine o capitão de um navio, mais alto por uma cabeça e de ombros mais largos do que qualquer um dos tripulantes, mas um pouco surdo, um pouco cego e um tanto ignorante da arte da marinharia. Os marinheiros querem dirigir, embora não saibam nada da arte; e têm uma teoria de que ela não pode ser aprendida. Se o leme lhes é recusado, eles drogam a bebida do capitão, amarram seus pés e mãos e tomam posse do navio. Aquele que se junta ao motim é chamado de um bom piloto e os demais, não; eles não têm ideia de que o verdadeiro piloto deve observar os ventos e as estrelas, e deve ser seu mestre, quer gostem ou não; tal pessoa seria chamada por eles de tolo, falastrão ou observador de estrelas. Esta é minha parábola; que eu imploro que você interprete para mim àqueles senhores que perguntam por que o filósofo tem uma fama tão perversa, e explique a eles que não ele, mas aqueles que não o utilizam, são os culpados por sua inutilidade. O filósofo não deve implorar à humanidade para ter autoridade sobre ela. O sábio não deve buscar o rico, como diz o provérbio, mas todo homem, seja rico ou pobre, deve bater à porta do médico quando dele precisar. Agora, o piloto é o filósofo, aquele a quem, na parábola, eles chamam de observador de estrelas e os marinheiros rebeldes são a turba de políticos pelos quais ele se torna inútil. Não que esses sejam os piores inimigos da filosofia, que é muito mais desonrada por seus próprios filhos iniciados, quando são corrompidos pelo mundo. Preciso lembrar a imagem original do filósofo? Não dissemos sobre ele agora mesmo, que amava a verdade e odiava a falsidade, e que não podia descansar na multiplicidade dos fenômenos, mas era conduzido por uma simpatia em sua própria natureza à contemplação do absoluto? Todas as virtudes, bem como a verdade, que é a líder entre elas, fizeram de sua alma moradia. Mas como você estava observando, se nos voltarmos para ver a realidade, vemos que as pessoas que foram assim descritas, com a exceção de uma classe pequena e inútil, são completos trapaceiros.

O ponto que tem que ser considerado é a origem desta corrupção na natureza. Todos irão admitir que o filósofo, em nossa descrição, é um ser raro. Mas quantas inúmeras causas tendem a destruir esses seres raros! Não há uma coisa boa que não possa ser a causa do mal – saúde, riqueza, força, posição e as próprias virtudes, quando colocadas em circunstâncias desfavoráveis. Pois, como no mundo animal ou vegetal, as sementes mais fortes precisam mais da disponibilidade de ar e de solo de boa qualidade, então a melhor das características humanas se torna a pior quando cai em solo inadequado; ao passo que naturezas fracas dificilmente fazem algum bem ou um mal considerável; elas não são a matéria da qual são feitos os grandes criminosos ou os grandes heróis. O filósofo segue a mesma analogia: ele é o melhor ou o pior de todos os homens. Algumas pessoas dizem que os sofistas são os corruptores da juventude; mas não é na opinião pública o verdadeiro sofista aquele que está presente em toda parte – nessas mesmas pessoas, na assembleia, tribunais, no acampamento, nos aplausos e assobios do teatro, ecoados pelas colinas circundantes? O coração de um jovem não saltará em meio a esses sons discordantes? E alguma educação poderá salvá-lo de ser levado pela torrente? E isso não é tudo. Pois se ele não cede à opinião, segue a gentil compulsão do exílio ou da morte. Que princípio de sofistas rivais ou de qualquer outra pessoa pode-se superar em uma competição tão desigual? Personagens pode haver mais do que humanos, que são exceções – os deuses podem salvar um homem, mas não sua própria força. Além disso, gostaria que você considerasse que o sofista mercenário apenas devolve ao mundo suas próprias opiniões; ele é o guardião do monstro, que sabe como bajulá-lo ou irritá-lo, e entende o significado de seus grunhidos inarticulados. O bem é o que lhe agrada, o mal o que lhe desagrada; a verdade e a beleza são determinadas apenas pelo gosto do bruto. Essa é a sabedoria do sofista e essa é a condição daqueles que fazem da opinião pública a prova da verdade, seja na arte, seja na moral. A maldição é lançada sobre eles de serem e fazerem o que é aprovado, e quando tentam os primeiros princípios, o fracasso é ridículo. Pense em tudo isso e pergunte a si mesmo se o mundo tem mais probabilidade de ser um crente na unidade dessa ideia ou na multiplicidade dos fenômenos. E o mundo, se não for um crente na ideia, não pode ser um filósofo, e deve, portanto, ser um perseguidor de filósofos. Existe outro mal: o mundo não gosta de perder a natureza talentosa, e por isso bajula os jovens (Alcibíades) a uma opinião magnífica de sua própria capacidade; a juventude elevada e adequada começa a se expandir e sonha com reinos e impérios. Se neste instante um amigo sussurra para ele, "Agora os deuses o iluminam; tu és um grande tolo" e deve ser educado – você acha que ele iria ouvir? Ou suponha que um tipo melhor de homem que é atraído pela filosofia, eles não farão esforços hercúleos para estragá-lo e corrompê-lo? Não estamos certos em dizer que o amor ao conhecimento, não menos que as riquezas, pode distraí-lo? Os homens desta classe (Crítias) frequentemente se tornam políticos, eles são os autores de grandes danos nos Estados, e às vezes também de grandes benesses. E, portanto, a filosofia é abandonada por seus protetores naturais, e outros entram e a desonram. Pequenas mentes vulgares veem a terra se abrir e correr das prisões das artes para seu templo. Um mecânico inteligente com alma rude como seu corpo, pensa que ganhará destaque tornando-se seu pretendente. Pois a filosofia, mesmo em seu Estado decaído, tem dignidade própria, e ele, sendo um pequeno aprendiz de ferreiro careca, tendo ganhado algum dinheiro e saído da prisão, se banha e se veste como um noivo e se casa com a filha de seu mestre. Qual será o problema de tais casamentos? Não serão eles vis e bastardos, desprovidos de verdade e natureza? "Eles serão." Poucos, então, são os remanescentes dos filósofos genuínos; pode haver alguns que são cidadãos de pequenos Estados, nos quais não vale a pena pensar na política, ou que foram detidos pelo freio de problemas de saúde de Teages; pois meu próprio caso do sinal oracular é quase único e raro demais para ser mencionado. E esses poucos, quando experimentarem os prazeres da filosofia e observarem aquele covil de ladrões e lugar de feras selvagens que é a vida humana, ficarão afastados da tempestade sob o abrigo de uma parede, e tentarão preservar sua própria inocência e partir em paz. "Uma grande obra, também, terá sido realizada por eles." Ótima sim, mas não a maior; pois o homem é um ser social, e só pode atingir seu maior desenvolvimento na sociedade que mais se adequar a ele.

Chega, então, das causas pelas quais a filosofia tem uma reputação tão maligna. Outra questão é: qual dos Estados existentes é adequado para ela? Nenhum deles; no momento ela é como uma semente exótica que degenera em um solo inadequado; somente em um Estado mais apropriado ela será mostrada em crescimento celestial. E o Estado apropriado para ela é o nosso ou algum outro? O nosso em todos os pontos, exceto por um, que ficou indeterminado. Você deve se lembrar de termos dito que alguma mente viva ou testemunha do legislador era necessária nos Estados. Mas tínhamos medo de entrar em um assunto de tamanha dificuldade, e agora a questão se repete e não se tornou mais fácil: como a filosofia pode ser estudada com segurança? Vamos trazê-la à luz do dia e encerrar as questões.

Em primeiro lugar, digo com segurança que nada pode ser pior do que o atual modo de estudos. As pessoas geralmente aprendem um pouco de filosofia no início da juventude e nos intervalos dos negócios, mas nunca dominam a dificuldade real, que é a dialética. Mais tarde, talvez, eles ocasionalmente vão a uma aula de filosofia. Os anos avançam e o sol da filosofia, ao contrário do de Heráclito, se põe e nunca mais se levanta. Essa ordem de educação deve ser invertida; deve começar com a ginástica na juventude e, à medida que o homem se fortalece, deve aumentar a ginástica de sua alma. Então, quando a vida ativa terminar, deixe-o finalmente retornar à filosofia. "Você é muito sério, Sócrates, mas o mundo será igualmente sério em resistir a você, não mais do que Trasímaco." Não inicie uma briga entre mim e Trasímaco, que nunca fomos inimigos e agora somos bons amigos. E farei o meu melhor para convencê-lo e a toda a humanidade da verdade de minhas palavras, ou pelo menos para me preparar para o futuro quando, em outra vida, possamos novamente tomar parte em discussões semelhantes. "Isso vai demorar muito." Não muito em comparação com a eternidade. Os muitos provavelmente permanecerão incrédulos, pois nunca viram a unidade natural de ideias, mas apenas justaposições artificiais; não pensamentos livres e generosos, mas truques de controvérsia e piadas sobre a lei; um homem perfeito governando em um Estado perfeito, mesmo um único, que eles não conheceram. E previmos que não havia chance de perfeição, nem nos Estados, nem nos indivíduos, até que se impusesse aos filósofos a necessidade – não aos malandros, mas aqueles a quem chamamos de classe inútil – de ocupar cargos; ou até que os filhos dos reis fossem inspirados com um verdadeiro amor pela filosofia. Quer tenha existido no infinito do passado, ou exista agora em alguma terra distante, ou exista no futuro, um ideal como o que descrevemos, afirmamos firmemente que existiu, existe e existirá tal Estado sempre que governar a Musa da filosofia. Você dirá que o mundo é de outro pensamento? Ó, meu amigo, não insulte o mundo! Eles logo mudarão de opinião se forem gentilmente suplicados, e forem ensinados com a verdadeira natureza do filósofo. Quem pode odiar um homem que o ama? Ou ter ciúme de quem não tem ciúme? Considere, novamente, que muitos odeiam não os verdadeiros, mas os falsos filósofos; os pretendentes que abrem caminho sem convite e estão sempre falando de pessoas e não de princípios, o que é diferente do espírito da filosofia. Pois o verdadeiro filósofo despreza as lutas terrenas; seus olhos estão fixos na ordem eterna de acordo com a qual ele se molda à imagem divina (e não apenas a si mesmo, mas aos outros homens), e é o criador das virtudes tanto privadas quanto públicas. Quando a humanidade vir que a felicidade dos Estados só pode ser encontrada nessa imagem, ficará zangada conosco por tentarmos delineá-la? "Certamente não. Mas qual será o processo de delineamento?" O artista nada fará até que tenha feito uma tábula rasa; sobre isso ele escreverá a constituição de um Estado, olhando frequentemente para a verdade divina da natureza, e daí derivando o divino entre os homens, mesclando os dois elementos, apagando e pintando, até que haja uma perfeita harmonia ou fusão do divino e do humano. Mas talvez o mundo duvide da existência de tal artista. Do que eles vão duvidar? Que o filósofo é um amante da verdade, tendo uma natureza semelhante à dos melhores? E se eles admitirem isso, ainda irão brigar conosco por fazer dos filósofos nossos reis? "Eles estarão menos dispostos a brigar." Suponhamos então que eles estarão pacificados. Ainda assim, uma pessoa pode hesitar sobre a probabilidade do filho de um rei ser um filósofo. E não negamos que eles são muito suscetíveis de corrupção; mas ainda certamente, no decorrer das idades, pode haver uma exceção, e apenas uma já seria suficiente. Se um filho de um rei fosse um filósofo e tivesse cidadãos obedientes, ele poderia trazer à existência o governo ideal. Consequentemente concluímos que nossas leis não apenas são as melhores, mas também são possíveis, embora não sejam isentas de dificuldades.

Não ganhei nada evitando as questões problemáticas que surgiram a respeito de mulheres e crianças. Serei mais sábio agora e reconhecerei que devemos ir ao fundo de outra questão: qual deve ser a educação de nossos tutores? Foi acordado que eles deveriam ser amantes de seu país, e deviam ser testados no fogo do forjador de prazeres e dores, e aqueles que se apresentassem puros e permanecessem firmes em seus princípios deveriam receber honras e recompensas na vida e após a morte. Mas, neste ponto, a discussão vestiu o seu véu e se dirigiu para um outro caminho. Hesitei em fazer a afirmação que agora arrisco, que nossos guardiões devem ser filósofos. Você se lembra de todos os elementos contraditórios que se encontraram no filósofo, como é difícil encontrá-los todos em uma única pessoa! Inteligência e espírito nem sempre combinam com firmeza;

a natureza impassível e destemida é avessa ao trabalho intelectual. E, ainda assim, esses elementos opostos são todos necessários e, portanto, como dissemos antes, o aspirante deve ser testado em prazeres e perigos; e ainda, como devemos agora acrescentar, nos ramos mais elevados do conhecimento. Você deve se lembrar que, quando falamos das virtudes, foi feita menção a um caminho mais longo, que você se contentou em deixar inexplorado. Parece que já foi dito o suficiente. Chega, meu amigo; mas o que é suficiente enquanto algo permanece faltando? Dentre todos os homens, o guardião não deve perder suas forças na busca pela verdade; ele deve estar preparado para tomar o caminho mais longo, ou nunca alcançará aquela região superior que está acima das quatro virtudes; e das virtudes também deve obter não apenas um esboço, mas uma visão clara e distinta. (Estranho que sejamos tão precisos sobre ninharias, tão descuidados com as verdades mais elevadas!) "E quais são as mais elevadas?" Você finge estar inconsciente, quando tantas vezes me ouviu falar da ideia do bem, da qual sabemos tão pouco, e sem a qual, embora um homem ganhe o mundo, ele não tenha qualquer proveito! Algumas pessoas imaginam que o bem é a sabedoria; mas isso envolve um círculo, o bem, dizem eles, é a sabedoria, a sabedoria tem a ver com o bem. De acordo com outros, o bem é o prazer; mas então vem o absurdo de que o bem é mau, pois existem tanto prazeres ruins quanto bons. Novamente, o bem deve ter realidade; um homem pode desejar a aparência de virtude, mas não deseja a aparência do bem. Devem então nossos guardiões ignorar este princípio supremo, do qual todo homem tem um pressentimento, e sem o qual nenhum homem tem conhecimento real de nada? "Mas, Sócrates, o que é este princípio supremo, o conhecimento ou o prazer, ou o quê? Você pode me achar problemático, mas eu digo que você não deve estar sempre repetindo as doutrinas dos outros em vez de nos contar as suas." Posso falar sobre o que eu não sei? "Você pode dar uma opinião." E a cegueira e a distorção de opinião o satisfarão quando você tiver a luz e a certeza da ciência? "Só vou pedir-lhe que dê uma explicação do bem que já deu sobre a temperança e a justiça." Eu gostaria de poder, mas no meu estado de espírito atual não posso chegar ao cume do conhecimento do bem. Para a origem ou o principal não posso apresentá-lo, mas à criança gerada à sua imagem, que posso comparar com os juros do principal, eu o farei. (Examine a conta e não me deixe apresentar um extrato falso sobre a dívida.) Você se lembra de nossa velha distinção entre os vários belos e o único belo, o particular e o universal, os objetos da visão e os objetos do pensamento? Você já considerou que os objetos da visão implicam uma faculdade da visão que é o mais complexo e caro dos nossos sentidos, exigindo não apenas os objetos dos sentidos, mas também um meio, que é a luz; sem a qual a visão não distinguirá as cores e tudo ficará em branco? Pois a luz é o nobre vínculo entre a faculdade perceptiva e a coisa percebida, e o deus que nos ilumina é o sol, que é o olho do dia, mas não deve ser confundido com os olhos do homem. Esse olho do dia ou sol é o que chamo de filho do bem, estando na mesma relação com o mundo visível que o bem com o mundo intelectual. Quando o sol brilha, os olhos veem, e no mundo intelectual onde a verdade está, há visão e luz. Ora, aquele que é o sol de naturezas inteligentes é a ideia do bem, a causa do conhecimento e da verdade, embora diferente e mais formoso do que eles, e estando na mesma relação com eles em que o sol está para a luz. Ó altura inconcebível de beleza, que está acima do conhecimento e acima da verdade! ("Você certamente não pode querer dizer prazer", disse ele. Paz, respondi.) E essa ideia de bem, como o sol, é também a causa do crescimento, e a autora não apenas do conhecimento, mas do ser, ainda maior do que qualquer outro em dignidade e poder. "Isso é um alcance do pensamento mais do que humano; mas, por favor, siga com a imagem, pois suspeito que haja mais por trás." Existe, eu disse; e tendo em mente nossos dois sóis ou princípios, imagine ainda seus mundos correspondentes: um do visível, o outro do inteligível; você pode ajudar sua imaginação descobrindo a distinção sob a imagem de uma linha dividida em duas partes desiguais, e pode novamente subdividir cada parte em dois segmentos menores representativos dos estágios do conhecimento em qualquer das esferas. A parte inferior da esfera inferior ou visível consistirá em sombras e reflexos, e sua parte superior e a porção menor conterá os objetos reais no mundo da natureza ou da arte. A esfera do inteligível também terá duas divisões, uma da matemática, em que não há subida, mas tudo é descida; não entrando nas premissas, mas apenas fazendo inferências. Nesta divisão, a mente trabalha com cálculos e números, as imagens dos quais são tiradas não das sombras, mas dos objetos, embora a verdade delas seja vista apenas com os olhos da mente; e eles são usados como hipóteses sem serem analisados. Enquanto na outra divisão a razão usa as hipóteses como etapas ou degraus na ascensão à ideia do bem, ao qual ela as fixa, e então desce novamente, caminhando firmemente na região das ideias, e apenas das ideias, em sua ascensão bem como em sua descida e, finalmente, repousa sobre eles. "Eu entendo parcialmente", respondeu ele, "você quer dizer que as ideias da ciência são superiores às concepções hipotéticas e metafóricas da geometria e das outras artes ou ciências, qualquer que seja o seu nome; e as últimas concepções, você se recusa a fazer argumentos de puro intelecto, porque eles não têm nenhum primeiro princípio, embora, quando repousam sobre um primeiro princípio, passam para a esfera superior." Você me entende muito bem, eu disse. E agora, para essas quatro divisões de conhecimento, você pode atribuir quatro faculdades correspondentes: inteligência pura à esfera mais elevada; inteligência ativa para a segunda; para a terceira, a fé; para a quarta, a percepção das sombras, e a clareza das várias faculdades estarão na mesma proporção que a verdade dos objetos aos quais estão relacionadas...

A República VI. Análise.

Como Sócrates, podemos recapitular as virtudes do filósofo. Em uma linguagem que parece ir além do horizonte daquela época e país, ele é descrito como "o espectador de todos os tempos e de toda a existência". Ele tem os dons mais nobres da natureza, e faz o melhor uso deles. Todos os seus desejos são absorvidos no amor pela sabedoria, que é o amor pela verdade. Nenhuma das graças de uma bela alma está faltando nele; nem ele pode temer a morte, ou pensar muito na vida humana. O ideal dos tempos modernos dificilmente retém a simplicidade do tempo antigo; não há a mesma originalidade na verdade ou no erro que caracterizaram os gregos. O filósofo não vive mais no invisível, nem é enviado por um oráculo para convencer a humanidade da ignorância; nem considera o conhecimento um sistema de ideias que conduzem para cima por estágios regulares até a ideia do bem. A ansiedade da perseguição diminuiu; há mais divisão de trabalho e menos reflexão abrangente sobre a natureza e a vida humana como um todo; mais observação exata e menos antecipação e inspiração. Ainda assim, nas condições alteradas de conhecimento, o paralelo não está totalmente perdido; e pode ser útil traduzir a concepção de Platão para a linguagem de nossa época. O filósofo nos tempos modernos é aquele que concentra sua mente nas leis da natureza em sua sequência e conexão, não em fragmentos ou imagens da natureza; na história, e não na controvérsia; nas verdades reconhecidas por poucos, não nas opiniões comuns de muitos. Ele está ciente da importância de "classificar de acordo com a natureza" e tentará "separar os membros da ciência sem quebrá-los" (*Fedro*). Não há nenhuma parte da verdade, seja grande ou pequena, que ele desonrará; e das mínimas coisas ele discernirá as maiores (Parmênides). Como o antigo filósofo, ele vê o mundo permeado por analogias, mas também pode dizer "por que em alguns casos uma única instância é suficiente para uma indução" (a lógica de Mill), enquanto em outros casos mil exemplos não provariam nada. Ele investiga uma parte do conhecimento só porque o todo se tornou vasto demais para ser abraçado por uma única mente ou uma única vida. Tem uma concepção mais clara das divisões da ciência e de sua relação com a mente do homem do que era possível aos antigos. Como Platão, ele tem uma visão da unidade do conhecimento, não como o início da filosofia a ser alcançado por um estudo da matemática elementar, mas como o resultado distante do trabalho de muitas cabeças em muitas épocas. Ele está ciente de que os estudos matemáticos são preliminares a quase todos os outros; ao mesmo tempo, não reduzirá todas as variedades de conhecimento ao tipo matemático. Ele também deve ter uma nobreza de caráter, sem a qual o gênio perde a melhor parte da grandeza. Considerando o mundo como um ponto na imensidão, e cada indivíduo como um elo em uma cadeia infinita de existência, ele não pensará muito em sua própria vida, ou terá muito medo da morte.

Adimanto objeta, em primeiro lugar, a forma do raciocínio socrático, mostrando assim que Platão está ciente da imperfeição de seu próprio método. Platão traz contra si mesmo a acusação que poderia ser levantada contra ele por um lógico moderno, da qual extrai a resposta porque sabe como fazer a pergunta. Em um longo argumento, as palavras podem mudar ligeiramente de significado, ou premissas podem ser presumidas ou conclusões inferidas com bastante certeza ou universalidade; a variação em cada etapa pode não ser observada e, mesmo assim, ao final, a divergência torna-se considerável. Daí o fracasso das tentativas de aplicar fórmulas aritméticas ou algébricas à lógica. A imperfeição, ou melhor, a natureza superior e mais elástica da linguagem, não permite que as palavras tenham a precisão dos números ou dos símbolos. E essa qualidade da linguagem prejudica a força de um argumento que tem muitos passos.

A objeção, embora enfrentada de forma justa por Sócrates nessa instância particular, pode ser considerada como implicando uma reflexão sobre o modo socrático de raciocínio. E aqui, como em outros lugares, Platão parece sugerir que havia chegado o tempo em que o método negativo e interrogativo de Sócrates devesse ser substituído por um método positivo e construtivo, do qual exemplos são dados em alguns dos diálogos seguintes. Adimanto argumenta ainda que o ideal está totalmente em desacordo com os fatos; pois a experiência prova que os filósofos são inúteis ou desonestos. Contrariamente a todas as expectativas, Sócrates não hesita em admitir a verdade disso e explica a anomalia em uma alegoria, primeiro depreciando caracteristicamente seus próprios poderes inventivos. Nessa alegoria, o povo se distingue dos políticos profissionais e, como em outros lugares, são abordados em tom de piedade, e não de censura, sob a imagem de "o nobre capitão que não é muito rápido em suas percepções".

A inutilidade dos filósofos é explicada pela circunstância de que a humanidade não recorrerá a eles. O mundo em todas as épocas foi dividido entre o desprezo e o medo daqueles que empregam o poder das ideias e não conhecem outras armas. Quanto ao falso filósofo, Sócrates argumenta que o melhor é mais sujeito à corrupção; e que a natureza mais sutil tem mais probabilidade de sofrer com as condições externas. Nós também observamos que existem alguns tipos de excelência que surgem de uma delicadeza de constituição peculiar; como é evidentemente verdadeiro o temperamento poético e imaginativo, que muitas vezes parece depender de impressões e, portanto, só pode respirar ou viver em certas atmosferas. O homem de gênio tem maiores dores e maiores prazeres, maiores poderes e maiores fraquezas, e frequentemente um maior jogo de características do que aquelas que se encontram nos homens comuns. Ele pode assumir o disfarce de virtude ou desinteresse sem tê-lo, ou ocultar inimizade pessoal na linguagem do patriotismo e da filosofia; pode dizer as palavras que todos os homens estão pensando, ele tem uma visão que é terrível das loucuras e fraquezas de seus semelhantes. Um Alcibíades, um Mirabeau ou um Napoleão, o Primeiro, nascem ou para serem os autores de grandes males nos Estados, ou "de grande benevolência, quando são conduzidos nessa direção".

No entanto, a tese *"corruptio optimi pessima"*[7] não pode ser mantida de maneira geral ou sem levar em conta o tipo de excelência que foi corrompido. As condições externas que corrompem uma natureza podem ser os elementos da cultura para uma outra. Em geral, um homem só pode receber seu desenvolvimento mais elevado em um Estado ou família apropriados, entre amigos ou colegas de trabalho. Mas, além disso, ele pode às vezes ser agitado por circunstâncias adversas a tal ponto que se levanta contra elas e as modifica. E embora os personagens mais fracos ou grosseiros extraiam o bem do mal, digamos em um estado corrupto da igreja ou da sociedade, e vivam felizes, permitindo que o mal permaneça, as naturezas mais sutis ou mais fortes podem ser esmagadas ou estragadas pelas influências circundantes; podem se tornar misantropos e filantropos alternadamente; ou em alguns casos, fundadores de ordens monásticas, ou Reformadores, devido a alguma peculiaridade em si mesmos ou em sua época, podem romper inteiramente com o mundo e a Igreja, às vezes para um bem maior, às vezes para um mal maior, às vezes para ambos. E o mesmo acontece na esfera menor de um convento, uma escola, uma família.

---

[7] *Corruptio optimi pessima* – expressão em latim que significa "a corrupção dos melhores é a pior para todos". (N.T.)

Platão

Platão gostaria que considerássemos como as melhores naturezas são facilmente dominadas pela opinião pública e que esforços o resto da humanidade fará para se apossar delas. O mundo, a Igreja, sua própria profissão, qualquer organização política ou partidária, estão sempre os surpreendendo e ensinando a aplicar nomes distintivos e sagrados aos seus próprios preconceitos e interesses. A corporação "monstro" à qual eles pertencem julga que o direito e a verdade são o prazer da comunidade. O indivíduo torna-se um com sua ordem; ou, se resistir, o mundo é demais para ele, e mais cedo ou mais tarde se vingará dele. Esta é, talvez, uma imagem parcial, mas não totalmente falsa, das máximas e práticas da humanidade quando eles "se sentam juntos em uma assembleia", seja nos tempos antigos ou modernos.

Quando as naturezas superiores são corrompidas pela política, as inferiores tomam posse do lugar vago da filosofia. Isso é descrito em uma daquelas imagens contínuas em que o argumento, para usar uma expressão platônica, "é encoberto", e que é abandonado e reaparece em intervalos. A questão é formulada: por que os cidadãos dos Estados são tão hostis à filosofia? A resposta é que eles não a conhecem. No entanto, há também um senso comum para muitos, de que eles acreditariam se fossem ensinados. Mas até agora eles conheceram apenas uma imitação conveniente da filosofia, palavras sem pensamentos, sistemas que não têm vida neles; uma pessoa (divina) pronunciando as palavras de beleza e liberdade, o amigo do homem mantendo comunhão com o Eterno, e procurando enquadrar o Estado naquela imagem que eles nunca conheceram na prática. O mesmo sentimento duplo em relação à massa da humanidade sempre existiu entre os homens. O primeiro pensamento é que as pessoas são as inimigas da verdade e do direito; o segundo, que isso só surge de um erro acidental e da confusão, e que eles não odiariam realmente aqueles que os amam, se pudessem ser educados para conhecê-los.

Na última parte do sexto livro, três questões têm de ser consideradas: primeira, a natureza do caminho mais longo e tortuoso, que é contrastado com o método mais curto e imperfeito do Livro IV; segunda, o padrão divino ou ideia do Estado; terceira, a relação das divisões do conhecimento entre si e com as faculdades correspondentes da alma:

A República

1. Do método superior de conhecimento em Platão, temos apenas um vislumbre. Nem aqui, nem no *Fedro* ou no *Simpósio*, nem ainda no *Filebo* ou no *Sofista*, ele dá qualquer explicação clara de seu significado. Provavelmente teria descrito seu método como procedendo por etapas regulares para um sistema de conhecimento universal, que inferia as partes do todo, em vez do todo das partes. Essa lógica ideal não é praticada por ele na busca de justiça, ou na análise das partes da alma; lá, como Aristóteles na *Ética a Nicômaco*, ele argumenta com base na experiência e no uso comum da linguagem. Mas no final do sexto livro concebe outro método mais perfeito, no qual todas as ideias são apenas degraus ou graduações ou momentos de pensamento, formando um todo conectado que se autossustenta e no qual a consistência é a prova da verdade. Ele não nos explica em detalhes a natureza do processo. Como muitos outros pensadores nos tempos antigos e modernos, sua mente parece estar preenchida por uma forma vazia que ele é incapaz de perceber. Ele supõe que as ciências têm uma ordem natural e uma conexão em uma época em que dificilmente se pode dizer que existam. Ele está se precipitando para o "fim do mundo intelectual", sem nem mesmo produzir um começo para ele.

Nos tempos modernos, dificilmente precisamos ser lembrados de que o processo de aquisição de conhecimento é aqui confundido com a contemplação do conhecimento absoluto. Em todas as ciências, a verdade *a priori* e as verdades posteriores se misturam em várias proporções. A parte *a priori* é aquela que deriva da experiência mais universal dos homens, ou é universalmente aceita por eles; a parte *a posteriori* é aquela que cresce em torno dos princípios mais gerais e se torna imperceptivelmente una com eles. Mas Platão imagina erroneamente que a síntese é separável da análise e que o método da ciência pode antecipar a ciência. Ao nutrir tal visão de conhecimento *a priori*, ele está suficientemente justificado, ou pelo menos seu significado pode ser suficientemente explicado pelas tentativas semelhantes de Descartes, Kant, Hegel e até do próprio Bacon na filosofia moderna. Antecipações ou adivinhações, ou visões proféticas de verdades, sejam relativas ao homem ou à natureza, parecem prevalecer na mesma relação com a filosofia antiga que as hipóteses guardam com a ciência indutiva moderna. Essas "suposições da verdade" não foram feitas ao acaso; surgiram de uma impressão superficial de uniformidades e primeiros princípios na natureza que o gênio do grego, contemplando a extensão do céu e da terra, pareceu reconhecer a distância. Nem podemos negar que nos tempos antigos o conhecimento deve ter estacionado, e a mente humana privada dos próprios instrumentos do pensamento, se a filosofia tivesse sido estritamente confinada aos resultados da experiência.

2. Platão supõe que, quando a tábula for deixada em branco, o artista a preencherá com os traços do Estado ideal. É um padrão estabelecido no céu ou um mero vazio para o qual ele deve olhar com olhos maravilhados? A resposta é que tais ideais são enquadrados parte pela omissão de particulares, parte pela imaginação que aperfeiçoa a forma que a experiência fornece (*Fédon*). Platão representa esses ideais em uma figura como pertencendo a outro mundo; e nos tempos modernos a ideia às vezes parece preceder, outras vezes cooperar com a mão do artista. Assim como nas ciências, também na arte criativa existe um método sintético e ainda um analítico. Um homem terá o todo em sua mente antes de começar; para outro, os processos da mente e da mão serão simultâneos.

3. Não há dificuldade em ver em que as divisões do conhecimento de Platão são baseadas, primeiro, na antítese fundamental do sensível e intelectual que permeia toda a filosofia pré-socrática; em que está implícita também a oposição do permanente e transitório, do universal e do particular. Mas a era da filosofia em que ele viveu parecia exigir mais distinção; números e cálculos estavam começando a se separar das ideias. O mundo não podia mais considerar a justiça como um cubo e estava aprendendo a ver, embora imperfeitamente, que as abstrações dos sentidos eram distintas das abstrações da mente. Entre o ser ou essência eleática e as sombras dos fenômenos, o princípio pitagórico do número encontrou um lugar e foi, como observa Aristóteles, um meio condutor de um para o outro. Daí Platão é levado a introduzir um terceiro termo que não tinha até agora entrado no esquema de sua filosofia. Ele havia observado o uso da matemática na educação; eles foram a melhor preparação para estudos superiores. A relação subjetiva entre eles sugeria ainda uma objetiva; embora a passagem de uma para a outra seja realmente imaginária (metafísica).

Pois a filosofia metafísica e a moral não têm conexão com a matemática; números e cálculos são abstrações de tempo e espaço, não expressões de concepções puramente intelectuais. Quando desprovida de metáfora, uma linha reta ou um quadrado não tem mais a ver com direito e justiça do que uma linha torta com vício. A associação figurativa foi confundida com uma real e, portanto, as três últimas divisões da proporção platônica foram construídas.

Há mais dificuldade em compreender como ele chegou ao primeiro termo da série, que não é mencionado em nenhum outro lugar e não tem referência a nenhuma outra parte de seu sistema. Nem de fato a relação das sombras com os objetos corresponde à relação dos números com as ideias. Provavelmente Platão foi levado pelo amor à analogia (*Timeu*) a fazer quatro termos em vez de três, embora os objetos percebidos em ambas as divisões da esfera inferior sejam igualmente objetos dos sentidos. Ele também está preparando o caminho, ao seu modo, para as sombras das imagens no início do sétimo livro, e a imitação de uma imitação no décimo. A linha pode ser considerada como alcançando da unidade ao infinito e é dividida em duas partes desiguais e subdividida em mais duas; cada esfera inferior é a multiplicação da anterior. Das quatro faculdades, a fé na divisão inferior tem uma posição intermediária (compare o uso da palavra fé ou crença, do grego, em *Timeu*), contrastando igualmente com a imprecisão da percepção das sombras e a exatidão superior do entendimento e da razão.

A diferença entre entendimento e mente ou razão é análoga à diferença entre adquirir conhecimento nas partes e a contemplação do todo. O verdadeiro conhecimento é um todo, e está em repouso; consistência e universalidade são os testes da verdade. A esse conhecimento autoevidente do todo, supõe-se que a faculdade da mente corresponda. Mas há um conhecimento da compreensão que está incompleto e sempre em movimento, porque não pode encerrar nas ideias subordinadas. Essas ideias são chamadas de imagens e hipóteses – imagens porque são revestidas de sentido, hipóteses porque são apenas suposições, até que sejam colocadas em conexão com a ideia do bem.

O significado geral da passagem "Nobre, então, é o vínculo que une a visão... E desse tipo eu falei como o inteligível..." na medida em que o pensamento contido nela admite ser traduzido nos termos da filosofia moderna, pode ser descrita ou explicada da seguinte maneira: – Há uma verdade, única e autoexistente, à qual, com a ajuda de uma escada descida de cima, a inteligência humana pode ascender. Essa unidade é como o sol nos céus, a luz pela qual todas as coisas são vistas, o ser pelo qual são criadas e sustentadas. É a *ideia* do bem. E os degraus da escada que leva a essa existência superior ou universal são as ciências matemáticas, que também contêm em si um elemento do universal. Estes também vemos de modo novo quando os conectamos com a ideia de bem. Eles então deixam de ser hipóteses ou imagens e tornam-se partes essenciais de uma verdade superior que é ao mesmo tempo seu primeiro princípio e sua causa final.

Não podemos dar um significado mais preciso a essa passagem notável, mas podemos apontar nela vários rudimentos ou vestígios de pensamento que são comuns a nós e a Platão: tais como (1) a unidade e correlação das ciências, ou melhor, da ciência, pois na época de Platão elas ainda não estavam separadas ou distintas; (2) a existência de um Poder Divino, ou vida, ideia, causa ou razão, ainda não criados ou não mais aceito como no *Timeu* e em outro lugar sob a forma de uma pessoa; (3) o reconhecimento do caráter hipotético e condicional das ciências matemáticas e, em certa medida, de todas as ciências quando isoladas das demais; (4) a convicção de uma verdade que é invisível e de uma lei, embora dificilmente uma lei da natureza, que permeia o mundo intelectual e não o mundo visível.

O método de Sócrates é hesitante e experimental, aguardando a explicação mais completa da ideia do bem e da natureza da dialética no sétimo livro. A inteligência imperfeita de Glauco e a relutância de Sócrates em começar marcam a dificuldade do assunto. A alusão ao freio de Teages e ao oráculo interno ou sinal demoníaco de Sócrates que aqui, como sempre em Platão, é apenas proibitivo; a observação de que a salvação de qualquer remanescente do bem no presente estado da maldade no mundo é devida somente a divindades; a referência a um futuro estado de existência, que Glauco desconhece no décimo livro, e no qual as discussões de Sócrates e seus discípulos seriam retomadas; a surpresa nas respostas; a ironia fantasiosa de Sócrates, onde ele finge que só pode descrever a estranha posição do filósofo em uma figura de linguagem; a observação original de que os sofistas, afinal, são apenas os representantes e não os líderes da opinião pública; a imagem do filósofo parado ao abrigo da chuva de granizo sob uma parede; a figura da "grande besta" seguida da expressão de boa vontade para com as pessoas comuns que não teriam rejeitado o filósofo se o conhecessem; o "pensamento nobre correto" de que as verdades mais elevadas exigem a maior exatidão; a hesitação de Sócrates em retornar mais uma vez ao seu desgastado tema da ideia do bem; a seriedade ridícula de Glauco; a comparação da filosofia com uma donzela abandonada, são algumas das características mais interessantes do sexto livro.

No entanto, mais algumas palavras podem ser acrescentadas sobre o antigo tema, tão frequentemente discutido no círculo socrático, do qual nós, como Glauco e Adimanto, desejaríamos, se possível, ter uma noção mais clara. Como eles, ficamos insatisfeitos quando nos dizem que a ideia do bem só pode ser revelada a um estudante das ciências matemáticas, e estamos inclinados a pensar que nem nós nem eles poderíamos ter sido conduzidos por esse caminho para qualquer objetivo satisfatório. Pois aprendemos que as diferenças de quantidade não podem se transformar em diferenças de qualidade, e que as ciências matemáticas nunca podem se elevar acima de si mesmas para a esfera de nossos pensamentos superiores, embora às vezes possam fornecer símbolos e expressões deles e possam treinar a mente em hábitos de abstração e autoconcentração. A ilusão que era natural para um antigo filósofo deixou de ser uma ilusão para nós. Mas se o processo pelo qual devemos chegar à ideia de bem for realmente imaginário, não pode a própria ideia ser também uma mera abstração? Observamos, em primeiro lugar, que em todas as épocas, e especialmente na filosofia primitiva, palavras como ser, essência, unidade, bem, exerceram uma influência extraordinária sobre as mentes dos homens. A escassez ou negatividade de seu conteúdo tem estado na proporção inversa de seu poder. Elas se tornaram as formas sob as quais todas as coisas eram compreendidas. Havia uma necessidade ou instinto na alma humana que elas satisfizeram; não eram ideias, mas deuses, e a essa nova mitologia os homens de uma geração posterior começaram a vincular os poderes e associações das divindades mais antigas.

A ideia do bem é uma daquelas palavras sagradas ou formas de pensamento que estavam começando a tomar o lugar da velha mitologia. Significava unidade, na qual todo o tempo e toda a existência foram reunidos. Era a verdade de todas as coisas, também a luz na qual elas brilharam e se tornaram evidentes para as inteligências humanas e divinas. Era a causa de todas as coisas, o poder pelo qual elas foram criadas. Foi a razão universal despojada de uma personalidade humana. Era a vida assim como a luz do mundo, todo o conhecimento e todo o poder estavam compreendidos nele. O caminho até ele era através das ciências matemáticas, e estas também dependiam dele. Perguntar se deus foi o seu criador, ou se foi criado pelo bem, seria como perguntar se deus poderia ser concebido à parte da bondade ou a bondade à parte de deus. O deus do *Timeu* não diverge realmente da ideia do bem; eles são aspectos do mesmo, diferindo apenas como o pessoal do impessoal, ou o masculino do neutro, sendo um expressão ou linguagem da mitologia, o outro, da filosofia.

Este, ou algo parecido, é o significado da ideia do bem concebida por Platão. Também pode-se dizer que ideias de número, ordem, harmonia e desenvolvimento entram nele. A paráfrase que acaba de ser dada vai além das palavras reais de Platão. Talvez tenhamos chegado ao estágio da filosofia que nos permite entender o que ele almeja, melhor do que ele mesmo. Estamos começando a perceber o que ele viu apenas parcialmente e a distância. Mas se ele pudesse ter sido informado de que esta, ou alguma concepção semelhante, mas superior, era a verdade que buscava, e a necessidade que procurava suprir, teria alegremente reconhecido que havia mais conteúdo em seus próprios pensamentos do que ele mesmo sabia. Como suas palavras são poucas e suas maneiras reticentes e hesitantes, assim deve ser o estilo de seu intérprete. Não devemos abordar seu significado mais de perto, tentando defini-lo melhor. Ao traduzi-lo para a linguagem do pensamento moderno, podemos perder de maneira insensível o espírito da filosofia antiga. É notável que, embora Platão fale da ideia do bem como o primeiro princípio da verdade e do ser, ela não é mencionada em nenhum lugar em seus escritos, exceto nesta passagem. Nem reteve qualquer influência nas mentes de seus discípulos em uma geração posterior; provavelmente era ininteligível para eles. Nem a menção dela em Aristóteles parece ter qualquer referência a esta ou qualquer outra passagem em seus escritos existentes.

A República VII.
INTRODUÇÃO.

LIVRO VII. E agora descreverei em uma alegoria a iluminação ou não iluminação de nossa natureza: imagine seres humanos vivendo em uma caverna subterrânea aberta à luz; eles estão lá desde a infância, tendo seus pescoços e pernas acorrentados, e só podem ver dentro da toca. A uma certa distância há uma fogueira, e entre ela e os prisioneiros um muro baixo foi construído ao longo do caminho, como uma tela sobre a qual os artistas exibem suas marionetes. Atrás da parede aparecem figuras em movimento, que seguram nas mãos várias obras de arte, entre elas imagens de homens e animais, madeira e pedra, e alguns dos transeuntes estão falando e outros em silêncio. "Uma estranha parábola", disse ele, "e estranhos cativos." Eles são nós mesmos, respondi; e veem apenas as sombras das imagens que o fogo joga na parede da caverna; a estas dão nomes, e se adicionarmos um eco que retorna da parede, as vozes dos que passam parecerão vir das sombras. Suponha agora que você os vire de repente e os faça olhar, com dor e pesar para si mesmos, para as imagens reais; eles vão acreditar que elas são reais? Não ficarão seus olhos deslumbrados, e não tentarão se afastar da luz para fitar algo que são capazes de ver sem piscar? E suponha, ainda, que eles sejam arrastados por uma subida íngreme e acidentada até a presença do próprio sol; sua visão não será escurecida com o excesso de luz? Algum tempo passará antes que adquiram o hábito de perceber tudo; e a princípio, eles serão capazes de perceber apenas sombras e reflexos na água; então reconhecerão a lua e as estrelas, e finalmente verão o sol em seu devido lugar, como ele é. Por fim, eles concluirão: este é quem nos dá o ano e as estações, e é o autor de tudo o que vemos. Como se alegrarão em passar das trevas para a luz! Quão sem valor para eles parecerão as honras e glórias da caverna! Mas agora imagine além, que eles descem até as suas velhas habitações; naquela morada subterrânea não enxergarão tão bem quanto seus companheiros, e não serão capazes de competir com eles na observação das sombras na parede; haverá muitas piadas sobre o homem que fez uma visita ao sol e perdeu os olhos, e se encontrarem alguém tentando libertar e iluminar um deles, irão matá-lo, se conseguirem pegá-lo. Agora, a caverna ou covil é o mundo da visão, o fogo é o sol, o caminho para cima é o caminho para o conhecimento, e no mundo do conhecimento a ideia do bem é a última visão e enxergada com dificuldade, mas quando for vista é inferido que é o autor do bem e do direito – pai do senhor da luz neste mundo e da verdade e do entendimento no outro. Aquele que atinge a visão beatífica está sempre subindo; não está disposto a descer às assembleias políticas e tribunais de justiça; pois seus olhos tendem a piscar para as imagens ou sombras das imagens que eles contemplam; ele não pode entrar nas ideias daqueles que nunca em suas vidas compreenderam a relação da sombra com a substância. Mas a cegueira é de dois tipos e pode ser causada pela passagem das trevas para a luz ou da luz para as trevas, e um homem sensível distinguirá entre elas e não rirá igualmente de ambas, mas da cegueira que surge da plenitude da luz que ele considerará bem-aventurada e terá piedade do outro; ou se ele rir da alma perplexa olhando para o sol, terá mais motivos para rir do que os habitantes da cova daqueles que desceram do alto.

Há outra lição ensinada por esta nossa parábola. Algumas pessoas imaginam que a instrução é como dar olhos aos cegos, mas dizemos que a faculdade da visão sempre esteve presente e que a alma só precisa ser voltada para a luz. E isso é conversão; outras virtudes são quase como hábitos corporais, e podem ser adquiridas da mesma maneira, mas a inteligência tem uma vida divina e é indestrutível, voltando-se para o bem ou para o mal de acordo com a direção dada. Você nunca observou como a mente de um bandido inteligente espreita através de seus olhos, e quanto mais claramente vê, mais mal ele faz? Agora, se você tomar tal pessoa e cortar dela aqueles pesos de chumbo do prazer e do desejo que prendem sua alma à terra, sua inteligência será revertida, e ele verá a verdade tão claramente como agora discerne seus fins mais mesquinhos. E não decidimos que nossos governantes não devem ser nem tão incultos a ponto de não ter uma regra de vida fixa, nem tão excessivamente educados para não quererem deixar seu paraíso pelos negócios do mundo? Devemos escolher, portanto, as naturezas que têm mais probabilidade de subir à luz e ao conhecimento do bem; mas não devemos permitir que permaneçam na região da luz; eles devem ser forçados a descer novamente entre os cativos na caverna para participar de seus trabalhos e honras. "Eles não vão achar que isso é uma dificuldade?" Você deve se lembrar que nosso propósito ao enquadrar o Estado não era que nossos cidadãos fizessem o que quisessem, mas que servissem ao Estado para o bem comum de todos. Que não possamos dizer com justiça ao nosso filósofo: amigo, não lhe fazemos mal; pois em outros Estados a filosofia cresce livremente, e uma planta selvagem não deve nada ao jardineiro, mas vocês foram treinados por nós para serem os governantes e reis de nossa colmeia e, portanto, devemos insistir em que vocês desçam à caverna. Vocês devem, cada um de vocês, tomar a sua vez e tornar-se capazes de usar seus olhos no escuro, e com um pouco de prática você verá muito melhor do que aqueles que discutem sobre as sombras, cujo conhecimento é apenas um sonho, enquanto o seu é uma realidade desperta. Pode ser que o santo ou filósofo mais bem preparado seja também o menos inclinado a governar, mas a necessidade é imposta a ele, que não deve mais viver no céu das ideias. E esta será a salvação do Estado. Pois aqueles que governam não devem ser os que estão ansiosos por governar; e, se você puder oferecer aos nossos cidadãos uma vida melhor do que a dos governantes em geral, haverá uma chance de que os ricos, não apenas em bens deste mundo, mas em virtude e sabedoria, possam governar. E a única vida melhor do que a vida da ambição política é a da filosofia, que é também a mais valiosa preparação para o governo de um Estado.

Então agora vem a pergunta: como devemos criar nossos governantes; que caminho existe da escuridão para a luz? A mudança é efetuada pela filosofia; não é o virar de uma concha de ostra, mas a conversão de uma alma da noite ao dia, do devir ao ser. E que treinamento atrairá a alma para cima? Nossa educação anterior tinha dois ramos, a ginástica, que se ocupava com o corpo, e a música, a arte irmã, que infundia uma harmonia natural na mente e na literatura; mas nenhuma dessas ciências deu qualquer promessa de fazer o que queremos. Nada nos resta senão aquela ciência universal ou primária da qual todas as artes e ciências emanam, quero dizer, os números ou o cálculo. "Muito verdadeiro." Incluindo a arte da guerra? "Sim, certamente." Então, há algo ridículo sobre Palamedes na tragédia, chegando e dizendo que havia inventado os números, contado as fileiras e as colocado em ordem. Pois se Agamenon não podia contar seus pés (e sem os números, como poderia?), ele deve ter sido uma bela espécie de general, mesmo assim. Nenhum homem deve ser um soldado que não sabe contar e, na verdade, dificilmente pode ser chamado de homem. Mas não estou falando dessas aplicações práticas da aritmética, pois os números, em minha opinião, devem ser considerados um condutor do pensamento e do ser. Explicarei o que quero dizer com a última expressão: as coisas sensíveis são de dois tipos; uma classe convida ou estimula a mente, enquanto na outra a mente aquiesce. Ora, na classe estimulante estão as coisas que sugerem contraste e relação. Por exemplo, suponha que eu segure em frente aos meus olhos três dedos – um dedo indicador, um dedo médio, um dedo mínimo – a visão reconhece igualmente todos os três dedos, mas sem os números não pode distingui-los além disso. Ou ainda, suponha que dois objetos sejam relativamente grandes e pequenos, essas ideias de grandeza e pequenez são fornecidas não pelos sentidos, mas pela mente. E a percepção de seu contraste ou relação acelera e põe em movimento a mente, que fica intrigada com as confusas insinuações dos sentidos, e recorre aos números para descobrir se as coisas indicadas são uma ou mais de uma. Os números respondem que elas são duas e não uma, e devem ser distinguidas uma da outra. Novamente, a visão contempla o grande e o pequeno, mas apenas em um caos confuso, e não até que sejam distinguidos é que surge a questão de suas respectivas naturezas; somos assim conduzidos à distinção entre o visível e o inteligível. Foi isso que quis dizer quando falei de estimulantes para o intelecto; eu estava pensando nas contradições que surgem na percepção. A ideia de unidade, por exemplo, como a de um dedo, não desperta o pensamento a menos que envolva alguma concepção de pluralidade; mas quando um é também o oposto de um, a contradição dá lugar à reflexão; um exemplo disso é fornecido por qualquer objeto de visão. Todo número também tem um efeito de elevação; eleva a mente da espuma e do fluxo da geração à contemplação do ser, tendo também usos militares e no varejo mesmo que menores. O uso de varejo não é exigido por nós; mas como nosso guardião deve ser um soldado e um filósofo, o uso militar deve ser mantido. E ao nosso propósito superior nenhuma ciência pode ser mais bem adaptada; mas deve ser perseguida com o espírito de um filósofo, não de um lojista. A preocupação aparece, não com os objetos visíveis, mas com a verdade abstrata; pois os números são abstrações puras, o verdadeiro aritmético nega indignadamente que sua unidade seja capaz de divisão. Quando você divide, ele insiste que você está apenas multiplicando; seu "um" não é material ou resolvível em frações, mas uma igualdade invariável e absoluta; e isso prova o caráter puramente intelectual de seu estudo. Observe também o grande poder que a aritmética tem de aguçar o juízo; nenhuma outra disciplina é igualmente severa, ou um teste igual de habilidade geral, ou igualmente capaz de melhorar uma pessoa estúpida.

Que nosso segundo ramo de educação seja a geometria. "Posso ver facilmente", respondeu Glauco, "que a habilidade do general será duplicada por seu conhecimento de geometria." Isso é um assunto pequeno; o uso da geometria, ao qual me refiro, é o auxílio dado por ela na contemplação da ideia do bem, e o compelir a mente a olhar para o verdadeiro ser, e não apenas para a geração. No entanto, o modo atual de buscar esses estudos, como sabe qualquer um que seja um mínimo matemático, é mesquinho e ridículo; eles são feitos para olhar para baixo, para as artes, e não para cima, para a existência eterna. O geômetra está sempre falando em quadratura, subtendência, oposição, como se tivesse em vista a ação; enquanto o conhecimento é o objeto real do estudo. Deve elevar a alma e criar a mente da filosofia; deve levantar o que caiu, para não falar de usos menores na guerra e nas táticas militares, e no aprimoramento das faculdades.

Devemos propor, como um terceiro ramo de nossa educação, a astronomia? Muito bem, respondeu Glauco; "o conhecimento dos céus é necessário imediatamente para a agricultura, navegação, táticas militares". Eu gosto da sua maneira de dar razões úteis para tudo a fim de fazermos amizades com o mundo. E há uma dificuldade em provar à humanidade que a educação não é apenas uma informação útil, mas uma purificação do olho da alma, que é melhor do que o olho do corpo, pois somente por este a verdade é vista. Agora, você vai apelar para a humanidade em geral ou para o filósofo? Ou prefere olhar apenas para si mesmo? "Cada homem é seu melhor amigo." Então dê um passo para trás, pois estamos fora de ordem, e insira a terceira dimensão, que é de sólidos, depois da segunda, que é de planos, e então você pode prosseguir para os sólidos em movimento. Mas a geometria sólida não é popular e não tem o patrocínio do Estado, nem seu uso é totalmente reconhecido; a dificuldade é grande e os devotos do estudo são presunçosos e impacientes. Mesmo assim, o encanto da busca conquista os homens e, se o governo desse um pouco de assistência, poderia haver grande progresso. "É verdade", respondeu Glauco, "mas eu entendo você agora para começar com a geometria plana, e colocar a próxima geometria de sólidos, e em terceiro lugar, astronomia, ou o movimento dos sólidos?" Sim, eu disse; minha pressa apenas nos atrasou.

"Muito bem, e agora passemos para a astronomia, sobre a qual estou disposto a falar em seu elevado estilo. Ninguém pode deixar de ver que a contemplação dos céus puxa a alma para cima." Sou uma exceção, então; a astronomia, conforme estudada atualmente, parece-me atrair a alma não para cima, mas para baixo. Observar as estrelas é apenas olhar para o teto – nada melhor; um homem pode se deitar de costas na terra ou na água, ele pode olhar para cima ou para baixo, mas não há ciência nisso. A visão do conhecimento de que falo não é vista com os olhos, mas com a mente. Toda a magnificência dos céus é apenas o bordado de uma cópia que está muito aquém do original divino e nada ensina sobre as harmonias ou movimentos absolutos das coisas. Sua beleza é como a beleza das figuras desenhadas pela mão de Dédalo ou de qualquer outro grande artista, que podem ser usadas para ilustração, mas nenhum matemático procuraria obter delas verdadeiras concepções de igualdade ou relações numéricas. Que ridículo, então, procurá-las no mapa dos céus, no qual a imperfeição da matéria entra em todos os lugares como um elemento perturbador, estragando a simetria do dia e da noite, dos meses e dos anos, do sol e das estrelas em seus cursos. Somente por problemas podemos colocar a astronomia em uma base verdadeiramente científica. Deixe os céus em paz e exerça o intelecto.

Ainda assim, a matemática admite outras aplicações, como dizem os pitagóricos, e nós concordamos. Há uma ciência irmã do movimento harmônico, adaptada ao ouvido como a astronomia é ao olho, e pode haver também outras aplicações. Perguntemos aos pitagóricos sobre eles, sem esquecer que temos um objetivo superior ao deles, que é a relação dessas ciências com a ideia do bem. O erro que permeia a astronomia também permeia a harmonia. Os músicos colocam seus ouvidos no lugar de suas mentes. "Sim", respondeu Glauco, "gosto de vê-los encostados no rosto dos vizinhos, alguns dizendo: 'é uma nota nova', outros declarando que as duas notas são iguais." Sim, eu disse; mas você quer dizer os empíricos que estão sempre torcendo e torturando as cordas da lira e discutindo sobre o temperamento das cordas; estou me referindo mais aos harmonistas pitagóricos, que erram quase igualmente. Pois eles investigam apenas o número das consonâncias que são ouvidas, e não sobem mais alto – da verdadeira harmonia numérica que não é ouvida e só pode ser encontrada nos problemas, eles não têm nem mesmo uma ideia. "Essa última", disse ele, "deve ser uma coisa maravilhosa." Uma coisa, respondi, que só tem utilidade se for perseguida com vistas ao bem.

Todas essas ciências são o prelúdio da linhagem e são proveitosas se forem consideradas em suas relações naturais entre si. "Atrevo-me a dizer, Sócrates", disse Glauco, "mas tal estudo será um negócio sem fim." Que estudo você quer dizer – do prelúdio ou o quê? Pois todas essas coisas são apenas o prelúdio, e você certamente não supõe que um mero matemático também seja um dialético? "Certamente, não. Quase nunca conheci um matemático que pudesse raciocinar." E ainda, Glauco, não é verdadeiro raciocinar aquele hino da dialética que é a música do mundo intelectual, e que foi por nós comparado ao esforço da visão, quando ao contemplarmos as sombras na parede e chegarmos por fim às imagens que deram as sombras?

Mesmo assim, a faculdade dialética que se retira do sentido chega pelo puro intelecto à contemplação da ideia do bem, e nunca descansa, mas no próprio fim do mundo intelectual. E a estrada real para fora da caverna em direção à luz, e o piscar dos olhos para o sol e se virar para contemplar as sombras da realidade, não apenas as sombras de uma imagem – esse progresso e aquisição gradual de uma nova faculdade de visão pela ajuda das ciências matemáticas é a elevação da alma à contemplação do mais alto ideal de ser.

"Até aqui, concordo com você. Mas agora, saindo do prelúdio, passemos ao hino. Qual é, então, a natureza da dialética e quais são os caminhos que levam a ela?" Caro Glauco, você não pode me seguir aqui. Não pode haver revelação da verdade absoluta para alguém que não foi disciplinado nas ciências anteriores. Mas que existe uma ciência da verdade absoluta, alcançada de uma forma muito diferente das agora praticadas, estou eu convencido. Pois todas as outras artes ou ciências são relativas às necessidades e opiniões humanas; e as ciências matemáticas são apenas um sonho ou hipótese do verdadeiro ser, e nunca analisam seus próprios princípios. A dialética sozinha eleva-se ao princípio que está acima das hipóteses, convertendo e conduzindo gentilmente o olho da alma do lamaçal bárbaro da ignorância para a luz do mundo superior, com a ajuda das ciências que temos descrito – ciências, como são frequentemente denominadas, embora exijam algum outro nome, implicando maior clareza do que opinião e menos clareza do que ciência, e isso, em nosso esboço anterior, era compreensão. E assim obtemos quatro nomes, dois para intelecto e dois para opinião, razão ou mente, compreensão, fé, percepção de sombras – que fazem uma proporção – ser : devir :: intelecto : opinião – e ciência : crença :: compreensão : percepção de sombras. A dialética pode ainda ser descrita como aquela ciência que define e explica a essência ou ser de cada natureza, que distingue e abstrai o bem, e está pronta para lutar contra todos os oponentes pela causa do bem. Para aquele que não é dialético, a vida é apenas um sonho sonolento; e muitos homens estarão em seus túmulos antes que o seu ser seja bem despertado. E você teria os futuros governantes de seu Estado ideal, seres inteligentes ou estúpidos como postes? "Certamente não o último." Então você deve treiná-los na dialética, o que os ensinará a fazer e responder perguntas, e é a pedra de toque das ciências.

Ouso dizer que você não se esqueceu de como nossos governantes foram escolhidos; e o processo de seleção pode ser levado um passo adiante: como antes, eles devem ser constantes e valentes, de boa aparência e de maneiras nobres, mas agora também devem ter habilidades naturais que a educação irá melhorar; isto é, devem ser rápidos no aprendizado, capazes de suportar a fadiga mental, natureza retentiva, sólida e diligente, que combina virtudes intelectuais com morais; não inferior ou parcial, diligente nos exercícios físicos e indolente na mente, ou vice-versa; não uma alma mutilada, que odeia a falsidade e, no entanto, involuntariamente, está sempre chafurdando no lodo da ignorância; não um bastardo ou pessoa débil, mas firme no vento e sobre seus membros, e em perfeitas condições para a grande prova de ginástica da mente. A própria justiça não pode encontrar defeitos em naturezas como essas; e eles serão os salvadores de nosso Estado; discípulos de outro tipo apenas tornariam a filosofia mais ridícula do que ela é atualmente. Perdoe meu entusiasmo; estou ficando animado; mas quando a vejo pisoteada, fico zangado com os autores de sua desgraça. "Não percebi que você estava mais animado do que deveria." Mas eu senti que estava. Agora, não vamos esquecer outro ponto na seleção de nossos discípulos: que eles devem ser jovens e não velhos. Pois Sólon se engana ao dizer que um velho pode estar sempre aprendendo; a juventude é a época do estudo, e aqui devemos lembrar que a mente é livre e delicada e, ao contrário do corpo, não deve ser forçada a trabalhar contra a corrente. A aprendizagem deve ser, a princípio, uma espécie de jogo, em que a inclinação natural é detectada. Como no treinamento para a guerra, os cães jovens deveriam, a princípio, apenas sentir o gosto de sangue; mas quando terminar a necessária ginástica, que durante dois ou três anos divide a vida entre o sono e os exercícios físicos, então a educação da alma se tornará um assunto mais sério. Aos vinte anos de idade, deve-se fazer uma seleção dos discípulos mais promissores, com quem começará uma nova época de educação. As ciências que até agora aprenderam em fragmentos serão agora colocadas em relação umas com as outras e com o verdadeiro ser; pois o poder de combiná-los é o teste da habilidade especulativa e dialética. E mais tarde, aos trinta, uma nova seleção será feita daqueles que são capazes de se retirar do mundo dos sentidos para a abstração das ideias. Mas, neste ponto, a julgar pela experiência atual, existe o perigo de que a dialética seja a fonte de muitos males. O perigo pode ser ilustrado por um caso paralelo: imagine uma pessoa que foi criada com riqueza e luxúria em meio a uma multidão de bajuladores e que, de repente, é informada de que é um filho ilegítimo. Até agora, ele honrou seus reputados pais e desprezou os bajuladores, e agora faz o contrário. Isso é exatamente o que acontece com os princípios de um homem. Existem certas doutrinas que ele aprendeu em casa e que exerceram sobre ele uma autoridade paternal. Atualmente ele descobre que imputações são lançadas sobre eles; um inquiridor problemático chega e pergunta: "O que é justo e bom?" ou prova que virtude é vício e vício, virtude, e sua mente torna-se insegura, e ele deixa de amá-los, honrá-los e obedecer-lhes como fazia até agora. Ele é seduzido para uma vida de prazer e se torna uma pessoa sem lei e um trapaceiro. O caso de tais especuladores é muito lamentável e, para que nossos alunos de trinta anos não precisem dessa pena, tomemos todo o cuidado possível para que os jovens não estudem filosofia cedo demais. Pois um jovem é uma espécie de cachorrinho que só brinca com uma discussão; e raciocina dentro e fora de suas opiniões todos os dias; ele logo começa a não acreditar em nada, e leva a si mesmo e a filosofia ao descrédito. Um homem de trinta anos não corre assim; ele irá argumentar e não apenas contradizer, e acrescenta uma nova honra à filosofia pela sobriedade de sua conduta. A que horas permitiremos esse segundo treinamento ginástico da alma? Digamos, o dobro do tempo necessário para a ginástica corporal; seis, ou talvez cinco anos, para começar aos trinta, e então por quinze anos deixe o estudante descer à caverna, comandar exércitos e ganhar experiência de vida. Aos cinquenta, que ele retorne ao fim de todas as coisas, e tenha seus olhos elevados para a ideia do bem, e organize sua vida segundo esse padrão; se necessário, assumir o comando do Estado e treinar outros para serem seus sucessores. Quando chegar a sua hora, ele partirá em paz para as ilhas dos abençoados. Será honrado com sacrifícios e receberá a adoração que o oráculo Pítio aprovar.

"Você é um escultor, Sócrates, e fez uma imagem perfeita de nossos governadores." Sim, e de nossas governantas, pois as mulheres compartilharão todas as coisas com os homens. E você vai admitir que nosso Estado não é uma mera aspiração, mas pode realmente vir a existir quando surgirem reis-filósofos, um ou mais, que desprezarão as vaidades terrenas e serão os servidores da justiça apenas. "E como eles vão começar seu trabalho?" O primeiro ato será enviar para o campo todos os maiores de dez anos e prosseguir com os que ficaram...

A República VII.
Análise.

No início do sexto livro, Platão antecipou sua explicação da relação do filósofo com o mundo em uma alegoria; nesta, como em outras passagens, seguindo a ordem que ele prescreve na educação, ele segue do concreto ao abstrato. No início do Livro VII, sob a figura de uma caverna tendo uma abertura para uma fogueira e um caminho ascendente para a verdadeira luz, ele volta a ver as divisões do conhecimento, exibindo familiarmente, como em uma imagem, o resultado que havia sido dificilmente vencido por um grande esforço de pensamento na discussão anterior; ao mesmo tempo, lançando um olhar para a frente no processo dialético, que é representado pelo caminho que conduz das trevas à luz. As sombras, as imagens, o reflexo do sol e das estrelas na água, as estrelas e o próprio sol, correspondem separadamente, o primeiro, ao reino da fantasia e da poesia; o segundo, ao mundo dos sentidos; o terceiro, às abstrações ou universais de sentido, do tipo que as ciências matemáticas fornecem; o quarto e último às mesmas abstrações, quando vistas na unidade da ideia, da qual derivam um novo significado e poder. O verdadeiro processo dialético começa com a contemplação das estrelas reais, e não meros reflexos delas, e termina com o reconhecimento do sol, ou da ideia do bem, como o pai, não apenas da luz, mas de calor e crescimento. Às divisões do conhecimento, as etapas da educação respondem em parte: primeiro, há a educação da infância e da juventude nas fantasias dos poetas e nas leis e costumes do Estado; em seguida, há a formação do corpo para ser um atleta guerreiro e um bom servidor da mente; e em terceiro lugar, após um intervalo, segue-se a educação da vida adulta, que começa com a matemática e prossegue para a filosofia em geral.

Parece haver dois grandes objetivos na filosofia de Platão – primeiro, perceber as abstrações; em segundo lugar, conectá-las. Segundo ele, a verdadeira educação é aquela que atrai o homem do devir ao ser e a uma investigação abrangente de todo ser. Ele deseja desenvolver na mente humana a faculdade de ver o universal em todas as coisas; até que, finalmente, as particularidades dos sentidos desaparecem e só o universal permanece. Ele, então, procura combinar os universais que separou dos sentidos, sem perceber que a correlação deles não tem outra base senão o uso comum da linguagem. Ele nunca entende que abstrações, como diz Hegel, são "meras abstrações" – úteis quando empregadas na organização dos fatos, mas nada acrescentando à soma do conhecimento quando buscadas separadamente deles, ou com referência a uma ideia imaginária do bem. Mesmo assim, o exercício da faculdade de abstração à parte dos fatos ampliou a mente e desempenhou um grande papel na educação da raça humana. Platão avaliou o valor dessa faculdade e viu que ela poderia ser acelerada pelo estudo dos números e suas relações. Todas as coisas em que há oposição ou proporção são sugestivas de reflexão. A mera impressão dos sentidos não evoca nenhum poder do pensamento ou da mente, mas quando os objetos sensíveis pedem para serem comparados e distinguidos, então a filosofia começa. A ciência da aritmética sugere primeiro essas distinções. Seguem em ordem as outras ciências da geometria plana e sólida, e dos sólidos em movimento, um dos ramos do qual é a astronomia ou a harmonia das esferas; a isso está anexada a ciência irmã da harmonia dos sons. Platão parece também sugerir a possibilidade de outras aplicações de proporções aritméticas ou matemáticas, como empregamos na química e na filosofia natural, como os pitagóricos e até mesmo Aristóteles fazem uso na *Ética* e na *Política*, por exemplo, sua distinção entre proporção aritmética e geométrica na *Ética* (Livro V), ou entre igualdade numérica e proporcional na *Política*.

O matemático moderno simpatizará prontamente com o deleite de Platão com as propriedades da matemática pura. Ele não se recusará a dizer com ele: – Deixa os céus e estuda as belezas dos números e equações em si mesma. Ele também estará apto a depreciar sua aplicação às artes. Observará que Platão tem uma concepção de geometria, na qual as figuras devem ser dispensadas; assim, de uma forma distante e sombria, parecendo antecipar a possibilidade de trabalhar problemas geométricos por um modo de análise mais geral. Ele observará com interesse o estado retrógrado da geometria sólida, que, infelizmente, não foi encorajada pela ajuda do Estado na época de Platão; e vai reconhecer o domínio da mente de Platão em sua capacidade de conceber uma ciência dos sólidos em movimento, incluindo a terra e os céus, não esquecendo de notar a insinuação à qual já foi feita alusão, que, além da astronomia e da harmonia, a ciência dos sólidos em movimento pode ter outras aplicações. Ainda mais ele ficará impressionado com a abrangência de visão que levou Platão, em uma época em que essas ciências mal existiam, a dizer que elas devem ser estudadas em relação umas com as outras e à ideia do bem, ou princípio comum da verdade e do ser. Mas também verá (e talvez sem surpresa) que, naquele estágio de conhecimento da física e da matemática, Platão caiu no erro de supor que ele pode construir os céus *a priori* por problemas matemáticos e determinar os princípios de harmonia independentemente da adaptação de sons ao ouvido humano. A ilusão era natural naquela época e local. A simplicidade e certeza da astronomia e da harmonia pareciam contrastar com a variedade e complexidade do mundo dos sentidos; daí a circunstância de que havia alguma base elementar de fato, alguma medida de distância ou tempo ou vibrações nas quais eles deveriam finalmente repousar, foi ignorada por ele. Os predecessores modernos de Newton cometeram erros igualmente grandes; e dificilmente se pode dizer que Platão estava muito errado, ou pode até reivindicar uma espécie de visão profética sobre o assunto, quando consideramos que a maior parte da astronomia atualmente consiste em dinâmica abstrata, com a ajuda da qual a maioria das descobertas astronômicas foram feitas.

O filósofo metafísico, de seu ponto de vista, reconhece a matemática como um instrumento de educação, que fortalece o poder da atenção, desenvolve o senso de ordem e a faculdade de construção e permite que a mente apreenda, sob fórmulas simples, as diferenças quantitativas dos fenômenos físicos. Mas, embora reconheça seu valor na educação, ele vê também que ela não tem nenhuma conexão com nossas ideias morais e intelectuais superiores. Na tentativa que Platão faz de conectá-los, rastreamos facilmente as influências das antigas noções pitagóricas. Não há razão para supor que ele esteja falando dos números ideais; mas ele está descrevendo números que são abstrações puras, aos quais atribui uma existência real e separada, que, como "os professores da arte" (significando provavelmente os pitagóricos) teriam afirmado, repelem todas as tentativas de subdivisão, e na qual a unidade e todos os outros números são concebidos como absolutos. A verdade e a certeza dos números, quando assim desvinculados dos fenômenos, conferiam-lhes uma espécie de sacralidade aos olhos de um antigo filósofo. Tampouco é fácil dizer até que ponto as ideias de ordem e estabilidade podem ter exercido uma influência moral e elevada nas mentes dos homens "que", nas palavras do *Timeu* "poderiam aprender a regular suas vidas erradas de acordo com elas". É digno de nota que os antigos símbolos éticos pitagóricos ainda existem como figuras de linguagem entre nós. E aqueles que nos tempos modernos veem o mundo permeado pela lei universal, também podem ver uma antecipação desta última palavra da filosofia moderna na ideia platônica do bem, que é a fonte e medida de todas as coisas, mas ainda assim, é apenas uma abstração (*Filebo*).

Duas passagens parecem exigir explicações mais específicas. Primeiro, aquela que se relaciona com a análise da visão. A dificuldade nesta passagem pode ser explicada, como muitas outras, pelas diferenças nos modos de concepção prevalecentes entre os pensadores antigos e os modernos. Para nós, as percepções dos sentidos são inseparáveis das ações da mente que as acompanha. A consciência da forma, cor, distância, é indistinguível da simples sensação, que é o seu meio. Considerando que, para Platão, o sentido é o fluxo heraclítico dos sentidos, não a visão dos objetos na ordem em que eles realmente se apresentam à visão experimentada, mas como podemos imaginá-los parecendo confusos e borrados aos olhos semidespertos do bebê. A primeira ação da mente é despertada pela tentativa de pôr em ordem esse caos, e a razão é necessária para enquadrar conceitos distintos sob os quais as impressões confusas dos sentidos podem ser arranjadas. Daí surge a pergunta: "O que é grande, o que é pequeno?" e assim começa a distinção entre o visível e o inteligível.

A segunda dificuldade relaciona-se com a concepção de harmonia de Platão. Três classes de harmonistas são distinguidas por ele: primeiro, os pitagóricos, a quem ele se propõe consultar como na discussão anterior sobre música, quando ele consultaria Damon – eles são reconhecidos como mestres na arte, mas são totalmente deficientes no conhecimento de sua importância superior e relação com o bem; em segundo lugar, os meros empíricos, que Glauco parece confundir com eles, e que tanto ele quanto Sócrates descrevem de forma ridícula como experimentando por simples escuta nos intervalos dos sons. Ambos ficam aquém em diferentes graus da ideia platônica de harmonia, que deve ser estudada de um modo puramente abstrato, primeiro pelo método dos problemas e, em segundo lugar, como parte do conhecimento universal em relação à ideia do bem.

A alegoria tem um significado político e filosófico. O covil ou caverna representa a estreita esfera da política ou do direito (compare a descrição do filósofo e advogado no *Teeteto*), e a luz das ideias eternas deve supostamente exercer uma influência perturbadora nas mentes daqueles que retornam àquele mundo das sombras. Em outras palavras, seus princípios são muito amplos para aplicação prática; estão olhando para longe, para o passado e para o futuro, quando seu assunto é o presente. O ideal não é facilmente reduzido às condições da vida real e muitas vezes pode divergir delas. E, a princípio, aqueles que retornam não conseguem competir com os habitantes da caverna na medição das sombras, e são ridicularizados e perseguidos por eles; mas, depois de algum tempo, eles veem as coisas abaixo em proporções muito mais verdadeiras do que aqueles que nunca ascenderam ao mundo superior. A diferença entre o político transformado em filósofo e o filósofo transformado em político, é simbolizada pelos dois tipos de visão desordenada, aquela que é vivenciada pelo cativo que se transfere das trevas para o dia e a outra, do mensageiro celestial, que voluntariamente, para o bem de seus semelhantes, desce à caverna. De que modo a luz mais brilhante deve surgir nos habitantes do mundo inferior, ou como a ideia do bem deve se tornar o princípio orientador da política, permanecem sem a explicação de Platão. Como a natureza e as divisões da dialética, da qual Glauco exige impacientemente ser informado, talvez ele tivesse dito que a explicação não poderia ser dada, exceto a um discípulo das ciências anteriores (Simpósio).

Muitas ilustrações desta parte de *A República* podem ser encontradas na política moderna e na vida diária. Pois entre nós também houve dois tipos de políticos ou estadistas, cuja visão se tornou desordenada de duas maneiras diferentes. Em primeiro lugar, houve grandes homens que, na linguagem de Burke, "foram demasiadamente dados a máximas gerais", que, como J. S. Mill ou o próprio Burke foram teóricos ou filósofos antes de serem políticos, ou que, tendo sido estudantes de história, permitiram que algum grande paralelo histórico, como a Revolução Inglesa de 1688, ou possivelmente a democracia ateniense ou o Imperialismo Romano, fosse o meio através do qual eles enxergariam os eventos contemporâneos. Ou talvez a longa sombra projetada de alguma instituição existente possa ter obscurecido sua visão. A Igreja do futuro, a Comunidade das Nações do futuro, a Sociedade do futuro, absorveram tanto suas mentes, que são incapazes de ver em suas verdadeiras proporções a Política de hoje. Eles foram intoxicados com grandes ideias, como liberdade ou igualdade, ou a maior felicidade para o maior número, ou a irmandade da humanidade, e não se importam mais em considerar como essas ideias devem ser limitadas na prática ou harmonizadas com as condições da vida humana. Eles estão cheios de luz, mas a luz para eles tornou-se apenas uma espécie de névoa luminosa ou cegueira. Quase todo mundo conheceu algum entusiasta sem educação, que vê tudo a distâncias falsas e em proporções errôneas.

Com esse distúrbio da visão pode-se comparar outro: daqueles que não veem muito longe, mas apenas o que está próximo; que se dedicaram a vida inteira a um comércio ou profissão; que estão limitados a um grupo ou seita própria. Homens desse tipo não têm interesses universais, exceto seus próprios interesses ou os de sua classe, nenhum princípio a não ser a opinião de pessoas parecidas com eles mesmos, nenhum conhecimento dos negócios além do que aprendem nas ruas ou em seus clubes. Suponha que eles sejam enviados a um mundo maior, para realizar alguma tarefa superior, transformados de comerciantes em generais ou políticos, de mestres escolares em filósofos; ou imagine-os de repente recebendo uma luz interior que revele a eles, pela primeira vez em suas vidas, uma ideia mais elevada das divindades e da existência de um mundo espiritual, por essa conversão ou mudança repentina não é provável que sua vida diária seja perturbada; e, por outro lado, muitos de seus velhos preconceitos e estreitezas não estarão ainda aderidos a eles, muito depois de terem começado a ter uma visão mais abrangente das coisas humanas? A partir de exemplos conhecidos como esses, podemos aprender o que Platão quis dizer com visão, que está sujeita a dois tipos de distúrbios.

Tampouco temos dificuldade em traçar um paralelo entre o jovem ateniense do século V antes de Cristo, que ficou perturbado com novas ideias, e o aluno de uma universidade moderna que foi objeto de uma *aufklärung* semelhante. Nós também observamos que, quando os jovens começam a criticar as crenças costumeiras ou a analisar a constituição da natureza humana, tendem a perder o domínio de princípios sólidos (grego). Eles são como árvores que têm sido frequentemente transplantadas. A terra ao redor deles está solta e eles não têm raízes que se estendam profundamente no solo. Eles "pousam sobre cada flor", seguindo suas próprias vontades rebeldes ou porque o vento os sopra e conduz. Eles captam opiniões, como as doenças são adquiridas – enquanto estão no ar. Nascidos de um lado para o outro, "eles rapidamente caem nas crenças", o oposto daquelas em que foram criados. Eles dificilmente retêm a distinção entre o certo e o errado; parecem pensar uma coisa tão boa quanto outra. Eles supõem que estão buscando a verdade quando estão jogando o jogo de "siga o líder". Se apaixonam "à primeira vista" por paradoxos que dizem respeito à moralidade, alguma fantasia sobre a arte, alguma novidade ou excentricidade na religião e, como amantes, ficam tão absortos por um tempo em sua nova noção que não conseguem pensar em mais nada. A resolução de alguma questão filosófica ou teológica parece-lhes mais interessante e importante do que qualquer conhecimento substancial da literatura ou ciência ou mesmo do que é uma boa vida. Como a juventude do *Filebo*, eles estão prontos para falar a qualquer pessoa sobre uma nova filosofia. Geralmente são discípulos de algum professor ou sofista eminente, a quem preferem imitar a compreender. Eles podem ser considerados felizes se em anos posteriores retiverem algumas das verdades simples que conquistaram na educação infantil, e que, talvez, possam considerar valer a pena todo o tempo. Essa é a imagem que Platão desenha e que apenas reproduzimos, em parte em suas próprias palavras, dos perigos que assolam a juventude em tempos de transição, quando as velhas opiniões estão desaparecendo e as novas ainda não estão firmemente estabelecidas. Sua condição é engenhosamente comparada por ele à de um filho ilegítimo, que descobriu que seus pais reputados não são seus pais reais e, em consequência, perderam sua autoridade sobre ele.

A distinção entre o matemático e o dialético também é perceptível. Platão sabe muito bem que a faculdade do matemático é bastante distinta do sentido filosófico superior que reconhece e combina os princípios primários. O desprezo que ele expressa pelas distinções das palavras, o perigo da falsidade involuntária, a apologia que Sócrates faz por sua seriedade de discurso são altamente característicos do estilo e modo de pensamento platônicos. A curiosa noção de que, se Palamedes fosse o inventor do número, Agamenon não poderia ter contado seus pés; a arte pela qual somos levados a acreditar que este nosso Estado não é apenas um sonho; a gravidade com que se dá o primeiro passo na própria criação do Estado, a saber, o envio da cidade todos os que chegaram aos dez anos de idade, para agilizar o negócio da educação em uma geração, são também verdadeiramente Platônicos. (Para esse último, compare a passagem no final do terceiro livro, na qual ele espera que a mentira sobre os homens nascidos na Terra seja acreditada pela segunda geração.)

A República VIII.
INTRODUÇÃO.

LIVRO VIII. E assim chegamos à conclusão de que, no Estado perfeito, as esposas e os filhos devem viver em comunidades; e a educação e as atividades de homens e mulheres, tanto na guerra quanto na paz, devem ser comuns, e os reis devem ser filósofos e guerreiros e os soldados do Estado devem viver juntos, tendo todas as coisas em comum; e eles devem ser atletas guerreiros, sem receber nenhum pagamento, mas apenas sua comida dos outros cidadãos. Agora vamos voltar ao ponto de onde divagamos. "Isso é fácil", ele respondeu: "Você estava falando do Estado que você construiu, e do indivíduo que respondeu a isso, os quais você afirmou serem bons; e você disse que nos Estados inferiores havia quatro formas e quatro indivíduos correspondentes a elas, que embora deficientes em vários graus, eram todos dignos de serem analisados com vistas a determinar a felicidade ou miséria relativa do melhor ou pior homem. Então Polemarco e Adimanto interromperam você, e isso levou a outra discussão, e então aqui estamos." Suponha que nos coloquemos novamente na mesma posição e você repita sua pergunta. "Eu gostaria de saber de que constituições você estava falando?" Além do Estado perfeito, há apenas quatro dignos de nota na Hélade: primeiro, a famosa comunidade lacedemônia ou cretense; em segundo lugar, a oligarquia, um Estado cheio de males; em terceiro lugar, a democracia, que vem a seguir na ordem; em quarto lugar, tirania, que é a doença ou morte de todo governo. Agora, os Estados não são feitos de "carvalho e rocha", mas de carne e sangue; e, portanto, como há cinco Estados, deve haver cinco naturezas humanas nos indivíduos, que correspondem a eles. E, em primeiro lugar, há a natureza ambiciosa, que corresponde ao Estado lacedemônio; em segundo lugar, a natureza oligárquica; em terceiro lugar, a democrática; e em quarto lugar, a tirânica. Esta última terá de ser comparada com o perfeitamente justo, que é a quinta, para que possamos saber qual é o mais feliz, e então seremos capazes de determinar se o argumento de Trasímaco ou o nosso é o mais convincente. E como antes começamos com o Estado e passamos para o indivíduo, agora, começando com a timocracia, passemos ao homem timocrático, e depois passemos para as outras formas de governo, e os indivíduos que respondem a elas.

Mas como a timocracia surgiu do Estado perfeito? Simplesmente, como todas as mudanças de governo, da divisão dos governantes. Mas de onde veio a divisão? "Cantem, musas celestiais", como diz Homero; deixem que elas condescendam em nos responder, como se fôssemos crianças, a quem fizeram uma cara solene como brincadeira. "E o que elas vão dizer?" Elas dirão que as coisas humanas estão destinadas à decadência, e mesmo o Estado perfeito não escapará dessa lei do destino, quando "a roda dá uma volta completa" em um período curto ou longo. As plantas ou os animais têm períodos de fertilidade e esterilidade, que a inteligência dos governantes, porque misturados pelos sentidos, não os capacitará a determinar, e as crianças nascerão fora da estação. Pois enquanto as criações divinas estão em um ciclo ou número perfeito, a criação humana está em um número que declina da perfeição, e tem quatro termos e três intervalos de números, aumentando, diminuindo, assimilando, dissimilando e, ainda assim, perfeitamente comensurados entre si. A base do número com um quarto adicionado (que é 3:4), multiplicado por cinco e ao cubo, dá duas harmonias: a primeira um número quadrado, que é cem vezes a base (ou cem vezes cem); o segundo, um oblongo, tendo cem quadrados do diâmetro racional de uma figura cujo lado é cinco, subtraindo um de cada quadrado ou dois quadrados perfeitos de todos e adicionando cem cubos de três. Todo esse número é geométrico e contém a regra ou lei da geração. Quando esta lei for negligenciada, os casamentos serão inadequados; a prole inferior que será gerada irá com o tempo se transformar em governantes; o Estado entrará em declínio e a educação entrará em decadência; a ginástica será preferida à música, e o ouro, a prata, o bronze e o ferro formarão uma massa caótica – assim surgirá a divisão. Essa é a resposta das Musas à nossa pergunta. "E uma resposta verdadeira, é claro. Mas o que mais elas têm a dizer?" Elas dizem que as duas raças, o ferro e o bronze, e a prata e o ouro, saquearão o Estado de maneiras diferentes; uma se dedicará ao comércio e a ganhar dinheiro, e as outras, tendo as verdadeiras riquezas e não se importando com dinheiro, resistirão a eles: a disputa terminará em um compromisso; eles concordarão em ter propriedade privada e escravizarão seus concidadãos que já foram seus amigos e provedores. Mas manterão seu caráter guerreiro, e se ocuparão principalmente em lutar e exercer o governo. Assim surge a timocracia, que é intermediária entre a aristocracia e a oligarquia.

A República

A nova forma de governo se assemelha ao ideal na obediência aos governantes e no desprezo pelo comércio, e na realização de refeições comuns, e na devoção aos exercícios de guerra e ginástica. Mas a corrupção se infiltrou na filosofia, e a simplicidade de caráter, que antes era sua nota, agora é procurada apenas na classe militar. As artes da guerra começam a prevalecer sobre as artes da paz; o governante não é mais um filósofo; como nas oligarquias, surge entre eles um amor extravagante pelo ganho – tome de outro homem e poupe os seus recursos, é o seu princípio; e eles têm lugares escuros nos quais acumulam seu ouro e prata, para uso de suas mulheres e outros; obtêm seus prazeres furtivamente, como meninos que estão fugindo de seus pais, a lei; e sua educação não é inspirada pela Musa, mas imposta pelo forte braço do poder. A principal característica deste Estado é o espírito partidário e a ambição.

E que tipo de homem responde a tal Estado? "Apaixonado por disputas", respondeu Adimanto, "ele será como nosso amigo Glauco." Nesse aspecto, talvez, mas não em outros. Ele é autoafirmativo e mal-educado, mas gosta de literatura, embora não seja um bom orador, feroz com os escravos, mas obediente aos governantes, um amante do poder e da honra, que ele espera obter por meio de armas; afeiçoado, também, da ginástica e da caça. À medida que avança nos anos, torna-se avarento, pois perdeu a filosofia, que é a única salvadora e guardiã dos homens. A sua origem é a seguinte: seu pai é um bom homem que vive num Estado mal ordenado, que se aposentou da política para levar uma vida tranquila. Sua mãe está zangada com a perda de precedência entre outras mulheres; ela está cansada do egoísmo do marido e discursa para o filho sobre a falta de hombridade e indolência de seu pai. O velho servo da família conta a história e diz aos jovens: "Quando você crescer, você deve ser mais homem do que seu pai." Todo mundo concorda que aquele que cuida de seus próprios negócios é um idiota, enquanto um intrometido é altamente honrado e estimado. O jovem compara esse espírito com as palavras e modos de seu pai, e como ele é naturalmente bem disposto, embora tenha sofrido influências do mal, fica em um ponto médio e torna-se ambicioso e um amante da honra.

E agora vamos preparar outra cidade com um outro homem. A próxima forma de governo é a oligarquia, na qual o governo é apenas dos ricos; nem é difícil ver como esse tipo de Estado surge. O declínio começa com a posse de ouro e prata; modos ilegais de gastos são inventados; um atrai o outro e a multidão é contaminada; as riquezas superam a virtude; os amantes do dinheiro ocupam o lugar dos amantes da honra; os avarentos tomam o lugar dos políticos; e, com o tempo, os privilégios políticos são garantidos por lei apenas aos ricos, que não se esquivam da violência para cumprir seus propósitos.

Assim, logo na origem, vamos considerar a seguir os males da oligarquia. Um homem que quisesse estar seguro em uma viagem aceitaria um mau piloto porque ele era rico ou recusaria um bom, se ele fosse pobre? E a analogia não se aplica ainda mais ao Estado? E existem males ainda maiores: duas nações estão lutando juntas em uma só, os ricos e os pobres; e os ricos não ousam colocar armas nas mãos dos pobres e não estão dispostos a pagar pelos defensores com seu próprio dinheiro. E já não condenamos aquele Estado em que as mesmas pessoas são os guerreiros e os comerciantes? O maior mal de todos é que um homem pode vender sua propriedade e não ter um lugar no Estado; enquanto há uma classe que possui enorme riqueza, a outra está totalmente destituída. Mas observe que esses destituídos não tinham realmente nada mais da natureza dirigente neles quando eram ricos, do que agora que são pobres; eles sempre foram esbanjadores infelizes. Eles são os zangões da colmeia; apenas enquanto o zangão real não é criado pela natureza com uma picada, as coisas análogas de duas pernas que chamamos de zangões são algumas delas sem ferrões e outras têm picadas terríveis; em outras palavras, existem indigentes e bandidos. Eles nunca estão distantes; e nas cidades oligárquicas, onde quase todo mundo é um pobre, quando não é um governante, você encontrará abundância de ambos. E esse mau Estado da sociedade se origina na má educação e no mau governo.

Como o Estado, e assim como nos homens, a mudança neste começa com o representante da timocracia; ele anda primeiro nos caminhos de seu pai, que pode ter sido um estadista, ou general, talvez; e logo o vê "caído de sua posição elevada", uma vítima dos informantes, morrendo na prisão ou exílio, ou pelas mãos do carrasco. A lição que assim recebe torna-o cauteloso; ele abandona a política, reprime seu orgulho e economiza centavos. A avareza é entronizada como senhora de seu peito e assume o estilo do Grande Rei; os elementos racionais e espirituosos sentam-se humildemente no chão, de cada lado; um imerso em cálculos, o outro absorto na admiração da riqueza. O amor à honra se transforma em amor ao dinheiro; a conversão é instantânea. O homem é mesquinho, economizador, trabalhador incansável, escravo de uma paixão que domina as demais: não é ele a própria imagem do Estado? Ele não teve educação, ou nunca teria permitido que o deus cego das riquezas conduzisse a dança dentro dele. E sendo ignorante, terá muitos desejos escravizantes, alguns miseráveis, outros patifes, gerados em sua alma. Se ele é o guardião de um órfão e tem o poder de iludir, logo provará que não é sem determinação, mas que suas paixões só são contidas pelo medo e não pela razão. Consequentemente, leva uma existência dividida, em que os melhores desejos predominam. Mas quando está lutando por prêmios e outras distinções, ele tem medo de incorrer em uma perda que deve ser reembolsada apenas por uma honra estéril; em tempo de guerra, ele luta com uma pequena parte de seus recursos, e geralmente fica com seu dinheiro e perde a batalha.

A seguir vêm a democracia e o homem democrático, fora da oligarquia e do homem oligárquico. A avareza insaciável é a paixão dominante de uma oligarquia; e encorajam hábitos dispendiosos a fim de que possam lucrar com a ruína da juventude extravagante. Assim, os homens de família frequentemente perdem sua propriedade ou direitos de cidadania; mas eles permanecem na cidade, cheios de ódio contra os novos proprietários de suas antigas propriedades e prontos para a revolução. O usurário de andar curvado finge não os ver; ele passa e deixa seu aguilhão, isto é, seu dinheiro, em alguma outra vítima; e muitos homens têm de pagar "o pai" ou a soma principal, multiplicada em uma família de filhos, e são por ele reduzidos a um Estado de exploração. A única maneira de diminuir o mal é limitar o homem no uso de sua propriedade ou insistir que ele deve emprestar por sua própria conta e risco. Mas a classe dominante não quer remédios; eles se preocupam apenas com o dinheiro e são tão descuidados com a virtude quanto os mais pobres dos cidadãos. Agora, há ocasiões em que governadores e governados se encontram: em festivais, em uma jornada, em viagens ou em combates. O indigente resistente descobre que na hora do perigo ele não é desprezado; vê o homem rico bufando e ofegando, e chega à conclusão que ele compartilha em segredo com seus companheiros, "que nosso povo não vale muito"; e como uma moldura fraca se deforma por um mero toque externo, ou às vezes sem impulso externo está pronto para se despedaçar, então por uma causa mínima, ou sem causa nenhuma, a cidade adoece e luta uma batalha de vida ou morte. E a democracia chega ao poder quando os pobres são os vencedores, matando alguns e exilando outros, e distribuindo participações iguais no governo a todos os demais.

O modo de vida em tal Estado é o dos democratas; há liberdade e uniformidade de expressão, e cada homem faz o que é certo aos seus próprios olhos e tem seu próprio estilo de vida. Daí surgem os mais diversos desdobramentos de caráter; o Estado é como um bordado cujas cores e figuras são os modos dos homens, e são muitos os que, como as mulheres e as crianças, preferem esta variedade à verdadeira beleza e excelência. O Estado não é um, mas muitos, como um bazar no qual você pode comprar qualquer coisa. O grande encanto é que você pode fazer o que quiser; você pode governar se quiser, deixá-lo em paz se quiser; vá para a guerra e faça as pazes se você se sentir disposto, e tudo independentemente de qualquer outra pessoa. Quando você condena os homens à morte, eles permanecem vivos da mesma forma; deseja-se que um cavalheiro vá para o exílio, mas ele anda pelas ruas como um herói; e ninguém o vê ou se importa com ele. Observe, também, quão grandiosamente a Democracia põe seus pés em todas as nossas belas teorias da educação – quão pouco ela se preocupa com a formação de seus estadistas! A única qualificação que ela exige é a profissão do patriotismo. Tal é a democracia: uma espécie de governo agradável, sem lei, de vários tipos, que distribui igualdade entre iguais e desiguais.

Vamos agora inspecionar o democrata individual; e primeiro, como no caso do Estado, traçaremos seus antecedentes. Ele é filho de um avarento oligarca, que lhe ensinou a restringir o amor dos prazeres desnecessários. Talvez eu deva explicar este último termo: os prazeres necessários são aqueles que são bons, e do qual não podemos prescindir; os prazeres desnecessários são aqueles que não fazem bem e cujo desejo pode ser erradicado pelo treinamento precoce. Por exemplo, os prazeres de comer e beber são necessários e saudáveis, até certo ponto; além desse limite, eles são igualmente prejudiciais ao corpo e à mente, e o excesso pode ser evitado. Quando em excesso, podem ser corretamente chamados de prazeres dispendiosos, em oposição aos prazeres úteis. E o zangão, como o chamávamos, é o escravo desses prazeres e desejos desnecessários, enquanto o oligarca avarento está sujeito apenas ao necessário.

O oligarca transforma-se em democrata da seguinte maneira: o jovem de criação mesquinha prova o mel do zangão; ele encontra companheiros selvagens, que o introduzem a todos os novos prazeres. Assim como no Estado, no indivíduo há aliados de ambos os lados, tentações de fora e paixões de dentro; há também razão e influências externas de pais e amigos em aliança com o princípio oligárquico; e as duas facções estão em conflito violento uma com a outra. Às vezes prevalece o lado da ordem, mas depois surgem novos desejos e novas desordens, e toda a turba de paixões apodera-se da Acrópole, ou seja, da alma, que eles encontram vazia e desprotegida por palavras e obras verdadeiras. Falsidades e ilusões avançam para tomar seu lugar; o pródigo volta para o país dos lotófagos[8] ou zangões, e ali habitam abertamente. E se alguma oferta de aliança ou negociação de anciãos individualmente vier de casa, os falsos espíritos fecharão os portões do castelo e não permitirão que ninguém entre, haverá uma batalha e eles obterão a vitória; e imediatamente fazendo aliança com os desejos, banem a modéstia, que chamam de loucura, e enviam a temperança além da fronteira. Depois de varrida e enfeitada a casa, eles vestem os vícios exilados e, coroando-os com guirlandas, trazem-nos de volta com novos nomes. Eles chamam a boa educação de insolência; a

---

[8] Lotophagi, ou "lótofagos", em uma tradução livre. Trata-se de um povo visitado por Ulisses na Odisseia, que vivia do consumo exclusivo das flores de lótus. (N.T.)

anarquia de liberdade, o desperdício de magnificência, e a impudência de coragem. Este é o processo pelo qual o jovem passa dos prazeres necessários aos desnecessários. Depois de um tempo, ele divide seu tempo imparcialmente entre eles; e talvez, quando ficar mais velho e a violência da paixão diminuir, restaure alguns dos exilados e viva em uma espécie de equilíbrio, cedendo primeiro a um prazer e depois a outro; e se a razão vem e diz a ele que alguns prazeres são bons e honrados, e outros maus e vis, ele balança a cabeça e diz que não pode fazer distinção entre eles. Assim, ele vive na fantasia da hora; às vezes começa a beber e depois se torna abstêmio; pratica no ginásio ou não faz nada; então, novamente, ele seria um filósofo ou um político; ou ainda, seria um guerreiro ou um homem de negócios; ele é

"*Tudo inicialmente, mas nada, depois de um tempo*".

Resta ainda o melhor e mais justo de todos os homens e de todos os Estados – a tirania e o tirano. A tirania nasce da democracia tanto quanto a democracia nasce da oligarquia. Ambos surgem do excesso; um por excesso de riqueza, o outro por excesso de liberdade. "O grande bem natural da vida", diz o democrata, "é a liberdade". E esse amor exclusivo pela liberdade e indiferença a tudo o mais é a causa da mudança da democracia para a tirania. O Estado exige o vinho forte da liberdade, e, a menos que seus governantes lhe deem uma safra abundante, os pune e os insulta; igualdade e fraternidade dos governantes e governados é o princípio aprovado. A anarquia é a lei, não apenas do Estado, mas das casas particulares, e se estende até aos animais. Pai e filho, cidadão e estrangeiro, professor e aluno, velho e jovem, estão todos no mesmo nível; pais e professores temem seus filhos e alunos, e a sabedoria do jovem é páreo para os mais velhos, e os velhos imitam as maneiras elegantes dos jovens porque têm medo de serem considerados vagarosos. Os escravos estão no mesmo nível de seus senhores e amantes, e não há diferença entre homens e mulheres. Não, os próprios animais em um Estado democrático têm uma liberdade que é desconhecida em outros lugares. As cadelas são tão boas

A República

quanto suas patroas; cavalos e jumentos marcham juntos com dignidade e relincham contra qualquer um que cruze seu caminho. "Essa sempre foi minha experiência." Por fim, os cidadãos tornam-se tão sensíveis que não podem suportar o jugo das leis, escritas ou não; eles não permitiriam que nenhum homem se chamasse seu mestre. Esse é o glorioso começo das coisas das quais brota a tirania. "Glorioso, de fato; mas o que se segue?" A ruína da oligarquia é a ruína da democracia; pois existe uma lei dos contrários; o excesso de liberdade passa para o excesso de escravidão, e quanto maior a liberdade, maior a escravidão. Você deve se lembrar que na oligarquia foram encontradas duas classes, bandidos e indigentes, que comparamos aos zangões com e sem ferrão. Essas duas classes são para o Estado o que a fleuma e a bile são para o corpo humano; e o médico do Estado, ou legislador, deve se livrar deles, assim como o apicultor mantém os zangões fora da colmeia. Por outro lado, também em uma democracia existem os zangões, mas eles são mais numerosos e mais perigosos do que na oligarquia; lá eles são inertes e longe da prática, aqui estão cheios de vida e animação; e os mais perspicazes falam e agem, enquanto os outros zumbem sobre o púlpito e evitam que seus oponentes sejam ouvidos. E há outra classe nos Estados democráticos, de indivíduos respeitáveis e prósperos, que podem ser espremidos quando os zangões precisam de seus bens; além disso, há uma terceira classe, que são os trabalhadores e os artesãos, e eles constituem o grosso da população. Quando as pessoas se encontram, são onipotentes, mas não podem ser reunidas a menos que sejam atraídas por um pouco de mel; e os ricos são feitos para fornecer o mel, do qual os demagogos ficam com a maior parte, dando apenas uma amostra à turba. Suas vítimas tentam resistir; eles são levados à loucura pelas picadas dos zangões, e assim se tornam oligarcas declarados em autodefesa. Depois seguem as informações e condenações por traição. As pessoas têm algum protetor a quem nutrem até a grandeza, e dessa raiz brota a árvore da tirania. A natureza da mudança é indicada na velha fábula do templo de Zeus Liceu, sobre como aquele que prova a carne humana misturada com a carne de outras vítimas se tornará um lobo. Mesmo assim, o protetor, que prova o sangue humano, mata alguns e exila outros com ou sem lei, que sugere a abolição de dívidas e a divisão de terras, deve morrer ou se tornar um lobo, ou seja, um tirano. Talvez ele seja expulso, mas logo volta do exílio; e então, se seus inimigos não puderem se livrar dele por meios legais, planejam seu assassinato. Em seguida, o amigo do povo torna seu pedido conhecido a eles de um guarda-costas, que eles prontamente atendem, pensando apenas no perigo dele, e não no próprio perigo que correm. Agora deixe o homem rico fazer asas para si, pois ele nunca fugirá novamente se não o fizer então. E o Grande Protetor, tendo esmagado todos os seus rivais, ergue-se orgulhosamente na carruagem do Estado, um tirano completamente desenvolvido: vamos investigar a natureza de sua felicidade.

Nos primeiros dias de sua tirania, ele sorria e irradiava para todos; não é um "Soberano", não, ele não: ele só veio para acabar com a dívida e o monopólio da terra. Tendo se livrado dos inimigos estrangeiros, torna-se necessário ao Estado, sempre indo à guerra. Ele é assim capaz de deprimir os pobres por meio de pesados impostos, e assim mantê-los no trabalho; e ele pode se livrar de espíritos mais ousados entregando-os ao inimigo. Então vem a impopularidade; alguns de seus antigos associados têm a coragem de se opor a ele. A consequência é que ele tem de fazer uma purgação do Estado; mas, ao contrário do médico que elimina o que é mau, ele deve livrar-se dos espíritos elevados, dos sábios e dos ricos; pois não tem escolha entre a morte e uma vida de vergonha e desonra. E quanto mais odiado ele é, mais exigirá guardas de confiança; mas como os obterá? "Eles virão em bando como pássaros, por dinheiro." Ele não faria melhor em obtê-los antes na hora? Ele tirará os escravos de seus donos e os tornará seus guarda-costas; estes são seus amigos de confiança, que o admiram e apoiam. Não são sábios os poetas trágicos que engrandecem e exaltam o tirano, e dizem que ele é sábio por associação com os sábios? E não são os elogios à tirania por si só uma razão suficiente para excluí-los de nosso Estado? Eles podem ir para outras cidades e reunir a turba ao seu redor com belas palavras e transformar comunidades em tiranias e democracias, recebendo honras e recompensas por seus serviços; mas quanto mais alto eles e seus amigos sobem a colina da constituição, mais sua honra diminuirá e se tornarão "asmáticos demais para subir". Para voltar ao tirano, como ele vai apoiar aquele seu exército raro? Primeiro, roubando os templos de seus tesouros, o que o capacitará a aliviar os impostos; então ele tomará todos os bens de seu pai e os gastará com seus companheiros, homens ou mulheres. Agora seu pai é o demo[9], e se o demo ficar com raiva e disser que um filho grande e corpulento não deve ser um fardo para seus pais, mandando-o embora, junto com sua turma turbulenta, então o pai saberá que monstro tem alimentado, e que o filho que gostaria de expulsar é muito forte para ele. "Você não quer dizer que ele vai bater no pai?" Sim, ele vai, depois de ter arrancado seus braços. "Então ele é um parricida e um filho cruel e antinatural." E o povo saltou do medo da escravidão para a escravidão, da fumaça para o fogo. Assim a liberdade, quando fora de toda ordem e razão, passa para a pior forma de servidão...

A República VIII.
ANÁLISE.

Nos livros anteriores, Platão descreveu o Estado ideal; agora ele retorna às formas pervertidas ou decadentes, nas quais havia tocado levemente no final do Livro IV. Ele as descreve em uma sucessão de paralelos entre os indivíduos e os Estados, seguindo a origem tanto no Estado quanto no indivíduo que os precedeu. Ele começa perguntando o ponto em que divagou; e é assim levado a recapitular em breve a substância dos três livros anteriores, que também contém um paralelo do filósofo e do Estado.

Do primeiro declínio, Platão não dá uma explicação inteligível; não teria gostado de admitir as causas mais prováveis da queda de seu Estado ideal, que nos pareceria ser a inviabilidade do comunismo ou o antagonismo natural das classes dominantes e das classes subjugadas. Ele lança um véu de mistério sobre a origem do declínio, que atribui à ignorância da lei pela população. Desta lei, a famosa figura geométrica ou número são a expressão. Como os antigos em geral, ele não tinha ideia da perfectibilidade gradual do homem ou da educação da raça humana. Seu ideal não deveria ser alcançado com o passar dos anos, mas sim saltar com

---

[9] Demus – subdivisão da Ática, a região geográfica da Grécia em torno de Atenas a partir de 508 a.C. Foi transformado em unidades fundamentais do Estado em substituição aos genos, grupos familiares aristocráticos das fratrias. (N.T.)

a armadura completa da cabeça do legislador. Quando boas leis foram dadas, Platão pensou apenas na maneira pela qual elas provavelmente seriam corrompidas ou como poderiam ser preenchidas em detalhes ou restauradas de acordo com seu espírito original. Ele parece não ter refletido sobre o significado completo de suas próprias palavras: "No breve espaço da vida humana, nada de grande pode ser realizado"; ou ainda, como diz posteriormente nas *Leis*, "O tempo infinito é o criador das cidades". A ordem das constituições por ele adotada representa uma ordem de pensamento e não uma sucessão cronológica, e pode ser considerada como a primeira tentativa de estruturar uma filosofia da história.

O primeiro desses Estados em declínio é a timocracia, ou o governo de soldados e amantes da honra, que responde ao Estado espartano; este é um governo da força, no qual a educação não é inspirada pelas Musas, mas imposta pela lei, e no qual todos os elementos mais sutis da organização desapareceram. O próprio filósofo perdeu o amor pela verdade, e o soldado, que é de natureza mais simples e honesta, governa em seu lugar. O indivíduo que responde à timocracia tem algumas qualidades perceptíveis. Ele é descrito como mal educado, mas, como o espartano, um amante da literatura; e embora seja um amo severo com seus servos, não tem superioridade natural sobre eles. Seu caráter é baseado em uma reação contra as circunstâncias de seu pai, que em uma cidade conturbada se aposentou da política; e sua mãe, que insatisfeita com sua própria posição, está sempre o instando para uma vida de ambição política. Tal personagem pode ter tido essa origem e, de fato, Tito Lívio atribui as leis licinianas a um ciúme feminino de tipo semelhante. Mas não há obviamente nenhuma conexão entre a maneira pela qual o Estado timocrático surge do ideal e o mero acidente pelo qual o homem timocrático é filho de um estadista aposentado.

Os dois próximos estágios do declínio das constituições têm ainda menos fundamento histórico. Pois não há nenhum vestígio na história grega de uma política como a espartana ou cretense passando para uma oligarquia da riqueza, ou da oligarquia da riqueza passando para uma democracia. A ordem da história parece ser diferente; primeiro, nos tempos homéricos existe a forma real ou patriarcal de governo, que um século ou dois mais tarde foi sucedida por uma oligarquia de nascimento em vez de riqueza, e na qual a riqueza era apenas o acidente da posse hereditária de terras e poder. Às vezes, este governo oligárquico deu lugar a um governo baseado em uma qualificação de propriedade, que, de acordo com o modo de usar as palavras de Aristóteles, teria sido chamado de timocracia; e isso em algumas cidades, como em Atenas, tornou-se o meio condutor para a democracia. Mas essa não era a ordem necessária de sucessão nos Estados; nem, na verdade, qualquer ordem pode ser discernida na flutuação infinita da história grega (como as marés no Euripo), exceto, talvez, na tendência quase uniforme da monarquia à aristocracia nos primeiros tempos. À primeira vista, parece haver uma inversão semelhante na última etapa da sucessão platônica; pois a tirania, em vez de ser o fim natural da democracia, no início da história grega parece mais um estágio que conduz à democracia; o reinado de Peisístrato e seus filhos é um episódio que se interpõe entre a legislação de Sólon e a constituição de Clístenes; e alguma causa secreta comum a todos eles parece ter conduzido a maior parte da Hélade, em sua primeira aparição no alvorecer da história, por exemplo, Atenas, Argos, Corinto, Sícion e quase todos os Estados, com exceção de Esparta, por um estágio semelhante de tirania que terminou em oligarquia ou democracia. Mas então devemos lembrar que Platão está descrevendo mais os governos contemporâneos dos Estados sicilianos, que alternavam entre a democracia e a tirania, do que a história antiga de Atenas ou Corinto.

O retrato do próprio tirano é exatamente como o grego posterior se deliciava em desenhar de Fálaris e Dionísio, no qual, como nas vidas de santos medievais ou heróis míticos, a conduta e as ações de um eram atribuídas a outro para preencher o contorno. Não houve enormidade que os gregos de hoje não pudessem acreditar neles; o tirano era a negação do governo e da lei; seu assassinato era glorioso; não havia crime, por mais antinatural, que não fosse com probabilidade atribuído a ele. Nisso, Platão estava apenas seguindo o pensamento comum de seus conterrâneos, que embelezou e exagerou com toda a força de seu gênio. Não há necessidade de supor que ele retirou o exemplo da vida; ou que seu conhecimento dos tiranos deriva de um conhecimento pessoal de Dionísio. A maneira como fala dos tiranos tende a tornar duvidoso o fato de ter se "consorciado" com eles, ou alimentado os esquemas, que são atribuídos a ele nas epístolas, de regenerar a Sicília com a ajuda deles.

Platão, em uma veia hiperbólica e sério-cômica, exagera as loucuras da democracia que ele também vê refletidas na vida social. Para ele, a democracia é um Estado de individualismo ou dissolução, em que cada um está fazendo o que é certo aos seus próprios olhos. Em um povo animado por um espírito comum de liberdade, erguendo-se como um só homem para repelir a hoste persa, que é a ideia principal da democracia em Heródoto e Tucídides, ele parece nunca pensar. Mas se não acredita na liberdade, menos ainda é um amante da tirania. Sua condenação mais profunda e séria está reservada ao tirano, que é o ideal da maldade e da fraqueza, e que em seu total desamparo e desconfiança leva uma existência quase impossível, sem aquele resquício do bem que, na opinião de Platão, era necessário para dar poder ao mal (Livro I). Este ideal de maldade vivendo em uma miséria desamparada é o reverso daquele outro retrato da injustiça perfeita governando em felicidade e esplendor, que primeiro de tudo Trasímaco, e depois os filhos de Ariston, haviam descrito, e é o oposto do rei cuja regra de vida é o bem de seus súditos.

Cada um desses governos e indivíduos tem uma gradação ética correspondente: o Estado ideal está sob o domínio da razão, não extinguindo, mas harmonizando as paixões e treinando-as na virtude; na timocracia e no homem timocrático, a constituição, seja do Estado ou do indivíduo, é baseada, primeiro, na coragem e, em segundo lugar, no amor à honra; esta última virtude, que raramente é considerada uma virtude, substituiu todas as outras. No segundo estágio de declínio, as virtudes desapareceram por completo e o amor ao ganho as sucedeu; no terceiro estágio, ou democracia, as várias paixões podem ter liberdade e as virtudes e vícios são cultivados imparcialmente. Mas essa liberdade, que leva a muitas extravagâncias curiosas de caráter, é na realidade apenas um Estado de fraqueza e dissipação. Por fim, uma paixão monstruosa apodera-se de toda a natureza do homem – isso é a tirania. Em todos eles, o excesso – primeiro o excesso de riqueza e depois o da liberdade, é o elemento da decadência.

A República

O oitavo livro de *A República* está repleto de imagens da vida e alusões fantasiosas; o uso da linguagem metafórica é levado em maior extensão do que em qualquer outro lugar em Platão. Podemos observar:
1. a descrição das duas nações em uma, que se tornam cada vez mais divididas nas repúblicas gregas, como nos tempos feudais, e talvez também nos nossos;
2. a noção de democracia expressa em uma espécie de fórmula pitagórica como igualdade entre desiguais;
3. os caminhos livres e fáceis dos homens e animais, que são característicos da liberdade, como os mercenários estrangeiros e a desconfiança universal são do tirano;
4. a proposta de que meras dívidas não devem ser recuperadas por lei é uma especulação que tem sido alimentada com frequência pelos reformadores do direito nos tempos modernos e está em harmonia com as tendências da legislação moderna. A dívida e a terra eram as duas grandes dificuldades do legislador antigo: nos tempos modernos, pode-se dizer que quase, senão totalmente, resolvemos a primeira dessas dificuldades, mas dificilmente a segunda.

Ainda mais notáveis são os retratos correspondentes aos indivíduos: há a foto de família do pai e da mãe e do velho servo do homem timocrático, e a respeitabilidade externa e mesquinhez inerente do oligárquico; a licença descontrolada e a liberdade do democrata, em que o jovem Alcibíades parece ser retratado, fazendo o certo ou errado como lhe agrada, e que finalmente, como o pródigo, vai para um país distante (observe aqui o jogo de linguagem pelo qual o próprio homem democrático é representado sob a imagem de um Estado que possui cidadelas e recebe embaixadas); e existe a natureza da fera, que se liberta em seu sucessor. A crítica sobre o tirano ser um parricida; a representação da vida do tirano como um sonho obsceno; a surpresa retórica de um mais miserável do que o mais miserável dos homens no Livro IX; a insinuação aos poetas de que, se são amigos de tiranos, não há lugar para eles em um Estado constitucional, e que são muito espertos para não enxergar a correção de sua própria expulsão; a imagem contínua dos zangões que são de dois tipos, crescendo finalmente no monstro zangão com asas (Livro IX), estão entre os toques mais felizes de Platão.

Resta considerar a grande dificuldade desse livro *A República*, o chamado número do Estado. Este é um quebra-cabeça quase tão excepcional quanto o Número da Besta no Livro do Apocalipse e, embora aparentemente conhecido por Aristóteles, é referido por Cícero como um provérbio de obscuridade (*Epistulae ad Atticum*). E alguns imaginam que não há resposta para o quebra-cabeça e que Platão teria apenas praticado com seus leitores. Mas um engano como esse é inconsistente com a maneira como Aristóteles fala dos números (*Política*), e teria sido ridículo para qualquer leitor de *A República* que estivesse familiarizado com a matemática grega. Há pouca razão para supor que Platão usou intencionalmente expressões obscuras; a obscuridade surge de nossa falta de familiaridade com o assunto. Por outro lado, o próprio Platão indica que não é totalmente sério e, ao descrever seu número como uma brincadeira solene das Musas, ele parece implicar algum grau de sátira sobre o uso simbólico do número (compare *Crátilo*; *Protágoras*).

Nossa esperança de compreender a passagem depende principalmente de um estudo preciso das próprias palavras; em que uma luz fraca é lançada pela passagem paralela no nono livro. Outra ajuda é a alusão em Aristóteles, que faz a importante observação de que a última parte da passagem descreve uma figura sólida[10]. Alguma pista adicional pode ser obtida a partir do aparecimento do triângulo pitagórico, que é denotado pelos números 3, 4, 5, e no qual, como em todo triângulo retângulo, os quadrados dos dois lados menores são iguais ao quadrado da hipotenusa (9 + 16 = 25).

Platão começa falando de um número perfeito ou cíclico (*Timeu*), ou seja, um número em que a soma dos divisores é igual ao todo; este é o número divino ou perfeito em que todos os ciclos ou revoluções menores são

---

[10] *Política*, Platão. – "Ele apenas diz que nada permanece, mas que todas as coisas mudam em um certo ciclo; e que a origem da mudança é uma base de números que estão na proporção de 4: 3; e isso, quando combinado com uma figura de cinco, dá duas harmonias; ele quer dizer quando o número desta figura se torna sólido."

completos. Ele também fala de um número humano ou imperfeito, tendo quatro termos e três intervalos de números que estão relacionados entre si em certas proporções; estes, ele os converte em figuras e encontra neles, quando são elevados à terceira potência, certos elementos numéricos, que dão duas "harmonias", uma quadrada, a outra oblonga; mas ele não diz que o número quadrado corresponde ao divino, ou o número oblongo ao ciclo humano; nem é dada qualquer sugestão de que o primeiro ou número divino representa o período do mundo, o segundo o período do Estado, ou da raça humana, como Zeller supõe; nem é o número divino mencionado posteriormente (Aristóteles). O segundo é o número de gerações ou nascimentos, e os influencia da mesma maneira misteriosa em que as estrelas as influenciam, ou nas quais, segundo os pitagóricos, a oportunidade, a justiça, o casamento são representados por algum número ou figura. Este é provavelmente o número 216.

A explicação dada no texto supõe que as duas harmonias compõem o número 8.000. Essa explicação deriva uma certa plausibilidade da circunstância de que 8.000 é o antigo número dos cidadãos espartanos (Herodes), e seria o que Platão poderia ter chamado de "um número que quase diz respeito à população de uma cidade"; o misterioso desaparecimento da população espartana pode ter sugerido a ele a primeira causa do declínio dos Estados. A "harmonia" menor ou quadrada, de 400, pode ser um símbolo dos guardiões, a "harmonia" maior ou oblonga, do povo, e os números 3, 4, 5 podem referir-se respectivamente às três ordens no Estado ou partes da alma, as quatro virtudes, as cinco formas de governo. A harmonia da escala musical, que em outros lugares é usada como um símbolo da harmonia do Estado, também é indicada. Os números 3, 4, 5, que representam os lados do triângulo pitagórico, também denotam os intervalos da escala musical.

Os termos usados na definição do problema podem ser explicados da seguinte maneira. Um número perfeito, como já foi dito, é aquele igual à soma de seus divisores. Portanto, 6, que é o primeiro número perfeito ou cíclico, = 1 + 2 + 3. As palavras "termos" ou "notas" e "intervalos" são aplicáveis à música, bem como a números e fórmulas. É a "base" da qual todo o cálculo depende, ou o "termo mais baixo" a partir do qual ele pode ser calculado. As palavras δυνάμεναί τε καὶ δυναστευόμενοι foram traduzidas de várias maneiras "quadrática e cúbica" (Donaldson), "igualando e igualado em poder" (Weber), "por involução e evolução", ou seja, aumentando o poder e extraindo a raiz (como na tradução). Os números são chamados de "semelhantes e diferentes" quando os fatores ou os lados dos planos e cubos que eles representam estão ou não na mesma proporção: por exemplo, 8 e 27 = 2 ao cubo e 3 ao cubo; e vice-versa. Números "crescentes", também chamados de "abundantes", são aqueles que são excedidos pela soma de seus divisores: por exemplo, 12 e 18 são menores que 16 e 21. Números "minguantes", também chamados de "decrescentes", são aqueles que excedem a soma de seus divisores: por exemplo, 8 e 27 excedem 7 e 13. As palavras traduzidas como "comensuráveis e agradáveis uns aos outros" parecem ser maneiras diferentes de descrever a mesma relação, com mais ou menos precisão. Eles são equivalentes a "algarismos expressáveis em termos que têm a mesma relação uns com os outros", como as séries 8, 12, 18, 27, em que cada um dos números está na relação de (1 + 1/2) com o anterior. A "base" ou "número fundamental, que tem 1/3 adicionado a ele" (1 e 1/3) = 4/3 ou uma quarta musical, é uma "proporção" de números a partir de notas musicais, aplicada tanto às partes ou fatores de um único número ou à relação de um número para outro. A primeira harmonia é um número "quadrado"; a segunda harmonia é um número "oblongo", ou seja, um número que representa uma figura cujos lados opostos são iguais. Ἀριθμοὶ ἀπὸ διαμέτρων = "números ao quadrado de" ou "sobre diâmetros"; ἀρρήτων = "racional", isto é, omitindo as frações, "irracional", isto é, incluindo frações; por exemplo, 49 é um quadrado do diâmetro racional de uma figura cujo lado = 5: 50, de um diâmetro irracional da mesma figura. Por várias das explicações dadas aqui e por um bom negócio além disso, estou em dívida com um excelente artigo sobre o Número Platônico, do Dr. Donaldson (no periódico *Proceedings*, da Sociedade de Filologia).

As conclusões que tira desses dados são resumidas por ele como segue. Tendo assumido que o número do ciclo perfeito ou divino é o número do mundo, e o número do ciclo imperfeito o número do estado, ele prossegue: "O período do mundo é definido pelo número perfeito 6, o do Estado, pelo cubo desse número, ou 216, que é o produto do último par de termos na *Tetractys* platônica (uma série de sete termos, 1, 2, 3, 4, 9, 8, 27); e se tomarmos isso como a base de nosso cálculo, teremos dois números de cubo, em outras palavras. αὐξήσεις δυνάμεναί τε καὶ δυναστευόμεναι 8 e 27; e as proporções médias entre estes, concretamente. Os números 12 e 18 fornecerão três intervalos e quatro termos, e esses termos e intervalos estão relacionados uns com os outros na razão sesquiáltera, ou seja, cada termo é para o precedente como 3/2. Agora, se nos lembrarmos que o número 216 = 8 × 27 = 3 ao cubo + 4 ao cubo + 5 ao cubo, e 3 ao quadrado + 4 ao quadrado = 5 ao quadrado, devemos admitir que este número implica os números 3, 4, 5, para os quais os músicos atribuem tanta importância. E se combinarmos a razão 4/3 com o número 5, ou multiplicarmos as razões dos lados pela hipotenusa, devemos primeiro elevar ao quadrado e depois ao cubo para obter duas expressões, que denotam a razão dos dois últimos pares de termos no Tetráctis platônicos[11], o primeiro multiplicado pelo quadrado, o último pelo cubo do número 10, a soma dos primeiros quatro dígitos que constituem os Tetráctis platônicos. Os dois ἁρμονίαι ele explica em outro lugar, como segue: "O primeiro ἁρμονία é ἴσην ἰσάκις ἑκατὸν τοσαυτάκις, em outras palavras (4/3 × 5) todos ao quadrado = 100 × 2 ao quadrado sobre 3 ao quadrado. O segundo, ἴσην ἰσάκις ἑκατὸν τοσαυτάκις, um cubo da mesma raiz, é descrito como 100 multiplicado (alfa) pelo diâmetro racional de 5 diminuído pela unidade, ou seja, como mostrado acima, 48: (beta) por dois diâmetros incomensuráveis, ou seja, os dois primeiros irracionais, ou 2 e 3: e (gama) pelo cubo de 3, ou 27. Portanto nós teremos (48 + 5 + 27) 100 = 1000 × 2 ao cubo. Esta segunda harmonia deve ser o cubo de cujo número a harmonia anterior é o quadrado e, portanto, deve ser dividida pelo cubo de 3. Em outras palavras, toda a expressão será: (1), para a primeira harmonia, 400/9: (2), para a segunda harmonia, 8000/27."

---

[11] O Tetráctis platônico consistia em uma série de sete termos, 1, 2, 3, 4, 9, 8, 27. (N.T.)

PLATÃO

As razões que me levaram a concordar com o Dr. Donaldson e também com Schleiermacher ao supor que 216 é o número platônico de nascimentos são: (1) que coincide com a descrição do número dado na primeira parte da passagem; (2) que o número 216 com suas permutações teria sido familiar para um matemático grego, embora desconhecido para nós; (3) que 216 é o cubo de 6, e também a soma de 3 cúbicos, 4 cúbicos, 5 ao cubo, os números 3, 4, 5 representando o triângulo pitagórico, cujos lados ao quadrado são iguais ao quadrado da hipotenusa (9 + 16 = 25); (4) que é também o período da metempsicose pitagórica; (5) os três termos ou bases finais (3, 4, 5) dos quais 216 é composto respondem ao terceiro, quarto, quinto na escala musical; (6) que o número 216 é o produto dos cubos de 2 e 3, que são os dois últimos termos da Tetráctis platônica; (7) que o triângulo pitagórico é dito por Plutarco (Ísis e Osíris), Proclus (super prima Euclides), e Quintiliano (de Música) contidos nesta passagem, de modo que a tradição da escola parece apontar na mesma direção: (8) que o triângulo pitagórico é chamado também a figura do casamento.

Mas, embora concordando com o Dr. Donaldson até agora, não vejo razão para supor, como ele faz, que o primeiro ou número perfeito é o mundo, o número humano ou imperfeito é o Estado; nem deu qualquer prova de que a segunda harmonia é um cubo. Nem eu acho que ἀρρήτων δὲ δυεῖν pode significar "dois incomensuráveis", que ele arbitrariamente assume serem 2 e 3, mas sim, como a cláusula anterior implica δυεῖν ἀριθμοῖν ἀπὸ ἀρρήτων διαμέτρων πεμπάδος, ou seja, dois números quadrados baseados em diâmetros irracionais de uma figura cujo lado é igual a 5 = 50 × 2.

A maior objeção à tradução é o sentido dado às palavras ἐπίτριτος πυθμήν κ.τ.λ., "uma base de três com um terço adicionado a ela, multiplicado por 5". Dessa maneira um tanto forçada, Platão apresenta mais uma vez os números do triângulo pitagórico. Mas as coincidências nos números que se seguem são a favor da explicação. A primeira harmonia de 400, como já foi observado, provavelmente representa os governantes; a segunda e oblonga harmonia de 7600, o povo.

E aqui nos despedimos da dificuldade. A descoberta do enigma seria inútil e não lançaria nenhuma luz sobre a matemática antiga. O que interessa é que Platão deveria ter usado tal símbolo e que muito do espírito pitagórico deveria ter prevalecido nele. Seu significado geral é que a criação divina é perfeita e é representada ou presidida por um número perfeito ou cíclico; a geração humana é imperfeita e representada ou regida por um número ou série imperfeita de números. O número 5040, que é o número dos cidadãos nas *Leis*, baseia-se expressamente por ele em motivos utilitários, a saber, a conveniência do número para divisão; também é composto pelos primeiros sete dígitos multiplicados um pelo outro. O contraste do número perfeito e do imperfeito pode ter sido facilmente sugerido pelas correções do ciclo, que foram feitas inicialmente por Meton e depois por Calipo; (diz-se que o último foi aluno de Platão). Do grau de importância ou exatidão a ser atribuído ao problema, o número do tirano no Livro IX ($729 = 365 \times 2$), e a ligeira correção do erro no número 5040/12 (*Leis*), podem fornecer um critério. Não há nada de surpreendente na circunstância de que aqueles que buscavam a ordem na natureza e haviam encontrado a ordem nos números, tivessem imaginado que um daria a lei ao outro. Platão acredita em um poder nos números muito além do que poderia ver realizado no mundo ao seu redor, e ele conhece a grande influência que "a pequena questão de 1, 2, 3" exerce sobre a educação. Pode-se até pensar que ele teve uma antecipação profética das descobertas de Quetelet e outros, de que os números dependem dos números; por exemplo, na população, o número de nascimentos e os respectivos números de crianças nascidas de ambos os sexos, nas respectivas idades dos pais, ou seja, em outros números.

A República IX.
INTRODUÇÃO.

LIVRO IX. Por último, vem o homem tirânico, sobre o qual devemos indagar: de onde ele se origina e como vive, na felicidade ou na miséria? Existe, no entanto, uma questão prévia da natureza e do número dos apetites, que gostaria de considerar primeiro. Alguns deles são ilegais, mas admitem ser punidos e enfraquecidos em vários graus pelo poder da razão e da lei. "A que apetites você se refere?" Refiro-me àqueles que estão despertos quando os poderes da razão estão adormecidos, que se levantam e caminham nus sem qualquer autoestima ou vergonha; e não há loucura ou crime concebível, por mais cruel ou não natural que possa ser, dos quais, na imaginação, eles não possam ser culpados. "Verdade", disse ele; "muito verdadeiro." Mas quando o pulso de um homem bate moderadamente, e ele jantou em um banquete da razão e chegou a um conhecimento de si mesmo antes de ir descansar, e satisfez seus desejos apenas o suficiente para evitar que perturbassem sua razão, que permanece clara e luminosa, e quando está livre das disputas acaloradas, as visões que ele tem em sua cama são menos irregulares e anormais. Mesmo em homens bons existe uma natureza irregular de besta selvagem, que espreita durante o sono.

Retornando: você se lembra o que foi dito sobre o democrata; que era o filho de um pai avarento, que encorajava os desejos salvadores e reprimia os ornamentais e caros; logo o jovem conseguiu boa companhia e começou a nutrir antipatia pelos caminhos estreitos do pai; e sendo um homem melhor do que os corruptores de sua juventude, ele chegou a um caminho e levou uma vida, não de paixões ilegais ou servis, mas de indulgência regular e sucessiva. Agora imagine que o jovem se tornou pai e tem um filho que está exposto às mesmas tentações, e tem companhias que o levam a todo tipo de iniquidade, e pais e amigos que tentam mantê-lo no caminho do bem. Os conselheiros do mal descobrem que sua única chance de o conquistar é implantar em sua alma um monstro zangão, ou amor; enquanto outros desejos zumbem ao seu redor e o encantam com doces sons e cheiros, este amor monstruoso toma posse dele e põe fim a todo pensamento ou desejo verdadeiro ou modesto. O amor, como a embriaguez e a loucura, é uma tirania; e o homem tirânico, seja feito por natureza ou hábito, é apenas uma espécie de animal que bebe, deseja e se torna furioso.

E como vive tal pessoa? "Não, isso você deve me dizer." Pois bem, imagino que ele viverá em meio a orgias e prostituição, e o amor será o senhor e dono da casa. Muitos desejos exigem muito dinheiro e, portanto, ele gasta tudo o que possui e pede mais emprestado; e quando ele não tem nada, os jovens corvos ainda estão no ninho em que foram incubados, pedindo por comida. O amor os estimula; e devem ser gratificados pela força ou pela fraude, ou então, tornam-se dolorosos e problemáticos; e como os novos prazeres sucedem aos antigos, o filho tomará posse dos bens de seus pais; e se eles mostrarem sinais de recusa, ele os defraudará e os enganará; e se eles resistirem abertamente, o que acontecerá? "Só posso dizer que não gostaria muito de estar no lugar deles." Mas, ó céus, Adimanto, pensar que por algum novo e desnecessário amor ele desistirá de seus velhos pai e mãe, melhores e mais queridos amigos, ou os escravizará conforme as fantasias do momento! Verdadeiramente um filho tirânico é uma bênção para seu pai e sua mãe! Quando não há mais nada para ser tirado deles, ele se transforma em ladrão ou batedor de carteira, ou rouba um templo. O amor domina os pensamentos de sua juventude e ele se torna, na sóbria realidade, o monstro que era às vezes durante o sono. Torna-se forte em toda violência e ilegalidade; e está pronto para qualquer ato ousado que suprirá as necessidades de sua desordem. Em um Estado bem ordenado, existem apenas alguns deles, e estes em tempo de guerra se revelam e tornam-se os mercenários de um tirano. Mas em tempos de paz, eles ficam em casa e promovem o mal; são os ladrões, punguistas, assaltantes, sequestradores de homens da comunidade; ou se são hábeis com as palavras, eles se transformam em falsas testemunhas e informantes. "Nenhum pequeno catálogo de crimes, na verdade, mesmo que os perpetradores sejam poucos." Sim, eu disse; mas pequenos e grandes são termos relativos, e nenhum crime cometido por eles se aproxima dos do tirano, cuja classe, cada vez mais forte e numerosa, cria a partir de si mesma. Se o povo ceder, muito bem; mas, se resistir, então, como antes ele bateu em seu pai e sua mãe, agora bate em sua terra materna e sua pátria, e coloca seus mercenários sobre eles. Esses homens em sua juventude vivem com bajuladores, e eles próprios bajulam os outros, a fim de conseguir seus objetivos; mas logo descartam seus seguidores quando não precisam mais deles; são sempre senhores ou servos, as alegrias da amizade lhes são desconhecidas. E eles são totalmente traiçoeiros e injustos, se a natureza da justiça for compreendida por nós. Percebem os nossos sonhos; e aquele que é o mais tirano por natureza, e leva a vida de um tirano por mais tempo, será o pior deles, e sendo o pior deles, também será o mais infeliz.

Assim como o homem, o Estado – o homem tirânico – responderá à tirania, que é o extremo oposto do Estado real; pois um é o melhor e o outro o pior. Mas qual será o mais feliz? Por maior e mais terrível que o tirano possa parecer entronizado entre seus satélites, não tenhamos medo de perguntar; e a resposta é que o monárquico é o mais feliz e o tirânico o mais infeliz dos Estados. E não podemos fazer a mesma pergunta sobre os próprios homens, pedindo a alguém que olhe dentro deles e que seja capaz de penetrar na sua natureza interior, que não se apavore com a vã pompa da tirania? Suponho que seja alguém que viveu com ele e o viu na vida familiar, ou talvez na hora da dificuldade e do perigo.

 Presumindo que nós mesmos sejamos esse juiz imparcial que procuramos, comecemos comparando o indivíduo e o Estado, e perguntando em primeiro lugar se o Estado provavelmente será livre ou escravizado. Não haverá um pouco de liberdade e uma grande quantidade de escravidão? E a liberdade é dos maus, e a escravidão dos bons; e isso se aplica tanto ao homem quanto ao Estado; pois sua alma está cheia de mesquinhez e escravidão, e a melhor parte está escravizada pela pior. Ele não pode fazer o que faria, e sua mente está cheia de confusão; ele é o oposto de um homem livre. O Estado será pobre e cheio de miséria e tristeza; e a alma do homem também será pobre e cheia de dores, e ele será o mais infeliz dos homens. Não, não o mais infeliz, pois ainda existe um pior ainda. "Quem seria esse?" O homem tirânico que tem a infelicidade de também se tornar um tirano público. "Nisso eu suspeito que você esteja certo." Melhor dizer então: "Estou certo"; a conjectura está fora de lugar em uma investigação dessa natureza. Ele é como um rico proprietário de escravos, só que tem mais escravos do que qualquer indivíduo particular. Você dirá: "Os donos de escravos geralmente não têm medo deles." Mas por quê? Porque toda a cidade se transforma em uma aliança que protege o indivíduo. Suponha, no entanto, que um desses proprietários e sua família sejam carregados por um deus para um local selvagem, onde não haja homens livres para ajudá-lo, ele não estará em uma agonia de terror? Ele não será obrigado a bajular seus escravos e prometer-lhes muitas coisas dolorosas e contra sua vontade? E suponha que o mesmo deus que o levou para longe o cercasse de vizinhos que declaram que nenhum homem deve ter escravos e que os seus donos devem ser punidos com a morte. "Pior ainda! Ele estará no meio de seus inimigos." E não seria o nosso tirano uma alma cativa, que é atormentada por um enxame de paixões às quais não pode se entregar;

vivendo sempre dentro de casa como uma mulher, e com ciúmes daqueles que podem sair e ver o mundo?

Sofrendo com tantos males, o mais infeliz dos homens não será ainda mais infeliz em uma posição pública? Mestre dos outros quando não é senhor de si mesmo; como um doente que é obrigado a ser atleta; o mais mesquinho dos escravos e o mais abjeto dos bajuladores; querer todas as coisas e nunca ser capaz de satisfazer seus desejos; sempre com medo e distração, como o Estado de que é representante. Seu temperamento ciumento, odioso e infiel piora com o comando; ele é cada vez mais infiel, invejoso, injusto, o mais miserável dos homens, uma miséria para si mesmo e para os outros. E assim, façamos um julgamento final e uma proclamação; precisamos contratar um arauto ou devo proclamar o resultado? "Você mesmo fez a proclamação." O filho de Ariston (o melhor) é de opinião que o melhor e o mais justo dos homens é também o mais feliz, e que este é o senhor mais real de si mesmo; e que o homem injusto é aquele que é o maior tirano de si mesmo e de seu Estado. E acrescento ainda: "visto ou não visto por deuses ou homens".

Esta é a nossa primeira prova. A segunda é derivada dos três tipos de prazer, que respondem aos três elementos da alma: razão, paixão, desejo; sob esse último se compreende a avareza e o apetite sensual, enquanto a paixão inclui a ambição, o sentimento de festa e o amor à reputação. A razão, novamente, é exclusivamente direcionada para a obtenção da verdade e não se preocupa com dinheiro e reputação. De acordo com a diferença das naturezas dos homens, um desses três princípios está em ascensão, e eles têm seus diversos prazeres que lhes correspondem. Interrogue agora sobre as três naturezas, e cada uma será encontrada elogiando seus próprios prazeres e depreciando os das outras. O fazedor de dinheiro contrastará a vaidade do conhecimento com as vantagens sólidas da riqueza. O homem ambicioso desprezará o conhecimento que não traz honra; ao passo que o filósofo considerará apenas a fruição da verdade e chamará os outros prazeres mais de necessários do que de bons. Agora, como devemos decidir entre eles? Existe algum critério melhor do que experiência e conhecimento? E qual dos três tem o conhecimento mais verdadeiro e a mais ampla experiência? A experiência da juventude torna o filósofo familiarizado com os dois tipos de desejo, mas o homem avarento e ambicioso nunca experimenta os prazeres da verdade e da sabedoria. Honra ele tem igualmente com eles; eles são "julgados por ele", mas ele "não é julgado por eles", pois nunca alcançam o conhecimento do verdadeiro ser. E seu instrumento é a razão, ao passo que seu padrão é apenas riqueza e honra; e se pela razão devemos julgar, seu bem será o mais verdadeiro. E assim chegamos ao resultado que o prazer da parte racional da alma, e uma vida passada em tal prazer é a mais agradável. Aquele que tem o direito de julgar, julga assim. Em seguida, vem a vida de ambição e, em terceiro lugar, a de acumular dinheiro.

Duas vezes o justo derrotou o injusto, mais uma vez, como em uma competição olímpica, primeiro oferecendo uma oração ao salvador Zeus, deixe-o tentar uma queda. Um homem sábio sussurra para mim que os prazeres dos sábios são verdadeiros e puros; todos os outros são apenas uma sombra. Vamos examinar isso: o prazer não se opõe à dor, e não há um estado intermediário que não seja nem um, nem outro? Quando um homem está doente, nada é mais prazeroso para ele do que a saúde. Mas isso ele nunca descobriu enquanto estava bem. Na dor, deseja apenas cessar a dor; por outro lado, quando está em êxtase de prazer, o repouso é doloroso para ele. Portanto, descanso ou cessação são tanto prazer quanto dor. Mas aquilo que não é nem um nem outro pode tornar-se ambos? Novamente, prazer e dor são movimentos, e a ausência deles é descanso; mas se for assim, como pode a ausência de um deles ser o outro? Assim, somos levados a inferir que a contradição é apenas uma aparência, uma bruxaria dos sentidos. E esses não são os únicos prazeres, pois há outros que não têm dores anteriores. O prazer puro, então, não é a ausência de dor, nem a dor pura é a ausência de prazer; embora a maioria dos prazeres que alcançam a mente por meio do corpo sejam alívios da dor e tenham não apenas suas reações quando partem, mas também suas antecipações antes de chegarem. Eles podem ser mais bem descritos em uma comparação. Há na natureza as regiões superior, inferior e média, e quem passa da inferior para a média imagina que está subindo e já está no mundo superior; e se ele fosse levado de volta pensaria, e verdadeiramente pensaria, que estava descendo. Tudo isso surge de sua ignorância das verdadeiras regiões superior, média e inferior. E uma confusão semelhante acontece com prazer e dor, e com muitas outras coisas. O homem que compara o cinza com o preto chama o cinza branco; e o homem que compara ausência da dor com a dor, chama de prazer a ausência da dor. Novamente, a fome e a sede são inanições do corpo, a ignorância e a loucura o são da alma; e a comida é a satisfação do primeiro, e o conhecimento a cura do outro. Agora, qual é a satisfação mais pura: comer e beber, ou saber? Considere a questão assim: a satisfação daquilo que tem mais existência é mais verdadeira do que daquilo que tem menos. O invariável e o imortal têm uma existência mais real do que o variável e mortal, e têm uma medida correspondente de conhecimento e verdade. A alma, novamente, tem mais existência e verdade e conhecimento do que o corpo e, portanto, está mais realmente satisfeita e tem um prazer mais natural. Aqueles que festejam apenas com a comida terrestre, estão sempre indo ao acaso para o meio e para baixo novamente; mas eles nunca passam para o verdadeiro mundo superior, ou experimentam o verdadeiro prazer. São como animais gordos, cheios de gula e sensualidade, e prontos para se matar por causa de sua luxúria insaciável; pois não estão preenchidos com o ser verdadeiro e seu recipiente está furado (*Górgias*). Seus prazeres são meras sombras de prazer, misturadas com dor, coloridos e intensificados pelo contraste e, portanto, intensamente desejados; e os homens vão lutar por eles, como Estesícoro diz que os gregos lutaram pela sombra de Helena em Troia, porque eles não sabiam a verdade.

O mesmo pode ser dito do elemento apaixonado: os desejos da alma ambiciosa, bem como da gananciosa, têm uma satisfação inferior. Somente quando sob a orientação da razão, qualquer um dos outros princípios faz seu próprio negócio ou obtém o prazer que é natural para eles. Quando não alcançam, eles compelem as outras partes da alma a buscar uma sombra de prazer que não seja o deles. E quanto mais distantes estiverem da filosofia e da razão, mais distantes estarão da lei e da ordem e mais ilusórios serão seus prazeres. Os desejos de amor e tirania são os mais distantes da lei, e os do rei estão mais próximos dela. Existe um prazer genuíno e dois espúrios: o tirano vai além até mesmo dos espúrios, ele fugiu totalmente da lei e da razão. Nem pode a medida de sua inferioridade ser dita, exceto por uma ilustração. O tirano é o terceiro afastado do oligarca e, portanto, não tem uma sombra de seu prazer, mas apenas a sombra de uma sombra. O oligarca, novamente, é três vezes removido do rei, e assim obtemos a fórmula 3 × 3, que é o número de uma superfície, representando a sombra que é o prazer do tirano, e se você gosta de cubar este "número da besta", você descobrirá que a medida da diferença chega a 729; o rei é 729 vezes mais feliz que o tirano. E esse número extraordinário é *quase* igual ao número de dias e noites em um ano (365 × 2 = 730); e, portanto, está relacionado à vida humana. Este é o intervalo entre um homem bom e um mau apenas na felicidade: qual deve ser a diferença entre eles na beleza da vida e na virtude!

Talvez você se lembre de alguém dizendo, no início de nossa discussão, que o homem injusto lucraria se tivesse a reputação de ser justo. Agora que conhecemos a natureza da justiça e da injustiça, façamos uma imagem da alma, que irá personificar suas palavras. Em primeiro lugar, imagine uma besta múltipla, tendo um anel de cabeças de todos os tipos de animais, domesticados e selvagens, e capaz de produzi-los e modificá-los à vontade. Suponha agora outra forma de um leão e outra de um homem; o segundo menor do que o primeiro, o terceiro do que o segundo; junte-os e cubra-os com uma pele humana, na qual estão completamente ocultos. Quando isso for feito, digamos ao defensor da injustiça que ele está alimentando os animais e deixando o homem faminto. O mantenedor da justiça, por outro lado, está tentando fortalecer o homem; ele está nutrindo o princípio gentil dentro de si e fazendo uma aliança com o coração do leão, a fim de que possa ser capaz de controlar a hidra de muitas cabeças e trazer todos à unidade uns com os outros e com eles mesmos. Assim, em todos os pontos de vista, seja em relação ao prazer, honra ou vantagem, o homem justo está certo e o injusto, errado.

Mas, agora, vamos raciocinar com o injusto, que não está intencionalmente errado. Não é o nobre aquilo que sujeita a besta ao homem, ou melhor, aos deuses no homem; ou o desprezível, aquilo que sujeita o homem à besta? E se fosse assim, quem receberia ouro com a condição de degradar a parte mais nobre de si mesmo sob sua pior parte? Quem venderia seu filho ou filha para as mãos de homens brutais e maus, por qualquer quantia? E ele venderá sua parte mais justa e mais divina sem qualquer remorso ao mais ímpio e sujo? Ele não seria pior do que Erifila, que vendeu a vida do marido em troca de um colar? E a intemperança é a libertação do monstro multiforme, e o orgulho e o mau humor são o crescimento e aumento dos elementos leão e serpente, enquanto a luxúria e a efeminação são causadas por um relaxamento excessivo do espírito. A lisonja e a mesquinhez surgem novamente quando o elemento espirituoso é submetido à avareza e o leão se habitua a se tornar um macaco. A verdadeira desgraça das artes manuais é quando aqueles que se dedicam a elas têm de bajular, em vez de dominar os seus desejos; portanto, dizemos que eles deveriam ser colocados sob o controle do melhor princípio em outro, porque eles não têm mais nenhum em si mesmos; não, como Trasímaco imaginou, para prejuízo dos súditos, mas para o seu bem. E nossa intenção ao educar os jovens é dar-lhes autocontrole; a lei deseja nutrir neles um princípio mais elevado e, quando o tiverem adquirido, podem seguir seus próprios caminhos.

"O que, então, lucrará um homem, se ganhar o mundo inteiro" e se tornar mais e mais perverso? Ou que lucrará ele em escapar da descoberta, se a ocultação do mal impede a cura? Se tivesse sido punido, o bruto dentro dele teria sido silenciado e o elemento mais gentil liberado; e ele teria unido temperança, justiça e sabedoria em sua alma – uma união muito melhor do que qualquer combinação de dons corporais. O homem de entendimento honrará o conhecimento acima de tudo; em segundo lugar, ele se manterá bem em seu corpo, não apenas por uma questão de saúde e força, mas a fim de atingir a mais perfeita harmonia de corpo e alma. Na aquisição de riquezas, também, ele buscará ordem e harmonia; não desejará acumular riquezas sem medida, mas temerá que o aumento da riqueza perturbe a constituição de sua própria alma. Pela mesma razão, ele só aceitará tais honras que o tornem um homem melhor; quaisquer outras ele recusará. "Nesse caso", disse ele, "ele nunca será um político." Sim, mas ele o fará, em sua própria cidade; embora provavelmente não em seu país natal, a menos que por algum acidente divino. "Você quer dizer que ele será um cidadão da cidade ideal, que não tem lugar na terra." Mas no céu, respondi, existe um padrão de tal cidade, e quem quiser pode organizar sua vida segundo essa imagem. Se tal Estado existe ou se existirá um dia, não importa; ele vai agir de acordo com esse padrão e nenhum outro...

> *A República IX.*
> ANÁLISE.

Os pontos mais marcantes do 9.º Livro de *A República* são: (1) a conta do prazer; (2) o número do intervalo que separa o rei do tirano; (3) o padrão que está no céu.

1. O relato de Platão sobre o prazer é notável pela moderação e, a esse respeito, contrasta com os platônicos posteriores e com as opiniões que Aristóteles lhes atribui. Ele não é, como os cínicos, contrário a todo prazer, mas deseja que as várias partes da alma tenham sua satisfação natural; ele até concorda com os epicureus em descrever o prazer como algo mais do que a ausência de dor. Isso é provado pela circunstância de que há prazeres sem dores anteriores (como ele também observa no *Filebo*), como os prazeres do olfato, e os prazeres da esperança e da expectativa. No livro anterior, ele fez a distinção entre o prazer necessário e o desnecessário, que é repetido por Aristóteles, e agora observa que há uma outra classe de prazeres da "fera selvagem", correspondentes aos de Aristóteles (grego). Ele se detém no caráter relativo e irreal dos prazeres sensuais e da ilusão que surge do contraste do prazer e da dor, apontando a superioridade dos prazeres da razão, que estão em repouso, sobre os prazeres fugazes dos sentidos e da emoção. A preeminência do prazer real é demonstrada pelo fato de que a razão é capaz de julgar os prazeres inferiores, enquanto as duas partes inferiores da alma são incapazes de julgar os prazeres da razão. Assim, em seu tratamento do prazer, como em muitos outros assuntos, a filosofia de Platão é "serrada em quantidades" por Aristóteles; a análise que foi feita originalmente por ele tornou-se na geração seguinte o fundamento de outras distinções técnicas. Tanto em Platão quanto em Aristóteles, notamos a ilusão sob a qual caíram os antigos de considerar a transitoriedade do prazer uma prova de sua irrealidade e de confundir a permanência dos prazeres intelectuais com a imutabilidade do conhecimento do qual derivam. Também não gostamos de admitir que os prazeres do conhecimento, embora mais elevados, não são mais duradouros do

que outros prazeres e são quase igualmente dependentes dos acidentes de nosso Estado corporal (Introdução de *Filebo*).

2. O número do intervalo que separa o rei do tirano e os prazeres reais dos tirânicos é 729, o cubo de 9. O qual Platão designa caracteristicamente como um número relacionado com a vida humana, porque QUASE equivale ao número de dias e noites no ano. Ele deseja proclamar que o intervalo entre eles é incomensurável e inventa uma fórmula para dar expressão à sua ideia. Aqueles que falavam da justiça como um cubo, da virtude como uma arte de medir (Proteus), não viam impropriedade em conceber a alma sob a imagem de uma linha, ou o prazer do tirano separado do prazer do rei pelo intervalo numérico de 729. E nos tempos modernos, às vezes usamos metaforicamente o que Platão empregou como uma fórmula filosófica. "Não é fácil estimar a perda do tirano, exceto talvez desta forma", diz Platão. Portanto, podemos dizer que, embora a vida de um homem bom não deva ser comparada à de um homem mau, ainda assim você pode medir a diferença entre eles avaliando um minuto de um e uma hora do outro ("Um dia em tuas cortes é melhor do que mil"), ou você pode dizer que "há uma diferença infinita". Mas isso não é tanto quanto dizer, em uma frase simples: "Eles estão a mil milhas de distância". E, consequentemente, Platão encontra o veículo natural de seus pensamentos em uma progressão de números; ele extrai esta fórmula aritmética com a maior seriedade, e tanto aqui quanto no número de gerações parece encontrar uma prova adicional da verdade de sua especulação em transformar o número em uma figura geométrica; assim como as pessoas em nossos dias podem imaginar que uma afirmação é verificada quando foi apenas apresentada de forma abstrata. Ao falar do número 729 como próprio da vida humana, ele provavelmente pretendia dar a entender que um ano do tirânico = 12 horas da vida real.

A simples observação de que a comparação de dois sólidos semelhantes é efetuada pela comparação dos cubos de seus lados é a base matemática dessa expressão fantasiosa. Há alguma dificuldade em explicar as etapas pelas quais o número 729 é obtido; o oligarca é removido no terceiro grau do real e aristocrático, e o tirano no terceiro grau do oligárquico; mas temos de organizar os termos como os lados de um quadrado e contar o oligarca duas vezes, calculando-os não como = 5, mas como = 9. O quadrado de 9 é passado levemente como apenas um passo em direção ao cubo.

3. Perto do fim de *A República*, Platão parece estar cada vez mais convencido do caráter ideal de suas próprias especulações. No final do nono livro, o padrão que está no céu toma o lugar da cidade dos filósofos na terra. A visão que recebeu forma e substância em suas mãos, agora se descobre que está distante. E, no entanto, este reino distante também é a regra da vida do homem. ("Nem dirão: ei-lo aqui, ou: ei-lo ali; porque eis que o reino de Deus está entre vós"!) Assim uma nota é deixada, que prepara para a revelação de uma vida futura no Livro seguinte. Mas a vida futura ainda está presente; o ideal da política deve ser realizado no indivíduo.

A República X.
INTRODUÇÃO.

LIVRO X. Muitas coisas me agradaram na ordem de nosso Estado, mas nada havia de que eu gostasse mais do que o regulamento sobre a poesia. A divisão da alma lança uma nova luz sobre nossa exclusão da imitação. Não me importo de dizer-lhes confidencialmente que toda poesia é um ultraje ao entendimento, a menos que os ouvintes tenham aquele bálsamo de conhecimento que cura o erro. Amei Homero desde menino e, mesmo agora, ele me parece o grande mestre da poesia trágica. Mas, por mais que ame o homem, amo mais a verdade, e por isso devo falar: e, inicialmente, você vai explicar o que é imitação, pois realmente não entendo? "Quão provável, então, eu deveria entender!" Isso pode muito bem ser, pois o mais obtuso frequentemente vê melhor do que o olho mais aguçado. "É verdade, mas na sua presença dificilmente posso me aventurar a dizer o que penso." Então, suponha que comecemos à nossa maneira antiga, com a doutrina dos universais. Suponhamos a existência de camas e mesas. Há uma ideia de cama ou de uma mesa, que o fabricante de cada uma tinha em mente ao fazê-las; ele não fez as ideias de camas e mesas, mas fez camas e mesas de acordo com as ideias. E não há um criador das obras de todos os trabalhadores, que faz não apenas vasos, mas também plantas e animais, ele mesmo, a terra e o céu, e as coisas no céu e sob a terra? Ele também faz os deuses. "Ele deve ser um mago de verdade!" Mas você não vê que existe um sentido no qual você poderia fazer o mesmo? Você só precisa pegar um espelho e captar o reflexo do sol e da terra ou de qualquer outra coisa, agora você os fez. "Sim, mas apenas na aparência." Exatamente assim; e o pintor é tão criador quanto você com o espelho, e ele é ainda mais irreal do que o carpinteiro; embora nem o carpinteiro nem qualquer outro artista possam construir a cama absoluta. "Não, se podemos acreditar nos filósofos." Nem precisamos nos admirar de que sua cama tenha apenas uma relação imperfeita com a verdade. Reflita: aqui estão três camas; uma na natureza, que é feita pelos deuses; outra, que é feita pelo carpinteiro; e a terceira, pelo pintor. O demiurgo fez somente uma, nem poderia ter feito mais de uma; pois se houvesse duas, sempre haveria uma terceira, mais absoluta e abstrata do que qualquer uma, sob a qual elas teriam sido incluídas. Podemos, portanto, conceber que o demiurgo seja o criador natural da cama e, em um sentido inferior, o carpinteiro também é o criador; mas o pintor é antes o imitador do que os outros dois fazem; ele tem a ver com uma criação que é três vezes distante da realidade. E o poeta trágico é um imitador e, como qualquer outro imitador, está três vezes afastado do rei e da verdade. O pintor imita não a cama original, mas a cama feita pelo carpinteiro. E este, sem ser realmente diferente, parece ser diferente, e tem muitos pontos de vista, dos quais apenas um é captado pelo pintor, que representa tudo porque representa um pedaço do todo, e daquele pedaço, uma imagem. E ele pode pintar qualquer outro artista, embora nada saiba de suas artes; e isso com habilidade suficiente para enganar crianças ou pessoas simples. Suponha agora que alguém veio até nós e nos disse, como ele conheceu um homem que sabia tudo o que todos sabem, e melhor do que ninguém. Não deveríamos inferir que ele era um simplório que, não tendo discernimento da verdade e da falsidade, encontrou-se com um mago ou feiticeiro, que imaginava ser onisciente? E quando ouvimos pessoas dizendo que Homero e os trágicos conhecem todas as artes e todas as virtudes, não devemos inferir que eles estão sob uma ilusão semelhante? Não percebem que os poetas são imitadores e que suas criações são apenas imitações. "Muito verdadeiro." Mas se uma pessoa pudesse tanto criar quanto imitar, ela preferiria deixar algum trabalho permanente e não apenas uma imitação; ela prefere ser a receptora à doadora de elogios? "Sim, pois assim ela teria mais honras e vantagens."

Vamos agora interrogar Homero e os poetas. Amigo Homero, digo-lhe eu, não vou lhe perguntar sobre medicina, ou qualquer arte a que seus poemas se refiram por acaso, mas sobre seus temas principais: guerra, táticas militares, política. Se você está apenas duas vezes e não três vezes afastado da verdade, não é um imitador ou um criador de imagens, por favor, informe-nos qual foi o bem que você já fez à humanidade? Há alguma cidade que afirme ter recebido suas leis de você, como a Sicília e a Itália receberam de Carondas, como Esparta recebeu de Licurgo e Atenas de Sólon? Ou alguma guerra já foi travada por seus conselhos? Ou alguma invenção é atribuída a você, como existe a Tales e Anacársis? Ou existe algum modo de vida homérico, como o de Pitágoras, em que você instruiu os homens e que tem o seu nome? "Não, de fato; e Creófilo (filho de carne) foi ainda mais infeliz em sua criação do que em seu nome, se, como diz a tradição, Homero durante sua vida foi autorizado por ele e seus outros amigos a morrer de fome." Sim, mas isso poderia ter acontecido se Homero tivesse realmente sido o educador da Hélade? Ele não teria muitos seguidores devotados? Se Protágoras e Pródico podem persuadir seus contemporâneos de que ninguém pode administrar a casa ou o Estado sem eles, é provável que Homero e Hesíodo teriam sido autorizados a andar como mendigos, quero dizer, se tivessem realmente sido capazes de fazer algum bem ao mundo, os homens não os teriam compelido a ficar onde estavam, ou os seguiriam para obter educação? Mas eles não o fizeram; portanto, podemos inferir que Homero e todos os poetas são apenas imitadores, que apenas imitam a aparência das coisas. Pois, assim como um pintor, por um conhecimento das figuras e das cores, pode pintar um sapateiro sem nenhuma prática como sapateiro, assim como o poeta pode delinear qualquer arte com as cores da linguagem e dar harmonia e ritmo ao sapateiro e ao general; e você sabe como a mera narração, quando privada dos ornamentos da métrica, é como um rosto que perdeu a beleza da juventude e nunca mais teve outra. Mais uma vez, o imitador não tem conhecimento da realidade, mas apenas da aparência. O pintor pinta e o artífice faz freio e rédeas, mas nenhum dos dois entende o uso delas, o seu conhecimento é restrito ao cavaleiro; e assim como os de outros assuntos. Assim, temos três artes: uma do uso, outra da invenção, uma terceira da imitação; e o usuário fornece a regra aos outros dois. O flautista conhecerá a flauta boa e a má, e o fabricante terá fé nele; mas o imitador não saberá nem terá fé, nem a ciência nem a opinião verdadeira podem ser atribuídas a ele. A imitação, então, é desprovida de conhecimento, sendo apenas uma espécie de jogo ou esporte, e os poetas trágicos e épicos são imitadores no mais alto grau.

E agora investiguemos qual é a faculdade do homem que responde à imitação. Permita-me explicar o que quero dizer: os objetos são vistos de maneira diferente quando imersos na água e quando fora dela, quando estão perto e quando longe; e o pintor ou o ilusionista usa essa variação para se impor sobre nós. E a arte de medir, pesar e calcular surge para salvar nossas mentes confusas do poder da aparência; pois, como estávamos dizendo, duas opiniões contrárias dele, sobre o mesmo e ao mesmo tempo, não podem ambas ser verdadeiras. Mas qual delas é verdadeira é determinado pela arte do cálculo; e isso se alia à melhor faculdade da alma, assim como as artes da imitação se aliam às piores. E ele vale para os ouvidos e também para os olhos, tanto para a poesia quanto para a pintura. A imitação é de ações voluntárias ou involuntárias, nas quais há expectativa de um resultado bom ou ruim, e oferecem uma experiência de prazer e dor. Mas o homem está em harmonia consigo mesmo quando está sujeito a essas influências conflitantes? Não há antes uma contradição nele? Deixe-me perguntar ainda se tem mais probabilidade de controlar a tristeza quando está sozinho ou em companhia de alguém. "No último caso." O sentimento o levaria a condescender com sua tristeza, mas a razão e a lei o controlam e exigem paciência; visto que ele não pode saber se sua aflição é boa ou má, e nenhuma coisa humana tem grandes consequências, enquanto a tristeza certamente é um obstáculo para um bom conselho. Pois quando tropeçamos, não devemos, como crianças, fazer alvoroço; devemos tomar as medidas prescritas pela razão, não lamentando, mas encontrando a cura. E a melhor parte de nós está pronta para seguir a razão, enquanto o princípio irracional está cheio de tristeza e distração com a lembrança de nossos problemas. Infelizmente, porém, este último fornece os principais materiais das artes imitativas, considerando que a razão está sempre em repouso e não pode ser facilmente exibida, especialmente para uma multidão mista que não tem nenhuma experiência dela. Assim, o poeta é como o pintor de duas maneiras: primeiro, pinta um grau inferior da verdade; segundo, preocupa-se com uma parte inferior da alma. Ele se entrega aos sentimentos, enquanto enfraquece a razão; e nos recusamos a permitir que tenha autoridade sobre a mente humana; pois não tem medida de maior ou menor, e é um criador de imagens e está muito longe da verdade.

Mas ainda não mencionamos a contagem mais pesada na acusação: o poder que a poesia tem de excitar os sentimentos de maneira prejudicial. Quando ouvimos alguma passagem em que um herói lamenta longamente seus sofrimentos, você sabe que simpatizamos com ele e louvamos o poeta; no entanto, em nossas próprias tristezas, tal exibição de sentimento é considerada efeminada e pouco masculina (Íon). Agora, deve um homem sentir prazer em ver outro fazer o que ele odeia e abomina em si mesmo? Ele não está cedendo a um sentimento que em seu próprio caso controlaria? Ele está desprevenido porque a tristeza é de outrem; e pensa que pode satisfazer seus sentimentos sem desgraça, e será o ganhador com o prazer. Mas a consequência inevitável é que aquele que começa chorando pelas tristezas dos outros, acabará chorando pelas suas. O mesmo se aplica à comédia – você pode rir de bufonarias que teria vergonha de proferir, e o amor pela alegria grosseira no palco vai finalmente transformá-lo em um bufão em casa. A poesia alimenta e rega as paixões e desejos; ela os deixa governar em vez de governá-los. E, portanto, quando ouvimos os fãs de Homero afirmando que ele é o educador da Hélade, e que toda a vida deve ser regulada por seus preceitos, podemos permitir a excelência de suas intenções, e concordar com eles em pensar que Homero é um grande poeta e trágico. Mas devemos continuar a proibir toda poesia que vá além dos hinos aos deuses e louvores aos homens famosos. Não o prazer e a dor, mas a lei e a razão deverão governar em nosso Estado.

A República

Esses são os nossos fundamentos para expulsar a poesia; mas, para que ela não nos acuse de descortesia, peçamos desculpas também. Lembraremos a ela que existe uma antiga disputa entre poesia e filosofia, da qual há muitos traços nos escritos dos poetas, como o ditado da "cadela gritando com sua dona" e "dos filósofos que estão prontos para contornar Zeus" e "os filósofos que são indigentes". No entanto, não temos má vontade com ela, e permitiremos de bom grado que volte, com a condição de que se defenda em verso; e seus apoiadores que não são poetas podem falar em prosa. Confessamos seus encantos; mas se ela não pode mostrar que é útil ao mesmo tempo que encantadora, como amantes racionais, devemos renunciar ao nosso amor, embora nos tenhamos querido pelas primeiras associações. Tendo chegado a anos de discrição, sabemos que poesia não é verdade, e que um homem deve ser cuidadoso em como a apresenta ao Estado ou constituição em que ele mesmo esteja; pois há uma questão importante em jogo – não menos do que o bem ou o mal de uma alma humana. E não vale a pena abandonar a justiça e a virtude pelos atrativos da poesia, não mais do que por uma questão de honra ou riqueza. "Eu concordo com você."

Mesmo assim, as recompensas da virtude são muito maiores do que descrevi. "E podemos conceber as coisas ainda maiores?" Não, talvez, neste breve período de vida: mas um ser imortal deveria se preocupar com algo menos do que a eternidade? "Eu não entendo o que você quer dizer?" Você não sabe que a alma é imortal? "Certamente você não está preparado para provar isso?" De fato, eu estou. "Então deixe-me ouvir esse argumento, que você torna tão leve."

Você admitiria que tudo tem um elemento do bem e do mal. Em todas as coisas existe uma corrupção inerente; e se isso não pode destruí-los, nada mais o fará. A alma também tem seus próprios princípios corruptores, que são injustiça, intemperança, covardia e assim por diante. Mas nada disso destrói a alma da mesma forma que a doença destrói o corpo. A alma pode estar cheia de todas as iniquidades, mas não é, por causa delas, trazida para mais perto da morte. Nada que não fosse destruído por dentro jamais pereceu pela afeição externa do mal. O corpo, que é uma coisa, não pode ser destruído pela comida, que é outra, a menos que a maldade da comida seja comunicada ao corpo. Nem pode a alma, que é uma coisa, ser corrompida pelo corpo, que é outra, a menos que ela mesma seja infectada. E como nenhum mal corporal pode infectar a alma, nem pode qualquer mal corporal, seja doença ou violência, ou qualquer outro destruir a alma, a menos que seja demonstrado que a torna profana e injusta. Mas ninguém jamais provará que as almas dos homens se tornam mais injustas quando morrem. Se uma pessoa tem a audácia de dizer o contrário, a resposta é: então por que os criminosos exigem a mão do carrasco e não morrem por si mesmos? "Verdadeiramente", disse ele, "a injustiça não seria muito terrível se trouxesse a cessação do mal; mas, antes, acredito que a injustiça que assassina outras pessoas tende a acelerar e estimular a vida dos injustos." Você está certo. Se o pecado, que é seu próprio mal natural e inerente, não pode destruir a alma, dificilmente qualquer outra coisa a destruirá. Mas a alma que não pode ser destruída, seja pelo mal interno ou pelo externo, deve ser imortal e eterna. E se isso for verdade, as almas sempre existirão no mesmo número. Elas não podem diminuir, porque não podem ser destruídas; nem ainda aumentar, pois o aumento do imortal deve vir de algo mortal, e assim tudo terminaria na imortalidade. Nem é a alma variável e diversa; pois o que é imortal deve ser da composição mais justa e simples. Se quisermos concebê-la verdadeiramente, e assim contemplar a justiça e a injustiça em sua própria natureza, ela deve ser vista à luz da razão pura como no nascimento, ou como é refletida na filosofia ao manter uma conversa com o divino, o imortal e o eterno. Em sua condição atual, nós a vemos apenas como o deus do mar Glauco, machucada e mutilada no mar que é o mundo, e coberta com conchas e pedras que são incrustadas nela com os entretenimentos da terra.

Até agora, conforme o argumento exigia, nada dissemos sobre as recompensas e honras que os poetas atribuem à justiça; contentamo-nos em mostrar que a justiça em si mesma é melhor para a alma em si mesma, mesmo que um homem coloque um anel de Gyges e tenha também o capacete de Hades. E agora você deve me pagar de volta o que pediu emprestado; e vou enumerar as recompensas da justiça em vida e após a morte.

Eu admiti, para fins de argumentação, como você deve se lembrar, que o mal talvez pudesse escapar do conhecimento dos deuses e dos homens, embora isso fosse realmente impossível. E como eu mostrei que a justiça tem realidade, você deve me conceder também que ela tenha a palma da aparência. Em primeiro lugar, o justo é conhecido dos Deuses, e por isso será seu amigo, e receberá de suas mãos todo o bem sempre, exceto o mal que é a consequência necessária de pecados anteriores. Todas as coisas terminam no bem para ele, seja na vida ou depois da morte, mesmo o que parece ser mal; pois os deuses cuidam daquele que deseja ser semelhante a eles. E o que diremos dos homens? A honestidade não é a melhor política? O malandro astuto começa bem, mas desiste antes de atingir a meta e foge em desonra; enquanto o verdadeiro corredor persevera até o fim e recebe o prêmio. E você deve permitir que eu repita todas as bênçãos que você atribuiu aos injustos afortunados, eles governam na cidade, eles se casam e dão em casamento a quem quiserem; e os males que atribuíste aos desafortunados justos, afinal recaem realmente sobre os injustos, embora, como sugeriste, é melhor velar pelo silêncio os seus sofrimentos.

Mas todas as bênçãos da vida presente não são nada quando comparadas com aquelas que aguardam os bons homens após a morte. "Eu gostaria de ouvir sobre eles." Venha, então, e contarei a você a história de Er, o filho de Armênio, um homem valoroso. Ele deveria ter morrido em batalha, mas dez dias depois seu corpo foi encontrado intocado pela corrupção e enviado para casa para o enterro. No décimo segundo dia ele foi colocado na pira funerária e lá voltou à vida, e contou o que tinha visto no mundo inferior. Ele disse que sua alma foi com uma grande companhia para um lugar, no qual havia dois abismos próximos um do outro na terra abaixo, e dois abismos correspondentes no céu acima. E havia juízes sentados no espaço intermediário, ordenando aos justos que subissem pelo caminho celestial à direita, tendo o selo de seu julgamento colocado sobre eles antes, enquanto os injustos, tendo o selo atrás, eram convidados a descer pelo caminho na mão esquerda. Eles lhe disseram para olhar e ouvir, pois deveria ser seu mensageiro para os homens do mundo abaixo. E ele contemplou e viu as almas partindo após o julgamento em ambos os abismos; alguns que vieram da terra estavam desgastados e cansados pela viagem; outros, que vieram do céu, estavam limpos e brilhantes. Eles pareciam felizes em se encontrar e descansar um pouco na campina; aqui conversaram uns com os outros sobre o que tinham visto no outro mundo. Aqueles que vieram da Terra choraram ao lembrar-se de suas tristezas, mas os espíritos do alto falavam de visões gloriosas e felicidade celestial. Ele disse que para cada má ação eram punidos dez vezes, agora a viagem durava mil anos, porque a vida do homem era contada como cem anos, e as recompensas da virtude eram na mesma proporção. Ele acrescentou algo que dificilmente vale a pena repetir sobre bebês morrendo assim que nasceram. De parricidas e outros assassinos, tinha torturas ainda mais terríveis para narrar. Ele estava presente quando um dos espíritos perguntou "Onde está Ardieu, o Grande?" (Este Ardieu era um tirano cruel, que havia assassinado seu pai e seu irmão mais velho, mil anos antes.) Outro espírito respondeu: "Ele não vem para cá e nunca virá. E eu mesmo," acrescentou ele, "realmente vi esta visão terrível. Na entrada do abismo, quando estávamos prestes a subir de volta, apareceu Ardieu e alguns outros pecadores, a maioria dos quais haviam sido tiranos, mas não todos, e assim como eles imaginaram que estavam voltando à vida, o abismo deu um rugido, e então homens selvagens de aparência destemida, que sabiam o significado do som, agarraram-se a ele e a vários outros e amarraram-nos nas mãos e pés e os jogaram no chão, e os arrastaram ao longo da estrada, lacerando-os e cardando-os como lã, e explicando aos transeuntes que seriam lançados no inferno." O maior terror da ascensão dos peregrinos era que ouvissem a voz, e quando houve silêncio um a um, eles terminaram a subida com alegria. A esses sofrimentos havia deleites correspondentes.

No oitavo dia, as almas dos peregrinos retomaram sua jornada e, em quatro dias, chegaram a um local de onde olharam para baixo em uma linha de luz, nas cores de um arco-íris, apenas mais brilhantes e mais claras. Um dia mais os trouxe ao local, e eles viram que esta era a coluna de luz que une todo o universo. As extremidades da coluna foram presas ao céu, e delas pendurada a roca da Necessidade, na qual todos os corpos celestes giravam; o gancho e o fuso eram de diamante e o verticilo de uma substância mista. O verticilo tinha a forma de várias caixas que eram colocadas dentro umas das outras com as bordas viradas para cima, formando um único verticilo que era perfurado pelo fuso. O mais externo tinha o aro mais largo, e os espirais internos eram cada vez menores e tinham os aros mais estreitos. A maior (as estrelas fixas) era salpicada; a sétima (o sol) era mais brilhante; a oitava (a lua) brilhava pela luz da sétima; a segunda e a quinta (Saturno e Mercúrio) eram mais parecidas umas com as outras e mais amarelas do que o oitavo; o terceiro (Júpiter) tinha a luz mais branca; o quarto (Marte) era vermelho; o sexto (Vênus) tinha a segunda brancura. O todo tinha um movimento, mas enquanto ele girava em uma direção, os sete círculos internos se moviam na direção oposta, com vários graus de rapidez e lentidão. O fuso girou sobre os joelhos da Necessidade, e uma sereia cantava em cada círculo, enquanto Láquesis, Cloto e Átropos, as filhas da Necessidade, sentavam-se em tronos em intervalos iguais, cantando sobre o passado, o presente e o futuro, em resposta à música das sereias; Cloto de vez em quando guiando o círculo externo com um toque de sua mão direita; Átropo com a mão esquerda tocando e guiando os círculos internos; Láquesis, por sua vez, estendia a mão de vez em quando para guiar os dois. Na sua chegada, os peregrinos foram a Láquesis, e havia um intérprete que os auxiliava, e tomando de seus joelhos lotes e amostras de vidas, subiu ao púlpito e disse: "Almas mortais, ouçam as palavras de Láquesis, a filha da Necessidade. Um novo período de vida mortal começou e você pode escolher a divindade que desejar; a responsabilidade de escolher é com você, os deuses não têm." Depois de falar assim, ele lançou a sorte entre eles e cada um tomou a sorte que caía perto dele. Ele então colocou no chão diante deles as amostras de vidas, muito mais do que as almas presentes; e havia toda sorte de vidas, de homens e animais. Houve tiranias que terminaram em miséria e exílio, e vidas de homens e mulheres famosos por suas diferentes qualidades; e ainda vidas mistas, feitas de riqueza e pobreza, doença e saúde. Aqui, Glauco, está o grande risco da vida humana e, portanto, toda a educação deve ser direcionada para a aquisição de um conhecimento que ensine o homem a recusar o mal e escolher o bem. Ele deve saber todas as combinações que ocorrem na vida – da beleza com pobreza ou com riqueza, do conhecimento com bens externos – e finalmente escolha com referência à natureza da alma, considerando-a apenas como a vida melhor que torna os homens melhores, e deixando todo o resto. E um homem deve levar consigo um senso de ferro da verdade e direito ao mundo abaixo, para que lá também possa permanecer imperturbável pela riqueza ou pelas seduções do mal, e esteja determinado a evitar os extremos e escolher o meio. Pois essa, como o mensageiro relatou ter dito o intérprete, é a verdadeira felicidade do homem; e qualquer um, como ele proclamou, pode, se escolher com entendimento, receber muito, mesmo que seja o último a chegar. "Não deixe que o primeiro seja descuidado em sua escolha, nem o último desesperado." Ele falou; e quando falou, aquele que tirou a primeira sorte escolheu a tirania: não viu que estava fadado a devorar seus próprios filhos – e quando descobriu seu erro, chorou e bateu no peito, culpando o acaso e os deuses e qualquer pessoa em vez de a si mesmo. Ele era um daqueles que tinham vindo do céu, e em sua vida anterior tinha sido um cidadão de um Estado bem organizado, mas ele tinha apenas hábitos e nenhuma filosofia. Como muitos outros, ele fez uma escolha errada, porque não tinha experiência de vida; ao passo que aqueles que vieram da terra e viram problemas não tiveram tanta pressa em escolher. Mas se um homem tivesse seguido a filosofia enquanto estava na terra, e tivesse tido sorte moderada em seu destino, ele poderia não apenas ser feliz aqui, mas sua peregrinação de e para este mundo seria tranquila e celestial. Nada era mais curioso do que o espetáculo da escolha, ao mesmo tempo triste, risível e maravilhoso; a maioria das almas apenas procurando evitar sua própria condição de uma vida anterior. Ele viu a alma de Orfeu transformar-se em cisne porque ele não nasceria de uma mulher; havia Tâmiras se tornando um rouxinol; pássaros musicais, como o cisne, escolhendo ser homens; a vigésima alma, que era a de Ajax, preferindo a vida de um leão à de um homem, em memória da injustiça que lhe foi feita no julgamento das armas; e Agamenon, de uma inimizade semelhante à natureza humana, passando para uma águia. No meio estava a alma de Atalanta escolhendo as honras de uma atleta, e ao lado dela Epeus assumindo a natureza de uma trabalhadora; entre os últimos estava Tersites, que se transformava em macaco. Para além, o último de todos, veio Odisseu, e buscou a sorte de um homem privado, que jazia negligenciado e desprezado e, quando o encontrou, foi embora regozijando-se e disse que, tivesse sido o primeiro em vez de o último, sua escolha teria sido a mesma. Homens também foram vistos se transformando em animais, e animais selvagens e domesticados se transformando uns nos outros.

Depois de todas as almas terem escolhido, foram a Láquesis, que enviou com cada uma delas o seu gênio ou ajudante para cumprir a sua sorte. Em primeiro lugar, ele os colocou sob a mão de Cloto, e os atraiu para as voltas do fuso impulsionado por sua mão; dela foram transportados para Átropos, que tornou os fios irreversíveis; de onde, sem se virar, eles passaram sob o trono da Necessidade; e quando todos passaram, seguiram em um calor escaldante para a planície do Esquecimento e descansaram à noite perto do rio Despreocupado, cuja água não poderia ser retida em qualquer recipiente; dessa água todos tinham de beber uma certa quantidade, alguns beberam mais do que o necessário, e aquele que bebeu esqueceu todas as coisas. O próprio Er foi impedido de beber. Quando foram descansar, mais ou menos no meio da noite, houve tempestades e terremotos e, de repente, todos foram levados por diversos caminhos, disparando como estrelas para o seu nascimento. Quanto ao seu retorno ao corpo, ele só sabia que ao acordar repentinamente pela manhã, estava deitado na pira.

Assim, Glauco, o conto foi salvo, e será a nossa salvação, se acreditarmos que a alma é imortal, e nos apegarmos ao caminho celestial da Justiça e do Conhecimento. Assim, passaremos imaculados pelo rio do Esquecimento, seremos queridos por nós mesmos e pelos deuses, e teremos uma coroa de recompensa e felicidade neste mundo e na peregrinação milenar do outro.

A República X.
Análise.

O Décimo Livro de *A República* de Platão possui duas divisões: na primeira, retomando um velho fio que foi interrompido, Sócrates ataca os poetas, que, agora que a natureza da alma foi analisada, veem-se muito distantes da verdade; e na segunda, tendo mostrado a realidade da felicidade do justo, ele exige que sua aparência seja restaurada, e então passa a provar a imortalidade da alma. O argumento, como no *Fédon* e no *Górgias*, é complementado pela visão de uma vida futura.

Por que Platão, que também foi poeta, e cujos diálogos são poemas e dramas, deve ter sido hostil aos poetas como classe, e especialmente aos poetas dramáticos; por que ele não deveria ter visto que a verdade pode ser incorporada em verso, bem como em prosa, e que existem algumas luzes e sombras indefiníveis da vida humana que só podem ser expressas na poesia, alguns elementos da imaginação que sempre se entrelaçam com a razão; por que ele deveria ter suposto que o verso épico estava inseparavelmente associado às impurezas da velha mitologia helênica; por que ele deveria tentar Homero e Hesíodo pelo teste injusto e prosaico de utilidade são questões que sempre foram debatidas entre os estudantes de Platão. Embora incapazes de dar uma resposta completa a eles, podemos mostrar, primeiro, que seus pontos de vista surgiram naturalmente das circunstâncias de sua época; e, em segundo lugar, podemos extrair a verdade, bem como o erro que está contido neles.

Ele é o inimigo dos poetas porque a poesia estava declinando em sua própria época, e uma teatrocracia, como ele diz nas *Leis*, havia substituído uma aristocracia intelectual. Eurípides exibiu a última fase do drama trágico, e nele Platão viu o amigo e apologista dos tiranos e o Sofista da tragédia. A velha comédia estava quase extinta; a nova ainda não havia surgido. As poesias dramática e lírica, como todos os outros ramos da literatura grega, estavam caindo no poder da retórica. Não houve "segundo ou terceiro" para Ésquilo e Sófocles na geração que os seguiu. Aristófanes, em uma de suas comédias posteriores (*Sapos*), fala de "milhares de tagarelas que fazem tragédias", cujas tentativas de poesia compara ao chilrear das andorinhas; "sua tagarelice ia muito além de Eurípides", "eles apareceram uma vez no palco, e acabaram". Para um homem de gênio que realmente apreciava o divino Ésquilo e o nobre e gentil Sófocles, embora discordasse de algumas partes de sua "teologia" (*A República*), esses "poetas menores" devem ter sido desprezíveis e intoleráveis. Não há sentimento mais forte nos diálogos de Platão do que um senso do declínio e decadência, tanto na literatura quanto na política, que marcaram sua própria época. Tampouco se pode esperar que ele veja com bons olhos a licença de Aristófanes, agora no final de sua carreira, que começou satirizando Sócrates nas Nuvens e, com um espírito semelhante, quarenta anos depois, satirizou os fundadores de comunidades ideais em sua *Eccleziazusae*, ou Parlamento Feminino (*Leis*).

Havia outras razões para o antagonismo de Platão à poesia. A profissão de ator era considerada por ele uma degradação da natureza humana, pois "um homem em sua vida" não pode "desempenhar muitos papéis"; os personagens que o ator representa parecem destruir seu próprio caráter e não deixar nada que possa ser chamado de ele mesmo. Nenhum homem pode viver sua vida e representá-la. O ator é escravo de sua arte, não mestre dela. Partindo desse ponto de vista, Platão está mais decidido a expulsar os poetas dramáticos do que os poetas épicos, embora deva saber que os trágicos gregos proporcionavam nobres lições e exemplos de virtude e patriotismo, aos quais nada em Homero pode ser comparado. Mas um grande poder dramático ou mesmo retórico dificilmente é compatível com a firmeza ou força de espírito, e o talento dramático é frequentemente associado, incidentalmente, a um caráter fraco ou dissoluto.

No Décimo Livro, Platão apresenta uma nova série de objeções. Primeiro, ele diz que o poeta ou pintor é um imitador e afastado da verdade em terceiro grau. Suas criações não são testadas por regras e medidas; são apenas aparências. Nos tempos modernos, devemos dizer que a arte não é apenas imitação, mas sim a expressão do ideal em formas de sentido. Mesmo adotando a imagem humilde de Platão, da qual seu argumento deriva uma cor, devemos sustentar que o artista pode enobrecer a cama que pinta pelas dobras da cortina, ou pela sensação de lar que ela introduz; e houve pintores modernos que transmitiram esse interesse ideal ao representar um ferreiro ou uma carpintaria. O olho ou a mente que sente tão bem quanto vê pode dar dignidade e *pathos* a um moinho em ruínas, ou uma cabana de palha (Rembrandt), ao casco de um navio "indo para sua última morada" (Turner). Ainda mais isso se aplica às maiores obras de arte, que parecem ser a personificação visível do divino. Se Platão tivesse sido questionado se Zeus ou Atenas de Fídias eram a imitação de uma imitação apenas, ele não teria sido obrigado a admitir que algo mais poderia ser encontrado neles do que na forma de qualquer mortal; e que a regra de proporção à qual se conformavam era "muito mais elevada do que qualquer geometria ou aritmética poderia expressar?" (*Político*.)

Novamente, Platão objeta às artes imitativas que elas expressam a parte emocional, em vez da parte racional da natureza humana. Ele não admite a teoria de Aristóteles, de que a tragédia ou outras imitações sérias são uma purgação das paixões pela piedade e pelo medo; para ele, aparecem apenas para proporcionar a oportunidade de satisfazê-los. No entanto, devemos reconhecer que às vezes podemos curar emoções desordenadas dando-lhes expressão; e que frequentemente ganham força quando fechadas em nosso próprio peito. Não é toda condescendência com os sentimentos que deve ser condenada. Pois pode haver uma gratificação do superior, bem como do inferior; pensamentos que são muito profundos ou muito tristes para serem expressos por nós mesmos, podem encontrar uma expressão nas palavras dos poetas. Todos reconheceriam que houve momentos em que foram consolados e elevados pela bela música ou pela sublimidade da arquitetura ou pela tranquilidade da natureza. O próprio Platão admitiu, na primeira parte de *A República*, que as artes podem ter o efeito de harmonizar e de energizar a mente; mas no Décimo Livro ele os considera sob o viés de um modo estoico ou puritano. Ele pergunta apenas "Que bem eles fizeram?" e não está satisfeito com a resposta, que "Eles deram prazer inocente à humanidade".

Ele nos diz que se alegra com o banimento dos poetas, pois descobriu pela análise da alma que eles se preocupam com as faculdades inferiores. Ele quer dizer que as faculdades superiores têm a ver com as universais, as inferiores com os particulares dos sentidos. Os poetas estão no mesmo nível de sua época, mas não no mesmo nível de Sócrates e Platão; e ele estava bem ciente de que Homero e Hesíodo não podiam ser transformados em regra de vida por nenhum processo de interpretação legítima; seu uso irônico deles é na verdade uma negação de sua autoridade; ele viu, também, que os poetas não eram críticos – como diz na Apologia, "Qualquer um foi um melhor intérprete de seus escritos do que eles próprios."

Ele próprio deixou de ser poeta quando se tornou discípulo de Sócrates; embora, como ele nos fala de Sólon, "poderia ter sido um dos maiores deles, se não tivesse sido dissuadido por outras buscas" (*Timeu*). Assim, de muitos pontos de vista, há um antagonismo entre Platão e os poetas, que lhe foi prenunciado na velha disputa entre filosofia e poesia. Os poetas, como ele diz no Protágoras, eram os sofistas de sua época; e sua antipatia por uma classe se reflete na outra. Ele os considera inimigos do raciocínio e da abstração, embora, no caso de Eurípides, mais com referência a seus sentimentos imorais sobre os tiranos e semelhantes. Pois Platão é o profeta que "veio ao mundo para convencer os homens" primeiro da falibilidade dos sentidos e da opinião e, em segundo lugar, da realidade das ideias abstratas. Qualquer que seja a estranheza que possa haver nos tempos modernos em opor a filosofia à poesia, que para nós parecem ter tantos elementos em comum, a estranheza desaparecerá se concebermos a poesia como aliada dos sentidos e a filosofia como equivalente ao pensamento e à abstração. Infelizmente, a própria palavra "ideia", que para Platão expressa a mais real de todas as coisas, está associada em nossas mentes a um elemento de subjetividade e irrealidade. Podemos notar também como ele difere de Aristóteles, que declara a poesia mais verdadeira do que a história, pela razão oposta, porque se preocupa com os universais, não como a história, com os particulares (*Poeta*).

As coisas que são vistas são opostas nas Escrituras às coisas que não são vistas, elas são igualmente opostas em Platão às universalidades e ideia. Para ele, todos os detalhes parecem estar flutuando em um mundo de sentido; eles têm uma mancha do erro ou mesmo do mal. Não há dificuldade em ver que isso é uma ilusão; pois não há mais erro ou variação em um indivíduo, homem, cavalo, cama, etc. do que na classe homem, cavalo, cama, etc.; nem é a verdade, que é exibida em casos individuais, menos certa do que aquela que é transmitida por meio de ideia. Mas Platão, que está profundamente impressionado com a real importância das universalidades como instrumentos de pensamento, atribui a elas uma verdade essencial que é imaginária e irreal; pois as universalidades podem ser frequentemente falsas e as particularidades, verdadeiras. Se ele tivesse alcançado qualquer concepção clara do individual, que é a síntese do universal e do particular; ou se ele tivesse sido capaz de distinguir entre opinião e sensação, que a ambiguidade das palavras e similares tendiam a confundir, ele não teria negado a verdade às particularidades dos sentidos.

Mas os poetas são também os representantes da falsidade e do fingimento em todos os setores da vida e do conhecimento, como os sofistas e retóricos do *Górgias* e do *Fedro*; eles são os falsos sacerdotes, falsos profetas, espíritos mentirosos, encantadores do mundo. Há outro ponto adicionado à acusação feita contra eles por Platão, que são amigos dos tiranos e se aquecem ao sol de seu patrocínio. O despotismo em todas as épocas teve um aparato de falsas ideias e falsos mestres a seu serviço, na história da Europa Moderna, bem como na Grécia e em Roma. Pois nenhum governo de homens depende somente da força; sem alguma corrupção da literatura e da moral, alguns apelam à imaginação das massas, alguns fingem os favores do céu, algum elemento do bem dando poder ao mal, a tirania, mesmo por um curto período, não pode ser mantida. Os tiranos gregos não foram insensíveis à importância de despertar em sua causa um sentimento pseudo-helênico; eles estavam orgulhosos do sucesso nos Jogos Olímpicos; eles não eram destituídos de amor pela literatura e pela arte. Platão está pensando em primeiro lugar nos poetas gregos que agraciaram as cortes de Dionísio ou Arquelau: e o velho espírito de liberdade desperta nele com a prostituição da Musa Trágica nos louvores da tirania. Mas seu olhar profético se estende além deles, aos falsos mestres de outras épocas, que são criaturas do governo sob o qual vivem. Ele compara a corrupção de seus contemporâneos com a ideia de uma sociedade perfeita, e reúne em uma massa do mal os males e erros da humanidade; para ele, são personificados nos retóricos, sofistas, poetas, mandatários que enganam e governam o mundo.

Outra objeção que Platão faz à poesia e às artes imitativas é que elas estimulam as emoções. Aqui, o leitor moderno estará disposto a introduzir uma distinção que parece ter lhe escapado. Pois as emoções não são nem ruins nem boas em si mesmas, e provavelmente não serão controladas pela tentativa de erradicá-las, mas pela aceitação moderada delas. E a vocação da arte é apresentar o pensamento na forma de sentimento, atrair os sentimentos do lado da razão, inspirar, mesmo por um momento, a coragem ou a resignação; talvez para sugerir uma sensação de infinito e eternidade de um modo que a mera linguagem é incapaz de atingir. É verdade que o mesmo poder que na era mais pura da arte personificava apenas deuses e heróis, pode ser usado para expressar a imagem voluptuosa de uma cortesã coríntia. Mas isso apenas mostra que a arte, como outras coisas exteriores, pode ser voltada para o bem e para o mal, e não está mais intimamente ligada com a parte superior do que com a parte inferior da alma. Toda arte imitativa está sujeita a certas limitações e, portanto, necessariamente participa da natureza com um compromisso. Algo da verdade ideal é sacrificado em prol da representação, e algo na exatidão da representação é sacrificado ao ideal. Ainda assim, as obras de arte têm um elemento permanente; elas idealizam e detêm o pensamento passageiro e são os intermediários entre os sentidos e as ideias.

No estágio atual da mente humana, a poesia e outras formas de ficção podem certamente ser consideradas como um bem. Mas também podemos imaginar a existência de uma época em que uma concepção mais severa da verdade as tenha banido ou transformado. De qualquer forma, devemos admitir que eles ocupam um lugar diferente em diferentes períodos da história do mundo. Na infância da humanidade, a poesia, com exceção dos provérbios, é toda a literatura e o único instrumento da cultura intelectual; nos tempos modernos, ela é a sombra ou o eco de seu antigo eu e parece ter uma existência precária. Milton, em sua época, duvidava que um poema épico pudesse ainda ser possível. Ao mesmo tempo, devemos lembrar que o que Platão teria chamado de encantos da poesia foi parcialmente transferido para a prosa; ele próprio (*Estadista*) admite que a retórica é a serva da política e propõe que se encontre no viés do direito (*Leis*) um substituto para os antigos poetas. Entre nós, o poder criativo parece frequentemente estar ficando mais fraco, e os fatos científicos parecem mais absorventes e opressores para a mente do que antes. A ilusão dos sentimentos comumente chamados de amor tem sido, até agora, a influência inspiradora da poesia e do romance modernos, e exerce uma influência humanizadora, se não fortalecedora, no mundo. Mas não pode o estímulo que o amor deu à fantasia se esgotar algum dia? O romance inglês moderno, que é a mais popular de todas as formas de leitura, não tem mais de um ou dois séculos: a história de amor daqui a cem anos, depois de tantos milhares de variações do mesmo tema, ainda será recebida com interesse inabalável?

A arte não pode alegar estar no mesmo nível da filosofia ou da religião, e muitas vezes pode corrompê-los. É possível conceber um Estado mental em que todas as representações artísticas sejam consideradas uma expressão falsa e imperfeita, seja do ideal religioso, seja do ideal filosófico. As formas mais belas podem ser revoltantes em certos Estados de espírito, como é provado pelo fato de que os maometanos e muitas seitas de cristãos renunciaram ao uso de quadros e imagens. O início de uma grande religião, seja cristã ou gentia, não foi de "madeira ou pedra", mas de um espírito movendo-se no coração dos homens. Os discípulos se reuniram em um grande aposento superior ou em "buracos e cavernas na terra"; na segunda ou terceira geração, eles ergueram mesquitas, templos, igrejas, mosteiros. E o reavivamento ou reforma das religiões, como a primeira revelação delas, veio de dentro e geralmente desconsiderou cerimônias e acompanhamentos externos.

Mas a poesia e a arte também podem ser a expressão da verdade mais elevada e do sentimento mais puro. O próprio Platão parece oscilar entre duas visões opostas, quando, como no terceiro livro, ele insiste que a juventude deve ser criada em meio a imagens saudáveis; e novamente no Livro X, quando ele bane os poetas de sua *A República*. Admitindo que as artes, que alguns de nós quase divinizaram, falharam em seu objetivo mais elevado, devemos admitir, por outro lado, que banir totalmente a imaginação seria suicídio, além de impossível. Pois a natureza também é uma forma de arte; e uma lufada de ar fresco ou um único olhar para a paisagem variada em um instante reavivaria e novamente iluminaria a centelha extinta de poesia no seio humano. Nos estágios inferiores da civilização, a imaginação, mais do que a razão, distingue o homem dos animais; e banir a arte seria banir o pensamento, banir a linguagem, banir a expressão de toda a verdade. Nenhuma religião é totalmente desprovida de formas externas; até o maometano que renuncia ao uso de quadros e imagens tem um templo no qual adora o Altíssimo, tão solene e belo como qualquer edifício grego ou cristão. O sentimento e o pensamento não são realmente opostos; pois aquele que pensa deve sentir antes de executar. E os pensamentos mais elevados, ao se tornarem familiares para nós, tendem sempre a se transformar em sentimento.

Platão não pretende seriamente expulsar os poetas da vida e da sociedade. Mas sente fortemente a irrealidade de seus escritos; está protestando contra a degeneração da poesia em sua própria época, como podemos protestar contra a falta de propósito sério na ficção moderna, contra a indecência ou extravagância de alguns de nossos poetas ou romancistas, contra o tempo de serviço de pregadores ou escritores públicos, contra a indiferença da verdade que aos olhos do filósofo parece caracterizar a maior parte do mundo. Pois também nós temos motivos para reclamar que nossos poetas e romancistas "pintam a verdade inferior" e "estão preocupados com a parte inferior da alma"; que seus leitores se tornem o que leem e sejam prejudicialmente afetados por eles. E procuramos em vão aquela atmosfera saudável de que fala Platão, "a beleza que encontra os sentidos como uma brisa e atrai imperceptivelmente a alma, mesmo na infância, em harmonia com a beleza da razão".

Pois poderia haver uma poesia que fosse o hino da perfeição divina, a harmonia da bondade e da verdade entre os homens: uma tendência que deveria renovar a juventude do mundo, e trazer de volta os tempos em que o poeta foi o único mestre e melhor amigo do homem, que encontraria materiais no presente vivo, bem como no romance do passado, e poderia subjugar às mais belas formas de fala e versos os materiais intratáveis da civilização moderna; que poderia suscitar os princípios simples, ou, como Platão as teria chamado, as formas essenciais da verdade e da justiça a partir da variedade de opiniões e da complexidade da sociedade moderna, que preservaria todo o bem de cada geração e deixaria o mal para trás, o que não deveria ser baseado em vãos anseios ou vãs imaginações, mas com uma visão clara da natureza do homem. Então, a história de amor pode começar novamente em poesia ou prosa, duas em uma, unidas na busca do conhecimento, ou o serviço aos deuses e ao homem; e os sentimentos de amor ainda podem ser o incentivo para grandes pensamentos e feitos heroicos como nos dias de Dante ou Petrarca; e muitos tipos de beleza masculina e feminina podem aparecer entre nós, elevando-se acima do nível comum da humanidade, e muitas vidas que eram como poemas (*Leis*), não só podem ser escritas, mas vividas por nós. Algumas dessas cepas foram ouvidas entre os homens nas tragédias de Ésquilo e Sófocles, a quem Platão cita, não como Homero é citado por ele, em ironia, mas com profunda e séria aprovação, na poesia de Milton e Wordsworth, e em passagens de outros poetas ingleses, primeiro e acima de tudo nos profetas e salmistas hebreus. Shakespeare nos ensinou como os grandes homens devem falar e agir; ele desenhou personagens de uma pureza e profundidade maravilhosas; ele enobreceu a mente humana, mas, como Homero (*A República*), ele "não deixou nenhum meio de vida". O segundo maior poeta dos tempos modernos, Goethe, está preocupado com "um grau inferior de verdade"; ele pinta o mundo como um palco no qual "todos os homens e mulheres são apenas atores"; ele cultiva a vida como uma arte, mas não nos fornece ideais de verdade e ação. O poeta pode se rebelar contra qualquer tentativa de estabelecer limites para sua fantasia; e ele pode argumentar verdadeiramente que moralizar em verso não é poesia. Possivelmente, como Mefistófeles em Fausto, ele pode retaliar seus adversários. Mas o filósofo ainda terá razão ao perguntar: "Como o dom celestial da poesia pode ser dedicado ao bem da humanidade?".

Voltando a Platão, podemos observar que uma mistura semelhante de verdade e erro aparece em outras partes do argumento. Ele está ciente do absurdo da humanidade enquadrar suas vidas inteiras de acordo com Homero; assim como no *Fedro*, ele sugere o absurdo de interpretar a mitologia com base em princípios racionais; ambas eram as tendências modernas de sua época, que ele ridiculariza merecidamente. Por outro lado, seu argumento de que Homero, se tivesse sido capaz de ensinar à humanidade qualquer coisa que valesse a pena saber, não teria sido permitido por eles mendigar como rapsodista, é falso e contrário ao espírito de

Platão (*A República*). Pode ser comparado com aqueles outros paradoxos do *Górgias*, que "nenhum estadista jamais foi injustamente executado pela cidade da qual era o cabeça"; e que "Nenhum sofista jamais foi defraudado por seus alunos".

O argumento para a imortalidade parece se apoiar no dualismo absoluto de alma e corpo. Admitindo a existência da alma, não conhecemos nenhuma força que possa acabar com ela. O vício é seu próprio mal; e se ela não pode ser destruída por ele, não pode ser destruída por qualquer outra coisa. No entanto, Platão reconheceu que a alma pode estar tão coberta pelas incrustações da terra a ponto de perder sua forma original; e no *Timeu* ele reconhece mais fortemente do que em *A República* a influência que o corpo tem sobre a mente, negando até a voluntariedade das ações humanas, sob o fundamento de que provêm de Estados físicos (*Timeu*). Em *A República*, como em qualquer outro lugar, ele oscila entre a alma original que deve ser restaurada e o caráter que é desenvolvido pelo treinamento e educação...

A visão de outro mundo é atribuída a Er, o filho de Armênio, que Clemente de Alexandria diz ter sido Zoroastro. O conto tem certamente um caráter oriental, e pode ser comparado às peregrinações da alma no Zendavastá (Martin Haug, *Avestá*). Mas nenhum traço de familiaridade com Zoroastro é encontrado em outros lugares nos escritos de Platão, e não há razão para dar-lhe o nome de Er, o Panfílico. Não se pode provar que a filosofia de Heráclito foi emprestada de Zoroastro, e muito menos dos mitos de Platão.

O arranjo local da visão é menos distinto do que o do *Fedro* e do *Fédon*. Astronomia está misturada com simbolismo e mitologia; a grande abóbada celeste é representada sob o símbolo de um cilindro ou caixa, contendo as sete órbitas dos planetas e as estrelas fixas; esta está suspensa por um eixo ou fuso que gira sobre os joelhos da Necessidade; as revoluções das sete órbitas contidas no cilindro são guiadas pelos destinos, e seu movimento harmonioso produz a música das esferas. Através do mais interno ou oitavo deles, que é a lua, é passado o fuso; mas é duvidoso se esta é a continuação da coluna de luz, da qual os peregrinos contemplam os céus; as palavras de Platão implicam que eles estão conectados, mas não iguais. A coluna em si claramente não é inflexível. O fuso (que é de diamante) é preso às pontas das correntes que se estendem até o meio da coluna de luz, e diz-se que essa coluna mantém unido o céu; mas se está pendurado no fuso, ou perpendicular a ele, não é explicado. O cilindro contendo as órbitas das estrelas é quase tanto um símbolo quanto a figura da Necessidade girando o fuso; pois a borda mais externa é a esfera das estrelas fixas, e nada é dito sobre os intervalos de espaço que dividem os caminhos das estrelas nos céus. A descrição é tanto uma imagem quanto um planetário, portanto, é necessariamente inconsistente consigo mesma. A coluna de luz não é a Via Láctea, que não é reta, nem como um arco-íris, mas o eixo imaginário da Terra. Isso é comparado ao arco-íris em relação não à forma, mas à cor, e não aos reforços de uma trirreme, mas à corda reta que vai da proa à popa em que os reforços se encontram.

O planetário ou quadro dos céus dado em *A República* difere em seu modo de representação dos círculos do mesmo e do outro no *Timeu*. Em ambos, as estrelas fixas se distinguem dos planetas e se movem em órbitas sem eles, embora em direção oposta: em *A República* assim como no *Timeu*, todas se movem em torno do eixo do mundo. Mas não temos certeza de que no primeiro eles estão se movendo ao redor da terra. Nenhuma menção distinta é feita em *A República* dos círculos do mesmo e de outro; embora tanto no *Timeu* como em *A República* o movimento das estrelas fixas coincida com o movimento do todo. A espessura relativa das bordas talvez seja projetada para expressar as distâncias relativas dos planetas. Platão provavelmente pretendia representar a Terra, da qual Er e seus companheiros estão vendo os céus, como algo estacionário; mas se ela mesma está girando ou não, a menos que isso esteja implícito na revolução do eixo, é incerto (*Timeu*). O espectador deve olhar para os corpos celestes, de cima ou de baixo. A Terra é uma espécie de Terra e céu unidos, como o céu do *Fedro*, por trás do qual o espectador sai para espiar as estrelas e gira na revolução. Não há distinção entre o equador e a eclíptica. Mas Platão é, sem dúvida, levado a imaginar que os planetas têm um movimento oposto ao das estrelas fixas, a fim de dar conta de suas aparições no céu. Na descrição do prado, e na retribuição do bem e do mal após a morte, há vestígios de Homero.

A descrição do eixo como um fuso, e dos corpos celestes como formando um todo, em parte surge da tentativa de conectar os movimentos dos corpos celestes com a imagem mitológica da teia, ou tessitura dos destinos. A atribuição das sortes, a tecelagem delas e o seu feitio tornando-as irreversíveis, que são atribuídas aos três destinos: Láquesis, Cloto, Átropos, são obviamente derivados de seus nomes. O elemento do acaso na vida humana é indicado pela ordem dos destinos. Mas o acaso, por mais adverso que seja, pode ser superado pela sabedoria do homem, se ele souber escolher corretamente; existe um inimigo pior para o homem do que o acaso; este inimigo é ele mesmo. Aquele que era moderadamente afortunado no número do destino, mesmo o último a chegar, poderia ter uma vida boa se escolhesse com sabedoria. E como Platão não gosta de fazer uma afirmação não comprovada, ele mais do que confirma essa afirmação algumas frases depois, com o exemplo de Odisseu, que escolheu por último. Mas a virtude que se baseia no hábito não é suficiente para capacitar um homem a escolher; ele deve adicionar à virtude o conhecimento, se ele deve agir corretamente quando colocado em novas circunstâncias. A rotina de boas ações e bons hábitos é um tipo inferior de bondade; e, como Coleridge diz, "O senso comum é intolerável quando não se baseia na metafísica", então Platão teria dito: "O hábito não vale nada se não se baseia na filosofia."

A liberdade da vontade de recusar o mal e escolher o bem é claramente afirmada. "A virtude é gratuita, e como um homem a honra ou desonra, ele terá mais ou menos dela." A vida do homem é "arredondada" por necessidade; existem circunstâncias anteriores ao nascimento que o afetam (*Político*). Mas, dentro das paredes da necessidade, há um espaço aberto no qual ele é seu próprio mestre e pode estudar por si mesmo os efeitos que os dons da natureza ou do destino diversamente compostos têm sobre a alma, e agir de acordo. Todos os homens não podem ter a primeira escolha em tudo. Mas a sorte de todos os homens é boa o suficiente, se escolherem com sabedoria e viverem diligentemente.

Platão

A verossimilhança que se dá à peregrinação de mil anos, pela insinuação de que Ardieu vivera mil anos antes; a coincidência de Er voltando à vida no décimo segundo dia depois de supostamente ter morrido com os sete dias que os peregrinos passaram no prado e os quatro dias durante os quais eles viajaram para a coluna de luz; a precisão com que é mencionada a alma que escolheu o vigésimo lote; as observações passageiras de que não havia um caráter definido entre as almas, e que as almas que haviam escolhido mal culparam a qualquer um e não a si mesmas; ou que algumas das almas beberam mais do que o necessário das águas do Esquecimento, enquanto o próprio Er foi impedido de beber; o desejo de Odisseu de descansar finalmente, ao contrário da concepção dele em Dante e Tennyson; a fingida ignorância de como Er retornou ao corpo, quando as outras almas dispararam como estrelas para o seu nascimento acrescenta muito à probabilidade da narrativa. São toques da natureza que a arte de Defoe poderia ter introduzido quando ele desejou ganhar credibilidade para maravilhas e aparições.

A República.
INTRODUÇÃO.

Resta ainda considerar alguns pontos que foram intencionalmente reservados para o fim: (1) o personagem parecido com Janus de *A República*, que apresenta duas faces: uma a de um Estado helênico, a outra de um reino de filósofos. Conectados com o último dos dois aspectos estão (2) os paradoxos de *A República*, como foram denominados por Morgenstern: (a) a comunidade de propriedade; (b) as famílias; (c) o governo dos filósofos; (d) a analogia do indivíduo e do Estado, que, como algumas outras analogias em *A República*, é levada longe demais. Podemos então prosseguir para considerar (3) o assunto da educação tal como concebido por Platão, reunindo em uma visão geral a educação da juventude e a educação da vida adulta; (4) podemos notar ainda algumas diferenças essenciais entre a política antiga e moderna que são sugeridas por *A República*; (5) podemos comparar o *Político* e as *Leis*; (6) podemos observar a influência exercida por Platão sobre seus imitadores; e (7) aproveitar a ocasião para considerar a natureza e o valor dos ideais políticos e (8) dos ideais religiosos.

A República

1. Platão diz expressamente que pretende fundar um Estado Helênico (Livro V). Muitos de seus regulamentos são caracteristicamente espartanos, como a proibição de ouro e prata, as refeições comuns dos homens, o treinamento militar dos jovens, os exercícios de ginástica das mulheres. A vida de Esparta era a vida de um campo (*Leis*), reforçada ainda mais rigidamente em tempo de paz do que na guerra; os cidadãos de Esparta, como os de Platão, estavam proibidos de comerciar, deviam ser soldados e não comerciantes. Em nenhum outro lugar da Grécia o indivíduo estava tão completamente sujeito ao Estado; o momento em que ele deveria se casar, a educação de seus filhos, as roupas que ele deveria vestir, a comida que deveria comer, tudo isso era prescrito por lei. Algumas das melhores representações de *A República*, como a reverência a ser prestada aos pais e idosos, e algumas das piores, como a exposição de crianças deformadas, são emprestadas da prática de Esparta. O encorajamento de amizades entre homens e jovens, ou de homens entre si, como incentivos à bravura, também é espartano; também em Esparta, foi feita uma abordagem mais próxima do que em qualquer outro Estado grego da igualdade dos sexos e da comunidade da propriedade; e embora provavelmente houvesse menos licenciosidade no sentido de imoralidade, o vínculo do casamento era considerado de maneira mais leviana do que no resto da Grécia. A "*suprema lex*" era a preservação da família e o interesse do Estado. A força bruta de um governo militar não era favorável à pureza e ao refinamento; e o rigor excessivo de alguns regulamentos parece ter produzido uma reação. De todos os povos helênicos, os espartanos eram os mais acessíveis ao suborno; vários dos maiores deles podem ser descritos nas palavras de Platão como tendo um "forte anseio secreto por ouro e prata". Embora não fossem comunistas em sentido estrito, o princípio do comunismo era mantido entre eles na divisão das terras, nas refeições comuns, nos escravos e no livre uso dos bens uns dos outros. O casamento era uma instituição pública: e as mulheres eram educadas pelo Estado e cantavam e dançavam em público com os homens.

Muitas tradições foram preservadas em Esparta sobre a severidade com que os magistrados mantiveram a regra primitiva da música e da poesia;

como em *A República* de Platão, o poeta novato estava para ser expulso. Hinos aos deuses, que são o único tipo de música admitido no Estado ideal, eram o único tipo permitido em Esparta. Os espartanos, embora uma raça nada poética, eram amantes da poesia; eles foram agitados pelas linhagens elegíacas de Tirteu, aglomeraram-se em torno de Hípias para ouvir seus recitais de Homero; mas nisso se assemelhavam aos cidadãos do Estado timocrático, e não ao Estado ideal. O conselho dos anciãos também corresponde à gerousia espartana; e a liberdade com que eles têm permissão para julgar sobre questões de detalhes concorda com o que nos é dito sobre essa instituição. Mais uma vez, a regra militar de não vilipendiar os mortos ou oferecer armas nos templos; a moderação na perseguição dos inimigos; a importância atribuída ao bem-estar físico dos cidadãos; o uso da guerra para fins de defesa e não de agressão são características provavelmente sugeridas pelo espírito e prática de Esparta.

Para o tipo espartano, o Estado ideal é revertido no primeiro declínio; e o caráter do timocrata individual é emprestado do cidadão espartano. O amor pela Lacedemônia não afetou apenas Platão e Xenofonte, mas foi compartilhado por muitos atenienses indistintos; lá eles pareciam encontrar um princípio que faltava em sua própria democracia. O dos espartanos os atraía, ou seja, não a bondade de suas leis, mas o espírito de ordem e lealdade que prevalecia. Fascinados pela ideia, os cidadãos de Atenas imitariam os lacedemônios em suas roupas e maneiras; eles eram conhecidos pelos contemporâneos de Platão como "as pessoas que tiveram suas orelhas machucadas", como os Cabeças Redondas da Comunidade Britânica. O amor por outra religião ou país quando visto apenas à distância, o desejo por uma simplicidade imaginária em tempos civilizados, o desejo ardente de um passado que nunca foi, ou de um futuro que nunca será, são aspirações da mente humana que muitas vezes se faz sentir entre nós. Esses sentimentos encontram uma resposta em *A República* de Platão.

Mas há outras características de *A República* platônica, como, por exemplo, a educação literária e filosófica, e a graça e beleza da vida, que são o reverso do espartano. Platão deseja dar a seus cidadãos um gostinho da liberdade ateniense, bem como da disciplina lacedemônia. Seu gênio individual é puramente ateniense, embora em teoria seja um amante de Esparta; e é algo mais do que ambos, também tem um verdadeiro sentimento helênico. Ele deseja humanizar as guerras dos helenos uns contra os outros; reconhece que o deus de Delfos é o grande intérprete hereditário de toda a Hélade. O espírito de harmonia e o modo dórico devem prevalecer, e todo o Estado deve ter uma beleza externa que é o reflexo da harmonia interna. Mas ele ainda não descobriu a verdade que depois enunciou nas *Leis*, que foi um melhor legislador quem fez os homens serem unânimes, do que aquele que os treinou para a guerra. Os cidadãos, como em outros Estados helênicos, tanto democráticos quanto aristocráticos, são realmente uma classe superior; pois, embora nenhuma menção seja feita a escravos, as classes mais baixas podem desaparecer na distância e são representadas no indivíduo pelas paixões. Platão também não tem ideia de um Estado social em que todas as classes são harmonizadas, ou de uma federação da Hélade ou do mundo no qual diferentes nações ou Estados têm um lugar. Sua cidade está mais equipada para a guerra do que para a paz, e isso parece ser justificado pela condição normal dos Estados helênicos. O mito dos homens nascidos na Terra é uma personificação da tradição ortodoxa da Hélade, e a alusão às quatro idades do mundo também é sancionada pela autoridade de Hesíodo e dos poetas. Assim, vemos que *A República* é parcialmente fundada no ideal da velha *pólis* grega, parcialmente nas circunstâncias reais da Hélade naquela época. Platão, como os antigos pintores, mantém a forma tradicional e, como eles, também tem a visão de uma cidade nas nuvens.

Há ainda outro fio que se entrelaça na textura da obra; pois a *A República* não é apenas um Estado dórico, mas uma liga pitagórica. O "modo de vida" que estava ligado ao nome de Pitágoras, como as ordens monásticas católicas, mostrou o poder que a mente de um indivíduo pode exercer sobre seus contemporâneos, e pode ter naturalmente sugerido a Platão a possibilidade de imaginar tais "instituições medievais". Os pitagóricos, como Platão, impunham uma regra de vida e um treinamento moral e intelectual. A influência atribuída à música, que nos parece exagerada, é também uma característica pitagórica; não deve ser considerada como representando a influência real da música no mundo grego. Mais do que qualquer outro governo da Hélade, a liga pitagórica de trezentos membros era uma aristocracia de virtude. Pela primeira vez na história, a filosofia da ordem ou (grego), expressando e, consequentemente, alistando a seu lado os esforços combinados da melhor parte do povo, obteve a gestão dos assuntos públicos e manteve a posse por um tempo considerável (até cerca de 500 a.C.). Provavelmente, apenas em Estados preparados por instituições dóricas tal liga teria sido possível. Os governantes, como os de Platão, eram obrigados a se submeter a um treinamento severo a fim de preparar o caminho para a educação dos outros membros da comunidade. Muito depois da dissolução da Ordem, eminentes pitagóricos, como Arquitas de Tarento, mantiveram sua influência política sobre as cidades da Magna Grécia. Havia muito aqui que era sugestivo para a alma gêmea de Platão, que sem dúvida meditou profundamente sobre o "modo de vida de Pitágoras" e seus seguidores. Ligeiros traços de pitagorismo encontram-se no número místico do Estado, no número que expressa o intervalo entre o rei e o tirano, na doutrina da transmigração, na música das esferas, bem como no grande pensamento, com importância secundária atribuída à matemática na educação.

Mas, assim como em sua filosofia, também na forma de seu Estado, ele vai muito além dos antigos pitagóricos. Ele tenta uma tarefa realmente impossível, que é unir o passado da história grega com o futuro da filosofia, análogo àquela outra impossibilidade, que muitas vezes foi o sonho da cristandade, a tentativa de unir a história passada da Europa com o reino de Cristo. Nada realmente existente no mundo se assemelha ao Estado ideal de Platão; nem ele mesmo imagina que tal Estado seja possível. Isso ele repete continuamente; por exemplo, em *A República*, ou nas *Leis* onde, lançando um olhar para trás em *A República*, ele admite que o Estado perfeito de comunismo e filosofia era impossível em sua época, embora ainda deva ser mantido como um padrão. A mesma dúvida está implícita na seriedade com que ele argumenta em *A República* que os ideais não são piores porque não podem ser realizados de fato, e no coro de risos, que como uma onda quebrando, como ele antecipa, saudará a menção de suas propostas; embora, como outros escritores de ficção, ele use toda a sua arte para dar realidade às suas invenções. Quando questionado sobre como a política ideal pode surgir, responde ironicamente: "Quando um filho de um rei se torna um filósofo"; ele designa a ficção dos homens nascidos na Terra como "uma nobre mentira"; e quando a estrutura está finalmente completa, ele justamente diz a você que sua República é apenas uma visão, que em certo sentido pode ter realidade, mas não no sentido vulgar de um reinado de filósofos na terra. Já foi dito que Platão voa tão bem quanto anda, mas isso está aquém da verdade; pois ele voa e anda ao mesmo tempo, e está no ar e em solo firme em instantes sucessivos.

Niebuhr fez uma pergunta insignificante, que pode ser brevemente anotada neste lugar: Platão era um bom cidadão? Se com isso se quer dizer, ele era leal às instituições atenienses? Dificilmente se pode dizer que ele é amigo da democracia; mas também não é amigo de qualquer outra forma existente de governo; todos eles ele considerava como "Estados de facção" (*Leis*); nenhum atingiu seu ideal de um governo voluntário sobre súditos voluntários, o que parece, de fato, mais próximo de descrever a democracia do que qualquer outro; e o pior deles é a tirania. A verdade é que a pergunta dificilmente tem qualquer significado quando aplicada a um grande filósofo cujos escritos não se destinam a uma época e país específicos, mas a todos os tempos e a toda a humanidade. O declínio da política ateniense foi provavelmente o motivo que levou Platão a estruturar um Estado ideal, e a República pode ser considerada como um reflexo da despedida da glória da Hélade. Da mesma forma, podemos reclamar de Santo Agostinho, cuja grande obra "A Cidade de Deus" teve origem em um motivo semelhante, por não ser leal ao Império Romano. Mesmo um paralelo mais próximo pode ser oferecido pelos primeiros cristãos, que não podem ser justamente acusados de serem maus cidadãos porque, embora "sujeitos aos poderes superiores", eles esperavam uma cidade que fica no céu.

2. A ideia do Estado perfeito é cheia de paradoxos quando julgada de acordo com as noções comuns da humanidade. Diz-se que os paradoxos de uma época se tornaram os lugares-comuns da época seguinte; mas os paradoxos de Platão são pelo menos tão paradoxais para nós quanto o

foram para seus contemporâneos. O mundo moderno ou zombou deles como absurdos, ou os denunciou como não naturais e imorais; os homens ficaram satisfeitos por encontrar nas críticas de Aristóteles a antecipação de seu próprio bom senso. As classes ricas e cultas não gostaram e os temeram; eles apontaram com satisfação o fracasso dos esforços para realizá-los na prática. No entanto, uma vez que são pensamentos de uma das maiores inteligências humanas, e de alguém que mais fez para elevar a moralidade e a religião, eles parecem merecer um tratamento melhor de nossas mãos. Podemos ter de nos dirigir ao público, como Platão faz poesia, e assegurar-lhes que não pretendemos prejudicar as instituições existentes. Existem erros graves que têm um lado da verdade e o que, portanto, pode exigir uma reflexão cuidadosa: há verdades misturadas com erros dos quais podemos de fato dizer: "A metade é melhor do que o todo". No entanto, "a metade" pode ser uma contribuição importante para o estudo da natureza humana.

(a) O primeiro paradoxo é a comunidade de bens, que é mencionada ligeiramente no final do terceiro Livro, e aparentemente, como Aristóteles observa, está confinada aos guardiões; pelo menos nenhuma menção é feita às outras classes. Mas a omissão não tem qualquer significado real e provavelmente decorre do plano da obra, que impede o escritor de entrar em detalhes.

Aristóteles censura a comunidade de propriedade muito no espírito da economia política moderna, como tendendo a reprimir a indústria e eliminando o espírito de benevolência. Os escritores modernos quase se recusam a considerar o assunto, que se supõe tenha sido estabelecido há muito tempo pela opinião comum da humanidade. Mas deve ser lembrado que a sacralidade da propriedade é uma noção muito mais fixa nos tempos modernos do que nos tempos antigos. O mundo envelheceu e, portanto, é mais conservador. A sociedade primitiva ofereceu muitos exemplos de terras trabalhadas em comum, tanto por uma tribo quanto por um município, e essa pode ter sido provavelmente a forma original de posse da terra. Os legisladores antigos inventaram vários modos de dividir e preservar as divisões de terras entre os cidadãos; de acordo com Aristóteles, havia nações que possuíam a terra em comum e dividiam a produção, e havia outras que dividiam a terra e armazenavam a produção em comum. Os males da dívida e da desigualdade de propriedade eram muito maiores na Antiguidade do que nos tempos modernos, e os acidentes a que a propriedade ficava sujeita na guerra, ou revolução, ou tributação, ou outra interferência legislativa, também eram maiores. Todas essas circunstâncias conferiam à propriedade um caráter menos fixo e sagrado. Acredita-se que os primeiros cristãos mantinham suas propriedades em comum, e o princípio é sancionado pelas palavras do próprio Cristo, e tem sido mantido como um conselho de perfeição em quase todas as épocas da Igreja. Tampouco faltaram exemplos de entusiastas modernos que fizeram do comunismo uma religião; em todas as épocas de entusiasmo religioso, noções como a "herança da graça" de Wycliffe tendem a prevalecer. Um espírito semelhante, mas mais feroz e violento, apareceu na política. "A preparação do Evangelho da paz" logo se torna a bandeira vermelha do republicanismo.

Dificilmente podemos julgar que efeito as ideias de Platão teriam sobre seus próprios contemporâneos; elas talvez lhes parecessem apenas um exagero da comunidade espartana. Mesmo os escritores modernos reconheceriam que o direito à propriedade privada é baseado na conveniência e pode sofrer interferências de várias maneiras para o bem público. Qualquer outro modo de aquisição de propriedade que fosse considerado mais vantajoso, com o tempo adquiriria a mesma base de direito; "o mais útil", nas palavras de Platão, "seria o mais sagrado". Os advogados e eclesiásticos de épocas anteriores teriam falado da propriedade como uma instituição sagrada. Mas eles apenas pretendiam com tal linguagem opor a maior quantidade de resistência a qualquer invasão dos direitos dos indivíduos e da Igreja.

Quando consideramos a questão, sem qualquer medo de aplicação imediata à prática, no espírito de *A República* de Platão, temos certeza de que as noções de propriedade recebidas são as melhores? É a distribuição da riqueza que é costume nos países civilizados a mais favorável que pode ser concebida para a educação e o desenvolvimento da massa da humanidade? Pode "o espectador de todos os tempos e de toda a existência" estar bastante convencido de que daqui a um ou dois mil anos não terão ocorrido grandes mudanças nos direitos de propriedade, ou mesmo que a própria noção de propriedade, além do que é necessário para a manutenção pessoal, não pode ter desaparecido? Essa era uma distinção familiar a Aristóteles, embora provavelmente fosse motivo de riso entre nós. Tal mudança não seria maior do que algumas outras mudanças pelas quais o mundo passou na transição da sociedade antiga para a moderna, por exemplo, a emancipação dos servos na Rússia ou a abolição da escravidão na América e nas Índias Ocidentais; e não tão grande quanto a diferença que separa as comunidades da aldeia oriental do mundo ocidental. Realizar tal revolução no curso de alguns séculos implicaria uma taxa de progresso não mais rápida do que a que realmente ocorreu durante os últimos cinquenta ou sessenta anos. O reino do Japão sofreu mais mudanças em cinco ou seis anos do que a Europa em quinhentos ou seiscentos. Muitas opiniões e crenças que foram apreciadas entre nós tão fortemente quanto o caráter sagrado da propriedade desapareceram; e as proposições mais insustentáveis a respeito do direito de legar ou vincular foram mantidas com tanto fervor quanto as mais moderadas. Alguém perguntará se um Estado da sociedade pode ser definitivo, em que os interesses de milhares são afetados pela vida ou caráter de uma única pessoa. E muitos cederão à esperança de que nossa condição atual possa, afinal, ser apenas transitória, e pode conduzir a uma superior, na qual a propriedade, além de servir para o gozo de poucos, também pode fornecer os meios da cultura mais elevada para todos, e será um maior benefício para o público em geral e mais sob o controle da autoridade pública. Pode chegar um momento em que o ditado: "Não tenho o direito de fazer o que eu quiser com minhas próprias coisas?" parecerá uma relíquia bárbara do individualismo; quando a posse de uma parte pode ser uma bênção maior para o indivíduo e para todos, do que quando a posse do todo é agora para qualquer um.

    Essas reflexões parecem visionárias aos olhos do estadista prático, mas estão dentro do alcance das possibilidades para o filósofo. Ele pode imaginar que em alguma época ou clima distante, e através da influência de algum indivíduo, a noção de propriedade comum pode ou poderia ter mergulhado tão profundamente no coração de uma raça, e ter se tornado tão fixa a eles quanto a propriedade privada é para nós mesmos. Ele sabe que esta última instituição não tem mais do que quatro ou cinco mil anos: o fim não pode voltar ao começo? Em nossa época, mesmo as utopias afetam o espírito da legislação, e uma ideia abstrata pode exercer grande influência na política prática.

As objeções que seriam geralmente levantadas contra a comunidade de propriedade de Platão são as antigas de Aristóteles, que os motivos para o esforço seriam retirados e que as disputas surgiriam quando cada um dependesse de todos. Cada homem produziria o mínimo e consumiria o máximo que quisesse. A experiência das nações civilizadas tem sido até agora adversa ao socialismo. O esforço é grande demais para a natureza humana; os homens tentam viver em comum, mas o sentimento pessoal está sempre surgindo. Por outro lado, pode-se duvidar que nossas noções atuais de propriedade não sejam convencionais, pois diferem em países distintos e entre os estratos de uma sociedade. Orgulhamo-nos de um individualismo que não é liberdade, mas sim um resultado artificial do Estado industrial da Europa moderna. O indivíduo é nominalmente livre, mas também é impotente em um mundo de pés e mãos atados pelas correntes da necessidade econômica. Mesmo que não possamos esperar que a massa da humanidade se torne desinteressada, de qualquer forma, observamos nela um poder de organização que cinquenta anos atrás nunca teria sido suspeitado. As mesmas forças que revolucionaram o sistema político da Europa podem efetuar uma mudança semelhante nas relações sociais e industriais da humanidade. E se supusermos a influência de alguns motivos bons e neutros trabalhando na comunidade, não haverá nenhum absurdo em esperar que a massa da humanidade tenha poder e se torne esclarecida sobre as possibilidades superiores da vida humana, quando aprenderem o quanto mais é alcançável para todos do que atualmente a posse de uns poucos favorecidos, possam buscar o interesse comum com uma inteligência e persistência que a humanidade até agora nunca viu.

Agora que o mundo já foi posto em movimento e não está mais preso à tirania dos costumes e da ignorância; agora que a crítica perfurou o véu da tradição e o passado não domina mais o presente, pode-se esperar que o progresso da civilização seja muito maior e mais rápido do que antes. Mesmo em nossa velocidade atual, o ponto em que podemos chegar em duas ou três gerações está além do poder da imaginação de prever. Existem forças no mundo que funcionam, não em uma progressão aritmética, mas em uma proporção geométrica de crescimento. A educação, para usar a expressão de Platão, move-se como uma roda com uma rapidez cada vez maior. Nem podemos dizer quão grande pode ser sua influência, quando se tornar universal, quando for herdada por muitas gerações, quando for libertada dos obstáculos da superstição e corretamente adaptada às necessidades e capacidades de diferentes classes de homens e mulheres. Tampouco sabemos quanto mais a cooperação de mentes ou de mãos pode ser capaz de realizar, seja no trabalho ou no estudo. Os recursos das ciências naturais ainda não estão desenvolvidos nem à sua metade; o solo da terra, em vez de ficar mais árido, pode se tornar muitas vezes mais fértil do que até então; os usos de máquinas muito maiores e mais minuciosos do que atualmente. Novos segredos da fisiologia podem ser revelados, afetando profundamente a natureza humana em seus recessos mais íntimos. O padrão de saúde pode ser elevado e a vida dos homens prolongada pelo conhecimento sanitário e médico. Pode haver paz, pode haver lazer, pode haver recreações inocentes de muitos tipos. O poder cada vez maior de locomoção pode unir os extremos da Terra. Pode haver mecanismos misteriosos da mente humana, como ocorre apenas em grandes crises da História. O Oriente e o Ocidente podem se encontrar, e todas as nações podem contribuir com seus pensamentos e sua experiência para o patrimônio comum da humanidade. Muitos outros elementos entram em especulações desse tipo. Mas é melhor colocar um fim nelas. Pois tais reflexões parecem rebuscadas para a maioria e, para os homens da ciência, lugar-comum.

(b) Nem para a mente de Platão nem de Aristóteles a doutrina da comunidade de propriedade apresentava a mesma dificuldade, ou parecia ser a mesma violação do sentimento helênico comum, que a comunidade de esposas e filhos. Este paradoxo ele prefacia com outra proposta, que as ocupações de homens e mulheres devem ser as mesmas e que, para tanto, devem ter formação e educação comuns. Os animais machos e fêmeas têm as mesmas atividades, por que não também os dois sexos do homem?

Mas não caímos aqui em uma contradição? Pois estávamos dizendo que diferentes naturezas deveriam ter diferentes objetivos. Como então homens e mulheres podem ter o mesmo? E a proposta não é inconsistente com nossa noção de divisão do trabalho? Essas objeções mal são levantadas e respondidas; pois, de acordo com Platão, não há diferença orgânica entre homens e mulheres, mas apenas aquela acidental que os homens geram e as mulheres têm os filhos. Seguindo a analogia dos outros animais, ele afirma que todos os dons naturais estão espalhados indiferentemente entre os dois sexos, embora possa haver uma superioridade de grau por parte dos homens. A objeção sobre a pontuação da decência à participação nos mesmos exercícios de ginástica é respondida pela afirmação de Platão de que o sentimento existente é uma questão de hábito.

O fato de Platão ter se emancipado das ideias de seu próprio país e do exemplo do Oriente mostra uma maravilhosa independência de pensamento. Ele está consciente de que as mulheres são metade da raça humana, em alguns aspectos a metade mais importante (*Leis*); e para o bem de homens e mulheres, ele deseja elevar a mulher a um nível superior de existência. Ele traz não o sentimento, mas a filosofia para lidar com uma questão que tanto nos tempos antigos quanto nos modernos tem sido principalmente considerada à luz dos costumes ou sentimentos. Os gregos tinham concepções nobres de feminilidade nas deusas Atenas e Ártemis e nas heroínas Antígona e Andrômaca. Mas esses ideais não tinham contrapartida na vida real. A mulher ateniense não era de forma alguma igual ao marido; ela não era a anfitriã de seus convidados ou a senhora de sua casa, mas apenas sua governanta e mãe de seus filhos. Ela não tomava parte em assuntos militares ou políticos; nem há qualquer exemplo nas eras posteriores da Grécia de uma mulher se tornando famosa na literatura. "É dela a maior glória, aquela que tem menos fama entre os homens", é a concepção do historiador da excelência feminina. Um ideal muito diferente de feminilidade é apresentado por Platão ao mundo; ela deve ser a companheira do homem e compartilhar com ele as labutas da guerra e os cuidados do governo. Ela deve ser treinada de forma semelhante tanto em exercícios físicos quanto mentais. Ela deve perder, tanto quanto possível, os incidentes de maternidade e as características do sexo feminino.

O antagonista moderno da igualdade dos sexos argumentaria que as diferenças entre homens e mulheres não se limitam ao único ponto defendido por Platão; que sensibilidade, gentileza, graça, são as qualidades das mulheres, enquanto energia, força e uma inteligência superior devem ser procuradas nos homens. E a crítica é justa: as diferenças afetam toda a natureza e não se limitam, como supõe Platão, a um único ponto. Mas também não podemos dizer até que ponto essas diferenças são devidas à educação e às opiniões da humanidade, ou fisicamente herdadas dos hábitos e opiniões das gerações anteriores. Sempre se ensinou às mulheres, não exatamente que são escravas, mas que estão em uma posição inferior, o que também supostamente tem vantagens compensatórias; e a esta posição elas se conformaram. Também é verdade que a forma física pode mudar facilmente no curso das gerações através do modo de vida; e a fraqueza ou delicadeza, que antes era uma questão de opinião, pode se tornar um fato físico. As características do sexo variam muito em diferentes países e classes sociais, e em diferentes idades nos mesmos indivíduos. Platão pode ter tido razão ao negar que houvesse qualquer diferença fundamental nos sexos do homem além da que existe nos animais, porque todas as outras diferenças podem ser concebidas para desaparecer em outros Estados da sociedade, ou sob diferentes circunstâncias de vida e treinamento.

Passada a primeira onda, passamos para a segunda: comunidade de esposas e filhos. "Seria ela possível? Seria ela desejável?" Pois, como Glauco insinua, e como nós insistimos com muito mais veemência, "pode haver grandes dúvidas sobre esses dois pontos". Qualquer discussão livre da questão é impossível, e a humanidade talvez tenha razão em não permitir que as bases últimas da vida social sejam examinadas. Poucos de nós podem indagar com segurança sobre as coisas que a natureza esconde, mais do que podemos dissecar em nossos próprios corpos. Ainda assim, a maneira pela qual Platão chegou às suas conclusões deve ser considerada. Pois aqui, como observou o Sr. Grote, é uma coisa maravilhosa, que um dos mais sábios e melhores homens deva ter nutrido ideias de moralidade que estão totalmente em desacordo com as nossas. E se quisermos fazer justiça a Platão, devemos examinar cuidadosamente o caráter de suas propostas. Em primeiro lugar, podemos observar que as relações dos sexos por ele supostas são o reverso da licenciosa: ele parece antes almejar um rigor impossível. Em segundo lugar, ele concebe a família como o inimigo natural do Estado; e nutre a séria esperança de que uma fraternidade universal possa tomar o lugar dos interesses privados, uma aspiração que, embora não seja justificada pela experiência, conquistou muitas mentes nobres. Por outro lado, não há sentimento ou imaginação nas conexões que ele supõe que homens e mulheres formem; os seres humanos voltam ao nível dos animais, nem se exaltando ao céu, nem abusando dos instintos naturais. Todo aquele mundo de poesia e fantasia que a paixão do amor suscitou na literatura e no romance modernos teria sido banido por Platão. Os arranjos de casamento na República são direcionados a um objetivo: o aperfeiçoamento da raça. Em gerações sucessivas, um grande desenvolvimento tanto das qualidades corporais quanto mentais pode ser possível. A analogia com os animais tende a mostrar que a humanidade pode, dentro de certos limites, receber uma mudança de natureza. E como nos animais devemos comumente escolher os melhores para procriar e destruir os outros, assim deve haver uma seleção dos seres humanos cujas vidas são dignas de serem preservadas.

Partimos horrorizados desse ideal platônico, acreditando, primeiro, que os sentimentos superiores da humanidade são fortes demais para serem esmagados; em segundo lugar, que se o plano pudesse ser executado, seríamos mal recompensados por melhorias na raça pela perda das melhores coisas da vida. A maior consideração pelos seres humanos mais fracos e medianos – a criança, o criminoso, o louco, o idiota, realmente nos parece um dos resultados mais nobres do Cristianismo. Aprendemos, embora ainda de forma imperfeita, que o homem individual tem um valor infinito aos olhos das divindades, e que as honramos quando honramos as imagens escurecidas e desfiguradas deles (*Leis*). Esta é a lição que Cristo ensinou em uma parábola quando disse: "Seus anjos sempre veem a face de Meu Pai que está nos céus". Essas lições são realizadas apenas parcialmente em qualquer época; elas eram estranhas à época de Platão, pois têm graus de força muito diferentes em diferentes países ou épocas do mundo cristão. Para os gregos, a família era uma instituição religiosa e costumeira que unia os membros por um laço inferior em força ao da amizade, e tinha um tom menos solene e sagrado do que o da pátria. A relação que existia no nível inferior do costume, Platão imaginava que estava elevando-se ao nível superior da natureza e da razão; ao passo que do ponto de vista moderno e cristão o consideramos como sancionando o assassinato e destruindo os primeiros princípios da moralidade.

O grande erro nessas especulações e em semelhantes é que a diferença entre o homem e os animais é esquecida nelas. O ser humano é visto com os olhos de um criador de cães ou pássaros ou, na melhor das hipóteses, de um proprietário de escravos; as qualidades superiores ou humanas são deixadas de fora. O criador de animais visa principalmente o tamanho, velocidade ou força; em alguns casos, a coragem ou temperamento; na maioria das vezes, a aptidão do animal para o alimento é o grande objetivo. Mas a humanidade não foi criada para ser comida, nem ainda por sua superioridade em lutar, correr ou puxar carroças. Nem o aperfeiçoamento da raça humana consiste meramente no aumento dos ossos e da carne, mas no crescimento e iluminação da mente. Portanto, deve haver "um casamento de mentes verdadeiras", bem como de corpos, de imaginação e razão, bem como de desejos e instintos. Homens e mulheres sem sentimento ou imaginação são justamente chamados de brutos; no entanto, Platão remove essas qualidades e não coloca nada em seu lugar, nem mesmo o desejo de uma descendência nobre, uma vez que os pais não devem conhecer seus próprios filhos. A transação mais importante da vida social, aquele que é o filósofo idealista se converte no mais brutal. Pois o par não deve ter relação um com o outro, exceto no festival himenial;

seus filhos não são deles, mas do Estado; nem há qualquer laço de afeto que os una. No entanto, aqui a analogia dos animais poderia ter salvado Platão de um erro gigantesco, se ele "não tivesse perdido de vista sua própria ilustração". Pois as "espécies mais nobres de pássaros e animais" alimentam e protegem seus descendentes e são fiéis uns aos outros.

Um eminente fisiologista acha que vale a pena "tentar colocar a vida em uma base física". Mas não deveria a vida repousar sobre a moral e não sobre a física? O superior vem primeiro, depois o inferior; primeiro o humano e o racional, depois o animal. No entanto, eles não estão absolutamente divididos; e em tempos de doenças ou momentos de autoindulgência eles parecem ser apenas aspectos diferentes de uma natureza humana comum que os inclui. Nem é a moral o limite do físico, mas a sua expansão e ampliação, a forma mais elevada que o físico é capaz de receber. Como diria Platão, o corpo não cuida do corpo e menos ainda da mente, mas a mente cuida de ambos. Em toda ação humana, não o que é comum ao homem e aos animais é o elemento característico, mas o que o distingue deles. Mesmo se admitirmos a base física e resolvermos todas as virtudes na saúde do corpo "*la façon que notre sang circule*"[12], ainda por razões meramente físicas, devemos voltar às ideias. Mente e razão e dever e consciência, sob esses ou outros nomes, estão sempre reaparecendo. Não pode haver saúde corporal sem saúde mental; nem saúde mental sem o senso do dever e o amor da verdade (*Cármides*).

Parece realmente surpreendente que o maior dos filósofos antigos, em seus regulamentos sobre o casamento, tenha caído no erro de separar corpo e mente. No entanto, a maravilha não é tanto que Platão tenha alimentado ideias de moralidade que até nossa época são revoltantes, mas que ele se contradissesse a uma extensão que é dificilmente crível, caindo em um instante do céu do idealismo para o mais cru animalismo. Regozijando-se com o dom recém-descoberto da reflexão, ele parece ter pensado em um assunto sobre o qual seria melhor ter seguido o sentimento

---

[12] *la façon que notre sang circule* – expressão em francês que diz "a maneira como o nosso sangue circula". (N.T.)

iluminado de sua própria época. O sentimento geral de Hélade se opunha à sua fantasia monstruosa. Os antigos poetas, e mais tarde os trágicos, não demonstraram falta de respeito pela família, na qual grande parte de sua religião se baseava. Mas o exemplo de Esparta, e talvez em algum grau a tendência de desafiar a opinião pública, parece tê-lo enganado. Ele fará uma família de todas as famílias do Estado. Ele selecionará os melhores espécimes de homens e mulheres e reproduzirá apenas a partir deles.

No entanto, porque a ilusão está sempre voltando (pois a parte animal da natureza humana irá de tempos em tempos se afirmar sob o disfarce da filosofia, bem como da poesia), e porque qualquer desvio da moralidade estabelecida, mesmo quando não se destina a isso, pode ser perturbador, pode valer a pena aprofundar um pouco mais as objeções ao casamento platônico. Em primeiro lugar, a história mostra que onde quer que a poligamia tenha sido amplamente permitida, a raça se deteriorou. Um homem para uma mulher é a lei de Deus e da natureza. Quase todos os povos civilizados do mundo, em algum período antes da era dos registros escritos, tornaram-se monogâmicos; e o passo dado, uma vez dado, nunca foi refeito. As exceções que ocorrem entre os brâmanes, os maometanos ou os antigos persas são do tipo que pode ser considerado uma confirmação da regra. As conexões formadas entre as raças superiores e inferiores dificilmente produzem uma prole nobre, porque são licenciosas; e porque os filhos em tais casos geralmente desprezam a mãe e são negligenciados pelo pai que tem vergonha deles. Nações bárbaras, quando são apresentadas ao vício pelos europeus, se extinguem; os povos polígamos importam e adotam crianças de outros países, ou diminuem em número, ou ambos. Dinastias e aristocracias que desrespeitaram as leis da natureza diminuíram em número e degeneraram em estatura; "casamentos de conveniência" deixam sua marca enfraquecida na sua descendência (*Rei Lear*). O casamento de parentes próximos ou o casamento na mesma família tende constantemente à fraqueza ou idiotia dos filhos, às vezes assumindo, à medida que envelhecem, a forma de licenciosidade apaixonada. A prostituta comum raramente tem filhos. Por tal evidência inconfundível está a autoridade da moralidade afirmada nas relações dos sexos: e muitos mais elementos entram neste "mistério" do que os sonhados por Platão e alguns outros filósofos.

A República

Pesquisadores atuais chegaram mesmo à conclusão de que entre as tribos primitivas existia uma comunidade de esposas como propriedade, e que a cativa levada pela lança era a única esposa ou escrava que um homem podia chamar de sua. Acredita-se que a existência parcial de tais costumes entre algumas das raças inferiores dos homens e a sobrevivência de cerimônias peculiares nos casamentos de algumas nações civilizadas fornecem uma prova de que instituições semelhantes já foram universais. Não pode haver dúvida de que o estudo da antropologia mudou consideravelmente nossos pontos de vista a respeito da primeira aparição do homem na terra. Sabemos mais sobre os aborígines do mundo do que antes, mas nosso conhecimento crescente mostra, acima de tudo, o quão pouco sabemos. Com todas as ajudas que os monumentos escritos oferecem, percebemos vagamente a condição do homem há dois ou três mil anos. De qual era sua condição quando retrocedemos para uma distância de 200.000 ou 300.000 anos, quando a maioria da humanidade estava mais baixa e mais próxima dos animais do que qualquer tribo que agora existe na terra, não podemos nem mesmo imaginar. Platão (*Leis*) e Aristóteles (*Metafísica*) podem ter estado mais corretos do que imaginamos ao supor que algumas formas de civilização foram descobertas e perdidas várias vezes. Se não podemos argumentar que toda civilização bárbara era degradada, também não podemos estabelecer quaisquer limites para a profundidade da degradação a que a raça humana pode afundar através da guerra, doença ou isolamento. E se quisermos tirar inferências sobre a origem do casamento a partir da prática de nações bárbaras, devemos também considerar a analogia ainda mais remota dos animais. Muitos pássaros e animais, especialmente os carnívoros, têm apenas um parceiro, e o amor e cuidado com a prole, que parece ser natural, é inconsistente com a teoria primitiva do casamento. Se voltarmos a um Estado imaginário em que os homens eram quase animais e companheiros deles, temos tanto direito de questionar o que é animal ou o que é humano, quanto diferenciar o homem bárbaro do civilizado. O registro da vida animal no globo é fragmentado; os elos estão faltando e não podem ser fornecidos; o histórico da vida social é ainda mais fragmentado e precário. Mesmo que admitamos que nossos primeiros ancestrais não tiveram uma instituição como o casamento, ainda assim os estágios pelos quais os homens passaram da barbárie evidente à civilização, comparativamente à China, Assíria e Grécia, ou mesmo dos antigos alemães, são totalmente desconhecidos para nós.

Essas especulações podem ser perturbadoras, porque parecem mostrar que uma instituição que se pensava ser uma revelação do céu é apenas o desenvolvimento da história e da experiência. Perguntamos qual é a origem do casamento e nos dizem que, como o direito de propriedade, depois de muitas guerras e contendas, ele surgiu gradualmente do egoísmo dos bárbaros. Estamos cara a cara com a natureza humana em sua nudez primitiva. Somos compelidos a aceitar, não o mais elevado, mas o mais baixo relato da origem da sociedade humana. Mas, por outro lado, podemos verdadeiramente dizer que todos os passos do progresso humano foram na mesma direção e que, com o passar dos tempos, a ideia do matrimônio e da família foi sendo cada vez mais definida e consagrada. O Oriente civilizado está incomensuravelmente à frente de qualquer tribo selvagem; os gregos e romanos melhoraram em relação ao Oriente; as nações cristãs têm sido mais rígidas em seus pontos de vista sobre a relação do casamento do que qualquer um dos antigos. Nisso, como em tantas outras coisas, em vez de olharmos para o passado com pesar, devemos olhar para a frente com esperança no futuro. Devemos confirmar aquilo que acreditamos ser o mais sagrado, e aquilo "que é o mais sagrado será o mais útil". Há mais razões para manter a sacralidade do vínculo matrimonial, quando vemos os seus benefícios, do que quando apenas sentimos um vago horror religioso a respeito de sua violação. Mas em todos os tempos de transição, quando as crenças estabelecidas estão sendo minadas, existe o perigo de que, na passagem do velho para o novo, possamos abandonar insensivelmente o princípio moral, encontrando uma desculpa para ouvir a voz da paixão na incerteza do conhecimento, ou nas flutuações de opinião. E há muitas pessoas em nossos dias que, iluminadas pelo estudo da antropologia e fascinadas pelo que é novo e estranho, algumas usando a linguagem do medo, outras da esperança, estão inclinadas a acreditar que chegará um tempo em que através da autoafirmação das mulheres, ou do espírito rebelde dos filhos, pela análise das relações humanas, ou pela força das circunstâncias externas, os laços da vida familiar poderão ser rompidos ou muito relaxados. Eles apontam para sociedades na América e em outros lugares que tendem a mostrar que a destruição da família não precisa necessariamente envolver a destruição de toda moralidade. Onde quer que possamos pensar em tais especulações, dificilmente podemos negar que elas têm sido mais frequentes nesta geração do que em qualquer outra; e para onde vai essa tendência, quem pode prever?

Para as dúvidas e indagações levantadas por esses "reformadores sociais" a respeito da relação dos sexos e da natureza moral do homem, há uma resposta suficiente, se alguma for necessária. A diferença entre eles e nós é realmente um fato. Eles estão falando do homem como desejam ou imaginam que ele seja, mas nós estamos falando dele como ele é. Eles isolam a parte animal de sua natureza; nós o consideramos como uma criatura que tem muitos lados, ou aspectos, movendo-se entre o bem e o mal, lutando para se elevar acima de si mesmo e se situar "um pouco abaixo dos anjos". Também nós, para usar uma fórmula platônica, não ignoramos as insatisfações e incompatibilidades da vida familiar, as mesquinharias do comércio, as lisonjas de uma classe social por outra, os impedimentos que a família lança no caminho dos objetivos e aspirações elevados. Mas estamos cientes de que existem males e perigos ainda maiores no pano de fundo que não são apreciados, porque estão ocultos ou suprimidos. Que condição de homem seria essa, em que as paixões humanas fossem controladas por nenhuma autoridade, divina ou humana, em que não houvesse vergonha ou decência, nenhuma afeição superior superando ou santificando os instintos naturais, mas simplesmente uma regra de saúde! É para isso que somos solicitados a jogar fora a civilização que é o crescimento de gerações?

Pois força e saúde não são as únicas qualidades desejadas; existem as considerações mais importantes da mente, caráter e alma. Sabemos como a natureza humana pode ser degradada; não sabemos como, por meios artificiais, qualquer melhoria na raça pode ser efetuada. O problema é complexo, pois se retrocedermos apenas quatro passos (e esses pelo menos entram na composição de uma criança), existem comumente trinta progenitores a serem levados em consideração. Muitos fatos curiosos, raramente admitidos como prova, dizem respeito à herança de doença ou caráter de um ancestral remoto. Podemos rastrear as semelhanças físicas de pais e filhos na mesma família – *Sic oculos, sic ille manus, sic ora ferebat* [13]; mas raramente as diferenças que distinguem os filhos tanto de seus pais como uns dos outros. Somos informados de peculiaridades mentais semelhantes ocorrendo nas famílias e, novamente, de uma tendência, como nos animais, de voltar a uma linhagem comum ou original. Mas temos dificuldade em distinguir o que é uma verdadeira herança de gênio ou outras qualidades, e o que é mera imitação ou o resultado de circunstâncias semelhantes. Grandes homens e grandes mulheres raramente tiveram bons pais e mães. Nada que saibamos nas circunstâncias de seu nascimento ou linhagem explicará sua aparência. Dos poetas ingleses do último e dos dois séculos anteriores, quase nenhum descendente permaneceu, nenhum jamais obteve qualquer distinção. Tão profundamente a natureza escondeu seu segredo, e tão ridícula é a fantasia alimentada por alguns que poderíamos com o tempo por arranjos de casamento adequados ou, como Platão teria dito, "por um sistema engenhoso de lotes", produzir um Shakespeare ou um Milton. Mesmo supondo que pudéssemos criar homens com a tenacidade de buldogues, ou, como os espartanos, "sem a iniciativa para fugir em uma batalha", o mundo seria melhor? Muitos dos espécimes mais nobres da raça humana estão entre os mais fracos fisicamente. Tirteu ou Esopo, ou nosso próprio Newton, teriam sido abandonados em Esparta; e alguns dos homens e mulheres mais belos e fortes estão entre os mais perversos e os piores. Não foi pelo artifício platônico de unir o forte e justo ao forte e justo, independentemente do sentimento e da moralidade, nem ainda por seu outro dispositivo de combinar naturezas diferentes (Estadista), que a humanidade gradualmente passou da brutalidade e licenciosidade do casamento primitivo para o casamento cristão e civilizado.

---

[13] *Sic oculos, sic ille manus, sic ora ferebat* – expressão em latim que significa, em uma tradução livre, "que olhos, que mãos, que aparência!" (N.T.)

A República

    Poucas pessoas negariam que trazemos ao mundo uma herança de qualidades mentais e físicas derivadas primeiro de nossos pais, ou, através deles, de algum ancestral mais remoto, em segundo lugar de nossa raça, em terceiro lugar da condição geral da humanidade em que nascemos. Nada é mais comum do que a observação de que "Fulano é como seu pai ou seu tio"; e uma pessoa idosa pode não raramente notar uma semelhança em um jovem com um ancestral há muito esquecido, observando que "a natureza às vezes pula uma geração". Pode ser verdade também que, se soubéssemos mais sobre nossos ancestrais, essas semelhanças seriam ainda mais notáveis para nós. Admitindo os fatos assim descritos de maneira popular, podemos, entretanto, observar que não há método de diferença pelo qual possam ser definidos ou estimados, e que eles constituem apenas uma pequena parte de cada indivíduo. A doutrina da hereditariedade pode parecer tirar de nossas mãos a condução de nossas próprias vidas, mas é a ideia, não o fato, que é realmente terrível para nós. Pois o que recebemos de nossos ancestrais é apenas uma fração do que somos ou podemos nos tornar. O conhecimento de que a embriaguez ou a loucura prevalecem em uma família pode ser a melhor proteção contra sua recorrência em uma geração futura. O pai estará mais alerta para os vícios ou doenças em seu filho, para as quais ele mesmo é mais sensível. Toda a vida pode ser direcionada para sua prevenção ou cura. Os traços de consumo podem tornar-se mais tênues ou totalmente apagados: a tendência inerente ao vício ou ao crime pode ser erradicada. E assim a hereditariedade, ao invés de ser uma maldição, pode ser uma bênção. Reconhecemos que, em relação ao nosso nascimento, como em nossa natureza em geral, existem circunstâncias anteriores que nos afetam. Mas nesta plataforma de circunstâncias ou dentro desta parede das necessidades, ainda temos o poder de criar uma vida para nós mesmos pela energia informativa da vontade humana.

    Há outro aspecto da questão do casamento para o qual Platão é um estranho. Todas as crianças nascidas nesse Estado são órfãs. Nunca lhe ocorreu que a maior parte delas, de acordo com a experiência universal, teria perecido, porque as crianças só podem ser criadas em famílias. Existe uma simpatia sutil entre a mãe e a criança que não pode ser fornecida por outras mães, ou por "uma ou mais babás fortes" (*Leis*). Se a "pena" de Platão fosse tão fatal quanto as creches de Paris ou o hospital para órfãos de Dublin, mais de nove décimos de seus filhos teriam morrido. Não haveria necessidade de expor ou afastar as crianças mais fracas, pois elas teriam morrido por si mesmas. Assim, enfaticamente, a natureza protesta contra a destruição da família.

O que Platão ouviu ou viu de Esparta foi aplicado por ele de forma equivocada à sua comunidade ideal. Ele provavelmente observou que tanto os homens quanto as mulheres espartanas eram superiores em forma e força aos outros gregos; e essa superioridade ele estava disposto a atribuir às leis e costumes relativos ao casamento. Ele não considerava que o desejo de uma descendência nobre fosse uma paixão entre os espartanos, ou que sua superioridade física devesse ser atribuída, principalmente, não aos costumes matrimoniais, mas à temperança e treinamento. Ele não refletiu que Esparta era grande, não em consequência do relaxamento da moralidade, mas, apesar disso, pela virtude de um princípio político muito mais forte do que existia em qualquer outro Estado grego. Menos ainda ele observou que Esparta não produziu realmente os melhores espécimes da raça grega. O gênio, a inspiração política de Atenas, o amor à liberdade, tudo o que tornou a Grécia famosa para a posteridade, estava em falta entre os espartanos. Eles não tinham Temístocles, ou Péricles, ou Ésquilo, ou Sófocles, ou Sócrates, ou Platão. O indivíduo não tinha permissão para aparecer acima do Estado; as leis eram fixas e ele não tinha por que alterá-las ou reformá-las. No entanto, de onde surgiu o progresso das cidades e nações, senão de indivíduos notáveis, vindo para o mundo não sabemos como, e de causas sobre as quais não temos controle? Algo demais pode ter sido dito nos tempos modernos sobre o valor da individualidade. Mas dificilmente podemos deixar de condenar com veemência um sistema que, em vez de fomentar as sementes espalhadas ou centelhas de gênio e caráter, tende a sufocá-los e extingui-los.

Ainda assim, embora condenando Platão, devemos reconhecer que nem o Cristianismo, nem qualquer outra forma de religião ou sociedade, foi até agora capaz de lidar com este mais difícil dos problemas sociais, e que o lado que Platão considerou é aquele para o qual viramos as costas. A população é a força mais indomável do mundo político e social. Não achamos, especialmente nas grandes cidades, que o maior obstáculo para a melhoria dos pobres é sua imprevidência no casamento? Uma pequena falha, na verdade, se não envolvendo consequências infinitas. Existem países inteiros também, como a Índia, ou, mais perto de casa, a Irlanda, nos quais uma solução correta para a questão do casamento parece estar na base da felicidade da comunidade. Há muitas pessoas em um determinado espaço, ou elas se casam muito cedo e trazem ao mundo uma prole doente e menos desenvolvida, ou, devido às próprias condições de sua existência, elas se tornam emaciadas e transmitem uma vida semelhante para seus descendentes. Mas quem pode opor a voz da prudência às "paixões mais poderosas da humanidade" (*Leis*), especialmente quando foram autorizadas pelos costumes e pela religião? Além das influências da educação, parecemos exigir alguns novos princípios de certo e errado nessas questões, alguma força de opinião, que na verdade já pode ser ouvida sussurrando em particular, mas nunca afetou os sentimentos morais da humanidade em geral. Inevitavelmente, perdemos de vista o princípio da utilidade, justamente naquela ação de nossas vidas em que mais precisamos dela. As influências que podemos exercer sobre esta questão são principalmente indiretas. Em uma ou duas gerações, a educação, a emigração, as melhorias na agricultura e nas manufaturas podem ter fornecido a solução. O médico público dificilmente gosta de sondar a ferida: está além de sua arte; um assunto que ele não pode com segurança deixar sem cuidado, mas que ele não ousa tocar:

"*Nós fazemos apenas retirar a pele e cobrir o local da úlcera*".

Quando, novamente, na vida privada, vemos uma família inteira, um por um caindo na sepultura sob Ate[14] de alguma doença hereditária, e os pais talvez sobrevivendo a ela, nossas mentes sempre voltam

---

[14] Ate – Deusa grega da fatalidade, que personifica as ações irreflexivas e suas consequências. (N.T.)

silenciosamente para aquele dia, vinte e cinco ou trinta anos antes, em que sob os mais justos auspícios, em meio às alegrias de amigos e conhecidos, uma noiva e um noivo deram as mãos um ao outro? Ao fazer tal reflexão, não estamos opondo as considerações físicas às morais, mas as morais às físicas; procuramos fazer ouvir a voz da razão, o que nos afasta da extravagância do sentimentalismo sobre o bom senso. O falecido Dr. Combe, segundo seu biógrafo, resistiu à tentação do casamento, porque sabia que estava sujeito ao consumo hereditário de álcool. Aquele que merecia ser chamado de homem genial, um amigo da minha juventude, costumava usar uma fita preta no pulso, para lembrá-lo de que, estando sujeito a surtos de loucura, não deveria ceder a impulsos naturais de afeto: ele morreu solteiro em um manicômio. Esses dois pequenos fatos sugerem a reflexão de que muito poucas pessoas fizeram por senso de dever o que o resto da humanidade deveria ter feito em circunstâncias semelhantes, se eles se tivessem permitido pensar em toda a miséria que estavam prestes a trazer ao mundo. Se pudéssemos evitar tais casamentos sem qualquer violação de sentimento ou propriedade, claramente deveríamos; e a proibição com o passar do tempo seria protegida por um "*horror naturalis*" semelhante ao que, em todas as épocas e países civilizados, impediu o casamento entre parentes próximos de sangue. A humanidade teria sido mais feliz se algumas coisas que agora são permitidas tivessem sido negadas a ela desde o início; se a sanção da religião pudesse ter proibido práticas prejudiciais à saúde; se os princípios sanitários pudessem, em eras anteriores, ter sido revestidos de um temor supersticioso. Mas, vivendo como vivemos longamente na história do mundo, não somos mais capazes de imprimir imediatamente com a impressão da religião uma nova proibição. Um agente livre não pode ter suas fantasias reguladas por lei; e a execução da lei seria tornada impossível, devido à incerteza dos casos em que o casamento seria proibido. Quem pode pesar a virtude, ou mesmo o destino contra a saúde, ou qualidades morais e mentais contra as físicas? Quem pode medir as probabilidades contra as certezas? Tem havido tanto bem quanto mal na disciplina do sofrimento; e há doenças, como o consumo, que exerceram influência refinadora e suavizante sobre o caráter. A juventude é muito inexperiente para equilibrar tais amáveis considerações; os pais nem sempre pensam nelas, ou pensam nelas tarde demais. Eles estão distantes e provavelmente podem ser evitados; uma mudança de lugar, um novo Estado de vida, os interesses de um lar podem ser a cura para eles. Assim, as pessoas raciocinam em vão quando suas decisões já estão decididas e seus destinos irrevogavelmente ligados. Tampouco há fundamento para supor que os casamentos sejam, em grande medida, influenciados por reflexões desse tipo, que parecem incapazes de se opor ao impulso irresistível da atração individual.

Por último, ninguém pode ter observado a primeira onda crescente de paixões na juventude, a dificuldade de regulá-las e os efeitos sobre toda a mente e natureza que decorrem delas, o estímulo que lhes é dado pela imaginação, sem sentir que há algo insatisfatório em nosso método de tratá-las. Que a influência mais importante na vida humana deve ser totalmente deixada ao acaso ou envolta em mistério, e em vez de ser disciplinada ou compreendida, deve ser obrigada a se conformar apenas a um padrão externo de propriedade, não pode ser considerada pelo filósofo como um seguro ou condição satisfatória das coisas humanas. E ainda aqueles que estão encarregados da juventude podem encontrar um caminho pela vigilância, pela afeição, pela virilidade e inocência de suas próprias vidas, por sugestões ocasionais, por admoestações gerais que cada um pode aplicar por si mesmo, para mitigar este terrível mal que corrói o coração dos indivíduos e corrompe os sentimentos morais das nações. Em nenhum dever para com os outros, há mais necessidade de reticência e autocontenção. Tão grande é o perigo de que aquele que deseja ser o conselheiro de outro revele o segredo prematuramente, para não colocar o outro muito em seu poder; ou consertar a impressão passageira do mal, exigindo a confissão dele a esse respeito.

Nem Platão está errado ao afirmar que os laços familiares podem interferir nos objetivos mais elevados. Se houve alguns que "para festejar, desistiram do que era destinado para a humanidade", certamente houve outros que, para a família, renunciaram ao que era destinado à humanidade ou seu país. Os cuidados com os filhos, a necessidade de obter dinheiro para seu sustento, as lisonjas dos ricos pelos pobres, a exclusividade de casta, o orgulho de nascimento ou riqueza, a tendência da vida familiar para desviar os homens da busca do ideal ou do heroico são tão degradantes em nossa época quanto na de Platão. E se preferirmos olhar para as influências suaves do lar, o desenvolvimento dos afetos, as amenidades da sociedade, a devoção de um membro de uma família pelo bem dos outros, que formam um lado do quadro, não devemos brigar com ele, ou talvez antes devamos ser gratos a ele, por nos ter apresentado o contrário. Sem tentar defender Platão com base na moralidade, podemos admitir que existe um aspecto do mundo que não o levou de forma anormal ao erro.

Dificilmente apreciamos o poder que a ideia de Estado, como todas as outras ideias abstratas, exerceu sobre a mente de Platão. Para nós, o Estado parece se constituir a partir da família, ou por vezes ser a moldura em que se insere a vida familiar e social. Mas para Platão, em seu estado de espírito atual, a família é apenas uma influência perturbadora que, em vez de preencher, tende a desorganizar a unidade superior do Estado. Nenhuma organização é necessária, exceto a política, que, vista de outro ponto de vista, deve ser militar. O Estado é suficiente para as necessidades do homem e, como a ideia da Igreja em épocas posteriores, absorve todos os outros desejos e afeições. Em tempo de guerra, os mil cidadãos devem permanecer como uma muralha inexpugnável contra o mundo ou o exército persa; em tempo de paz, a preparação para a guerra e seus deveres para com o Estado, que são também seus deveres mútuos, ocupam toda a sua vida e seu tempo. O único outro interesse que lhes é permitido, além da guerra, é o interesse da filosofia. Quando forem muito velhos para serem soldados, devem retirar-se da vida ativa e fazer um segundo noviciado de estudos e contemplação. Existe um elemento de vida monástica mesmo no comunismo de Platão. Se ele pudesse ter vivido sem filhos, ele poderia ter convertido sua República em uma ordem religiosa. Nem nas *Leis*, quando a luz do dia do bom senso o atinge, ele se retrata por seu erro. No Estado do qual ele seria o fundador, não há casamento ou entrega em casamento: mas por causa da enfermidade da humanidade, ele condescende em permitir que a lei da natureza prevaleça.

(c) Mas Platão tem um paradoxo igual ou, em sua própria avaliação, ainda maior em reserva, que é resumido no famoso texto: "Até que os reis sejam filósofos ou os filósofos sejam reis, as cidades nunca cessarão o mal". E por filósofos ele se explica como aqueles que são capazes de apreender a ideia, especialmente a ideia do bem. Para a obtenção desse conhecimento superior, a segunda educação é direcionada. Por meio de um processo de formação que já os tornou bons cidadãos, agora serão feitos bons legisladores. Nós percebemos com alguma surpresa (não muito diferente do sentimento com que Aristóteles, em uma passagem conhecida, descreve os ouvintes das palestras de Platão como experimentando, quando eles iniciaram um discurso sobre a ideia do bem, esperando ser instruídos nas verdades morais e recebido, em seu lugar, fórmulas aritméticas e matemáticas) que Platão não propõe a seus futuros legisladores nenhum estudo de finanças, direito ou tática militar, mas apenas de matemática abstrata, como preparação para a concepção ainda mais abstrata do bem. Perguntamos, com Aristóteles: qual a utilidade de um homem conhecer a ideia do bem, se não sabe o que é bom para esse indivíduo, esse Estado, essa condição da sociedade? Não podemos compreender como os legisladores ou guardiões de Platão devem ser preparados para seu trabalho de estadistas pelo estudo das cinco ciências matemáticas. Procuramos em vão nos próprios escritos de Platão qualquer explicação para esse aparente absurdo.

A descoberta de uma grande concepção metafísica parece arrebatar a mente com uma consciência profética que tira o poder de estimar seu valor. Nenhum pesquisador metafísico jamais criticou com justiça suas próprias especulações; em seu próprio julgamento, eles estavam acima de qualquer crítica; nem entendeu que o que para ele parecia ser a verdade absoluta, poderia reaparecer na próxima geração como uma forma de lógica ou um instrumento de pensamento. E a posteridade às vezes também interpretou mal o valor real de suas especulações. Eles parecem não ter contribuído em nada para o estoque de conhecimento humano. A *ideia* do bem pode ser considerada pelo pensador moderno como uma abstração sem sentido; mas ele esquece que esta abstração está disponível, pronta para uso, e daqui em diante será preenchida pelas divisões do conhecimento. Quando a humanidade ainda não sabe que o mundo está sujeito à lei, a introdução da mera concepção da lei ou desígnio ou causa final, e a antecipação distante da harmonia do conhecimento, são grandes passos avante. Mesmo a crua generalização da unidade de todas as coisas leva os homens a ver o mundo com outros olhos, e pode facilmente afetar sua concepção da vida humana e da política, e sua própria conduta e caráter (*Timeu*). Podemos imaginar como uma grande mente como a de Péricles pode derivar elevação de sua relação com Anaxágoras (*Fedro*). Lutar por uma concepção mais elevada, mas inatingível, é uma condição intelectual mais favorável do que descansar satisfeito em uma porção estreita de um fato verificado. E as primeiras, que às vezes foram as maiores ideias da ciência, muitas vezes são perdidas de vista em um período posterior. Quão raramente podemos dizer de qualquer pesquisador moderno na magnífica linguagem de Platão, que "Ele é o espectador de todos os tempos e de toda a existência!".

Nem há nada de anormal na aplicação apressada dessas vastas concepções metafísicas à vida prática e política. No primeiro entusiasmo de ideias, os homens tendem a vê-las em toda parte e a aplicá-las na esfera mais remota. Eles não entendem que a experiência das gerações é necessária para capacitá-los a preencher "os axiomas intermediários". O próprio Platão parece ter imaginado que as verdades da psicologia, como as da astronomia e da harmonia, seriam alcançadas por um processo de dedução, e que o método que ele seguiu no quarto livro, de inferi-las da experiência e do uso da linguagem, era imperfeito e apenas provisório. Mas quando, depois de chegar à ideia do bem, que é o fim da ciência da dialética, ele é questionado: "Qual é a natureza e quais são as divisões da ciência?", ele se recusa a responder, como se pretendesse, pela recusa, dar a entender que o Estado de conhecimento então existente não era tal que permitisse ao filósofo entrar no seu descanso final. As ciências anteriores devem primeiro ser estudadas e, podemos acrescentar, continuar a ser estudadas até o fim dos tempos, embora em um sentido diferente de qualquer outro que Platão pudesse ter concebido. Mas podemos observar que, embora ele esteja ciente da vacância de seu próprio ideal, ele se enche de entusiasmo ao contemplá-lo. Olhando para a orbe de luz, ele não vê nada, mas está aquecido e elevado. O profeta hebreu acreditava que a fé em Deus o capacitaria a governar o mundo; o filósofo grego imaginou que a contemplação do bem o faria um legislador. Há muito a ser preenchido tanto em um caso como no outro, e um modo de concepção é para o israelita o que o outro é para o grego. Ambos encontram repouso numa perfeição divina, que, seja de forma mais pessoal ou impessoal, existe sem eles e independentemente deles, assim como dentro deles.

Não há menção da ideia do bem no *Timeu*, nem do divino Criador do mundo na *República*; e somos naturalmente levados a perguntar em que relação eles se mantêm. Deus está acima ou abaixo da ideia do bem? Ou a Ideia do Bem é outro modo de conceber Deus? A última parece ser a resposta mais verdadeira. Para o filósofo grego, a perfeição e a unidade de Deus eram uma concepção muito mais elevada do que sua personalidade, para a qual ele dificilmente encontrou uma palavra que a expressasse e que, para ele, parecia ter sido emprestada da mitologia. Para o cristão, por outro lado, ou para o pensador moderno em geral, é difícil, senão impossível, vincular a realidade ao que ele denomina mera abstração; enquanto para Platão essa mesma abstração é a mais verdadeira e a mais real de todas as coisas. Consequentemente, a partir de uma diferença nas formas de pensamento, Platão parece estar descansando em uma criação apenas de sua própria mente. Mas se pudermos parafrasear a ideia do bem com as palavras "princípio inteligente da lei e da ordem no universo, abrangendo igualmente o homem e a natureza", começamos a vislumbrar um ponto de encontro entre ele e nós.

A questão de saber se o governante ou o estadista deve ser um filósofo não perdeu o interesse nos tempos modernos. Na maioria dos países da Europa e da Ásia, houve alguém ao longo dos anos que realmente uniu o poder de comando com o poder de pensamento e reflexão, visto que também houve muitas combinações falsas dessas qualidades. Algum tipo de poder especulativo é necessário tanto na vida prática quanto na política; como o retórico do *Fedro*, os homens exigem ter uma concepção das variedades do caráter humano e ser elevados, em grandes ocasiões, aos lugares-comuns da vida cotidiana. No entanto, a ideia do estadista-filósofo nunca foi popular com a grande massa da humanidade; em parte porque não pode confiar no mundo ou fazê-los compreender os motivos pelos quais age; e porque eles têm ciúme de um poder que não entendem. A revolução que a natureza humana deseja realizada passo a passo, em muitas épocas, provavelmente será precipitada por ele em um único ano ou vida. Eles temem que, na busca de seus objetivos maiores, ele possa desconsiderar os sentimentos comuns da humanidade, está muito apto a olhar para um futuro distante ou de volta ao passado remoto, e incapaz de ver ações ou eventos que, para usar uma expressão de Platão, "estão caindo a seus pés". Além disso, como diria Platão, existem outras corrupções desses estadistas filosóficos. Ou "o matiz nativo da resolução é enfraquecido com o pálido molde de pensamento" e quando a ação acima de todas as coisas é necessária ele está indeciso, ou princípios gerais são enunciados por ele a fim de cobrir alguma mudança de política; ou sua ignorância do mundo o tornou mais facilmente uma vítima das artes de outros; ou em alguns casos ele foi convertido em um cortesão, que gosta do luxo de ter opiniões liberais, mas nunca foi conhecido por realizar uma ação liberal. Não é de admirar que a humanidade tenha o hábito de chamar os estadistas dessa classe de pedantes, sofistas, doutrinários, visionários. Pois, como podemos dizer, parodiando um pouco as palavras de Platão, "eles viram más imitações do filósofo-estadista". Mas um homem em quem o poder de pensamento e ação estão perfeitamente equilibrados, igual ao presente, avançando para o futuro, "tal pessoa, governando em um Estado constitucional," eles nunca viram.

Mas assim como o filósofo pode falhar na rotina da vida política, o estadista comum também pode falhar em crises extraordinárias. Quando a face do mundo começa a se alterar e trovões se ouvem ao longe, ele ainda é guiado por suas velhas máximas e é escravo de seus inveterados preconceitos partidários; ele não pode perceber os sinais dos tempos; em vez de olhar para frente, olha para trás; não aprende nada e não se esquece de nada; com "serras sábias e instâncias modernas" ele deteria a crescente onda da revolução. Vive cada vez mais dentro do círculo de seu próprio partido, à medida que o mundo sem ele se torna mais forte. Esta parece ser a razão pela qual a velha ordem das coisas torna uma figura tão pobre quando confrontada com o novo, porque as igrejas nunca podem se reformar, porque a maioria das mudanças políticas são feitas às cegas e convulsivamente. As grandes crises na história das nações foram frequentemente enfrentadas por uma positividade eclesiástica e uma reafirmação mais obstinada de princípios que perderam seu domínio sobre uma nação. As ideias fixas de um estadista reacionário podem ser comparadas à loucura; elas crescem sobre ele, e ele se torna possuído por elas; nenhum julgamento dos outros é jamais admitido por ele para ser pesado na balança contra o seu próprio.

(d) Platão, trabalhando sob o que, para os leitores modernos, parece ter sido uma confusão de ideias, assimila o Estado ao indivíduo e não consegue distinguir a Ética da Política. Ele pensa se tratar de um Estado que mais se assemelha a um homem, e no qual os cidadãos têm a maior uniformidade de caráter. Ele não vê que a analogia é parcialmente falaciosa, e que a vontade ou o caráter de um Estado ou nação é realmente o equilíbrio, ou melhor, o excedente das vontades individuais, que são limitadas pela condição de ter que agir em comum. O movimento de um corpo de homens nunca pode ter a flexibilidade ou facilidade de um único homem; a liberdade do indivíduo, que sempre é limitada, torna-se ainda mais restrita quando transferida para uma nação. Os poderes de ação e sentimento são necessariamente mais fracos e mais equilibrados quando são difundidos em uma comunidade; de onde surge a questão frequentemente discutida: "Pode uma nação, como um indivíduo, ter uma consciência?". Hesitamos em dizer que os personagens das nações nada mais são do que a soma dos personagens dos indivíduos que os compõem; porque pode haver tendências nos indivíduos que reagem umas às outras. Uma nação inteira pode ser mais sábia do que qualquer homem nela; ou pode ser animado por alguma opinião ou sentimento comum que não poderia ter afetado igualmente a mente de uma única pessoa, ou pode ter sido inspirado por um líder genial a realizar atos mais do que humanos. Platão não parece ter analisado as complicações que surgem da ação coletiva da humanidade.

Ele também não é capaz de ver que analogias, embora enganosas como argumentos, podem muitas vezes não ter fundamento de fato, ou de distinguir entre o que é inteligível ou vividamente presente para a mente e o que é verdadeiro. Nesse aspecto, ele está muito abaixo de Aristóteles, que é comparavelmente menos imposto por falsas analogias. Ele não consegue separar as artes das virtudes; pelo menos está sempre discutindo entre uma e outra. Sua noção de música é transferida da harmonia dos sons para a harmonia da vida: nisso ele é auxiliado pelas ambiguidades da linguagem, bem como pela prevalência das noções pitagóricas. E depois de assimilar o Estado ao indivíduo, ele imagina que encontrará a sucessão de Estados em paralelo na vida dos indivíduos.

Ainda assim, através desse meio falacioso, consegue-se uma verdadeira ampliação das ideias. Quando as virtudes ainda não apresentavam nenhuma concepção distinta à mente, um grande avanço foi feito pela comparação delas com as artes; pois a virtude é parcialmente arte e tem uma forma externa, bem como um princípio interno. A harmonia da música oferece uma imagem viva das harmonias do mundo e da vida humana, e pode ser considerada uma ilustração esplêndida que foi naturalmente confundida com uma analogia real. Do mesmo modo, a identificação da ética com a política tende a dar definição à ética, mas também a elevar e enobrecer as noções dos homens sobre os objetivos do governo e os deveres dos cidadãos; pois a ética de um ponto de vista pode ser concebida como um direito e uma política idealizados; e a política, como uma ética reduzida às condições da sociedade humana. Tem havido males que surgiram da tentativa de identificá-los, e isso levou à separação ou ao antagonismo deles, que foi introduzido por escritores políticos modernos. Mas podemos também sentir que algo se perdeu em sua separação, e que os antigos filósofos, que primeiro estimaram o bem-estar moral e intelectual da humanidade, e a riqueza das nações e dos indivíduos em segundo, podem ter uma influência salutar nas especulações dos tempos modernos. Muitas máximas políticas se originam em uma reação contra um erro oposto; e quando os erros contra os quais foram dirigidos tiverem passado, elas, por sua vez, tornam-se erros.

A República

3. As visões de educação de Platão são notáveis em vários aspectos; como o resto da República, eles são parcialmente gregos e parcialmente ideais, começando com o currículo comum da juventude grega e estendendo-se até a vida após a morte. Platão é o primeiro escritor que diz distintamente que a educação deve compreender a vida inteira e ser uma preparação para a outra, na qual a educação recomeça. Este é o fio contínuo que atravessa a República e que, mais do que qualquer outra de suas ideias, admite aplicação à vida moderna.

Há muito ele abandonou a noção de que a virtude não pode ser ensinada; e ele está disposto a modificar a tese de Protágoras de que as virtudes são uma e não muitas. Ele não está disposto a admitir o mundo sensível em seu esquema da verdade. Ele também não afirma em *A República* o involuntarismo do vício, que é mantido por ele no *Timeu*, *Sofista* e *Leis* (*Protágoras*, *Apologia*, *Górgias*). Nem as chamadas ideias platônicas recuperadas de um Estado anterior de existência afetam sua teoria do aperfeiçoamento mental. Ainda assim, observamos nele os resquícios da velha doutrina socrática, de que o verdadeiro conhecimento deve ser extraído de dentro e buscado em ideias, não em particularidades dos sentidos. A educação, como ele diz, implantará um princípio de inteligência que é melhor do que dez mil olhos. O paradoxo de que as virtudes são uma, e a noção semelhante de que toda virtude é conhecimento, não são inteiramente renunciados; o primeiro é visto na supremacia dada à justiça sobre o resto; a segunda, na tendência de absorver as virtudes morais no intelecto e de centrar toda a bondade na contemplação da ideia do bem. O mundo dos sentidos ainda está depreciado e identificado com a opinião, embora seja admitido como uma sombra da verdade. Em *A República*, ele fica evidentemente impressionado com a convicção de que o vício surge principalmente da ignorância e pode ser curado pela educação; a multidão dificilmente pode ser considerada responsável pelo que faz. Uma leve alusão à doutrina da reminiscência ocorre no décimo livro; mas as visões de Platão da educação não têm mais conexão real com um Estado anterior de existência do que o nosso; ele apenas se propõe a extrair da mente o que já existe. A educação é representada por ele não como o enchimento de um vaso, mas como o voltar os olhos da alma para a luz.

Ele trata primeiro da música ou da literatura, que divide em verdadeiras e falsas, e depois segue para a ginástica; em *A República* ele não toma conhecimento da infância, embora nas *Leis* ele dê sábios conselhos sobre a amamentação dos filhos e o cuidado com as mães, e teria uma educação que é até anterior ao nascimento. Mas em *A República* ele começa com a idade em que a criança é capaz de receber ideias e afirma corajosamente, em uma linguagem que parece paradoxal aos ouvidos modernos, que deve aprender o falso antes de aprender o verdadeiro. O mundo filosófico moderno e antigo não concorda sobre a verdade e a falsidade; um identifica a verdade quase exclusivamente com os fatos, o outro com as ideias. Essa é a diferença entre nós e Platão, que é, no entanto, parcialmente uma diferença de palavras. Pois nós também devemos admitir que uma criança deve receber muitas lições que ela compreende de maneira imperfeita; algumas coisas devem ser ensinadas apenas em uma imagem, outras também nas quais dificilmente se pode esperar que acredite quando ficar mais velha; mas devemos limitar o uso da ficção pela necessidade do caso. Platão traçaria a linha de forma diferente; segundo ele, o objetivo da educação infantil não é a verdade como fato, mas a verdade como uma questão de princípio; a criança deve aprender primeiro verdades religiosas simples e, em seguida, verdades morais simples, e insensivelmente aprender a lição de boas maneiras e bom gosto. Ele faria uma reforma completa da velha mitologia; como Xenófanes e Heráclito, ele tem consciência do abismo profundo que separa sua época de Homero e Hesíodo, a quem cita e investe com uma autoridade imaginária, mas apenas para seus próprios objetivos. Os desejos e traições dos deuses devem ser banidos; os terrores do mundo inferior devem ser dissipados; o mau comportamento dos heróis homéricos não deve ser um modelo para a juventude. Mas há outra linhagem ouvida em Homero que pode ensinar à nossa juventude a resistência; e algo pode ser aprendido na medicina com a prática simples da era homérica. Os princípios nos quais a religião deve se basear são apenas dois: primeiro, que Deus é verdadeiro; em segundo lugar, que ele é bom. Os escritores modernos e cristãos muitas vezes ficaram aquém desses princípios; dificilmente se pode dizer que foram além deles.

A República

Os jovens devem ser criados em ambientes alegres, longe de visões ou sons que possam ferir o caráter ou corromper o paladar. Devem viver numa atmosfera de saúde; a brisa deve estar sempre lhes trazendo as impressões da verdade e da bondade. Poderia tal educação ser realizada, ou se nossa educação religiosa moderna pudesse ser ligada à verdade e virtude e boas maneiras e bom gosto, essa seria a melhor esperança de aprimoramento humano. Platão, como nós mesmos, está ansioso por mudanças no mundo moral e religioso e está se preparando para elas. Ele reconhece o perigo de perturbar as mentes dos jovens com mudanças repentinas de leis e princípios, destruindo a santidade de um conjunto de ideias quando não há mais nada para substituí-las. Ele também tem medo da influência do drama, com o fundamento de que incentiva o falso sentimento e, portanto, ele não gostaria que as crianças fossem levadas ao teatro; ele acha que o efeito sobre os espectadores é ruim, e sobre os atores ainda pior. Sua ideia de educação é a de um crescimento harmonioso, no qual são aprendidas insensivelmente as lições de temperança e resistência, e o corpo e a mente se desenvolvam em proporções iguais. O primeiro princípio que permeia toda a arte e a natureza é a simplicidade; essa também deve ser a regra da vida humana.

A segunda etapa da educação é a ginástica, que responde ao período de crescimento e desenvolvimento muscular. A simplicidade que é imposta na música se estende à ginástica; Platão está ciente de que o treinamento do corpo pode ser inconsistente com o treinamento da mente, e que o exercício corporal pode ser facilmente exagerado. O treinamento excessivo do corpo pode causar dor de cabeça aos homens ou deixá-los sonolentos em uma aula de filosofia, e isso eles atribuem não à verdadeira causa, mas à natureza do assunto. Dois pontos são perceptíveis no tratamento da ginástica por Platão: em primeiro lugar, que o tempo de treinamento é inteiramente separado do tempo de educação literária. Ele parece ter pensado que duas coisas de natureza oposta e diferente não poderiam ser aprendidas ao mesmo tempo. Aqui dificilmente podemos concordar com ele e, se pudermos julgar pela experiência, o efeito de passar três anos entre as idades de quatorze e dezessete anos em meros exercícios físicos estaria longe de melhorar o intelecto. Em segundo lugar, ele afirma que a música e a ginástica não são, como a opinião comum pode imaginar, destinadas ao cultivo da mente e a outra do corpo, mas que ambos são igualmente projetados para o aperfeiçoamento da mente. O corpo, em sua opinião, é o servo da mente; a sujeição do inferior ao superior é vantajosa para ambos. E, sem dúvida, a mente pode exercer uma influência muito grande e suprema sobre o corpo, se exercida não em momentos específicos e por trancos e barrancos, mas continuamente, na preparação para toda a vida. Outros escritores gregos viram a tendência travessa da disciplina espartana (*Aristóteles, Política, Tucídides*). Mas apenas Platão reconheceu o erro fundamental em que a prática se baseava.

O tema da ginástica leva Platão ao tema irmão da medicina, que ele ilustra posteriormente pelo paralelo do direito. A descrença moderna na medicina levou neste, como em alguns outros departamentos do conhecimento, a uma demanda por maior simplicidade; os médicos estão se conscientizando de que muitas vezes tornam as doenças "maiores e mais complicadas" pelo seu tratamento (*República*). Em dois mil anos, sua arte fez um progresso tênue; o que eles ganharam na análise das partes é em grande parte perdido por sua concepção mais débil da estrutura humana como um todo. Preocuparam-se mais com a cura de doenças do que com as condições de saúde; e as melhorias na medicina foram mais do que contrabalançadas pelo desuso do exercício regular. Até recentemente, eles mal haviam pensado no ar e na água, cuja importância era bem compreendida pelos antigos; como Aristóteles observa, "Ar e água, sendo os elementos que mais usamos, têm o maior efeito sobre a saúde" (*Política*). Durante séculos, os médicos estiveram sob o domínio de preconceitos que só recentemente abandonaram; e agora há tantas opiniões na medicina quanto na teologia, e um grau igual de ceticismo e alguma falta de tolerância em relação a ambos. Platão tem várias boas noções sobre medicina; segundo ele, "o olho não pode ser curado sem o resto do corpo, nem o corpo sem a mente" (*Cármides*). Nenhum homem de bom senso, diz ele no *Timeu*, faria física; e simpatizamos sinceramente com ele nas *Leis* quando ele declara que "os membros do rústico desgastados pelo trabalho se beneficiarão mais com banhos quentes do que com as prescrições de um médico pouco sábio". Mas dificilmente podemos elogiá-lo quando, em obediência à autoridade de Homero, ele deprecia o regime alimentar, ou aprova o espírito desumano no qual ele se livraria de vidas inválidas e inúteis, deixando-as morrer. Ele não parece ter considerado que o "freio de Teages" pudesse ser acompanhado por qualidades que eram de muito mais valor para o Estado do que a saúde ou força dos cidadãos; ou que o dever de cuidar dos desamparados pode ser um elemento importante da educação em um Estado. O próprio médico (esta é uma observação delicada e sutil) não deve ser um homem de saúde robusta; deveria ter, na fraseologia moderna, um temperamento nervoso; deve ter experiência de doença em sua própria pessoa, a fim de que seus poderes de observação possam ser acelerados no caso de outros.

A perplexidade da medicina é comparada à perplexidade da lei; na qual, novamente, Platão faria os homens seguirem a regra de ouro da simplicidade. Os assuntos maiores devem ser determinados pelo legislador ou pelo oráculo de Delfos, os assuntos menores devem ser deixados para a regulamentação temporária dos próprios cidadãos. Platão está ciente de que o *laissez faire* é um elemento importante do governo. As doenças de um Estado são como as cabeças de uma hidra; que se multiplicam quando são cortadas. O verdadeiro remédio para eles não é a extirpação, mas a prevenção. E a forma de prevenir é cuidar da educação, e a educação vai cuidar de todo o resto. Portanto, nos tempos modernos, os homens muitas vezes sentiram que a única medida política que vale a pena, a única que produziria algum efeito certo ou duradouro, é uma medida de educação nacional. E na nossa, mais do que em qualquer época anterior, foi reconhecida a necessidade de restaurar a confusão sempre crescente da lei à simplicidade e ao bom senso.

Terminado o treino de música e ginástica, segue-se a primeira fase da vida ativa e pública. Mas logo a educação deve começar de novo sob um novo ponto de vista. No intervalo entre o Quarto e o Sétimo Livros, discutimos a natureza do conhecimento, e daí fomos levados a formar uma concepção mais elevada do que era exigido de nós. Pois o verdadeiro conhecimento, de acordo com Platão, é de abstrações e tem a ver, não com particularidades ou individualidades, mas apenas com universalidades; não com as belezas da poesia, mas com as ideias da filosofia. E o grande objetivo da educação é o cultivo do hábito da abstração. Ele deve ser adquirido por meio do estudo das ciências matemáticas. Só elas são capazes de dar ideia de relação e de despertar as energias adormecidas do pensamento.

A matemática na época de Platão compreendia uma parte muito pequena daquilo que agora está incluído nela; mas eles têm uma proporção muito maior na soma do conhecimento humano. Eles eram o único órgão de pensamento que a mente humana possuía naquela época, e a única medida pela qual o caos de particularidades poderia ser reduzido a regra e ordem. A faculdade que treinaram estava naturalmente em guerra com o poético ou imaginativo; e, portanto, para Platão, que está em toda parte procurando abstrações e tentando se livrar das ilusões dos sentidos, quase toda a educação está contida nelas. Pareciam ter uma aplicação inesgotável, em parte porque seus verdadeiros limites ainda não eram compreendidos. O próprio Platão está começando a investigar; embora não esteja ciente de que o número e a figura são meras abstrações dos sentidos, reconhece que as formas usadas pela geometria são emprestadas do mundo sensível. Ele procura encontrar o fundamento último das ideias matemáticas na ideia do bem, embora não explique satisfatoriamente a conexão entre elas; e em sua concepção da relação das ideias com os números, fica muito aquém da definição atribuída a ele por Aristóteles (Metafísica). Mas se ele falha em reconhecer os verdadeiros limites da matemática, também chega a um ponto além deles; em sua opinião, as ideias de número tornam-se secundárias a uma concepção superior de conhecimento. O dialético está tanto acima do matemático quanto o matemático está acima do homem comum. O único, o que se autocomprova, o bem que é a esfera superior da dialética, é a verdade perfeita para a qual todas as coisas ascendem e na qual finalmente repousam.

Esta unidade autocomprovada ou ideia do bem é uma mera visão da qual nenhuma explicação distinta pode ser dada, relativa apenas a um estágio particular na filosofia grega. É uma abstração sob a qual nenhum indivíduo é compreendido, um todo que não tem partes (*Aristóteles, Ética a Nicômaco*). O vazio de tal forma foi percebido por Aristóteles, mas não por Platão. Tampouco ele reconheceu que no processo dialético estão incluídos dois ou mais métodos de investigação que divergem um do outro. Ele não viu que, quer tomasse a estrada mais longa ou a mais curta, nenhum avanço poderia ser feito por esse caminho. E, no entanto, essas visões costumam ter um efeito imenso; pois embora o método da ciência não possa antecipar a ciência, a ideia de ciência, não como ela é, mas como será no futuro, é um grande e inspirador princípio. Na busca do conhecimento, estamos sempre avançando para algo além de nós; e como uma falsa concepção de conhecimento, por exemplo a filosofia escolástica, pode desviar os homens durante muitas eras, assim o verdadeiro ideal, embora vago, pode conduzir todos os seus pensamentos na direção certa. Faz uma grande diferença se a expectativa geral de conhecimento, como esse sentimento indefinido pode ser denominado, baseia-se em um julgamento sólido. Pois a humanidade pode muitas vezes nutrir uma concepção verdadeira do que o conhecimento deveria ser, quando ela tem apenas uma experiência tênue dos fatos. A correlação das ciências, a consciência da unidade da natureza, a ideia de classificação, o senso de proporção, a relutância em parar com a certeza ou em confundir probabilidade com verdade, são princípios importantes da educação superior. Embora Platão não pudesse nos dizer nada, e talvez soubesse que não poderia nos dizer nada da verdade absoluta, ele exerceu uma influência sobre a mente humana que mesmo atualmente não se esgota; e ainda podem surgir questões políticas e sociais nas quais os pensamentos de Platão possam ser lidos de novo e receber um novo significado.

A ideia do bem é assim chamada apenas em *A República*, mas há traços dela em outros diálogos de Platão. É uma causa tanto quanto uma ideia, e deste ponto de vista pode ser comparado ao criador do *Timeu*, que a partir de sua bondade criou todas as coisas. Corresponde, em certa medida, à concepção moderna de uma lei da natureza, ou de uma causa final, ou de ambas em uma, e a esse respeito pode estar ligada à medida e à simetria do *Filebo*. É representada no *Simpósio* sob o aspecto da beleza, e deve ser alcançada lá por estágios de iniciação, como aqui por gradações regulares de conhecimento. Visto subjetivamente, é o processo ou ciência da dialética. Esta é a ciência que, segundo o *Fedro*, é a verdadeira base da retórica, a única capaz de distinguir as naturezas e classes dos homens e das coisas; que divide um todo nas partes naturais e reúne as partes dispersas em um todo natural ou organizado; que define as essências abstratas ou ideias universais de todas as coisas e as conecta; que perfura o véu das hipóteses e atinge a causa final ou primeiro princípio de todos; que diz respeito às ciências em relação à ideia do bem. Essa ciência ideal é o mais elevado processo de pensamento e pode ser descrita como a alma conversando consigo mesma ou mantendo comunhão com a verdade e a beleza eternas e, em outra forma, está a pergunta e a resposta eternas, o interrogatório incessante de Sócrates. Os próprios diálogos de Platão são exemplos da natureza e do método da dialética. Vista objetivamente, a ideia do bem é um poder ou causa que faz o mundo fora de nós corresponder ao mundo interior. No entanto, este mundo fora de nós ainda é um mundo de ideias. Com Platão, a investigação da natureza é um outro departamento do conhecimento, e com isso ele busca chegar apenas a conclusões prováveis (*Timeu*).

 Se perguntarmos se esta ciência da dialética que Platão apenas nos explica pela metade é mais semelhante à lógica ou à metafísica, a resposta é que em seu pensamento as duas ciências ainda não são distinguidas, não mais do que os aspectos subjetivos e objetivos do mundo e do homem, que a filosofia alemã nos revelou. Nem ele determinou se sua ciência da dialética está em repouso ou em movimento, preocupada com a contemplação do ser absoluto, ou com um processo de desenvolvimento e evolução. A metafísica moderna pode ser descrita como a ciência das abstrações ou como a ciência da evolução do pensamento; a lógica moderna, ao ultrapassar os limites das meras formas aristotélicas, pode ser definida como a ciência do método. O germe de ambas está contido na dialética platônica; todos os metafísicos têm algo em comum com as ideias de Platão; todos os lógicos derivaram algo do método de Platão. A abordagem mais próxima, na filosofia moderna, da ciência universal de Platão, pode ser encontrada na "sucessão de momentos na unidade da ideia" hegeliana. Platão e Hegel parecem ter concebido o mundo como uma correlação de abstrações; e não impossivelmente eles teriam se entendido melhor do que qualquer um de seus comentaristas os entende (*Viagem de Swift a Laputa*, c. 8[15]).

Muitas críticas podem ser feitas à teoria da educação de Platão. Enquanto em alguns aspectos ele inevitavelmente fica aquém dos pensadores modernos, em outros está à frente deles. Ele se opõe aos modos de educação que prevaleciam em sua própria época; mas dificilmente se pode dizer que descobriu os novos. Ele não vê que a educação é relativa ao caráter dos indivíduos; deseja apenas imprimir a mesma forma de Estado nas mentes de todos. Não tem ideia suficiente do efeito da literatura sobre a formação da mente e exagera muito o da matemática. Seu objetivo é, acima de tudo, treinar as faculdades de raciocínio; implantar na mente o espírito e o poder de abstração; explicar e definir noções gerais e, se possível, conectá-las. Não é de se admirar que, no vazio do conhecimento real, seus seguidores, e às vezes até ele mesmo, tenham se afastado da doutrina das ideias e retornado àquele ramo do conhecimento em que somente a relação de um

---

[15] "Desejando ver os antigos que eram mais conhecidos por sua inteligência e conhecimento, separei um dia de propósito. Propus que Homero e Aristóteles aparecessem diante de todos os seus comentaristas; mas estes eram tão numerosos que algumas centenas foram forçadas a comparecer no tribunal e nas salas externas do palácio. Eu conhecia e podia distinguir esses dois heróis, à primeira vista, não apenas da multidão, mas um do outro. Homero era a pessoa mais alta e mais atraente dos dois, andava muito ereto para alguém da sua idade e seus olhos eram os mais rápidos e penetrantes que já vi. Aristóteles curvou-se muito e fazia uso de um cajado. Seu rosto era magro, seu cabelo liso e fino e sua voz rouca. Logo descobri que os dois eram totalmente estranhos para o resto das pessoas ao redor e nunca tinham visto ou ouvido falar deles. E eu ouvi um sussurro de um fantasma, que será anônimo, "Que esses comentaristas sempre se mantiveram nos bairros mais distantes de seus ídolos, no mundo inferior, por meio de uma consciência de vergonha e culpa, porque eles haviam deturpado o significado de forma tão horrível desses autores para a posteridade." Apresentei Dídimo e Eustácio a Homero e o persuadi a tratá-los melhor do que talvez merecessem, pois ele logo descobriu que queriam um gênio para entrar no espírito de um poeta. Mas Aristóteles estava sem paciência com o relato que lhe fiz de Scotus e Ramus, quando os apresentei a ele; e perguntou-lhes "se o resto da tribo era tão burro quanto eles?". Há, no entanto, uma diferença entre eles: pois enquanto Hegel pensa em todas as mentes dos homens como uma única mente, que desenvolve os estágios do pensamento em diferentes países ou em diferentes momentos no mesmo país, com Platão essas gradações são consideradas apenas como uma ordem de pensamento ou ideia; a história da mente humana ainda não havia surgido para ele."

e de muitos pode ser verdadeiramente vista – a ciência dos números. Em sua visão tanto de ensino quanto de treinamento, pode ser considerado, na linguagem moderna, um doutrinário; segundo o estilo espartano, teria seus cidadãos formatados em um molde; não parece considerar que algum grau de liberdade, "um pouco de negligência saudável", seja necessário para fortalecer e desenvolver o caráter e para dar jogo à natureza individual. Seus cidadãos não teriam adquirido aquele conhecimento que, na visão de Er, deveria ser obtido pelos peregrinos com sua experiência do mal.

Por outro lado, Platão está muito à frente dos filósofos e teólogos modernos quando ensina que a educação deve continuar ao longo da vida e recomeçar novamente em outra. Ele nunca permitiria que algum tipo de educação cessasse; embora ele estivesse ciente de que o proverbial ditado de Sólon, "Eu envelheço aprendendo muitas coisas", não poderia ser aplicado literalmente. Ele próprio extasiado com a contemplação da ideia do bem, e deleitando-se com a geometria sólida (República), não tem dificuldade em imaginar que uma vida inteira poderia ser passada feliz em tais atividades. Nós, que sabemos quantos mais homens de negócios há no mundo do que verdadeiros estudantes ou pensadores, não somos igualmente otimistas. A educação que ele propõe aos seus cidadãos é realmente a vida ideal do filósofo ou do homem de gênio, interrompida, mas apenas por um tempo, por deveres práticos, uma vida não para muitos, mas para poucos.

No entanto, o pensamento de Platão pode não ser totalmente incapaz de aplicação em nossos tempos. Mesmo se considerado como um ideal que nunca pode ser realizado, pode ter um grande efeito na elevação do caráter da humanidade e elevando-o acima da rotina de sua ocupação ou profissão comum. É a melhor forma sob a qual podemos conceber toda a vida. No entanto, a ideia de Platão não é facilmente posta em prática. Pois a educação da vida adulta é necessariamente a educação que cada um se dá. Homens e mulheres não podem ser reunidos em escolas ou faculdades aos quarenta ou cinquenta anos de idade; e se pudessem, o resultado seria decepcionante. O destino da maioria dos homens é o que Platão chamaria de "a caverna" para toda a vida, e com isso eles estão contentes. Nem têm professores ou conselheiros com quem possam aconselhar-se nos anos mais maduros. Não há nenhum "mestre-escola no exterior" que lhes fale de suas falhas, ou os inspire com o maior senso de dever, ou com a ambição de um verdadeiro sucesso na vida; nenhum Sócrates que os convença da ignorância; nenhum Cristo, ou seguidor de Cristo, os salvará do pecado. Portanto, eles têm dificuldade em receber o primeiro elemento de melhoria, que é o autoconhecimento. As esperanças da juventude não os estimulam mais; preferem descansar a perseguir objetivos elevados. Apenas uns poucos que encontraram grandes homens e mulheres, ou eminentes professores de religião e moralidade, receberam deles uma segunda vida e acenderam uma vela no fogo de seu gênio.

A falta de energia é uma das principais razões pelas quais tão poucas pessoas continuam a melhorar nos seus últimos anos. Eles não têm vontade e não conhecem o caminho. Eles "nunca fazem um experimento" ou procuram um ponto de interesse por si próprios; eles não fazem sacrifícios por causa do conhecimento; suas mentes, como seus corpos, em certa idade tornam-se fixas. O gênio foi definido como "o poder de aceitar as dores"; mas dificilmente alguém mantém seu interesse pelo conhecimento durante toda a vida. Os problemas de uma família, as atividades para ganhar dinheiro, as exigências de uma profissão destroem a elasticidade da mente. A tábua de cera da memória, que antes era capaz de receber "pensamentos verdadeiros e impressões claras", torna-se endurecida e lotada; não há espaço para os acúmulos de uma vida longa (*Teeteto*). O aluno, com o passar dos anos, antes faz uma troca de conhecimentos do que os agrega em sua memória. Não há necessidade urgente de aprender; o estoque de Clássicos, História ou Ciências Naturais que bastava para um homem de vinte e cinco anos é o suficiente para ele aos cinquenta. Nem é fácil dar uma resposta definitiva a quem pergunta como ele deve melhorar. Pois a autoeducação consiste em mil coisas, comuns em si mesmas, em adicionar ao que somos por natureza algo do que não somos; em aprender a nos ver como os outros nos veem; em julgar, não por opinião, mas pela evidência dos fatos; em buscar a sociedade de mentes superiores; em um estudo de vidas e escritos de grandes homens; na observação do mundo e do caráter; em receber gentilmente a influência natural de diferentes momentos da vida; em qualquer ato ou pensamento que se eleva acima da prática ou opiniões da humanidade; na busca de alguma pesquisa nova ou original; em qualquer esforço mental que desperte algum poder latente.

Se alguém deseja realizar em detalhes a educação platônica da vida adulta, alguns conselhos como os seguintes podem ser oferecidos: que deve escolher o ramo do conhecimento para o qual sua própria mente se inclina mais distintamente, e em que ele tem o maior prazer, seja aquele que parece se conectar com seu próprio trabalho diário, ou, talvez, forneça o maior contraste com ele. Pode estudar do lado especulativo a profissão ou negócio em que está engajado na prática. Pode fazer de Homero, Dante, Shakespeare, Platão, Bacon os amigos e companheiros de sua vida. Pode encontrar oportunidades de ouvir a voz viva de um grande professor. Pode selecionar para investigação algum ponto da história ou algum fenômeno inexplicado da natureza. Uma hora por dia passada em tais atividades científicas ou literárias fornecerá tantos fatos quanto a memória puder reter, e lhe dará "um prazer do qual não se arrependerá" (*Timeu*). Só deve se acautelar para não ser escravo de manias, ou de correr atrás de um fogo-fátuo em sua ignorância, ou em sua vaidade de atribuir a si mesmo os dons de um poeta ou assumir o ar de filósofo. Deve conhecer os limites de seus próprios poderes. É melhor edificar a mente por acréscimos lentos, arrastar-se silenciosamente de uma coisa para outra, ganhar insensivelmente novos poderes e novos interesses no conhecimento, do que formar vastos esquemas que nunca estão destinados a ser realizados. Mas talvez, como diria Platão, "Isso é parte de outro assunto" (*Timeu*); embora possamos também defender nossa digressão por seu exemplo (*Teeteto*).

4. Observamos com surpresa que o progresso das nações ou o crescimento natural das instituições que preenchem os tratados modernos de filosofia política parecem quase nunca ter atraído a atenção de Platão e Aristóteles. Os antigos estavam familiarizados com a mutabilidade dos assuntos humanos; podiam moralizar sobre as ruínas das cidades e a queda dos impérios (Platão, *Estadista* e a *Carta de Sulpício a Cícero*); por eles, o destino e o acaso eram considerados poderes reais, quase pessoas, e por terem tido uma grande participação nos eventos políticos. O mais sábio deles, como Tucídides, acreditava que "o que havia sido seria novamente"

e que uma ideia tolerável do futuro poderia ser obtida do passado. Além disso, eles tinham sonhos de uma Idade de Ouro que existiu um dia e ainda poderia existir em alguma terra desconhecida, ou poderá retornar em um futuro remoto. Mas o crescimento regular de um Estado iluminado pela experiência, progredindo no conhecimento, melhorando nas artes, nas quais os cidadãos foram educados pelo cumprimento de deveres políticos, parece nunca ter Estado dentro do alcance de suas esperanças e aspirações. Tal Estado nunca havia sido visto e, portanto, não poderia ser concebido por eles. A experiência deles (Aristóteles, *Metafísica*, Platão, *Leis*) os levaram a concluir que houve ciclos de civilização em que as artes foram descobertas e perdidas muitas vezes, e as cidades foram derrubadas e reconstruídas várias vezes, e dilúvios, vulcões e outras convulsões naturais alteraram a face da terra. A tradição falava de muitas destruições da humanidade e da preservação de um remanescente. O mundo recomeçou após um dilúvio e foi reconstruído a partir dos fragmentos de si mesmo. Também conheceram impérios de antiguidade desconhecida, como o egípcio ou o assírio; mas nunca os viram crescer e não podiam imaginar, mais do que nós, o Estado do homem que os precedeu. Eles ficaram perplexos e assustados com os monumentos egípcios, cujas formas, como diz Platão, não em uma metáfora, mas literalmente, tinham dez mil anos (*Leis*), e eles compararam a antiguidade do Egito com suas próprias memórias curtas.

As primeiras lendas da Hélade não têm nenhuma conexão real com a história posterior: elas estão à distância e a região intermediária está oculta à vista; não há estrada ou caminho que leve de um ao outro. No início da história grega, no vestíbulo do templo, é vista antes de tudo a figura do legislador, ele mesmo o intérprete e servo dos deuses. As leis fundamentais que ele dá não devem mudar com o tempo e as circunstâncias. A salvação do Estado depende, em vez disso, da manutenção inviolável delas. Elas foram sancionadas pela autoridade divina, e era considerado impiedade alterá-las. O desejo de mantê-las inalteradas parece ser a origem do que à primeira vista nos surpreende muito: o zelo intolerante de Platão contra os inovadores na religião ou na política (*Leis*); embora com uma feliz inconsistência, ele também deseja que as leis de outros países sejam estudadas e as melhorias na legislação comunicadas de forma privada ao

Conselho Noturno (*Leis*). Os acréscimos que lhes foram feitos em épocas posteriores a fim de atender à crescente complexidade dos assuntos ainda eram atribuídos por uma ficção ao legislador original; e as palavras de tais decretos em Atenas foram disputadas como se fossem as palavras do próprio Sólon. Platão espera preservar em uma geração posterior o pensamento do legislador; ele deseja que seus cidadãos permaneçam dentro das linhas estabelecidas para eles. Ele não os atormentaria com regulamentos minuciosos, ele teria permitido algumas mudanças nas leis: mas não mudanças que afetassem as instituições fundamentais do Estado, como por exemplo, as que converteriam uma aristocracia em uma timocracia, ou uma timocracia em uma forma popular de governo.

Passando das especulações aos fatos, observamos que o progresso foi a exceção e não a lei da história humana. E, portanto, não nos surpreendemos ao descobrir que a ideia de progresso é mais moderna do que antiga; e, como a ideia de uma filosofia da história, não tem mais de um ou dois séculos. Parece ter surgido da impressão deixada na mente humana pelo crescimento do Império Romano e da Igreja Cristã, e ser devido aos avanços políticos e sociais que introduziram no mundo; e ainda mais em nosso século, ao idealismo da primeira Revolução Francesa e ao triunfo da Independência americana; e em um grau ainda maior à vasta prosperidade material e crescimento da população na Inglaterra e suas colônias e na América. Também deve ser atribuído, em certa medida, ao estudo mais amplo da filosofia da história. O temperamento otimista de alguns grandes escritores ajudou na sua criação, enquanto o caráter oposto levou alguns a considerar o futuro do mundo como sombrio. O "espectador de todos os tempos e de toda a existência" vê mais "o propósito crescente que correu ao longo dos tempos" do que antes: mas para o habitante de um pequeno Estado da Hélade, a visão era necessariamente limitada como o vale em que vivia. Não havia passado remoto em que pudesse repousar o olhar, nem futuro do qual o véu fosse parcialmente levantado pela analogia da história. A estreiteza de visão, que para nós parece tão singular, era para ele natural, senão inevitável.

5. Para a relação de *A República* com o *Político* e as *Leis*, e as duas outras obras de Platão que tratam diretamente da política, veja as Introduções aos

A República

dois últimos; alguns pontos gerais de comparação podem ser abordados neste lugar.

E, primeiramente, das *Leis*.

a. *A República*, embora provavelmente escrita em intervalos, mas falando em geral e a julgar pelas indicações de pensamento e estilo, pode ser razoavelmente atribuída ao período intermediário da vida de Platão: as *Leis* são certamente o trabalho de seus anos de declínio, e pelo menos partes delas parecem ter sido escritas em extrema velhice.

b. *A República* está cheia de esperança e aspirações: as *Leis* trazem a marca do fracasso e da decepção. A primeira é uma obra acabada que recebeu os últimos retoques do autor; a outra está mal executada e aparentemente inacabada. A primeira tem a graça e a beleza da juventude; o outro perdeu a forma poética, mas tem mais da severidade e do conhecimento da vida que são característicos da velhice.

c. O defeito mais evidente das *Leis* é o fracasso do poder dramático, ao passo que *A República* está cheia de contrastes notáveis de ideias e oposições de caráter.

d. Pode-se dizer que as *Leis* têm mais a natureza de um sermão, *A República* de um poema; uma é mais religiosa, a outra mais intelectual.

e. Muitas teorias de Platão, como a doutrina das ideias, o governo do mundo pelos filósofos, não são encontradas nas *Leis*; a imortalidade da alma é mencionada pela primeira vez no Livro XII; a pessoa de Sócrates desapareceu completamente. A comunidade de mulheres e crianças é renunciada; a instituição de refeições comuns ou públicas para as mulheres (*Leis*) é introduzida pela primeira vez (*Arcádia, Político*).

f. Resta nas *Leis* a velha inimizade para com os poetas, que são ironicamente saudados em termos extravagantes e, ao mesmo tempo, são peremptoriamente expulsos da cidade, se não estiverem dispostos a submeter seus poemas à censura dos magistrados (*A República*).

g. Embora o trabalho seja inferior em muitos aspectos, há algumas passagens nas *Leis*, como a honra devida à alma, os males do amor licencioso ou não natural, todo o Livro X (religião), a desonestidade

do comércio varejista e testamentos, que chegam mais comezinhos para nós e contêm mais do que pode ser denominado o elemento moderno em Platão do que qualquer outra coisa em *A República*.
A relação das duas obras uma com a outra é muito bem dada:

a. Por Aristóteles na *Política* do lado das *Leis*:
"As mesmas, ou quase as mesmas, objeções aplicam-se à obra posterior de Platão, as *Leis*, e, portanto, é melhor examinarmos brevemente a constituição que nela está descrita. Em *A República*, Sócrates resolveu definitivamente apenas algumas questões; como a comunidade de mulheres e crianças, a comunidade de propriedade e a constituição do Estado. A população é dividida em duas classes: uma de lavradores e outra de guerreiros; desta última é retirada uma terceira classe de conselheiros e governantes do Estado. Mas Sócrates não determinou se os lavradores e artistas terão atuação no governo e se também deverão portar armas e participar do serviço militar ou não. Ele certamente pensa que as mulheres devem participar da educação dos tutores e lutar ao seu lado. O restante do trabalho é preenchido com digressões alheias ao assunto principal, e com discussões sobre a formação dos tutores. Nas *Leis* não há quase nada além de leis; não se fala muito sobre a constituição. Isso, que ele pretendia tornar mais do tipo comum, gradualmente traz para a outra forma ou forma ideal. Pois, com exceção da comunidade de mulheres e propriedades, supõe que tudo seja o mesmo em ambos os Estados; deve haver a mesma educação; os cidadãos de ambos devem viver livres de ocupações servis e deve haver refeições comuns em ambos. A única diferença é que nas *Leis* as refeições comuns são estendidas às mulheres, e os guerreiros são cerca de 5.000, mas em *A República* apenas 1.000."

b. Por Platão nas *Leis* (Livro v.), do lado de *A República*:
"A primeira e mais elevada forma de Estado, de governo e da lei é aquela em que prevalece mais amplamente o antigo ditado que diz que 'os amigos têm tudo em comum'. Se existe agora, ou se existirá, esta comunhão de mulheres, crianças e da propriedade, em que o

privado e o individual são totalmente banidos da vida, e as coisas que são por natureza privadas, como olhos, ouvidos e mãos, tornaram-se comuns, e todos os homens expressam louvor e culpa, e sentem alegria e tristeza nas mesmas ocasiões, e as leis unem a cidade ao máximo – se tudo isso é possível ou não, digo que nenhum homem agindo sobre qualquer outro princípio, iria constituir um Estado mais exaltado em virtude, ou mais verdadeiro ou melhor do que este. Tal Estado, quer seja habitado por deuses ou filhos de deuses, tornará bem-aventurados os que nele habitarem; e, portanto, devemos buscar o padrão do Estado e nos apegar a ele e, tanto quanto possível, buscar por um que seja assim. O Estado que agora temos em mãos, quando criado, estará mais próximo da imortalidade e da unidade em um grau superior; e depois disso, pela graça divina, vamos completar o terceiro. E começaremos falando da natureza e origem do segundo."

A obra relativamente curta chamada *Estadista* ou *Político* em seu estilo e maneira é mais semelhante às *Leis*, enquanto em seu idealismo se assemelha bastante a *A República*. Tanto quanto podemos julgar por várias indicações de linguagem e pensamento, deve ser posterior a uma, e, é claro, anterior a outra. Tanto em *A República* quanto no *Político*, uma estreita conexão é mantida entre a *Política* e a *Dialética*. No *Político*, as investigações sobre os princípios do Método são intercaladas com discussões sobre política. São consideradas as vantagens comparativas do Estado de direito e de uma pessoa, e a decisão tomada em favor de uma pessoa (Aristóteles, *Político*). Mas muito pode ser dito por outro lado, nem a oposição é necessária; pois uma pessoa pode governar pela lei, e a lei pode ser aplicada de modo a ser a voz viva do legislador. Como em *A República*, existe um mito que descreve, no entanto, não um futuro, mas uma existência anterior da humanidade. Pergunta-se: "Se o Estado de inocência descrito no mito, ou um Estado como o nosso, que possui arte e ciência e distingue o bem do mal, é a condição preferível do homem". A essa questão da felicidade comparativa da vida civilizada e primitiva, tão frequentemente discutida no século passado e no nosso, nenhuma resposta é dada. O *Político*, embora menos perfeito em estilo do que *A República* e de muito menor alcance, pode ser considerado com justiça como um dos maiores diálogos de Platão.

6. Outros, assim como Platão, escolheram uma República ideal para ser o veículo de pensamentos que eles não podiam expressar definitivamente, ou que iam além do seu próprio tempo. A escrita clássica que mais se aproxima de *A República* de Platão é a *"De Republica"* de Cícero; mas nem neste nem em qualquer outro de seus diálogos ele rivaliza com a arte de Platão. Os modos são desajeitados e inferiores; a mão do retórico é aparente a cada passo. No entanto, sentimentos nobres são constantemente recorrentes: a verdadeira nota do patriotismo romano, "Nós, romanos, somos um grande povo", ressoa ao longo de toda a obra. Como Sócrates, Cícero se afastou dos fenômenos do céu para a vida civil e política. Ele prefere não discutir os "dois sóis" de que toda Roma está falando, quando pode conversar sobre "as duas nações em uma" que dividiram Roma desde os dias dos Gracos. Como Sócrates novamente, falando na pessoa de Cipião, ele teme assumir muito o caráter de um professor, em vez de um igual, que está discutindo entre amigos os dois lados de uma questão. Ele confinaria os termos Rei e Estado ao governo da razão e da justiça, e não concederá esse título nem a uma democracia nem a uma monarquia. Mas, sob o domínio da razão e da justiça, ele está disposto a incluir o governo natural superior sobre o natural inferior, que ele compara ao comando da alma sobre o corpo. Ele prefere uma mistura de formas de governo a qualquer uma. Os dois retratos do justo e do injusto, que ocorrem no segundo livro de *A República*, são transferidos para o Estado – Filo, um dos interlocutores, mantendo, contra sua vontade, a necessidade da injustiça como princípio de governo, enquanto o outro, Lélio, apoia a tese oposta. Suas visões de linguagem e número são derivadas de Platão; como esse, ele denuncia o drama. Ele também declara que mesmo se sua vida fosse duas vezes mais longa, ele não teria tempo para ler os poetas líricos. A imagem da democracia é traduzida por ele palavra por palavra, embora dificilmente se mostrasse capaz de "manter a piada" de Platão. Converte em uma frase majestosa a fantasia humorística sobre

os animais, que "estão tão imbuídos do espírito da democracia que fazem os transeuntes saírem de seu caminho". Sua descrição do tirano é imitada de Platão, mas é muito inferior. O segundo livro é histórico e reivindica para a constituição romana (que para ele é a ideal) um fundamento de fato como o que Platão provavelmente pretendia ter dado à República na Crítia. Sua imitação mais notável de Platão é a adaptação da visão de Er, que é convertida por Cícero no *"Somnium Scipionis"*; ele "romanizou" o mito de *A República*, acrescentando um argumento para a imortalidade da alma tirado do *Fedro* e alguns outros toques derivados do *Fédon* e do *Timeu*. Embora seja um belo conto e contendo passagens esplêndidas, o *Somnium Scipionis* é muito inferior à visão de Er; é apenas um sonho, e dificilmente permite ao leitor supor que o escritor acredita em sua própria criação. Quer seus diálogos tenham sido enquadrados no modelo dos diálogos perdidos de Aristóteles, como ele mesmo nos diz, ou de Platão, com os quais guardam muitas semelhanças superficiais, ele ainda é o orador romano; não está dialogando, mas fazendo discursos, e nunca é capaz de moldar o latim intratável à graça e à facilidade do diálogo platônico grego. Mas se é defeituoso na forma, muito mais ele é inferior ao grego na matéria; em parte alguma de seus escritos filosóficos deixa em nossas mentes a impressão de um pensador original.

A República de Platão é considerada uma Igreja e não um Estado; e tal ideal de uma cidade nos céus sempre pairou sobre o mundo cristão, e está corporificado no *"De Civitate Dei"* de Santo Agostinho, que é sugerido pela decadência e queda do Império Romano, muito da mesma maneira em que podemos imaginar que *A República* de Platão foi influenciada pelo declínio da política grega na época do escritor. A diferença é que na época de Platão a degeneração, embora certa, foi gradual e insensível: enquanto a tomada de Roma pelos godos agitou como um terremoto a época de Santo Agostinho. Os homens estavam inclinados a acreditar que a destruição da cidade devia ser atribuída à raiva sentida pelas antigas divindades romanas com a negligência de sua adoração. Santo Agostinho mantém a tese oposta; ele argumenta que a destruição do Império Romano não é devida ao surgimento do Cristianismo, mas aos vícios do Paganismo. Ele vagueia pela história romana e pela filosofia e mitologia gregas, e encontra por toda parte o crime, a impiedade e a falsidade. Ele compara as piores partes das religiões gentias com os melhores elementos da fé em Cristo. Ele não mostra nada do espírito que levou outros dos primeiros Padres Cristãos a reconhecer nos escritos dos filósofos gregos o poder da verdade divina. Ele traça o paralelo do reino de Deus, isto é, a história dos judeus, contida em suas escrituras, e dos reinos do mundo, que são encontrados nos escritores gentios, e os persegue até um futuro ideal. Nem é preciso observar que seu uso tanto de historiadores gregos quanto romanos e dos escritos sagrados dos judeus é totalmente acrítico. A mitologia pagã, os oráculos sibilinos, os mitos de Platão, os sonhos dos neoplatônicos são igualmente considerados por ele como fatos. Ele deve ser reconhecido como um escritor estritamente polêmico ou controverso, que tira o melhor de tudo de um lado e o pior de tudo do outro. Ele não tem nenhuma simpatia pela velha vida romana como Platão tem pela vida grega, nem tem qualquer ideia do reino eclesiástico que surgiria das ruínas do Império Romano. Ele não é cego para os defeitos da Igreja Cristã, e espera o tempo em que Cristão e Pagão serão igualmente levados perante o tribunal, e a verdadeira Cidade de Deus aparecerá... A obra de Santo Agostinho é um curioso repertório de aprendizado e citações de antiquários, profundamente penetrado na ética cristã, mas mostrando pouco poder de raciocínio e um conhecimento escasso da literatura e da língua gregas. Ele era um grande gênio e um caráter nobre, mas dificilmente capaz de sentir ou compreender qualquer coisa externa à sua própria teologia. De todos os filósofos antigos, é o que mais se sente atraído por Platão, embora esteja apenas ligeiramente familiarizado com seus escritos. Tende a acreditar que a ideia da criação no *Timeu* deriva da narrativa do Gênesis; e está estranhamente surpreso com a coincidência (?) de Platão dizer que "o filósofo é o amante dos deuses", e as palavras do Livro do Êxodo em que Deus se revela a Moisés (*Êxodo*). Detém-se longamente nos milagres realizados em sua própria época, dos quais a evidência é considerada por ele como irresistível. Fala de uma maneira muito interessante sobre a beleza e a utilidade da natureza e do corpo humano, que ele concebe para proporcionar um antegozo do Estado celestial e da ressurreição do corpo. O livro não é realmente o que o título sugere para a maioria das pessoas, e pertence a uma época que já passou. Mas contém muitas passagens e pensamentos excelentes que servem para todos os tempos.

O curto tratado *De Monarchia* de Dante é de longe o mais notável dos ideais medievais e traz a marca do grande gênio em que a Itália e a Idade Média são tão vividamente refletidas. É a visão de um Império Universal, que se supõe ser o governo natural e necessário do mundo, tendo uma autoridade divina distinta do papado, mas coextensiva a ele. Não é "o fantasma do Império Romano morto sentado coroado sobre sua sepultura", mas o legítimo herdeiro e sucessor dele, justificado pelas antigas virtudes dos romanos e a beneficência de seu governo. Seu direito de serem os governadores do mundo também é confirmado pelo testemunho de milagres, e reconhecido por São Paulo quando apelou a César, e ainda mais enfaticamente pelo próprio Cristo, que não poderia ter feito expiação pelos pecados dos homens se Ele não tivesse sido condenado por um tribunal divinamente autorizado. A necessidade do estabelecimento de um Império Universal é provada em parte por argumentos a priori, como a unidade de Deus e a unidade da família ou nação; em parte por perversões da Escritura e da história, por falsas analogias da natureza, por citações mal aplicadas dos clássicos e por fragmentos estranhos e lugares-comuns de lógica, mostrando um conhecimento familiar, mas de forma alguma exato, de Aristóteles (de Platão, não há nenhum). Mas um argumento mais convincente ainda é o estado infeliz do mundo, que ele descreve de maneira tocante. Ele não vê esperança de felicidade ou paz para a humanidade até que todas as nações da terra sejam congregadas em um único império. Todo o tratado mostra quão profundamente a ideia do Império Romano estava fixada nas mentes de seus contemporâneos. Não foram necessários muitos argumentos para manter a verdade de uma teoria que a seus contemporâneos parecia tão natural e compatível. Ele fala, ou melhor, prega do ponto de vista não do eclesiástico, mas do leigo, embora, como bom católico, esteja disposto a reconhecer que em certos aspectos o Império deve se submeter à Igreja. O começo e o fim de todas as suas nobres reflexões e de seus argumentos, bons e maus, é a aspiração "que neste pequeno pedaço de terra pertencente ao homem mortal a vida passe em liberdade e paz". Tão inextricavelmente sua visão do futuro está ligada às crenças e circunstâncias de sua própria época.

A *Utopia* de Sir Thomas More é um monumento surpreendente de seu gênio e mostra um alcance do pensamento muito além de seus contemporâneos. O livro foi escrito por ele com cerca de 34 ou 35 anos e está repleto dos sentimentos generosos da juventude. Ele traz a luz de Platão sobre o Estado infeliz de seu próprio país. Vivendo não muito depois da Guerra das Rosas e na escória da Igreja Católica na Inglaterra, ele está indignado com a corrupção do clero, com o luxo da nobreza e da pequena nobreza, com os sofrimentos dos pobres, com as calamidades causadas pela guerra. Aos olhos de More, o mundo inteiro estava em dissolução e decadência; e lado a lado com a miséria e a opressão que descreveu no Primeiro Livro da Utopia, ele coloca no Segundo Livro o Estado ideal que, com a ajuda de Platão, ele havia construído. Os tempos eram cheios de agitação e interesse intelectual. O murmúrio distante da Reforma estava começando a ser ouvido. Para mentes como a de More, a literatura grega foi uma revelação: surgiu uma arte de interpretação, e o Novo Testamento estava começando a ser entendido como nunca, e nem sempre foi desde então, em seu sentido natural. A vida ali retratada parecia-lhe totalmente diferente daquela das comunidades cristãs, na qual "ele não via nada além de uma certa conspiração de homens ricos adquirindo suas próprias mercadorias sob o nome e título da comunidade". Ele pensava que Cristo, como Platão, "instituiu todas as coisas comuns", razão pela qual, ele nos diz, os cidadãos da Utopia estavam mais dispostos a receber suas doutrinas[16]. A comunidade de propriedade é uma ideia fixa para ele, embora esteja ciente dos argumentos que podem ser apresentados do outro lado[17]. Nós nos perguntamos como no reinado de Henrique VIII, embora veladas

---

[16] "No entanto, acho que isso não foi pouca ajuda e avanço no assunto, que nos ouviram dizer que Cristo instituiu entre os seus todas as coisas comuns, e que a mesma comunidade ainda permanece nas comunidades cristãs mais justas." *Utopia*, Edição do inglês, p. 144.

[17] "Essas coisas [digo eu], quando penso comigo mesmo, concordo com Platão e não faço nenhum prodígio que ele não tivesse feito nenhuma lei para aqueles que as recusassem, segundo as quais todos os homens deveriam ter e desfrutar porções iguais de riquezas e mercadorias. Pois os sábios previram facilmente que este seria o único caminho para a riqueza de uma comunidade, se a igualdade de todas as coisas fosse introduzida e estabelecida." *Utopia*, Edição do inglês, p. 67 e 68.

em outro idioma e publicadas em um país estrangeiro, tais especulações pudessem ter sido suportadas.

Ele é dotado de uma invenção dramática muito maior do que qualquer outro que o sucedeu, com exceção de Swift. Na arte de fingir, é um discípulo digno de Platão. Como este, partindo de uma pequena porção de fato, funda sua história com admirável habilidade em alguns versos da narrativa latina das viagens de Américo Vespúcio. É muito preciso sobre datas e fatos e tem o poder de nos fazer crer que o narrador do conto deve ter sido uma testemunha ocular. Ficamos bastante intrigados com sua maneira de misturar pessoas reais e imaginárias; o seu filho John Clement e Peter Giles, cidadão de Antuérpia, com quem disputa as palavras precisas que supostamente teriam sido usadas pelo (imaginário) viajante português, Raphael Hythloday. "Eu tenho mais motivos", diz Hythloday, "para temer que minhas palavras não sejam acreditadas, pois eu sei o quão duramente e dificilmente eu teria acreditado que outro homem dissesse o mesmo, se eu não tivesse visto com os meus próprios olhos." Ou ainda: "Se você tivesse estado comigo na Utopia, e agora tivesse visto suas modas e leis como eu, que vivi lá cinco anos ou mais, e nunca teria vindo de lá, mas apenas para tornar a nova terra conhecida aqui", etc. Lamenta ainda mais ter esquecido de perguntar a Hythloday em que parte do mundo a Utopia está situada; ele "não teria gastado uma pequena soma de dinheiro, em vez de que deveria ter-lhe escapado", e ele implora a Peter Giles para ver Hythloday ou escrever para ele e obter uma resposta para a pergunta. Depois disso, não ficamos surpresos em ouvir que um Professor de Divindade (talvez "um famoso vigário de Croydon em Surrey", como o tradutor pensa) deseja ser enviado para lá como um missionário pelo Sumo Bispo, "sim, e que ele mesmo possa ser feito Bispo da Utopia, nada duvidando que ele deve obter este Bispado de fato; e considera que um fato piedoso que procede não do desejo de honra ou lucro, mas somente de um zelo piedoso". O projeto pode ter falhado devido ao desaparecimento de Hythloday, a respeito de quem temos "notícias muito incertas" após sua partida. Não há dúvida, entretanto, de que ele havia contado a More e Giles sobre a posição exata da ilha, mas infelizmente no mesmo momento a atenção de More, como ele é lembrado em uma carta de Giles, foi atraída por um criado, e um dos membros da companhia, de um resfriado que pegou a bordo de um navio, tossiu tão alto que impediu Giles de ouvir. E "o segredo pereceu" com ele; até hoje o lugar da Utopia permanece desconhecido.

As palavras de *Fedro*, "Ó, Sócrates, você pode facilmente inventar os egípcios ou qualquer coisa", são lembradas em nossa mente enquanto lemos esta ficção realista. No entanto, o maior mérito da obra não é a arte admirável, mas a originalidade do pensamento. More é tão livre quanto Platão dos preconceitos de sua época e muito mais tolerante. Os utópicos não permitem que aquele que não acredita na imortalidade da alma participe da administração do Estado (*Leis*), "porém não o punem, porque estão persuadidos de que não cabe a ninguém acreditar no que ele relata"; e "nenhum homem deve ser culpado por raciocinar em defesa de sua própria religião[18]". Nos serviços públicos, "nenhuma oração seja usada, mas tal como todo homem pode pronunciar com ousadia sem ofender nenhuma seita". Ele diz significativamente: "Deve haver adoração a um homem que já foi de excelente virtude ou de famosa glória, não apenas como Deus, mas também como o Deus supremo e mais importante. Mas a maior e mais sábia parte, rejeitando tudo isso, acreditam que existe um certo poder divino desconhecido, muito acima da capacidade e alcance da inteligência do homem, espalhado por todo o mundo, não em grandeza, mas em virtude e poder. Eles chamam de Pai de todos. Somente a Ele atribuem o início, o aumento, os procedimentos, as mudanças e o fim de todas as coisas. Nem deram eles quaisquer honras divinas a qualquer outro senão a ele". Até agora, More estava longe de compartilhar as crenças populares de sua época. No entanto, no final, ele nos lembra que não concorda em todos os aspectos com os costumes e opiniões dos

---

[18] "Um de nossos companheiros na minha presença foi severamente punido. Ele, assim que foi batizado, começou, contra nossa vontade, com mais afeto do que sabedoria, a raciocinar sobre a religião de Cristo, e começou a se tornar tão ardoroso em seu assunto que não apenas preferia nossa religião a todas as outras, mas também desprezou e condenou a todas elas, chamando-as de profanas, e seus seguidores perversos e diabólicos, e os filhos da condenação eterna. Quando ele havia raciocinado por tanto tempo sobre o assunto, eles o agarraram, acusaram e condenaram-no ao exílio, não como um desprezador da religião, mas como uma pessoa sediciosa e causadora de dissensão entre o povo", p. 145

utópicos que descreve. E devemos deixá-lo ter os benefícios desta cláusula de salvaguarda, e não retirar rudemente o véu atrás do qual tem o prazer de se esconder.

Ele também não está menos à frente da opinião popular em suas especulações políticas e morais. Ele gostaria de desprezar a glória militar; colocaria todos os tipos de pessoas ociosas em ocupações lucrativas, incluindo na mesma classe, padres, mulheres, nobres, cavalheiros e "mendigos fortes e valentes", para que o trabalho de todos pudesse ser reduzido a seis horas por dia. Sua aversão à pena capital e planos para a reforma dos ofensores; sua aversão a padres e advogados[19]; sua observação de que "embora todos possam ouvir falar de cães e lobos famintos e devoradores cruéis de homens, não é fácil encontrar Estados que são bem e sabiamente governados", estão curiosamente em desacordo com as noções de sua idade e, na verdade, com a sua própria vida. Há muitos pontos em que ele mostra um sentimento moderno e uma visão profética como Platão. Ele é um reformador sanitário; afirma que os Estados civilizados têm direito ao solo dos países inúteis; está inclinado à opinião que coloca a felicidade nos prazeres virtuosos, mas nisso, como ele pensa, não discorda daqueles outros filósofos que definem a virtude como uma vida de acordo com a natureza. Ele estende a ideia de felicidade de forma a incluir a felicidade dos outros; e argumenta engenhosamente: "Todos os homens concordam que devemos fazer os outros felizes; mas se é assim para os outros, quanto mais para nós mesmos!" E ainda pensa que pode haver um caminho mais excelente, mas a isso nenhuma razão pode alcançar, a menos que o céu o inspire com uma verdade mais elevada. Suas cerimônias antes do casamento; sua proposta humana de que a guerra deveria ser travada assassinando os líderes do inimigo pode ser comparada a alguns dos paradoxos de Platão. Ele tem uma fantasia encantadora, como as afinidades de gregos e bárbaros no *Timeu*, de que os utópicos aprenderam a língua dos gregos com mais prontidão porque eram originalmente da mesma

---

[19] Compare sua observação satírica: "Eles (os utópicos) só têm sacerdotes de extrema santidade e, portanto, têm muito poucos". p. 102

raça que eles. É penetrado pelo espírito de Platão e cita ou adapta muitos pensamentos de *A República* e do *Timeu*. Prefere os deveres públicos aos privados e é um tanto impaciente com a importunação das relações. Seus cidadãos não têm prata ou ouro próprios, mas estão prontos o suficiente para pagá-los aos mercenários. Não há nada que ele despreze mais do que o amor ao dinheiro. O ouro é usado para grilhões de criminosos, e diamantes e pérolas para colares de crianças[20].

Como Platão, ele está cheio de reflexões satíricas sobre governos e príncipes; sobre o estado do mundo e do conhecimento. O herói de seu discurso (Hythloday) está muito relutante em se tornar um ministro de Estado, considerando que perderia sua independência e seus conselhos nunca seriam ouvidos[21]. Ele ridiculariza a nova lógica de seu tempo; os utópicos nunca puderam ser levados a compreender a doutrina das Segundas Intenções[22]. É muito severo nos esportes da pequena nobreza; os utópicos consideram "a caça como a parte mais baixa, vil e abjeta da carnificina". Ele cita as palavras de *A República*, nas quais o filósofo é descrito "ficando fora do caminho sob uma parede até que a tempestade de granizo e a chuva passem", que admitem uma aplicação singular ao próprio destino de More; embora, escrevendo vinte anos antes (por volta do ano de 1514), ele dificilmente pudesse ter previsto isso. Não há nenhum toque de sátira que atinja mais profundamente do que sua observação silenciosa de que a

---

[20] "Quando os embaixadores vieram vestidos de ouro e plumas de pavão aos olhos de todos os utópicos, exceto de muito poucos, que estiveram em outros países por algum motivo razoável, toda aquela roupa linda parecia vergonhosa e digna de reprovação. Tanto que eles mais reverentemente saudaram os mais vis e abjetos deles como senhores – passando por cima dos próprios embaixadores sem qualquer honra, julgando-os por usarem correntes de ouro como escravos. Você deveria ter visto as crianças também, que haviam jogado fora suas pérolas e pedras preciosas, quando viram coisas semelhantes nos gorros dos embaixadores, cutucando e empurrando suas mães ao seu lado, dizendo-lhes assim: 'Olhe, ele é uma criança ainda'. Mas a mãe; sim, e com sinceridade: 'Acalme-se, filho', disse ela, 'acho que ele é um dos bobos dos embaixadores'".

[21] Compare com uma passagem requintada, cuja conclusão é a seguinte: "E, na verdade, é naturalmente dado... suprimido e acabado." (p. 35)

[22] "Pois eles não criaram uma de todas aquelas regras de restrições, amplificações e suposições, muito engenhosamente inventadas nas pequenas Lógicas, que aqui nossos filhos aprendem em todos os lugares. Além disso, eles nunca foram capazes de descobrir as Segundas Intenções; de modo que nenhum deles jamais poderia ver o próprio homem em comum, como o chamam, embora ele seja [como você sabe] maior do que qualquer gigante, sim, e apontado para nós até mesmo com nosso dedo.", p. 105

A República

maior parte dos preceitos de Cristo estão mais em desacordo com a vida dos cristãos comuns do que o discurso da *Utopia*[23].

A *Nova Atlântida* é apenas um fragmento, e muito inferior em mérito à *Utopia*. A obra é cheia de engenhosidade, mas carente de fantasia criativa e de forma alguma impressiona o leitor com um senso de credibilidade. Em alguns lugares, Francis Bacon é caracteristicamente diferente de Sir Thomas More, como, por exemplo, no Estado externo que atribui ao governador da Casa de Salomão, cujo traje descreve minuciosamente, enquanto para Sir Thomas More tais adornos parecem simplesmente ridículos. Ainda assim, após esse programa de vestimenta, Bacon acrescenta a bela característica, "que ele parecia ter pena dos homens". Várias coisas foram emprestadas por ele do *Timeu*; mas ele prejudicou a unidade de estilo ao adicionar pensamentos e passagens tiradas das Escrituras Hebraicas.

A *Cidade do Sol* escrita por Campanella (1568-1639), um frade dominicano, vários anos depois da *Nova Atlântida* de Bacon, tem muitas semelhanças com *A República* de Platão. Os cidadãos têm esposas e filhos em comum; seus casamentos são do mesmo tipo temporário e são arranjados pelos magistrados de tempos em tempos. Eles não adotam, no entanto, seu sistema de sorteio, mas trazem juntos as melhores naturezas, masculina e feminina, "de acordo com as regras filosóficas". As crianças de até dois anos de idade são criadas por suas mães em templos públicos; e como os indivíduos em sua maioria educam mal seus filhos, no início do terceiro ano eles são confiados aos cuidados do Estado e são ensinados no início, não por meio de livros, mas de pinturas de todos os tipos, que são estampadas nas paredes da cidade. A cidade tem seis circuitos internos de muralhas e uma muralha externa que é o sétimo. Nesta parede externa estão pintadas as figuras de legisladores e filósofos, e em cada uma das paredes internas são delineados os símbolos ou formas de alguma das ciências. As mulheres são, em sua maioria, treinadas, como os homens,

---

[23] "E, no entanto, a maior parte deles é mais dissidente dos costumes do mundo hoje em dia, do que minha comunicação era. Mas pregadores, homens astutos e argutos, seguindo seu conselho [como eu suponho] porque viram homens mal dispostos a enquadrar suas maneiras no governo de Cristo, eles torceram e desviaram sua doutrina e, como uma regra de chumbo, a aplicaram às maneiras dos homens, para que de alguma forma, pelo menos, eles possam concordar juntos." (p. 66)

na guerra e em outros exercícios; mas elas têm duas ocupações especiais próprias. Depois de uma batalha, elas e os meninos acalmam e socorrem os guerreiros feridos; também os encorajam com abraços e palavras agradáveis. Alguns elementos da religião cristã ou católica são preservados entre eles. A vida dos Apóstolos é muito admirada por este povo porque todos tinham tudo em comum; e a curta oração que Jesus Cristo ensinou aos homens é usada em sua adoração. É dever dos magistrados principais perdoar os pecados e, portanto, todo o povo faz confissão secreta deles aos magistrados, e eles ao seu chefe, que é uma espécie de Reitor Metafísico; e por este meio ele está bem informado de tudo o que se passa na mente dos homens. Após a confissão, a absolvição é concedida aos cidadãos coletivamente, mas ninguém é mencionado pelo nome. Também existe entre eles a prática da oração perpétua, realizada por uma sucessão de sacerdotes, que mudam a cada hora. Sua religião é um culto a Deus na Trindade, isto é, de Sabedoria, Amor e Poder, mas sem nenhuma distinção de pessoas. Eles contemplam no sol o reflexo de Sua glória; rejeitam meras imagens esculpidas, recusando-se a cair na "tirania" da idolatria.

Muitos detalhes são dados sobre seus costumes de comer e beber, sobre seu modo de vestir, seus empregos, suas guerras. Campanella busca um novo modo de educação, que seja um estudo da natureza, e não de Aristóteles. Ele não quer que seus cidadãos percam seu tempo considerando o que ele chama de "os sinais mortos das coisas". Ele observa que aquele que conhece apenas uma ciência, não a conhece realmente mais do que as demais, e insiste fortemente na necessidade de uma variedade de conhecimentos. Mais estudiosos são enviados à Cidade do Sol em um ano do que pelos métodos contemporâneos em dez ou quinze. Ele evidentemente acredita, como Bacon, que doravante a ciência natural desempenhará um grande papel na educação, uma esperança que dificilmente parece ter sido realizada, seja em nossa época ou em qualquer época anterior; de qualquer forma, seu cumprimento foi adiado por muito tempo.

Há muita engenhosidade e até originalidade neste trabalho, e um espírito mais iluminado o percorre. Mas tem pouco ou nenhum charme de estilo e fica muito aquém da *Nova Atlântida* de Francis Bacon, e mais ainda

A República

da *Utopia* de Sir Thomas More. Está cheio de inconsistências e, embora emprestado de Platão, mostra apenas um conhecimento superficial de seus escritos. É uma obra que se poderia esperar ter sido escrita por um filósofo e homem de gênio que foi também frade, e que passou vinte e sete anos de sua vida na prisão da Inquisição. A característica mais interessante do livro, comum a Platão e Sir Thomas More, é o profundo sentimento que é mostrado pelo escritor da miséria e da ignorância que prevalecia entre as classes mais baixas em sua própria época. Campanella toma nota da resposta de Aristóteles à comunidade de propriedade de Platão, que em uma sociedade onde todas as coisas são comuns, nenhum indivíduo teria qualquer motivo para trabalhar (Aristóteles, *Política*): ele responde que seus cidadãos estando felizes e contentes consigo mesmos (eles são obrigados a trabalhar apenas quatro horas por dia), terão maior consideração por seus companheiros do que existe entre os homens atualmente. Ele pensa, como Platão, que se abolir sentimentos e interesses privados, um grande sentimento público tomará seu lugar.

Outros escritos sobre Estados ideais, como a *Oceana*, de Harrington, em que o senhor Archon, significando Cromwell, é descrito não como ele era, mas como deveria ter sido; ou os *Argenis*, de Barclay, que é uma alegoria histórica de seu próprio tempo, são muito diferentes de Platão para serem dignos de menção. Mais interessante do que qualquer um desses, e muito mais platônico em estilo e pensamento, é *Monarquia do Homem*, de Sir John Eliot, em que o prisioneiro da Torre, não mais capaz de "ser um político na terra de seu nascimento", afasta-se da política para ver "aquela outra cidade que está dentro dele" e descobre na própria soleira da sepultura que o segredo da felicidade humana é o domínio de si mesmo. A mudança de governo na época da Comunidade Britânica fez com que os homens pensassem nos primeiros princípios e deu origem a muitas obras desta classe... O grande gênio original de Swift nada deve a Platão; nem há qualquer vestígio na conversa ou nas obras do doutor Johnson de qualquer conhecimento de seus escritos. Ele provavelmente teria refutado Platão sem lê-lo, da mesma maneira em que supôs ter refutado a teoria do bispo Berkeley sobre a não existência da matéria. Excetuando-se os chamados platônicos ingleses, ou melhor, os neoplatônicos, que nunca entenderam seu mestre, e os escritos de Coleridge, que era até certo ponto uma alma gêmea, Platão não deixou nenhuma impressão permanente na literatura inglesa.

7. A vida e a conduta humanas são afetadas pelos ideais da mesma forma que são afetadas pelos exemplos de homens eminentes. Nem um nem outro são imediatamente aplicáveis à prática, mas há uma virtude fluindo deles que tende a elevar os indivíduos acima da rotina comum da sociedade ou do comércio, e elevar os Estados acima dos meros interesses do comércio ou das necessidades de autodefesa. Como os ideais da arte, eles são parcialmente enquadrados pela omissão de detalhes; precisam ser vistos a uma certa distância e tendem a desaparecer se tentarmos nos aproximar deles. Eles ganham uma distinção imaginária quando incorporados em um Estado ou em um sistema de filosofia, mas ainda permanecem as visões de "um mundo não realizado". Mais impressionantes e óbvios para a mente comum são os exemplos de grandes homens, que serviram à sua própria geração e são lembrados pelas seguintes. Mesmo em nosso próprio círculo familiar pode ter havido alguém, uma mulher, ou mesmo uma criança, em cujo rosto brilhou uma bondade mais do que humana. O ideal então se aproxima de nós, e nos apegamos com carinho a ele. O ideal do passado, seja de nossas vidas passadas ou de antigos Estados da sociedade, exerce um fascínio singular na mente de muitos. Aprendemos tarde demais que tais ideais não podem ser lembrados, embora a lembrança deles possa ter uma influência humanizadora em outras épocas. Mas as abstrações da filosofia são para a maioria das pessoas frias e vazias; eles iluminam, mas não fornecem calor; eles são como a lua cheia no céu quando não há estrelas aparecendo. Os homens não podem viver apenas pelo pensamento; o mundo dos sentidos está sempre invadindo-os. Eles estão em sua maior parte confinados a um canto da terra, e veem apenas um pouco além de sua própria casa ou local de residência; "não levantam os olhos para as colinas"; não estão acordados quando o amanhecer aparece. Mas, em Platão, atingimos uma altura a partir da qual um homem pode olhar à distância e contemplar o futuro do mundo e da filosofia. O ideal do Estado e da vida

do filósofo; o ideal de uma educação continuada ao longo da vida e que se estenda igualmente a ambos os sexos; o ideal da unidade e correlação do conhecimento; a fé no bem e na imortalidade são as formas vazias de luz sobre as quais Platão está procurando fixar os olhos da humanidade.

8. Dois outros ideais, que nunca apareceram além do horizonte na filosofia grega, flutuam diante das mentes dos homens em nossos dias: um visto mais claramente do que antes, como se cada ano e cada geração nos aproximasse de alguma grande mudança; o outro quase no mesmo grau retirando-se da vista por trás das leis da natureza, como se oprimido por elas, mas ainda permanecendo uma esperança silenciosa de não sabermos o que se esconde no coração do homem. O primeiro ideal é o futuro da raça humana neste mundo; o segundo, o futuro do indivíduo em um outro. O primeiro é a realização mais perfeita de nossa vida presente; o segundo, a abnegação dela: um, limitado pela experiência, outro, transcendendo-a. Ambos foram e são poderosos motivos para a ação; existem alguns nos quais eles ocuparam o lugar de todos os interesses terrenos. A esperança de um futuro para a raça humana à primeira vista parece ser o mais desinteressado, a esperança de existência individual o mais egoísta dos dois motivos. Mas quando os homens aprenderam a resolver sua esperança de um futuro para si mesmos ou para o mundo na vontade de Deus – "não a minha vontade, mas a Tua", a diferença entre eles desaparece; e podem ser autorizados a fazer de qualquer um deles a base de suas vidas, de acordo com seu caráter ou temperamento individual. Há tanta fé na disposição de trabalhar por um futuro invisível neste mundo quanto em um outro. Tampouco é inconcebível que alguma natureza rara possa sentir seu dever para com outra geração, ou para com outro século, quase tão fortemente quanto para com o seu próprio, ou que, vivendo sempre na presença de Deus, ela possa perceber o outro mundo tão vividamente quanto ele faz com este.

O maior de todos os ideais pode, ou melhor, deve ser concebido por nós sob semelhanças derivadas das qualidades humanas; embora às vezes, como os profetas judeus, possamos afastar essas figuras de linguagem e descrever a natureza de Deus apenas em negativas. Estas, novamente, gradualmente adquirem um significado positivo. Seria bom se, ao meditar nas verdades superiores, fosse da filosofia ou da religião, às vezes substituíssemos uma forma de expressão por outra, para que pelas necessidades da linguagem não nos tornássemos escravos de meras palavras.

Há um terceiro ideal, não o mesmo, mas semelhante a estes, que tem um lugar no lar e no coração de cada crente na religião de Cristo, e no qual os homens parecem encontrar uma verdade mais próxima e mais familiar, o homem divino, o Filho do Homem, o Salvador da humanidade, que é o primogênito e cabeça de toda a família no céu e na terra, em Quem o Divino e o humano, o que está fora e o que está dentro do alcance de nossas faculdades terrenas, estão indissoluvelmente unidos. Nem é esta forma divina de bondade totalmente separável do ideal da Igreja Cristã, que é dito no Novo Testamento ser "Seu corpo", ou em desacordo com aquelas outras imagens de bem que Platão apresenta diante de nós. Nós O vemos apenas em uma figura, e das figuras de linguagem selecionamos apenas algumas, e as mais simples, para serem Sua expressão. Nós O vemos em uma foto, mas Ele não está lá. Reunimos os fragmentos de Seus discursos, mas também não O representam como Ele realmente era. Sua morada não está no céu nem na Terra, mas no coração do homem. Esta é aquela imagem que Platão viu vagamente ao longe, que, quando existia entre os homens, ele chamou, na linguagem de Homero, "a semelhança divina", a semelhança de uma natureza que em todos os tempos os homens sentiram ser maior e melhor do que eles próprios, e que em formas infinitas, sejam derivadas da Escritura ou da natureza, do testemunho da história ou do coração humano, considerado pessoa ou não pessoa, com ou sem partes ou paixões, existindo ou não no espaço, é e sempre será para a humanidade a Ideia do Bem.

BENJAMIN JOWETT[24]

---

[24] Nascido em Camberwell, Inglaterra, em 1817, foi teólogo, tutor, reformador universitário e renomado mestre de uma faculdade de Oxford, tradutor de Platão e Tucídides. Ele foi mestre do Balliol College, Oxford. Fonte: BBC. (N.T.)

A REPÚBLICA

Personagens do Diálogo

Sócrates, *que é o narrador* Céfalo
Glauco Trasímaco
Adimanto Cleitofonte

E outros que são a audiência muda.

A cena se passa na casa de Céfalo no Pireu; e todo o diálogo é narrado por Sócrates no dia seguinte ao que de fato ocorreu para Timeu, Hermócrates, Crítias e uma pessoa sem nome, que são apresentados no *Timeu*.

LIVRO I

> A República I
> SÓCRATES, GLAUCO
> Encontro de Sócrates e Glauco com Polemarco no Festival de Bêndis.

Desci ontem ao Pireu com Glauco, filho de Ariston, para oferecer minhas orações à deusa[25]; e porque queria ver como fariam as festividades, que era uma novidade. Fiquei encantado com a procissão dos habitantes; mas a dos trácios era, se não mais, igualmente bela. Terminadas nossas orações e vendo o espetáculo, tomamos o rumo da cidade; e naquele instante Polemarco, filho de Céfalo, por acaso nos avistou à distância, quando estávamos voltando para casa, e disse a seu servo que corresse até nós e pedisse para esperá-lo. O servo segurou-me pela parte de trás da capa e disse: Polemarco deseja que você espere.

Eu me virei e perguntei onde estava seu mestre.

Lá está ele, disse o jovem, vindo atrás de você, se você apenas puder esperar.

> SÓCRATES, POLEMARCO, GLAUCO, ADIMANTO E CÉFALO.

Certamente, disse Glauco; e em poucos minutos Polemarco apareceu, e com ele Adimanto, irmão de Glauco, Nicerato o filho de Nícias, e vários outros que tinham estado na procissão.

---

[25] Bêndis, a Trácia Ártemis. (N.A.)

Polemarco me disse: percebo, Sócrates, que você e seu companheiro já estão a caminho da cidade.

Você não está muito errado, eu disse.

Mas você vê, ele replicou, quantos somos?

Claro.

E você é mais forte do que todos esses? Pois se não o for, terá que permanecer onde está.

Não pode haver a alternativa, eu disse, para que possamos persuadi-lo a nos deixar ir?

Mas você pode nos persuadir, se nos recusarmos a ouvi-lo? Ele disse.

Claro que não, respondeu Glauco.

Então, não vamos ouvir; disso você pode ter certeza.

> A corrida equestre das tochas.

Adimanto acrescentou: Ninguém lhe falou da corrida a cavalo, com tochas, em homenagem à deusa que acontecerá à noite?

Com cavalos! Eu respondi: Isso é uma novidade. Os cavaleiros carregarão tochas e as passarão uns aos outros durante a corrida?

Sim, disse Polemarco, e não só isso, mas à noite será celebrada uma festa a que vocês certamente deveriam assistir. Vamos nos levantar logo após a ceia e ver esse festival; haverá uma reunião de rapazes e teremos uma boa conversa. Fique, então, e não seja perverso.

Glauco disse: Suponho, já que você insiste, que devemos ficar.

Muito bem, respondi.

> A reunião de amigos na casa de Céfalo.

Assim, fomos com Polemarco à sua casa; e lá encontramos seus irmãos Lísias e Eutidemo, e com eles Trasímaco, o calcedônico, Carmantides, o Paeaniano, e Cleitofonte, filho de Aristônimo. Lá também estava Céfalo, o pai de Polemarco, que eu não via há muito tempo, e pensei como parecia muito velho. Ele estava sentado em uma cadeira acolchoada e tinha uma guirlanda na cabeça, pois havia participado do sacrifício na corte; e havia algumas outras cadeiras na sala dispostas em semicírculo, sobre as quais nos sentamos ao lado dele. Ele me saudou com entusiasmo e então disse:

A República

> **Céfalo, Sócrates.**

Você não vem me ver, Sócrates, com a frequência que deveria: se eu ainda pudesse ir vê-lo, não pediria que viesse até mim. Mas, na minha idade, dificilmente consigo chegar à cidade e, portanto, você deveria vir com mais frequência ao Pireu. Pois deixe-me dizer-lhe que quanto mais os prazeres do corpo desaparecem, maior é para mim o prazer e o encanto da conversa. Não negue, então, meu pedido, mas faça de nossa casa seu refúgio e faça companhia a esses jovens; somos velhos amigos e você se sentirá em casa conosco.

Respondi: Não há nada que eu goste mais, Céfalo, do que conversar com homens idosos; pois os considero como viajantes que fizeram uma jornada que eu também devo fazer, e a quem devo perguntar se o caminho é suave e fácil, ou acidentado e difícil. E esta é uma pergunta que gostaria de fazer a vocês, que chegaram àquela época que os poetas chamam de "limiar da velhice" – a vida está mais difícil no fim, ou que relato você faz sobre isso?

> A idade avançada não deve ser culpada pelos problemas dos velhos.

Vou lhe dizer, Sócrates, qual é o meu sentimento. Homens da minha idade se reúnem; somos pássaros com penas iguais, como diz o velho provérbio; e em nossas reuniões a história de meus conhecidos geralmente é: não posso comer, não posso beber; os prazeres da juventude e do amor desapareceram, houve um tempo bom antes, mas agora ele se foi, e a vida não é mais vida. Alguns reclamam dos desprezos que os parentes impõem a eles e, com tristeza, contarão a você de quantos males a sua velhice é a causa. Mas para mim, Sócrates, esses reclamantes parecem culpar o que não está realmente em falta. Pois se a velhice fosse a causa, eu também sendo velho, e todos os outros velhos, teriam se sentido como eles. Mas esta não é minha própria experiência, nem de outras pessoas que conheci.

> A fala excelente de Sófocles.

Como me lembro bem do poeta idoso Sófocles, quando respondendo à pergunta: Como o amor combina com a idade, Sófocles, você ainda é o homem que era? Paz, ele respondeu; muito felizmente escapei daquilo de que você fala. Eu me sinto como se tivesse escapado de um mestre louco e furioso. Suas palavras frequentemente me ocorreram desde então, e elas me parecem tão boas agora quanto na época em que ele as pronunciou. Pois certamente a velhice tem uma grande sensação de calma e liberdade; quando as paixões relaxam seu domínio, então, como diz Sófocles, ficamos livres das garras não de um único mestre apenas, mas de muitos. A verdade, Sócrates, é que esses arrependimentos, e as queixas sobre os relacionamentos, devem ser atribuídos à mesma causa, que não é a velhice, mas o caráter e o temperamento dos homens; pois aquele que é de natureza calma e feliz dificilmente sentirá a pressão da idade, mas para aquele que tem uma disposição oposta, a juventude e a velhice são igualmente um fardo.

> É admissível que os velhos, se quiserem estar confortáveis, tenham uma quantidade suficiente de riquezas; nem a virtude, nem as riquezas sozinhas podem tornar um velho mais feliz.

Ouvi com admiração e querendo atraí-lo, para que continuasse: Sim, Céfalo, eu disse: mas suspeito que as pessoas em geral não são convencidas por você quando fala assim; elas pensam que a velhice não afeta você, não por causa de sua disposição feliz, mas porque você é rico e sabe-se que a riqueza é um grande consolador.

Você está certo, respondeu ele, eles não estão convencidos, e há algo no que eles dizem; não, entretanto, tanto quanto eles imaginam. Eu poderia lhes responder como Temístocles respondeu ao serifiano que estava abusando dele e dizendo que ele era famoso, não por seus próprios méritos, mas porque era um ateniense: "Se você fosse um nativo do meu país ou eu do seu, nenhum de nós teria sido famoso". E para aqueles que não são ricos e são impacientes com a velhice, a mesma resposta pode ser feita; pois para o bom homem pobre, a velhice não pode ser um fardo leve, nem pode um homem rico mau ter paz consigo mesmo.

Posso perguntar, Céfalo, se sua fortuna foi em grande parte herdada ou adquirida por você?

> Céfalo herdou, mais do que construiu, sua fortuna; portanto, ele é indiferente ao dinheiro.

Adquirida! Sócrates, quer saber quanto eu consegui guardar? Na arte de ganhar dinheiro estive a meio caminho entre meu pai e meu avô: pois meu avô, cujo nome eu levo, dobrou e triplicou o valor de seu patrimônio, que herdou sendo muito o que possuo agora; mas meu pai Lisânias reduziu a propriedade abaixo do que é atualmente: e ficarei satisfeito se deixar a estes meus filhos não menos, mas um pouco mais do que recebi.

Foi por isso que lhe fiz esta pergunta, respondi, porque vejo que é indiferente quanto ao dinheiro, que é uma característica mais de quem herdou a sua fortuna do que de quem a adquiriu; os fazedores de fortunas têm um segundo amor pelo dinheiro como uma criação própria, semelhante à afeição dos autores pelos próprios poemas, ou dos pais pelos filhos, além daquele amor natural pelo uso e pelo lucro que é comum para eles e todos os homens. E, portanto, são uma péssima companhia, pois não podem falar sobre nada além de elogios à riqueza.

Isso é verdade, disse ele.

> As vantagens da riqueza.

Sim, é verdade, mas posso fazer outra pergunta? Qual você considera ser a maior bênção que colheu de sua riqueza?

> O medo da morte e a consciência do pecado se tornam mais presentes na velhice; e ser rico liberta o homem de diversas tentações.

Uma, disse ele, da qual eu não poderia esperar facilmente convencer os outros. Pois deixe-me dizer-lhe, Sócrates, que quando um homem pensa que está perto da morte, os temores e cuidados que ele nunca teve antes entram em sua mente; as histórias de um mundo inferior e a punição que é exigida lá de atos feitos aqui já foram motivo de riso para ele, mas agora ele é atormentado pelo pensamento de que elas podem ser reais: ou pela fraqueza da idade, ou porque está agora se aproximando daquele outro lugar, tem uma visão mais clara dessas coisas; suspeitas e alarmes apinham-se pesadamente sobre ele, e começa a refletir e a considerar quais erros cometeu com os outros. E quando ele descobrir que a soma de suas transgressões é grande, muitas vezes, como uma criança, levantará em seu sono de medo e ficará cheio de maus pressentimentos. Mas para aquele que não está cônscio de nenhum pecado, a doce esperança, como Píndaro diz encantadoramente, é a gentil babá de sua época:

> A estirpe admirável de Píndaro.

"A esperança", diz ele, "acalenta a alma daquele que vive na justiça e na santidade, e é a ama de sua época e a companheira de sua jornada; esperança que é mais poderosa para balançar a alma inquieta do homem."

Quão admiráveis são suas palavras! E a grande bênção das riquezas, não digo a todo homem, mas a um homem bom, é que ele não tenha tido a ocasião de enganar ou defraudar os outros, intencionalmente ou não; e quando parte para o mundo inferior, não teme as oferendas devidas aos deuses ou dívidas que deve aos homens. Agora, para essa paz de espírito, a posse de riquezas contribui muito; e, portanto, digo que, colocando uma coisa contra a outra, das muitas vantagens que a riqueza tem a dar, para um homem de bom senso esta é, em minha opinião, a maior.

> Céfalo, Sócrates, Polemarco. Justiça ao falar a verdade e pagar suas dívidas.

Muito bem colocado, Céfalo, respondi; mas, quanto à justiça, o que é? Falar a verdade e pagar suas dívidas, nada mais do que isso? E mesmo para isso, não há exceções? Suponha que um amigo, em sã consciência, depositou armas comigo e as pede quando não está em sã consciência, devo devolvê-las a ele? Ninguém diria que eu devo, ou que eu deveria estar certo ao fazê-lo, mais do que diriam que devo sempre falar a verdade a quem está em sua condição.

Você tem toda a razão, respondeu ele.

Mas então, eu disse, falar a verdade e pagar suas dívidas não é uma definição correta de justiça.

Muito correto, Sócrates, se devemos crer em Simônides, disse Polemarco interpondo.

> Essa é a definição de Simonides. Mas não se deve em todas as ocasiões fazer um ou outro. Qual foi o sentido, então?

Receio, disse Céfalo, ter de ir agora, pois tenho de cuidar dos sacrifícios, e passo o argumento a Polemarco e aos companheiros.

Polemarco não é seu herdeiro? Eu perguntei.

Com certeza, ele respondeu e foi embora rindo para os sacrifícios.

Diga-me então, ó herdeiro do argumento, o que Simônides disse, e de acordo com o que você realmente disse, sobre justiça?

Disse que a devolução de uma dívida é justa e, ao dizê-lo, parece-me ter razão.

Eu lamentaria duvidar da palavra de um homem tão sábio e inspirado, mas seu significado, embora provavelmente claro para você, é o contrário de claro para mim. Pois ele certamente não quer dizer, como acabamos de dizer, que devo devolver um empréstimo de armas ou de qualquer outra coisa a quem o pede quando não está em seu devido juízo; e ainda assim um depósito não pode ser descaracterizado como uma dívida.

Verdadeiro.

Então, quando a pessoa que me pergunta não está em seu perfeito juízo, não devo devolver de forma alguma?

Certamente não.

Quando Simônides disse que o reembolso de uma dívida era justiça, não teve a intenção de incluir esse caso?

Certamente não; pois ele pensa que um amigo deve sempre fazer o bem a um amigo e nunca o mal.

SÓCRATES, POLEMARCO.

Quer dizer que a devolução de um empréstimo em ouro que prejudica o recebedor, se as duas partes forem amigas, não é o pagamento de uma dívida, isso é o que você imaginaria que ele diria?

Sim.

E os inimigos também devem receber o que devemos a eles?

Certamente, disse ele, eles devem receber o que devemos a eles, e um inimigo, a meu ver, deve a um inimigo o que é devido ou próprio a ele, isto é, o mal.

Simônides, então, à maneira dos poetas, parecia ter falado sombriamente sobre a natureza da justiça; pois ele realmente queria dizer que justiça é dar a cada homem o que é próprio dele, e isso chamou de dívida.

Deve ter sido isso o que ele quis dizer, declarou ele.

Céus!, eu respondi; e se lhe perguntássemos o que é devido ou apropriadamente dado pela medicina, e a quem, que resposta você acha que ele nos daria?

Ele certamente responderia que a medicina fornece remédios, comida e bebida aos corpos humanos.

E o que é devido ou apropriado pela culinária, é para quê?

Tempero para comida.

E o que é que a justiça dá, e para quem?

Se, Sócrates, devemos ser guiados pela analogia dos exemplos anteriores, então a justiça é a arte que dá o bem aos amigos e o mal aos inimigos.

Esse é o seu significado, então?

Acho que sim.

E quem é mais capaz de fazer o bem aos seus amigos e o mal aos seus inimigos na hora da doença?

O médico.

Ou quando estão em viagem, em meio aos perigos do mar?

O piloto.

E em que tipo de ações ou com vistas a que resultado o homem justo é mais capaz de fazer mal a seu inimigo e bem a seu amigo?

Ir à guerra contra um e fazer alianças com o outro.

Mas quando um homem está bem, meu caro Polemarco, não há necessidade de médico?

Não.

E quem não está em uma viagem não precisa de piloto?

Não.

Então, em tempo de paz, a justiça não terá utilidade?

Estou muito longe de pensar assim.

Você acha que a justiça pode ser útil tanto na paz quanto na guerra?

Sim.

Como a lavoura para aquisição de milho?

Sim.

Ou como fabricar sapatos para vender, é isso que você quer dizer?

Sim.

E que uso ou poder de aquisição semelhante tem a justiça em tempos de paz?

Nos contratos, Sócrates, a justiça é útil.

> A justiça é útil para os contratos.

E por contratos você quer dizer parcerias?

Exatamente.

Mas é o homem justo ou o jogador habilidoso o melhor e mais útil parceiro em um jogo de damas?

O jogador habilidoso.

E na colocação de tijolos e pedras o justo é um parceiro mais útil ou melhor do que o construtor?

Muito pelo contrário.

Então, em que tipo de parceria o homem justo é um parceiro melhor do que o tocador de harpa, já que, ao tocar harpa, o tocador de harpa é certamente um parceiro melhor do que o homem justo?

Em uma parceria de negócios.

Sim, Polemarco, mas certamente não no uso do dinheiro; pois você não deseja que um homem justo seja seu conselheiro na compra ou venda de um cavalo; um homem que entende de cavalos seria melhor para isso, não é?

Certamente.

E quando você quer comprar um navio, o armador ou o piloto seria melhor?

Verdadeiro.

Então, qual é o uso conjunto de prata ou ouro em que o justo deve ser preferido?

Quando você deseja que um depósito seja mantido em segurança.

> Especialmente para a salvaguarda de depósitos.

Você quer dizer quando o dinheiro não é desejado, mas permitida sua guarda?

Precisamente.

> Mas não para o uso do dinheiro; e se for assim, a justiça só será útil quando o dinheiro ou tudo o mais for inútil.

Quer dizer, a justiça é útil quando o dinheiro é inútil?

Essa é a inferência.

E quando você quer manter um gancho de poda seguro, a justiça é útil para o indivíduo e para o Estado; mas quando quiser usar, então a arte do vinhateiro?

Claramente.

E quando você quiser manter um escudo ou uma lira, e não os usar, você dirá que a justiça é útil; mas quando você quiser usá-los, então é mais útil a arte do soldado ou do músico?

Certamente.

E assim, de todas as outras coisas, a justiça é útil quando elas são inúteis, e inútil quando são úteis?

Essa é a inferência.

Então a justiça não vale muito. Mas consideremos este outro ponto: aquele que pode melhor desferir um golpe em qualquer tipo de luta é o mais capaz de desviar de um golpe?

Certamente.

E aquele que é mais hábil em prevenir ou escapar de uma doença é mais capaz de criá-la?

Verdadeiro.

> Um novo ponto de vista: Não seria aquele que é o melhor, apto a fazer melhor o bem, também apto a fazer o mal?

E o melhor guarda de um acampamento é mais capaz de se adiantar em relação ao inimigo?

Certamente.

Então aquele que guarda qualquer coisa é também um bom ladrão?

Isso, suponho, deve ser inferido.

Então, se o homem justo sabe guardar dinheiro, sabe roubá-lo.

Isso está implícito no argumento.

Então, afinal, o justo acabou por se tornar um ladrão. E essa é uma lição que suspeito que você tenha aprendido com Homero; pois ele, falando de Autólico, o avô materno de Odisseu, que é seu favorito, afirma que:

"Ele era excelente acima de todos os homens em roubo e perjúrio."

E assim, você, Homero e Simônides concordam que a justiça é uma arte do roubo; para ser praticada, entretanto, "para o bem dos amigos e para o mal dos inimigos", era isso que você estava dizendo?

Não, certamente não, embora agora eu não saiba o que eu disse; mas ainda mantenho as últimas palavras.

Bem, há outra questão: Por amigos e inimigos queremos dizer aqueles que são realmente, ou apenas na aparência?

Certamente, disse ele, pode-se esperar que um homem ame aqueles que considera bons e odeie aqueles que considera maus.

> A justiça é a arte do roubo a ser praticada para o bem dos amigos e prejuízo dos inimigos. Mas quem são os amigos e os inimigos?

Sim, mas as pessoas frequentemente não erram sobre o bem e o mal: muitos que não são bons parecem ser, e vice-versa?

Isso é verdade.

Então, para eles, os bons serão inimigos e os maus serão seus amigos?

Verdadeiro.

E nesse caso eles estarão certos em fazer o bem ao mau e o mal ao bem?

Claramente.

Mas os bons são justos e não cometeriam uma injustiça?

Verdadeiro.

Então, de acordo com seu argumento, é justo prejudicar aqueles que não fazem nada de errado?

Não, Sócrates; a doutrina é imoral.

Então suponho que devamos fazer bem aos justos e mal aos injustos.

Eu gosto mais disso.

> Erros irão acontecer eventualmente.

Mas veja a consequência: Muitos homens que não conhecem a natureza humana têm amigos que são maus amigos e, nesse caso, ele deveria fazer mal a eles; e ele tem bons inimigos a quem deve beneficiar; mas, se assim for, diremos exatamente o oposto do que afirmamos ser o significado de Simônides.

Muito verdade, disse ele: e acho que é melhor corrigirmos um erro em que parecemos ter caído no uso das palavras "amigo" e "inimigo".

Qual foi o erro, Polemarco?, eu perguntei.

Presumimos que ele seja um amigo que parece ser ou que é considerado bom.

E como o erro deve ser corrigido?

Deveríamos antes dizer que ele é um amigo que é, assim como parece, bom; e que aquele que parece, e não é bom, apenas parece ser e não é um amigo; e de um inimigo pode-se dizer o mesmo?

> À aparência devemos adicionar a realidade. Ele será um amigo se "for" e também "parecer ser" bom. E devemos praticar o bem para os nossos bons amigos e mal para os nossos piores inimigos.

Você diria que os bons são nossos amigos e os maus, nossos inimigos?

Sim.

E em vez de dizer simplesmente como fizemos no início, que é apenas para fazer o bem aos nossos amigos e mal aos nossos inimigos, devemos ainda dizer: é apenas fazer o bem aos nossos amigos quando eles são bons e prejudicar os nossos inimigos quando eles são maus?

Sim, isso me parece ser verdade.

Mas o justo deve ferir alguém?

Sem dúvida, ele deve ferir aqueles que são ímpios e seus inimigos.

> Fazer mal aos homens significa feri-los; e feri-los é torná-los injustos. Mas a justiça não pode produzir a injustiça.

Quando os cavalos são feridos, eles melhoram ou pioram?

O último.

Deterioram, isto é, nas boas qualidades dos cavalos, não dos cães?

Sim, dos cavalos.

E os cães estão deteriorados nas boas qualidades dos cães, e não dos cavalos?

Claro.

E os homens feridos não se deteriorarão naquilo que é a virtude própria do homem?

Certamente.

E essa virtude humana é a justiça?

Com certeza.

Então os homens feridos são necessariamente feitos injustos?

Esse é o resultado.

Mas pode o músico com sua arte tornar os homens antimusicais?

Certamente não.

Ou o cavaleiro por sua arte torná-los maus cavaleiros?

Impossível.

E podem os justos pela justiça tornar os homens injustos ou, falando em geral, podem os bons pela virtude torná-los maus?

Certamente não.

> Ilustrações.

Tanto mais do que o calor pode produzir frio?

Não, não pode.

Ou a umidade produzir a seca?

Claro que não.

> SÓCRATES, POLEMARCO, TRASÍMACO.

Nem pode o bem prejudicar alguém?

Impossível.

E o justo é o bom?

Certamente.

Então, ferir um amigo ou qualquer outra pessoa não é ato de um homem justo, mas do contrário, quem é o injusto?

Acho que o que você diz é verdade, Sócrates.

Então, se um homem disser que a justiça consiste no pagamento de dívidas, e que o bem é a dívida que um homem justo tem para com seus amigos, e o mal a dívida que ele tem para com seus inimigos para dizer que isso não é sábio; pois não é verdade, se, como foi claramente demonstrado, o dano de outrem não pode ser justo.

Eu concordo com você, disse Polemarco.

> Embora seja bem explicado, o ditado não pode ser atribuído a nenhum bom homem ou sábio.

Então você e eu estamos preparados para pegar em armas contra qualquer um que atribua tal ditado a Simônides ou Bias ou Pittaco, ou qualquer outro homem sábio ou vidente?

Estou pronto para lutar ao seu lado, disse ele.

Devo dizer-lhe de quem acredito ser esse ditado?

De quem?

Eu acredito que de Periandro ou Pérdicas ou Xerxes ou Ismênias, o Tebano, ou algum outro homem rico e poderoso, que tinha uma grande opinião sobre seu próprio poder, foi o primeiro a dizer que justiça é "fazer o bem aos seus amigos e mal aos seus inimigos".

Verdade, disse ele.

Sim, eu disse; mas se essa definição de justiça também falha, que outra pode ser oferecida?

> A brutalidade de Trasímaco.

Várias vezes no decorrer da discussão, Trasímaco tentou fazer com que ela caísse em suas próprias mãos, mas foi derrubado pelo resto do grupo, que queria ouvir o final. Mas quando Polemarco e eu terminamos de falar e houve uma pausa, ele não conseguiu mais ficar calado; e, se recompondo, veio até nós como um animal selvagem, procurando nos devorar. Ficamos em pânico ao vê-lo.

> Sócrates, Trasímaco.

Ele rugiu para todo o grupo: Que loucura, Sócrates, se apoderou de todos vocês? E por que, bobos, vocês se chocam? Eu digo que se você quer realmente saber o que é justiça, você não deve apenas perguntar, mas responder, e você não deve buscar honra para si mesmo na refutação de um oponente, mas ter sua própria resposta; pois há muitos que podem perguntar e não podem responder. E agora não vou permitir que você diga que justiça é dever ou vantagem ou lucro ou ganho ou interesse, pois esse tipo de tolice não serve para mim; devo ter clareza e precisão.

Fiquei em pânico com suas palavras e não pude olhar para ele sem tremer. Na verdade, eu acredito que se eu não tivesse fixado meus olhos nele, eu teria ficado mudo: mas quando eu vi sua fúria aumentando, eu olhei para ele primeiro e, portanto, fui capaz de responder.

Trasímaco, disse eu, com um tremor, não seja duro conosco. Polemarco e eu podemos ser culpados de um pequeno erro no argumento, mas posso garantir que o erro não foi intencional. Se estivéssemos procurando uma peça de ouro, você não imaginaria que estávamos "batendo um no outro" e, assim, perdendo nossa chance de encontrá-la. E por que, quando buscamos justiça, algo mais precioso do que muitas moedas de ouro, você diz que nos rendemos fracamente uns aos outros e não fazemos o máximo para chegar à verdade? Não, meu bom amigo, estamos muito dispostos e ansiosos por fazê-lo, mas o fato é que não podemos. E se assim for, vocês que sabem todas as coisas devem ter pena de nós e não ficar com raiva.

A República

> Sócrates não pode dar nenhuma resposta, se todas as respostas verdadeiras forem excluídas. Trasímaco é assolado com suas próprias armas.

Quão característico de Sócrates! – ele respondeu, com uma risada amarga; esse é o seu estilo irônico! Eu não previ – eu já não disse a você que tudo o que lhe perguntassem ele se recusaria a responder, e tentaria ironia ou qualquer outro disfarce, a fim de que pudesse evitar responder?

Você é um filósofo, Trasímaco, respondi, e bem sabe que se perguntar a uma pessoa quais são os números que compõem doze, tendo o cuidado de proibir a quem você pergunta de responder duas vezes seis, ou três vezes quatro, ou seis vezes dois, ou quatro vezes três, "pois este tipo de absurdo não vai servir para mim", então, obviamente, se essa é a sua maneira de fazer a pergunta, ninguém pode te responder. Mas suponha que ele respondesse: "Trasímaco, o que você quer dizer? Se um desses números que você interdita é a verdadeira resposta à pergunta, devo dizer falsamente algum outro número que não é o correto? É esse o seu objetivo?" Como você responderia a ele?

> SÓCRATES, TRASÍMACO, GLAUCO.

Como se os dois casos fossem iguais! – ele disse.

Por que não deveriam ser?, eu respondi; e mesmo que não sejam, mas apenas pareçam ser para a pessoa que é questionada, ela não deve dizer o que pensa, quer você e eu o proibamos ou não?

Presumo então que você vai dar uma das respostas proibidas?

Ouso dizer que posso, não obstante o perigo, se após reflexão eu aprovar algum deles.

Mas e se eu lhe der uma outra e melhor resposta sobre justiça, disse ele, do que qualquer uma dessas? O que você merece ter feito para você?

Feito para mim! – como se torna o ignorante, devo aprender com os sábios – é isso que mereço ter feito comigo.

> Os Sofistas exigiam pagamento por suas aulas. Os companheiros são muito bem-vindos em contribuir.

O quê, e nenhum pagamento! Uma noção agradável!

Pagarei quando tiver o dinheiro, respondi.

Mas você tem, Sócrates, disse Glauco: e você, Trasímaco, não precisa se preocupar com dinheiro, pois todos faremos uma contribuição para Sócrates.

Sim, ele respondeu, e então Sócrates fará como sempre faz, recusará a responder ele mesmo, mas tomará e despedaçará a resposta de outra pessoa.

> Sócrates sabe muito pouco ou nada: como podemos responder? E ele foi dissuadido pela intervenção de Trasímaco.

Ora, meu bom amigo, eu disse, como pode alguém que sabe, e diz que sabe, responder simplesmente nada; e quem, mesmo que tenha algumas noções próprias, é instruído por um homem de autoridade a não as proferir? O natural é que o orador seja alguém como você, que afirma saber e pode dizer o que sabe. Você, então, gentilmente responderá, pela edificação dos companheiros de mim mesmo?

Glauco e o resto do grupo juntaram-se ao meu pedido, e Trasímaco, como qualquer um poderia ver, estava na verdade ansioso para falar; pois pensava que tinha uma resposta excelente e se destacaria. Mas a princípio ele fingiu insistir em minha resposta; finalmente, consentiu em começar. Eis, disse ele, a sabedoria de Sócrates; ele se recusa a ensinar a si mesmo e vai aprender com os outros, a quem nunca diz obrigado.

> Sócrates, Trasímaco.

Que eu saiba de outros, respondi, é bem verdade; mas que sou ingrato, nego totalmente. Não tenho dinheiro e, portanto, pago em louvor, que é tudo o que tenho; e como estou pronto para elogiar qualquer um que pareça falar bem, você logo descobrirá quando responder; pois espero que você responda bem.

> A definição de Trasímaco: "A justiça é o interesse do mais forte dos governantes."

Ouça, então, ele disse: Eu proclamo que a justiça nada mais é do que o interesse do mais forte. E agora por que você não me elogia? Mas é claro que você não vai fazer isso.

Deixe-me entender você primeiro, respondi. Justiça, como você diz, é do interesse do mais forte. Qual é o significado disso, Trasímaco? Você não pode querer dizer que porque Polidamas, o lutador de pancrácio, é mais forte do que nós, e acha que comer carne contribui para sua força corporal, que comer carne é, portanto, igualmente para o nosso bem, que somos mais fracos do que ele, é certo e justo para nós?

A República

Isso é abominável da sua parte, Sócrates; você toma as palavras no sentido que é mais prejudicial ao argumento.

De forma alguma, meu bom senhor, eu disse. Estou tentando entendê-los; e gostaria que você fosse um pouco mais claro.

Bem, disse ele, você nunca ouviu falar que as formas de governo diferem; existem tiranias e existem democracias e existem aristocracias?

Sim eu conheço.

E o governo é o poder dominante em cada Estado?

Certamente.

> Sócrates força Trasímaco a explicar seu pensamento.

E as diferentes formas de governo tornam as leis democráticas, aristocráticas, tirânicas, tendo em vista os seus diversos interesses; e essas leis, que são feitas por eles para seus próprios interesses, são a justiça que entregam a seus súditos, e aquele que as transgride, eles punem como violador da lei e injusto. E é isso que quero dizer quando digo que em todos os Estados existe o mesmo princípio de justiça, que é o interesse do governo; e como o governo deve ter poder, a única conclusão razoável é que em toda parte existe um princípio de justiça, que é o interesse do mais forte.

Agora eu entendo você, eu disse; e se está certo ou não, vou tentar descobrir. Mas deixe-me observar que, ao definir justiça, você mesmo usou a palavra "interesse", que me proibiu de usar. É verdade, entretanto, que em sua definição as palavras "do mais forte" são adicionadas.

Uma pequena adição, você deve permitir, disse ele.

Grande ou pequena, não importa: devemos primeiro perguntar se o que você está dizendo é a verdade. Agora, ambos concordamos que a justiça é algum tipo de interesse, mas você prossegue dizendo "do mais forte"; sobre este acréscimo não estou tão certo e devo, portanto, considerar mais.

Prossiga.

> Ele está insatisfeito com a explicação; pois os juízes podem errar.

Certo; mas primeiro me diga: você admite que é justo que os súditos obedeçam a seus governantes?

Eu admito.

Mas os governantes dos Estados são absolutamente infalíveis ou às vezes estão sujeitos a errar?

Com certeza, ele respondeu, eles estão sujeitos a errar.

Então, ao fazerem suas leis, eles às vezes podem torná-las certas, outras vezes não?

Verdadeiro.

Quando eles as fazem corretamente, fazem-nas de acordo com seus interesses; quando se enganam, ao contrário de seus interesses; você admite isso?

Sim.

E as leis que eles fazem devem ser obedecidas por seus súditos, e isso é o que você chama de justiça?

Sem dúvida.

> E então, a justiça que comete um erro se transformará o inverso dos interesses do mais forte.

Então a justiça, de acordo com o seu argumento, não é apenas obediência ao interesse do mais forte, mas o contrário?

O que é que você está dizendo? ele perguntou.

Estou apenas repetindo o que você está dizendo, eu creio. Mas consideremos: não admitimos que os governantes podem estar enganados sobre seus próprios interesses no que ordenam, e que obedecê-los é justiça? Isso já não foi admitido?

Sim.

Então você também deve ter reconhecido que a justiça não é do interesse do mais forte, quando os governantes involuntariamente ordenam que coisas sejam feitas para seu próprio prejuízo. Pois se, como você diz, a justiça é a obediência que o súdito presta aos seus comandos, nesse caso, ó mais sábio dos homens, há alguma fuga da conclusão de que os mais fracos são ordenados a fazer, não o que é para o interesse, mas o que é para ferir o mais forte?

> SÓCRATES, CLEITOFONTE, POLEMARCO, TRASÍMACO.

Nada pode ser mais claro, Sócrates, disse Polemarco.

Sim, disse Cleitofonte, interpondo-se, se me for permitido ser sua testemunha.

Mas não há necessidade de nenhuma testemunha, disse Polemarco, pois o próprio Trasímaco reconhece que os governantes às vezes podem ordenar o que não é para seu próprio interesse, e que obedecer a eles é justiça.

> Cleitofonte tenta encontrar um modo de escapar para Trasímaco ao inserir as palavras "que imaginam ser."

Sim, Polemarco, Trasímaco disse que para os súditos fazerem o que foi ordenado por seus governantes é justo.

Sim, Cleitofonte, mas ele também disse que a justiça é do interesse do mais forte e, embora admitindo ambas as proposições, ele reconheceu ainda que o mais forte pode comandar os mais fracos que são seus súditos a fazerem o que não é para seu próprio interesse; daí segue que a justiça é tanto prejuízo quanto interesse do mais forte.

Mas, disse Cleitofonte, ele quis dizer, com o interesse do mais forte, o que o mais forte pensava ser seu interesse; isso era o que o mais fraco tinha que fazer; e isso foi afirmado por ele ser justiça.

Essas não foram suas palavras, respondeu Polemarco.

> Essa evasiva é reputada por Trasímaco.

> Quem adota outra linha de defesa: "Nenhum artista ou magistrado estará alguma vez enganado enquanto artista ou magistrado."

> SÓCRATES, TRASÍMACO.

Não importa, respondi, se ele agora diz que sim, aceitemos sua declaração. Diga-me, Trasímaco, falei, você quis dizer com justiça o que o mais forte pensava ser seu interesse, se é realmente ou não?

Certamente não, disse ele. Você acha que eu chamo aquele que se engana de mais forte quando ele se engana?

Sim, eu disse, tive a impressão de que sim, quando admitiu que o governante não era infalível, mas às vezes se enganava.

Você argumenta como um inquiridor, Sócrates. Quer dizer, por exemplo, que quem se engana a respeito do doente é médico porque se engana? Ou que aquele que erra em aritmética ou gramática é aritmético ou gramático quando comete o erro, a despeito do erro? É verdade que dizemos que o médico, o aritmético ou o gramático se enganaram, mas isso é apenas uma maneira de falar; pois o fato é que nem o gramático nem qualquer outra pessoa de habilidade jamais comete um erro, na medida em que é o que seu nome implica; nenhum deles erra, a menos que sua habilidade os falhe, e então deixam de ser artistas habilidosos. Nenhum artista, sábio ou governante erra quando é o que seu nome indica; embora se diga que ele errou comumente, e eu adotei o modo comum de falar. Mas para ser perfeitamente preciso, visto que você é um amante da exatidão, devemos dizer que o governante, na medida em que é um governante, é infalível e, sendo infalível, sempre comanda o que é para seu próprio interesse; e o súdito é obrigado a executar seus comandos; e, portanto, como eu disse no início e agora repito, a justiça é do interesse do mais forte.

De fato, Trasímaco, e realmente pareço argumentar como um inquiridor para você?

Certamente, ele respondeu.

E você supõe que eu faço essas perguntas com a intenção de prejudicá-lo no argumento?

Não, ele respondeu, "supõe" não é a palavra – eu sei disso; mas você será descoberto e, por pura força de argumento, nunca prevalecerá.

Não vou tentar, meu caro; mas para evitar que qualquer mal-entendido ocorra entre nós no futuro, deixe-me perguntar, em que sentido você fala de um governante ou mais forte cujo interesse, como você estava dizendo, ele sendo o superior, é apenas que o inferior deve executar – ele é governante no sentido popular ou estrito do termo?

No mais estrito de todos os sentidos, disse ele. E agora trapaceie e brinque com o inquiridor, se puder. Não peço clemência de suas mãos. Mas você nunca será capaz, nunca.

> O significado essencial das palavras distintas de seus atributos.

E você imagina, eu disse, que sou um louco a ponto de tentar trapacear, Trasímaco? Eu poderia, do mesmo modo, depilar um leão!

Ora, ele disse, você fez uma tentativa um minuto atrás e falhou.

Chega, eu disse, dessas civilidades. Será melhor que eu lhe faça uma pergunta: o médico, no sentido estrito de que você está falando, é um curador de enfermos ou fazedor de dinheiro? E lembre-se de que agora estou falando do verdadeiro médico.

Um curador de enfermos, respondeu ele.

E o piloto, isto é, o verdadeiro piloto, é um capitão de marinheiros ou um simples marinheiro?

Um capitão de marinheiros.

A circunstância de ele navegar seu navio não deve ser levada em consideração; nem deve ser chamado de marinheiro; o nome piloto, pelo qual ele se distingue, nada tem a ver com velejar, mas é significativo por sua habilidade e autoridade sobre os marinheiros.

É verdade, disse ele.

Agora, eu disse, toda arte tem um interesse?

Certamente.

Para aquilo que a arte deve considerar e proporcionar?

Sim, esse é o objetivo da arte.

E o interesse de qualquer arte é o seu aperfeiçoamento, isso e nada mais?

O que você quer dizer?

Quero dizer o que posso ilustrar negativamente com o exemplo do corpo. Suponha que você me perguntasse se o corpo é autossuficiente ou tem necessidades, eu responderia: Certamente o corpo tem necessidades; pois o corpo pode estar doente e precisar ser curado e, portanto, tem interesses no que a arte da medicina ministra; e esta é a origem e a intenção da medicina, como você reconhecerá. Eu não estou certo?

Muito correto, respondeu ele.

> A arte não contém nenhuma imperfeição que necessite de correção, e portanto, nenhum interesse externo.

Mas é a arte da medicina ou qualquer outra arte defeituosa ou deficiente em qualquer qualidade, da mesma maneira que o olho pode ser deficiente na visão ou o ouvido pode falhar em ouvir e, portanto, requer outra arte para atender aos interesses de ver e ouvir? A arte tem em si mesma, digo eu, qualquer responsabilidade semelhante por culpa ou defeito, e toda arte exige outra arte suplementar para atender a seus interesses, e essa outra uma outra, sem fim? Ou as artes têm que cuidar apenas dos próprios interesses? Ou não precisam nem de si nem de outrem? Não tendo faltas ou defeitos, não têm necessidade de corrigi-los, nem pelo exercício da própria arte, nem de qualquer outra; eles só precisam considerar o interesse de seu próprio assunto. Pois toda arte permanece pura e sem falhas enquanto permanecer verdadeira, isto é, enquanto for perfeita e íntegra. Tome as palavras em seu sentido preciso e me diga se não estou certo.

Sim, claro.

Então a medicina não considera o interesse da medicina, mas o interesse do corpo?

Verdade, ele disse.

Nem a arte da equitação considera os interesses da arte da equitação, mas os interesses do cavalo; nem as outras artes cuidam de si mesmas, pois não têm necessidades; elas se importam apenas com o que é o tema de sua arte?

Verdade, ele disse.

Mas certamente, Trasímaco, as artes são os superiores e governantes de seus próprios súditos?

Ele concordou, porém com muita relutância.

Então, eu disse, nenhuma ciência ou arte considera ou impõe o interesse do mais forte ou superior, mas apenas o interesse do súdito e do mais fraco?

Ele fez uma tentativa de contestar também essa proposição, mas finalmente concordou.

Então, continuei, nenhum médico, na medida em que é médico, considera seu próprio bem naquilo que prescreve, mas o bem de seu paciente; pois o verdadeiro médico é também um governante que tem o corpo humano como súdito, e não um simples fazedor de dinheiro; isso já não foi admitido?

Sim.

E o piloto da mesma forma, no sentido estrito do termo, é um governante de marinheiros e não um mero marinheiro?

Isso foi admitido.

E tal piloto e governante fornecerá e prescreverá para o interesse do marinheiro que está sob ele, e não para o seu próprio ou o do governante?

Ele deu um relutante "Sim".

> O desinteresse das leis.

Então, eu disse, Trasímaco, não há ninguém em qualquer regra que, na medida em que ele é um governante, considere ou ordene o que é para seu próprio interesse, mas sempre o que é do interesse de seu súdito ou adequado à sua arte; isso ele observa e considera em tudo o que diz e faz.

Quando chegamos a esse ponto da discussão, e todos viram que a definição de justiça havia sido completamente perturbada, Trasímaco, em vez de me responder, disse: Diga-me, Sócrates, você tem uma enfermeira?

Por que você faz essa pergunta, eu disse, quando deveria antes responder?

> A imprudência de Trasímaco.

Porque ela te deixa choramingar, e nunca limpa o teu nariz: nem te ensinou a distinguir o pastor das ovelhas.

O que te faz dizer isso? Eu respondi.

> Porque você imagina que o pastor nem engorda ou cuida das ovelhas ou dos bois com vistas ao seu próprio bem e não para o bem dele ou de seu mestre; e você ainda imagina que os governantes dos estados, se eles são verdadeiros governantes, nunca pensam em seus súditos como Trasímaco discorria sobre as vantagens da injustiça.

Porque você imagina que o pastor ou o vaqueiro nem engorda nem cuida das ovelhas ou dos bois com vistas ao bem dos animais e não para seu próprio bem ou o bem de seu senhor; e você ainda imagina que os governantes dos Estados, se eles são verdadeiros governantes, nunca pensam em seus súditos como ovelhas, e que não estão estudando suas próprias vantagens dia e noite. Ah, não; e você está tão completamente perdido em suas ideias sobre o justo e o injusto, que nem mesmo sabe que a justiça e o justo são na realidade o bem de outrem; isto é, o interesse do governante e do mais forte, e a perda do súdito e do servo; e a injustiça é o oposto; pois o injusto é o senhor dos verdadeiramente simples e justos: ele é o mais forte, e seus súditos fazem o que é para seu interesse e atendem à sua felicidade, que está muito longe de ser a deles. Considere além, muito tolo Sócrates, que o justo é sempre um perdedor em comparação com o injusto. Em primeiro lugar, nos contratos privados: onde quer que o injusto seja parceiro do justo, você descobrirá que, quando a parceria se desfaz, o injusto sempre tem mais e o justo tem menos.

> Especialmente quando perseguido em grande escala.

Em segundo lugar, no trato com o Estado: quando houver imposto de renda, o justo pagará mais e o injusto menos, considerando a mesma quantidade de renda; e quando há algo a ser recebido, um nada ganha e o outro muito. Observe também o que acontece quando eles assumem um cargo; há o homem justo negligenciando seus negócios e talvez sofrendo outras perdas, e não obtendo nada do setor público, porque ele é justo; além disso, ele é odiado por seus amigos e conhecidos por se recusar a servi-los de maneiras ilegais. Mas tudo isso se inverte no caso do homem injusto. Estou falando, como antes, de injustiça em grande escala em que a vantagem do injusto é mais aparente; e meu significado será mais claramente visto se nos voltarmos para a forma mais elevada de injustiça em que o criminoso é o mais feliz dos homens, e os sofredores ou aqueles que se recusam a cometer injustiça são os mais infelizes, isto é, a tirania, que pela fraude e pela força tira a propriedade de outros, não pouco a pouco, mas de uma só vez; compreendendo em um, tanto coisas sagradas como profanas, privadas e públicas; atos de injustiça pelos quais, se ele fosse detectado perpetrando qualquer um deles individualmente, seria punido e incorreria em grande desgraça – aqueles que cometem tais erros em casos particulares são chamados de ladrões de templos, ladrões de homens, assaltantes, vigaristas e bandidos. Mas quando um homem, além de tirar o dinheiro dos cidadãos, os torna escravos, então, em vez desses nomes de reprovação, ele é chamado de feliz e abençoado, não apenas pelos cidadãos, mas por todos que ouvem que ele alcançou a consumação da injustiça. Pois a humanidade censura a injustiça, temendo ser suas próximas vítimas e não porque se esquiva de cometê-la. E assim, como mostrei, Sócrates, a injustiça, quando em uma escala suficiente, tem mais força, liberdade e domínio do que justiça; e, como eu disse a princípio, a justiça é do interesse do mais forte, enquanto a injustiça é o lucro e o interesse do próprio homem.

> Tirania.

> Trasímaco, ao terminar seu discurso, tenta fugir dali, mas é detido pelos companheiros.

Trasímaco, depois de ter falado assim, tendo, como um homem dos banhos, inundado nossos ouvidos com suas palavras, teve a intenção de ir embora. Mas os companheiros não o deixaram; insistiram que ele deveria permanecer e defender sua posição; e eu mesmo acrescentei meu humilde pedido para que não nos deixasse. Trasímaco, disse-lhe eu, excelente homem, como são sugestivas as suas observações! E você vai fugir antes de ter ensinado ou aprendido com justiça se são verdadeiras ou não? A tentativa de determinar o modo de vida do homem é uma questão tão pequena aos seus olhos, para determinar como a vida pode ser passada por cada um de nós com maior vantagem?

E eu discordei de você, disse ele, quanto à importância da investigação?

Me parece que sim, eu respondi, ao não se importar ou pensar sobre nós, Trasímaco – se vivemos melhor ou pior por não sabermos o que você diz que sabe, é para você uma questão indiferente. Por favor, amigo, não guarde seu conhecimento para si mesmo; somos um grande grupo, e qualquer benefício que você nos confiar será amplamente recompensado. De minha parte, declaro abertamente que não estou convencido e que não acredito que a injustiça seja mais lucrativa do que a justiça, mesmo que descontrolada e com livre curso. Pois, admitindo que possa haver um homem injusto que seja capaz de cometer injustiça pela fraude ou pela força, isso ainda não me convence da vantagem superior da injustiça, e pode haver outros que estão na mesma situação que eu. Talvez possamos estar errados; em caso afirmativo, você, em sua sabedoria, deve nos convencer de que estamos errados em preferir a justiça à injustiça.

A bravata de Trasímaco.

E como vou convencê-lo, disse ele, se você ainda não está convencido pelo que acabo de dizer, o que mais posso fazer por você? Você me faria colocar a prova corporalmente em suas almas?

Claro que não! Eu disse; apenas pediria que você fosse consistente; ou, se você mudar, mude abertamente e não deixe que haja engano. Pois devo observar, Trasímaco, se você se lembrar do que foi dito anteriormente, que embora você tenha começado definindo o verdadeiro médico em um sentido exato, você não observou exatidão semelhante ao falar do pastor; pensou que o pastor como pastor apascenta as ovelhas não com vistas ao seu próprio bem, mas como um mero comensal ou banquete com vistas aos prazeres da mesa; ou, ainda, como um comerciante com sua venda no mercado, e não como um pastor. No entanto, certamente a arte do pastor está preocupada apenas com o bem de suas ovelhas; ele só tem que prover o melhor para elas, uma vez que o aperfeiçoamento da arte é assegurado sempre que todas as suas exigências forem satisfeitas. E era isso que eu estava dizendo agora sobre o governante. Concebi que a arte do governante, considerado governante, seja no Estado ou na vida privada, só poderia respeitar o bem de seu rebanho ou súditos; ao passo que você parece pensar que os governantes dos Estados, isto é, os verdadeiros governantes, gostam de exercer a autoridade.

Pense! Não, tenho certeza disso.

> As artes têm funções diferentes e não podem ser confundidas com a arte do pagamento, que é comum a todas elas.

Então, por que, no caso de cargos menores, os homens nunca os aceitam voluntariamente sem pagamento, a menos que sob a ideia de que governam para o benefício não de si mesmos, mas de outros? Deixe-me fazer uma pergunta: as várias artes não são diferentes, porque cada uma tem uma função separada? E, meu caro ilustre amigo, diga o que pensa, para que possamos progredir um pouco.

Sim, essa é a diferença, respondeu ele.

E cada arte nos dá um bem particular e não apenas geral – a medicina, por exemplo, nos dá saúde; a navegação, a segurança no mar e assim por diante?

Sim, disse ele.

E a arte de dar os pagamentos tem a função especial de pagar: mas não a confundamos com outras artes, assim como a arte do piloto não se confunde com a arte da medicina, porque a saúde do piloto pode ser melhorada por uma viagem marítima. Você não estaria inclinado a dizer, não é, que a navegação é a arte da medicina, pelo menos se quisermos adotar o uso exato da linguagem?

Certamente não.

Ou porque um homem goza de boa saúde quando recebe o pagamento, você não diria que a arte do pagamento é a medicina?

Eu não deveria.

Você também não diria que a medicina é a arte de receber pagamento porque um homem cobra honorários quando se dedica à cura?

Certamente não.

E admitimos, eu disse, que o bem de cada arte está especialmente confinado à arte?

Sim.

Então, se há algum bem que todos os artistas têm em comum, isso deve ser atribuído a algo de que todos eles têm o uso comum?

Verdade, ele respondeu.

E quando o artista é beneficiado pelo recebimento do pagamento, a vantagem é obtida pelo uso adicional da arte do pagamento, que não é a arte por ele professada?

Ele deu um assentimento relutante a isso.

Então, o pagamento não é derivado pelos vários artistas de suas respectivas artes. Mas a verdade é que, enquanto a arte da medicina dá saúde, e a arte do construtor constrói uma casa, outra arte atende a eles que é a arte do pagamento. As várias artes podem estar fazendo seus próprios negócios e beneficiando aquilo que presidem, mas o artista receberia algum benefício de sua arte a menos que ele também fosse pago?

Suponho que não.

Mas ele, portanto, não confere nenhum benefício quando trabalha de graça?

Certamente, ele confere um benefício.

> O verdadeiro juiz ou artista busca, não para sua própria vantagem, a perfeição da sua arte; e, portanto, deve receber pagamento.

Então agora, Trasímaco, não há mais dúvida de que nem as artes nem os governos cuidam de seus próprios interesses; mas, como dissemos antes, eles governam e cuidam dos interesses de seus súditos que são os mais fracos e não os mais fortes, para o seu bem eles atendem e não para o bem do superior. E esta é a razão, meu caro Trasímaco, porque, como acabei de dizer, ninguém está disposto a governar; porque ninguém gosta de reformar os males que não lhe dizem respeito sem remuneração. Pois, na execução de sua obra e ao dar ordens a outrem, o verdadeiro artista não considera seu próprio interesse, mas sempre o de seus temas; e, portanto, para que os governantes estejam dispostos a governar, eles devem ser pagos em uma das três formas de pagamento, dinheiro ou honra, ou uma multa por recusa.

> Três maneiras de pagamento aos juízes: dinheiro, honra e uma multa caso não queira julgar.

O que você quer dizer, Sócrates?, perguntou Glauco. Os dois primeiros modos de pagamento são bastante inteligíveis, mas não entendo qual é a penalidade ou como uma penalidade pode ser um pagamento.

Quer dizer que não entende a natureza desse pagamento, que para os melhores homens é o grande incentivo para governar? Claro que você sabe que a ambição e a avareza são consideradas, como de fato são, uma desgraça?

Muito verdadeiro.

> A pena é a desgraça de ser governado por alguém inferior. Em uma cidade composta somente por bons homens, poderia haver uma grande falta de vontade de tornar-se juiz.

E por isso, eu disse, dinheiro e honra não têm atração para eles; os homens bons não desejam exigir abertamente pagamento para governar e, portanto, obter o nome de assalariados, nem se servindo secretamente das receitas públicas para obter o nome de ladrões. E não sendo ambiciosos, não se importam com a honra. Portanto, a necessidade deve ser imposta a eles, e eles devem ser induzidos a servir por medo de punição. E isso, como eu imagino, é a razão pela qual a precipitação para assumir o cargo, em vez de esperar até ser obrigado, foi considerada desonrosa. Agora, a pior parte da punição é que aquele que se recusa a governar está sujeito a ser governado por alguém que é pior do que ele. E o medo disso, como eu concebo, induz os bons a assumirem cargos, não porque eles desejassem, mas porque eles não podem evitar – não sob a ideia de que eles mesmos terão algum benefício ou prazer, mas como uma necessidade, e porque não podem confiar a tarefa de governar a ninguém que seja melhor do que eles, nem mesmo tão bons quanto. Pois há razão para pensar que se uma cidade fosse composta inteiramente de homens bons, evitar o cargo seria tanto objeto de contenda quanto obter um cargo atualmente; então, deveríamos ter prova clara de que o verdadeiro governante não deve, por natureza, considerar seus próprios interesses, mas os de seus súditos; e todo aquele que soubesse disso preferiria receber um benefício de outro do que ter o trabalho de conceder um. Até agora estou longe de concordar com Trasímaco em que a justiça é do interesse do mais forte. Esta última questão não precisa ser mais discutida no momento; mas quando Trasímaco diz que a vida dos injustos é mais vantajosa do que a dos justos, sua nova declaração parece-me de caráter muito mais sério. Qual de nós falou a verdade? E que vida, Glauco, você prefere?

> Trasímaco afirma que a vida do injusto é melhor do que a vida do justo.

Eu, de minha parte, considero a vida do justo a mais vantajosa, respondeu ele.

> SÓCRATES, GLAUCO, TRASÍMACO.

Você ouviu todas as vantagens do injusto que Trasímaco estava ensaiando?

Sim, eu o ouvi, respondeu, mas ele não me convenceu.

Então, devemos tentar encontrar alguma maneira de convencê-lo, se possível, de que ele está dizendo o que não é verdade?

Certamente, ele respondeu.

Se, eu disse, ele faz um discurso fixo e nós fazemos outro recontando todas as vantagens de ser justo, e ele responde e nós voltamos, deve haver uma numeração e medição dos bens que são reivindicados em ambos os lados, e no final devemos querer que os juízes decidam; mas se prosseguirmos em nossa investigação como fizemos recentemente, admitindo uns aos outros, uniremos os cargos de juiz e advogado em nossas próprias pessoas.

Muito bem, disse ele.

E qual método eu entendo que você prefere?, eu perguntei.

O que você propõe.

> Um paradoxo ainda mais extremo, que a injustiça possa ser a virtude.

Bem, então, Trasímaco, eu disse, suponha que você comece do início e me responda. Você diz que a injustiça perfeita é mais lucrativa do que a justiça perfeita?

Sim, é o que digo, e apresentei minhas razões.

E qual é a sua opinião sobre eles? Você chamaria um deles de virtude e o outro de vício?

Certamente.

Suponho que você chamaria a justiça de virtude e a injustiça de vício?

Que ideia encantadora! Provavelmente também, visto que afirmo que a injustiça é lucrativa e a justiça não.

O que mais você diria?

SÓCRATES, TRASÍMACO.

O oposto, ele respondeu.

E você chamaria a justiça de vício?

Não, eu prefiro dizer simplicidade sublime.

Então você chamaria a injustiça de malignidade?

Não; eu prefiro dizer discrição.

E o injusto lhe parece sábio e bom?

Sim, ele disse; de qualquer forma, aqueles que são capazes de ser perfeitamente injustos e que têm o poder de subjugar Estados e nações; mas talvez você me imagine falando de assaltantes. Mesmo esta profissão, se não detectada, tem vantagens, embora não devam ser comparadas com aquelas de que acabei de falar.

Não acho que tenha entendido mal o que você quis dizer, Trasímaco, respondi; mas ainda não consigo ouvir sem surpresa que classifique a injustiça com sabedoria e virtude, e justiça com o oposto.

Certamente eu os classifico.

Agora, eu disse, você está em terreno mais substancial e quase irrespondível; pois se a injustiça que você está mantendo como lucrativa tivesse sido admitida por você como por outros como vício e deformidade, uma resposta poderia ter sido dada a você com base em princípios aceitos; mas agora percebo que chamarás a injustiça de honrosa e forte, e aos injustos atribuirás todas as qualidades que antes foram atribuídas por nós aos justos, visto que não hesitas em classificar a injustiça com sabedoria e virtude.

Você adivinhou da maneira mais infalível, respondeu ele.

Então, certamente não devo hesitar em prosseguir com a discussão, contanto que tenha motivos para pensar que você, Trasímaco, está falando o que realmente pensa; pois acredito que agora você está falando sério e não está se divertindo às nossas custas.

Posso ser sincero ou não, mas o que isso significa para você? Refutar o argumento é problema seu.

> Refutado pela analogia das artes.

É verdade, eu disse; é o que tenho que fazer: mas você será tão bom para responder a mais uma pergunta? O homem justo tenta obter alguma vantagem sobre o justo?

Muito diferente; se o fizesse, não seria a criatura simples e divertida que é.

E ele tentaria ir além da ação justa?

Ele não iria.

> O justo tentará obter uma vantagem sobre o injusto, mas não sobre o justo; o injusto, sobre ambos, justos e injustos.

E como ele consideraria a tentativa de obter vantagem sobre os injustos; isso seria considerado por ele como justo ou injusto?

Ele pensaria que era justo e tentaria obter a vantagem; mas ele não seria capaz.

Se ele seria ou não capaz, eu disse, não é o ponto. Minha pergunta é apenas se o homem justo, embora se recuse a ter mais do que outro homem justo, desejaria e reivindicaria ter mais do que o injusto?

Sim, ele faria.

E o que dizer do injusto, ele afirma ter mais do que o homem justo e fazer mais do que é justo?

Claro, disse ele, pois afirma ter mais do que todos os homens.

E o homem injusto se esforçará e lutará para obter mais do que o homem injusto ou ação, a fim de que ele possa ter mais do que todos?

Verdadeiro.

Podemos colocar a questão da seguinte maneira, eu disse, o justo não deseja mais do que seu semelhante, mas mais do que seu contrário, ao passo que o injusto deseja mais do que seu semelhante e seu diferente?

Nada, disse ele, pode ser melhor do que essa afirmação.

E o injusto é bom e sábio, e o justo não é nada disso?

Bom de novo, ele disse.

E não é o injusto como o sábio e bom e o justo diferente deles?

Claro, ele disse, aquele que é de certa natureza é como aqueles que são da mesma natureza; quem não é, não.

Cada um deles, eu disse, é como o seu semelhante?

Certamente, ele respondeu.

Muito bem, Trasímaco, eu disse; e agora, no caso das artes: você admitiria que um homem é músico e outro não?

Sim.

E qual deles é sábio e qual é tolo?

É evidente que o músico é sábio e quem não é músico é tolo.

E ele é bom na medida em que é sábio, e mau na medida em que é tolo?

Sim.

E você diria o mesmo tipo de coisa do médico?

Sim.

E você acha, meu excelente amigo, que um músico ao afinar a lira desejaria ou diria exceder ou ultrapassar um músico no aperto e afrouxamento das cordas?

Eu não acho que ele faria.

Mas ele alegaria exceder o não músico?

Claro.

E o que você diria do médico? Ao prescrever alimentos e bebidas, ele desejaria ir além de outro médico ou da prática da medicina?

Ele não iria.

Mas ele gostaria de ir além do não médico?

Sim.

> O artista permanece dentro dos limites da sua arte.

E sobre o conhecimento e a ignorância em geral; veja se você acha que algum homem que tem conhecimento gostaria de ter a escolha de dizer ou fazer mais do que outro homem que tenha esse conhecimento. Ele não prefere dizer ou fazer o mesmo que gosta no mesmo caso?

Suponho que isso dificilmente pode ser negado.

E o que dizer do ignorante? Ele não desejaria ter mais do que o conhecedor ou o ignorante?

Ouso dizer.
E o conhecimento é sábio?
Sim.
E o sábio é bom?
Verdadeiro.
Então o sábio e bom não desejará ganhar mais do que o que é semelhante, mas mais do que o diferente e o contrário?
Eu suponho que sim.
Considerando que o mau e o ignorante desejarão ganhar mais do que ambos?
Sim.
Mas não dissemos, Trasímaco, que o injusto vai além de sua semelhança e diferença? Não foram essas as suas palavras?
Certamente.
E você também disse que o justo não vai além do seu semelhante, mas do seu diferente?

> E, similarmente, o homem justo não excede os limites de outro homem justo.

Sim.
Então o justo é como o sábio e bom, e o injusto como o mau e ignorante?
Essa é a inferência.
E cada um deles é como o seu semelhante é?
Isso foi admitido.
Então, o justo tornou-se sábio e bom, e o injusto, mau e ignorante.

> Trasímaco suando muito, e até corando.

Trasímaco fez todas essas confissões, não com fluência, como as repito, mas com extrema relutância; era um dia quente de verão, e a transpiração escorria dele em torrentes; e então vi o que nunca tinha visto antes, Trasímaco corando. Como agora concordávamos que justiça era virtude e sabedoria, e injustiça, vício e ignorância, fui para outro ponto.

Bem, eu disse, Trasímaco, esse assunto agora está resolvido; mas não estávamos também dizendo que a injustiça tem força; você se lembra?

Sim, lembro-me, disse ele, mas não suponha que aprove o que você está dizendo ou não tenha resposta; se, entretanto, eu respondesse, você certamente me acusaria de começar uma discussão; portanto, permita-me dizer o que tenho a dizer ou, se preferir perguntar, faça-o e responderei "Muito bem", como dizem às velhas contadoras de histórias, e acenarei com a cabeça "Sim" e "Não".

Certamente não, eu disse, se for contrário à sua opinião real.

Sim, disse ele, eu vou, para te agradar, já que não me deixarás falar. O que mais você teria a dizer?

Nada no mundo, eu disse; e se você estiver disposto, vou perguntar e você deve responder.

Prossiga.

Em seguida, repetirei a pergunta que fiz antes, a fim de que nosso exame da natureza relativa da justiça e da injustiça possa ser realizado regularmente. Foi feita uma declaração de que a injustiça é mais forte e mais poderosa do que a justiça, mas agora a justiça, tendo sido identificada com a sabedoria e a virtude, facilmente se mostra mais forte do que a injustiça, se injustiça é ignorância; isso não pode mais ser questionado por ninguém. Mas eu quero ver a questão, Trasímaco, de uma maneira diferente: você não negaria que um Estado pode ser injusto e pode estar injustamente tentando escravizar outros Estados, ou pode já tê-los escravizado, e pode estar mantendo muitos deles em cativeiro?

Verdade, ele respondeu; e acrescentarei que o melhor e mais perfeitamente Estado injusto será o mais provável de fazê-lo.

Eu sei, disse eu, que essa era a sua posição; mas o que consideraria mais adiante é se esse poder que é possuído pelo Estado superior pode existir ou ser exercido sem justiça ou apenas com justiça.

> Nesse ponto o humor de Trasímaco começa a melhorar. Compare com 5. 450 A, 6 498 C.

Se você está certo em sua opinião, e justiça é sabedoria, então somente com justiça; mas se estou certo, então sem justiça.

Estou encantado, Trasímaco, em vê-lo acenar não apenas assentindo e discordando, mas dando respostas que são bastante excelentes.

Isso é uma questão de civilidade com você, respondeu ele.

Você é muito gentil, eu disse; e você teria a bondade de também me informar, se você pensa que um Estado, ou um exército, ou um bando de ladrões e assaltantes, ou qualquer outra gangue de malfeitores poderia agir de algum modo, se eles ferissem uns aos outros?

De fato, ele disse, eles não poderiam.

Mas se eles se abstivessem de ferir um ao outro, então eles poderiam agir melhor juntos?

Sim.

E isso ocorre porque a injustiça cria divisões e ódios e lutas, e a justiça transmite harmonia e amizade; não é verdade, Trasímaco?

Concordo, disse ele, porque não quero discutir com você.

> Injustiça perfeita, seja para Estados ou indivíduos, é destrutiva para ambos.

Que bom de sua parte, eu disse; mas eu gostaria de saber também se a injustiça, tendo esta tendência para despertar o ódio, onde quer que exista, entre escravos ou entre homens livres, não os fará odiar uns aos outros e os colocará em desacordo e os tornará incapazes de uma ação comum?

Certamente.

E mesmo que a injustiça seja encontrada em apenas dois, eles não discutirão e lutarão e se tornarão inimigos um do outro e dos justos?

Eles irão.

E suponha que a injustiça permaneça em uma única pessoa, sua sabedoria diria que ela perde ou que mantém seu poder natural?

Suponhamos que ela mantenha seu poder.

No entanto, não é o poder que a injustiça exerce de tal natureza que, onde quer que ela tome sua residência, seja em uma cidade, em um exército, em uma família ou em qualquer outro corpo, esse corpo seja, para começar, tornado incapaz de ação unida por causa de sedição e distração; e não se torna seu próprio inimigo e em desacordo com todos os que se opõem a ele e com os justos? Não é este o caso?

Sim, certamente.

E não é a injustiça igualmente fatal quando existe em uma única pessoa; em primeiro lugar, tornando-o incapaz de agir porque não está em unidade consigo mesmo e, em segundo lugar, tornando-o um inimigo de si mesmo e dos justos? Não é verdade, Trasímaco?

Sim.

E ó meu amigo, eu disse, com certeza os deuses são justos?

É verdade que eles são.

Mas se assim for, o injusto será inimigo dos deuses e o justo será seu amigo?

Festeje em triunfo e aproveite a discussão; não vou me opor a você, para não desagradar a companhia.

> Recapitulação.

Pois bem, prossiga com as suas respostas e deixe-me comer o resto da minha refeição. Pois já mostramos que os justos são claramente mais sábios, melhores e mais hábeis do que os injustos, e que os injustos são incapazes de ação comum; mais ainda, que falar como falamos de homens que são maus agindo vigorosamente juntos em qualquer momento, não é estritamente a verdade, pois se eles fossem perfeitamente maus, teriam posto as mãos uns nos outros; mas é evidente que deve ter havido algum resquício de justiça neles, que permitiu que se combinassem; se não houvesse, teriam ferido um ao outro assim como às suas vítimas; eles eram apenas meio vilões em seus empreendimentos; pois se tivessem sido vilões completos e totalmente injustos, teriam sido totalmente incapazes de agir. Essa, creio eu, é a verdade da questão, e não o que você disse a princípio. Mas se os justos têm uma vida melhor e mais feliz do que os injustos é outra questão que também nos propusemos a considerar. Acho que sim, e pelas razões que eu tinha apresentado; mas, ainda assim, gostaria de examinar mais a fundo, pois nenhuma matéria leve está em jogo, nada menos que a regra da vida humana.

Prossiga.

> Ilustrações para os fins e excelências preparatórias para as questões sobre a finalidade e excelência da alma.

Prosseguirei fazendo uma pergunta: você não diria que um cavalo tem alguma finalidade?

Eu diria que sim.

E o fim ou utilidade de um cavalo, ou de qualquer coisa, seria aquele que não poderia ser realizado, ou não tão bem realizado, por qualquer outra coisa?

Não entendo, disse ele.

Deixe-me explicar: você pode ver, exceto com o olho?

Certamente não.

Ou ouvir, exceto com o ouvido?

Não.

Então, pode-se dizer verdadeiramente que são as finalidades desses órgãos?

Pode sim.

Mas você pode cortar um galho de videira com uma adaga ou com um cinzel e de muitas outras maneiras?

Claro.

E, no entanto, não tão bem quanto com uma podadeira feita para esse fim?

Verdadeiro.

Não podemos dizer que esta é a finalidade de um gancho de poda?

Nós podemos.

Então agora acho que você não terá dificuldade em entender o que quero dizer quando lhe pergunto se a finalidade de qualquer coisa seria aquela que não poderia ser realizada, ou não tão bem realizada, por qualquer outra coisa?

Eu entendo o que você quer dizer, ele disse, e concordou.

> Tudo que tem um fim tem também virtudes e excelências pelas quais atingem os fins.

E aquilo para o qual o fim se destina, também tem uma excelência? Preciso perguntar novamente se o olho tem um fim?

Tem.

E não tem o olho uma excelência?

Sim.

E o ouvido tem uma finalidade e uma excelência também?

Verdadeiro.

E o mesmo é verdade para todas as outras coisas; elas têm cada uma delas uma finalidade, uma excelência especial?

É isso mesmo.

> E a alma tem uma virtude e uma finalidade – a virtude, justiça; a finalidade, a felicidade.

Bem, e podem os olhos cumprir seu objetivo se a eles faltar na própria excelência e, em vez disso, apresentarem um defeito?

Como podem, disse ele, se são cegos e não podem ver?

Você quer dizer, se eles perderam sua excelência adequada, que é a visão; mas ainda não cheguei a esse ponto. Eu preferiria fazer a pergunta de forma mais geral, e apenas indagar se as coisas que cumprem seus objetivos os cumprem por sua própria excelência, e deixam de cumpri-los por seu próprio defeito.

Certamente, ele respondeu.

Eu poderia dizer o mesmo dos ouvidos; quando privados de sua própria excelência, eles não podem cumprir seu objetivo?

Verdadeiro.

E a mesma observação se aplica a todas as outras coisas?

Concordo.

Bem; e não tem a alma um propósito que nada mais pode cumprir? Por exemplo, para supervisionar e comandar e deliberar e assim por diante. Essas funções não são próprias da alma e podem ser corretamente atribuídas a qualquer outra?

Para nenhuma outra.

E a vida não deve ser considerada entre as finalidades da alma?

Com certeza, ele disse.

E não tem a alma uma excelência também?

Sim.

E ela pode ou não cumprir seus próprios fins quando privada dessa excelência?

Ela não pode.

Então, uma alma má deve necessariamente ser um governante e superintendente mau, e a alma boa um bom governante?

Sim, necessariamente.

> Portanto justiça e felicidade estão necessariamente conectadas.

E admitimos que a justiça é a excelência da alma, e a injustiça o defeito da alma?

Isso foi admitido.

Então a alma justa e o homem justo viverão bem, e o homem injusto viverá doente?

Isso é o que prova seu argumento.

E quem vive bem é abençoado e feliz, e quem vive mal é o inverso da felicidade?

Certamente.
Então o justo estará feliz e o injusto será infeliz?
Que assim seja.
Mas a felicidade e não a miséria é proveitosa.
Claro.
Então, meu abençoado Trasímaco, a injustiça nunca pode ser mais lucrativa do que a justiça.
Que isso, Sócrates, disse ele, seja seu entretenimento no *Bendidea*.

> Sócrates está insatisfeito consigo mesmo e com o argumento.

Estou em dívida com você, disse eu, agora que você se tornou gentil comigo e parou de me repreender. No entanto, não fui bem entretido; mas a culpa foi minha e não sua. Assim como um epicurista apanha um bocado de cada prato que é trazido sucessivamente à mesa, não tendo se permitido o tempo suficiente para saborear o anterior, eu também fui de um assunto a outro sem ter descoberto o que procurava no início, a natureza da justiça. Abandonei aquela investigação e me afastei para considerar se justiça é virtude e sabedoria ou mal e tolice; e quando surgiu outra questão sobre as vantagens comparativas da justiça e da injustiça, não pude deixar de passar a ela. E o resultado de toda a discussão foi que não sei absolutamente nada. Pois não sei o que é justiça e, portanto, provavelmente não saberei se é ou não uma virtude, nem posso dizer se o homem justo é feliz ou infeliz.

Livro II

República II
Sócrates,
Glauco.

Com essas palavras, pensei que havia encerrado a discussão; mas o fim, na verdade, provou ser apenas um começo. Pois Glauco, que é sempre o mais combativo dos homens, ficou insatisfeito com a saída de Trasímaco; ele queria encerrar a batalha. Então ele me disse: Sócrates, você deseja realmente nos persuadir, ou apenas parecer que nos persuadiu, que ser justo é sempre melhor do que ser injusto?

Eu realmente gostaria de persuadi-lo, se pudesse, respondi.

Divisão trina dos bens.

Então você certamente não teve sucesso. Deixe-me perguntar-lhe agora: como você arranjaria os bens, não existem alguns que acolhemos por si mesmos, e independentemente de suas consequências, como, por exemplo, prazeres e alegrias inofensivas, que nos deliciam na hora, embora nada além surja deles?

Concordo em pensar que tal classe existe, respondi.

Não existe também uma segunda classe de bens, como o conhecimento, a visão, a saúde, que são desejáveis não só em si mesmos, mas também por seus resultados?

Certamente, eu disse.

A República

E você não reconheceria uma terceira classe, como a ginástica, e o cuidado dos enfermos, e a arte do médico; também as várias maneiras de ganhar dinheiro – elas nos fazem bem, mas as consideramos desagradáveis; e ninguém os escolheria por si mesmos, mas apenas por causa de alguma recompensa ou resultado que flui deles?

Há, eu disse, essa terceira classe também. Mas por que você pergunta?

Porque eu quero saber em qual das três classes você colocaria a justiça.

Na classe mais elevada, eu respondi, entre aqueles bens que quem deseja ser feliz deseja tanto para o seu próprio bem como para o bem de seus resultados.

Então, a maioria tem outro pensamento; eles consideram que a justiça deve ser classificada na classe problemática, entre os bens que devem ser buscados por causa de recompensas e reputação, mas em si mesmos são desagradáveis e devem ser evitados.

Eu sei, eu disse, que essa é a maneira de pensar deles, e que essa era a tese que Trasímaco estava defendendo agora mesmo, quando censurou a justiça e elogiou a injustiça. Mas sou muito estúpido para ser convencido por ele.

> Três frentes de argumentação: - 1. A natureza da justiça; 2. Justiça, uma necessidade, porém não um bem; 3. A razoabilidade desse conceito.

Eu gostaria, disse ele, que você me ouvisse tão bem quanto ele, e então verei se você e eu concordamos. Pois Trasímaco me parece, como uma cobra, ter ficado encantado por sua voz mais cedo do que deveria; mas, em minha opinião, a natureza da justiça e da injustiça ainda não foi esclarecida. Deixando de lado suas recompensas e resultados, quero saber o que elas são em si mesmas e como funcionam internamente na alma. Se você, por gentileza, puder prosseguir, eu reviverei o argumento de Trasímaco. E primeiro falarei da natureza e origem da justiça de acordo com a visão comum deles. Em segundo lugar, mostrarei que todos os homens que praticam a justiça o fazem contra sua vontade, por necessidade, mas não como um bem. E, em terceiro lugar, argumentarei que há razão nessa visão, pois a vida dos injustos é, afinal, muito melhor do que a vida dos justos; se o que eles dizem for verdade, Sócrates, visto que eu mesmo não compartilho da opinião deles. Mesmo assim, reconheço que fico perplexo quando ouço as vozes de Trasímaco e miríades de outros cantando em meus ouvidos; e, por outro lado, nunca ouvi falar da superioridade da justiça sobre a injustiça mantida por alguém de maneira satisfatória. Quero ouvir a justiça elogiada em relação a si mesma; então ficarei satisfeito, e você é a pessoa de quem penso ter mais probabilidade de ouvir isso; e, portanto, louvarei a vida injusta com o máximo de minhas forças, e minha maneira de falar indicará a maneira como desejo ouvi-lo elogiar a justiça e censurar a injustiça. Você dirá se aprova minha proposta?

> GLAUCO.

Na verdade, eu preciso fazê-lo; nem posso imaginar qualquer tema sobre o qual um homem de bom senso desejaria conversar mais frequentemente.

Estou muito satisfeito, respondeu ele, por ouvi-lo dizer isso, e começarei falando, como propus, sobre a natureza e a origem da justiça.

> Justiça, um compromisso entre fazer e sofrer o mal.

Dizem que fazer injustiça é, por natureza, bom; sofrer injustiça, mau; mas que o mal é maior do que o bem. E assim, quando os homens cometeram e sofreram injustiças e tiveram experiência de ambas, não sendo capazes de evitar uma e obter a outra, pensam que é melhor concordar entre si em não ter nenhuma; daí surgem leis e alianças mútuas; e aquilo que é ordenado por lei é considerado por eles legítimo e justo. Afirmam que esta é a origem e a natureza da justiça; é um meio ou compromisso, entre o melhor de todos, que é fazer injustiça e não ser punido, e o pior de tudo, que é sofrer a injustiça sem o poder de retaliação; e a justiça, estando em um ponto intermediário entre os dois, é tolerada não como um bem, mas como o mal menor, e honrada por causa da incapacidade dos homens de cometerem injustiças. Pois nenhum homem digno de ser chamado de homem se submeteria a tal acordo se pudesse resistir; ele seria louco se o fizesse. Tal é o relato recebido, Sócrates, da natureza e origem da justiça.

> A história de Giges da Lídia.

Agora que aqueles que praticam a justiça o fazem involuntariamente e porque não têm o poder de ser injustos, será melhor se imaginarmos algo desse tipo: tendo dado tanto aos justos quanto aos injustos o poder de fazerem o que quiserem, vamos observar e ver para onde o

A República

desejo os levará; então, descobriremos nos próprios atos que o homem justo e o injusto estão cometendo ao longo do mesmo caminho, seguindo seus interesses, os quais todas as naturezas consideram ser seu bem, e só são desviados para o caminho da justiça pela força da lei. A liberdade que supomos pode ser mais completamente concedida a eles na forma de um poder que se diz ter sido possuído por Giges, o ancestral de Creso, o Lídio[26]. Segundo a tradição, Giges era um pastor a serviço do rei da Lídia; houve uma grande tempestade e um terremoto abriu uma abertura na terra na qual ele alimentava seu rebanho. Espantado com a visão, ele desceu para a abertura, onde, entre outras maravilhas, viu um cavalo oco de bronze, com portas, para dentro das quais ele se abaixou e olhou e viu um corpo morto de estatura, como lhe parecia, maior do que a humana, e tendo nada além de um anel de ouro; que ele tirou do dedo dos mortos e reassumiu. Ora, os pastores se reuniam, segundo o costume, para enviarem ao rei seu relatório mensal sobre os rebanhos; e para a assembleia ele veio com o anel em seu dedo, e enquanto estava sentado entre eles, por acaso girou a pinça do anel dentro de sua mão, quando instantaneamente se tornou invisível para o resto do grupo e começaram a falar dele como se não estivesse mais presente. Ele ficou surpreso com isso e, tocando novamente no anel, girou a pinça para fora e reapareceu; fez várias experiências, e sempre com o mesmo resultado – ao girar a pinça para dentro ficava invisível, quando girava para fora, reaparecia. Diante disso, ele conseguiu ser escolhido um dos mensageiros que foram enviados à corte; ao passo que assim que chegou ele seduziu a rainha, e com a ajuda dela conspirou contra o rei e o matou, e assumiu o reino. Suponha agora que existissem dois desses anéis mágicos, e o justo colocasse um deles e o injusto o outro; nenhum homem pode ser concebido como tendo uma natureza tão férrea que permaneceria firme na justiça. Nenhum homem manteria suas mãos longe do que não era seu, quando ele pudesse pegar com segurança o que quisesse do mercado, ou entrar em casas e se deitar com qualquer um que quisesse, ou matar ou libertar da prisão quem ele quisesse, e em todos os

> A aplicação da História de Giges.

---

[26] Leitura: Γύνῃ τῷ Κροίσου τοῦ Λυδοῦ προγόνῳ.

aspectos ser como um deus entre os homens. Então, as ações do justo seriam como as ações dos injustos; ambos iriam finalmente chegar ao mesmo ponto. E isso podemos verdadeiramente afirmar ser uma grande prova de que um homem é justo, não voluntariamente ou porque pensa que a justiça é um bem para ele individualmente, mas por necessidade, pois onde quer que alguém pense que pode ser injusto com segurança, aí será ele injusto. Pois todos os homens acreditam em seus corações que a injustiça é muito mais lucrativa para o indivíduo do que a justiça, e aquele que argumentar como eu tenho suposto, dirá que está certo. Se você pudesse imaginar alguém obtendo este poder de tornar-se invisível, e nunca fazendo nada de errado ou tocando o que era do outro, ele seria considerado pelos observadores como um idiota miserável, embora eles o elogiassem diante um do outro, e mantivessem as aparências entre eles por medo de que também pudessem sofrer injustiça. Basta disso.

> O injusto a ser coberto com o poder e a reputação.

Agora, se quisermos formar um julgamento real da vida dos justos e injustos, devemos isolá-los; não há outro caminho; e como o isolamento deve ser efetuado? Eu respondo: que o homem injusto seja totalmente injusto, e o homem justo inteiramente justo; nada deve ser tirado de nenhum deles, e ambos devem ser perfeitamente equipados para o trabalho de suas respectivas vidas. Em primeiro lugar, deixe o injusto ser como outros distintos mestres da arte; como o habilidoso piloto ou médico, que conhece intuitivamente suas próprias faculdades e se mantém dentro de seus limites, e que, se falhar em algum momento, consegue se recuperar. Portanto, deixe o injusto fazer suas tentativas injustas da maneira certa, e se esconda se quiser ser grande em sua injustiça (quem é descoberto não é ninguém) pois o mais alto alcance da injustiça é ser considerado justo quando você não é. Portanto, eu digo que no homem perfeitamente injusto devemos assumir a mais perfeita injustiça; não deve haver dedução, mas devemos permitir que ele, enquanto pratica os atos mais injustos, tenha adquirido a maior reputação de justiça. Se ele deu um passo em falso, deve ser capaz de se recuperar; deve ser alguém que pode falar com eficácia, se alguma de suas ações vier à tona, e que pode forçar sua passagem por onde a força é exigida por sua coragem e resistência, e o domínio do dinheiro e de amigos. E a seu lado coloquemos o justo na sua nobreza e simplicidade, desejando, como diz Ésquilo, ser e não parecer bom. Não deve haver aparência, pois se ele parece justo, será honrado e recompensado, e então não saberemos se ele é justo por causa da justiça ou por causa de honras e recompensas; portanto, que ele seja vestido apenas com a justiça e não tenha outra cobertura; e ele deve ser imaginado em um Estado de vida oposto ao anterior. Que seja o melhor dos homens e que seja considerado o pior; então terá sido posto à prova; e veremos se ele será afetado pelo medo da infâmia e suas consequências. E que continue assim até a hora da morte; sendo justo e parecendo ser injusto. Quando ambos tiverem terminado, o da justiça e o da injustiça, julgue qual deles é o mais feliz dos dois.

> O justo a ser desnudado de tudo, menos da sua virtude.

> SÓCRATES, GLAUCO.

> O homem justo irá aprender por cada experiência que ele possa parecer e não ser justo.

Céus! Meu caro Glauco, disse eu, com que energia você os prepara para a decisão, primeiro um e depois o outro, como se fossem duas estátuas.

Eu faço o meu melhor, disse ele. E agora que sabemos como eles são, não há dificuldade em descobrir o tipo de vida que os espera. Vou continuar a descrever isso; mas como você pode achar que a descrição é um pouco grosseira, peço que suponha, Sócrates, que as palavras que se seguem não são minhas. Deixe-me colocá-las na boca dos eulogistas da injustiça: eles lhe dirão que o homem justo que é considerado injusto será açoitado, torturado, amarrado; terá seus olhos queimados e, finalmente, depois de sofrer todo tipo de mal, ele será empalado. Então ele entenderá que deve parecer apenas, e não ser, justo; as palavras de Ésquilo podem ser mais verdadeiramente ditas sobre os injustos do que sobre os justos. Pois o injusto está buscando uma realidade; ele não vive tendo em vista as aparências, ele quer ser realmente injusto e não parecer apenas:

"Sua mente tem um solo profundo e fértil,
do qual brotam seus conselhos prudentes.[27]"

---

[27] *Sete contra Tebas*, Ésquilo.

Platão

> O injusto que parece justo irá conseguir todo tipo de prosperidade.

Em primeiro lugar, ele é considerado justo e, portanto, governa a cidade; ele pode se casar com quem quiser e dar em casamento a quem quiser; também pode negociar e vender onde quiser, e sempre em seu próprio benefício, porque não tem receio de injustiças; e em todas as disputas, seja em público ou privado, ele leva o melhor de seus antagonistas, e ganha às custas deles, e é rico, e com seus ganhos ele pode beneficiar seus amigos e prejudicar seus inimigos; além disso, ele pode oferecer sacrifícios e dedicar presentes aos deuses abundante e magnificamente, e pode honrar os deuses ou qualquer homem a quem ele queira homenagear em um estilo muito melhor do que o justo e, portanto, é provável que seja mais querido do que este para os deuses. E assim, Sócrates, deuses e homens se unem para tornar a vida dos injustos melhor do que a vida dos justos.

> Adimanto, Sócrates.

Eu ia dizer algo em resposta a Glauco, quando Adimanto, seu irmão, interpôs: Sócrates, ele disse, você não acha que não há mais nada a ser instado?

Por que, o que mais existe? Eu respondi.

O ponto mais forte de todos nem sequer foi mencionado, respondeu ele.

Bem, então, de acordo com o provérbio: "Deixe o irmão ajudar o irmão", se ele falhar em alguma parte, você o ajuda; embora deva confessar que Glauco já disse o suficiente para me jogar na poeira e tirar de mim o poder de ajudar a justiça.

> Adimanto assume o argumento. A justiça é louvada e a injustiça é condenada, mas apenas pela consideração de suas consequências.

Bobagem, respondeu ele. Mas deixe-me acrescentar algo mais: há outro lado do argumento de Glauco sobre o elogio e a censura da justiça e injustiça, que é igualmente necessário para revelar o que eu acredito ser o seu significado. Pais e tutores estão sempre dizendo a seus filhos e seus pupilos para que sejam justos; mas por quê? Não por causa da justiça, mas por uma questão de caráter e reputação; na esperança de obter para aquele que tem fama de justo cargos, casamentos, e semelhantes que Glauco enumerou entre as vantagens decorrentes dos injustos pela reputação da justiça. Mais, no entanto, é feito de aparências por esta classe de pessoas do que pelas outras; pois eles jogam na boa opinião dos deuses, e falarei sobre uma chuva de benefícios que os céus, como dizem, chovem sobre os piedosos; e isto concorda com o testemunho do nobre Hesíodo e Homero, o primeiro dos que dizem que os deuses são os carvalhos dos justos

> "Suportar as castanhas no topo e as abelhas no meio;
> e as ovelhas são abatidas com o peso de suas peles"[28],

e muitas outras bênçãos semelhantes são fornecidas para eles. E Homero tem uma linhagem muito semelhante; pois ele fala de alguém cuja fama é:

> "Como a fama de algum rei irrepreensível que, como um deus,
> mantém a justiça; a quem a terra negra produz
> trigo e cevada, cujas árvores estão repletas de frutos,
> e suas ovelhas nunca deixam de produzir, e o mar lhe dá peixes"[29].

> As recompensas e punições de uma outra vida.

Ainda maiores são os presentes do céu que Museu e seu filho[30] concedem aos justos; eles os levam para o mundo inferior, onde têm os santos deitados em sofás em um banquete, eternamente bêbados, coroados com guirlandas; a ideia deles parece ser a de que a imortalidade da embriaguez é o mais alto meio de virtude. Alguns estendem suas recompensas ainda mais; a posteridade, como dizem, dos fiéis e justos sobreviverá até a terceira e quarta geração. Este é o estilo com que elogiam a justiça. Mas sobre os ímpios há outra tendência; eles os enterram em um lamaçal no Hades, e os fazem carregar água em uma peneira; também enquanto ainda estão vivos, eles os levam à infâmia e lhes infligem as

---

[28] *Os trabalhos e os dias*, Hesíodo.
[29] *Odisseia*, Homero.
[30] Eumolpo.

punições que Glauco descreveu como a porção dos justos que são considerados injustos; nada mais oferece sua invenção. Tal é a maneira de elogiar um e censurar o outro.

> Os homens seguem repetindo que a virtude é penosa e o vício prazeroso.

Mais uma vez, Sócrates, vou pedir-lhe que considere outra forma de falar sobre justiça e injustiça, que não se limita aos poetas, mas é encontrada nos escritores de prosa. A voz universal da humanidade está sempre declarando que a justiça e a virtude são honrosas, mas penosas e trabalhosas; e que os prazeres do vício e da injustiça são fáceis de alcançar e só são censurados pela lei e pela opinião. Eles também dizem que a honestidade é, na maior parte, menos lucrativa do que a desonestidade; e eles estão prontos para chamar os homens ímpios de felizes e honrá-los tanto em público como em privado quando são ricos ou de qualquer outra forma influentes, enquanto desprezam e negligenciam aqueles que podem ser fracos e pobres, embora reconheçam que são melhores do que os outros. Mas o mais extraordinário de tudo é seu modo de falar sobre a virtude e os deuses: eles dizem que os deuses distribuem a calamidade e a miséria a muitos homens bons, e o bem e a felicidade aos maus. E os profetas mendicantes vão às portas dos homens ricos e os persuadem de que têm o poder confiado a eles pelos deuses de fazer expiação pelos próprios pecados de um homem ou de seus ancestrais por meio de sacrifícios ou amuletos, com alegrias e festas; e eles prometem prejudicar um inimigo, seja justo ou injusto, a um pequeno pagamento; com artes mágicas e encantamentos vinculando o céu, como dizem, para executar sua vontade. E os poetas são as autoridades a quem apelam, agora suavizando o caminho do vício com as palavras de Hesíodo,

> "O vício pode ser tido em abundância sem problemas; o caminho é suave e sua morada está próxima. Mas antes da virtude, os deuses começaram a trabalhar"[31],

---

[31] *Os trabalhos e os dias*, Hesíodo.

em uma estrada tediosa e difícil: então citando Homero como uma testemunha de que os deuses podem ser influenciados pelos homens; pois ele também diz:

> "Os deuses, também, podem ser desviados de seu propósito; e os homens oram a eles e evitam sua ira com sacrifícios e súplicas calmantes, e por libações e pelo cheiro de gordura, quando pecam e transgridem"[32].

> Eles foram ensinados que o pecado é facilmente expiado.

E eles produzem uma série de livros escritos por Museu e Orfeu, que eram filhos da Lua e das Musas – é o que eles dizem – de acordo com os quais eles realizam seu ritual e persuadem não apenas indivíduos, mas cidades inteiras, que expiações e perdão pelos pecados podem ser feitas por sacrifícios e diversões que preenchem uma hora vaga, e estão igualmente a serviço dos vivos e dos mortos; o último tipo eles chamam de mistérios e nos redimem das dores do inferno, mas se os negligenciarmos, ninguém sabe o que nos espera.

> Os efeitos disso tudo sobre as mentes juvenis.

Ele prosseguiu: e agora, quando os jovens ouvem tudo isso dito sobre virtude e vício, e a maneira como os deuses e os homens os consideram, como suas mentes provavelmente serão afetadas, meu querido Sócrates, aqueles entre eles, quero dizer, que são perspicazes e, como as abelhas aladas, acendem todas as flores e, por tudo o que ouvem, tendem a tirar conclusões sobre que tipo de pessoa deveriam ser e de que maneira deveriam andar se quisessem tirar o melhor proveito da vida? Provavelmente o jovem dirá a si mesmo, nas palavras de Píndaro:

> "Posso, por justiça ou por meios tortuosos de engano, ascender a uma torre mais elevada, que pode ser uma fortaleza para mim, todos os meus dias?".

Pois o que os homens dizem é que, se eu realmente sou justo e não sou considerado apenas lucro, não há nenhum, mas a dor e a perda, por outro lado, são inconfundíveis. Mas se, embora injusto, eu adquiro a reputação

---

[32] *Ilíada*, Homero.

de justiça, uma vida celestial é prometida para mim. Desde então, como provam os filósofos, a aparência tiraniza a verdade e é dona da felicidade, à aparência devo me dedicar. Descreverei ao meu redor uma imagem e sombra da virtude para ser o vestíbulo e o exterior de minha casa; atrás, vou seguir a raposa sutil e astuta, como Arquíloco, o maior dos sábios, recomenda. Mas eu ouço alguém exclamando que esconder a maldade é frequentemente difícil; ao que eu respondo, nada grande é fácil. No entanto, o argumento indica que, se for para sermos felizes, devemos ser o caminho ao longo do qual devemos seguir. Com vistas à ocultação, estabeleceremos irmandades secretas e clubes políticos. E há professores de retórica que ensinam a arte de persuadir cortes e assembleias; e assim, em parte pela persuasão e em parte pela força, conseguirei ganhos ilegais e não serei punido. Ainda ouço uma voz dizendo que os deuses não podem ser enganados, nem podem ser compelidos. Mas, e se não houver deuses? Ou suponha que eles não se importem com as coisas humanas, por que, em qualquer um dos casos, deveríamos nos importar com a ocultação? E mesmo que existam deuses, e eles se importem conosco, nós os conhecemos apenas pela tradição e pelas genealogias dos poetas; e essas são as mesmas pessoas que dizem que podem ser influenciadas e transformadas por "sacrifícios e súplicas calmantes e ofertas". Sejamos consistentes, então, e acreditemos em ambos ou em nenhum. Se os poetas falam a verdade, então é melhor sermos injustos e oferecer os frutos da injustiça; pois se formos justos, embora possamos escapar da vingança do céu, perderemos os ganhos da injustiça; mas, se formos injustos, devemos manter os ganhos, e por nosso pecado e oração, e oração e pecado, os deuses serão propiciados, e não seremos punidos. "Mas existe um mundo abaixo no qual nós ou nossa posteridade sofreremos por nossos atos injustos." Sim, meu amigo, será o reflexo, mas existem mistérios e divindades expiatórias, e estes têm um grande poder. Isso é o que as cidades poderosas declaram; e os filhos dos deuses, que foram seus poetas e profetas, dão o mesmo testemunho.

> A existência de deuses somente é conhecida para nós por meio dos poetas, que, do mesmo modo, asseguram para nós que eles podem ser subornados e que estão bastante inclinados ao perdão.

A República

Com base em que princípio, então, devemos continuar a escolher a justiça em vez da pior injustiça? Quando, se apenas os unirmos com um olhar enganoso para as aparências, deveremos viver em nossa mente tanto com deuses como com homens, na vida e após a morte, como nos dizem a maioria dos homens e as mais altas autoridades. Sabendo de tudo isso, Sócrates, como pode um homem que tem alguma superioridade de espírito, ou pessoal, ou de posição ou riqueza, estar disposto a honrar a justiça; ou mesmo abster-se de rir ao ouvir elogios à justiça? E mesmo que houvesse alguém que fosse capaz de refutar a verdade das minhas palavras, e que estivesse convencido de que a justiça é a melhor, ainda assim ele não se zangaria com os injustos, mas estaria pronto para perdoá-los, porque sabe que os homens não são justos por sua livre vontade; a não ser que, porventura, haja um homem cuja divindade interna possa tê-lo inspirado com o ódio à injustiça, ou que tenha alcançado o conhecimento da verdade, mas a nenhum outro. Ele só culpa a injustiça a quem, por covardia ou idade ou alguma fraqueza, não tem o poder de ser injusto. E isso é provado pelo fato de que, quando ele obtém o poder, imediatamente se torna injusto tanto quanto pode.

> Tudo isso, mesmo que não absolutamente verdade, alimenta grandes desculpas para cometer erros.

A causa de tudo isso, Sócrates, foi indicada por nós no início da discussão, quando meu irmão e eu lhe contamos como ficamos surpresos ao descobrir que todos os professores panegiristas da justiça, começando pelos antigos heróis de quem algum memorial foi preservado para nós, e terminando com os homens de nosso próprio tempo, ninguém jamais culpou a injustiça ou elogiou a justiça, exceto em vista das glórias, honras e benefícios que delas emanam. Ninguém jamais descreveu adequadamente em verso ou prosa a verdadeira natureza essencial de qualquer uma delas habitando na alma e invisíveis a qualquer olho humano ou divino; ou mostrado que de todas as coisas da alma que um homem tem dentro de si, a justiça é o maior bem, e a injustiça o maior mal. Se esta fosse a tendência universal, se você tivesse procurado nos persuadir disso desde a nossa juventude, não deveríamos estar vigilantes para evitar que um ao outro cometesse erros, mas cada um teria sido seu próprio vigia, por medo, se por acaso errou ao abrigar em si o maior dos males. Ouso dizer que Trasímaco e outros manteriam seriamente a linguagem que estou apenas repetindo, e palavras ainda mais fortes do que essas sobre justiça e injustiça, grosseiramente, como eu concebo, pervertendo sua verdadeira natureza. Mas eu falo desta maneira veemente, como devo confessar-lhe francamente, porque quero ouvir de você o lado oposto; e peço-lhes que mostrem não apenas a superioridade que a justiça tem sobre a injustiça, mas que efeito ela tem sobre o seu possuidor, que torna uma boa e a outra má para ele. E, por favor, como Glauco lhe pediu, exclua reputações; pois a menos que você tire de cada um deles sua verdadeira reputação e acrescente uma falsa, diremos que você não elogia a justiça, mas a aparência dela; devemos pensar que você está apenas nos exortando para manter a injustiça obscura e que você realmente concorda com Trasímaco em pensar que a justiça é o bem do outro e o interesse do mais forte, e que a injustiça é o lucro e o interesse do próprio homem, embora seja prejudicial ao mais fraco. Agora, como você admitiu que a justiça é uma das mais altas classes de bens que são desejados de fato por seus resultados, mas em um grau muito maior para seu próprio bem, como visão ou audição ou conhecimento ou saúde ou qualquer outro bem real e natural, e não meramente convencional, peço-lhe, em seu elogio à justiça, que considere apenas um ponto: refiro-me ao bem e ao mal essenciais, que a justiça e a injustiça operam em seus possuidores. Que os outros elogiem a justiça e censurem a injustiça, ampliando as recompensas e honras de um e abusando do outro; é uma maneira de argumentar que, partindo deles, estou disposto a tolerar, mas de vocês, que dedicaram toda a sua vida a refletir sobre esta questão, a menos que ouça o contrário de seus próprios lábios, espero algo melhor. E, portanto, eu digo, não apenas nos prove que a justiça é melhor do que a injustiça, mas mostre o que cada um deles faz ao seu possuidor, o que torna um bom e o outro um mal, visível ou invisível por deuses e homens.

> Os homens não deveriam ser ensinados que a justiça, em si mesma, é o bem maior, e a injustiça, o grande mal.

A República

> ADIMANTO,
> SÓCRATES.

Sempre admirei o gênio de Glauco e de Adimanto, mas ao ouvir estas palavras fiquei bastante encantado e disse: filhos de um pai ilustre, não foi um mau começo dos versos elegíacos que o admirador de Glauco fez em homenagem a vós depois de terem se destacado na batalha de Megara:

"Filhos de Ariston", cantou ele, "descendência divina de um herói ilustre".

> Glauco e Adimanto aptos a argumentar tão bem, mas nada convencidos pelos próprios argumentos.

O epíteto é muito apropriado, pois há algo verdadeiramente divino em ser capaz de argumentar como você fez pela superioridade da injustiça e não se convencer de seus próprios argumentos. E acredito que você não está convencido, deduzo isso de seu caráter geral, pois se eu o tivesse julgado apenas por seus discursos, teria desconfiado de você. Mas agora, quanto maior minha confiança em você, maior é minha dificuldade em saber o que dizer. Pois estou em apuros entre dois; por um lado, sinto que não estou à altura da tarefa; e minha incapacidade é evidenciada pelo fato de que você não ficou satisfeito com a resposta que dei a Trasímaco, provando, como pensei, a superioridade que a justiça tem sobre a injustiça. E, no entanto, não posso me recusar a ajudar, enquanto a respiração e a fala permanecem em mim; receio que seja impiedade estar presente quando se fala mal da justiça e não levantar a mão em sua defesa. E, portanto, é melhor eu dar a ajuda que puder.

Glauco e os demais me imploraram por todos os meios para não deixar a pergunta cair, mas para prosseguir na investigação. Eles queriam chegar à verdade, primeiro, sobre a natureza da justiça e da injustiça e, em segundo lugar, sobre suas vantagens relativas. Disse-lhes o que realmente pensava, que a investigação fosse de natureza séria e exigiria olhos muito bons.

> As letras grandes.

Visto então, eu disse, que não somos grandes sábios, penso que seria melhor adotarmos um método que assim posso ilustrar; suponha que uma pessoa míope tenha sido convidada por alguém a ler pequenas cartas a distância; e ocorreu a outra pessoa que eles poderiam ser encontrados em outro lugar que era maior e no qual as letras eram maiores (se eles eram os mesmos e ele poderia ler as letras maiores primeiro e depois passar para as menores) isso teria sido considerado um caso raro de boa sorte.

Muito verdade, disse Adimanto; mas como a ilustração se aplica à nossa investigação?

Eu vou te dizer, eu respondi; a justiça, que é o objeto de nossa investigação, é, como você sabe, às vezes mencionada como a virtude de um indivíduo, e às vezes como a virtude de um Estado.

Verdade, ele respondeu.

E não é um Estado maior que um indivíduo?

Ele é.

> A justiça deve ser mais vista no Estado, do que no indivíduo.

Então, no maior, a quantidade de justiça provavelmente será maior e mais facilmente discernível. Proponho, portanto, que investiguemos a natureza da justiça e da injustiça, primeiro como aparecem no Estado e, em segundo lugar, no indivíduo, procedendo do maior ao menor e comparando-os.

Essa, disse ele, é uma excelente proposta.

E se imaginarmos o Estado em processo de criação, veremos a justiça e a injustiça do Estado também em processo de criação.

Ouso dizer.

Quando o Estado for concluído, pode haver esperança de que o objeto de nossa pesquisa seja descoberto com mais facilidade.

Sim, com muito mais facilidade.

Mas devemos tentar construir um? Eu disse, pois fazer isso, como estou inclinado a pensar, será uma tarefa muito séria. Reflita, portanto.

Eu refleti, disse Adimanto, e estou ansioso para que você prossiga.

> O Estado surge das necessidades dos homens.

Um Estado, eu disse, surge, como eu concebo, das necessidades da humanidade; ninguém é autossuficiente, mas todos nós temos muitos desejos. Pode-se imaginar alguma outra origem de um Estado?

Não pode haver outra.

A República

Então, como temos muitos desejos e muitas pessoas são necessárias para supri-los, um toma um ajudante para um propósito e outro para outro; e quando esses parceiros e ajudantes estão reunidos em uma habitação, o corpo de habitantes é denominado um Estado.

Verdade, ele disse.

E eles trocam entre si, e um dá e outro recebe, sob a ideia de que a troca será para o bem deles.

Muito verdadeiro.

Então, disse eu, comecemos e criemos em ideia um Estado; e ainda assim o verdadeiro criador é a necessidade, que é a mãe de nossa invenção.

Claro, ele respondeu.

> As quatro ou cinco maiores necessidades da vida, e os quatro ou cinco tipos de cidadãos que a elas correspondem.

Ora, a primeira e maior das necessidades é a comida, que é a condição de vida e de existência.

Certamente.

A segunda é uma habitação e a terceira roupa e semelhantes.

Verdadeiro.

E agora vejamos como nossa cidade será capaz de atender a esta grande demanda: podemos supor que um homem é lavrador, outro construtor, outro tecelão – devemos acrescentar a eles um sapateiro ou talvez algum outro fornecedor aos nossos desejos corporais?

Muito bem.

A noção mais básica de um Estado deve incluir quatro ou cinco homens.

Claramente.

> A divisão do trabalho.

E como eles irão proceder? Será que cada um trará o resultado de seu trabalho para um estoque comum? O lavrador individual, por exemplo, produzindo para quatro, e trabalhando quatro vezes mais tempo e tanto quanto ele precisa na provisão de alimentos com os quais alimenta aos outros, bem como a si mesmo; ou não terá nada a ver com os outros e não terá o trabalho de produzir para eles, mas proverá para si mesmo um quarto da comida em um quarto do tempo, e os restantes três quartos de seu tempo serão empregados em fazer uma casa ou um casaco ou um par de sapatos, não tendo nenhuma sociedade com os outros, mas suprindo a si mesmo tudo o que deseja?

Adimanto pensava que ele deveria ter como objetivo produzir apenas alimentos e não produzir tudo.

Provavelmente, respondi, essa seria a melhor maneira; e quando ouço você dizer isso, recordo-me que não somos todos iguais; existem diversidades de naturezas entre nós que se adaptam a diferentes ocupações.

Muito verdadeiro.

E você terá um trabalho mais bem executado quando o operário tiver muitas ocupações, ou quando tiver apenas uma?

Quando ele tem apenas uma.

Além disso, não pode haver dúvida de que uma obra se estraga quando não é feita no momento certo.

Sem dúvida.

> Os primeiros cidadãos são:
> 1. Um camponês,
> 2. Um construtor,
> 3. Um tecelão,
> 4. Um sapateiro.
> A esses devem ser somados: 5. Um carpinteiro, 6. Um ferreiro etc.,
> 7. Comerciantes,
> 8. Varejistas.

Pois os negócios não estão dispostos a esperar até que o empresário esteja livre; mas o executor deve acompanhar o que está fazendo e tornar o negócio seu primeiro objetivo.

Ele deve mesmo.

E se for assim, devemos inferir que todas as coisas sejam produzidas com mais abundância e facilidade e de melhor qualidade quando um homem faz algo que é natural para ele e no momento certo, e deixa outras atividades para os outros.

Sem dúvida.

Então, mais de quatro cidadãos serão necessários; pois o lavrador não fará seu próprio arado ou enxada, ou outros implementos agrícolas, se quiserem ser úteis para alguma coisa. Nem o construtor fará suas ferramentas, e ele também precisa de muitas; e da mesma maneira o tecelão e o sapateiro.

Verdadeiro.

Então, carpinteiros, ferreiros e tantos outros artesãos serão partícipes de nosso pequeno Estado, que já começa a crescer?

Verdadeiro.

No entanto, mesmo se adicionarmos pecuaristas, pastores e outros criadores, a fim de que nossos lavradores possam ter bois para arar, e os construtores, bem como os lavradores, possam ter gado de tração, e tosquiadeiras e tecelões de lã e peles, ainda assim nosso Estado não será muito grande.

Isso é verdade; contudo, também não será um Estado muito pequeno que contenha tudo isso.

Então, novamente, há a situação da cidade: encontrar um lugar onde nada precise ser importado é quase impossível.

Impossível.

Então deve haver outra classe de cidadãos que trará o suprimento necessário de outra cidade?

Deve haver.

Mas se o comerciante for de mãos vazias, não tendo nada de que eles precisem para suprir suas necessidades, ele voltará de mãos vazias.

Isso é certo.

E, portanto, o que eles produzem em casa deve ser não apenas suficiente para eles, mas em quantidade e qualidade para acomodar aqueles de quem suas necessidades são supridas.

Muito verdadeiro.

Então mais lavradores e mais artesãos serão necessários?

Eles serão.

Sem falar nos importadores e exportadores, que são chamados de comerciantes?

Sim.

Então devemos querer mercadores?

Nós devemos.

E se a mercadoria deve ser transportada pelo mar, marinheiros habilidosos também serão necessários, e em número considerável?

Sim, em números consideráveis.

Então, novamente, dentro da cidade, como eles vão trocar suas produções? Garantir tal troca era, como você deve se lembrar, um de nossos principais objetivos quando os transformamos em uma sociedade e constituímos um Estado.

É claro que eles vão comprar e vender.

Então, eles precisarão de um mercado e de uma caixa de dinheiro para fins de troca.

Certamente.

A origem do comércio varejista.

Suponha agora que um lavrador, ou artesão, leve alguma produção ao mercado e chegue em um momento em que não há ninguém com quem trocar – ele deve deixar sua vocação e ficar ocioso no mercado?

De modo nenhum; lá encontrará gente que, vendo a necessidade, assume o cargo de vendedor. Em Estados bem ordenados, eles são comumente aqueles mais fracos em força corporal e, portanto, de pouca utilidade para qualquer outro propósito; seu dever é estar no mercado e dar dinheiro em troca de mercadorias àqueles que desejam vender e receber dinheiro daqueles que desejam comprar.

Essa necessidade, então, cria uma classe de varejistas em nosso Estado. Não é "varejista" o termo aplicado aos que se sentam no mercado empenhados em comprar e vender, enquanto os que vagueiam de uma cidade para outra são chamados de comerciantes?

Sim, disse ele.

E há outra classe de servos, que intelectualmente dificilmente estão no nível de companheirismo; ainda assim, eles têm bastante força física para trabalhar, que por isso vendem, e são chamados, se não me engano, de assalariados, sendo o salário o nome que se dá ao preço de seu trabalho.

Verdadeiro.

Então os assalariados ajudarão a formar nossa população?

Sim.

E agora, Adimanto, nosso Estado já está amadurecido e aperfeiçoado?

Acho que sim.

Onde está então a justiça e onde está a injustiça e em que parte do Estado ela surgiu?

A República

Provavelmente nas relações desses cidadãos uns com os outros. Não consigo imaginar que seja mais provável de serem encontradas em qualquer outro lugar.

Ouso dizer que você tem razão em sua sugestão, eu disse; é melhor pensarmos bem no assunto e não nos esquivarmos da investigação.

> Um retrato da vida primitiva.

Consideremos então, em primeiro lugar, qual será seu modo de vida, agora que assim os estabelecemos. Não produzirão milho, vinho, roupas e sapatos, e não construirão casas para si mesmos? E quando estiverem alojados, trabalharão, no verão, geralmente, nus e descalços, mas no inverno substancialmente vestidos e calçados. Eles se alimentarão de farinha de cevada e farinha de trigo, assando-os e sovando-os, fazendo nobres bolos e pães; servirão em uma esteira de junco ou em folhas limpas, eles próprios reclinados em esteiras cobertas de teixo ou murta. E eles e seus filhos festejarão, bebendo do vinho que prepararam, usando guirlandas em suas cabeças e cantando os louvores dos deuses, em uma conversa feliz uns com os outros. E eles cuidarão para que suas famílias não excedam seus recursos; tendo um olho na pobreza ou na guerra.

> SÓCRATES, GLAUCO.

Mas, disse Glauco, interpondo-se, o senhor não lhes deu um tempero para a refeição.

É verdade, respondi, havia esquecido; claro que eles devem ter um tempero: sal, azeitonas e queijo, e vão ferver raízes e ervas como os que os camponeses preparam; como sobremesa lhes daremos figos, ervilhas e feijões; e assarão mirtilos e castanhas no fogo, bebendo com moderação. E com tal regime, pode-se esperar que vivam em paz e saúde até uma boa velhice, e deixem uma vida semelhante aos filhos depois deles.

Sim, Sócrates, disse ele, e se você estivesse cuidando de uma cidade de porcos, de que outra forma alimentaria os animais?

Mas o que você quer, Glauco? Eu respondi.

Ora, ele disse, você deveria dar a eles as conveniências comuns da vida. As pessoas que precisam se sentir confortáveis estão acostumadas a se deitar em sofás e jantar fora das mesas, e deveriam comer molhos e doces no estilo moderno.

> Um estado de luxúria deverá ser construído.

Sim, eu disse, agora entendo: a questão que você quer que eu considere é, não apenas como um Estado, mas como um Estado luxuoso é criado; e possivelmente não há mal nisso, pois em tal Estado teremos mais probabilidade de ver como a justiça e a injustiça se originam. Em minha opinião, a verdadeira e saudável constituição do Estado é aquela que descrevi. Mas se você deseja também ver um Estado fervilhando, não tenho objeções. Pois eu suspeito que muitos não ficarão satisfeitos com o modo de vida mais simples. Viverão pedindo para adicionar sofás, mesas e outros móveis; também guloseimas e perfumes e incenso e cortesãs e bolos, todos estes não de um só tipo, mas em toda variedade; devemos ir além das necessidades das quais eu estava falando no início, como casas, roupas e sapatos: as artes do pintor e da bordadeira terão que ser postas em movimento, e ouro e marfim e todos os tipos de materiais devem ser adquiridos.

Verdade, ele disse.

> E nele diversas outras habilidades serão requeridas.

Então, devemos ampliar nossas fronteiras; pois o Estado saudável original não é mais suficiente. Agora a cidade terá que ser preenchida e inchada com uma multidão de vocações que não são exigidas por nenhuma necessidade natural; como toda a tribo de caçadores e atores, dos quais uma grande classe tem a ver com formas e cores; outros serão os devotos da música – poetas e seu séquito de rapsodistas, músicos, dançarinos, empreiteiros; também fabricantes de diversos tipos de artigos, incluindo vestidos femininos. E vamos querer mais servos. Não serão solicitados também tutores, além de enfermeiras e amas-secas, cabeleireiras e barbeiros, bem como confeiteiras e cozinheiras; e criadores de porcos também, que não eram necessários e, portanto, não tinham lugar na edição anterior de nosso Estado, mas são necessários agora? Eles não devem ser esquecidos: e haverá animais de muitos outros tipos, se as pessoas os comerem.

Certamente.

E vivendo assim, teremos muito mais necessidade de médicos do que antes?

Muito maior.

E o país que era suficiente para sustentar os habitantes originais será muito pequeno agora, e não o suficiente?

Bem verdade.

> O território do nosso Estado deverá se expandir; portanto, haverá guerra entre nós e os nossos vizinhos.

Então, uma fatia da terra de nossos vizinhos será desejada por nós para pastagem e lavoura, e eles vão querer uma fatia da nossa, se, como nós, ultrapassarem o limite da necessidade e se entregarem ao acúmulo ilimitado de riquezas?

Isso, Sócrates, será inevitável.

E assim iremos para a guerra, Glauco. Não vamos?

Certamente, ele respondeu.

Então, sem determinar ainda se a guerra faz bem ou mal, podemos afirmar que agora descobrimos que a guerra deriva de causas que são também as causas de quase todos os males nos Estados, tanto privados como públicos.

Sem dúvida.

E nosso Estado deve mais uma vez se expandir; e desta vez o alargamento será nada menos que um exército inteiro, que terá que sair e lutar com os invasores por tudo o que temos, bem como pelas coisas e pessoas que descrevemos acima.

Por quê? Ele disse; eles não são capazes de se defender?

> A guerra é uma arte, e nenhuma arte poderá atingir a perfeição a não ser que toda a atenção de um homem seja dedicada a ela, um soldado não poderá exercer outra atividade que não a sua.

Não, eu disse; não se estivéssemos certos no princípio que foi reconhecido por todos nós quando estávamos estruturando o Estado: o princípio, como você deve se lembrar, era que um homem não pode praticar muitas artes com sucesso.

É verdade, disse ele.

Mas a guerra não é uma arte?

Certamente.

E uma arte que exige tanta atenção quanto a fabricação de calçados? Bem verdade.

E o sapateiro não foi autorizado por nós a ser lavrador, tecelão ou construtor, para que pudéssemos ter nossos sapatos bem feitos; mas a ele e a todos os outros trabalhadores foi designado um trabalho para o qual ele era por natureza apto, e com isso deveria continuar trabalhando por toda a sua vida e em nenhum outro; ele não devia deixar as oportunidades escaparem e então se tornaria um bom trabalhador. Ora, nada pode ser mais importante do que o trabalho de um soldado bem executado. Mas a guerra é uma arte tão facilmente aprendida que um homem pode ser um guerreiro que também é lavrador, ou sapateiro, ou outro artesão; embora ninguém no mundo fosse um bom jogador de dados ou damas se simplesmente se dedicasse ao jogo como uma recreação e não se aplicasse desde os primeiros anos a isso e a nada mais? Nenhuma ferramenta fará de um homem um trabalhador habilidoso, ou mestre da defesa, nem terá qualquer utilidade para aquele que não aprendeu como manuseá-la e nunca deu nenhuma atenção a ela. Como então será aquele que se equipa com um escudo ou outro instrumento de guerra tornar-se um bom lutador em um dia, seja com armas pesadas ou qualquer outro tipo de tropa?

> A arte do guerreiro requer um longo aprendizado e diversos dons naturais.

Sim, disse ele, as ferramentas que ensinariam aos homens seu próprio uso estariam além do preço.

E quanto mais elevados os deveres do guardião, eu disse, mais tempo, habilidade, arte e aplicação serão necessários para ele?

Sem dúvida, ele respondeu.

Ele também não exigirá aptidão natural para sua vocação?

Certamente.

> A seleção de guardiões.

Então será nosso dever selecionar, se pudermos, naturezas adequadas para a tarefa de guardar a cidade?

Sim, será.

E a seleção não será fácil, eu disse; mas devemos ser corajosos e fazer o nosso melhor.

Nós devemos.

Não é o nobre jovem muito parecido com um cão bem criado no que diz respeito à guarda e vigilância?

O que você quer dizer?

Quero dizer que ambos devem ser rápidos em ver e em alcançar o inimigo quando o virem; e fortes também se, quando o pegarem, tiverem que lutar com ele.

Todas essas qualidades, respondeu ele, certamente serão exigidas deles.

Bem, e seu guardião deve ser corajoso se quiser lutar bem?

Certamente.

E é provável que seja corajoso quem não tem espírito, seja cavalo, cachorro ou qualquer outro animal? Você nunca observou quão invencível e indomável é o espírito e como a sua presença torna a alma de qualquer criatura absolutamente destemida e indomável?

Eu vi.

Então, agora temos uma noção clara das qualidades corporais que são exigidas no guardião.

Verdadeiro.

E das mentais; sua alma deve estar cheia de espírito?

Sim.

Mas essas naturezas espirituosas não estão aptas a ser selvagens umas com as outras e com todos os outros?

Uma dificuldade nada fácil de superar, respondeu ele.

Considerando que, eu disse, eles deveriam ser perigosos para seus inimigos e gentis com seus amigos; do contrário, eles se destruirão sem esperar que seus inimigos os destruam.

Verdade, ele disse.

O que deve ser feito então? Eu disse; como encontraremos uma natureza gentil que também tenha um grande espírito, pois uma é a contradição da outra?

Verdadeiro.

> O guardião deverá unir as qualidades opostas de gentileza e força de vontade.

Ele não será um bom guardião se carecer de uma dessas duas qualidades; e ainda assim a combinação delas parece ser impossível; e, portanto, devemos inferir que ser um bom guardião é impossível.

Receio que o que você diz seja verdade, respondeu ele.

Aqui, sentindo-me perplexo, comecei a pensar sobre o que havia acontecido. – Meu amigo, disse eu, não é de admirar que estejamos perplexos; pois perdemos de vista a imagem que tínhamos diante de nós.

O que você quer dizer?, ele disse.

Quero dizer que existem naturezas dotadas dessas qualidades opostas.

E onde você as encontra?

> Tal combinação pode ser observada nos cães.

Muitos animais, respondi, fornecem exemplos deles; nosso amigo, o cachorro, é um exemplo muito bom: você sabe que cães bem criados são perfeitamente gentis com seus familiares e conhecidos, e o contrário com estranhos.

Sim, eu sei.

Então, não há nada impossível ou fora da ordem da natureza em encontrarmos um guardião que tenha uma combinação semelhante de qualidades?

Certamente não.

Aquele que está apto a ser um guardião, além da natureza espirituosa, não precisaria ter as qualidades de um filósofo?

Eu não compreendo o que você quer dizer.

A característica de que estou falando, respondi, pode ser vista também no cachorro e é notável no animal.

Qual característica?

> Os cães distinguem amigos dos inimigos pelo critério de conhecer ou não conhecer alguém.

Ora, um cachorro, sempre que vê um estranho, fica zangado; quando se trata de um conhecido, ele o acolhe, embora o primeiro nunca lhe tenha feito mal, nem o outro bem. Isso nunca lhe pareceu curioso?

O assunto nunca me ocorreu antes; mas reconheço perfeitamente a verdade de sua observação.

E certamente esse instinto do cão é muito encantador; seu cão é um verdadeiro filósofo.

Por quê?

Ora, porque ele distingue o rosto de um amigo e de um inimigo apenas pelo critério de conhecê-lo ou de não o conhecer. E um animal não deve ser um amante da aprendizagem que determina o que ele gosta e não gosta pelo teste do conhecimento e da ignorância?

Com certeza.

> Pelo qual ele é apresentado como filósofo.

E o amor pelo aprendizado não é o amor pela sabedoria, que é filosofia?

Eles são iguais, ele respondeu.

E não podemos dizer com confiança também do homem, que aquele que provavelmente é gentil com seus amigos e conhecidos, deve por natureza ser um amante da sabedoria e do conhecimento?

Isso podemos afirmar com segurança.

Então, aquele que será um guardião realmente bom e nobre do Estado, precisará reunir em si filosofia e espírito, rapidez e força?

Sem dúvida.

> Como os seus cidadãos deverão ser criados e educados?

Então, encontramos as naturezas desejadas; e agora que as encontramos, como devem ser criados e educados? Não é esta uma investigação que pode ser esperada para lançar luz sobre a investigação maior que é o nosso objetivo final: como a justiça e a injustiça crescem nos Estados? Pois não queremos omitir o que é pertinente, nem levar o argumento a uma extensão inconveniente.

> SÓCRATES, ADIMANTO.

Adimanto pensou que a investigação seria de grande utilidade para nós.

Então, disse eu, meu caro amigo, a tarefa não deve ser abandonada, mesmo que seja um pouco longa.

Certamente não.

Venha então, e vamos passar uma hora de lazer contando histórias, e nossa história será a educação de nossos heróis.

Certamente.

E qual deve ser a sua educação? Podemos encontrar alguma de um tipo melhor do que a tradicional? E essa tem duas divisões, ginástica para o corpo e música para a alma.

Verdadeiro.

> Educação dividida em ginástica para o corpo e música para a alma. A música inclui a literatura, que pode ser verdadeira ou falsa.

Devemos começar a educação com música e depois ir para a ginástica?

Certamente.

E quando você fala em música, você inclui literatura ou não?

Sim.

E a literatura pode ser verdadeira ou falsa?

Sim.

E os jovens devem ser treinados em ambos os tipos, e começamos com a falsa?

Não entendo o que você quer dizer, disse ele.

> O início é a parte mais importante da educação.

Você sabe, eu disse que começamos contando histórias para crianças que, embora não totalmente destituídas de verdade, são em sua maioria fictícias; e essas histórias lhes são contadas quando não têm idade para aprender ginástica.

Muito verdadeiro.

Foi isso que quis dizer quando disse que devemos ensinar música antes da ginástica.

Muito bem, disse ele.

Você sabe também que o início é a parte mais importante de qualquer trabalho, especialmente no caso de uma coisa jovem e tenra; pois esse é o momento em que o caráter está sendo formado e a impressão desejada é mais prontamente obtida.

Bem verdade.

E devemos permitir que as crianças, descuidadamente, ouçam quaisquer contos informais que possam ser inventados por pessoas informais, e recebam em suas mentes ideias em sua maioria exatamente o oposto daquelas que gostaríamos que tivessem quando crescessem?

Nós não podemos.

> Obras de ficção que serão postas sob censura.

Então, a primeira coisa será estabelecer uma censura dos escritores de ficção, e deixar os censores receberem qualquer história de ficção que seja boa, e rejeitar as más; e desejaremos que as mães e babás contem a seus filhos apenas as autorizadas. Que eles moldem a mente com tais histórias, ainda mais afetuosamente do que moldam o corpo com as mãos; mas a maioria dos que agora estão em uso deve ser descartada.

De que histórias você está falando? Ele disse.

Você pode encontrar um modelo do menor no maior, eu disse; pois eles são necessariamente do mesmo tipo, e há o mesmo espírito em ambos.

Muito provavelmente, ele respondeu; mas ainda não sei o que você chamaria de maior.

> Homero e Hesíodo são contadores de mentiras absurdas, o que significa que deram uma representação falsa dos deuses.

Esses, eu disse, que são narrados por Homero e Hesíodo, e o resto dos poetas, que sempre foram os grandes contadores de histórias da humanidade.

Mas a que histórias você se refere, ele disse; e que defeito você encontra nelas?

Falta gravíssima, disse eu; a falha de mentir e o que é mais sério, uma mentira ruim.

Mas quando essa falha é cometida?

Sempre que uma representação errônea é feita da natureza dos deuses e heróis, como quando um pintor pinta um retrato sem sombra de semelhança com o original.

Sim, disse ele, esse tipo de coisa é certamente muito condenável; mas quais são as histórias que você quer dizer?

Em primeiro lugar, eu disse, havia a maior de todas as mentiras em lugares altos, que o poeta contou sobre Urano, e que também era uma mentira ruim; quero dizer o que Hesíodo diz que Urano fez, e como Cronos retaliou contra ele[33]. As ações de Cronos e os sofrimentos que seu filho

---

[33] *Teogonia*, Hesíodo.

infligiu a ele, mesmo se fossem verdadeiros, certamente não deveriam ser contados levianamente a pessoas jovens e irrefletidas; se possível, é melhor que sejam enterradas em silêncio. Mas se houver uma necessidade absoluta de sua menção, alguns poucos escolhidos podem ouvi-los em um mistério, e eles deveriam sacrificar não um porco comum (Eleusiniano), mas alguma vítima enorme e rara; e então o número de ouvintes será realmente muito pouco.

Ora, sim, disse ele, essas histórias são extremamente questionáveis.

> Que causam um péssimo efeito nas mentes dos jovens.

Sim, Adimanto, são histórias que não se repetem em nosso Estado; não se deve dizer ao jovem que, ao cometer o pior dos crimes, está longe de fazer algo ultrajante; e que mesmo que castigue seu pai quando ele cometer erros, de qualquer maneira, estará apenas seguindo o exemplo do primeiro e maior entre os deuses.

Concordo inteiramente com você, disse ele; em minha opinião, essas histórias são inadequadas para serem repetidas.

> As histórias sobre as brigas entre os deuses e seu mau comportamento entre si são inverídicas.

Nem uma, nem outra, se pretendemos que nossos futuros guardiões considerem o hábito de brigar entre si como o mais vil, qualquer palavra deve ser dita a eles das guerras no céu, e das conspirações e lutas dos deuses uns contra os outros, porque elas não são verdadeiras. Não, nunca devemos mencionar as batalhas dos gigantes, ou deixá-las ser bordadas em roupas; e ficaremos calados sobre as inúmeras outras brigas de deuses e heróis com seus amigos e parentes. Se eles apenas acreditassem em nós, diríamos a eles que brigar é profano, e que até agora nunca houve briga entre cidadãos; isto é o que os velhos e as velhas deveriam começar contando às crianças; e quando eles crescerem, os poetas também devem ser instruídos a compor para eles com um espírito semelhante[34]. Mas a narrativa de Hefesto amarrando Hera, sua mãe, ou como em outra ocasião

---

[34] Colocar vírgula depois de γραυσί, e não depois de γιγνομένοις.

A República

Zeus o mandou voar para tomar seu partido quando ela estava sendo espancada, e todas as batalhas dos deuses em Homero, essas histórias não devem ser admitidas em nosso Estado, quer elas tenham um significado alegórico ou não. Pois um jovem não pode julgar o que é alegórico e o que é literal; qualquer coisa que ele receba em sua mente nessa idade provavelmente se tornará indelével e inalterável, e, portanto, é muito importante que as histórias que os jovens ouvem pela primeira vez sejam modelos de pensamentos virtuosos.

> Estava sendo espancada, e todas as batalhas dos deuses em Homero – E uma interpretação alegórica delas não são compreendidas pelos jovens.

Aí está você, respondeu ele; mas se alguém perguntar onde podemos encontrar esses modelos e de que histórias você está falando, como lhe responderemos?

Eu disse a ele: você e eu, Adimanto, neste momento não somos poetas, mas fundadores de um Estado: agora os fundadores de um Estado devem saber as formas gerais em que os poetas devem lançar seus contos e os limites que devem ser observados por eles, mas fazer as histórias não é da sua conta.

É verdade, disse ele; mas quais são essas formas de teologia que você quer dizer?

> Deus deve ser representado como o verdadeiro Ser.

Eu respondi algo como: Deus deve ser sempre representado como realmente é, seja qual for o tipo de poesia, épica, lírica ou trágica, em que a representação é dada.

Certo.

E ele não é realmente bom? E ele não deve ser representado como tal?

Certamente.

E nenhuma coisa boa é prejudicial?

Não, de fato.

E aquilo que não faz mal não machuca?

Certamente não.

E o que não dói não faz mal?

Não.

E pode o que não faz mal ser causa do mal?
Impossível.
E o bom é vantajoso?
Sim.
E, portanto, a causa do bem-estar?
Sim.
Segue-se, portanto, que o bem não é a causa de todas as coisas, mas apenas do bem?
Certamente.

> Deus, se for o bem, deve ser o autor do bem apenas.

Então o deus, se for bom, não pode ser o autor de todas as coisas, como muitos afirmam, mas é causa de apenas algumas coisas, e não da maioria das coisas que ocorrem aos homens. Pois poucos são os bens da vida humana, e muitos são os males, e o bem deve ser atribuído somente ao demiurgo; dos males, as causas devem ser buscadas em outro lugar, e não nele.

Isso me parece mais verdadeiro, disse ele.

> As ficções dos poetas.

Então não devemos dar ouvidos a Homero ou qualquer outro poeta que seja culpado da tolice de dizer que dois tonéis

"Repousam no limiar de Zeus, cheios de destinos,
um de destinos bons, o outro de destinos do mal"[35].

e que aquele a quem Zeus dá uma mistura dos dois

"Às vezes encontra a má sorte, outras vezes, a boa;"

mas aquele a quem é dado o cálice puro das doenças,

"Ele, a fome selvagem, leva sobre a bela terra."

---
[35] *Ilíada*, Homero.

A REPÚBLICA

E de novo,

"Zeus, que é o distribuidor do bem e do mal para nós".

E se alguém afirmar que a violação de juramentos e tratados, que foi realmente obra de Pândaro[36], foi provocada por Atenas e Zeus, ou que a contenda dos deuses foi instigada por Têmis e Zeus[37], ele não terá nossa aprovação; nem permitiremos que nossos jovens ouçam as palavras de Ésquilo, que

"O deus planta a culpa entre os homens
quando deseja destruir totalmente uma casa."

> Apenas aquele mal que trata da natureza punitiva pode ser atribuído a Deus.

E se um poeta escreve sobre os sofrimentos de Niobe, o tema da tragédia em que ocorrem esses versos iâmbicos, ou da casa de Pélope, ou da guerra de Troia ou sobre qualquer tema semelhante, ou não devemos permitir que ele diga que essas são as obras do demiurgo, ou se são, ele deve conceber alguma explicação para elas, tal como estamos procurando; ele deve dizer que o demiurgo fez o que era justo e certo, e eles tornaram-se melhores por terem sido punidos; mas que aqueles que são punidos são infelizes, e que um deus é o autor de sua infelicidade – o poeta não deve ser autorizado a dizer; embora ele possa dizer que os ímpios são infelizes porque precisam ser punidos e são beneficiados por receber punição divina; mas que o deus, sendo bom, é o autor do mal para qualquer pessoa, deve ser negado vigorosamente, e não deve ser dito, cantado ou ouvido em verso ou prosa por qualquer um, seja velho ou jovem, em qualquer comunidade bem organizada. Essa ficção é suicida, ruinosa, ímpia.

Concordo com você, respondeu ele, e estou pronto para dar meu consentimento à lei.

---

[36] *Ilíada*, Homero.
[37] *Ilíada*, Homero.

Platão

Que esta então seja uma de nossas regras e princípios relativos aos deuses, aos quais se espera que nossos poetas e recitadores se conformem: que o deus não é o autor de todas as coisas, mas apenas do bem.

Isso vai servir, disse ele.

E o que você acha de um segundo princípio? Devo perguntar-lhe se o demiurgo é um mágico, e de uma natureza que aparece insidiosamente ora em uma forma e ora em outra, às vezes ele mesmo mudando e assumindo muitas formas, às vezes nos enganando com a aparência de tais transformações; ou ele é o mesmo e imutavelmente fixado em sua própria imagem?

Não posso responder, disse ele, sem pensar mais.

> As coisas devem ser alteradas seja por outros, seja por eles mesmos.

Bem, eu disse; mas se supusermos uma mudança em alguma coisa, essa mudança deve ser efetuada pela própria coisa ou por alguma outra coisa?

Certamente.

E as coisas que estão no seu melhor são também as menos suscetíveis de serem alteradas ou decompostas; por exemplo, quando mais saudável e forte o corpo humano é, menos sujeito a ser afetado por comidas e bebidas, e a planta que está em pleno vigor também sofre menos com os ventos ou o calor do sol ou quaisquer causas semelhantes.

Claro.

E a alma mais corajosa e sábia não ficará menos confusa ou perturbada por qualquer influência externa?

Verdadeiro.

E o mesmo princípio, como devo supor, se aplica a todas as coisas compostas – móveis, casas, vestuários: quando bons e bem feitos, são menos alterados pelo tempo e pelas circunstâncias.

Muito verdadeiro.

Então, tudo o que é bom, seja feito pela arte ou pela natureza, ou ambos, está menos sujeito a sofrer mudanças externas?

Verdadeiro.

Mas certamente os deuses e as coisas dos deuses são perfeitos em todos os sentidos?

A República

Claro que são.

> Mas Deus não pode ser modificado por ninguém, e não será modificado por ele mesmo.

Então, eles dificilmente podem ser compelidos por alguma influência externa a assumir muitas formas?

Eles não podem.

Mas eles não podem mudar e se transformar?

Claramente, disse ele, deve ser esse o caso, se é que eles mudaram alguma vez.

E então eles mudarão para melhor e mais justo ou para pior e mais feios?

Se eles mudarem, só pode ser para pior, pois não podemos supor que sejam deficientes em virtude ou beleza.

Muito verdade, Adimanto; mas então, alguém, sejam os deuses ou o homem, desejaria tornar-se pior?

Impossível.

Então, é impossível que algum deus esteja disposto a mudar; sendo, como se supõe, o mais justo e o melhor que se pode conceber, cada deus permanece absoluto e para sempre em sua própria forma.

Isso necessariamente se segue, disse ele, em meu julgamento.

Então, eu disse, meu caro amigo, que nenhum dos poetas nos diga que

> "Os deuses, disfarçados de estranhos de outras terras, percorrem as cidades em todos os tipos de formas"[38];

e que ninguém calunie Proteu e Tétis, nem que ninguém, seja na tragédia ou em qualquer outro tipo de poesia, introduza Hera disfarçada à semelhança de uma sacerdotisa pedindo esmolas

> "Para as filhas vivificantes de Ínaco, o rio de Argos".

Não vamos ter mais mentiras desse tipo. Também não devemos ter mães sob a influência de poetas assustando seus filhos com uma versão

---

[38] *Odisseia*, Homero.

ruim desses mitos contando como certos deuses, como dizem, "Andam à noite à semelhança de tantos estranhos e em diversas formas"; mas que eles tenham cuidado para não tornarem seus filhos covardes, e ao mesmo tempo blasfemar contra os deuses.

É evidente que não, disse ele.

Mas embora os próprios deuses sejam imutáveis, ainda por magia e engano, eles podem nos fazer pensar que aparecem em várias formas?

Talvez, ele respondeu.

> Nem irá produzir nenhuma representação falsa de si mesmo.

Bem, mas você pode imaginar que algum deus esteja disposto a mentir, seja em palavras, sejam em atos, ou a lançar um fantasma de si mesmo?

Não sei dizer, respondeu ele.

Você não sabe, eu disse, que a verdadeira mentira, se tal expressão for permitida, é odiada pelos deuses e pelos homens?

O que você quer dizer? ele disse.

Quero dizer que ninguém é enganado voluntariamente naquilo que é a parte mais verdadeira e elevada de si mesmo, ou sobre os assuntos mais verdadeiros e elevados; ali, acima de tudo, ele tem mais medo de que uma mentira se apodere dele.

Mesmo assim, disse ele, não o compreendo.

A razão, eu respondi, é que você atribui algum significado profundo às minhas palavras; mas estou apenas dizendo que decepção, ou sendo enganado ou desinformado sobre as realidades mais elevadas na parte mais elevada de si mesmos, que é a alma, e naquela parte elevada para ter e manter a mentira, é o que a humanidade menos gosta; isso, eu digo, é o que eles detestam totalmente.

Não há nada mais odioso para eles.

E, como eu estava observando agora, essa ignorância na alma daquele que está enganado pode ser chamada de verdadeira mentira; pois a mentira em palavras é apenas uma espécie de imitação e imagem sombria de uma afeição anterior da alma, não pura falsidade inadulterada. Eu não estou certo?

Perfeitamente certo.

> A verdadeira mentira é igualmente odiada por ambos, deuses e homens; a mentira corretiva ou preventiva é comparativamente inocente, mas deus não tem necessidade disso.

A verdadeira mentira é odiada não só pelos deuses, mas também pelos homens?

Sim.

Considerando que a mentira em palavras é, em certos casos, útil e não odiosa; ao lidar com inimigos seria um exemplo; ou ainda, quando aqueles a quem chamamos de nossos amigos em um acesso de loucura ou ilusão vão causar algum mal, então é útil e é uma espécie de remédio ou preventivo; também nos contos da mitologia, de que acabamos de falar – porque não conhecemos a verdade sobre os tempos antigos, tornamos a falsidade tão parecida com a verdade quanto podemos e, assim, a levamos em consideração.

É verdade, disse ele.

Mas pode alguma dessas razões se aplicar a um deus? Podemos supor que ele não conheça a antiguidade e, portanto, recorra à invenção?

Isso seria ridículo, disse ele.

Então o poeta mentiroso não tem lugar em nossa ideia de deus?

Eu deveria dizer que não.

Ou talvez ele possa mentir porque tem medo dos inimigos?

Isso é inconcebível.

Mas ele pode ter amigos insensatos ou loucos?

Mas nenhuma pessoa louca ou sem sentido pode ser amiga de um deus.

Então, nenhum motivo pode ser imaginado por que deus deveria mentir?

Absolutamente nenhum.

Então o sobre-humano e divino é absolutamente incapaz de falsidade?

Sim.

Então um deus é perfeitamente simples e verdadeiro tanto em palavras quanto em ações[39]; ele não muda; ele não engana, seja por sinal ou palavra, por sonho ou visão desperta.

Seus pensamentos, disse ele, são o reflexo dos meus.

---

[39] Omitir κατὰ φαντασίας.

Platão

Você concorda comigo então, eu disse, que este é o segundo tipo ou forma em que devemos escrever e falar sobre as coisas divinas. Os deuses não são mágicos que se transformam, nem enganam de forma alguma a humanidade.

Eu concordo.

> Fora então com a falsidade dos poetas!

Então, embora sejamos admiradores de Homero, não admiramos o sonho mentiroso que Zeus envia a Agamenon; nem louvaremos os versos de Ésquilo em que Tétis diz que Apolo em suas núpcias

"Estava celebrando com música sua bela progênie, cujos dias seriam longos e não conheceriam doenças. E quando ele falou de minha sorte como em todas as coisas abençoadas do céu, ele levantou uma nota de triunfo e alegrou minha alma. E pensei que a palavra de Febo, sendo divina e cheia de profecias, não falharia. E agora ele mesmo que pronunciou a frase, ele que estava presente no banquete e que disse isso – ele foi quem matou meu filho"[40].

Esses são os tipos de sentimentos sobre os deuses que despertarão nossa raiva; e aquele que as pronuncia terá recusado um coro; nem devemos permitir que os professores façam uso deles na instrução dos jovens, significando, como fazemos, que nossos tutores, tanto quanto os homens podem ser, devem ser verdadeiros adoradores dos deuses e como eles.

Concordo inteiramente, disse ele, com esses princípios, e prometo torná-los minhas leis.

---

[40] De uma jogada perdida.

Livro III

> *República III*
> Sócrates,
> Adimanto
> As lições desanimadoras da mitologia.

Esses, então, eu disse, são os nossos princípios de teologia – algumas histórias devem ser contadas, e outras não, aos nossos discípulos desde a juventude, se pretendemos que honrem os deuses e seus pais e valorizem a amizade uns com os outros.

Sim; e acho que nossos princípios estão certos, disse ele.

Mas, se quiserem ser corajosos, não devem aprender outras lições além dessas, e lições de natureza a tirar o medo da morte? Pode ser corajoso alguém que tenha medo da morte?

Certamente não, disse ele.

E pode não temer a morte, e a escolher na batalha, em vez de aceitar a derrota e a escravidão, quem acredita que o mundo inferior é real e terrível?

Impossível.

> *A descrição do mundo inferior em Homero.*

Em seguida, devemos assumir o controle sobre os narradores desta classe de contos, bem como sobre os outros, e implorar-lhes que não simplesmente insultem, mas recomendem o mundo inferior, sugerindo-lhes que suas descrições são falsas e prejudicarão nossos futuros guerreiros.

Esse será nosso dever, disse ele.

Então, eu disse, teremos de obliterar muitas passagens desagradáveis, começando com os versos,

"Prefiro ser um servo na terra de um homem pobre e sem propriedades do que governar sobre todos os mortos que se perderam"[41].

Devemos também eliminar o versículo, que nos diz como Plutão temia,

"Para que as mansões sombrias e sórdidas que os deuses abominam sejam vistas tanto por mortais quanto por imortais"[42].

E de novo:

"Ó céus! na verdade, na casa de Hades há alma e forma fantasmagórica, mas absolutamente nenhuma mente!"[43].

Novamente de Tirésias:

"[Para ele, mesmo após a morte, Perséfone concedeu-lhe uma mente], que somente ele deveria ser sábio; mas as outras almas são sombras esvoaçantes"[44].

Novamente:

"A alma voando das extremidades foram para o Hades, lamentando seu destino, deixando a virilidade e a juventude"[45].

---

[41] *Odisseia*, Homero.
[42] *Ilíada*, Homero.
[43] *Ilíada*, Homero.
[44] *Odisseia*, Homero.
[45] *Ilíada*, Homero.

A República

Novamente:

"E a alma, com um grito estridente, passou como fumaça sob a terra"[46].

E,

"Como morcegos no oco de uma caverna mística, sempre que algum deles pulava do fio e caía da rocha, voava ruidosamente e agarrava-se a um outro, eles com um grito estridente se mantinham juntos enquanto se moviam"[47].

> Tais contos serão rejeitados.

E devemos implorar a Homero e aos outros poetas que não fiquem zangados se eliminarmos essas e outras passagens semelhantes, não porque sejam antipoéticas ou pouco atraentes ao ouvido popular, mas porque, quanto maior o seu encanto poético, menos se adequam aos ouvidos de meninos e homens que pretendem ser livres e que devem temer a escravidão mais do que a morte.

Sem dúvida.

Também teremos de rejeitar todos os nomes precários e terríveis que descrevem o mundo inferior – Cócito e Estige, fantasmas sob a terra e sombras sem vida, e quaisquer palavras semelhantes cuja simples menção causam um arrepio no íntimo da alma daquele que as ouve. Não estou dizendo que essas histórias horríveis possam não ter uso de algum tipo; mas existe o perigo de que os nervos de nossos guardiões se tornem muito excitáveis e efeminados por eles.

Existe um perigo real, disse ele.

Então não devemos mais ter nenhum deles.

Verdade.

Outra e mais nobre linha deve ser composta e cantada por nós.

Claramente.

---

[46] *Ilíada*, Homero.
[47] *Odisseia*, Homero.

E devemos proceder para nos livrar dos choramingos e lamentações de homens famosos?

Eles irão com o resto.

> As estirpes efeminadas e desprezíveis de homens famosos, e mais ainda dos deuses, deve também ser banidas.

Mas estaremos certos em nos livrar deles? Reflita: nosso princípio é que o homem bom não considerará a morte terrível para qualquer outro homem bom que seja seu camarada.

Sim; esse é o nosso princípio.

E, portanto, ele não lamentará por seu amigo que partiu como se ele tivesse sofrido algo terrível?

Ele não vai.

Tal como afirmamos, é suficiente para si e para sua própria felicidade e, portanto, é o que menos precisa de outros homens.

Verdade, ele disse.

E por esta razão a perda de um filho ou irmão, ou a privação de fortuna, é para ele menos terrível do que para todos os demais homens.

Certamente.

E, portanto, será menos provável que ele se lamente e suportará com a maior equanimidade qualquer infortúnio desse tipo que lhe sobrevenha.

Sim, ele sentirá tal infortúnio muito menos do que outro.

Então teremos razão em nos livrar das lamentações de homens famosos, e transferi-las para as mulheres (e nem mesmo para as mulheres que sejam boas para alguma coisa), ou para os homens de uma espécie mais vil, que aqueles que estão sendo educados por nós para ser os defensores de seu país, podem desprezar fazer o mesmo.

Isso será muito correto.

> Tais são os lamentos de Aquiles e Príamos.

Então, mais uma vez imploraremos a Homero e aos outros poetas que não representem Aquiles, que é filho de uma deusa, primeiro deitado de lado, depois de costas e depois de rosto; depois, partindo e navegando freneticamente ao longo das margens do mar estéril; agora tomando as cinzas fuliginosas com ambas as mãos e despejando-as sobre a cabeça, ou chorando e lamentando nas várias formas que Homero delineou. Ele também não deve descrever Príamo, o parente dos deuses, orando e suplicando,

"Rolando na terra, chamando cada homem em voz alta por seu nome"[48].

Ainda mais seriamente, imploraremos a ele em todos os eventos para não apresentar os deuses lamentando e dizendo:

"Ai de mim! Que miséria! Ai de mim! Que eu suportei os mais bravos para minha tristeza"[49].

> E de Zeus, quando determina o destino de Heitor ou Sarpedão.

Mas se ele deve apresentar os deuses, de qualquer forma, que ele não se atreva tão completamente a representar mal o maior dos deuses, a ponto de fazê-lo dizer:

"Ó céus! Com meus olhos, em verdade, vejo um querido amigo meu perseguido por toda a cidade, e meu coração está pesaroso"[50].

Ou ainda:

"Ai de mim, pois estou fadado a ter Sarpedon, o mais querido dos homens, subjugado pelas mãos de Pátroclo, filho de Menoécio"[51].

Pois se, meu doce Adimanto, nossos jovens ouvirem seriamente essas representações indignas dos deuses, em vez de rir deles como deveriam, dificilmente algum deles julgará que ele mesmo, sendo apenas um homem, pode ser desonrado por ações semelhantes; nem repreenderá qualquer inclinação que possa surgir em sua mente para dizer e fazer o mesmo.

---

[48] *Odisseia*, Homero.
[49] *Ilíada*, Homero.
[50] *Ilíada*, Homero.
[51] *Ilíada*, Homero.

E em vez de ter qualquer vergonha ou autocontrole, ele estará sempre choramingando e lamentando em pequenas ocasiões.

Sim, disse ele, isso é absolutamente verdadeiro.

Sim, respondi; mas isso certamente é o que não deve ser, como o argumento acaba de nos provar; e por essa prova devemos permanecer até que seja refutada por uma melhor.

Não deveria ser.

> Nem deverão os guardiões ser encorajados a rir, pelo exemplo dos deuses.

Nem nossos guardiões devem ceder ao riso. Pois um acesso de riso excessivo quase sempre produz uma reação violenta.

Assim acredito eu.

Então, pessoas de valor, mesmo que apenas homens mortais, não devem ser representadas como dominadas pelo riso, e ainda menos deve ser permitida tal representação dos deuses.

Muito menos dos deuses, como você diz, ele respondeu.

Então, não permitiremos que tal expressão seja usada sobre os deuses como a de Homero quando ele descreve como

> "Risada inextinguível surgiu entre os deuses abençoados, quando eles viram Hefesto movimentando-se pela mansão"[52].

Em sua opinão, não devemos admiti-los.

Em minha opinião, se você gosta de gerá-las em mim; que não devemos admiti-los é certo.

> Nossa juventude deve ser verdadeira.

Novamente, a verdade deve ser altamente valorizada; se, como dizíamos, a mentira é inútil para os deuses e útil apenas como remédio para os homens, então o uso de tais remédios deve ser restrito aos médicos; indivíduos particulares não têm negócios com eles.

Claro que não, disse ele.

---

[52] *Ilíada*, Homero.

Então, se alguém deve ter o privilégio de mentir, os governantes do Estado devem ser essas pessoas; e eles, em sua lida com os inimigos ou com seus próprios cidadãos, podem ter permissão para mentir pelo bem público. Mas ninguém mais deve se intrometer em algo desse tipo; e embora os governantes tenham esse privilégio, um homem privado responder a um governante com uma mentira deve ser considerado uma falta mais hedionda do que o paciente ou aluno de um ginásio não falar a verdade sobre suas próprias doenças corporais ao médico ou ao treinador, ou para um marinheiro não contar ao capitão o que está acontecendo com o navio e o resto da tripulação, e como vão as coisas com ele ou com seus companheiros.

Verdade, disse ele.

Se, então, o governante percebe alguém além de si mentindo no Estado,

"Qualquer um dos artesãos, seja ele sacerdote, médico ou carpinteiro"[53],

ele o punirá por introduzir uma prática que é igualmente subversiva e destrutiva do navio ou do Estado.

Certamente, disse ele, se a nossa ideia de Estado algum dia for concretizada[54].

Em outro lugar, nossos jovens devem ser temperantes?

E também moderados.

Certamente.

Não são os principais elementos da temperança, falando em geral, obediência aos comandantes e autocontrole nos prazeres sensuais?

Verdade.

Então, devemos aprovar uma linguagem como a de Diomede em Homero,

"Amigo, fique quieto e obedeça a minha palavra[55]",

---

[53] *Ilíada*, Homero.
[54] Ou, "se suas palavras forem acompanhadas por ações".
[55] *Ilíada*, Homero.

e os versos que seguem,

> "Os gregos marcharam com destreza[56],
> ... em silenciosa admiração por seus líderes"[57],

e outros sentimentos do mesmo tipo.

Nós devemos.

E desta linha,

> "Ó pesado pelo vinho, que tem olhos de cachorro e coração de cervo"[58],

e das palavras que se seguem? Você diria que essas ou quaisquer impertinências semelhantes que os indivíduos devem dirigir aos seus governantes, seja em verso ou prosa, são bem ou mal faladas?

Eles falam mal.

Eles podem muito possivelmente permitir alguma diversão, mas não conduzem à temperança. E, portanto, é provável que façam mal aos nossos jovens, você concordaria comigo?

Sim.

> Os louvores da comida e da bebida e os contos de comportamentos impróprios de Zeus e Hera, não devem ser transmitidos aos jovens.

E então, novamente, para fazer o mais sábio dos homens dizer que nada em sua opinião é mais glorioso do que

> "Quando as mesas estão cheias de pão e carne, e
> o copeiro leva vinho encorpado, que ele tira da tigela
> e derrama nas taças"[59],

é adequado ou favorável à temperança para um jovem ouvir essas palavras? Ou o contrário

---

[56] *Odisseia*, Homero.
[57] *Odisseia*, Homero.
[58] *Odisseia*, Homero.
[59] *Odisseia*, Homero.

A República

"O mais triste dos destinos é morrer e encontrar o destino com fome"[60]?

O que você diria novamente sobre a história de Zeus, que, enquanto outros deuses e homens dormiam e ele era a única pessoa acordada, traçava planos, mas esqueceu todos em um momento por causa de sua luxúria, e ficou completamente dominado com a visão de Hera que ele nem mesmo entraria na cabana, mas queria deitar-se com ela no chão, declarando que nunca tinha experimentado tal situação de excitação, mesmo quando se conheceram

"Sem o conhecimento de seus pais"[61];

> O conto indecente de Ares e Afrodite.

ou aquela outra história de como Hefesto, por causa de acontecimentos semelhantes, lançou uma corrente em torno de Ares e Afrodite[62]?

Na verdade, disse ele, tenho a forte opinião de que eles não deveriam ouvir esse tipo de coisa.

> A força oposta da perseverança.

Mas quaisquer atos de perseverança que sejam feitos ou contados por homens famosos, eles devem ver e ouvir; como, por exemplo, o que é dito nos versos,

"Ele bateu no peito, e assim reprovou o seu coração:
Resiste, meu coração; muito pior você já suportou"[63]!

Certamente, ele disse.

Em segundo lugar, não devemos permitir que sejam receptores de presentes ou amantes do dinheiro.

Certamente não.

---

[60] *Odisseia*, Homero.
[61] *Ilíada*, Homero.
[62] *Odisseia*, Homero.
[63] *Odisseia*, Homero.

Platão

Nem devemos cantar para eles sobre

"Presentes persuadindo deuses, e persuadindo reverendos reis"[64].

<small>Condenação de Aquiles e Fênix.</small> Nem Fênix, o tutor de Aquiles, deve ser aprovado ou considerado por ter dado bons conselhos a seu discípulo quando lhe disse que deveria aceitar os dons dos gregos e ajudá-los; mas que sem um presente ele não deveria deixar de lado sua raiva. Tampouco acreditaremos ou reconheceremos que o próprio Aquiles era um amante do dinheiro que aceitou os presentes de Agamenon, ou que, quando recebeu o pagamento, devolveu o cadáver de Heitor, mas que, sem pagamento, ele não quis fazê-lo[65].

Sem dúvida, disse ele, esses sentimentos não podem ser aprovados.

Amando Homero como amo[66], dificilmente gostaria de dizer que, ao atribuir esses sentimentos a Aquiles, ou ao acreditar que são verdadeiramente atribuídos a ele, seja culpado de pura impiedade. Tampouco posso acreditar na narrativa de sua insolência a Apolo, onde ele diz:

"Tu me injustiçaste, ó avantajado, a mais abominável das divindades. Na verdade, eu estaria quite contigo, se eu apenas tivesse o poder"[67];

<small>O comportamento ímpio de Aquiles a Apolo e os deuses dos rios; sua crueldade.</small> ou sua insubordinação ao deus-rio[68], em cuja divindade ele está pronto para colocar as mãos; ou sua oferta ao falecido Pátroclo de seu próprio cabelo[69], que havia sido anteriormente dedicado ao outro deus-rio Espercheu, e que ele realmente cumpriu

---

[64] Citado por Suidas, atribuído a Hesíodo.
[65] Citado por Suidas, atribuído a Hesíodo.
[66] *Ilíada*, Homero.
[67] *Ilíada*, Homero.
[68] *Ilíada*, Homero.
[69] *Ilíada*, Homero.

este voto; ou que ele arrastou Heitor ao redor do túmulo de Pátroclo[70] e massacrou os cativos na pira[71]; de tudo isso, não posso acreditar que era culpado, assim como não posso permitir que nossos cidadãos acreditem que ele, o discípulo do sábio Quíron, filho de uma deusa e de Peleu, que era o mais gentil dos homens e o terceiro descendente de Zeus, estava tão desordenado em sua inteligência que ao mesmo tempo foi escravo de duas paixões aparentemente inconsistentes, a mesquinhez, não sem mancha pela avareza, combinada com o desprezo arrogante de deuses e homens.

Você tem toda a razão, respondeu ele.

> O conto de Teseu e Pirítoo.

E recusemo-nos igualmente a acreditar, ou permitir que se repita, a história de Teseu, filho de Poseidon, ou de Pirítoo, filho de Zeus, partindo como fizeram para cometer um estupro horrível; ou de qualquer outro herói ou filho de um deus ousando fazer tais coisas ímpias e terríveis falsamente atribuídas a eles em nossos dias: e deixe-nos ainda obrigar os poetas a declarar que esses atos não foram cometidos por eles, ou que não eram filhos de deuses; ambos ao mesmo tempo, eles não terão permissão para afirmar. Não vamos permitir que os poetas tentem persuadir nossos jovens que os deuses são os autores do mal e que os heróis não são melhores do que os homens, sentimentos que, como dizíamos, não são piedosos nem verdadeiros, pois já provamos que o mal não pode provir dos deuses.

Certamente, não.

> O efeito negativo dos contos mitológicos sobre os jovens.

Além disso, é provável que tenham um efeito negativo sobre aqueles que os ouvem; pois todos começarão a desculpar seus próprios vícios quando estiverem convencidos de que maldades semelhantes estão sempre sendo perpetradas por

---

[70] *Ilíada*, Homero.
[71] *Ilíada*, Homero.

"A parentela dos deuses, os parentes de Zeus, cujo altar ancestral, o altar de Zeus, está suspenso no ar no pico de Ida",

e quem tem

"o sangue das divindades ainda fluindo em suas veias"[72].

E, portanto, vamos acabar com essas histórias, para que não engendrem frouxidão moral entre os jovens.

Certamente, ele respondeu.

Mas agora que estamos determinando quais classes de assuntos devem ou não ser falados, vejamos se algum foi omitido por nós. A maneira pela qual os deuses, semideuses, heróis e o mundo inferior devem ser tratados já foi estabelecida.

Muito verdadeiro.

> Declarações enganosas dos poetas sobre os homens.

E o que diremos sobre os homens? Essa é claramente a parte restante do nosso assunto.

Claro que sim.

Mas não estamos em condições de responder a essa pergunta no momento, meu amigo.

Por que não?

Porque, se não me engano, teremos de dizer que, sobre os homens, os poetas e os contadores de histórias são culpados de fazer as mais graves distorções quando nos dizem que os ímpios costumam ser felizes e os bons, infelizes; e que a injustiça é lucrativa quando não detectada, mas que a justiça é a própria perda de um homem e o ganho de outro – essas coisas devemos proibi-los de dizer e mandar que cantem e digam o contrário.

Com certeza vamos, respondeu ele.

Mas se você admite que estou certo nisso, então sustentarei que você insinuou o princípio pelo qual temos defendido o tempo todo.

Eu admito a verdade de sua inferência.

---

[72] Níobe, Ésquilo.

Que tais coisas devam ou não ser ditas sobre os homens é uma questão que não podemos determinar até que tenhamos descoberto o que é justiça e quão naturalmente vantajosa ela é para o possuidor, quer pareça justo ou não.

Verdade, disse ele.

Chega de temas de poesia: falemos agora do estilo; e quando isso for considerado, tanto a matéria quanto a maneira terão sido completamente tratadas.

Eu não entendo o que você quer dizer, disse Adimanto.

Então devo fazer você entender; e talvez eu possa ser mais inteligível se colocar a questão dessa maneira. Você está ciente, suponho, de que toda mitologia e poesia é uma narração de eventos, passados, presentes ou por vir?

Certamente, ele respondeu.

E a narração pode ser narração simples, ou imitação, ou uma união das duas?

De novo, ele disse, não entendo muito bem.

> Análise do elemento dramático na poesia épica.

Temo que eu possa ser um professor ridículo quando tenho tanta dificuldade em me fazer compreender. Como um mau orador, portanto, não vou pegar todo o assunto, mas vou quebrar um pedaço para ilustrar o que quero dizer. Você conhece os primeiros versos da Ilíada, em que o poeta diz que Crises orou a Agamenon para libertar sua filha e que Agamenon se apaixonou por ele; com o que Crises, falhando em seu objetivo, invocou a ira de Deus contra os aqueus. Agora, quanto a essas linhas,

"E ele orou a todos os gregos, mas especialmente aos dois filhos de Atreu, os chefes do povo",

o poeta fala em sua própria pessoa; nunca nos leva a supor que seja outra pessoa. Mas no que se segue ele assume a pessoa de Crises, e então faz tudo o que pode para nos fazer acreditar que o falante não é Homero, mas o próprio sacerdote idoso. E nesta forma dupla ele lançou toda a narrativa dos eventos que ocorreram em Troia e em Ítaca e ao longo da *Odisseia*.

Sim.

E uma narrativa fica tanto nos discursos que o poeta recita de vez em quando como nas passagens intermediárias?

Bem verdade.

> A poesia épica tem um elemento de imitação no seu discurso; o resto é simples narrativa.

Mas quando o poeta fala na pessoa do outro, não podemos dizer que ele assimila o seu estilo ao da pessoa que, segundo ele lhe informa, vai falar?

Certamente.

E essa assimilação de si mesmo ao outro, seja pelo uso da voz ou do gesto, é a imitação da pessoa cujo caráter ele assume?

Claro.

Então, neste caso, pode-se dizer que a narrativa do poeta procede por meio da imitação?

Muito verdadeiro.

Ou, se o poeta aparece em todos os lugares e nunca se esconde, então novamente a imitação é abandonada e sua poesia se torna simples narração. No entanto, para que eu possa deixar meu significado bem claro e que você não possa mais dizer: "não entendo", mostrarei como a mudança pode ser efetuada. Se Homero tivesse dito: "Veio o sacerdote com o resgate da filha nas mãos, suplicando aos aqueus e, sobretudo, aos reis"; e então se, em vez de falar na pessoa de Crises, ele tivesse continuado em sua própria pessoa, as palavras teriam sido, não imitação, mas narração simples. A passagem teria continuado da seguinte forma (eu não sou poeta e, portanto, deixo de lado a métrica), "O sacerdote veio e orou aos deuses em nome dos gregos para que capturassem Troia e voltassem em segurança para casa, mas implorou que eles dessem a ele de volta sua filha, e tomassem o resgate que ele trouxe, e respeitassem os deuses. Assim ele falou, e os outros gregos reverenciaram o sacerdote e concordaram. Mas Agamenon ficou irado e ordenou-lhe que partisse e não voltasse, para que o cajado e as tiaras dos deuses não lhe fossem de qualquer utilidade, a filha de Crises não deveria ser libertada, disse ele, ela envelheceria com ele em Argos. E então disse-lhe para ir embora e não o provocar, se pretendesse voltar para casa ileso. E o velho foi embora amedrontado e silencioso, e, quando deixou o acampamento, chamou Apolo por seus muitos nomes, lembrando-o de tudo o que ele tinha feito para agradá-lo, seja na construção de seus templos, seja oferecendo sacrifícios e orando para que suas boas ações lhe pudessem ser devolvidas e para que os aqueus pudessem expiar suas lágrimas pelas flechas do deus", e assim por diante. Desse modo, o todo se torna uma simples narrativa.

Eu entendo, disse ele.

> A tragédia e a comédia são puramente imitativas; a ditirâmbica e outros tipos de poesia estão livres da imitação. A poesia épica é uma combinação de ambas.

Ou você pode supor o caso oposto: que as passagens intermediárias foram omitidas e o diálogo apenas saiu.

Isso também, disse ele, eu entendo; você quer dizer, por exemplo, como na tragédia.

Você concebeu meu significado perfeitamente; e se não me engano, o que você falhou em apreender antes agora lhe fica claro, que poesia e mitologia são, em alguns casos, totalmente imitativas – exemplos disso são fornecidos pela tragédia e pela comédia; há também o estilo oposto, em que o poeta é o único falante; deste, o ditirambo oferece o melhor exemplo; e a combinação de ambos é encontrada na epopeia e em vários outros estilos de poesia. Eu levo você comigo?

Sim, ele disse; eu entendo agora o que você quis dizer.

Peço-lhe que se lembre também do que comecei dizendo, que havíamos feito com o assunto e poderíamos passar ao estilo.

Sim, eu lembro.

Ao dizer isso, pretendi sugerir que devemos chegar a um entendimento sobre a arte mimética, se os poetas, ao narrar suas histórias, devem ser autorizados por nós a imitar, e se assim for, seja no todo ou em parte, e se for o último, em quais partes; ou toda imitação deveria ser proibida?

Quer dizer, eu suspeito, perguntar se a tragédia e a comédia devem ser admitidas em nosso Estado?

> Uma dica sobre Homero (compare com infra livro X.)

Sim, eu disse; mas pode haver mais do que isso em questão; eu realmente não sei ainda, mas, para onde a discussão irá soprar, para lá vamos nós.

E vamos sim, disse ele.

> Nossos tutores não devem ser imitadores, pois um homem só pode fazer uma coisa muito bem.

Então, Adimanto, deixe-me perguntar-lhe se nossos tutores devem ser imitadores; ou melhor, esta questão não foi decidida pela regra já estabelecida que um homem só pode fazer bem uma coisa, e não muitas; e que se ele tentar muitas, não conseguirá ganhar muita reputação em qualquer uma delas?

Certamente.

E isso é igualmente verdadeiro para a imitação; nenhum homem pode imitar muitas coisas tão bem quanto imitaria uma só?

Ele não pode.

Assim, dificilmente a mesma pessoa poderá desempenhar um papel sério na vida e, ao mesmo tempo, ser um imitador e imitar muitos outros papéis também; pois mesmo quando duas espécies de imitações são quase aliadas, as mesmas pessoas não podem ter sucesso em ambas, como, por exemplo, os escritores de tragédia e comédia – você não acabou de chamá-los de imitações?

Sim, eu o fiz; e você está certo em pensar que as mesmas pessoas não podem ter sucesso em ambos.

Mais do que eles podem ser rapsodistas e atores ao mesmo tempo?

Verdade.

Nem os atores cômicos e trágicos são iguais; no entanto, todas essas coisas são apenas imitações.

Elas são mesmo.

> Ele nem pode imitar diversas coisas.

E a natureza humana, Adimanto, parece ter sido cunhada em pedaços ainda menores, e ser tão incapaz de imitar bem muitas coisas, quanto de realizar bem as ações das quais as imitações são cópias.

A República

É verdade, respondeu ele.

Se, então, aderirmos à nossa noção original e tivermos em mente que nossos tutores, deixando de lado todos os outros negócios, devem se dedicar totalmente à manutenção da liberdade no Estado, fazendo disso o seu ofício, e não se engajando em nenhum trabalho que não suporte neste sentido, eles não devem praticar ou imitar qualquer outra coisa; se de alguma forma imitarem, devem imitar desde a juventude apenas aqueles personagens adequados à sua profissão: os corajosos, temperantes, santos, livres e semelhantes; mas não devem representar ou ser habilidosos em imitar quaisquer tipos de iliberalidade ou baixeza, para que por imitação não venham a ser o que imitam. Você nunca observou como as imitações, começando no início da juventude e continuando ao longo da vida, por fim se transformam em hábitos e se tornam uma segunda natureza, afetando o corpo, a voz e a mente?

Sim, certamente, ele disse.

> Imitações que são do tipo degradante.

Então, eu disse, não permitiremos que aqueles por quem professamos cuidado e de quem dizemos que devem ser bons homens, imitem uma mulher, jovem ou velha, brigando com seu marido ou lutando e se vangloriando contra os deuses escondendo a sua felicidade, ou quando ela está em aflição, ou tristeza, ou chorando; e certamente não aquela que está doente, apaixonada ou trabalhando.

Muito bem, disse ele.

Tampouco devem representar escravos, homens ou mulheres, desempenhando funções de escravos?

Eles não deveriam.

E certamente não são homens maus, sejam covardes ou quaisquer outros, que fazem o contrário do que acabamos de prescrever, que ralham, zombam ou injuriam uns aos outros na bebida ou na falta de bebida, ou que de qualquer outra forma pecam contra si mesmos e seus vizinhos em palavra ou ação, conforme a maneira comum. Nem devem ser treinados para imitar a ação ou a fala de homens ou mulheres loucos ou maus; pois a loucura, como o vício, deve ser conhecida, mas não deve ser praticada ou imitada.

É verdade, respondeu ele.

Eles também não podem imitar ferreiros ou outros artífices, ou remadores, ou contramestres, ou semelhantes?

Como poderiam, disse ele, se não têm permissão para aplicar suas mentes aos chamados de nenhum desses?

Nem podem imitar o relinchar dos cavalos, o berro dos touros, o murmúrio dos rios e o rolar do oceano, o trovão e todo esse tipo de coisa?

Não, disse ele, se a loucura for proibida, não poderiam eles copiar o comportamento de um louco.

Você quer dizer, eu disse, se bem entendi, que existe um tipo de estilo narrativo que pode ser empregado por um homem realmente bom quando ele tem algo a dizer, e que outro tipo será usado por um homem de caráter oposto e educação.

E quais são esses dois tipos? Ele perguntou.

> Imitações que podem ser encorajadas.

Suponha, eu respondi, que um homem justo e bom, no decorrer de uma narração, fale sobre alguma declaração ou ação de outro homem bom. Eu imagino que ele gostará de personificá-lo e não terá vergonha desse tipo de imitação: ele estará mais pronto para desempenhar o papel de homem bom quando estiver agindo com firmeza e sabedoria; em menor grau quando é acometido por uma doença ou amor ou bebida, ou se depara com qualquer outro desastre. Mas quando chega a um caráter que é indigno dele, não fará um estudo disso; ele desdenhará tal pessoa, e assumirá sua semelhança, se for o caso, apenas por um momento quando estiver realizando alguma boa ação; em outras ocasiões, terá vergonha de desempenhar um papel que nunca praticou, nem gostará de se moldar e se enquadrar nos modelos mais básicos; ele sente que o emprego de tal arte, a menos que seja de brincadeira, é inferior a ele, e sua mente se revolta contra isso.

Então eu devo esperar, ele respondeu.

Então, ele adotará um modo de narração como o que ilustramos de Homero, ou seja, seu estilo será imitativo e narrativo; mas haverá muito pouco do primeiro e muito mais do último. Você concorda?

Certamente, ele disse; esse é o modelo que tal narrador deve necessariamente seguir.

> Imitações que serão proibidas.

Mas há outro tipo de personagem que narrará qualquer coisa e, quanto pior for, mais inescrupuloso será; nada será tão ruim para ele: e ele estará pronto para imitar qualquer coisa, não como uma piada, mas com toda a seriedade, e diante de uma grande audiência. Como acabei de dizer, ele tentará representar o barulho do trovão, o barulho do vento e granizo, ou o ranger de rodas e roldanas, e os vários sons de flautas, gaitas, trombetas e todos os tipos de instrumentos: latirá como um cachorro, balirá como uma ovelha ou cantará como um galo; toda a sua arte consistirá na imitação da voz e do gesto, e haverá muito pouca narração.

Esse, disse ele, será seu modo de falar.

Esses são os dois tipos de estilo?

Sim.

> Dois tipos de estilo – um simples, o outro múltiplo. Existe ainda um terceiro, que é a combinação dos dois.

E você concordaria comigo em dizer que um deles é simples e tem apenas pequenas variações; e se a harmonia e o ritmo também são escolhidos por sua simplicidade, o resultado é que o falante, se ele falar corretamente, é sempre o mesmo estilo, e se manterá dentro dos limites de uma única harmonia (pois as mudanças são não muito grandes), e da mesma maneira fará uso quase do mesmo ritmo?

Isso é verdade, disse ele.

Enquanto o outro requer todos os tipos de harmonias e todos os tipos de ritmos, se a música e o estilo devem corresponder, porque o estilo tem todos os tipos de variações.

Isso também é perfeitamente verdade, respondeu ele.

E os dois estilos, ou a mistura dos dois, não abrangem toda poesia e toda forma de expressão em palavras? Ninguém pode dizer nada, exceto em um ou outro modo ou em ambos juntos.

Eles incluem todos, disse ele.

> O estilo simples isolado deve ser admitido pelo Estado; as atrações do estilo misto são reconhecidas, mas parece que foram excluídas.

E devemos receber em nosso Estado todos os três estilos, ou apenas um dos dois estilos não misturados? Ou você incluiria o misto?

Eu preferiria apenas admitir o puro imitador da virtude.

Sim, eu disse, Adimanto, mas o estilo misto também é muito charmoso: e mesmo a pantomímica, que é o oposto do escolhido por você, é o estilo mais popular com as crianças e seus acompanhantes, e com o mundo em geral.

Eu não nego isso.

Mas suponho que você argumentaria que tal estilo é inadequado para nosso Estado, no qual a natureza humana não é dupla ou múltipla, pois cada homem desempenha apenas um papel?

Sim; bastante inadequado.

E esta é a razão pela qual em nosso Estado, e somente em nosso Estado, encontraremos o sapateiro para ser sapateiro e não piloto também, e o agricultor para ser lavrador e não juiz também, e o soldado como soldado e não é um comerciante também, e o mesmo por toda parte?

Verdade, ele disse.

> O artista da pantomima deverá receber grande honraria, mas deverá ser banido do país.

E, portanto, quando qualquer um desses cavalheiros pantomímicos, que são tão espertos que podem imitar qualquer coisa, vier até nós e fizer uma proposta para exibir a si mesmo e sua poesia, nós o acolheremos e iremos adorá-lo como um ser doce, santo e maravilhoso; mas devemos também informá-lo de que em nosso Estado não é permitido que ele exista; a lei não os permitirá. E assim, quando o ungirmos com mirra e colocarmos uma guirlanda de lã sobre sua cabeça, nós o enviaremos para outra cidade. Pois pretendemos empregar para a saúde de nossa alma o poeta ou contador de histórias mais rude e severo, que imitará apenas o estilo dos virtuosos e seguirá os modelos que prescrevemos no início, quando começamos a educação de nossos soldados.

Certamente o faremos, disse ele, se tivermos o poder.

A República

Então agora, meu amigo, eu disse, aquela parte da música ou educação literária que se relaciona com a história ou os mitos pode ser considerada terminada; pois o assunto e a maneira foram ambos discutidos.

Eu também acho, ele disse.

Em seguida, seguirá a melodia e a música.

Isso é óbvio.

Cada um já pode ver o que devemos dizer sobre eles, se quisermos ser consistentes conosco.

> Sócrates, Glauco.

Receio, disse Glauco, rindo, que a palavra "todos" dificilmente me inclua, pois não posso dizer de momento o que deveriam ser; embora eu possa adivinhar.

De qualquer forma, você pode dizer que uma música ou ode tem três partes: as palavras, a melodia e o ritmo; esse grau de conhecimento posso pressupor?

Sim, ele disse; tanto quanto você pode.

E quanto às palavras, certamente não haverá diferença entre palavras que são e as que não são musicadas; ambas estarão em conformidade com as mesmas leis, e estas já foram determinadas por nós?

Sim.

> Melodia e ritmo.

E a melodia e o ritmo vão depender das palavras?

Certamente.

Estávamos dizendo, quando falamos sobre o assunto, que não precisávamos de lamentações e tensões de tristeza?

Verdade.

E quais são as harmonias expressivas da tristeza? Você é musical e pode me dizer.

As harmonias que você quer dizer são o lídio misto ou tenor, e o lídio completo ou baixo, e semelhantes.

Esses então, eu disse, devem ser banidos; mesmo para as mulheres que têm um caráter que os mantém, não são úteis, e muito menos para os homens.

Certamente.

Em segundo lugar, embriaguez, brandura e indolência são totalmente inadequados ao caráter de nossos guardiões.

Totalmente impróprio.

> As melodias relaxantes ou as harmonias serão as Ionianas e Lidianas. Essas deverão ser banidas.

E quais são as harmonias suaves ou para a bebida?

O jônico, respondeu ele, e o lídio; elas são chamadas de "relaxantes".

Bem, e isso tem alguma utilidade militar?

Muito pelo contrário, respondeu ele; e se assim for, o dórico e o frígio são os únicos que você deixou.

Eu respondi: das harmonias não sei nada, mas quero ter uma que seja guerreira, para soar a nota ou sotaque que um homem corajoso profere na hora do perigo e determinação severa, ou quando sua causa estiver falhando, e ele vai encarar os ferimentos ou a morte ou é abatido por algum outro mal, e em cada uma dessas crises encontra os golpes da fortuna com passo firme e determinação para suportar; e outra para ser usada por ele em tempos de paz e liberdade de ação, quando não houver a pressão da necessidade, e ele estiver procurando persuadir os deuses pela oração, ou o homem por instrução e admoestação, ou por outro lado, quando estiver expressando sua vontade de ceder à persuasão ou súplica ou admoestação, e que o represente quando por conduta prudente ele atingir o seu fim, não levado por seu sucesso, mas agindo moderadamente e sabiamente sob as circunstâncias, e aquiescendo em cada evento. Estas duas harmonias eu peço que você deixe; a tensão da necessidade e a tensão da liberdade, a tensão do infeliz e a tensão do afortunado, a tensão da coragem e a tensão da temperança; estas, eu digo, saiam.

E essas, ele respondeu, são as harmonias dóricas e frígias das quais acabei de falar.

> As Dóricas e Frígias serão mantidas.

Então, eu disse, se essas e apenas essas forem usadas em nossas canções e melodias, não vamos querer multiplicidade de notas ou uma escala pan-harmônica?

Suponho que não.

Então não devemos manter os artífices de liras com três cantos e escalas complexas, ou os fabricantes de quaisquer outros instrumentos de muitas cordas curiosamente harmonizadas?

Certamente não.

> Os instrumentos musicais: quais serão rejeitados e quais permitidos?

Mas o que você diria aos fabricantes e tocadores de flautas? Você os admitiria em nosso Estado ao refletir que, neste uso composto da harmonia, a flauta é pior do que todos os instrumentos de cordas juntos; até a música panarmônica é apenas uma imitação da flauta?

Claro que não.

Resta então apenas a lira e a harpa para uso na cidade, e os pastores podem ter uma flauta no campo.

Essa é certamente a conclusão a ser tirada do argumento.

A preferência de Apolo e seus instrumentos a Marsias e seus instrumentos não é nada estranho, eu disse.

De jeito nenhum, respondeu ele.

E assim, pelo cão do Egito, estamos inconscientemente purgando o Estado, que há não muito tempo chamamos de luxuoso.

E agimos com sabedoria, respondeu ele.

Então vamos terminar a purgação, eu disse. Na sequência das harmonias, os ritmos seguirão naturalmente, e devem estar sujeitos às mesmas regras, pois não devemos buscar sistemas complexos de métricas, ou métricas de todo tipo, mas sim descobrir quais ritmos são as expressões de uma vida corajosa e harmoniosa; e quando os encontrarmos, adaptaremos a base e a melodia a palavras que tenham o mesmo espírito, não as palavras à base e à melodia. Dizer quais são esses ritmos será seu dever, você deve ensiná-los a mim, como já me ensinou as harmonias.

> Três tipos de ritmos, assim como são quatro notas do tetracórdio.

Mas, na verdade, ele respondeu, não posso te ensinar. Eu só sei que existem cerca de três princípios de ritmo a partir dos quais os sistemas métricos são enquadrados, assim como nos sons existem quatro notas[73], das quais todas as harmonias são compostas; essa é uma observação que fiz. Mas de que tipo de vida elas são, individualmente, as imitações que não consigo dizer.

Então, eu disse, devemos levar Damon em nossos conselhos; e ele nos dirá quais ritmos são expressivos de maldade, ou insolência, ou fúria, ou outra indignidade, e o que deve ser reservado para a expressão de sentimentos opostos. E acho que tenho uma lembrança indistinta de sua menção a um ritmo crético complexo; também um dáctilo ou heroico, e ele os arranjou de uma maneira que não entendo muito bem, tornando os ritmos iguais na subida e descida da base, alternando longos e curtos; e, a menos que eu esteja enganado, ele falava de um ritmo iâmbico, bem como de um ritmo trocaico, e atribuía a eles quantidades curtas e longas[74]. Também em alguns casos, parecia elogiar ou censurar o movimento da base tanto quanto o ritmo; ou talvez uma combinação dos dois; pois não tenho certeza do que ele quis dizer. Essas questões, porém, como eu ia dizendo, deveriam ser remetidas ao próprio Damon, pois a análise do assunto seria difícil, sabe?

Bem assim, devo dizer.

Mas não há dificuldade em ver que a graça ou a ausência da graça é um efeito do bom ou mau ritmo.

Nenhuma, mesmo.

> O ritmo e a harmonia seguem o estilo, e o estilo é a expressão da alma.

E que o bom e o mau ritmo se assimilam naturalmente ao bom e ao mau estilo; e que harmonia e discórdia de maneira semelhante seguem o estilo; pois nosso princípio é que o ritmo e a harmonia são regulados pelas palavras, e não as palavras por eles.

Assim, disse ele, eles deveriam seguir as palavras.

E as palavras e o caráter do estilo não dependerão do temperamento da alma?

---

[73] I.e. as quatro notas do tetracórdio.
[74] Sócrates se expressa descuidadamente de acordo com sua suposta ignorância dos detalhes do assunto. Na primeira parte da frase, ele parece estar falando de ritmos peônicos que estão na proporção de 3/2; na segunda parte, dos ritmos dáctilo e anapéstico, que estão na proporção de 1/1; na última cláusula, dos ritmos iâmbico e trocaico, que estão na proporção de 1/2 ou 2/1.

Sim.

E tudo mais no estilo?

Sim.

> Simplicidade, o grande princípio.

Então, a beleza do estilo, da harmonia, da graça e do bom ritmo dependem da simplicidade, quero dizer, a verdadeira simplicidade de uma mente e um caráter corretos e nobremente ordenados, não aquela outra simplicidade que é apenas um eufemismo para loucura?

É verdade, respondeu ele.

E se nossos jovens devem fazer seu trabalho na vida, não devem fazer dessas graças e harmonias seu objetivo perpétuo?

Eles devem.

> E um princípio que é amplamente disseminado na natureza e na arte.

E certamente a arte do pintor e todas as outras artes criativas e construtivas estão repletas delas – tecelagem, bordado, arquitetura e todo tipo de manufatura; também a natureza, animal e vegetal – em todos eles há graça ou ausência da graça. E a feiura, a discórdia e o movimento desarmônico são quase aliados de palavras e natureza doentias, pois a graça e a harmonia são irmãs gêmeas da bondade e da virtude e carregam sua semelhança.

Isso é verdade, disse ele.

> Nossos cidadãos deverão crescer para a vida adulta cercados apenas por impressões de graça e beleza; toda a feiura e o vício devem ser excluídos.

Mas nossa superintendência não deve ir mais longe, e os poetas só devem ser solicitados por nós a expressar a imagem do bem em suas obras, sob pena, se fizerem outra coisa, de expulsão de nosso Estado? Ou o mesmo controle deve ser estendido a outros artistas, e eles também devem ser proibidos de exibir as formas opostas de vício e intemperança e mesquinhez e indecência na escultura e construção e nas outras artes criativas; e aquele que não pode conformar-se com esta nossa regra será impedido de praticar sua arte em nosso Estado, para que o gosto de nossos cidadãos não seja corrompido por ele? Não queremos que nossos tutores cresçam em meio a imagens de deformidade moral, como em alguma pastagem nociva, e lá se alimentem de muitas ervas e flores nocivas, dia a dia, pouco a pouco, até que silenciosamente juntem uma massa purulenta de corrupção em sua própria alma. Que nossos artistas sejam aqueles que têm o dom de discernir a verdadeira natureza do belo e gracioso; então nossos jovens habitarão em uma terra de saúde, em meio a belas imagens e sons, e receberão o bem em tudo; e a beleza, a efluência de belas obras, fluirão para os olhos e ouvidos, como uma brisa benéfica de uma região mais pura, e insensivelmente atrairão a alma desde os primeiros anos, à semelhança e simpatia com a beleza da razão.

Não pode haver treinamento mais nobre do que esse, respondeu ele.

> O poder de compartilhar a graça é um dom da harmonia.

E, portanto, eu disse, Glauco, o treinamento musical é um instrumento mais potente do que qualquer outro, porque o ritmo e a harmonia encontram seu caminho para os recônditos da alma, nos quais se fixam poderosamente, transmitindo graça e fazendo a alma daquele que é bem educado, graciosa ou de quem é mal educado, deselegante; e também porque aquele que recebeu essa verdadeira educação do ser interior perceberá mais astutamente omissões ou defeitos na arte e na natureza, e com um gosto verdadeiro, enquanto elogia e se regozija e recebe em sua alma o bem, e se torna nobre e bom, ele irá culpar e odiar com justiça os maus, agora em seus dias de juventude, antes mesmo de saber o porquê; e quando a razão vier, ele reconhecerá e saudará o amigo com quem sua educação o tornou familiar por muito tempo.

Sim, disse ele, concordo plenamente com você em pensar que nossos jovens devem ser treinados em música e nos campos que você mencionou.

Assim como ao aprender a ler, eu disse, ficamos satisfeitos quando conhecíamos as letras do alfabeto, que são muito poucas, em todos os seus tamanhos e combinações recorrentes; não os desprezando como sem importância, quer ocupem um espaço grande ou pequeno, mas em todos os lugares ansiosos para identificá-los; e não nos acharmos perfeitos na arte da leitura até que os reconheçamos onde quer que se encontrem.

Verdade.

Ou, como reconhecemos o reflexo das letras na água, ou em um espelho, apenas quando conhecemos as próprias letras; a mesma arte e estudo dando-nos o conhecimento de ambos.

Exatamente.

> O verdadeiro musicista deve saber as formas essenciais da virtude e do vício.

Mesmo assim, como afirmo, nem nós nem nossos tutores, a quem devemos educar, podemos nos tornar musicais até que nós e eles conheçamos as formas essenciais de temperança, coragem, liberalidade, magnificência e sua parentela, bem como as formas contrárias, em todas as suas combinações, e possamos reconhecê-los e às suas imagens onde quer que se encontrem, não os desprezando nas pequenas ou grandes coisas, mas acreditando que todos eles estão dentro da esfera de uma arte e estudo.

Com certeza.

> A harmonia da alma e do corpo, a mais bela das visões.

E quando uma bela alma se harmoniza com uma bela forma, e as duas são fundidas em um molde, qual será a mais bela das visões para quem tem olho para vê-la?

O mais belo de fato.

E o mais belo também é o mais adorável?

Isso pode ser assumido.

E o homem que tem o espírito de harmonia estará mais apaixonado pelo mais belo; mas não amará aquele que tem uma alma desarmônica?

> O verdadeiro amante não irá se importar com os defeitos da pessoa.

Isso é verdade, respondeu ele, se a deficiência estiver em sua alma; mas se houver qualquer defeito meramente corporal em outro, ele será paciente e o amará da mesma forma.

Percebo, disse eu, que você tem ou teve experiências desse tipo, e estou de acordo. Mas deixe-me fazer outra pergunta: o excesso de prazer tem alguma afinidade com a temperança?

Como pode ser?, ele respondeu; o prazer priva o homem do uso de suas faculdades tanto quanto a dor.

Ou alguma afinidade com a virtude em geral?

Absolutamente nenhuma.

Alguma afinidade com a devassidão e a intemperança?

Sim, a maior delas.

E existe algum prazer maior ou mais intenso do que o amor sensual?

Não, nem algum mais furioso.

> O verdadeiro amor é temperante e harmonioso.

Considerando que o amor verdadeiro é um amor pela beleza e ordem – temperante e harmonioso?

É verdade, disse ele.

Então, nenhuma intemperança ou loucura deveria se aproximar do amor verdadeiro?

Certamente não.

> O verdadeiro amor é livre da sensualidade e da grosseria.

Então, o prazer louco ou intemperante nunca deve chegar perto do amante e de sua amada; nenhum deles pode ter qualquer parte nisso se seu amor for do tipo certo?

Não, de fato, Sócrates, nunca deve chegar perto deles.

Então suponho que na cidade que estamos fundando você faria uma lei no sentido de que um amigo não deveria usar nenhuma outra familiaridade com seu amor do que um pai usaria com seu filho, e então apenas para um propósito nobre, e ele deve primeiro ter o consentimento do outro; e essa regra é para limitá-lo em todas as suas relações sexuais, e ele nunca será visto indo mais longe, ou, se ele exceder, será considerado culpado de grosseria e mau gosto.

Eu concordo, ele disse.

Assim, grande parte da música, que dá um final justo; pois qual deveria ser o fim da música senão o amor pela beleza?

Eu concordo, ele disse.

> Ginástica.

Depois da música vem a ginástica, na qual nossos jovens são os próximos a serem treinados.

Certamente.

A ginástica, assim como a música, deve começar nos primeiros anos; o treinamento nela deve ser cuidadoso e deve continuar ao longo da vida.

Agora, minha crença é, e este é um assunto sobre o qual eu gostaria de ter sua opinião, uma confirmação da minha própria, mas minha própria crença é – não que o corpo bom por qualquer excelência corporal melhora a alma, mas, ao contrário, que a boa alma, por sua própria excelência, melhora o corpo tanto quanto possível. O que você diz?

Sim, eu concordo.

> O corpo a ser confiado à mente.

Então, para a mente, quando adequadamente treinada, estaremos certos em entregar os cuidados mais específicos do corpo; e para evitar a prolixidade, daremos agora apenas os contornos gerais do assunto.

Muito bom.

Que eles devem se abster da intoxicação já foi observado por nós; pois, de todas as pessoas, um guardião deve ser o último a ficar bêbado e não saber em que parte do mundo está.

Sim, ele disse; que um guardião exija outro guardião para cuidar dele é realmente ridículo.

Mas a seguir, o que diremos de sua comida; pois os homens estão se preparando para a grande competição de todas, não estão?

Sim, disse ele.

E o hábito corporal de nossos atletas comuns será adequado a eles?

Por que não?

> O treinamento comum dos atletas é demasiado grosseiro e sonolento.

Receio, disse eu, que um hábito corporal como o deles seja apenas uma coisa sonolenta e bastante perigosa para a saúde. Você não percebe que esses atletas dormem suas vidas, e estão sujeitos às doenças mais perigosas se eles se afastarem, em um grau ainda menor, de seu regime habitual?

Sim, eu percebo.

Então, eu disse, um tipo mais refinado de treinamento será necessário para nossos atletas guerreiros, que devem ser como cães despertos e ver e ouvir com a maior agudeza; em meio às muitas mudanças de água e de comida, do calor do verão e do frio do inverno, que terão de suportar durante uma campanha, não devem ser suscetíveis de deterioração da saúde.

Essa é a minha opinião.

A ginástica realmente excelente é irmã gêmea daquela música simples que acabamos de descrever.

Como assim?

> Exercício militar.

Ora, imagino que haja uma ginástica que, como nossa música, seja simples e boa; e principalmente a ginástica militar.

O que você quer dizer?

Meu significado pode ser aprendido com Homero; ele, você sabe, alimenta seus heróis em suas festas, quando eles estão em campanha, com comida de soldados; não têm peixes, embora estejam nas margens do Helesponto, e não lhes permitem carnes cozidas, mas apenas assadas, que é a comida mais conveniente para os soldados, exigindo apenas que acendam uma fogueira, e isso não envolve o incômodo de carregar potes e panelas.

Verdade.

E não posso estar enganado ao dizer que os molhos doces não são mencionados em nenhum lugar de Homero. Ao proscrevê-los, entretanto, ele não é singular; todos os atletas profissionais sabem muito bem que um homem que está em boas condições não deve ingerir nada disso.

Sim, ele disse; e sabendo disso, eles estão certos em não os tomar.

> Os jantares siracusanos e as cortesãs corintianas estão proibidos.

Então você não aprovaria os jantares de Siracusa e os refinamentos da culinária siciliana?

Eu acho que não.

Nem, se um homem está em condições, você permitiria que ele tivesse uma jovem coríntia como sua bela amiga?

Certamente não.

Você também não aprovaria as iguarias, como se pensa, dos doces atenienses?

Certamente não.

A República

> O estilo luxurioso de vida deve ser justamente comparado ao estilo pan-harmônico da música.

Toda essa alimentação e vida podem ser corretamente comparadas por nós à melodia e à canção compostas no estilo pan-harmônico e em todos os ritmos.

Exatamente.

Ali a complexidade engendrou a licença e, aqui, a doença; ao passo que a simplicidade na música era a mãe da temperança na alma; e a simplicidade na ginástica, da saúde do corpo.

Verdade, disse ele.

Mas quando a intemperança e as doenças se multiplicam em um Estado, os corredores da justiça e da medicina estão sempre sendo abertos; e as artes do médico e do advogado dão-se ares, descobrindo quão agudo é o interesse que não só os escravos, mas também os homens livres de uma cidade têm por eles.

Claro.

> Todo homem deve ser seu próprio médico e advogado.

E, no entanto, que maior prova pode haver de um Estado de educação ruim e vergonhoso do que esta, que não apenas os artesãos e o tipo de pessoa mais mesquinha precisam da habilidade de médicos e juízes de primeira linha, mas também aqueles que professam ter tido uma educação liberal? Não é vergonhoso e um grande sinal de falta de boa educação que um homem tenha de ir para o exterior por causa de suas leis e cuidados com o físico, porque não tem nenhum cuidado em casa e, portanto, deve se entregar às mãos de outros homens a quem ele torna senhores e juízes sobre si mesmo?

De todas as coisas, disse ele, a mais vergonhosa.

> Tão ruim quanto buscar a lei, ainda pior é apaixonar-se pelo litígio.

Você diria "mais", eu respondi, quando você considera que há um estágio posterior do mal em que um homem não é apenas um litigante vitalício, passando todos os seus dias nos tribunais, seja como autor ou réu, mas é realmente levado por seu mau gosto a orgulhar-se de sua litigiosidade; ele imagina que é um mestre na desonestidade; capaz de fazer cada curva tortuosa e se contorcer para dentro e para fora de cada buraco, dobrando-se como um espião e saindo do caminho da justiça; e tudo para quê? Ordenar sua vida de forma a poder passar sem um juiz cochilando é algo muito mais elevado e nobre. Não é ainda mais vergonhoso?

Sim, disse ele, isso é ainda mais vergonhoso.

> Ruim também pedir o auxílio da medicina.

Bem, disse eu, e para necessitar da ajuda da medicina, não quando é preciso curar uma ferida, ou por ocasião de uma epidemia, mas apenas porque, por indolência e por um hábito de vida como o que estamos descrevendo, o homem se enche com águas e ventos, como se seus corpos fossem um pântano, obrigando os engenhosos filhos de Asclépio a encontrar mais nomes para doenças, como flatulência e catarro; isso também não é uma desgraça?

Sim, ele disse, eles certamente dão nomes muito estranhos e modernos às doenças.

> Na época de Asclépio e de Homero a prática da medicina era bastante simples.

Sim, disse eu, e não acredito que houvesse alguma doença semelhante nos dias de Asclépio; e deduzo isso da circunstância em que o herói Eurípilo, depois de ter sido ferido em Homero, bebe um *posset* de vinho pramniano bem salpicado com farinha de cevada e queijo ralado, que certamente são inflamatórios, mas os filhos de Asclépio que estavam na guerra de Troia não culpam a donzela que lhe deu a bebida, nem repreendem Pátroclo, que está tratando de seu caso.

Bem, disse ele, essa era certamente uma bebida extraordinária para ser dada a uma pessoa em sua condição.

> Os cuidados com as doenças foram introduzidos por Heródico.

Não tão extraordinária, respondi, se você tiver em mente que antigamente, como se costuma dizer, antes da época de Heródico, a guilda de Asclépio não praticava nosso atual sistema de medicina, que se pode dizer que educava doenças. Mas Heródico, sendo um treinador, e ele mesmo de uma constituição frágil, por uma combinação de

A REPÚBLICA

treinamento e medicina, descobriu uma maneira de torturar primeiro e principalmente a si mesmo, e depois o resto do mundo.

Como foi isso? Ele disse.

Pela invenção da morte prolongada; pois ele tinha uma doença mortal da qual cuidava perpetuamente, e como a recuperação estava fora de questão, ele passou a vida inteira como valetudinário; ele não podia fazer nada a não ser cuidar de si mesmo e estava em constante tormento sempre que partia em qualquer coisa de seu regime usual, e, morrendo aos poucos, com a ajuda da ciência, ele lutou até a velhice.

Uma rara recompensa por sua habilidade!

Sim, eu disse; uma recompensa que um homem poderia razoavelmente esperar quem nunca entendeu que, se Asclépio não instruiu seus descendentes nas artes valetudinárias, a omissão surgiu, não por ignorância ou inexperiência de tal ramo da medicina, mas porque ele sabia que em todas as artes bem ordenadas cada indivíduo tem uma ocupação que deve atender e, portanto, não tem tempo livre para ficar continuamente doente. Observamos isso no caso do artesão, mas, de maneira bastante ridícula, não aplicamos a mesma regra às pessoas mais ricas.

O que você quer dizer? Ele disse.

> Os trabalhadores não têm tempo para tratamentos tediosos.

Quero dizer o seguinte: quando um carpinteiro está doente, ele pede ao médico uma cura rápida e áspera; um emético, um expurgo, um cautério ou uma faca, esses são seus remédios. E se alguém prescreve para ele um curso de dietética e diz que ele deve enfaixar sua cabeça, e todo esse tipo de coisa, ele responde imediatamente que não tem tempo para ficar doente, e que não vê nada de bom em uma vida que é passada cuidando de sua doença com negligência de seu emprego habitual; e, portanto, despedindo-se desse tipo de médico, ele retoma seus hábitos normais e, ou fica bom e vive e faz seus negócios, ou, se sua constituição falhar, ele morre e não tem mais problemas.

Sim, disse ele, e um homem em sua condição de vida deve usar a arte da medicina apenas até ali.

Não tem ele, eu disse, uma ocupação, e que lucro haveria em sua vida se fosse privado dela?

É verdade, disse ele.

Mas com o homem rico isso é diferente; dele não dizemos que tenha qualquer trabalho especialmente designado que deva realizar, se quiser viver.

Ele geralmente não tem nada para fazer.

Então você nunca ouviu falar do ditado de Focílides, o qual diz que assim que um homem ganha a vida deve praticar a virtude?

Não, disse ele, acho melhor ele começar um pouco mais cedo.

Não vamos ter uma discussão com ele sobre isso, eu disse; antes, perguntamo-nos: a prática da virtude é obrigatória para o rico ou ele pode viver sem ela? E se for obrigatória para ele, então levantemos outra questão, se essa dieta de desordens, que é um impedimento para a aplicação da mente na carpintaria e nas artes mecânicas, não se opõe igualmente ao sentimento de Focílides?

> A cura lenta é igualmente um impeditivo para as artes mecânicas, à prática da virtude.

Disso, respondeu ele, não pode haver dúvida; esse cuidado excessivo com o corpo, quando levado além das regras da ginástica, é muito hostil à prática da virtude.

Sim[75], respondi, e igualmente incompatível com a administração de uma casa, de um exército ou de um cargo de Estado; e, o que é mais importante de tudo, irreconciliável com qualquer tipo de estudo ou pensamento ou autorreflexão – há uma suspeita constante de que dor de cabeça e tontura devem ser atribuídas à filosofia e, portanto, toda prática ou julgamento da virtude no sentido superior, está absolutamente parado; pois um homem sempre imagina que está ficando doente e está em constante ansiedade quanto ao estado de seu corpo.

> E para qualquer tipo de estudo ou reflexão.

Sim, provavelmente.

---

[75] A resposta de Sócrates começa com: καὶ γὰρ πρὸς κ.τ.λ.

A República

> Asclépio não curaria constituições doentias porque não tinham nenhuma função para o Estado.

E, portanto, pode-se supor que nosso político Asclépio tenha exibido o poder de sua arte apenas para pessoas que, sendo geralmente de constituição e hábitos de vida saudáveis, tinham uma doença definida; tais como estes ele curou com expurgos e operações, e ordenou que vivessem como de costume, aqui consultando os interesses do Estado; mas os corpos em que a doença penetrou por completo ele não teria tentado curar por processos graduais de evacuação e infusão: ele não queria prolongar vidas inúteis, ou ter pais fracos gerando filhos mais fracos; se um o homem não era capaz de viver da maneira normal, ele não tinha o que curar; pois tal cura não teria utilidade nem para ele nem para o Estado.

Então, disse ele, você considera Asclépio um estadista.

> O caso de Menelau, que foi assistido pelos filhos de Asclépio.

Claramente; e seu caráter é ainda ilustrado por seus filhos. Observe que eles foram heróis nos dias antigos e praticavam a medicina de que estou falando no cerco de Troia: você se lembrará de como, quando Pândaro feriu Menelau, eles

"Chuparam o sangue da ferida e borrifaram remédios calmantes"[76],

mas nunca prescreveram o que o paciente deveria comer ou beber depois, no caso de Menelau, não mais do que no caso de Eurípilo; os remédios, como eles concebiam, eram suficientes para curar qualquer homem que antes de ser ferido era saudável e regular em seus hábitos; e mesmo que por acaso ele tivesse bebido um *posset* de vinho pramniano, poderia ficar bom da mesma forma. Mas eles não queriam ter nada a ver com assuntos doentios e intemperantes, cujas vidas eram inúteis para si próprios ou para os outros; a arte da medicina não foi projetada para o bem deles e, embora fossem tão ricos quanto Midas, os filhos de Asclépio teriam se recusado a atendê-los.

---

[76] *Ilíada*, Homero.

Eles eram pessoas muito perspicazes, aqueles filhos de Asclépio.

> A ofensa de Asclépio.

Naturalmente, respondi. No entanto, os trágicos e Píndaro, desobedecendo às nossas ordens, embora reconheçam que Asclépio era filho de Apolo, dizem também que ele foi subornado para curar um homem rico que estava à beira da morte, e por conta disso foi atingido por um raio. Mas nós, de acordo com o princípio que já afirmamos, não acreditaremos neles quando nos disserem as duas coisas; se ele era filho de um deus, afirmamos que não era avarento; ou, se ele era avarento, ele não era filho de um deus.

Tudo isso, Sócrates, é excelente; mas gostaria de lhe fazer uma pergunta: não deveria haver bons médicos em um Estado, e não são os melhores aqueles que tratam o maior número de constituições boas e más? E não são os melhores juízes, da mesma maneira, aqueles que estão familiarizados com todos os tipos de naturezas morais?

Sim, eu disse, eu também teria bons juízes e bons médicos. Mas você sabe quem eu acho bom?

Você vai me contar?

Eu vou, se puder. No entanto, deixe-me observar que na mesma pergunta você junta duas coisas que não são iguais.

Como assim? Ele perguntou.

> Os médicos deveriam ter experiência com doenças em si mesmos.

Ora, eu disse, você junta médicos e juízes. Ora, os médicos mais hábeis são aqueles que, desde a juventude, combinaram com o conhecimento de sua arte a maior experiência de doenças; é melhor que não tenham saúde robusta e devam ter todo tipo de doenças em suas próprias pessoas. Pois o corpo, como eu concebo, não é o instrumento com o qual eles curam o corpo; nesse caso, não poderíamos permitir que fossem ou tivessem estados doentios; mas curam o corpo com a mente, e a mente que se tornou e está doente nada pode curar.

Isso é verdade, disse ele.

A República

> Por outro lado, o juiz não deveria aprender sobre o mal pela sua prática, mas pela longa observação do mal em outras pessoas.

Mas com o juiz é diferente, já que ele governa mente por mente; não deveria, portanto, ter sido treinado entre mentes viciosas e ter se associado com elas desde a juventude, e por ter passado por todo o calendário do crime, apenas para poder inferir rapidamente os crimes de outros, como deveria com suas doenças corporais de sua própria autoconsciência; a mente honrada que deve formar um julgamento saudável não deveria ter tido nenhuma experiência ou contaminação de maus hábitos quando jovem. E esta é a razão pela qual, na juventude, os homens bons frequentemente parecem simples e são facilmente manipulados pelos desonestos, porque não têm exemplos do que é o mal em sua própria alma.

Sim, ele disse, eles são muito propensos a serem enganados.

Portanto, eu disse, o juiz não deve ser jovem; deve ter aprendido a conhecer o mal, não por sua própria alma, mas por uma longa e tardia observação da natureza do mal nos outros: o conhecimento deve ser seu guia, não a experiência pessoal.

Sim, disse ele, esse é o ideal de um juiz.

> Tal conhecimento da natureza humana é bem melhor e mais verdadeiro do que dos adeptos dos crimes.

Sim, respondi, e ele será um bom homem (esta é a minha resposta à sua pergunta); pois é bom quem tem boa alma. Mas a natureza astuta e suspeita de que falamos – aquele que cometeu muitos crimes, e se imagina um mestre na maldade, quando está entre seus companheiros, é maravilhoso nas precauções que toma, porque os julga por si mesmo: mas quando entra na companhia de homens virtuosos, que têm a experiência da idade, parece ser um tolo novamente, devido às suas suspeitas fora de época; ele não consegue reconhecer um homem honesto, porque não tem um padrão de honestidade em si mesmo; ao mesmo tempo, como os maus são mais numerosos do que os bons, e ele os encontra com mais frequência, pensa ele mesmo, e é por outros considerado mais sábio do que tolo.

Verdade, disse ele.

Platão

Então, o juiz bom e sábio a quem buscamos não é este homem, mas o outro; pois o vício não pode conhecer a virtude também, mas uma natureza virtuosa, educada pelo tempo, adquirirá um conhecimento tanto da virtude quanto do vício: o homem virtuoso, e não o vicioso, tem sabedoria, em minha opinião.

E na minha também.

Este é o tipo de medicina e este é o tipo de lei que você sancionará em seu Estado. Eles ministrarão as naturezas melhores, dando saúde tanto à alma como ao corpo; mas aqueles que estão enfermos em seus corpos serão deixados para morrer, e as almas corruptas e incuráveis darão um fim a si mesmas.

Isso é claramente o melhor tanto para os pacientes quanto para o Estado.

E assim nossos jovens, tendo sido educados apenas naquela música simples que, como dissemos, inspira temperança, relutarão em ir para a justiça.

Claramente.

E o músico que, mantendo-se na linha, se contenta em praticar a simples ginástica, nada terá a ver com a medicina a não ser em algum caso extremo.

Nisso eu acredito muito.

Os próprios exercícios e tribulações a que se submete têm por objetivo estimular o elemento animado de sua natureza, e não aumentar sua força; ele não usará, como atletas comuns, exercícios e regimes para desenvolver seus músculos.

Muito bem, disse ele.

> A música e a ginástica são igualmente idealizadas para o aperfeiçoamento da mente.

Nem as duas artes da música e da ginástica foram realmente concebidas, como muitas vezes se supõe, uma para o treinamento da alma e a outra para o treinamento do corpo.

Qual é então o objetivo real delas?

Acredito, disse eu, que os professores de ambos têm em vista principalmente o aperfeiçoamento da alma.

Como pode ser? Ele indagou.

A República

Você nunca observou, eu disse, o efeito sobre a própria mente da devoção exclusiva à ginástica, ou o efeito oposto, de uma devoção exclusiva à música?

De que forma é mostrado? Ele perguntou.

> O simples atleta deve ser suavizado, e a natureza filosófica impedida de tornar-se muito delicada.

Um produzindo um temperamento de dureza e ferocidade, o outro de suavidade e efeminação, respondi.

Sim, ele disse, estou bem ciente de que o mero atleta se torna um selvagem demais, e que o mero músico se derrete e amolece além do que é bom para ele.

Mas certamente, eu disse, essa ferocidade só vem do espírito, que, se bem educado, daria coragem, mas, se intensificado demais, pode se tornar duro e brutal.

Isso eu acho bastante.

Por outro lado, o filósofo terá a qualidade da gentileza. E isso também, quando muito indulgente, transformar-se-á em suavidade, mas, se educado corretamente, será gentil e moderado.

Verdade.

E em nossa opinião, os guardiões deveriam ter essas duas qualidades?

Certamente.

E ambas devem estar em harmonia?

Sem dúvida.

E a alma harmoniosa é temperada e corajosa?

Sim.

E o desarmônico é covarde e grosseiro?

Muito verdadeiro.

> Música, se levada muito além, torna os de natureza muito fraca efeminados, e os mais fortes irritáveis.

E, quando um homem permite que a música toque nele e derrame em sua alma pelo funil de seus ouvidos, aqueles ares doces, suaves e melancólicos de que acabamos de falar, e toda a sua vida se passa em gorjeios e nas delícias das canções; no primeiro estágio do processo, a paixão ou espírito que está nele é temperado como ferro e tornado útil, em vez de frágil e inútil. Mas, se ele continua o processo de amolecimento e calmante, no estágio seguinte começa a derreter e a se deteriorar, até que tenha perdido seu espírito e cortado os tendões de sua alma; e ele se torna um guerreiro fraco.

Muito verdadeiro.

Se o elemento do espírito é naturalmente fraco nele, a mudança é realizada rapidamente, mas se ele tiver uma boa qualidade do espírito, então o poder da música enfraquecendo o espírito o torna excitável; na menor provocação ele arde imediatamente, e é rapidamente extinto; em vez de ter espírito, ele se torna irritado e apaixonado e é totalmente impraticável.

Exatamente.

> E assim como um atleta bem alimentado, se não recebemos nenhuma educação, degeneramos para o comportamento de bestas selvagens.

E assim na ginástica, se um homem faz exercícios violentos e é um grande consumidor de alimentos, e o contrário de um grande estudante de música e filosofia, a princípio a elevada condição de seu corpo o enche de orgulho e espírito, e se torna duas vezes o homem que ele era.

Certamente.

E o que acontece? Se ele não faz mais nada, e não mantém nenhuma conversa com as musas, nem mesmo aquela inteligência que pode haver nele, não tendo gosto de qualquer tipo de aprendizado ou investigação ou pensamento ou cultura, torna-se débil, embotado e cego, sua mente nunca acordando ou recebendo alimento, e seus sentidos não sendo purificados de suas brumas?

Verdade, ele disse.

E ele acaba se tornando um odiador da filosofia, incivilizado, nunca usando a arma da persuasão – ele é como uma fera, todo violência e ferocidade, e não conhece outra maneira de lidar; e vive em toda a ignorância e más condições, e não tem senso de propriedade e graça.

Isso é verdade, disse ele.

E como existem dois princípios da natureza humana, um o espirituoso e o outro o filosófico, algum deus, como devo dizer, deu à humanidade duas artes respondendo a eles (e apenas indiretamente à alma e ao corpo), para que estes dois princípios (como as cordas de um instrumento) possam ser relaxados ou esticados até que estejam devidamente afinados.

Essa parece ser a intenção.

> A música deve ser misturada com a ginástica, e ambas estimuladas para a alma individual.

E aquele que mistura música com ginástica nas mais justas proporções, e melhor as tenta para a alma, pode ser corretamente chamado de verdadeiro músico e harmonista em um sentido muito mais elevado do que o afinador das cordas.

Você está certo, Sócrates.

E esse gênio presidente será sempre necessário em nosso Estado para que o governo perdure.

Sim, ele será absolutamente necessário.

> Chega de princípios de educação: quem devem ser nossos juízes?

Tais são, então, nossos princípios de nutrição e educação: de que adianta entrar em mais detalhes sobre as danças de nossos cidadãos, ou sobre sua caça e corrida, suas competições de ginástica e hipismo? Para todos esses, siga o princípio geral e, tendo entendido isso, não teremos dificuldade em descobri-los.

Ouso dizer que não haverá dificuldade.

Muito bom, eu disse; então qual é a próxima pergunta? Não devemos perguntar quem são os governantes e os súditos?

Certamente.

> O mais velho deve governar e o mais novo servir.

Não pode haver dúvida de que o mais velho deve governar o mais jovem.

Claramente.

E que o melhor deles deve governar.

Isso também está claro.

Bem, não são os melhores lavradores os mais devotados à agricultura?

Sim.

E como devemos ter o melhor dos guardiões para nossa cidade, eles não devem ser os que mais têm o caráter de guardiões?

Sim.

E para isso devem ser sábios e eficientes, e ter um cuidado especial com o Estado?

Verdade.

> Esses devem ser os juízes designados, que foram testados nas diversas etapas de suas vidas.

E é mais provável que um homem se preocupe com aquilo que ama?

Com certeza.

E será mais provável que ame aquilo que considera ter os mesmos interesses que ele, e aquilo cujo bom ou mau destino supostamente em qualquer momento mais afeta os seus?

É verdade, respondeu ele.

Então deve haver uma seleção. Notemos entre os guardiões aqueles que em toda a sua vida mostram a maior ânsia de fazer o que é para o bem do seu país e a maior repugnância em fazer o que é contrário aos seus interesses.

Esses são os homens certos.

E terão que ser vigiados em todas as idades, para que possamos ver se preservam sua resolução e nunca, sob a influência da força ou do encantamento, esquecem ou abandonam seu senso de dever para com o Estado.

Como arrematar? Ele disse.

Vou explicar para você, respondi. Uma resolução pode sair da mente de um homem com sua vontade ou contra sua vontade; com sua vontade, quando se livra de uma falsidade e aprende mais, contra sua vontade, sempre que é privado de uma verdade.

Eu entendo, disse ele, a perda voluntária de uma resolução; o significado da má vontade é que ainda tenho que aprender.

Por que, eu disse, você não vê que os homens são involuntariamente privados do bem e voluntariamente do mal? Um mal não é ter perdido a verdade, e o bem, possuir a verdade? E você concordaria que conceber as coisas como elas são é possuir a verdade?

Sim, ele respondeu, concordo com você em pensar que a humanidade está privada da verdade contra sua vontade.

E essa privação involuntária não é causada por roubo, ou força, ou encantamento?

Ainda assim, ele respondeu, eu não entendo você.

> E aqueles que não se modificaram pela influência seja do prazer, seja do medo.

Temo que devo ter falado sombriamente, como os trágicos. Só quero dizer que alguns homens mudam pela persuasão e outros esquecem; o argumento rouba o coração de uma classe de homens e o tempo da outra; e isso eu chamo de roubo. Agora você me entende?

Sim.

Aqueles que são novamente forçados são aqueles a quem a violência de alguma dor ou tristeza obriga a mudar de opinião.

Eu entendo, disse ele, e você tem toda a razão.

> Ou dos encantamentos.

E você também reconheceria que os encantados são aqueles que mudam de ideia sob a influência mais suave do prazer ou sob a influência mais severa do medo?

Sim, ele disse, tudo o que engana, pode-se dizer que encanta.

Portanto, como acabei de dizer, devemos indagar quem são os melhores guardiões de sua própria convicção de que o que eles pensam ser o interesse do Estado deva ser a regra de suas vidas. Devemos observá-los desde a juventude e fazê-los realizar ações em que provavelmente se esquecerão ou serão enganados, e aquele que se lembrar e não for enganado será escolhido, e aquele que falhar na prova será rejeitado. Será esse o caminho?

Sim.

E deve haver labutas, dores e conflitos prescritos para eles, nos quais serão obrigados a dar mais provas das mesmas qualidades.

Muito bem, respondeu ele.

E então, eu disse, devemos testá-los com encantamentos (esse é o terceiro tipo de teste) e ver qual será seu comportamento: como aqueles que pegam potros em meio ao barulho e tumulto para ver se eles são de natureza tímida, então devemos pegar os nossos jovens em meio a terrores de algum tipo, e novamente os conduzir aos prazeres, e os provamos mais completamente do que o ouro é provado na fornalha, para que possamos descobrir se estão armados contra todos os encantamentos, e de um porte nobre sempre, bons guardiões de si próprios e da música que aprenderam, e conservando em todas as circunstâncias uma natureza rítmica e harmoniosa, tal como será mais útil para o indivíduo e para o Estado.

> Se passarem no teste deverão ser honrados em vida e após sua morte.

E aquele que em todas as idades, como menino e jovem e na vida madura, saiu vitorioso e puro da prova, será nomeado governante e guardião do Estado; será honrado na vida e na morte e receberá sepulturas e outros memoriais de honra, os maiores que temos para oferecer. Mas aquele que falhar, devemos rejeitar. Estou inclinado a pensar que essa é a maneira pela qual nossos governantes e tutores devem ser escolhidos e nomeados. Falo de maneira geral, e não com qualquer pretensão de exatidão.

E, falando de maneira geral, concordo com você, disse ele.

> O título de guardião deve ser reservado aos mais velhos, e os mais novos serão chamados de auxiliares.

E talvez a palavra "guardião", no sentido mais amplo, deva ser aplicada a esta classe superior apenas a quem nos preserva contra inimigos estrangeiros e mantém a paz entre nossos cidadãos em casa, para que um não tenha a vontade, ou os outros o poder, para nos prejudicar. Os rapazes que antes chamávamos de guardiões podem ser mais apropriadamente designados auxiliares e apoiadores dos princípios dos governantes.

Eu concordo com você, ele disse.

Como, então, podemos inventar uma dessas falsidades necessárias de que falamos recentemente – apenas uma mentira real que pode enganar os governantes, se isso for possível, e de qualquer forma o resto da cidade?

Que tipo de mentira? Ele disse.

> O conto fenício.

Nada de novo, respondi; apenas um antigo conto fenício (*Leis*) sobre o que muitas vezes já ocorreu antes em outros lugares (como dizem os poetas, e fizeram o mundo acreditar), embora não em nossa época, e eu não sei se tal evento poderia algum dia acontecer de novo, ou agora poderia até mesmo se tornar provável, se acontecesse.

Como suas palavras parecem hesitar em seus lábios!

Você não vai se surpreender, eu respondi, com a minha hesitação quando você ouvir tudo.

Fale, disse ele, e não tema.

> Os cidadãos que serão chamados de autóctones, enviados da própria terra.

Pois bem, falarei, embora realmente não saiba como olhar você diretamente, nem com que palavras proferir a audaciosa ficção, que proponho comunicar aos poucos, primeiro aos governantes, depois aos soldados, e por último às pessoas. Devem ser informados de que sua juventude foi um sonho, e a educação e treinamento que receberam de nós, apenas uma aparência; na realidade, durante todo esse tempo, foram formados e alimentados no ventre da terra, onde eles próprios e suas armas e acessórios foram fabricados; quando foram concluídos, a terra, sua mãe, os enviou; e assim, sendo seu país sua mãe e também sua ama, eles devem se unir para o bem dela e defendê-la contra ataques, e seus cidadãos devem considerar como filhos da terra e seus próprios irmãos.

Você tinha um bom motivo, disse ele, para se envergonhar da mentira que ia contar.

> E compostos de metais de qualidades diversas.

É verdade, respondi, mas há mais vindo; eu só contei a você a metade. Cidadãos, diremos a eles em nossa história, vocês são irmãos, mas o deus os estruturou de maneira diferente. Alguns de vocês têm o poder de comando e na composição destes ele mesclou ouro; portanto, eles também têm a maior honra; outros ele fez de prata, para serem auxiliares; outros também, que serão lavradores e artesãos, ele compôs de bronze e ferro; e as espécies geralmente serão preservadas nas crianças. Mas como todos são do mesmo estoque original, um pai dourado às vezes terá um filho prateado, ou um pai prateado, um filho dourado. E os deuses proclamam como um primeiro princípio aos governantes, e acima de tudo, que não há nada que eles devam tão ansiosamente guardar, ou de que devam ser tão bons guardiões, quanto da pureza da raça. Eles devem observar quais elementos se misturam em sua prole; pois se o filho de um pai dourado ou prateado tem uma mistura de latão e ferro, então a natureza ordena uma transposição de classes, e os olhos do governante não devem ter pena da criança porque ela tem que descer na escala e se tornar um lavrador ou artesão, assim como pode haver filhos de artesãos que, tendo uma mistura de ouro ou prata, são elevados à honra e tornam-se tutores ou auxiliares. Pois um oráculo diz que quando um homem de latão ou ferro guarda o Estado, ele será destruído. Essa é a história; existe alguma possibilidade de fazer os nossos cidadãos acreditarem nisso?

> A nobre qualidade para elevar o Estado, a ignóbil para rebaixá-lo. Essa ficção é crível? Sim, em uma geração futura, não na presente.

Não na geração atual, respondeu ele; não há como conseguir isso; mas seus filhos podem ser levados a acreditar na história, e os filhos de seus filhos e a posteridade depois deles.

Eu vejo a dificuldade, respondi; no entanto, o fomento de tal crença fará com que se importem mais com a cidade e uns com os outros. Chega, porém, de ficção, que agora pode voar nas asas do boato, enquanto armamos nossos heróis nascidos na Terra e os conduzimos sob o comando de seus governantes. Que eles olhem ao redor e escolham um local de onde possam melhor suprimir a insurreição, se houver algum refratário dentro, e se defender contra os inimigos que, como lobos, podem vir de fora para o redil; que eles acampem ali, e quando acamparem, que eles os sacrifiquem aos deuses apropriados e preparem suas habitações.

> A seleção de um local para o acampamento dos guerreiros.

Só isso, disse ele.

E suas habitações devem ser tais que os protejam do frio do inverno e do calor do verão.

Suponho que você quer dizer casas, respondeu ele.

Sim, eu disse; mas devem ser casas de soldados, não de lojistas.

Qual é a diferença? Ele disse.

A República

> Os guerreiros deverão ser humanizados pela educação.

Isso tentarei explicar, respondi. Manter os cães de guarda, que, por falta de disciplina ou fome, ou algum mau hábito ou outro, se virariam sobre as ovelhas e as preocupariam, e se comportariam não como cães, mas como lobos, seria uma coisa horrível e monstruosa em um pastor?

Verdadeiramente monstruosa, disse ele.

E, portanto, todo cuidado deve ser tomado para que nossos auxiliares, sendo mais fortes que nossos cidadãos, não cresçam para ser demais para que se tornem tiranos selvagens em vez de amigos e aliados?

Sim, muito cuidado deve ser tomado.

E uma educação realmente boa não forneceria a melhor proteção?

Mas eles já são bem educados, respondeu ele.

Não posso estar tão confiante, meu caro Glauco, disse eu; estou muito mais certo de que devem ser, e de que a verdadeira educação, seja ela qual for, terá a maior tendência de civilizá-los e humanizá-los em suas relações entre si e com aqueles que estão sob sua proteção.

É verdade, respondeu ele.

E não apenas sua educação, mas suas habitações, e tudo o que lhes pertence, deve ser tal que não prejudique sua virtude como tutores, nem os tente a predar sobre os outros cidadãos. Qualquer homem de bom senso deve reconhecer isso.

Ele deve mesmo.

> Seu estilo de vida será o de um acampamento.

Então agora vamos considerar qual será o seu modo de vida, se eles querem realizar nossa ideia sobre eles. Em primeiro lugar, nenhum deve ter qualquer propriedade própria além do que é absolutamente necessário; nem deveriam ter uma casa particular ou depósito fechado contra qualquer um que deseja entrar; suas provisões devem ser apenas as exigidas por guerreiros treinados, que são homens de temperança e coragem; devem concordar em receber dos cidadãos uma taxa fixa de pagamento, o suficiente para cobrir as despesas do ano e nada mais; e irão se misturar e viver juntos como soldados em um acampamento. Ouro e prata, diremos a eles que têm dos deuses; o metal divino está dentro deles e, portanto, não precisam da escória que corre entre os homens, e não devem poluir o divino com qualquer mistura terrestre; pois aquele metal comum tem sido a fonte de muitos atos profanos, mas os seus próprios não foram corrompidos. E só eles, de todos os cidadãos, não podem tocar ou manusear prata ou ouro, ou estar sob o mesmo teto que eles, ou usá-los, ou beber deles. E esta será a sua salvação e eles serão os salvadores do Estado. Mas, caso adquiram casas, terras ou dinheiro próprio, tornar-se-ão governantas e lavradores em vez de tutores; inimigos e tiranos em vez de aliados dos outros cidadãos; odiando e sendo odiados, conspirando e sendo conspirados, passarão a vida inteira em muito maior terror dos inimigos internos do que dos externos, e a hora da ruína, tanto para eles quanto para o resto do Estado, estará próxima. Por todas essas razões, não podemos dizer que assim deve nosso Estado ser ordenado, e que estes devem ser os regulamentos designados por nós para tutores relativos a suas casas e todos os outros assuntos?

> Eles não terão nem casas nem propriedades.

Sim, disse Glauco.

Livro IV

> *República IV*
> ADIMANTO,
> SÓCRATES
> Uma objeção de que Sócrates tenha tornado seus cidadãos pobres e infelizes.

Aqui Adimanto interpôs uma pergunta: como você responderia, Sócrates, disse ele, se alguém dissesse que você está tornando[77] essas pessoas infelizes, e que elas são a causa de sua própria infelicidade; a cidade de fato pertence a elas, mas elas não são nada melhores por isso; enquanto outros homens adquirem terras, e constroem casas grandes e bonitas, e têm tudo de belo sobre eles, oferecendo sacrifícios aos deuses por conta própria, e praticando a hospitalidade; além disso, como acabaste de dizer, eles têm ouro e prata e tudo o que é normal entre os favoritos do destino; mas nossos pobres cidadãos não são melhores do que mercenários que estão acampados na cidade e estão sempre montando guarda?

> E pior de tudo, acrescentou Sócrates, eles não têm nenhum dinheiro.

Sim, eu disse; e você pode acrescentar que eles são apenas alimentados, e não pagos além de sua comida, como outros homens; e, portanto, não podem, se quiserem, fazer uma viagem de lazer; não

---

[77] Ou, "que para o seu próprio bem você está deixando essas pessoas miseráveis".

têm dinheiro para gastar com uma amante ou qualquer outra fantasia luxuriosa, o que, conforme o mundo gira, é considerado felicidade; e muitas outras acusações da mesma natureza podem ser acrescentadas.

Mas, disse ele, suponhamos que tudo isso esteja incluído na cobrança. Você quer perguntar, eu disse, qual será a nossa resposta?

Sim.

> Ainda assim, muito provavelmente eles são os mais felizes da humanidade.

Se continuarmos ao longo do antigo caminho, minha convicção, eu disse, é que encontraremos a resposta. E nossa resposta será que, mesmo estando assim, nossos guardiões podem muito provavelmente ser os mais felizes dos homens; mas que nosso objetivo ao fundar o Estado não era a felicidade desproporcional de nenhuma classe, mas a maior felicidade do todo; pensamos que, em um Estado ordenado com vistas ao bem comum, teríamos mais probabilidade de encontrar justiça, e no Estado mal ordenado, a injustiça: e, tendo-as encontrado, poderíamos então decidir qual dos dois é o mais feliz. No momento, suponho, estamos moldando o Estado feliz, não aos poucos, ou com o objetivo de tornar alguns cidadãos felizes, mas como um todo; e logo passaremos a ver o tipo oposto de Estado. Suponha que estivéssemos pintando uma estátua e alguém se aproximasse de nós e dissesse: por que você não coloca as cores mais bonitas nas partes mais bonitas do corpo, os olhos deveriam ser roxos, mas você os fez pretos. A ele poderíamos responder com justiça: senhor, certamente não quer que embelezemos os olhos a tal ponto que não sejam mais olhos; considere antes que, dando a esta e a outras características a devida proporção, tornamos o todo mais belo. E assim eu digo a você, não nos obrigue a atribuir aos guardiões uma espécie de felicidade que os tornará tudo menos guardiões; pois nós também podemos vestir nossos lavradores com trajes reais e colocar coroas de ouro em suas cabeças e mandá-los lavrar o solo somente quando quiserem, e nada mais. Nossos ceramistas também poderão repousar em sofás e banquetear ao

> O estado, como uma estátua, deverá ser julgado como um todo.

lado da lareira, passando ao redor a taça de vinho, enquanto sua roda está convenientemente à mão, e trabalhando na olaria apenas o quanto quiserem; dessa forma, podemos fazer todas as classes felizes, e então, como você imagina, todo o Estado ficará feliz. Mas não coloque essa ideia em nossas cabeças; pois, se o ouvirmos, o lavrador não será mais lavrador, o oleiro deixará de ser oleiro e ninguém terá o caráter de uma classe distinta no Estado. Bem, isso não tem muita importância onde a corrupção da sociedade e a pretensão de ser o que você não é estão confinados aos sapateiros; mas quando os guardiões das leis e do governo são apenas guardiões aparentes e não verdadeiros, então veja como eles viram o Estado de cabeça para baixo; e por outro lado, só eles têm o poder de dar ordem e felicidade ao Estado. Nós queremos dizer que nossos guardiões sejam verdadeiros salvadores e não destruidores do Estado, ao passo que nosso oponente pensa nos camponeses em uma festa, que vivem uma vida de folia, não nos cidadãos que cumprem seu dever para com o Estado. Mas, se assim for, queremos dizer coisas diferentes, e ele está falando de algo que não é um Estado. E, portanto, devemos considerar se ao nomear nossos tutores buscaríamos sua maior felicidade individualmente, ou se esse princípio de felicidade não reside no Estado como um todo. Mas se o último for a verdade, então os tutores e auxiliares, e todos os outros igualmente com eles, devem ser compelidos ou induzidos a fazer seu próprio trabalho da melhor maneira. E assim todo o Estado crescerá em uma ordem nobre, e as várias classes receberão a proporção de felicidade que a natureza lhes atribui.

> Os guardiões deverão ser guardiães, não simples acompanhantes.

Eu acho que você está certo.

Eu me pergunto se você concordará com outra observação que me ocorre.

O que pode ser isso?

Parece haver duas causas para a deterioração das artes.

Quais seriam elas?

Riqueza, eu disse, e pobreza.

Como elas agem?

Platão

> Quando o artesão enriquecer, ele se torna descuidado: se for muito pobre, não terá dinheiro suficiente para comprar suas ferramentas. A cidade não deve ser nem pobre, nem rica.

O processo é o seguinte: quando um oleiro se tornar rico, será que ele, você imagina, ainda irá se preocupar com sua arte?

Certamente não.

Ele ficará cada vez mais indolente e descuidado?

Muito verdadeiro.

E o resultado será que ele se tornará um oleiro pior?

Sim; ele irá se deteriorar muito.

Mas, por outro lado, se ele não tem dinheiro e não pode se munir de ferramentas ou instrumentos, ele não trabalhará igualmente bem, nem ensinará seus filhos ou aprendizes a trabalhar igualmente bem.

Certamente não.

Então, sob a influência da pobreza ou da riqueza, os trabalhadores e seu trabalho estão igualmente sujeitos à degeneração?

Isso é evidente.

Aqui, então, está uma descoberta de novos males, eu disse, os quais os guardiões terão de vigiar, ou eles entrarão na cidade sem serem observados.

Que males?

Riqueza, eu disse, e pobreza; um é o pai da luxúria e indolência, e o outro da mesquinhez e da maldade, e ambos do descontentamento.

> Mas como, sendo pobre, ela pode enfrentar um inimigo mais rico?

Isso é verdade, respondeu ele; mas ainda assim gostaria de saber, Sócrates, como nossa cidade poderá ir à guerra, especialmente contra um inimigo que é rico e poderoso, se privado dos músculos para a guerra.

Certamente haveria dificuldade, respondi, em ir para a guerra com um desses inimigos; mas não há dificuldade onde há dois deles.

Como assim? Ele perguntou.

> Nossos soldados esguios serão mais do que um páreo para os seus vizinhos obesos.

Em primeiro lugar, eu disse, se tivermos de lutar, nosso lado será de guerreiros treinados lutando contra um exército de homens ricos.

Isso é verdade, disse ele.

A REPÚBLICA

E você não acha, Adimanto, que um único boxeador perfeito em sua arte seria páreo para dois cavalheiros robustos e prósperos que não fossem boxeadores?

Dificilmente, se o atacassem de uma vez.

E agora, eu disse, se ele pudesse fugir e depois se virar e atacar aquele que primeiro apareceu? E supondo que fizesse isso várias vezes sob o calor de um sol escaldante, não poderia ele, sendo um especialista, derrubar mais de um personagem robusto?

Certamente, disse ele, não haveria nada de fantástico nisso.

No entanto, os homens ricos provavelmente têm uma superioridade maior na ciência e na prática do boxe do que nas qualidades militares.

Possivelmente.

Então podemos supor que nossos atletas conseguirão lutar com duas ou três vezes o seu próprio número?

Eu concordo com você, pois acho que você está certo.

> E eles terão aliados que irão juntar-se a eles na condição de receberem o espólio.

E suponha que, antes do confronto, nossos cidadãos enviem uma embaixada a uma das duas cidades, dizendo-lhes qual é a verdade: prata e ouro não temos nem estamos autorizados a ter, mas vocês podem; venham, pois, ajudar-nos na guerra e tomaremos os despojos da outra cidade. Quem, ao ouvir estas palavras, escolheria lutar contra cães magros e furtivos, em vez de, com os cães ao seu lado, lutar contra ovelhas gordas e tenras?

Isso não é provável; e, ainda assim, poderia haver perigo para o pobre Estado se a riqueza de muitos Estados fosse reunida em um.

> Mas muitas cidades irão conspirar? Não: elas têm divisões internas.

Mas é muito simplista usar o termo Estado para qualquer outro, exceto o nosso!

Por que então?

Você deve falar de outros Estados no plural; nenhum deles é uma cidade, mas muitas cidades, como dizem no jogo. Pois, de fato, qualquer cidade, por pequena que seja, é de fato dividida em duas, uma a dos pobres, a outra dos ricos; estes estão em guerra um com o outro; e em qualquer uma delas há muitas divisões menores, e você estaria completamente fora da pista se tratasse a todas como um único Estado. Mas se você lidar com eles como muitos, e dar a riqueza ou o poder ou as pessoas de um para os outros, você sempre terá muitos amigos e não muitos inimigos. E seu Estado, enquanto a ordem sábia que agora foi prescrita continuar a prevalecer nela, será o maior dos Estados, não quero dizer em reputação ou aparência, mas em atos e verdade, embora ele não conte mais que mil defensores. Um único Estado que seja igual a ele você dificilmente encontrará, seja entre os helenos ou bárbaros, embora muitos pareçam ser tão grandes e muitas vezes maiores.

> Vários Estados estão contidos em um só.

Isso é verdade, disse ele.

E qual, eu disse, será o melhor limite para nossos governantes fixar quando eles consideram o tamanho do Estado e a quantidade de território que eles devem incluir, e além do qual eles não irão?

> O limite para o tamanho do Estado é a possibilidade de unidade.

Que limite você propõe?

Eu permitiria que o Estado aumentasse tanto quanto for consistente com a unidade; esse, eu acho, é o limite adequado.

Muito bem, disse ele.

Aqui, então, eu disse, está outra ordem que terá de ser transmitida aos nossos guardiões: que nossa cidade não seja considerada nem grande nem pequena, mas una e autossuficiente.

E certamente, disse ele, esta não é uma ordem muito severa que lhes impomos.

> A tarefa de ajustar os cidadãos para a posição na qual a natureza os deseja.

E o outro, disse eu, de quem falávamos antes, é mais leve ainda: quero dizer o dever de rebaixar a prole dos tutores quando inferiores, e de elevar à categoria de guardiões a prole das classes inferiores, quando naturalmente superiores. A intenção era que, no caso dos cidadãos em geral, cada indivíduo deveria ser colocado no uso para o qual a natureza o pretendia, cada um para um trabalho, e então cada homem cuidaria de seu próprio negócio, e seria um e não muitos; e assim toda a cidade seria uma e não muitas.

Sim, ele disse; isso não é tão difícil.

A República

Os regulamentos que estamos prescrevendo, meu bom Adimanto, não são, como se poderia supor, uma série de grandes princípios, mas partes ínfimas, se cuidado for tomado, como se diz, de uma grande coisa – uma coisa, porém, que eu prefiro chamar de não ótima, mas suficiente para o nosso propósito.

O que pode ser isso? Ele perguntou.

Educação, eu disse, e incentivo: se nossos cidadãos forem bem educados e se tornarem homens sensatos, eles verão facilmente o caminho por meio de tudo isso, bem como de outros assuntos que omito; como, por exemplo, o casamento, a posse de mulheres e a procriação de filhos, que seguirão o princípio geral de que os amigos têm todas as coisas em comum, como diz o provérbio.

Essa será a melhor maneira de resolvê-los.

> A boa educação tem uma força cumulativa e afeta as gerações.

Além disso, eu disse, o Estado, se uma vez começou bem, move-se com força cumulativa como uma roda. Para uma boa nutrição e boa educação, implante boas constituições, e essas boas constituições que se enraízam em uma boa educação melhoram cada vez mais, e essa melhora afeta a raça do homem como em outros animais.

Muito possivelmente, disse ele.

> Nenhuma inovação deve ser feita na música ou na ginástica.

Então, para resumir: este é o ponto para o qual, acima de tudo, a atenção de nossos governantes deve ser direcionada, para que a música e a ginástica sejam preservadas em sua forma original, e nenhuma inovação feita. Eles devem fazer o máximo para mantê-los intactos. E quando alguém diz que a humanidade mais considera

"A música mais recente que os cantores têm"[78],

eles terão medo de que ele possa estar elogiando, não novas canções, mas um novo tipo de canção; e isso não deve ser elogiado ou concebido como

---

[78] *Odisseia*, Homero.

o significado do poeta; pois qualquer inovação musical é perigosa para todo o Estado e deve ser proibida. Então Damon me diz, e eu posso acreditar nele, que quando os tipos de música mudam, as leis fundamentais do Estado sempre mudam com eles.

> Damon.

Sim, disse Adimanto; e você pode adicionar meu sufrágio ao de Damon e ao seu.

Então, eu disse, nossos guardiões devem lançar as bases de sua fortaleza na música?

Sim, ele disse; a ilegalidade da qual você fala facilmente se intromete.

Sim, respondi, na forma de diversão; e à primeira vista pareceu inofensivo.

> O espírito de ilegalidade, começando com a música, gradualmente permeia toda a vida.

Ora, sim, disse ele, e não há mal; não fosse que aos poucos esse espírito de licenciosidade, encontrando um lar, penetra imperceptivelmente nos modos e nos costumes; de onde, emitindo com maior força, invade contratos entre os homens, e de contratos passa para leis e constituições, em total imprudência, terminando por fim, Sócrates, por uma derrubada de todos os direitos, tanto privados como públicos.

Isso é verdade?, eu disse.

Essa é a minha convicção, respondeu ele.

Então, como eu estava dizendo, nossos jovens devem ser treinados desde o início em um sistema mais rígido, pois se as diversões se tornam ilegais e os próprios jovens se tornam ilegais, nunca poderão crescer e se tornar cidadãos virtuosos e bem conduzidos.

É verdade, disse ele.

> O hábito da organização é a base da educação.

E quando eles tiverem um bom começo no jogo, e com a ajuda da música adquirirem o hábito da boa ordem, então este hábito os transformará de um modo tão diferente do jogo ilegal dos outros! Irá acompanhá-los em todas as suas ações e ser um princípio de crescimento para eles, e se houver algum lugar decaído no Estado, irá levantá-lo novamente.

É verdade, disse ele.

> Se os cidadãos têm a raiz do problema neles, irão fornecer os detalhes quando solicitado.

Assim educados, eles inventarão para si mesmos quaisquer regras menores que seus predecessores tenham negligenciado completamente.

O que você quer dizer?

Quero dizer coisas como estas: quando os jovens devem ficar em silêncio diante dos mais velhos; como devem mostrar respeito por eles ficando de pé e fazendo-os sentar-se; que honra é devida aos pais; quais roupas ou sapatos devem ser usados; o modo de pentear o cabelo; comportamento e modos em geral. Você concordaria comigo?

Sim.

Mas acho que há pouca sabedoria em legislar sobre essas questões, duvido que isso já tenha sido feito; nem é provável que quaisquer representações escritas precisas sobre isso sejam duradouras.

Impossível.

Parece, Adimanto, que a direção em que começa a educação de um homem determinará sua vida futura. Não é verdade que os iguais se atraem?

Com certeza.

Até que algum raro e grandioso resultado seja alcançado, o que pode ser bom e pode ser o reverso do bom?

Isso não deve ser negado.

E por isso, disse eu, não tentarei legislar mais sobre eles.

Naturalmente, ele respondeu.

> A simples rotina da administração poderá ser omitida por nós.

Bem, e sobre os negócios da ágora, e as relações comuns entre homens, ou ainda sobre acordos com artesãos; sobre insultos e injúrias, ou o início de ações e a nomeação de júris, o que você diria? Também podem surgir questões sobre quaisquer imposições e cobranças de taxas de mercado e portuárias que possam ser exigidas e, em geral, sobre as regulamentações de mercados, polícia, portos e semelhantes. Mas, oh céus! Deveríamos nos condescender em legislar sobre qualquer uma dessas particularidades?

Acho, disse ele, que não há necessidade de impor leis sobre eles aos homens de bem; quais regulamentos são necessários, eles descobrirão em breve por si próprios.

Sim, disse eu, meu amigo, se os deuses apenas preservarem eles as leis que lhes demos.

E sem ajuda divina, disse Adimanto, eles continuarão para sempre fazendo e corrigindo suas leis e suas vidas na esperança de alcançar a perfeição.

Você os compararia, eu disse, aos reformadores da lei retirados dentre os inválidos que, não tendo autocontenção, são incapazes de abandonar seus hábitos de intemperança e nunca ouvirão a verdade?

> Ilustração dos revisores das leis tiradas de inválidos que estão sempre medicando a si próprios, mas nunca irão ouvir a verdade.

Exatamente.

Sim, eu disse; e que vida agradável eles levam! Estão sempre corrigindo e aumentando e complicando seus distúrbios, e sempre imaginando que serão curados por qualquer panaceia que alguém os aconselhe a tentar.

Esses casos são muito comuns, disse ele, com inválidos desse tipo.

Sim, respondi; e o mais encantador é que eles o consideram seu pior inimigo quando lhes diz a verdade, que é simplesmente que, a menos que desistam de comer e beber e se prostituir e ficar ociosos, nem droga, nem cautério, nem feitiço, nem amuleto, nem qualquer outro remédio adianta.

Encantador!, ele respondeu. Não vejo nada de encantador em se apaixonar por um homem que diz a você o que é certo.

Esses senhores, eu disse, não parecem estar em suas boas graças.

Certamente não.

Nem você elogiaria o comportamento dos Estados que agem como os homens que acabei de descrever. Pois não existem Estados mal ordenados nos quais os cidadãos estão proibidos, sob pena de morte, de alterar a constituição; e ainda assim aquele que mais docemente corteja aqueles que vivem sob este regime e os condescende e os bajula e é hábil em antecipar e gratificar seus humores é considerado um grande e bom estadista – esses Estados não se parecem com as pessoas que eu estava descrevendo?

Sim, ele disse; os Estados são tão ruins quanto os homens; e estou muito longe de elogiá-los.

Mas você não admira, eu disse, a frieza e a destreza desses ministros prontos da corrupção política?

> Demagogos tateando a legislação podem ser perdoados por sua ignorância do mundo.

Sim, ele disse, eu admiro; mas não a todos eles, pois há alguns a quem os aplausos da multidão iludiram na crença de que são realmente estadistas, e estes não fazem muito para serem admirados.

O que você quer dizer?, eu disse, você deve ter mais sentimento por eles. Quando um homem não pode medir, e muitos outros que não podem medir declaram que ele tem quatro côvados de altura, ele pode deixar de acreditar no que eles dizem?

Não, disse ele, certamente não nesse caso.

Bem, então, não fique zangado com eles; pois não são tão bons quanto um jogo, tentando sua mão em reformas insignificantes como eu estava descrevendo; estão sempre imaginando que por legislação vão acabar com as fraudes em contratos, e com as outras malandragens de que falei, sem saber que na verdade estão cortando cabeças de uma hidra?

Sim, ele disse; isso é exatamente o que eles estão fazendo.

Imagino, disse eu, que o verdadeiro legislador não se incomodará com essa classe de promulgações, seja a respeito de leis ou da constituição, seja em um Estado mal ordenado ou bem ordenado; pois no primeiro elas são completamente inúteis, e no último não haverá dificuldade em concebê-las; e muitas delas fluirão naturalmente de nossos regulamentos anteriores.

O que, então, disse ele, ainda nos resta do trabalho legislativo?

Nada para nós, respondi; mas para Apolo, o deus de Delfos, permanece o ordenamento das coisas maiores, mais nobres e mais importantes de todas.

Quais são elas?, ele perguntou.

> Região a ser deixada para o Golfo de Delfos.

A instituição de templos e sacrifícios, e todo o serviço aos deuses, semideuses e heróis; também a ordem dos repositórios dos mortos e os ritos que devem ser observados por aquele que propicia os habitantes do mundo inferior. Esses são assuntos que nós próprios ignoramos e, como fundadores de uma cidade, não devemos ser sábios em confiá-los a qualquer intérprete que não seja nossa divindade ancestral. Ele é o deus que está sentado no centro, no umbigo da terra, e ele é o intérprete da religião para toda a humanidade.

Você está certo e faremos o que você propõe.

Mas onde, em meio a tudo isso, está a justiça? Filho de Ariston, diga-me onde. Agora que nossa cidade se tornou habitável, acenda uma vela e procure, e peça a ajuda de seu irmão, Polemarco, e do resto de nossos amigos, e deixe-nos ver onde podemos descobrir a justiça e a injustiça, e em que elas diferem uma da outra, e qual delas o homem que seria feliz deveria receber por sua parte, seja visto ou invisível por deuses e homens.

SÓCRATES, GLAUCO.

Bobagem, disse Glauco: você não prometeu buscar em si mesmo, dizendo que para você não ajudar a justiça na necessidade dela seria uma impiedade?

Não nego que disse isso e, como você me lembra, cumprirei minha palavra; mas você deve entrar.

Vamos, respondeu ele.

Bem, então, espero fazer a descoberta da seguinte maneira: quero começar com a suposição de que nosso Estado, se bem ordenado, é perfeito.

Isso é mais certo.

E sendo perfeito é, portanto, sábio, valente, temperante e justo.

Isso também está claro.

E qualquer uma dessas qualidades que encontrarmos no Estado, a que não for encontrada será o resíduo?

Muito bom.

Se houvesse quatro coisas, e estivéssemos procurando por uma delas, onde quer que estivesse, aquela procurada poderia ser conhecida por nós desde o início e não haveria mais problemas; ou podemos conhecer as outras três primeiro, e então a quarta seria claramente a que sobrou.

É verdade, disse ele.

E não é um método semelhante a ser seguido sobre as virtudes, que também são quatro?

Claramente.

> O lugar das virtudes no Estado: (1) A sabedoria do estadista aconselha, não sobre artes ou propósitos particulares.

Em primeiro lugar entre as virtudes do Estado, surge a sabedoria, e nisto detecto uma certa peculiaridade.

Qual seria?

O Estado que estamos descrevendo é considerado sábio como sendo bom no conselho?

Muito verdadeiro.

E um bom conselho é claramente um tipo de conhecimento, pois não por ignorância, mas por conhecimento, os homens aconselham bem?

Claramente.

E os tipos de conhecimento em um Estado são muitos e diversos?

Claro.

Existe o conhecimento do carpinteiro; mas é esse o tipo de conhecimento que dá a uma cidade o título de sábia e boa no conselho?

Certamente não; isso apenas daria a uma cidade a reputação de habilidade em carpintaria.

Então uma cidade não deve ser considerada sábia por possuir um conhecimento que aconselha o melhor sobre instrumentos de madeira?

Certamente não.

Nem por um conhecimento que aconselha sobre panelas de bronze, disse eu, nem por possuir qualquer outro saber semelhante?

Não por causa de nenhum deles, disse ele.

Nem ainda por causa de um conhecimento que cultiva a terra; isso daria à cidade a fama na agricultura?

Sim.

> Mas sobre a totalidade do Estado.

Bem, eu disse, e existe algum conhecimento em nosso Estado recém-fundado entre algum dos cidadãos que aconselhe, não sobre alguma coisa particular do Estado, mas sobre o todo, e considere como um Estado pode melhor lidar consigo mesmo e com outros Estados?

Certamente que sim.

E o que é esse conhecimento, e entre quem ele se encontra?, eu perguntei.

É o conhecimento dos guardiões, respondeu ele, e é encontrado entre aqueles que acabamos de descrever como guardiões perfeitos.

E qual é o nome que a cidade deriva da posse desse tipo de conhecimento?

O nome do bom no conselho e verdadeiramente sábio.

> Os estadistas ou guardiões são a menor de todas as classes no Estado.

E haverá em nossa cidade mais desses verdadeiros guardiões ou mais ferreiros?

Os ferreiros, respondeu ele, serão muito mais numerosos.

Não serão os guardiões a menor de todas as classes que recebem um nome pela profissão de algum tipo de conhecimento?

Muito menor.

E assim, em razão da menor parte ou classe, e do conhecimento que reside nessa parte que preside e governa a si mesma, todo o Estado, sendo assim constituído de acordo com a natureza, será sábio; e este, que tem o único conhecimento digno de ser chamado de sabedoria, foi ordenado pela natureza para ser a menor de todas as classes.

Bem verdade.

Assim, então, eu disse, a natureza e o lugar no Estado de uma das quatro virtudes foram de alguma forma descobertos.

E, na minha humilde opinião, descobertos de forma muito satisfatória, ele respondeu.

De novo, disse eu, não há dificuldade em ver a natureza da coragem e em que parte reside essa qualidade que dá ao Estado o nome de corajoso.

O que você quer dizer?

> (2) A coragem que torna toda uma cidade corajosa é encontrada principalmente nos soldados.

Ora, eu disse, todo aquele que chama qualquer Estado de corajoso ou covarde, vai pensar na parte que luta e vai à guerra em nome do Estado.

Ninguém, respondeu ele, jamais pensaria em outra.

O restante dos cidadãos pode ser corajoso ou covarde, mas sua coragem ou covardia não terá, como eu imagino, o efeito de tornar a cidade uma coisa ou outra.

Certamente não.

> Essa é a qualidade que preserva as opiniões corretas sobre as coisas que se deve temer e não se deve temer.

A cidade será corajosa em virtude de uma parte de si mesma que preserva, em todas as circunstâncias, aquela opinião sobre a natureza das coisas a serem temidas e não temidas, na qual nosso legislador as educou; e é isso que você chama de coragem.

Gostaria de ouvir o que você está dizendo mais uma vez, pois não acho que o compreendo perfeitamente.

Quero dizer que coragem é uma espécie de salvação.

Salvação de quê?

Da opinião a respeito das coisas a serem temidas, o que são e de que natureza, que a lei implanta através da educação; e eu quero dizer com as palavras "em todas as circunstâncias" dar a entender que no prazer ou na dor, ou sob a influência do desejo ou do medo, um homem preserva e não perde essa opinião. Devo dar uma ilustração?

Por favor.

> Ilustração da arte da tinturaria.

Você sabe, eu disse, que os tintureiros, quando querem tingir a lã para fazer o verdadeiro roxo marinho, começam selecionando primeiro a cor branca; isso eles preparam e usam com muito cuidado e esforço, para que o fundo branco tome a tonalidade púrpura em plena perfeição. O tingimento então prossegue; e tudo o que é tingido dessa maneira torna-se uma cor fixa, e nenhuma lavagem com lixívia ou sem ela pode tirar a tonalidade. Mas, quando a base não estiver devidamente preparada, você terá notado o quão pobre é o aspecto do roxo ou de qualquer outra cor.

Sim, ele disse. Eu sei que eles têm uma aparência desbotada e ridícula.

> Nossos soldados devem cuidar do tingimento das leis.

Então agora, eu disse, você vai entender qual era nosso objetivo ao selecionar nossos soldados e educá-los em música e ginástica; estávamos planejando influências que os prepariam para receber a tintura das leis com perfeição, e a cor de sua opinião sobre os perigos e de todas as outras opiniões deveria ser fixada de forma indelével por sua educação e treinamento, não para ser lavada por tais mentiras potentes por puro prazer, agente mais poderoso para lavar a alma do que qualquer soda ou lixívia; ou por tristeza, medo e desejo, o mais poderoso de todos os outros solventes. E este tipo de poder conservador universal da opinião verdadeira em conformidade com a lei sobre perigos reais e falsos eu chamo e mantenho como sendo coragem, a menos que você discorde.

Mas eu concordo, ele respondeu; pois suponho que você queira excluir a mera coragem não instruída, como a de uma fera ou de um escravo – isso, em sua opinião, não é a coragem que a lei ordena, e deveria ter outro nome.

Certamente.

Então, posso inferir que a coragem é como você descreve?

Bem, sim, eu disse, você pode, e se você adicionar as palavras "de um cidadão", você não estará muito errado; daqui em diante, se você quiser, faremos o exame mais à frente, mas no momento não estamos buscando pela coragem, mas pela justiça; e para o objetivo de nossa investigação, já dissemos o suficiente.

Você está certo, respondeu ele.

> Duas outras virtudes, temperança e justiça, que devem ser consideradas em sua ordem correta.

Duas virtudes ainda precisam ser descobertas no Estado: primeiro, temperança e depois justiça, que é o fim de nossa busca.

Muito verdadeiro.

Agora, podemos encontrar justiça sem nos preocupar com a temperança?

Não sei como isso pode ser realizado, disse ele, nem desejo que a justiça seja trazida à luz e a temperança perdida de vista; e, portanto, desejo que você me faça o favor de considerar a temperança primeiro.

Certamente, respondi, não tenho justificativa para recusar seu pedido.

Então considere, ele disse.

Sim, respondi; eu vou; e até onde posso ver no momento, a virtude da temperança tem mais da natureza da harmonia e sinfonia do que a precedente.

A República

Como assim? ele perguntou.

Temperança, respondi, é a ordenação ou controle de certos prazeres e desejos; isso está curiosamente implícito no ditado de "um homem sendo seu próprio senhor"; e outros traços da mesma noção podem ser encontrados na linguagem.

Sem dúvida, ele disse.

> (3) O comedido é o mestre de si mesmo, mas a mesma pessoa, quando destemperado, também é escravo de si mesmo.

Há algo de ridículo na expressão "senhor de si mesmo"; pois o senhor também é o servo e o servo é o senhor; e em todos esses modos de falar a mesma pessoa é indicada.

Certamente.

O significado, creio eu, é que na alma humana existe um princípio melhor e pior; e quando o melhor tem o pior sob controle, diz-se que o homem é senhor de si mesmo; e este é um termo elogioso: mas quando, devido à má educação ou associação, o melhor princípio, que também é o menor, é subjugado pela maior massa dos piores, neste caso, ele é culpado e é chamado de escravo de si e sem princípios.

Sim, há uma razão para isso.

E agora, eu disse, olhe para nosso Estado recém-criado e lá você encontrará uma dessas duas condições realizadas; pois o Estado, como você reconhecerá, pode ser justamente chamado de senhor de si mesmo, se as palavras "temperança" e "autodomínio" expressarem verdadeiramente o domínio da melhor parte sobre a pior.

Sim, ele disse, vejo que o que você diz é verdade.

Permitam-me ainda observar que os múltiplos e complexos prazeres, desejos e dores são geralmente encontrados em crianças, mulheres e servos, e nos chamados homens livres, que são da classe mais baixa e mais numerosa.

Certamente, ele disse.

Ao passo que os desejos simples e moderados que seguem a razão, e estão sob a orientação da mente e da opinião verdadeira, são encontrados apenas em alguns, e nos mais bem nascidos e mais bem educados.

Muito verdadeiro.

> O Estado que carrega os desejos e paixões dos muitos controlados por poucos, pode ser chamado de moderado.

Esses dois, como você pode perceber, têm um lugar em nosso Estado; e os desejos mais mesquinhos de muitos são reprimidos pelos desejos virtuosos e sabedoria de poucos.

Isso eu percebo, disse ele.

Então, se houver alguma cidade que pode ser descrita como dona de seus próprios prazeres e desejos, e dona de si mesma, a nossa pode reivindicar tal designação?

Certamente, ele respondeu.

Também pode ser chamada de temperante, e pelos mesmos motivos?

Sim.

E se houver algum Estado em que governantes e súditos chegarão a um acordo quanto à questão de quem deve governar, esse será novamente o nosso Estado?

Sem dúvida.

E, estando os cidadãos assim de acordo entre si, em que classe se encontrará a temperança, nos governantes ou nos súditos?

Em ambos, como devo imaginar, ele respondeu.

Você observa que não estávamos muito errados em nosso palpite de que a temperança era uma espécie de harmonia?

Por que, então?

> A moderação reside em todo o Estado.

Ora, porque a temperança é diferente da coragem e da sabedoria, cada uma das quais reside apenas em uma parte, uma tornando o Estado sábio e a outra valente; não é assim a temperança, que se estende ao todo e atravessa todas as notas da escala e produz uma harmonia do mais fraco e do mais forte e da classe média, quer você os suponha serem mais fortes ou mais fracos em sabedoria, poder ou números ou riqueza, ou qualquer outra coisa. Mais verdadeiramente, então, podemos considerar a temperança como o acordo dos naturalmente superiores e inferiores, quanto ao direito de governar sobre ambos, tanto nos Estados como nos indivíduos.

Eu concordo inteiramente com você.

E assim, disse eu, podemos considerar três das quatro virtudes descobertas em nosso Estado. A última das qualidades que tornam um Estado virtuoso deve ser a justiça, se soubéssemos o que era.

A inferência é óbvia.

(4) A justiça não está fora de alcance.

Chegou então a hora, Glauco, em que, como caçadores, devemos cercar a cobertura e olhar atentamente para que a justiça não fuja, passe por nós e escape; pois, sem dúvida, ela está em algum lugar deste país: observe, portanto, e se esforce para avistá-la, e se você a vir primeiro, me avise.

Assim eu faria se pudesse! Mas você deve me considerar mais como um seguidor que tem olhos apenas para ver o que você mostra a ele – isso é tudo para o que eu sou bom.

Faça uma oração comigo e siga.

Eu vou, mas você deve me mostrar o caminho.

Aqui não há caminho, eu disse, e a floresta é escura e desconcertante; ainda devemos seguir em frente.

Vamos prosseguir, então.

Aqui eu vi algo: Alô! Eu disse, começo a perceber uma pista, e acredito que a pedreira não vai escapar.

Boas notícias, disse ele.

Na verdade, eu disse, somos camaradas estúpidos.

Por que, então?

Ora, meu bom senhor, no início de nossa investigação, séculos atrás, havia justiça caindo aos nossos pés, e nunca a vimos; nada poderia ser mais ridículo. Como as pessoas que procuram o que têm nas mãos (assim era conosco) não olhamos para o que buscávamos, mas para o que estava longe; e portanto, suponho, sentimos sua falta.

O que você quer dizer?

Quero dizer que, na realidade, há muito tempo falamos de justiça e não a reconhecemos.

Fico impaciente com a extensão de seu exórdio.

Platão

> Nós já a encontramos quando falamos sobre cada homem exercendo uma única atividade.

Pois bem, diga-me, eu disse, se estou certo ou não: você se lembra do princípio original que sempre estabelecemos como fundamento do Estado, de que um homem deve praticar apenas uma coisa, a coisa para a qual sua natureza fosse mais bem adaptada; agora a justiça é este princípio ou parte dele.

Sim, sempre dissemos que um homem deve fazer apenas uma coisa.

Além disso, afirmamos que justiça é cuidar da própria vida e não ser intrometido; dissemos isso repetidamente, e muitos outros disseram o mesmo para nós.

Sim, nós dissemos isso.

Então, fazer seus próprios negócios de uma certa maneira pode ser considerado justiça. Você pode me dizer de onde eu extraí essa inferência?

Não posso, mas gostaria de ser informado.

> De um outro ponto de vista a justiça é o resíduo das outras três.

Porque penso que esta é a única virtude que permanece no Estado quando as outras virtudes da temperança e coragem e sabedoria são abstraídas; e, que esta é a causa e condição última da existência de todas elas, e embora permaneçam neles também é sua preservação; e estávamos dizendo que, se as três fossem descobertas por nós, a justiça seria a quarta ou restante.

Isso segue necessariamente.

Se formos solicitados a determinar qual dessas quatro qualidades, por sua presença, contribui mais para a excelência do Estado, seja a concordância de governantes e súditos, seja a preservação nos soldados da opinião que a lei comanda acima da verdadeira natureza dos perigos, ou sabedoria e vigilância nos governantes, ou se esta outra que estou mencionando, e que é encontrada em crianças e mulheres, escravos e homens livres, artesãos, governantes, súditos – a qualidade, quero dizer, de cada um fazer o seu próprio trabalho, e não ser intrometido, reivindicaria a palma da vitória – a pergunta não é tão facilmente respondida.

Certamente, ele respondeu, haveria dificuldade em dizer isso.

A República

Então, o poder de cada indivíduo no Estado de fazer seu próprio trabalho parece competir com as outras virtudes políticas, sabedoria, temperança, coragem.

Sim, disse ele.

E a virtude que entra nessa competição é a justiça?

Exatamente.

> Nossa ideia é confirmada pela administração da justiça nas ações. Ninguém deve ter o que não é seu.

Vejamos a questão de outro ponto de vista: não são os governantes de um Estado aqueles a quem você confia a função de determinar processos judiciais?

Certamente.

E os processos são decididos por outro motivo, que não o de um homem não poder tirar o que é de outro, nem ser privado do que é seu?

Sim; esse é o seu princípio.

Que é um princípio justo?

Sim.

Então, segundo esse ponto de vista, também será admitido que a justiça é ter e fazer o que é próprio de um homem e a ele pertence?

Muito verdadeiro.

> Ilustração: Classes, como os indivíduos, não devem interferir com as ocupações umas das outras.

Pense, agora, e diga se você concorda comigo ou não. Suponha que um carpinteiro esteja fazendo o trabalho de um sapateiro ou um sapateiro o de carpinteiro; e suponha que eles troquem seus implementos ou suas funções, ou que a mesma pessoa esteja fazendo o trabalho de ambos, ou seja qual for a mudança; você acha que isso resultaria em algum grande dano para o Estado?

Não muito.

Mas quando o sapateiro ou qualquer outro homem que a natureza designou para ser um comerciante, tendo seu coração elevado pela riqueza ou força ou pelo número de seus seguidores, ou qualquer vantagem semelhante, tenta forçar seu caminho para a classe de guerreiros, ou um guerreiro na dos legisladores e tutores, para as quais ele é incapaz, e tanto para tomar os implementos quanto para os deveres do outro; ou quando um homem é comerciante, legislador e guerreiro ao mesmo tempo, então acho que você vai concordar comigo ao dizer que esse intercâmbio e essa intromissão uns com os outros são a ruína do Estado.

Bem verdade.

Vendo então, eu disse, que existem três classes distintas, qualquer intromissão de uma com a outra, ou a mudança de uma para outra, é o maior dano ao Estado, e pode ser muito justamente denominado de malfeito?

Precisamente.

E o maior grau de maldade à própria cidade seria considerado por você injustiça?

Certamente.

Isso então é injustiça; e, por outro lado, quando o comerciante, o auxiliar e o guardião fazem cada um seu próprio negócio, isso é justiça e tornará a cidade justa.

Concordo com você.

> Do exemplo maior do Estado nós iremos agora voltar para o indivíduo.

Não seremos, eu disse, excessivamente positivos ainda; mas se, em julgamento, essa concepção de justiça for verificada tanto no indivíduo como no Estado, não haverá mais lugar para dúvidas; se não for verificada, devemos fazer uma nova investigação. Em primeiro lugar, concluamos a velha investigação, que começamos, como vocês se lembram, com a impressão de que, se pudéssemos examinar previamente a justiça em larga escala, haveria menos dificuldade em discerni-la no indivíduo. Esse exemplo maior parecia ser o Estado, e por isso construímos o melhor que pudemos, sabendo muito bem que nesse Estado a justiça poderia ser encontrada. Que a descoberta que fizemos seja agora aplicada ao indivíduo; se eles concordarem, ficaremos satisfeitos; ou, se houver diferença no indivíduo, voltaremos ao Estado e faremos outra prova da teoria. A fricção dos dois quando esfregados juntos pode possivelmente lançar uma luz na qual a justiça brilhará, e a visão que então for revelada fixaremos em nossas almas.

A República

Isso estará em curso normal; façamos então o que você diz.

Passei a perguntar: quando duas coisas, uma maior e uma menor, são chamadas pelo mesmo nome, são semelhantes ou diferentes na medida em que são chamadas desta forma?

Semelhantes, ele respondeu.

O justo então, se considerarmos apenas a ideia de justiça, será como o Estado justo?

Ele será.

E pensamos que um Estado era justo quando as três classes nele individualmente cuidavam de seus próprios negócios; e considerado temperante, valente e sábio por causa de certas outras afeições e qualidades dessas mesmas classes?

Verdade, ele disse.

E assim do indivíduo; podemos supor que ele tem os mesmos três princípios em sua própria alma que são encontrados no Estado; e ele pode ser corretamente descrito nos mesmos termos, por que é afetado da mesma maneira?

Certamente, ele disse.

> Como podemos decidir se a alma tem ou não três princípios distintos?

Então, mais uma vez, ó meu amigo, nos deparamos com uma pergunta fácil: se a alma tem esses três princípios ou não?

Uma pergunta fácil! Não, em vez disso, Sócrates, o provérbio afirma que difícil é o bom.

É verdade, eu disse; e não creio que o método que estamos empregando seja de todo adequado para a solução exata desta questão; o verdadeiro método é outro e mais longo. Ainda assim, podemos chegar a uma solução não abaixo do nível da investigação anterior.

> Nosso método é inadequado e, para um melhor e mais longo, não temos atualmente.

Não podemos ficar satisfeitos com isso? Disse ele; dadas as circunstâncias, estou bastante contente.

Eu também, respondi, ficarei extremamente satisfeito.

Então não desmaie ao perseguir a especulação, disse ele.

PLATÃO

Não devemos reconhecer, disse eu, que em cada um de nós existem os mesmos princípios e hábitos que existem no Estado; e que do indivíduo eles passam para o Estado? De que outra forma eles poderiam chegar lá? Considere a qualidade da paixão ou do espírito; seria ridículo imaginar que esta qualidade, quando encontrada nos Estados, não seja derivada dos indivíduos que supostamente a possuem, por exemplo, os trácios, os citas e em geral as nações do norte; e o mesmo pode ser dito do amor ao conhecimento, que é a característica especial de nossa parte do mundo, ou do amor ao dinheiro, que pode, com igual verdade, ser atribuído aos fenícios e egípcios.

Exatamente, disse ele.

Não há dificuldade em entender isso.

Absolutamente nenhuma.

> Uma digressão em que é feita uma tentativa de obter uma clareza lógica.

Mas a questão não é tão fácil quando passamos a perguntar se esses princípios são três ou um; quer dizer, se aprendemos com uma parte de nossa natureza, ficamos com raiva de outra e com uma terceira parte desejamos a satisfação de nossos apetites naturais; ou se toda a alma entra em jogo em cada tipo de ação – determinar essa é a dificuldade.

Sim, ele disse; aí reside a dificuldade.

Então, vamos agora tentar determinar se elas são iguais ou diferentes.

Como podemos nós?, ele perguntou.

> O critério da verdade: Nada pode ser e não ser ao mesmo tempo na mesma relação.

Eu respondi o seguinte: a mesma coisa claramente não pode agir ou ser afetada na mesma parte ou em relação à mesma coisa ao mesmo tempo, de maneiras contrárias; e, portanto, sempre que essa contradição ocorre em coisas aparentemente iguais, sabemos que elas realmente não são iguais, mas diferentes.

Que bom.

Por exemplo, eu disse, pode a mesma coisa estar em repouso e em movimento ao mesmo tempo no mesmo local?

Impossível.

A República

Ainda assim, eu disse, vamos ter uma declaração mais precisa dos termos, para que não caiamos no caminho daqui em diante. Imagine o caso de um homem que está de pé e movendo as mãos e a cabeça, e suponha que alguém diga que este mesmo homem está em movimento e em repouso no mesmo momento. A tal modo de falar devemos nos opor, e deveria antes dizer que uma parte dele está em movimento enquanto outra está em repouso.

Muito verdadeiro.

> Antecipação das objeções a essa "lei do pensamento".

E suponha que o objetor refine ainda mais e faça a bela distinção de que não apenas partes dos topos, mas também topos inteiros, quando eles giram com seus pinos fixos no local, estão em repouso e em movimento ao mesmo tempo (e ele pode dizer o mesmo de qualquer coisa que gire no mesmo lugar), sua objeção não seria admitida por nós, porque em tais casos as coisas não estão em repouso e em movimento nas mesmas partes de si mesmas; deveríamos antes dizer que eles têm um eixo e uma circunferência, e que o eixo permanece parado, pois não há desvio da perpendicular; e que a circunferência gira. Mas se, enquanto gira, o eixo se inclina para a direita ou para a esquerda, para a frente ou para trás, então sob nenhum ponto de vista eles podem estar em repouso.

Essa é a maneira correta de descrevê-los, respondeu ele.

Então, nenhuma dessas objeções nos confundirá ou nos levará a crer que a mesma coisa ao mesmo tempo, na mesma parte ou em relação à mesma coisa, pode agir ou ser tratada de maneiras contrárias.

Certamente não, segundo meu modo de pensar.

> Gostar ou não gostar existem nas mais diversas formas.

No entanto, eu disse, dado que não podemos ser compelidos a examinar todas essas objeções e provar extensamente que elas são falsas, vamos assumir seu absurdo e prosseguir no entendimento de que, a partir de agora, se essa suposição se revelar falsa, todas as consequências que se seguem serão retiradas.

Sim, disse ele, esse será o melhor caminho.

Bem, eu disse, você não permitiria que assentimento e dissidência, desejo e aversão, atração e repulsão, sejam todos opostos, sejam eles considerados ativos ou passivos (pois isso não faz diferença no fato de sua oposição)?

Sim, ele disse, são opostos.

Bem, eu disse, e a fome e a sede, e os desejos em geral, e novamente determinando e desejando, tudo isso você se referiria às classes já mencionadas. Você diria – não é? – que a alma daquele que deseja está buscando o objeto de seu desejo; ou que está atraindo para si o que deseja possuir; ou ainda, quando uma pessoa deseja que algo lhe seja dado, sua mente, ansiando pela realização de seu desejo, intima seu desejo de tê-lo com um aceno de assentimento, como se ele tivesse feito uma pergunta?

Muito verdadeiro.

E o que você diria sobre falta de vontade e antipatia e ausência de desejo; não deveriam ser referidos à classe oposta de repulsão e rejeição?

Certamente.

Admitindo que isso seja verdadeiro para o desejo em geral, vamos supor uma classe particular de desejos e, dentre esses, selecionaremos a fome e a sede, como são chamados, que são os mais óbvios deles?

Vamos usar essa classe, disse ele.

O objetivo de um é a comida, e do outro a bebida?

Sim.

> Pode haver uma sede simples ou uma sede qualificada, tendo um objeto simples ou qualificado, respectivamente.

E aí vem a questão: não é a sede o desejo que a alma tem de beber, e apenas de beber; não de bebida qualificada por qualquer outra coisa; por exemplo, quente ou fria, ou muito ou pouco, ou, em uma palavra, bebida de qualquer espécie particular: mas se a sede for acompanhada de calor, então o desejo é de bebida fria; ou, se acompanhada de frio, então de bebida quente; ou, se a sede for excessiva, então a bebida desejada será em excesso; ou, se não for grande, a quantidade de bebida será pequena; mas a sede pura e simples desejará a bebida pura e simples, que é a satisfação natural da sede, como o alimento é da fome?

Sim, ele disse; o desejo simples é, como você diz, em todos os casos do objeto simples, e o desejo qualificado do objeto qualificado.

> Exceção: O termo bom expressa não uma relação particular, mas universal.

Mas aqui pode surgir uma confusão; e eu gostaria de me proteger contra um oponente que se levanta e diz que ninguém deseja apenas bebida, mas boa bebida, ou apenas comida, mas boa comida; pois o bem é o objeto universal do desejo, e a sede sendo um desejo, necessariamente será sede de boa bebida; e o mesmo é verdade para todos os outros desejos.

Sim, respondeu ele, o oponente pode ter algo a dizer.

No entanto, devo ainda sustentar que, dos parentes, alguns têm uma qualidade ligada a qualquer termo da relação; outros são simples e têm seus correlativos simples.

Eu não sei o que você quer dizer.

> Ilustração do argumento do uso da linguagem sobre termos correlatos.

Bem, você sabe, é claro, que o maior é relacionado ao menor?

Certamente.

E o muito maior com o muito menor?

Sim.

E o um pouco maior para o um tanto menor, e o maior que deve ser ao menor que deve ser?

Certamente, ele disse.

E assim de mais e menos, e de outros termos correlativos, como o dobro e a metade, ou ainda, o mais pesado e o mais leve, o mais rápido e o mais lento; e de quente e frio, e de quaisquer outros pares; isso não é verdade para todos eles?

Sim.

E o mesmo princípio não se aplica às ciências? O objeto da ciência é o conhecimento (assumindo que seja a verdadeira definição), mas o objeto de uma ciência particular é um tipo particular de conhecimento; quero dizer, por exemplo, que a ciência da construção de casas é um tipo de conhecimento que é definido e diferenciado de outros tipos e, portanto, é denominado arquitetura.

Certamente.

Por que tem uma qualidade particular que nenhuma outra tem?

Sim.

E tem essa qualidade particular porque tem um objeto de um tipo particular; e isso é verdade para as outras artes e ciências?

Sim.

> Recapitulação.

> Antecipação de uma confusão possível.

Agora, então, se eu fui claro, você entenderá o significado original do que eu disse sobre pares. O que quis dizer foi que, se um termo de uma relação é considerado sozinho, o outro é considerado sozinho; se um termo é qualificado, o outro também é qualificado. Não quero dizer que os pares não sejam díspares, ou que as ciências da saúde sejam saudáveis, ou das doenças necessariamente enfermas, ou que as ciências do bem e do mal sejam, portanto, boas e más; mas apenas que, quando o termo ciência não é mais usado de forma absoluta, mas tem um objeto qualificado que neste caso é a natureza da saúde e da doença, ele se torna definido e, portanto, é chamado não apenas de ciência, mas de ciência da medicina.

Eu entendo perfeitamente, e penso como você.

Você não diria que a sede é um desses termos essencialmente relativos, tendo claramente uma relação?

Sim, a sede é relativa à bebida.

E certo tipo de sede é relativo a certo tipo de bebida; mas a sede sozinha não é nem de muito nem de pouco, nem de boa nem de má, nem de qualquer tipo particular de bebida, mas apenas de bebida?

Certamente.

Então a alma do sedento, na medida em que ele tem sede, deseja apenas beber; por isso ele anseia e tenta obter?

Isso é claro.

> A lei da contradição.

E se você supõe algo que afasta a alma sedenta da bebida, isso deve ser diferente do princípio da sede que a atrai como um animal à bebida; pois, como estávamos dizendo, a mesma coisa não pode ao mesmo tempo com a mesma parte de si mesma agir de maneiras contrárias sobre ela.

Impossível.

A República

Não mais do que você pode dizer que as mãos do arqueiro empurram e puxam o arco ao mesmo tempo, mas o que você diz é que uma mão empurra e a outra puxa.

Exatamente isso, respondeu ele.

E pode um homem estar com sede, mas não querer beber?

Sim, ele disse, isso acontece constantemente.

E, nesse caso, o que dizer? Você não diria que havia algo na alma ordenando a um homem que bebesse, e outra coisa o proibindo, que é diferente e mais forte do que o princípio que o ordena?

Eu deveria dizer isso.

> A oposição entre o desejo e a razão.

E o princípio proibitivo é derivado da razão, e aquilo que oferece e atrai provém da paixão e da doença?

Claramente.

Então, podemos assumir com justiça que são dois e que diferem um do outro; aquele com o qual um homem raciocina, podemos chamar de princípio racional da alma, o outro, pelo qual ele ama, tem fome e tem sede e sente as palpitações de qualquer outro desejo, pode ser denominado o irracional ou apetitivo, o aliado dos diversos prazeres e satisfações?

Sim, disse ele, podemos supor que sejam diferentes.

Então, vamos finalmente determinar que existem dois princípios na alma. E o que dizer da paixão ou do espírito? É um terceiro ou semelhante a um dos anteriores?

Eu deveria estar inclinado a dizer – semelhante ao desejo.

> O terceiro princípio do espírito ou paixão ilustrado por um exemplo.

Bem, eu disse, há uma história que me lembro de ter ouvido e na qual confio. A história é que Leôncio, filho de Aglaion, subindo um dia do Pireu, sob a parede norte do lado de fora, observou alguns cadáveres caídos no chão no local da execução. Ele sentiu o desejo de vê-los, e temor e aversão por eles; por um tempo ele lutou e cobriu seus olhos, mas por fim o desejo levou a melhor; e, forçando-o a abri-los, correu até os cadáveres, dizendo: "Olhai, desgraçados, aproveitai-vos desta bela vista".

Eu mesmo ouvi a história, disse ele.

A moral da história é que a raiva às vezes entra em guerra com o desejo, como se fossem duas coisas distintas.

Sim; esse é o significado, disse ele.

> A paixão nunca toma parte com o desejo contra a razão.

E não há muitos outros casos em que observamos que, quando os desejos de um homem violentamente prevalecem sobre sua razão, ele se insulta e fica com raiva da violência dentro de si, e que nesta luta, que é como a luta de facções em um Estado, seu espírito está do lado de sua razão; mas para o elemento apaixonado ou espirituoso participar dos desejos quando a razão decide que ela não deve se opor[79], é um tipo de coisa que eu acredito que você nunca observou ocorrendo em você, nem, como devo imaginar, em qualquer outra pessoa?

Certamente não.

> A justa indignação nunca é sentida por alguém de caráter nobre quando ela sofre justificadamente.

Suponha que um homem pense que fez algo errado a outro; quanto mais nobre ele é menos capaz de se sentir indignado com qualquer sofrimento, como a fome ou o frio, ou qualquer outra dor que a pessoa ferida possa infligir a ele – estes ele considera justos e, como eu disse, sua raiva se recusa a ser excitada por eles.

Verdade, ele disse.

Mas quando ele pensa que é o sofredor do mal, então ele ferve e se irrita, e fica do lado do que ele acredita ser a justiça; e porque ele sente fome, frio ou outras dores, está ainda mais determinado a perseverar e vencer. Seu nobre espírito não será subjugado até que ele mate ou seja morto; ou até que ouça a voz do pastor, isto é, da razão, mandando seu cão não latir mais.

A ilustração é perfeita, respondeu ele; e em nosso Estado, como dizíamos, os auxiliares deviam ser cães e ouvir a voz dos governantes, que são seus pastores.

---

[79] Leitura: μὴ δεῖν ἀντιπράτειν, sem vírgula depois de δεῖν.

Percebo, eu disse, que você me entende perfeitamente; há, entretanto, um outro ponto que desejo que você considere.

Que ponto?

Você se lembra que a paixão ou o espírito parecia à primeira vista uma espécie de desejo, mas agora devemos dizer exatamente o contrário; pois no conflito da alma o espírito é colocado ao lado do princípio racional.

Com certeza.

> Não dois, mas três princípios na alma, como no Estado.

Mas surge uma outra questão: a paixão é diferente da razão também, ou apenas um tipo de razão; neste último caso, em vez de três princípios na alma, haverá apenas dois, o racional e o concupiscente; ou melhor, como o Estado era composto de três classes, comerciantes, auxiliares, conselheiros, não pode haver na alma individual um terceiro elemento que seja a paixão ou o espírito, e quando não corrompido pela má educação é o auxiliar natural da razão?

Sim, disse ele, deve haver um terceiro.

Sim, respondi, se a paixão, que já se revelou diferente do desejo, também se revelaria diferente da razão.

Mas isso é facilmente provado: podemos observar até mesmo em crianças pequenas que elas estão cheias de energia quase assim que nascem, ao passo que algumas delas parecem nunca chegar ao uso da razão, e a maioria tarde o bastante.

> Apelo a Homero.

Excelente, eu disse, e você pode ver paixão igualmente em animais selvagens, o que é mais uma prova da verdade do que você está dizendo. E podemos mais uma vez apelar às palavras de Homero, por nós já citadas,

"Ele bateu em seu peito, e assim repreendeu sua alma"[80],

pois neste versículo Homero claramente supôs que o poder que raciocina sobre o melhor e o pior é diferente da raiva irracional que é repreendida por ele.

---

[80] *Odisseia*, Homero.

É verdade, disse ele.

> A conclusão é que os mesmos três princípios existem, tanto no Estado como nos indivíduos aplicados a cada um deles.

E assim, depois de muito balançar, chegamos à terra e estamos razoavelmente de acordo com que os mesmos princípios que existem no Estado existem também no indivíduo, e que eles são três.

Exatamente.

Não devemos então inferir que o indivíduo é sábio da mesma maneira, e em virtude da mesma qualidade que torna o Estado sábio?

Certamente.

Também que a mesma qualidade que constitui a coragem no Estado constitui a coragem no indivíduo, e que tanto o Estado como o indivíduo têm a mesma relação com todas as outras virtudes?

Certamente.

E o indivíduo será reconhecido por nós como justo da mesma forma que o Estado é justo?

Isso segue, é claro.

Não podemos deixar de lembrar que a justiça do Estado consistia em cada uma das três classes fazendo o trabalho de sua própria classe?

Não é muito provável que tenhamos esquecido, disse ele.

Devemos lembrar que o indivíduo em quem as várias qualidades de sua natureza fazem sua parte será justo e fará seu próprio trabalho?

Sim, disse ele, devemos nos lembrar disso também.

E não deveria o princípio racional, que é sábio e tem o cuidado de toda a alma, governar, e o princípio apaixonado ou espirituoso ser o sujeito e aliado?

Certamente.

> A música e a ginástica irão harmonizar a paixão e a razão. Ambas combinadas irão controlar o desejo.

E, como estávamos dizendo, a influência unida da música e da ginástica os colocará em acordo, enervando e sustentando a razão com nobres palavras e lições, e moderando e acalmando e civilizando a selvageria da paixão pela harmonia e ritmo?

É verdade, disse ele.

A REPÚBLICA

E esses dois, assim nutridos e educados, e tendo aprendido verdadeiramente a conhecer suas próprias funções[81], governarão sobre o concupiscente, que em cada um de nós é a maior parte da alma, e por natureza, o mais insaciável de ganho; sobre isso eles manterão a guarda, para não se tornarem grandes e fortes com a plenitude dos prazeres corporais, como são chamados, a alma concupiscente, não mais confinada à sua própria esfera, deve tentar escravizar e governar aqueles que não são seus súditos naturais, e derrubar toda a vida do homem?

É verdade, respondeu ele.

> E serão os melhores defensores tanto do corpo como da alma.

Os dois juntos não serão os melhores defensores de toda a alma e de todo o corpo contra ataques externos; um aconselhando, e o outro lutando sob seu líder, e corajosamente executando seus comandos e conselhos?

Verdade.

> O corajoso.

E ele deve ser considerado corajoso, cujo espírito retém no prazer e na dor os comandos da razão sobre o que ele deve ou não temer?

Certo, ele respondeu.

> O sábio.

E chamamos de sábio aquele que tem em si a pequena parte que governa e proclama esses mandamentos; também essa parte deve ter um conhecimento do que é do interesse de cada uma das três partes e do todo?

Certamente.

> O moderado.

E você não diria que é temperado aquele que tem esses mesmos elementos em harmonia amigável, em quem o único princípio dominante da razão e os dois princípios sujeitos do espírito e do desejo concordam igualmente que a razão deve governar e não se rebelar?

---

[81] Leitura προστατήσετον com Bekker; ou se a leitura προστήσετον, que se encontra no MSS., for adotada, então o nominativo deve ser fornecido a partir da frase anterior: "Música e ginástica colocará autoridade sobre ..." Isso é muito estranho, e o constrangimento é aumentado pelo necessidade de mudar de assunto em τηρήσετον.

Certamente, disse ele, esse é o verdadeiro relato da temperança, seja no Estado ou em relação ao indivíduo.

> O justo.

E certamente, eu disse, nós explicamos repetidamente como e em virtude de qual qualidade um homem será justo.

Isso é muito acertado.

E a justiça é mais fraca no indivíduo, e sua forma é diferente, ou ela é a mesma que descobrimos ser no Estado?

Não há diferença na minha opinião, disse ele.

> A natureza da justiça ilustrada por situações cotidianas.

Porque, se alguma dúvida ainda persistir em nossas mentes, alguns exemplos comuns nos convencerão da verdade do que estou dizendo.

Que tipo de instâncias você quer dizer?

Se o caso for apresentado a nós, não devemos admitir que o Estado justo, ou o homem que é treinado nos princípios de tal Estado, terá menos probabilidade do que o injusto de fazer um depósito de ouro ou prata? Alguém negaria isso?

Ninguém, respondeu ele.

O homem ou cidadão justo será algum dia culpado de sacrilégio ou roubo, ou traição aos amigos ou ao país?

Nunca.

Ele nunca vai quebrar a fé onde houver juramentos ou acordos?

Impossível.

Ninguém terá menos probabilidade de cometer adultério, desonrar seu pai e sua mãe ou falhar em seus deveres religiosos?

Ninguém.

E a razão é que cada parte dele está fazendo seu próprio negócio, seja governando ou sendo governado?

Exatamente assim.

Você está satisfeito então com o fato de que a qualidade que faz esses homens e esses Estados é a justiça, ou espera descobrir alguma outra?

Não, de fato.

A República

> Nós notamos as esperanças envolvidas na primeira construção do Estado.

Então nosso sonho foi realizado; e a suspeita que alimentamos no início de nosso trabalho de construção, de que algum poder divino deve ter nos conduzido a uma forma primária de justiça, foi agora verificada?

Sim, certamente.

E a divisão do trabalho que exigia que o carpinteiro e o sapateiro e o resto dos cidadãos fizessem cada um o seu negócio e não o de outro, era uma sombra de justiça, e por isso era útil?

Claramente.

> Os três princípios se harmonizam em um.

Mas, na realidade, a justiça era como estávamos descrevendo, preocupando-nos, porém, não com o homem exterior, mas com o interior, que é o verdadeiro eu e interesse do homem: pois o homem justo não permite que os vários elementos dentro dele interfiram uns com os outros, ou qualquer um deles faça o trabalho dos outros; ele põe em ordem sua própria vida interior, e é seu próprio senhor e sua própria lei,

> A harmonia da vida humana.

e em paz consigo mesmo; e quando juntou os três princípios dentro dele, que podem ser comparados às notas mais altas, mais baixas e médias da escala, e aos intervalos intermediários – quando ele juntou todos estes e não são muitos mais, mas tornando-se uma natureza inteiramente temperada e perfeitamente ajustada, então ele passa a agir, se tiver que agir, seja em uma questão de propriedade, ou no tratamento do corpo, ou em algum assunto de política ou negócios privados; sempre pensando e chamando aquilo que preserva e coopera com essa condição harmoniosa, a ação justa e boa, e o conhecimento que a preside, a sabedoria, e aquilo que a qualquer momento prejudica essa condição, ele chamará de ação injusta, e a opinião que preside sobre ela, de ignorância.

Você disse a verdade exata, Sócrates.

Muito bom; e se afirmássemos que havíamos descoberto o homem justo e o Estado justo, e a natureza da justiça em cada um deles, não estaríamos contando uma mentira?

Certamente que não.

Podemos dizer isso, então?

Digamos isso, então.

E agora, eu disse, a injustiça deve ser considerada.

Claramente.

> Injustiça, o oposto da justiça.

A injustiça não deve ser uma contenda que surge entre os três princípios – intromissão e interferência e aumento de uma parte da alma contra o todo, uma afirmação de autoridade ilegal, que é feita por um súdito rebelde contra um verdadeiro príncipe, de quem ele é o vassalo natural – o que é toda essa confusão e ilusão senão injustiça, e intemperança e covardia e ignorância, e toda forma de vício?

Exatamente assim.

E se a natureza da justiça e da injustiça for conhecida, então o significado de agir injustamente e ser injusto, ou, novamente, de agir com justiça, também será perfeitamente claro?

O que você quer dizer? Ele perguntou.

> Analogia do corpo e da alma.

Ora, eu disse, eles são como doença e saúde; sendo para a alma exatamente o que a doença e a saúde são para o corpo.

Como assim? Ele perguntou.

Ora, eu disse, o que é saudável causa saúde e o que não é saudável causa doenças.

Sim.

E ações justas causam justiça e ações injustas causam injustiça?

Isso é certo.

> Saúde : Doença :: Justiça : Injustiça.

E a criação da saúde é a instituição de uma ordem natural e governo de um pelo outro nas partes do corpo; e a criação de doenças é a produção de um Estado de coisas em desacordo com essa ordem natural?

Verdade.

A República

E não é a criação da justiça a instituição de uma ordem natural e governo de um pelo outro nas partes da alma, e a criação da injustiça a produção de um Estado de coisas em desacordo com a ordem natural?

Exatamente, disse ele.

Então a virtude é a saúde, a beleza e o bem-estar da alma, e o vício a doença, a fraqueza e a deformidade dela?

Verdade.

E as boas práticas não levam à virtude e as más práticas ao vício?

Certamente.

> A velha questão, se o justo ou o injusto é o mais feliz, tornou-se ridícula.

Ainda nossa velha questão da vantagem comparativa da justiça e da injustiça não foi respondida: qual é a mais lucrativa, ser justo e agir com justiça e praticar a virtude, sendo visto ou invisível aos deuses e aos homens, ou ser injusto e agir injustamente, se apenas impune e desajustado?

Em minha opinião, Sócrates, a questão agora se tornou ridícula. Sabemos que, quando a constituição corporal se vai, a vida não é mais suportável, embora mimada com todos os tipos de alimentos e bebidas, e tendo toda a riqueza e todo o poder; e seremos informados de que quando a própria essência do princípio vital é minada e corrompida, a vida ainda vale a pena para um homem, se ele puder fazer o que quiser, com a única exceção de que não deve adquirir justiça e virtude, ou para escapar da injustiça e do vício; assumindo que ambos são como descrevemos?

Sim, eu disse, a pergunta é, como você diz, ridícula. Ainda assim, como estamos perto do local em que podemos ver a verdade da maneira mais clara com nossos próprios olhos, não vamos desmaiar pelo caminho.

Certamente não, respondeu ele.

Suba aqui, disse eu, e veja as várias formas de vício, quer dizer, aquelas que valem a pena ser vistas.

Estou te seguindo, ele respondeu: prossiga.

Eu disse: o argumento parece ter atingido uma altura da qual, como de alguma torre de observação, um homem pode olhar para baixo e ver que a virtude é uma, mas que as formas do vício são inumeráveis; havendo quatro especiais que são dignas de nota.

O que você quer dizer? Ele disse.

Quero dizer, respondi, que parece haver tantas formas de alma quantas formas distintas de Estado.

> Tantas formas de almas quanto de Estados.

Quantas?

São cinco do Estado e cinco da alma, disse eu.

Quais seriam elas?

A primeira, eu disse, é aquela que estamos descrevendo, e que se pode dizer que tem dois nomes, monarquia e aristocracia, portanto, como o governo é exercido por um homem distinto ou por muitos.

Verdade, ele respondeu.

Mas considero os dois nomes como descrevendo apenas uma forma; pois, quer o governo esteja nas mãos de um ou de muitos, se os governadores forem treinados da maneira que supomos, as leis fundamentais do Estado serão mantidas.

Isso é verdade, respondeu ele.

LIVRO V

> *República V.*
> SÓCRATES,
> GLAUCO,
> ADIMANTO.
> A comunalidade de mulheres e crianças.

Essa é a cidade ou Estado bom e verdadeiro, e o homem bom e verdadeiro segue o mesmo padrão; e se isso está certo, todos os outros estão errados; e o mal é aquele que afeta não só a ordem do Estado, mas também a regulação da alma individual, e é exibido em quatro formas.

Quais seriam elas?, ele disse.

Eu estava passando a contar a ordem em que as quatro formas do mal pareciam para mim se sucedendo, quando Polemarco, sentado um pouco adiante, logo depois de Adimanto, começou a sussurrar para este. Estendendo a mão, segurou a parte superior do casaco de Adimanto pelo ombro, e puxou-o em sua direção, inclinando-se para ficar bem perto e dizer algo em seu ouvido, do qual eu apenas captei as palavras: "Vamos deixá-lo sair, ou o que devemos fazer?".

Certamente não, disse Adimanto, erguendo a voz.

Quem é, eu disse, que você se recusa a liberar?

Você, ele disse.

Repeti[82]: Por que eu, especificamente, não posso ser deixado partir?

---

[82] Leitura de ἔτι ἐγὼ εἶπον.

> O ditado "Os amigos possuem tudo em comum" é uma solução insuficiente para o problema.

Ora, disse ele, pensamos que você é preguiçoso e pretende nos enganar em um capítulo inteiro que é uma parte muito importante da história; e você imagina que não notaremos sua maneira arejada de proceder, como se fosse evidente para todos que, em se tratando de mulheres e crianças, os amigos têm tudo em comum.

E eu não estava certo, Adimanto?

Sim, ele disse; mas o que é certo neste caso particular, como em tudo o mais, precisa ser explicado; pois a comunidade pode ser de muitos tipos. Por favor, diga, portanto, a que tipo de comunidade você se refere. Há muito tempo esperávamos que você nos contasse algo sobre a vida familiar de seus cidadãos; como eles vão trazer filhos ao mundo e criá-los quando chegarem, e, em geral, qual é a natureza dessa comunidade de mulheres e filhos, pois somos de opinião que a administração certa ou errada de tais assuntos terá uma grande e suprema influência no Estado, para o bem ou para o mal. E agora, como a questão ainda está indeterminada, e você está assumindo outro Estado, resolvemos, como você ouviu, não deixá-lo ir até que dê conta de tudo isso.

Para essa resolução, disse Glauco, você pode me considerar como dizendo "concordo".

> Sócrates, Trasímaco.

E sem mais delongas, disse Trasímaco, você pode considerar que todos concordamos igualmente.

> A falsa surpresa de Sócrates.

Eu disse: você não sabe o que está fazendo ao me atacar dessa maneira: que argumento você está levantando sobre o Estado! Assim como eu pensei que tinha terminado, e estava muito feliz por ter colocado essa questão para dormir, e estava refletindo o quão afortunado eu fui em sua aceitação do que eu disse então, você me pede para começar de novo desde a fundação, ignorando o ninho de vespas cheio de palavras onde você está mexendo. Agora eu previ esse problema crescente e o evitei.

> O bom humor de Trasímaco.

Com que propósito você concebe que viemos aqui, disse Trasímaco, para procurar ouro ou ouvir um discurso?

Sim, mas o discurso deve ter um limite.

> SÓCRATES, GLAUCO.

Sim, Sócrates, disse Glauco, e toda a vida é o único limite que os sábios atribuem para ouvir tais discursos. Mas não se importe conosco; anime-se e responda à sua maneira: que tipo de comunidade de mulheres e crianças é essa que prevalecerá entre os nossos tutores? E como administrar o período entre o nascimento e a educação, que parece requerer os maiores cuidados? Conte-nos como serão essas coisas.

Sim, meu simples amigo, mas a resposta é o reverso de fácil; muito mais dúvidas surgem a respeito disso do que sobre nossas conclusões anteriores. Pois a praticabilidade do que é dito pode ser posta em dúvida; e olhada de outro ponto de vista, se o esquema, caso alguma vez praticável, seria o melhor, também é duvidoso. Por isso, sinto relutância em abordar o assunto, para que nossa aspiração, meu caro amigo, não se torne apenas um sonho.

Não tema, respondeu ele, pois sua audiência não será difícil para você; eles não são céticos ou hostis.

Eu disse: meu bom amigo, suponho que você queira me encorajar com essas palavras.

Sim, disse ele.

> Uma plateia amistosa é mais perigosa do que uma hostil.

Então, deixe-me dizer que você está fazendo exatamente o oposto; o encorajamento que você oferece teria sido muito bom se eu mesmo acreditasse que sabia do que eu estava falando: declarar a verdade sobre assuntos de alto interesse que um homem honra e ama entre os homens sábios que o amam não precisa causar medo ou vacilar em sua mente; mas continuar a argumentar quando você mesmo é apenas um indagador hesitante, que é a minha condição, é uma coisa perigosa e escorregadia; e o perigo não é que riam de mim (cujo medo seria infantil), mas que perderei a verdade onde mais preciso estar seguro da minha posição e arrastarei meus amigos atrás de mim em minha queda. E rogo a Nêmesis para não me visitar as palavras que vou proferir. Pois eu realmente acredito que um homicídio involuntário é um crime menor do que enganar a beleza, a bondade ou a justiça em matéria de leis[83]. E esse é um risco que prefiro correr entre inimigos do que entre amigos, e, portanto, você faz bem em me encorajar[84].

Glauco riu e disse: pois bem, Sócrates, caso o senhor e o seu argumento nos causem algum dano grave, será previamente absolvido do homicídio e não será considerado um enganador; então, tome coragem e fale.

Bem, eu disse, a lei diz que, quando um homem é absolvido, ele está livre de culpa, e o que vale para a lei pode valer para discussão.

Então, por que você deveria se importar?

Bem, respondi, suponho que devo refazer meus passos e dizer o que talvez devesse ter dito antes no lugar apropriado. O papel dos homens foi desempenhado, e agora, com propriedade, chega a vez das mulheres. Delas irei falar, e tanto mais prontamente porque fui convidado por você.

Para os homens nascidos e educados como os nossos cidadãos, a única forma, a meu ver, de chegar a uma conclusão acertada sobre a posse e o uso de mulheres e crianças é seguir o caminho que originalmente iniciamos, quando dissemos que os homens seriam os guardiões e cães de guarda do rebanho.

Verdade.

Suponhamos ainda que o nascimento e a educação de nossas mulheres estejam sujeitos a regulamentos semelhantes ou quase semelhantes; então veremos se o resultado está de acordo com nosso projeto.

O que você quer dizer?

> Nenhuma distinção entre os animais como é feita entre homens e mulheres.

O que quero dizer pode ser colocado na forma de uma pergunta, eu disse: os cães são divididos em eles e elas, ou ambos compartilham igualmente a caça e a vigilância e os outros deveres dos cães? Ou confiamos aos machos o cuidado total e exclusivo

---

[83] Ou inserindo: καὶ antes de νομίμων: "um enganador sobre beleza ou bondade ou princípios de justiça ou lei".

[84] Leitura de ὥστε εὖ με παραμυθεῖ.

dos rebanhos, enquanto deixamos as fêmeas em casa, sob a ideia de que dar à luz e amamentar seus filhotes é trabalho suficiente para elas?

Não, ele disse, eles compartilham coisas iguais; a única diferença entre eles é que os machos são mais fortes e as fêmeas mais fracas.

Mas você pode usar animais diferentes para o mesmo propósito, a menos que sejam criados e alimentados da mesma maneira?

Você não pode.

Então, se as mulheres devem ter os mesmos deveres que os homens, elas devem ter a mesma formação e educação?

Sim.

A educação atribuída aos homens era música e ginástica.

Sim.

> As mulheres devem aprender música, ginástica e exercícios militares igualmente aos homens.

Então as mulheres devem aprender música e ginástica e a arte da guerra, que devem praticar como os homens?

Essa é a inferência, suponho.

Prefiro esperar, disse eu, que várias de nossas propostas, se forem postas em prática, por serem incomuns, possam parecer ridículas.

Sem dúvida.

Sim, e o mais ridículo de tudo será ver mulheres nuas na palestra, se exercitando com os homens, principalmente quando elas não forem mais jovens; certamente não serão uma visão de beleza, não mais do que os velhos entusiastas que, apesar das rugas e da feiura, continuam a frequentar os ginásios.

Sim, de fato, ele disse: de acordo com as noções atuais, a proposta seria considerada ridícula.

Mas então, eu disse, como estamos determinados a falar o que pensamos, não devemos temer as zombarias dos engenhosos, que serão dirigidas contra esse tipo de inovação; como eles irão falar das conquistas das mulheres, tanto na música quanto na ginástica, e acima de tudo sobre o uso de armaduras e a cavalgada!

É verdade, respondeu ele.

> Convenções não devem ser permitidas bloqueando o caminho para um bem maior.

Mesmo assim, tendo começado, devemos avançar para os lugares difíceis da lei; ao mesmo tempo, implorando a esses cavalheiros, pelo menos uma vez na vida, que sejam sérios. Não faz muito tempo, como devemos lembrá-los, os helenos eram da opinião, que ainda é geralmente aceita entre os bárbaros, que ver um homem nu era ridículo e impróprio; e quando os cretenses e depois os lacedemônios introduziram o costume, a inteligência da época também poderia ter ridicularizado a inovação.

Sem dúvida.

Mas, quando a experiência mostrou que deixar todas as coisas serem descobertas era muito melhor do que as encobrir, e o efeito ridículo para o olho externo desapareceu diante do melhor princípio que a razão afirmava, então o homem foi percebido como um tolo, que dirige as flechas de seu ridículo em qualquer outra visão que não seja a de tolice e vício, ou seriamente inclinado a pesar o belo por qualquer outro padrão, exceto o do bom[85].

É verdade, respondeu ele.

Em primeiro lugar, então, se a pergunta deve ser feita de brincadeira ou seriamente, vamos chegar a um entendimento sobre a natureza da mulher: ela é capaz de participar total ou parcialmente das ações dos homens, ou não? E é a arte da guerra uma daquelas artes de que ela pode ou não compartilhar? Essa será a melhor maneira de iniciar a investigação e provavelmente levará à conclusão mais justa.

Essa será a melhor maneira.

Devemos tomar o outro lado primeiro e começar argumentando contra nós mesmos; dessa forma, a posição do adversário não ficará sem defesa.

Por que não?, ele perguntou.

> Objeção: Nós dizíamos que cada um deveria fazer suas próprias atividades; os homens e as mulheres não possuem atividades próprias a cada grupo?

Então, vamos colocar um discurso na boca de nossos oponentes. Dirão: "Sócrates e Glauco, nenhum adversário precisa condená-los, pois vocês mesmos, na primeira fundação do Estado, admitiram o princípio de que todos deveriam fazer o único trabalho adequado à sua própria

---

[85] Leitura com Paris A. καὶ καλοῦ ...

natureza". E certamente, se não me engano, tal confissão foi feita por nós. "E as naturezas dos homens e das mulheres não diferem muito?" E devemos responder: claro que sim. Então, seremos questionados: "Se as tarefas atribuídas aos homens e às mulheres não deveriam ser diferentes, e aquelas que são agradáveis às suas diferentes naturezas?" Certamente elas deveriam. "Mas se for assim, você não caiu em uma séria incoerência ao dizer que homens e mulheres, cujas naturezas são totalmente diferentes, devem realizar as mesmas ações?" Que defesa você fará para nós, meu bom senhor, contra qualquer um que oferece essas objeções?

Essa não é uma pergunta fácil de responder quando feita de repente; e eu devo e imploro a você para puxar o caso do nosso lado.

Essas são as objeções, Glauco, e há muitas outras do mesmo tipo, que previ há muito tempo; elas me deixaram com medo e relutante em aceitar qualquer lei sobre a posse e criação de mulheres e crianças.

Por Zeus, disse ele, o problema a ser resolvido é tudo, menos fácil.

Sim, eu disse, mas o fato é que, quando um homem está fora de suas profundezas, tenha ele caído em uma pequena piscina ou no meio do oceano, ele tem de nadar do mesmo jeito.

Muito verdadeiro.

E não devemos nadar e tentar chegar à praia: esperamos que o golfinho de Árion ou alguma outra ajuda milagrosa possa nos salvar?

Suponho que sim, disse ele.

Pois bem, vamos ver se alguma forma de fuga pode ser encontrada. Nós reconhecemos isso, não é? que naturezas diferentes devem ter objetivos diferentes, e que as naturezas dos homens e das mulheres são diferentes. E agora o que estamos dizendo? Que naturezas diferentes devem ter as mesmas atividades – esta é a inconsistência que é imputada sobre nós.

Precisamente.

Na verdade, Glauco, disse eu, glorioso é o poder da arte da contradição!

Por que você diz isso?

> A aparente inconsistência surge de uma oposição verbal.

Porque eu acho que muitos homens caem na prática contra sua vontade. Quando ele pensa que está raciocinando, está realmente disputando, só porque não consegue definir e dividir, e assim saber aquilo de que está falando; e ele buscará uma oposição meramente verbal no espírito de contenda e não de discussão justa.

Sim, respondeu ele, é muito comum; mas o que isso tem a ver conosco e com o nosso argumento?

Tem muito a ver; pois certamente existe o perigo de entrarmos involuntariamente em uma oposição verbal.

De que maneira?

> Quando definimos para naturezas diferentes objetivos distintos, isso significava apenas aquelas diferenças de natureza que afetavam os objetivos.

Porque insistimos com coragem e combatividade na verdade verbal, que diferentes naturezas devem ter diferentes objetivos, mas nunca consideramos qual era o significado de igualdade ou diferença de natureza, ou porque os distinguíamos quando atribuíamos diferentes objetivos a diferentes naturezas e o mesmo com as mesmas naturezas.

Ora, não, disse ele, isso nunca foi considerado por nós.

Eu disse: suponha que, a título de ilustração, perguntássemos se não existe uma oposição na natureza entre homens calvos e peludos; e se isso for admitido por nós, então, se os calvos são sapateiros, devemos proibir os homens peludos de serem sapateiros, e vice-versa?

Isso seria uma brincadeira, disse ele.

Sim, eu disse, uma brincadeira; e por quê? Porque nunca pretendemos, quando construímos o Estado, que a oposição das naturezas deve se estender a todas as diferenças, mas apenas às diferenças que afetam a busca em que o indivíduo está empenhado; deveríamos ter argumentado, por exemplo, que se pode dizer que um médico e alguém que pensa que é um médico[86] têm a mesma natureza.

Verdade.

Considerando que o médico e o carpinteiro têm naturezas diferentes?

Certamente.

E se, eu disse, o sexo masculino e feminino parecem diferir em sua aptidão para qualquer arte ou atividade, devemos dizer que tal atividade ou arte

---

[86] Leitura de ἰατρὸν μὲν καὶ ἰατρικὸν τὴν ψυχὴν ὄντα.

deve ser atribuída a um ou outro deles; mas, se a diferença consiste apenas em mulheres tendo filhos e homens gerando filhos, isso não constitui uma prova de que uma mulher difere de um homem no que diz respeito ao tipo de educação que deve receber; e devemos, portanto, continuar a sustentar que nossos tutores e suas esposas devem ter as mesmas atividades.

É verdade, disse ele.

A seguir, devemos perguntar ao nosso oponente como, em referência a qualquer uma das atividades ou artes da vida cívica, a natureza da mulher difere da do homem?

Isso será muito justo.

E talvez ele, como você, diga que dar uma resposta suficiente instantaneamente não é fácil; mas depois de um pouco de reflexão, não há dificuldade.

Sim, talvez.

Suponha então que o convidemos a nos acompanhar na discussão, e então podemos mostrar-lhe que não há nada de peculiar na constituição das mulheres que as afetaria na administração do Estado.

Certamente.

> Os mesmos dons naturais são encontrados em ambos os sexos, mas eles são incorporados em um grau maior nos homens do que nas mulheres.

Digamos-lhe: venha agora, e lhe faremos uma pergunta: – quando você falou de uma natureza dotada ou não dotada em qualquer aspecto, você quis dizer que um homem vai adquirir uma coisa com facilidade, outro com dificuldade; um pouco de aprendizado o levará a descobrir muito; ao passo que o outro, depois de muito estudo e aplicação, mal aprende e esquece; ou ainda, você quis dizer que um tem um corpo que é um bom servo de sua mente, enquanto o corpo do outro é um estorvo para ele? Não seriam esses os tipos de diferenças que distinguem o homem dotado por natureza daquele que não tem dom?

Ninguém vai negar isso.

E você pode mencionar alguma busca da humanidade em que o sexo masculino não tenha todos esses dons e qualidades em um grau mais elevado do que o feminino? Será que preciso perder tempo falando da arte da tecelagem e do manejo de panquecas e compotas, em que a mulher realmente parece grande e em que ser superada por um homem seria a mais absurda de todas as coisas?

Você tem toda a razão, respondeu ele, em manter a inferioridade geral do sexo feminino: embora muitas mulheres sejam em muitas coisas superiores a muitos homens, no geral o que você diz é verdade.

E se for assim, meu amigo, eu disse, não há nenhuma faculdade especial de administração no Estado que uma mulher tem porque é mulher, ou que um homem tenha em virtude de seu sexo, mas os dons da natureza são igualmente difundidos em ambos; todas as atividades dos homens são também atividades das mulheres, mas em todas elas a mulher é inferior ao homem.

Muito verdadeiro.

> Homens e mulheres devem ser governados pelas mesmas leis e ter os mesmos objetivos.

Então devemos impor todos os nossos atos aos homens e nenhum deles às mulheres?

Isso nunca vai dar certo.

Uma mulher tem o dom de curar, outra não; uma é musicista e a outra não tem música em sua natureza?

Muito verdadeiro.

E uma mulher gosta de ginástica e exercícios militares, e outra não é belicosa e odeia ginástica?

Certamente.

E uma mulher é filósofa e outra inimiga da filosofia; uma tem energia e a outra não tem?

Isso também é verdade.

Então, uma mulher terá temperamento de guardiã, e outra não. A seleção dos tutores não foi determinada por diferenças desse tipo?

Sim.

Homens e mulheres igualmente possuem as qualidades que fazem um guardião; eles diferem apenas em sua força ou fraqueza comparativa.

Obviamente.

E essas mulheres que possuem tais qualidades devem ser selecionadas como companheiras e colegas de homens que possuem qualidades semelhantes e com quem se assemelham em capacidade e caráter?

Muito verdadeiro.

E não deveriam as mesmas naturezas perseguir os mesmos objetivos?

Elas deveriam.

Então, como estávamos dizendo antes, não há nada de anormal em atribuir música e ginástica às esposas dos guardiões; a esse ponto nós voltamos.

Certamente não.

A lei que então promulgamos era agradável à natureza e, portanto, não uma impossibilidade ou mera aspiração; e a prática contrária, que prevalece atualmente, é na realidade uma violação da natureza.

Isso parece ser verdade.

Tínhamos de considerar, primeiro, se nossas propostas eram possíveis e, em segundo lugar, se eram as mais benéficas.

Sim.

E a possibilidade foi reconhecida?

Sim.

O grande benefício ainda deve ser estabelecido?

Isso mesmo.

> Existem graus distintos de bondade tanto nos homens quanto nas mulheres.

Você admitirá que a mesma educação que torna um homem um bom guardião fará da mulher uma boa guardiã, pois sua natureza original é a mesma?

Sim.

Eu gostaria de lhe fazer uma pergunta.

Qual seria?

Você diria que todos os homens são iguais em excelência ou um homem é melhor do que o outro?

O último.

E na comunidade que estávamos fundando você concebe os guardiões que foram educados em nosso sistema modelo como homens mais perfeitos, ou os sapateiros cuja educação tem sido consertar sapatos?

Que pergunta ridícula!

Você me respondeu, eu repliquei: bem, e não podemos mais dizer que nossos tutores são os melhores de nossos cidadãos?

De longe os melhores.

E suas esposas não serão as melhores mulheres?

Sim, de longe as melhores.

E pode haver algo melhor para os interesses do Estado do que os homens e mulheres de um Estado serem os melhores possíveis?

Não pode haver nada melhor.

E é isso que as artes da música e da ginástica, quando presentes da maneira que descrevemos, vão realizar?

Certamente.

Então, fizemos uma encenação não apenas possível, mas no mais alto grau, benéfica para o Estado?

Verdade.

Então, que as esposas de nossos tutores se dispam, pois sua virtude será seu manto, e que participem das labutas da guerra e da defesa de seu país; somente na distribuição dos trabalhos os mais leves devem ser atribuídos às mulheres, que são as naturezas mais fracas, mas em outros aspectos seus deveres devem ser os mesmos. E quanto ao homem que ri de mulheres nuas exercitando seus corpos pelo melhor dos motivos, em sua risada ele está arrancando

"Um fruto imaturo da sabedoria",

> O nobre provérbio.

e ele mesmo é ignorante do que está rindo, ou do que está falando; pois essa é, e sempre será, a melhor das afirmações, que o útil é o nobre, e o ofensivo é a base.

Muito verdadeiro.

Aqui, então, está uma dificuldade em nossa lei sobre as mulheres, da qual podemos dizer que agora escapamos; a onda não nos engoliu vivos por decretar que os guardiões de ambos os sexos deveriam ter todas as suas atividades em comum; para a utilidade e para a possibilidade desse arranjo, a consistência do argumento consigo mesmo dá testemunho.

Sim, essa foi uma onda poderosa da qual você escapou.

> A segunda e a maior onda.

Sim, eu disse, mas uma maior está chegando; você não pensará muito nessa quando vir a próxima.

Continue; deixe-me ver.

A lei, eu disse, que é a sequência disso e de tudo o que o precedeu, é a seguinte, "que as esposas de nossos tutores devem ser comuns, e seus filhos devem ser comuns, e nenhum pai deve conhecer seu próprio filho, nem qualquer filho, seu pai".

Sim, disse ele, essa onda é muito maior do que a outra; e as possibilidades, bem como a utilidade de tal lei, são muito mais questionáveis.

Não creio, disse eu, que possa haver qualquer disputa sobre a grande utilidade de se ter esposas e filhos em comum; a possibilidade é outra questão e será muito contestada.

Acho que muitas dúvidas podem ser levantadas sobre ambas.

> A utilidade e a possibilidade de uma comunidade de esposas e crianças.

Você insinua que as duas perguntas devem ser combinadas, respondi. Bem, eu quis dizer que você deveria admitir a utilidade; e assim, como pensava, deveria escapar de uma delas, e então restaria apenas a possibilidade.

Mas essa pequena tentativa foi detectada e, portanto, você terá o prazer de dar uma defesa de ambos.

Bem, eu disse, eu me submeto ao meu destino. No entanto, conceda-me um pequeno favor: deixe-me deleitar minha mente com o sonho, como os sonhadores diurnos têm o hábito de festejar quando estão caminhando sozinhos; pois, antes de descobrirem qualquer meio de realizar seus desejos – essa é uma questão que nunca os perturba – eles preferem não se cansar pensando nas possibilidades; mas, assumindo que o que desejam já lhes foi concedido, eles prosseguem com seu plano e se deleitam em detalhar o que pretendem fazer quando seu desejo se tornar realidade; essa é uma maneira que eles têm de não fazer muito bem a uma capacidade

> A utilidade a ser considerada em primeiro lugar, a possibilidade depois disso.

que nunca foi boa para a maioria. Agora eu próprio começo a desanimar e gostaria, com a sua permissão, de deixar de lado a questão da possibilidade neste momento. Assumindo, portanto, a possibilidade da proposta, passarei agora a indagar como os governantes executarão esses arranjos e demonstrarei que nosso plano, se executado, será do maior benefício para o Estado e os tutores. Em primeiro lugar, então, se você não tiver objeções, tentarei com sua ajuda considerar as vantagens da medida; e daqui em diante a questão da possibilidade.

Eu não tenho objeção. Continue.

Primeiro, acho que se nossos governantes e seus auxiliares são dignos do nome que carregam, deve haver disposição para obedecer em um e poder de comando no outro; os próprios tutores devem obedecer às leis e imitar o espírito delas em todos os detalhes que forem confiados aos seus cuidados.

Isso mesmo, disse ele.

> O legislador irá selecionar guardiães homens e mulheres, que irão se encontrar em refeições conjuntas e exercícios, e serão atraídos uns aos outros por uma necessidade irresistível.

Você, eu disse, que é o legislador deles, tendo escolhido os homens, irá agora selecionar as mulheres e dá-las a eles; elas devem ser, tanto quanto possível, da mesma natureza que eles; e elas devem viver em casas comunitárias e reunir-se em refeições comuns. Nenhum deles terá algo especialmente seu; eles estarão juntos, serão criados juntos e se associarão em exercícios de ginástica. E assim eles serão atraídos por uma necessidade de suas naturezas para ter relações sexuais entre si – necessidade não é uma palavra muito forte, eu acho?

Sim, disse ele; necessidade, não geométrica, mas outro tipo de necessidade que os amantes conhecem, e que é muito mais convincente e constrangedora para a massa da humanidade.

Verdade, eu disse; e isso, Glauco, como todo o resto, deve ocorrer de maneira ordenada; numa cidade abençoada, a licenciosidade é uma coisa profana que os governantes proibirão.

Sim, disse ele, e não deveria ser permitido.

Então, claramente, a próxima coisa será tornar o matrimônio sagrado no mais alto grau, e o que é mais benéfico será considerado sagrado?

Exatamente.

A República

> A seleção de humanos se inicia, como a de animais, com origem nos melhores e daqueles em idade madura para reprodução.

E como os casamentos podem ser mais benéficos? Essa é uma pergunta que lhe faço, porque vejo em sua casa cães de caça, e não poucos pássaros nobres. Agora, eu imploro, diga-me, você já cuidou de seu emparelhamento e procriação?

Em que particularidades?

Por que, em primeiro lugar, embora sejam todos bons, alguns não são melhores do que outros?

Verdade.

E você produz cria de todos eles indiferentemente, ou você se preocupa em ter as crias apenas dos melhores?

Dos melhores.

E você seleciona o mais velho ou o mais novo, ou apenas os de idade madura?

Eu escolho apenas aqueles de idade madura.

E se não houvesse cuidado na seleção, seus cães e pássaros se deteriorariam muito?

Certamente.

E o mesmo ocorre com cavalos e animais em geral?

Sem dúvida.

Deuses! Meu caro amigo, eu disse, de que habilidade consumada nossos governantes precisarão se o mesmo princípio for válido para a espécie humana!

Certamente, o mesmo princípio é válido; mas por que isso envolve alguma habilidade particular?

> Mentiras úteis "velhacarias muito honestas".

Porque, eu disse, nossos governantes frequentemente terão de praticar sobre o corpo coletivo com medicina. Agora você sabe que, quando os pacientes não precisam de remédios, mas precisam apenas ser submetidos a um regime, o tipo inferior de médico é considerado bom o suficiente; mas quando o remédio precisa ser dado, o médico deve ser mais que um homem qualquer.

Isso é verdade, disse ele; mas a que você está aludindo?

Platão

Quero dizer, respondi, que nossos governantes acharão uma dose considerável de falsidade e engano necessária para o bem de seus súditos: estávamos dizendo que o uso de todas essas coisas consideradas remédios pode ser vantajoso.

E estávamos muito certos.

E esse uso legal deles parece ser frequentemente necessário nas regulamentações de casamentos e nascimentos.

Como assim?

> Arranjos para o aprimoramento da prole.

Ora, eu disse, o princípio já foi estabelecido de que o melhor de qualquer sexo deve ser unido ao melhor com a mesma frequência, e o inferior com o inferior, tão raramente quanto possível; e que devem criar a prole do primeiro tipo de união, mas não do segundo, se o rebanho deve ser mantido em excelentes condições. Agora, esses acontecimentos devem ser um segredo que apenas os governantes conhecem, ou haverá um perigo adicional para o nosso rebanho, como os guardiões sendo chamados, irrompendo em rebelião.

Muito verdadeiro.

> E para a regulação da população.

Se não fosse melhor nomearmos certos festivais nos quais reuniremos as noivas e noivos, e sacrifícios serão oferecidos e canções himeniais adequadas compostas por nossos poetas: o número de casamentos é uma questão que deve ser deixada ao critério dos governantes, cujo objetivo será preservar a média da população? Há muitas outras coisas que eles terão de considerar, tais como os efeitos de guerras e doenças e quaisquer agentes similares, a fim de evitar que o Estado se torne muito grande ou muito pequeno.

Certamente, ele respondeu.

> Segregados por lote.

Teremos de inventar algum tipo engenhoso de sorte que os menos dignos possam tirar em cada ocasião em que os reunirmos, e então eles acusarão sua própria má sorte e não os governantes.

Certamente, ele disse.

A República

> O bravo merece o justo.

E eu acho que nossos jovens mais corajosos e melhores, além de suas outras honras e recompensas, podem ter maiores facilidades de relações sexuais com mulheres que lhes sejam dadas; sua bravura será um motivo, e esses pais devem ter tantos filhos quanto possível.

Verdade.

E os agentes adequados, sejam homens ou mulheres, ou ambos, pois os cargos devem ser ocupados por mulheres, bem como por homens.

Sim.

> O que deve ser feito com as crianças?

Os agentes apropriados levarão os filhos dos bons pais para o curral ou rebanho, e lá os deixarão aos cuidados de certas enfermeiras que moram em um quarto separado; mas os descendentes dos inferiores, ou dos melhores, quando porventura tiverem alguma deformação, serão colocados em algum lugar misterioso e desconhecido, como deveria ser.

Sim, ele disse, isso deve ser feito para raça dos guardiões ser mantida pura.

Eles providenciarão seu sustento e trarão as mães ao curral quando estiverem cheias de leite, tomando o maior cuidado possível para que nenhuma mãe reconheça seu próprio filho; e outras amas de leite podem ser contratadas, caso um número maior seja necessário. Deve-se tomar cuidado para que o processo de sucção não seja demorado demais; e as mães não tenham de se levantar à noite ou outros problemas, mas passarão todo esse tipo de cuidado para as enfermeiras e atendentes.

Você supõe que as esposas de nossos tutores se divertirão muito quando tiverem filhos.

Ora, disse eu, e elas deveriam. Vamos, entretanto, prosseguir com nosso esquema. Estávamos dizendo que os pais deveriam estar no auge da vida?

Muito verdadeiro.

E qual é o auge da vida? Não pode ser definido como um período de cerca de vinte anos na vida de uma mulher e trinta na vida de um homem?

Que idades você pretende incluir?

PLATÃO

> Uma mulher deve engravidar entre os vinte e os quarenta; um homem fecundá-la entre os vinte e cinco e os cinquenta e cinco.

Uma mulher, eu disse, aos vinte anos de idade pode começar a ter filhos para o Estado e continuar a gerá-los até os quarenta; um homem pode começar aos vinte e cinco anos, quando tiver ultrapassado o ponto em que o pulso da vida bate mais rápido, e continuar a gerar filhos até os cinquenta e cinco.

Certamente, disse ele, tanto nos homens quanto nas mulheres, esses anos são o auge do vigor físico e intelectual.

Qualquer pessoa acima ou abaixo das idades prescritas que tomar parte nos himeniais públicos será considerada como tendo feito algo profano e injusto; o filho do qual ele é o pai, se chegar à vida, terá sido concebido sob os auspícios muito diferentes dos sacrifícios e orações, que em cada sacerdote e sacerdotisa himenial e em toda a cidade oferecerão, para que a nova geração seja melhor e mais útil do que seus pais bons e úteis, enquanto seu filho será a prole das trevas e estranha luxúria.

É verdade, respondeu ele.

E a mesma lei se aplicará a qualquer um daqueles dentro da idade prescrita que formar uma conexão com qualquer mulher no auge da vida sem a sanção dos governantes; pois diremos que ele está criando um bastardo para o Estado, não certificado e não consagrado.

É verdade, respondeu ele.

> Após a idade prescrita ter passado, mais licenças são permitidas: mas todos os que nasceram após certo tempo dos festivais himeniais, nos quais os seus pais ou avós estiveram juntos, devem ser segregados.

Isso se aplica, entretanto, apenas àqueles que estão dentro da idade especificada: depois disso, permitimos que eles procriem à vontade, exceto que um homem não pode se casar com sua filha ou com a filha de sua filha, ou com sua mãe ou com a mãe de sua mãe; e as mulheres, por outro lado, estão proibidas de se casar com seus filhos ou pais, ou com o filho do filho ou com o pai do pai, e assim por diante em qualquer direção. E nós concedemos tudo isso, acompanhando a permissão com ordens estritas para impedir que qualquer embrião que venha a existir veja a luz; e se alguma forçar um caminho para o nascimento, os pais devem entender que a descendência de tal união não pode ser mantida, e providenciar a correção.

Essa também, disse ele, é uma proposta razoável. Mas como eles saberão quem são pais e filhas, e assim por diante?

Eles nunca saberão. O caminho será este: datando do dia do himenial, o noivo então casado chamará todos os filhos homens que nascerem no sétimo e décimo mês depois de seus filhos, e as mulheres, de suas filhas, e eles vão chamá-los de pai, e ele chamará seus filhos de netos, e eles chamarão a geração mais velha de avôs e avós. Todos os que foram gerados na época em que seus pais e mães se reuniram serão chamados de irmãos e irmãs, e estes, como eu estava dizendo, serão proibidos de casar-se entre si. Isso, entretanto, não deve ser entendido como uma proibição absoluta do casamento de irmãos e irmãs; se a sorte os favorecer e eles receberem a sanção do oráculo pítio, a lei os permitirá.

Muito bem, respondeu ele.

É esse o esquema, Glauco, segundo o qual os tutores do nosso Estado devem ter suas esposas e famílias em comum. E agora você teria o argumento que mostrasse que essa comunidade é consistente com o resto de nossa política e que nada pode ser melhor, não é?

Sim, certamente.

Devemos tentar encontrar uma base comum perguntando a nós mesmos qual deve ser o objetivo principal do legislador ao fazer leis e na organização de um Estado, qual é o maior bem e qual é o maior mal, e então considerar se nossa descrição anterior tem a marca do bem ou do mal?

Certamente.

> O bem maior dos Estados, unidade; o maior mal, a discórdia. O primeiro, o resultado do público; o segundo, dos sentimentos privados.

Pode haver mal maior do que discórdia, distração e pluralidade onde a unidade deveria reinar? Ou qualquer bem maior do que o vínculo de unidade?

Não pode.

E há unidade onde existem prazeres e dores comuns – onde todos os cidadãos estão contentes ou tristes nas mesmas ocasiões de alegria e tristeza?

Sem dúvida.

Sim; e onde não há sentimentos comuns, mas apenas privados, então o Estado é desorganizado; quando você tem uma metade do mundo triunfando e a outra mergulhada em luto pelos mesmos eventos que acontecem à cidade ou aos cidadãos?

Certamente.

Essas diferenças geralmente se originam em uma discordância sobre o uso dos termos "meu" e "não meu", "dele" e "não dele".

Exatamente assim.

E não é esse o Estado mais bem organizado em que o maior número de pessoas aplica os termos "meu" e "não meu" da mesma maneira às mesmas coisas?

Bem verdade.

> O Estado é como um ser vivo, que sente em todo o corpo quando ferido em alguma parte específica.

Ou o que mais se aproxima da condição do indivíduo – como no corpo, quando apenas um dedo de um de nós é ferido, toda a estrutura, atraída para a alma como um centro e formando um reino sob o poder governante nele, sente a dor e se solidariza com a parte afetada, e dizemos que o homem tem uma dor no dedo; e a mesma expressão é usada para qualquer outra parte do corpo que tenha uma sensação de dor no sofrimento ou de prazer no alívio do sofrimento.

É verdade, respondeu ele; e concordo com você que, no Estado mais bem ordenado, existe a abordagem mais próxima desse sentimento comum que você descreve.

Então, quando qualquer um dos cidadãos experimenta qualquer bem ou mal, todo o Estado fará desse o seu caso, e se alegrará ou se lamentará com ele?

Sim, disse ele, isso é o que vai acontecer em um Estado bem ordenado.

> Quão diferentes são os termos que são aplicados aos juízes em outros Estados e em nosso próprio!

Agora será a hora, disse eu, de voltarmos ao nosso Estado e ver se essa ou outra forma está mais de acordo com esses princípios fundamentais.

Muito bom.

Nosso Estado, como qualquer outro, tem governantes e súditos?

Verdade.

Todos os quais se chamarão de cidadãos?

Claro.

Mas não há outro nome que as pessoas dão a seus governantes em outros Estados?

Geralmente são chamados de senhores, mas nos Estados democráticos eles simplesmente os chamam de governantes.

E em nosso Estado, que outro nome além de cidadão o povo dá aos governantes?

Eles são chamados salvadores e ajudantes, respondeu ele.

E como os governantes chamam o povo?

Seus mantenedores e pais adotivos.

E como eles os chamam em outros Estados?

Escravos.

E como os governantes se chamam entre si em outros Estados?

Companheiros governantes.

E no nosso?

Companheiros tutores.

Você já conheceu um exemplo em qualquer outro Estado de um governante que falaria de um de seus colegas como seu amigo e de outro como não sendo seu amigo?

Sim, muitas vezes.

E o amigo que ele considera e descreve como alguém em quem tem interesse e o outro como um estranho por quem não tem interesse?

Exatamente.

Mas algum de seus guardiões pensaria ou falaria de qualquer outro guardião como um estranho?

Certamente não o faria; pois cada um que encontrar será considerado como irmão ou irmã, ou pai ou mãe, ou filho ou filha, ou como filho ou pai daqueles que estão assim ligados a ele.

> O Estado, uma única família.

Capital, eu disse; mas deixe-me perguntar-lhe mais uma vez: eles serão uma família apenas no nome; ou devem em todas as suas ações ser fiéis ao nome? Por exemplo, no uso da palavra "pai", estaria o cuidado de um pai implícito e a reverência filial e dever e obediência a ele, que a lei ordena; e o violador desses deveres deve ser considerado uma pessoa ímpia e injusta, que provavelmente não receberá muito bem das mãos dos deuses ou do homem? Essas serão ou não as tensões que as crianças ouvirão repetidas vezes em seus ouvidos por todos os cidadãos sobre aqueles que lhes são intimados como seus pais e o resto de seus parentes?

> Usando os mesmos termos, eles terão os mesmos modos de pensamento e ação, e isso se pode atribuir à comunidade de mulheres e crianças.

Estas, disse ele, e nenhuma outra; pois o que pode ser mais ridículo do que eles pronunciarem nomes de laços familiares apenas com os lábios e não agirem segundo o seu espírito?

Então, em nossa cidade, a linguagem da harmonia e concórdia será ouvida com mais frequência do que em qualquer outra. Como eu estava descrevendo antes, quando alguém está bem ou doente, a palavra universal será "comigo está bem" ou "está doente".

Bem verdade.

E, de acordo com este modo de pensar e falar, não estávamos dizendo que eles teriam seus prazeres e dores em comum?

Sim, e eles vão.

E eles terão um interesse comum na mesma coisa, que chamarão de "meu", e tendo esse interesse comum, terão um sentimento comum de prazer e dor?

Sim, muito mais do que em outros Estados.

E a razão disso, para além da constituição geral do Estado, será que os tutores terão uma comunidade de mulheres e crianças?

Essa será a razão principal.

E essa unidade de sentimento que admitimos ser o maior bem, como estava implícito em nossa própria comparação de um Estado bem ordenado com a relação do corpo e dos membros, quando afetados pelo prazer ou pela dor?

Isso nós reconhecemos, e com muita razão.

Então a comunidade de esposas e filhos entre nossos cidadãos é claramente a fonte do maior bem para o Estado?

Certamente.

E isso está de acordo com o outro princípio que afirmamos, que os guardiões não deveriam ter casas, terras ou qualquer outra propriedade; seu pagamento deveria ser sua comida, que deveriam receber dos outros cidadãos, e não deveriam ter despesas privadas; pois pretendíamos que preservassem seu verdadeiro caráter de guardiões.

Certo, ele respondeu.

> Não haverá interesses privados entre eles, e consequentemente nenhuma ação legal ou julgamentos por assalto ou violência contra os mais velhos.

Tanto a comunidade da propriedade quanto a comunidade das famílias, como estou dizendo, tendem a torná-los guardiões mais verdadeiros, eles não vão fazer a cidade em pedaços por discordar sobre "meu" e "não meu"; cada homem arrastando qualquer aquisição que tenha feito para uma casa própria separada, onde tem uma esposa e filhos separados e prazeres e dores particulares; mas tudo será afetado tanto quanto puder pelos mesmos prazeres e dores, porque todos eles são de uma mesma opinião sobre o que é próximo e caro a eles e, portanto, todos tendem a um fim comum.

Certamente, ele respondeu.

E como eles não têm nada além de suas pessoas que podem chamar de suas, processos e reclamações não existirão entre eles; serão libertados de todas aquelas brigas nas quais dinheiro, filhos ou parentes são o motivo.

Claro que serão.

Nem será provável que ocorram entre eles julgamentos por agressão ou insulto. Para que iguais se defendam contra iguais, devemos mantê-los honrados e corretos; faremos da proteção da pessoa uma questão de necessidade.

Isso é bom, disse ele.

Sim; e há um outro bem na lei; isto é, se um homem tem uma briga com outro, ele irá satisfazer seu ressentimento ali mesmo, e não irá para medidas mais perigosas.

Certamente.

Ao mais velho será atribuído o dever de governar e punir o mais jovem.

Claramente.

Também não pode haver dúvida de que o mais jovem não vai bater ou fazer qualquer outra violência contra um mais velho, a menos que os magistrados o ordenem; nem o desprezará de forma alguma. Pois há dois tutores, a vergonha e o medo, poderosos para impedi-lo: a vergonha, que faz os homens se absterem de colocar as mãos sobre aqueles que são para eles na relação de pais; medo de que o ferido seja socorrido pelos outros que são seus irmãos, filhos e pais.

Isso é verdade, respondeu ele.

Então, em todos os sentidos, as leis ajudarão os cidadãos a manter a paz uns com os outros?

Sim, não haverá falta de paz.

> De quantos males a mais nossos cidadãos irão se livrar!

E como os guardiões nunca discutirão entre si, não haverá perigo de o resto da cidade ser dividida contra eles ou um contra o outro.

Absolutamente nenhum.

Eu dificilmente gosto de mencionar as pequenas maldades das quais eles se livrarão, pois elas são imperceptíveis, tais como, por exemplo, a bajulação dos ricos pelos pobres, e todas as dores e angústias que os homens experimentam ao criar um família, e em encontrar dinheiro para comprar o necessário para sua casa, pegando emprestado e depois repudiando, conseguindo o que pudessem e dando o dinheiro nas mãos de mulheres e escravos para manter – os muitos males de tantos tipos que as pessoas sofrem dessa forma são maldosos e óbvios o suficiente, e não vale a pena falar deles.

Sim, disse ele, o homem não precisa de olhos para perceber isso.

E de todos esses males eles serão libertados, e suas vidas serão abençoadas como a vida de vencedores olímpicos e ainda mais.

Como assim?

O vencedor olímpico, disse eu, é considerado feliz por receber apenas uma parte da bem-aventurança que é assegurada aos nossos cidadãos, que conquistaram uma vitória mais gloriosa e têm uma manutenção mais completa às custas do público. Pois a vitória que eles conquistaram é a salvação de todo o Estado; e a coroa com que eles e seus filhos são coroados é a plenitude de todas as necessidades da vida; eles recebem recompensas das mãos de seu país enquanto vivem e, após a morte, têm um sepultamento honroso.

Sim, ele disse, e eles são recompensas gloriosas.

> Resposta à carga de Adimanto que faríamos nossos cidadãos infelizes para o seu próprio bem.

Você se lembra, eu disse, como no decorrer da discussão anterior alguém que será anônimo nos acusou de fazer nossos tutores infelizes – eles não tinham nada e poderiam ter possuído todas as coisas, a quem respondemos que, se uma ocasião se oferecesse, talvez pudéssemos considerar a partir de então esta questão, mas que, como agora aconselhado, faríamos nossos tutores verdadeiramente tutores, e que estávamos moldando o Estado com vistas à maior felicidade, não de uma classe em particular, mas do todo?

Sim, eu lembro.

> Suas vidas não podem ser comparadas com a de cidadãos dos estados comuns.

E o que você diz, agora que a vida de nossos protetores é considerada muito melhor e mais nobre do que a dos vencedores olímpicos – a vida dos sapateiros, ou de qualquer outro artesão, ou dos lavradores, pode ser comparada a ela?

Certamente não.

> Aquele que busca ser mais do que um guardião, não é.

Ao mesmo tempo, devo repetir aqui o que disse em outro lugar, que se algum de nossos guardiões tentar ser feliz de tal maneira que deixe de ser um guardião, e não estiver contente com esta vida segura e harmoniosa, que, em nossa opinião, é a melhor de todas as vidas, mas, apaixonado por algum conceito juvenil de felicidade que surge em sua cabeça, procura se apropriar de todo o Estado, e então terá de aprender quão sabiamente Hesíodo falou, quando disse: "A metade é mais do que o todo".

Se ele me consultasse, eu lhe diria: fique onde está, enquanto tiver a oferta dessa vida.

> O modo de vida comum inclui educação comunitária, crianças comunais, serviços comunais e responsabilidades comuns de homens e mulheres.

Você concorda então, eu disse, que homens e mulheres devem ter um modo de vida comum, tal como descrevemos: educação comum, filhos comuns; e devem zelar pelos cidadãos em comum, quer permaneçam na cidade ou partam para a guerra; devem vigiar e caçar juntos como cães; e sempre e em todas as coisas, tanto quanto podem, as mulheres devem compartilhar tudo com os homens? E, ao fazê-lo, farão o que é melhor e não violarão, mas preservarão a relação natural dos sexos.

Eu concordo com você, ele respondeu.

A investigação, eu disse, ainda precisa ser feita, se tal comunidade é possível – como entre outros animais, assim também entre os homens – e se possível, de que maneira?

Você antecipou a pergunta que eu estava prestes a sugerir.

Não há dificuldade, disse eu, em ver como a guerra será travada por eles.

Como?

> As crianças devem acompanhar seus pais em expedições militares.

Ora, é claro que farão expedições juntos; e levarão consigo qualquer um de seus filhos que seja forte o suficiente, para que, à maneira do filho do artesão, possam ver o trabalho que terão de fazer quando forem adultos; e além de olhar, terão de ajudar e ser úteis na guerra e servir a seus pais e mães. Você nunca observou nas artes como os meninos dos oleiros olham e ajudam, muito antes de tocarem na roda?

Sim, eu observei.

E os oleiros devem ser mais cuidadosos em educar seus filhos e dar-lhes a oportunidade de ver e praticar seus deveres do que nossos tutores serão?

A ideia é ridícula, disse ele.

Há também o efeito sobre os pais, para os quais, como acontece com outros animais, a presença dos filhotes será o maior incentivo ao valor.

A República

Isso é bem verdade, Sócrates; e, no entanto, se forem derrotados, o que muitas vezes pode acontecer na guerra, quão grande é o perigo! Os filhos serão perdidos assim como seus pais, e o Estado nunca se recuperará.

Verdade, eu disse; mas você nunca permitiria que eles corressem qualquer risco?

Estou longe de dizer isso.

Bem, mas se eles vão correr um risco, não deveriam fazê-lo em alguma ocasião em que, se escaparem do desastre, serão melhores?

Claramente.

> Mas deve-se tomar cuidado para que elas não corram nenhum risco mais sério.

Se os futuros soldados verão ou não a guerra nos dias de sua juventude é um assunto muito importante, pelo qual algum risco pode ser incorrido.

Sim, muito importante.

Este então deve ser o nosso primeiro passo: tornar nossos filhos espectadores da guerra; mas devemos também providenciar para que sejam protegidos contra o perigo; então tudo ficará bem.

Verdade.

Pode-se supor que seus pais não sejam cegos aos riscos da guerra, mas que saibam, tanto quanto a previsão humana puder saber, quais expedições são seguras e quais são perigosas?

Isso pode ser assumido.

E eles vão levá-los em expedições seguras e ter cuidado com as perigosas?

Verdade.

E eles vão colocá-los sob o comando de veteranos experientes que serão seus líderes e professores?

Muito apropriado.

Ainda assim, os perigos da guerra nem sempre podem ser previstos; há uma boa chance sobre eles?

Verdade.

Então, contra tais chances, as crianças devem ser imediatamente equipadas com asas, a fim de que na hora de necessidade possam voar para longe e escapar.

O que você quer dizer? Ele indagou.

Quero dizer que devemos montá-los em cavalos desde a mais tenra juventude, e quando aprenderem a cavalgar, levá-los a cavalo para ver a guerra: os animais não devem ser fogosos e guerreiros, mas os mais dóceis e, no entanto, os mais rápidos que se pode ter. Dessa forma, eles terão uma excelente visão do que no futuro será da sua própria conta; e se houver perigo, eles precisam apenas seguir seus líderes mais velhos e escapar.

Acho que você está certo, disse ele.

> Os covardes devem ser rebaixados a uma posição inferior.

Em seguida, quanto à guerra; quais devem ser as relações de seus soldados uns com os outros e com seus inimigos? Eu estaria inclinado a propor que o soldado que deixar sua patente ou jogar fora suas armas, ou for culpado de qualquer outro ato de covardia, seja rebaixado à categoria de lavrador ou artesão. O que você acha?

Certamente, devo dizer.

E aquele que se permite ser feito prisioneiro pode muito bem ser um presente para seus inimigos; ele é sua presa legal, e deixe-os fazer o que quiserem com ele.

Certamente.

> O herói receberá honras de seus companheiros e favores de seus amores.

Mas o herói que se distinguiu, o que será feito com ele? Em primeiro lugar, receberá honra no exército de seus jovens camaradas; cada um deles em sucessão o coroará. O que você diz?

Eu aprovo.

E o que você diria sobre ele receber a mão direita da irmandade?

Concordo com isso também.

Mas você dificilmente concordará com minha próxima proposta.

Qual é a sua proposta?

Que ele deve beijar e ser beijado por eles.

Certamente, e eu deveria estar disposto a ir mais longe e dizer: que ninguém a quem ele queira beijar se recuse a ser beijado por ele enquanto durar a expedição. Para que, se houver um amante no exército, seja seu amor jovem ou donzela, ele possa estar mais ansioso para ganhar o prêmio de valor.

A República

Principal, eu disse. Já se determinou que o homem valente terá mais esposas do que os outros: e ele deverá ter as primeiras opções nessas questões mais do que outros, a fim de ter tantos filhos quanto possível?

De acordo.

> e ter precedência, e uma porção maior nas comidas e bebidas.

Novamente, há outra maneira pela qual, de acordo com Homero, jovens corajosos devem ser homenageados; pois ele conta como Ajax[87], depois de ter se destacado na batalha, foi recompensado com longas costelas, o que parece ser um elogio apropriado para um herói na flor de sua época, sendo não apenas um tributo de honra, mas também algo muito fortalecedor.

Verdade, disse ele.

Então, nisto, eu disse: Homero será nosso professor; e nós também, em sacrifícios e em ocasiões semelhantes, honraremos os bravos de acordo com a medida de seu valor, sejam homens ou mulheres, com hinos e aquelas outras distinções que estávamos mencionando; também com

"assentos de preferência, e carnes e xícaras cheias"[88];

e ao honrá-los, estaremos, ao mesmo tempo, treinando-os.

Isso, respondeu ele, é excelente.

Sim, eu disse; e quando um homem morre gloriosamente na guerra, não diremos, em primeiro lugar, que ele é da raça dourada?

Com certeza.

> Também serão adorados após sua morte.

Não, não temos a autoridade de Hesíodo para afirmar que quando eles estão mortos

"Eles são santos anjos na terra, autores do bem, evitadores do mal, os guardiões dos homens dotados de palavras?"[89]

Sim; e aceitamos sua autoridade.

---

[87] *Ilíada*, Homero.
[88] *Ilíada*, Homero.
[89] *Os trabalhos e os dias*, Hesíodo.

Platão

Devemos aprender com o deus como ordenar a sepultura dos personagens divinos e heroicos, e qual deve ser sua distinção especial; e devemos fazer o que ele manda?

Certamente.

E nas eras vindouras iremos reverenciá-los e nos ajoelhar diante de seus sepulcros como nos túmulos de heróis. E não apenas eles, mas todos os que forem considerados preeminentemente bons, quer morram por idade, ou de qualquer outra forma, serão admitidos às mesmas honras.

Isso é muito certo, disse ele.

> Comportamento para com os inimigos.

Em seguida, como nossos soldados devem tratar seus inimigos? Que tal isso?

A que respeito você quer dizer?

Em primeiro lugar, no que diz respeito à escravidão? Você acha certo que os helenos escravizem os Estados helênicos ou devem permitir que outros os escravizem, se puderem ajudar? Não deveria ser seu costume poupá-los, considerando o perigo que existe de que toda a raça possa um dia cair sob o jugo dos bárbaros?

Poupá-los é infinitamente melhor.

> Nenhum helênico deverá ser feito escravo.

Então nenhum heleno deveria ser possuído por eles como escravo; essa é uma regra que eles observarão e aconselharão os outros helenos a observarem.

Certamente, ele disse; eles se unirão assim contra os bárbaros e manterão suas mãos longe uns dos outros.

Seguinte, quanto aos mortos; devem os conquistadores, eu disse, tomar qualquer coisa, exceto sua armadura? A prática de espoliar um inimigo não oferece uma desculpa para não enfrentar a batalha? Covardes se escondem em torno dos mortos, fingindo que estão cumprindo um dever, e muitos exércitos antes de agora se perderam por causa desse amor pela pilhagem.

Muito verdadeiro.

> Aqueles que caírem durante a batalha não poderão ser privados de seus pertences.

E não há falta de liberalidade e avareza em roubar um cadáver, e um grau de mesquinhez e feminilidade em fazer do cadáver um inimigo quando o verdadeiro inimigo voou para longe e deixou apenas seu equipamento de luta para trás – não é bem assim um cachorro que não consegue atingir seu agressor, brigando com as pedras que o atingem?

Muito parecido com um cachorro, disse ele.

Então devemos nos abster de estragar os mortos ou impedir seu enterro?

Sim, respondeu ele, certamente devemos.

> As armas dos helênicos não deverão ser ofertadas nos templos.

Nem devemos oferecer armas nos templos dos deuses, muito menos as armas dos helenos, se nos preocupamos em manter bons sentimentos com outros helenos; e, de fato, temos razão para temer que a oferta de espólios tirados de parentes pode ser uma poluição, a menos que comandada pelo próprio deus?

Muito verdadeiro.

Novamente, quanto à devastação do território helênico ou ao incêndio de casas, qual deve ser a prática?

Posso ter o prazer, disse ele, de ouvir sua opinião?

Ambos deveriam ser proibidos, em meu julgamento; eu pegaria a produção anual e nada mais. Devo dizer por quê?

Por favor, diga.

> Nem territórios helênicos devastados.

Veja, há uma diferença nos nomes "discórdia" e "guerra", e imagino que também haja uma diferença em suas naturezas; um é a expressão do que é interno e doméstico, o outro do que é externo e estrangeiro; e o primeiro dos dois é denominado discórdia, e apenas o segundo, guerra.

Essa é uma distinção muito apropriada, respondeu ele.

E não posso observar com igual propriedade que a raça helênica está toda unida por laços de sangue e amizade, e estrangeira e estranha apenas para os bárbaros?

Muito bem, disse ele.

> O estado de guerra helênico é apenas um tipo de discórdia, sem a intenção de se prolongar.

E, portanto, quando os helenos lutam com bárbaros e bárbaros com os helenos, eles serão descritos por nós como estando em guerra quando lutam, e por natureza inimigos, e esse tipo de antagonismo deveria ser chamado de guerra; mas quando os helenos lutam uns com os outros, devemos dizer que a Hélade está então em um estado de desordem e discórdia, sendo eles amigos por natureza; e tal inimizade deve ser chamada de discórdia.

Concordo.

Considere então, eu disse, quando ocorre aquilo que reconhecemos ser discórdia e uma cidade é dividida, se ambas as partes destroem as terras e queimam as casas uma da outra, quão perversa parece a contenda! Nenhum verdadeiro amante de seu país se obrigaria a despedaçar sua ama e mãe: pode haver razão para o conquistador privar o conquistado de sua colheita, mas ainda assim eles teriam a ideia da paz em seus corações e não pensariam em continuar lutando para sempre.

Sim, disse ele, esse é um temperamento melhor do que o outro.

E a cidade que está fundando não será uma cidade helênica?

Deve ser, ele respondeu.

Então os cidadãos não serão bons e civilizados?

Sim, muito civilizados.

> O apaixonado por sua própria cidade também será um amante da Grécia.

E eles não serão amantes da Hélade, e pensarão nela como sua própria terra e compartilharão os templos comuns?

Certamente.

E qualquer diferença que surgir será considerada por eles apenas como discórdia, uma briga entre amigos, que não deve ser chamada de guerra?

Certamente não.

Então eles irão brigar como aqueles que pretendem algum dia se reconciliar?

Certamente.

Eles usarão correção amigável, mas não escravizarão ou destruirão seus oponentes; serão corretores, não inimigos?

Será bem assim.

> Os helenos deverão ser gentis com os helenos; e com os bárbaros, como os helenos se tratam mutuamente na atualidade.

E como eles próprios são helenos, eles não devastarão a Hélade, nem queimarão casas, nem jamais suporão que toda a população de uma cidade, homens, mulheres e crianças, sejam igualmente seus inimigos, pois sabem que a culpa da guerra é sempre confinada a poucas pessoas e que muitos são seus amigos. E por todas essas razões eles não estarão dispostos a desperdiçar suas terras e devastar suas casas; sua inimizade para com eles só durará até que muitos sofredores inocentes compelirem os poucos culpados a dar satisfação?

Concordo, disse ele, que nossos cidadãos deveriam lidar assim com seus inimigos helênicos; e com bárbaros, como os helenos agora lidam uns com os outros.

Então, vamos promulgar esta lei também para os nossos guardiões: que eles não devem devastar as terras dos helenos nem queimar suas casas.

Acordado; e podemos concordar também em pensar que essas, como todas as nossas representações anteriores, são muito boas.

> A reclamação de Glauco a respeito da hesitação de Sócrates.

Mesmo assim, devo dizer, Sócrates, que se você puder continuar dessa maneira, esquecerá inteiramente a outra questão que, no início desta discussão, você deixou de lado: essa ordem de coisas é possível e como, se é que é possível? Pois estou pronto para reconhecer que o plano que você propõe, se apenas viável, faria todo tipo de bem ao Estado. Acrescentarei, o que você omitiu, que seus cidadãos serão os mais bravos dos guerreiros e nunca deixarão suas fileiras, pois todos se conhecerão e cada um chamará o outro de pai, irmão, filho; e se você supõe que as mulheres se juntem a seus exércitos, seja na mesma fileira ou na retaguarda, seja como terror para o inimigo, seja como auxiliares em caso de necessidade, sei que serão absolutamente invencíveis; e há muitas vantagens domésticas que também podem ser mencionadas e que também reconheço plenamente: mas, como eu admito todas essas vantagens e tantas mais quantas você quiser, se apenas este seu Estado viesse a existir, não precisamos dizer nada mais sobre ele; assumindo então a sua existência, voltemo-nos agora para a questão da possibilidade e das formas e meios – o resto pode ser deixado.

> Sócrates pede desculpas e faz um ou dois comentários preparatórios para um esforço final.

Se eu demorar um pouco, você imediatamente fará uma investida contra mim, eu disse, e não tenha piedade; quase não escapei da primeira e da segunda ondas, e você parece não se dar conta de que agora está trazendo sobre mim a terceira, que é a maior e a mais pesada. Depois de ter visto e ouvido a terceira onda, acho que você será mais atencioso e reconhecerá que algum medo e hesitação eram naturais em relação a uma proposta tão extraordinária como aquela que agora tenho de apresentar e investigar.

Quanto mais apelos desse tipo você fizer, disse ele, mais decididos estaremos em que nos diga como tal Estado é possível: fale aberta e imediatamente.

Deixe-me começar lembrando que nós encontramos nosso caminho até aqui, na busca de justiça e injustiça.

Verdade, ele respondeu; mas e daí?

Ia apenas perguntar se, se os descobrimos, devemos exigir que o justo em nada falhe na justiça absoluta; ou podemos ficar satisfeitos com uma aproximação, e a obtenção nele de um grau mais alto de justiça do que aquele que se encontra em outros homens?

A aproximação será suficiente.

> (1) O ideal é apenas um padrão que jamais poderá ser executado;

Estávamos investigando a natureza da justiça absoluta e o caráter do perfeitamente justo, e da injustiça e do perfeitamente injusto, para que pudéssemos ter um ideal. Devíamos examiná-los para poder julgar nossa própria felicidade e infelicidade de acordo com o padrão que exibiam e o grau em que nos parecíamos com eles, mas não com a intenção de mostrar que poderiam existir de fato.

Verdade, ele disse.

Um pintor ficaria pior porque, depois de ter delineado com arte consumada um ideal de um homem perfeitamente belo, ele foi incapaz de mostrar que tal homem poderia ter existido?

Ele não ficaria pior.

Bem, não estávamos criando um ideal de Estado perfeito?

Com certeza.

> (2) mas não é pior que isso.

E nossa teoria é pior porque não podemos provar a possibilidade de uma cidade ser ordenada da maneira descrita?

Certamente não, respondeu ele.

Essa é a verdade, eu disse. Mas se, a seu pedido, tento mostrar como e em que condições a possibilidade é mais elevada, devo pedir-lhe, tendo isso em vista, que repita as suas confissões anteriores.

Quais confissões?

Eu quero saber se os ideais foram plenamente realizados na linguagem? A palavra não expressa mais do que o fato, e não deve o real, seja o que for que o homem possa pensar, sempre, na natureza das coisas, ficar aquém da verdade? O que você diz?

Concordo.

Então você não deve insistir em que eu prove que o Estado real coincidirá em todos os aspectos com o ideal: se nós apenas pudermos descobrir como uma cidade pode ser governada quase como propusemos, você admitirá que descobrimos a possibilidade de que você exige; e ficará satisfeito. Tenho certeza de que deveria ficar contente – você não iria?

Sim, eu vou.

> (3) Embora o ideal não possa ser atingido, uma ou duas mudanças, ou apenas uma única, podem revolucionar um Estado.

A seguir, vou tentar mostrar qual é a falha nos Estados que está na origem de sua atual má administração e qual é a menor mudança que permitirá a um Estado passar para a forma mais verdadeira; e que a mudança, se possível, seja de apenas uma coisa, ou, se não, de duas; de qualquer forma, sejam as mudanças tão poucas e leves quanto possível.

Certamente, ele respondeu.

Acho, disse eu, que poderia haver uma reforma do Estado se fosse feita apenas uma mudança, que não é leve nem fácil, embora ainda assim seja possível.

Qual seria?, ele disse.

> Sócrates avança para encarar a onda.

Agora então, eu disse, vou ao encontro daquilo que comparo à maior das ondas; ainda assim a palavra será falada, mesmo que a onda quebre e me afogue em risos e desonra; e você marque minhas palavras.

Prossiga.

> "As cidades jamais renunciarão à doença até que sejam governadas pelos filósofos."

Eu disse: *até que os filósofos sejam reis, ou os reis e príncipes deste mundo tenham o espírito e o poder da filosofia, e a grandeza política e a sabedoria se encontrem em um, e aquelas naturezas mais comuns que perseguem um, com a exclusão do outro, são compelidas a ficar de lado, as cidades nunca terão descanso de seus males, nem a raça humana, como eu acredito, e só então este nosso Estado terá uma possibilidade de vida e contemplará a luz do dia.* Tal foi o pensamento, meu caro Glauco, que eu teria proferido de bom grado se não tivesse parecido muito extravagante; pois estar convencido de que em nenhum outro Estado pode haver felicidade privada ou pública é realmente uma coisa difícil.

> O que o mundo dirá sobre isso?

Sócrates, o que você quer dizer? Eu gostaria que você considerasse que a palavra que você proferiu é aquela em que inúmeras pessoas, e pessoas muito respeitáveis, em uma figura tirando seus casacos em um momento, e pegando qualquer arma que vier à mão, correrão até você com vontade e propósito, antes de saber onde está, pretendendo fazer sabe Deus o quê; e se você não preparar uma resposta e se colocar em ação, você será "aplacado por sua inteligência", sem dúvida.

Você me atrapalhou, eu disse.

E eu estava certo; no entanto, farei tudo o que puder para tirar você disso; mas só posso lhe dar boa vontade e bons conselhos e, talvez, ser capaz de responder às suas perguntas melhor do que outro, isso é tudo. E agora, tendo tal auxiliar, você deve fazer o seu melhor para mostrar aos descrentes que você está certo.

> Mas quem é um filósofo?

Eu deveria tentar, eu disse, já que você me oferece uma ajuda inestimável. E penso que, se há uma chance de nossa fuga, devemos explicar a quem queremos dizer quando dizemos que os filósofos devem governar no Estado; então seremos capazes de nos defender: descobriremos que existem algumas naturezas que deveriam estudar filosofia e ser líderes no Estado; e outros que não nasceram para ser filósofos, mas devem ser seguidores em vez de líderes.

Então, agora para uma definição, ele disse.

Siga-me, disse eu, e espero poder, de uma forma ou de outra, lhe dar uma explicação satisfatória.

Prossiga.

> Paralelo ao inferior.

Ouso dizer que você se lembra e, portanto, não preciso lembrá-lo, que um amante, se for digno desse nome, deve demonstrar seu amor, não a uma parte daquilo que ama, mas ao todo.

Realmente não entendo e, portanto, imploro que ajudem minha memória.

> O amante dos justos ama-os a todos.

Outra pessoa, eu disse, poderia responder justamente desta forma; mas um homem de prazer como você deve saber que todos os que estão na flor da juventude, de uma maneira ou de outra, despertam uma pontada ou emoção no peito de um amante, e são considerados por ele dignos de seus afetuosos cumprimentos. Não é este o caminho que você tem com a beleza: alguém tem o nariz arrebitado e você elogia o seu rosto encantador; o nariz adunco de outro tem, você diz, uma aparência real; ao passo que aquele que não é desprezado nem fisgado tem a graça da regularidade: o rosto escuro é viril, os belos são filhos dos deuses; e quanto ao doce "pálido de mel", como são chamados, qual é o próprio nome senão a invenção de um amante que fala em diminutivos e não se opõe à palidez se esta aparecer no rosto de um jovem? Em suma, não há desculpa que você não dê, e nada que não diga, para não perder uma única flor que desabrocha na primavera da juventude.

Se você me torna uma autoridade em questões de amor, por causa do argumento, eu concordo.

> o amante dos vinhos, a todos eles.

E o que você diz dos amantes do vinho? Você não os vê fazendo o mesmo? Eles ficam contentes com qualquer pretexto para beber qualquer vinho.

Muito bom.

> o amante da honra, a toda honra.

E o mesmo é verdade para homens ambiciosos; se não podem comandar um exército, estão dispostos a comandar uma fileira; e se não podem ser homenageados por pessoas realmente grandes e importantes, eles ficam felizes em serem homenageados por pessoas inferiores e comuns, mas devem ter algum tipo de honra.

Exatamente.

Mais uma vez, pergunto: quem deseja alguma classe de bens deseja a classe inteira ou apenas uma parte?

O todo.

> O filósofo, ou amante da sabedoria, a todo o conhecimento.

E não podemos dizer do filósofo que ele é um amante, não apenas de uma parte da sabedoria, mas do todo?

Sim, do todo.

E aquele que não gosta de aprender, principalmente na juventude, quando não tem o poder de julgar o que é bom e o que não é, consideramos que não é filósofo nem amante do conhecimento, assim como quem recusa a comida não está com fome e pode-se dizer que tem um apetite ruim e não bom?

É verdade, disse ele.

Ao passo que aquele que tem gosto por todo tipo de conhecimento e que tem curiosidade em aprender e nunca fica satisfeito pode ser justamente denominado filósofo? Eu não estou certo?

A República

> Sob o conhecimento, no entanto, não serão incluídas as visões e sons, ou sob os amantes do conhecimento, amadores da música e assemelhados.

Glauco disse: se a curiosidade faz um filósofo, você encontrará muitos seres estranhos que terão um título para o seu nome. Todos os amantes das paisagens têm prazer em aprender e, portanto, devem ser incluídos. Os músicos amadores também são um povo estranhamente deslocado entre os filósofos, pois são as últimas pessoas no mundo que viriam para algo como uma discussão filosófica, se pudessem ajudar, enquanto corriam nos festivais dionisíacos como se tivessem alargado os ouvidos para ouvir cada coro; se a apresentação é na cidade ou no campo (isso não faz diferença) eles estão lá. Agora, devemos sustentar que todos esses e quaisquer que tenham gostos semelhantes, bem como os professores de artes menores, são filósofos?

Certamente não, respondi; eles são apenas uma imitação.

Ele disse: quem, então, são os verdadeiros filósofos?

Aqueles, eu disse, que amam a visão da verdade.

Isso também é bom, disse ele; mas eu gostaria de saber o que você quer dizer?

A outro, respondi, posso ter dificuldade em explicar; mas estou certo de que você admitirá uma proposição que estou prestes a fazer.

Qual é a proposição?

Que sendo a beleza o oposto da feiura, elas são duas?

Certamente.

E sendo duas, cada uma delas é uma?

Verdadeiro novamente.

E de justo e injusto, bom e mau, e de todas as outras classes, a mesma observação se aplica: considerados isoladamente, cada um deles é um; mas pelas várias combinações deles com ações e coisas e uns com os outros, eles são vistos em todos os tipos de luzes e parecem muitos?

Muito verdadeiro.

E esta é a distinção que eu faço entre os amantes da visão, amantes da arte, artistas práticos e aqueles de quem estou falando, e que são os únicos dignos do nome de filósofos.

Como você os distingue?, ele disse.

Os amantes de sons e imagens, respondi, gostam, como imagino, de tons, cores e formas finas e todos os produtos artificiais que são feitos deles, mas sua mente é incapaz de ver ou amar a beleza absoluta.

Verdade, ele respondeu.

Poucos são aqueles que são capazes de atingir a visão disso.

Muito verdadeiro.

E aquele que, tendo um senso de coisas belas, não tem senso de beleza absoluta, ou que, se outro o levar ao conhecimento dessa beleza, é incapaz de seguir, de tal pessoa eu pergunto: ele está acordado ou apenas em sonho? Reflita: não é o sonhador, dormindo ou acordado, aquele que compara coisas diferentes, que coloca a cópia no lugar do objeto real?

Eu certamente diria que tal pessoa estava sonhando.

> O conhecimento é a habilidade de distinguir entre um e muitos, entre a ideia e os objetos que a representam.

Mas tome o caso do outro, que reconhece a existência da beleza absoluta e é capaz de distinguir a ideia dos objetos que participam da ideia, nem colocando os objetos no lugar da ideia nem a ideia no lugar dos objetos. Ele é um sonhador ou está acordado?

Ele está bem acordado.

E não podemos dizer que a mente de quem sabe tem conhecimento, e que a mente de outro, que apenas opina, tem opinião?

Certamente.

Mas suponha que este último discutisse conosco e contestasse nossa declaração; podemos administrar-lhe algum conselho cordial ou calmante, sem revelar-lhe que há uma triste desordem em seu juízo?

Devemos certamente oferecer-lhe bons conselhos, respondeu ele.

Venha, então, e vamos pensar em algo para dizer a ele. Devemos começar assegurando-lhe que é bem-vindo a qualquer conhecimento que possa ter, e que nos alegramos por tê-lo? Mas gostaríamos de lhe fazer uma pergunta: aquele que tem conhecimento sabe alguma coisa ou nada? (Você deve responder por ele.)

Eu respondo que ele sabe de alguma coisa.

Algo que é ou não é?

Algo que é; pois como pode aquilo que nunca é ser eventualmente conhecido?

> Existe um intermediário entre ser e e não ser, e um intermediário correspondente entre a ignorância e o conhecimento. Esse intermediário é a faculdade denominada opinião.

E temos certeza, depois de olhar para a questão de muitos pontos de vista, que o ser absoluto é ou pode ser absolutamente conhecido, mas que o totalmente inexistente é totalmente desconhecido?

Nada pode ser mais certo.

Que bom. Mas se houver algo que seja de natureza de ser e não ser, isso terá um lugar intermediário entre o ser puro e a negação absoluta do ser?

Sim, entre eles.

E, como o conhecimento correspondia ao ser e a ignorância da necessidade ao não-ser, para aquele intermediário entre o ser e o não-ser deve ser descoberto um intermediário correspondente entre a ignorância e o conhecimento, se é que existe?

Certamente.

Admitimos a existência de opinião?

Sem dúvida.

Como sendo o mesmo que o conhecimento, ou outra faculdade?

Outra faculdade.

Então opinião e conhecimento têm a ver com diferentes tipos de matéria correspondentes a essa diferença de faculdades?

Sim.

E o conhecimento é relativo ao ser e conhece o ser. Mas antes de prosseguir, farei uma divisão.

Qual divisão?

Começarei por colocar as faculdades em uma classe à parte: elas são poderes em nós e em todas as outras coisas, pelas quais agimos como agimos. Visão e audição, por exemplo, devo chamar de faculdades. Expliquei claramente a classe a que me refiro?

Sim, entendo perfeitamente.

Então, deixe-me contar minha opinião sobre elas. Eu não as vejo e, portanto, as distinções de figura, cor e semelhantes, que me permitem discernir as diferenças de algumas coisas, não se aplicam a elas. Ao falar de uma faculdade, penso apenas em sua esfera e em seu resultado; e aquilo que tem a mesma esfera e o mesmo resultado eu chamo de mesma faculdade, mas aquilo que tem outra esfera e outro resultado eu chamo de diferente. Seria essa a sua maneira de falar?

Sim.

E você será tão bom para responder a mais uma pergunta? Você diria que o conhecimento é uma faculdade, ou em que classe você o colocaria?

Certamente, o conhecimento é uma faculdade, e a mais poderosa de todas as faculdades.

E a opinião também é uma faculdade?

Certamente, ele disse; pois opinião é aquilo com que somos capazes de formar uma opinião.

E ainda assim você estava reconhecendo há pouco que o conhecimento não é o mesmo que opinião?

> A opinião se difere do conhecimento porque a primeira erra e a segunda não erra.

Por que, sim, ele disse: como pode algum ser razoável identificar o que é infalível com o que erra?

Excelente resposta, provando, disse eu, que temos plena consciência de uma distinção entre eles.

Sim.

Então o conhecimento e a opinião com poderes distintos também têm esferas ou assuntos distintos?

Isso é certo.

O ser é a esfera ou assunto do conhecimento, e o conhecimento é conhecer a natureza do ser?

Sim.

E opinião é ter uma opinião?

Sim.

E sabemos o que opinamos? Ou o assunto da opinião é o mesmo que o assunto do conhecimento?

A República

Não, respondeu ele, isso já foi refutado; se diferença na faculdade implica diferença na esfera ou assunto, e se, como dizíamos, opinião e conhecimento são faculdades distintas, então a esfera do conhecimento e da opinião não podem ser a mesma.

Então, se o ser é o assunto do conhecimento, alguma outra coisa deve ser o assunto da opinião?

Sim, outra coisa.

> Ela também difere da ignorância, que se preocupa com nada.

Pois bem, o não ser objeto da opinião? Ou melhor, como pode haver uma opinião sobre o não ser? Reflita: quando um homem tem uma opinião, não tem essa opinião sobre algo? Ele pode ter uma opinião que seja uma opinião sobre nada?

Impossível.

Quem tem opinião tem opinião sobre alguma coisa?

Sim.

E não ser não é uma coisa, mas, propriamente falando, nada?

Verdade.

Do não ser, a ignorância era considerada o correlativo necessário; do ser, conhecimento?

Verdade, ele disse.

Então a opinião não está preocupada em ser ou não ser?

Com nem um, nem outro.

E, portanto, não pode haver ignorância nem conhecimento?

Isso parece verdade.

> Mas esse lugar não deve ser buscado sem ou além do conhecimento ou ignorância, mas entre eles.

Mas a opinião deve ser buscada fora e além de qualquer um deles, em uma clareza maior que o conhecimento, ou em uma escuridão maior que a ignorância?

Em nenhum.

Então suponho que essa opinião lhe pareça mais escura do que o conhecimento, mas mais clara do que a ignorância?

Ambos; e em grande medida.

E está dentro e entre eles?

Sim.

Então você inferiria que a opinião é intermediária?

Sem dúvida.

Mas se não estivéssemos dizendo antes, que se algo parecia ser de um tipo que é e não é ao mesmo tempo, esse tipo de coisa pareceria também estar no intervalo entre o ser puro e o não ser absoluto; e que a faculdade correspondente não é nem conhecimento nem ignorância, mas será encontrada no intervalo entre eles?

Verdade.

E nesse intervalo agora foi descoberto algo que chamamos de opinião?

Sim, foi.

Então o que resta a ser descoberto é o objeto que compartilha igualmente da natureza de ser e não ser, e não pode ser corretamente denominado, puro e simples; a este termo desconhecido, quando descoberto, podemos verdadeiramente chamar o sujeito da opinião, e atribuir a cada um a sua faculdade apropriada – os extremos as faculdades dos extremos e a média a faculdade da média.

Verdade.

> O absoluto do único e a relatividade do muito.

Tendo esta premissa, eu pediria ao cavalheiro que é de opinião que não existe uma ideia absoluta ou imutável de beleza, em cuja opinião o belo é o múltiplo; ele, eu digo, seu amante de belas paisagens, que não suporta que lhe digam que o belo é um, e o justo é um, ou que qualquer coisa é um – a ele eu apelaria, dizendo: você será tão gentil, senhor, a ponto de nos dizer se, de todas essas coisas belas, há uma que não será considerada feia; ou dos justos, que não serão considerados injustos; ou do santo, que também não será profano?

Não, ele respondeu; o belo será, sob certo ponto de vista, considerado feio; e o mesmo é verdade para o resto.

E os muitos que são duplos não podem ser também metades? Isto é, duplas de uma coisa e metades de outra?

Bem verdade.

E as coisas grandes e pequenas, pesadas e leves, como são chamadas, não serão denotadas por estes mais do que pelos nomes opostos?

Verdadeiro; esses nomes e os opostos sempre serão anexados a todos eles.

E pode qualquer uma daquelas muitas coisas que são chamadas por nomes específicos ser ditas como sendo isso em vez de não ser isso?

Ele respondeu: são como os trocadilhos que se fazem nas festas ou o quebra-cabeça das crianças sobre o eunuco mirar no morcego, com o que ele bateu, como dizem no quebra-cabeça, e sobre o que o morcego estava sentado. Os objetos individuais de que estou falando também são um enigma e têm um duplo sentido: nem você pode fixá-los em sua mente, seja como ser ou não ser, ou ambos, ou nenhum.

Então o que você fará com eles?, eu disse. Eles podem ter um lugar melhor do que entre ser e não ser? Pois eles claramente não estão em maior escuridão ou negação do que o não ser, ou mais cheios de luz e existência do que o ser.

Isso é verdade, disse ele.

Portanto, parece que descobrimos que as muitas ideias que a multidão nutre sobre o belo e sobre todas as outras coisas estão se espalhando em alguma região que está a meio caminho entre o puro ser e o puro não ser.

Parece que sim.

Sim; e havíamos concordado antes que qualquer coisa desse tipo que pudéssemos encontrar deveria ser descrita como uma questão de opinião, e não como uma questão de conhecimento; sendo o fluxo intermediário que é capturado e detido pela faculdade intermediária.

Bem verdade.

> Opinião é o conhecimento, não do absoluto, mas dos muitos.

Então, aqueles que veem muitos belos, e que ainda não veem a beleza absoluta, nem podem seguir qualquer guia que indique o caminho até lá; que veem os muitos justos, e não a justiça absoluta e semelhantes – pode-se dizer que essas pessoas têm opinião, mas não conhecimento?

Isso é certo.

Mas aqueles que veem o absoluto, o eterno e o imutável, pode-se dizer que sabem, e não apenas que tenham uma opinião?

Nem isso pode ser negado.

Um, ama e abraça os assuntos do conhecimento; o outro, os da opinião? Os últimos são os mesmos, ouso dizer que você se lembrará, que ouviam sons doces e contemplavam cores claras, mas não tolerariam a existência de uma beleza absoluta.

Sim, eu lembro.

Seremos então culpados de qualquer impropriedade em chamá-los de amantes da opinião em vez de amantes da sabedoria, e eles ficarão muito zangados conosco por descrevê-los assim?

Eu direi a eles para não ficarem zangados; nenhum homem deve ficar zangado com o que é verdade.

Mas aqueles que amam a verdade em cada coisa devem ser chamados de amantes da sabedoria e não amantes da opinião.

Certamente.

Livro VI

> *República VI.*
> Sócrates,
> Glauco.

E assim, Glauco, depois de o argumento ter passado por um longo caminho, o verdadeiro e o falso filósofos finalmente apareceram em vista.

Não creio, disse ele, que o caminho pudesse ter sido encurtado.

> Se tivéssemos mais tempo, poderíamos ter uma visão mais próxima do verdadeiro e do falso filósofo.

Suponho que não, disse eu, e, no entanto, acredito que poderíamos ter uma visão melhor de ambos se a discussão pudesse ter sido confinada a este único assunto e se não houvesse muitas outras questões à nossa espera, as quais aquele que deseja ver em que sentido a vida do justo difere daquela que o injusto deve considerar.

E qual é a próxima pergunta?, ele indagou.

Certamente, eu disse, aquele que vem a seguir na ordem. Visto que os filósofos só são capazes de compreender o eterno e imutável, e aqueles que vagam na região dos muitos e variáveis não são filósofos, devo perguntar-lhes qual das duas classes deveria ser a dos governantes de nosso Estado?

E como podemos responder corretamente a essa pergunta?

> **Quais deles devem ser nossos guardiões?**

Os que forem mais capazes de proteger as leis e instituições de nosso Estado – sejam eles nossos guardiões.

Muito bom.

> **Uma questão difícil de ser formulada.**

Tampouco, disse eu, pode haver alguma dúvida de que o guardião que fique com qualquer coisa deva ter olhos em vez de não ter olhos?

Não pode haver dúvida disso.

E não são aqueles que estão verdadeiramente e de fato querendo o conhecimento do verdadeiro ser de cada coisa, e que não têm em suas almas nenhum padrão claro, e são incapazes, como os olhos de um pintor, de enxergar a verdade absoluta e naquele original reparar e ter uma visão perfeita do outro mundo a fim de pedir as leis sobre beleza, bondade, justiça neste, se já não foi pedido, e para guardar e preservar a ordem delas – essas pessoas não são, pergunto, simplesmente cegas?

Na verdade, ele respondeu, eles estão muito nessa condição.

E serão eles os nossos guardiões quando houver outros que, além de serem seus iguais em experiência e inferiores a eles em nenhuma particularidade de virtude, também conhecem a própria verdade de cada coisa?

Não pode haver razão, disse ele, para rejeitar aqueles que possuem a maior de todas as grandes qualidades; eles devem sempre ter o primeiro lugar, a menos que falhem em algum outro aspecto.

Suponha então, eu disse, que determinemos até que ponto eles podem unir esta e as outras excelências.

Certamente.

> **O filósofo é um amante da verdade e de toda a verdade no ser.**

Em primeiro lugar, como começamos observando, a natureza do filósofo deve ser verificada. Devemos chegar a um entendimento sobre ele e, quando o tivermos feito, então, se não me engano, também devemos reconhecer que tal união de qualidades é possível, e que aqueles a quem estão unidas, e apenas aqueles, deveriam ser governantes do Estado.

O que você quer dizer?

Suponhamos que as mentes filosóficas sempre amem o conhecimento de um tipo que lhes mostra a natureza eterna, que não varia entre geração e corrupção.

De acordo.

Além disso, eu disse, vamos concordar que eles são amantes de todo ser verdadeiro; não há parte, seja maior ou menor, ou mais ou menos honrosa, a que eles estejam dispostos a renunciar; como dissemos antes do amante e do homem de ambição.

Verdade.

E se eles devem ser o que estávamos descrevendo, não há outra qualidade que eles também deveriam possuir?

Qual qualidade?

Veracidade: eles nunca receberão intencionalmente em sua mente a falsidade, que é sua detestação, e eles amarão a verdade.

Sim, isso pode ser afirmado com segurança sobre eles.

"Pode ser", meu amigo, respondi, não é a palavra certa; diga antes "deve ser afirmado", pois aquele cuja natureza é amorosa com qualquer coisa não pode deixar de amar tudo o que pertence ou é semelhante ao objeto de suas afeições.

Certo, ele disse.

E há algo mais parecido com sabedoria do que verdade?

Como pode haver?

Pode a mesma natureza ser amante da sabedoria e amante da falsidade?

Nunca.

O verdadeiro amante do aprendizado deve, então, desde a mais tenra juventude, até onde nele reside, desejar toda a verdade?

Certamente.

Mas então, como sabemos por experiência, aquele cujos desejos são fortes em uma direção os terá mais fracos em outras; eles serão como um riacho que foi desviado para outro canal.

Verdade.

> Ele será absorvido nos prazeres da alma, adicionalmente equilibrado e o contrário de impetuoso ou mau.

Aquele cujos desejos são atraídos para o conhecimento em todas as formas, será absorvido pelos prazeres da alma e dificilmente sentirá prazer corporal, quero dizer, se ele for um verdadeiro filósofo e não um fingido.

Isso é mais certo.

Tal pessoa certamente será temperante e o oposto de cobiçosa; pois os motivos que tornam outro homem desejoso de ter e gastar não têm lugar em seu caráter.

Muito verdadeiro.

Outro critério de natureza filosófica também deve ser considerado.

Qual seria?

Não deve haver nenhum canto secreto de iliberalidade; nada pode ser mais antagônico do que a mesquinhez para uma alma que está sempre ansiosa por todas as coisas divinas e humanas.

Verdade, ele respondeu.

> Na magnificência de suas contemplações ele não irá pensar muito sobre a vida humana.

Então, como pode aquele que tem mente magnífica e é o espectador de todos os tempos e de toda a existência, pensar muito na vida humana?

Ele não pode.

Ou será que esse tipo considera a morte terrível?

De fato, não.

Então a natureza covarde e mesquinha não tem parte na verdadeira filosofia?

Certamente não.

Ou ainda: aquele que é harmoniosamente constituído, que não é avarento ou mesquinho, ou fanfarrão, ou covarde – pode ele, eu digo, ser injusto ou duro em seus procedimentos?

Impossível.

> Ele será de natureza gentil, sociável, harmoniosa; um amante do conhecimento.

Então você logo perceberá se um homem é justo e gentil, ou rude e antissocial; esses são os sinais que distinguem, mesmo na juventude, a natureza filosófica da não filosófica.

Verdade.

> Possuir uma boa memória e movimentar-se espontaneamente no mundo ser.

Há outro ponto que deve ser observado.

Que ponto?

Se ele tem ou não prazer em aprender; pois ninguém amará aquilo que lhe causa dor e no qual, depois de muito trabalho, ele faz pouco progresso.

Certamente não.

E, novamente, se ele se esquece e não retém nada do que aprendeu, não será um recipiente vazio?

Isso é certo.

Trabalhando em vão, ele deve terminar odiando a si mesmo e sua ocupação infrutífera? Sim.

Então, uma alma que esquece não pode ser classificada entre as naturezas filosóficas genuínas; devemos insistir que o filósofo deve ter uma boa memória?

Certamente.

E, mais uma vez, a natureza desarmônica e imprópria só pode tender à desproporção?

Sem dúvida.

E você considera que a verdade é semelhante à proporção ou à desproporção?

À proporção.

Então, além de outras qualidades, devemos tentar encontrar uma mente naturalmente bem proporcionada e graciosa, que se mova espontaneamente em direção ao verdadeiro ser de todas as coisas.

Certamente.

Bem, e todas essas qualidades, que temos enumerado, não andam juntas, e não são, de certo modo, necessárias a uma alma que deve ter uma participação plena e perfeita do ser?

Elas são absolutamente necessárias, respondeu ele.

> Conclusão: Que estudo sem culpa é essa tal filosofia, então!

E não deve ser um estudo irrepreensível que só pode ser feito por quem tem o dom de uma boa memória e aprende rápido, nobre, gracioso, amigo da verdade, justiça, coragem, temperança, que são seus parentes?

PLATÃO

O próprio deus do ciúme, disse ele, não poderia encontrar nenhuma falha em tal estudo.

E a homens como ele, eu disse, quando aperfeiçoados pelos anos e pela educação, e só a esses você confiará o Estado.

> Não, disse Adimanto, você consegue provar qualquer coisa, mas seus ouvintes continuarão sem convencimento.

Aqui, Adimanto interpôs-se e disse: a essas afirmações, Sócrates, ninguém pode oferecer uma resposta; mas quando você fala dessa maneira, um sentimento estranho passa pela mente de seus ouvintes: eles imaginam que se desviam um pouco a cada passo da discussão, devido à sua própria falta de habilidade em fazer e responder perguntas; esses pequenos se acumulam e, no final da discussão, descobre-se que sofreram uma derrubada poderosa e todas as suas noções anteriores parecem ter sido invertidas. E como os jogadores inábeis de damas são finalmente calados por seus adversários mais hábeis e não têm nenhuma peça para mover, então eles também se encontram finalmente calados; pois eles nada têm a dizer neste novo jogo do qual as palavras são as peças; e ainda assim, eles estão sempre com a razão. A observação me é sugerida pelo que está ocorrendo agora. Pois qualquer um de nós pode dizer que, embora em palavras não seja capaz de enfrentá-lo a cada passo da argumentação, ele vê como um fato que os adeptos da filosofia, quando continuam o estudo, não apenas na juventude como parte da educação, mas como a busca de seus anos de maturidade, a maioria deles se torna monstros estranhos, para não dizer desonestos, e que aqueles que podem ser considerados os melhores são tornados inúteis para o mundo pelo próprio estudo que você exalta.

> A opinião comum declara que os filósofos são ou patifes, ou inúteis.

Bem, e você acha que aqueles que dizem isso estão errados?

Não sei dizer, respondeu ele; mas gostaria de saber qual é a sua opinião.

> Sócrates, em vez de negar essa declaração, admite a verdade nela contida.

Ouça minha resposta; sou de opinião que eles têm toda a razão.

Então, como você pode ser justificado em dizer que as cidades não deixarão o mal até que os filósofos as governem, quando os filósofos são reconhecidos por nós como sendo inúteis para elas?

Você faz uma pergunta, eu disse, à qual a resposta só pode ser dada em uma parábola.

Sim, Sócrates; e essa é uma maneira de falar com a qual você não está acostumado, suponho.

> Uma parábola.

Percebo, eu disse, que você está muito divertido por ter me mergulhado em uma discussão tão desesperadora; mas agora ouça a parábola, e então você se divertirá ainda mais com a escassez de minha imaginação: pois a maneira como os melhores homens são tratados em seus próprios Estados é tão lastimável que nada na terra é comparável a ela; e, portanto, se devo defender sua causa, devo recorrer à ficção e reunir uma figura composta de muitas coisas, como as fabulosas uniões de cabras e veados que se encontram nas pinturas. Imagine então uma frota ou um navio no qual há um capitão mais alto e mais forte do que qualquer um da tripulação, mas ele é um pouco surdo e tem uma enfermidade semelhante na vista, e seu conhecimento de navegação não é muito melhor. Os marinheiros estão discutindo entre si sobre a direção – cada um é de opinião que tem o direito de dirigir, embora nunca tenha aprendido a arte da navegação e não possa dizer quem o ensinou ou quando aprendeu, e ainda afirmará que isso não pode ser ensinado e estão prontos para cortar em pedaços qualquer um que diga o contrário. Eles se aglomeram em volta do capitão, implorando e rezando para que ele lhes entregue o leme; e se em algum momento eles não prevalecerem, mas outros forem preferidos a eles, eles matam os outros ou os jogam ao mar, e tendo primeiro acorrentado os sentidos do nobre capitão com bebida ou alguma droga narcótica, eles se amotinam e tomam posse do navio e liberam as provisões; assim, comendo e bebendo, eles procedem em sua viagem da maneira que se poderia esperar deles.

> O nobre capitão cujos sentidos estão bastante embotados (e as pessoas em seu melhor julgamento), a tripulação amotinada (a massa dos políticos); e o piloto (o verdadeiro filósofo).

Aquele que é seu partidário e os auxilia habilmente em sua trama para tirar o navio das mãos do capitão, seja pela força ou persuasão, eles presenteiam com o nome de marinheiro, piloto, marinheiro hábil e abusam de outro tipo de homem, a quem eles chamam de imprestável; mas que o verdadeiro piloto deve prestar atenção ao ano e às estações e ao céu e às estrelas e aos ventos, e tudo o mais que pertence à sua arte, se ele pretende ser realmente qualificado para o comando de um navio, e que ele deve e será o timoneiro, quer outras pessoas gostem ou não – a possibilidade dessa união de autoridade com a arte do timoneiro nunca entrou seriamente em seus pensamentos ou fez parte de sua vocação[90]. Ora, em embarcações em estado de motim e entre marinheiros amotinados, como será considerado o verdadeiro piloto? Ele não será chamado por eles de tagarela, um contemplador de estrelas, um inútil?

Claro, disse Adimanto.

> A interpretação.

Então dificilmente você precisará, eu disse, ouvir a interpretação da alegoria, que descreve o verdadeiro filósofo em sua relação com o Estado; pois você já entendeu.

Certamente.

Então, suponha que você agora leve esta parábola ao cavalheiro que fica surpreso ao descobrir que os filósofos não têm honra em suas cidades; explique isso a ele e tente convencê-lo de que sua honra seria muito mais extraordinária.

Eu levarei.

> A inutilidade dos filósofos aparece da falta de vontade da humanidade de utilizar seu conhecimento.

Diga a ele que, ao considerar os melhores adeptos da filosofia inúteis para o resto do mundo, ele está certo; mas também lhe diga para atribuir sua inutilidade à culpa daqueles que não os usarão, e não a eles próprios. O piloto não deve implorar humildemente aos marinheiros que sejam comandados por

---

[90] Ou, aplicando ὅπως δὲ κυβερνήσει aos amotinados, "Mas apenas compreendendo (ἐπαΐοντας) que ele (o piloto rebelde) deve governar apesar das outras pessoas, nunca considerando que existe uma arte de comando que pode ser praticado em combinação com a arte do piloto."

ele, essa não é a ordem da natureza; nem são "os sábios para ir às portas dos ricos" – o autor engenhoso deste ditado disse uma mentira – mas a verdade é que, quando um homem está doente, seja rico ou pobre, vai consultar o médico, e quem quer ser governado, segue para aquele que pode governar. O governante que é bom para qualquer coisa não deve implorar que seus súditos sejam governados por ele; embora os atuais governadores da humanidade sejam de uma estampa diferente, eles podem ser justamente comparados aos marinheiros amotinados, e os verdadeiros timoneiros àqueles que são chamados por eles de imprestáveis e observadores de estrelas.

Precisamente isso, disse ele.

> Os verdadeiros inimigos da filosofia são seus próprios seguidores.

Por essas razões, e entre homens como esses, a filosofia, a busca mais nobre de todas, provavelmente não será muito apreciada pelos da facção oposta; não que o dano maior e mais duradouro seja feito a ela por seus oponentes, mas por seus próprios seguidores professos, os mesmos dos quais você supõe que o acusador diga que a maior parte deles são bandidos arrogantes, e os melhores são inúteis; com cuja opinião eu concordo.

Sim.

E a razão pela qual os bons são inúteis agora foi explicada?

Verdade.

> A corrupção da filosofia devido a diversas causas.

Então, devemos prosseguir para mostrar que a corrupção da maioria também é inevitável, e que isso não deve ser colocado a cargo da filosofia mais do que o outro?

Certamente.

E vamos perguntar e responder por sua vez, primeiro voltando à descrição da natureza gentil e nobre. A verdade, como você deve se lembrar, era sua líder, a quem ele sempre seguiu e em todas as coisas; falhando nisso, ele era um impostor e não tinha parte ou lote na verdadeira filosofia.

Sim, isso foi dito.

Bem, e essa qualidade, para não mencionar outras, está em grande desacordo com as noções atuais sobre ele?

PLATÃO

Certamente, ele disse.

> Mas antes de considerar isso, vamos renumerar as qualidades do filósofo.

E não temos o direito de dizer em sua defesa que o verdadeiro amante do conhecimento está sempre se esforçando para ser, essa é a sua natureza; ele não descansará na multiplicidade de indivíduos que é apenas uma aparência, mas continuará; o fio afiado não será cegado, nem a força de seu desejo diminuirá até que ele tenha alcançado o conhecimento da verdadeira natureza de cada essência por um simpático e semelhante poder na alma, e por esse poder aproximando-se e mesclando-se e tornando-se incorporado ao próprio ser, tendo gerado mente e verdade, ele terá conhecimento e viverá e crescerá verdadeiramente, e então, e não antes disso, ele cessará suas dores do parto.

Nada, disse ele, pode ser mais justo do que tal descrição dele.

> Seu amor pela essência, pela virtude, pela justiça, além de suas outras virtudes e dons naturais.

E o amor pela mentira fará parte da natureza do filósofo? Ele não odiará totalmente uma mentira?

Ele irá.

E quando a verdade é o capitão, não podemos suspeitar de nenhum mal do bando que ele lidera?

Impossível.

Justiça e saúde mental farão parte da companhia, e a temperança virá depois?

Verdade, ele respondeu.

Tampouco há razão para que eu deva novamente definir as virtudes do filósofo, pois você sem dúvida se lembrará que coragem, magnificência, apreensão, memória eram seus dons naturais. E você objetou que, embora ninguém pudesse negar o que eu então disse, ainda assim, se você deixar as palavras e olhar para os fatos, algumas das pessoas descritas são manifestamente inúteis, e a maior parte totalmente depravada; fomos então levados a investigar os fundamentos dessas acusações, e agora chegamos ao ponto de perguntar por que a maioria é má, questão essa que necessariamente nos trouxe de volta ao exame e à definição do verdadeiro filósofo.

Exatamente.

> As razões pelas quais as naturezas filosóficas se deterioram tão facilmente.

E temos de considerar a seguir as corrupções da natureza filosófica, por que tantos são estragados e tão poucos escapam da deterioração – estou falando daqueles que foram considerados inúteis, mas não maus e, quando acabarmos com eles, nós iremos falar dos imitadores da filosofia, que tipo de homens são aqueles que aspiram a uma profissão que está acima deles e da qual são indignos, e então, por suas múltiplas inconsistências, trazem sobre a filosofia, e sobre todos os filósofos, aquela reprovação universal de que falamos.

Quais são essas corrupções? Ele disse.

> (1) Existem poucas delas;

Vou ver se consigo explicá-las para você. Todos admitirão que uma natureza que tem na perfeição todas as qualidades que exigíamos de um filósofo, é uma planta rara e raramente vista entre os homens.

Realmente rara.

E que causas inúmeras e poderosas tendem a destruir essas naturezas raras!

Quais causas?

> (2) E elas podem ser destacadas da filosofia por suas próprias virtudes;

Em primeiro lugar, estão suas próprias virtudes, sua coragem, temperança e o resto delas, cada uma das quais qualidades louváveis (e esta é uma circunstância mais singular) que destroem e distraem da filosofia a alma que as possui.

Isso é muito singular, respondeu ele.

> E ainda. (3) pelas coisas vulgares da vida.

Depois, há todos os bens comuns da vida: beleza, riqueza, força, posição e grandes conexões no Estado – você entende o tipo de coisas – esses também têm um efeito corruptor e perturbador.

Compreendo; mas eu gostaria de saber mais precisamente o que você quer dizer sobre eles.

Compreenda a verdade como um todo, eu disse, e da maneira certa; então, você não terá dificuldade em compreender as observações anteriores e elas não mais lhe parecerão estranhas.

E como vou fazer isso? Ele perguntou.

Porque, eu disse, sabemos que todos os germes ou sementes, sejam vegetais ou animais, quando deixam de encontrar os nutrientes adequados, clima ou solo, em proporção ao seu vigor, são ainda mais sensíveis à falta de um ambiente adequado, pois o mal é um inimigo maior daquilo que é bom do que daquilo que não é.

Muito verdadeiro.

(4) as naturezas mais sutis, mais suscetíveis à injúria do que a anterior.

Há razão em supor que as melhores naturezas, quando sob condições estranhas, recebem mais dano do que as inferiores, porque o contraste é maior.

Certamente.

E não podemos dizer, Adimanto, que as mentes mais talentosas, quando são mal educadas, tornam-se preeminentemente más? Os grandes crimes e o espírito do puro mal não surgem da plenitude da natureza arruinada pela educação, em vez de qualquer inferioridade, ao passo que as naturezas fracas dificilmente são capazes de qualquer bem ou mal muito grandes?

Aí eu acho que você está certo.

(5) Elas não são corrompidas pelos sofistas privados, mas compelidas pela opinião do mundo, concordando na montagem ou em outro local de descanso.

E nosso filósofo segue a mesma analogia, ele é como uma planta que, tendo nutrição adequada, deve necessariamente crescer e amadurecer em toda virtude, mas, se semeada e plantada em um solo estranho, torna-se a mais nociva de todas as ervas daninhas, a menos que seja preservada por algum poder divino. Você realmente acha, como as pessoas costumam dizer, que nossos jovens são corrompidos por sofistas, ou que professores particulares de arte os corrompem em qualquer grau do qual vale a pena falar? Não é o público que diz essas coisas do maior de todos os sofistas? E eles não educam à perfeição jovens e velhos, homens e mulheres igualmente, e os moldam segundo seus próprios corações?

Quando isso é realizado? Ele disse.

A República

Quando eles se encontram, e o mundo se senta em uma assembleia, ou em um tribunal, ou um teatro, ou um acampamento, ou em qualquer outro *resort* popular, e há um grande alvoroço, e eles elogiam algumas coisas que estão sendo ditas ou feitas, e culpando outras, igualmente exagerando ambas, gritando e batendo palmas, e o eco das rochas e do lugar em que eles estão reunidos redobra o som do elogio ou da culpa – em tal momento não irá o coração do jovem, como dizem, saltar dentro dele? Será que algum treinamento particular permitirá que ele se mantenha firme contra a avassaladora torrente da opinião popular? Ou será levado pelo riacho? Ele não terá as noções do bem e do mal que o público em geral tem, ele fará o que eles fazem, e como eles estão, assim ele será?

Sim, Sócrates; a necessidade o compelirá.

E, no entanto, eu disse, há uma necessidade ainda maior, que não foi mencionada.

(6) a outra compulsão de violência e morte.

Qual seria?

A delicada força de aquisição ou confisco ou morte, que, como você sabe, esses novos sofistas e educadores, que são o público, aplicam quando suas palavras são impotentes.

Na verdade, eles fazem; e com toda a seriedade.

Agora, que opinião de qualquer outro sofista, ou de qualquer pessoa privada, pode-se esperar superar em uma disputa tão desigual?

Nenhuma, respondeu ele.

Eles devem ser salvos, se assim puderem, pelo poder dos deuses.

Não, de fato, disse eu, mesmo tentar é uma grande tolice; não existe, nem existiu, nem é provável que exista, qualquer tipo diferente de caráter que não teve nenhum outro treinamento na virtude, exceto aquele que é fornecido pela opinião pública[91] – falo, meu amigo, apenas da virtude humana; o que é mais do que humano, como diz o provérbio, não está incluído, pois eu não gostaria que vocês ignorassem que, no presente mau estado dos governos, tudo o que é salvo e vem ao bem é salvo pelo poder dos deuses, como nós podemos dizer verdadeiramente.

---

[91] Ou, considerando παρὰ em outro sentido, "treinado para a virtude em seus princípios".

Concordo plenamente, respondeu ele.

Então, deixe-me implorar seu consentimento também para uma observação posterior.

O que você vai dizer?

> O grande bruto, seu comportamento e temperamento (as pessoas olhavam a partir do seu pior lado).

Ora, que todos aqueles indivíduos mercenários, a quem muitos chamam de sofistas e que consideram ser seus adversários, não ensinam, de fato, nada senão a opinião da maioria, isto é, as opiniões de suas assembleias; e esta é a sabedoria deles. Eu poderia compará-los a um homem que deveria estudar os temperamentos e desejos de uma besta poderosa e forte alimentada por ele. Então aprenderia como se aproximar e lidar com ela, também em que momentos e por quais causas a besta é perigosa ou o contrário, e qual é o significado de seus vários gritos, e por quais sons, quando outro os pronuncia, ela fica calma ou enfurecida; e você pode supor, além disso, que quando, por atendê-la continuamente, ele se tornou perfeito em tudo isso, chama seu conhecimento de sabedoria e faz dele um sistema ou arte, que passa a ensinar, embora não tenha nenhuma noção real do que entende pelos princípios ou paixões de que está falando, mas chama isso de honrado e aquele desonroso, ou bom ou mau, ou justo ou injusto, tudo de acordo com os gostos e temperamentos da grande besta. O bem, ele declara ser aquele em que a besta se deleita e o mal aquilo de que ela não gosta; e não pode dar nenhuma outra explicação deles, exceto que o justo e o nobre são o necessário, nunca tendo ele mesmo visto, e não tendo poder de explicar aos outros a natureza de qualquer um, ou a diferença entre eles, que é imensa. Por Zeus, não seria tal um educador raro?

Na verdade, ele seria.

> Aqueles que se associam às pessoas irão se adaptar aos seus gostos e irão produzir apenas o que lhes agrada.

Em que difere aquele que pensa que a sabedoria é o discernimento dos temperamentos e gostos da multidão heterogênea, seja na pintura ou na música, ou, finalmente, na política, daquele que venho descrevendo? Pois quando um homem se associa a muitos e exibe a eles seu poema ou outra obra de arte ou o serviço que prestou ao Estado, tornando-os seus juízes quando não é obrigado, a chamada necessidade de Diomedes o levará a produzir tudo o que eles elogiam. E, ainda assim, as razões são totalmente ridículas que eles dão como confirmação de suas próprias noções sobre o que é honrado e bom. Você já ouviu algum deles que não fosse?

Não, nem vou ouvir.

Você reconhece a verdade do que eu disse? Então, deixe-me pedir que considere mais detalhadamente se o mundo algum dia será induzido a acreditar na existência da beleza absoluta em vez de nas muitas belezas, ou no absoluto em cada tipo, em vez dos muitos em cada tipo.

Certamente não.

Então o mundo não pode ser um filósofo?

Impossível.

E, portanto, os filósofos devem inevitavelmente cair sob a censura do mundo?

Eles devem.

E dos indivíduos que se associam com a turba e procuram agradá-la?

Isso é evidente.

Então, você vê alguma forma de o filósofo ser preservado em sua vocação até o fim? E lembre-se do que estávamos dizendo dele, que deveria ter rapidez, memória, coragem e magnificência, esses foram considerados por nós os verdadeiros dons do filósofo.

Sim.

> A juventude, que possui tantas bênçãos corporais e mentais, sentirá orgulho dessa infância.

Não estará alguém assim desde a primeira infância em todas as coisas em primeiro lugar, especialmente se seus dotes corporais forem como os mentais?

Certamente, ele disse.

E seus amigos e concidadãos vão querer usá-lo, conforme ele envelhece, para seus próprios fins?

Sem dúvida.

Caindo a seus pés, farão pedidos a ele e o honrarão e bajularão, porque querem colocar em suas mãos, agora, o poder que um dia possuirá.

Isso costuma acontecer, disse ele.

E o que um homem como ele provavelmente fará sob tais circunstâncias, especialmente se for cidadão de uma grande cidade, rico e nobre, e um jovem alto e decente? Ele não estará cheio de aspirações ilimitadas e se imaginará capaz de gerir os negócios dos helenos e dos bárbaros, e tendo essas noções em sua cabeça, ele não se dilatará e se elevará na plenitude da pompa vã e do orgulho sem sentido?

Pode ter certeza de que ele o fará.

> E sendo incapaz de chegar a uma razão, será facilmente removido da filosofia.

Agora, quando ele está neste estado de espírito, se alguém gentilmente vier lhe dizer que é um tolo e deve buscar compreensão, o que só pode ser obtido trabalhando como escravo, você acha que, em tais circunstâncias adversas, ele será facilmente induzido a ouvir?

Muito pelo contrário.

E mesmo se houver alguém que, por bondade inerente ou razoabilidade natural, teve seus olhos um pouco abertos e foi humilhado e levado cativo pela filosofia, como seus amigos se comportarão quando pensarem que provavelmente perderão a vantagem que esperavam colher de sua companhia? Não farão ou dirão nada para impedi-lo de ceder à sua melhor natureza e para tornar seu professor impotente, usando para esse fim intrigas privadas e processos públicos?

Não pode haver dúvida disso.

E como pode alguém que está nessas circunstâncias se tornar um filósofo?

Impossível.

> As qualidades importantes que fazem de um homem um filósofo podem também afastá-lo da filosofia.

Então, não estávamos certos ao dizer que, mesmo as próprias qualidades que fazem de um homem um filósofo, podem, se ele for mal educado, desviá-lo da filosofia, não menos do que as riquezas e seus acompanhamentos e os outros chamados bens da vida?

Estávamos certos.

Assim, meu excelente amigo, se abate toda aquela ruína e fracasso que venho descrevendo, das naturezas mais bem adaptadas à melhor de todas as atividades; são naturezas que consideramos raras em qualquer momento; sendo essa a classe da qual vêm os homens que são os autores do maior mal para os Estados e indivíduos; e do maior bem quando a maré os leva nessa direção; mas um homem pequeno nunca foi o autor de grandes coisas, seja para os indivíduos, seja para os Estados.

> As grandes naturezas sozinhas são capazes do bem supremo ou da pior maldade.

Isso é verdade, disse ele.

E assim a filosofia é deixada desolada, com seu rito matrimonial incompleto: pois seus próprios caíram e a abandonaram, e enquanto eles estão levando uma vida falsa e inadequada, outras pessoas indignas, vendo que ela não tem parentes para serem seus protetores, entram e a desonram; e afivelam nela as censuras que, como você diz, seus reprovadores proferem, que afirmam de seus devotos que alguns não servem para nada, e que a maior parte merece o castigo mais severo.

Certamente é isso que as pessoas dizem.

> A atratividade da filosofia para o comum.

Sim; e o que mais você esperaria, eu disse, quando você pensa nas criaturas insignificantes que, vendo esta terra aberta para eles, uma terra bem abastecida com nomes justos e títulos vistosos, como prisioneiros correndo da prisão para um santuário, dão um salto de seus negócios em filosofia; aqueles que o fazem sendo provavelmente as mãos mais inteligentes em seus próprios trabalhos miseráveis? Pois, embora a filosofia esteja neste caso perverso, ainda permanece uma dignidade sobre ela que não se encontra nas artes. E muitos são assim atraídos por ela, cujas naturezas são imperfeitas e têm almas mutiladas e desfiguradas pela mesquinhez, assim como seus corpos, por suas artes e ofícios. Isso não é inevitável?

Sim.

Eles não são exatamente como um funileiro careca que acabou de sair da prisão e fez fortuna; ele toma banho e veste um casaco novo, e é enfeitado como um noivo que vai se casar com a filha de seu patrão, que fica pobre e desolada?

Um paralelo bastante exato.

Qual será o resultado de tais casamentos? Eles não serão vis e bastardos?

Não pode haver dúvida disso.

> O casamento malsucedido da filosofia.

E quando pessoas indignas de educação abordam a filosofia e fazem uma aliança com aquela que está em uma posição acima delas, que tipo de ideias e opiniões provavelmente serão geradas[92]? Não serão sofismas cativantes para os ouvidos, nada tendo neles de genuíno, digno ou semelhante à verdadeira sabedoria?

Sem dúvida, ele disse.

> Poucas são as disciplinas de valor;

Então, Adimanto, eu disse, os dignos discípulos da filosofia serão apenas um pequeno remanescente: talvez alguma pessoa nobre e bem-educada, detida pelo exílio em seu serviço, que na ausência de influências corruptoras permanece devotada a ela; ou alguma alma elevada nascida em uma cidade mesquinha, cuja política ele despreza e negligencia; e pode haver uns poucos talentosos que deixam as artes, que eles justamente desprezam, e vão até ela; ou talvez haja alguns que sejam contidos pelo freio de nosso amigo Teages; pois tudo na vida de Teages conspirou para desviá-lo da filosofia; mas a saúde precária o manteve afastado da política. Meu próprio caso do sinal interno dificilmente vale a pena mencionar, pois raramente, ou nunca, tal monitor foi dado a qualquer outro homem. Aqueles que pertencem a esta pequena classe

> e esses são incapazes de resistir à loucura do mundo.

experimentaram quão doce e abençoada é a possessão da filosofia, e viram o suficiente da loucura da multidão; e eles sabem que nenhum político é honesto, nem há qualquer campeão da justiça ao lado de quem eles possam lutar e ser salvos. Tal pessoa pode ser comparada a um homem que caiu entre os animais selvagens – ele não se unirá à maldade de seus companheiros, mas também não é capaz de resistir sozinho a todas as suas naturezas ferozes e,

---

[92] Ou, "eles não merecem ser chamados de sofismas"...

A REPÚBLICA

portanto, vendo que seria inútil para o Estado ou para seus amigos, e refletindo que teria de jogar fora sua vida sem fazer nenhum bem a si mesmo ou aos outros, ele se cala e segue seu próprio caminho. É como aquele que, na tempestade de poeira e granizo que o vento impetuoso carrega, se retira sob o abrigo de uma parede; e vendo o resto da humanidade cheio de maldade, fica contente, se ao menos puder viver sua própria vida e ser puro do mal ou da injustiça e parte em paz e boa vontade, com brilhantes esperanças.

> Eles, portanto, para escapar da tempestade, abrigam-se sob uma parede e vivem suas próprias vidas.

Sim, disse ele, e terá feito um grande trabalho antes de partir.

Um ótimo trabalho, sim; mas não o maior, a menos que encontre um Estado adequado para ele; pois em um Estado assim, terá um crescimento maior e será o salvador de seu país, assim como de si mesmo.

As razões pelas quais a filosofia tem um nome tão maligno já foram suficientemente explicadas: a injustiça das acusações contra ela foi mostrada, há mais alguma coisa que você queira dizer?

Nada mais sobre esse assunto, respondeu ele; mas gostaria de saber qual dos governos agora existentes é, em sua opinião, o que se adapta a ela.

Nenhum deles, eu disse; e essa é precisamente a acusação que eu trago contra eles – nenhum é digno da natureza filosófica e, portanto, essa natureza é distorcida e alienada; como a semente exótica que é semeada em uma terra estrangeira se desnaturaliza, e é costume ser dominada e perder-se no novo solo, embora esse crescimento da filosofia, em vez de persistir, degenere e ganhe outro caráter. Mas se a filosofia alguma vez encontrar no Estado aquela perfeição semelhante a ela, então se verá que é na verdade divina, e que todas as outras coisas, seja a natureza dos homens ou instituições, são apenas humanas; e agora, eu sei, que você vai perguntar, qual é esse Estado.

> Nenhum Estado existente é adequado à filosofia.

Não, ele disse; aí você está errado, pois eu ia fazer outra pergunta: se é o Estado do qual somos os fundadores e inventores ou algum outro?

> Mesmo nosso próprio Estado requer a criação da autoridade viva.

Sim, respondi, o nosso, em muitos aspectos; mas você deve se lembrar do que eu disse antes, que alguma autoridade viva seria sempre exigida no Estado, tendo a mesma ideia da constituição que o orientou quando, como legislador, você estava estabelecendo as leis.

Isso foi dito, ele respondeu.

Sim, mas não de maneira satisfatória; você nos assustou ao interpor objeções, o que certamente mostrou que a discussão seria longa e difícil; e o que ainda resta é o reverso do fácil.

O que resta?

A questão de como o estudo da filosofia pode ser ordenado de forma a não ser a ruína do Estado: todas as grandes tentativas são acompanhadas de riscos; "o difícil é o bom", como dizem os homens.

Mesmo assim, disse ele, deixe o ponto ser esclarecido e a investigação estará concluída.

Não serei impedido, disse eu, por falta de vontade, mas, se for o caso, por falta de poder: o meu zelo eles poderão ver por si mesmos; e, por favor, observe o que estou prestes a dizer e com que ousadia e sem hesitação declaro que os Estados devem seguir a filosofia, não como fazem agora, mas com um espírito diferente.

De que maneira?

> O estudo superficial da filosofia que ocorre nos dias atuais.

No momento, eu disse, os estudantes de filosofia são bem jovens; começando quando mal haviam passado da infância, eles devotam apenas o tempo economizado para ganhar dinheiro e cuidar da casa para tais atividades; e até mesmo aqueles que têm a fama de possuírem muito do espírito filosófico, quando avistam a grande dificuldade do assunto, quero dizer dialética, se afastam. Na vida madura, quando convidados por outra pessoa, eles podem, talvez, ir e ouvir uma palestra, e sobre isso fazem muito barulho, pois não consideram a filosofia como seu negócio próprio: finalmente, quando envelhecerem, na maioria dos casos, eles se extinguem mais verdadeiramente do que o sol de Heráclito, visto que nunca mais se acendem.[93]

Mas qual deve ser o seu curso?

Exatamente o oposto. Na infância e na juventude, o estudo e a filosofia devem ser adequados aos seus tenros anos: durante esse período, enquanto eles estão crescendo em direção à idade adulta, o principal e especial cuidado deve ser dado a seus corpos para que possam usá-los a serviço da filosofia; à medida que a vida avança e o intelecto começa a amadurecer, aumentem a ginástica da alma; mas quando a força dos nossos cidadãos falhar e ultrapassar os deveres civis e militares, deixe-os andar à vontade e não se envolver em nenhum trabalho sério, pois pretendemos que vivam felizes aqui e coroem esta vida com uma felicidade semelhante em outra.

> Trasímaco mais uma vez.

Como você é verdadeiramente sério, Sócrates! Ele disse; estou certo disso; e, no entanto, a maioria de seus ouvintes, se não estou enganado, provavelmente serão ainda mais fervorosos em sua oposição a você e nunca serão convencidos; muito menos Trasímaco.

Não briguem, eu disse, entre Trasímaco e eu, que recentemente nos tornamos amigos, embora, na verdade, nunca tenhamos sido inimigos; pois continuarei me esforçando ao máximo até convertê-lo e a outros homens, ou fazer algo que possa beneficiá-los contra o dia em que viverão novamente e manterão o discurso em outro estado de existência.

Você está falando de um tempo que não está muito próximo.

> As pessoas odeiam a filosofia porque só conheceram imitações ruins e convencionais dela.

Em vez disso, respondi, de um tempo que não é nada em comparação com a eternidade. No entanto, não me surpreende que muitos se recusem a acreditar; pois eles nunca viram aquilo de que estamos falando realizado; viram apenas uma imitação convencional da filosofia, consistindo em palavras artificialmente reunidas, não como estas nossas que têm uma unidade natural. Mas um ser humano que em palavra e trabalho é perfeitamente

---

[93] Heráclito disse que o sol se apagava todas as noites e reacendia todas as manhãs. (N.T.)

moldado, tanto quanto pode, na proporção e semelhança da virtude – tal homem governando uma cidade que carrega a mesma imagem, eles nunca viram, nem um nem muitos deles, você acha que eles já fizeram?

De fato, não.

Não, meu amigo, e eles raramente, ou nunca, ouviram sentimentos livres e nobres; tais como os homens proferem quando estão, seriamente e por todos os meios em seu poder, buscando a verdade por causa do conhecimento, enquanto olham friamente para as sutilezas da controvérsia, cujo fim é opinião e contenda, se eles os encontram nos tribunais de justiça ou na sociedade.

Eles são estranhos, disse ele, às palavras que você fala.

E foi isso que previmos, e esta foi a razão pela qual a verdade nos forçou a admitir, não sem medo e hesitação, que nem as cidades, nem os Estados, nem os indivíduos atingirão a perfeição até que a pequena classe de filósofos que consideram inúteis, mas não corruptos, sejam providencialmente compelidos, queiram ou não, a cuidar do Estado, e até que semelhante necessidade seja imposta ao Estado de obedecer a eles[94]; ou até que os reis, ou se não os reis, os filhos dos reis ou príncipes, sejam divinamente inspirados com um verdadeiro amor pela verdadeira filosofia. Que uma ou ambas as alternativas são impossíveis, não vejo razão para afirmar: se fossem, poderíamos de fato ser justamente ridicularizados como sonhadores e visionários. Eu não estou certo?

Muito certo.

> Em algum lugar, em um outro tempo, pode ter havido ou poderá haver um filósofo que também seja o governante de um Estado.

Se então, nas incontáveis eras do passado, ou na hora presente, em algum clima estrangeiro que está longe e além de nosso alcance, o filósofo perfeito é, foi ou no futuro será compelido por um poder superior a ter o encargo do Estado, estamos prontos para afirmar até a morte, que essa nossa constituição foi, é e será sempre aquela em que a Musa da Filosofia for a rainha. Não há impossibilidade em tudo isso; que existe uma dificuldade, nós reconhecemos.

---

[94] Leitura de κατηκόῳ or κατηκόοις.

Minha opinião concorda com a sua, disse ele.

Mas você quer dizer que esta não é a opinião da multidão?

Imagino que não, respondeu ele.

Ó meu amigo, eu disse, não ataque a multidão: eles mudarão de opinião, se, não com um espírito agressivo, mas gentilmente e com o objetivo de acalmá-los e remover sua aversão à educação excessiva, você lhes mostra seus filósofos como eles realmente são; e descreve, como você estava fazendo há pouco, seu caráter e profissão, e então a humanidade verá que aquele de quem você está falando não é como eles supunham – se eles o virem sob esta nova luz, certamente mudarão sua noção, e responderão de outra forma[95]. Quem pode estar em inimizade com quem os ama, quem é gentil e livre de inveja terá ciúme de quem não tem ciúme? Não, deixe-me responder por você, que em alguns este temperamento severo pode ser encontrado, mas não na maioria da humanidade.

Concordo totalmente com você, disse ele.

> O sentimento contrário à filosofia é, na verdade, um sentimento contra os pretensos filósofos, que estão sempre falando sobre pessoas.

E você também não pensa, como eu, que o sentimento severo que muitos nutrem em relação à filosofia se origina nos pretendentes, que correm sem ser convidados, e estão sempre abusando deles, e encontrando defeitos neles, que fazem de pessoas, em vez de coisas, os temas de sua conversa? E nada pode ser mais impróprio para os filósofos do que isso.

É muito impróprio.

> O verdadeiro filósofo, que mantém seus olhos fixos sobre os princípios imutáveis, imaginam o Estado com imagens celestiais.

Pois ele, Adimanto, cuja mente está fixada no ser verdadeiro, certamente não tem tempo de olhar para baixo sobre os assuntos da terra, ou de se encher de malícia e inveja, lutando contra os homens; seus olhos estão sempre voltados para coisas fixas e imutáveis, que ele não vê nem prejudicando nem sendo prejudicadas umas pelas outras, mas tudo em

---

[95] Ler ἢ καὶ ἐὰν οὕτω θεῶνται sem fazer perguntas e ἀλλοίαν τοι: ou reter a pergunta e tomando ἀλλοίαν δόξαν em um novo sentido: "Você quer dizer realmente isso, vendo-o sob esta luz, eles serão de uma opinião diferente da sua e responderão de outra forma?"

ordem se movendo de acordo com a razão; estas ele imita, e a estas ele irá, na medida em que pode, se conformar. Pode um homem evitar imitar aquilo com que mantém uma conversa reverente?

Impossível.

E o filósofo mantendo uma conversa com a ordem divina, torna-se ordenado e divino, tanto quanto a natureza do homem permite; mas, como qualquer outra pessoa, ele sofrerá depreciação.

Claro.

E, se a necessidade for colocada sobre ele, de moldar, não apenas a si mesmo, mas a natureza humana em geral, seja nos Estados ou indivíduos, naquilo que contempla em outro lugar, ele, pensem vocês, será um artífice inábil da justiça, temperança e todas as virtudes civis?

Qualquer coisa, menos inábil.

E se o mundo perceber que o que estamos dizendo sobre ele é verdade, ficará zangado com a filosofia? Não acreditarão em nós, quando lhes dissermos que nenhum Estado pode ser feliz se não for projetado por artistas que imitam o padrão celestial?

Eles não ficarão com raiva se entenderem, disse ele. Mas como eles traçarão o plano do qual você está falando?

> Ele iniciará como 'tabula rasa' e lá escreverá suas leis.

Começarão por tomar o Estado e os costumes dos homens, dos quais, como de uma tábua, apagarão a imagem e deixarão uma superfície limpa. Não é uma tarefa fácil. Mas, seja fácil ou não, aqui estará a diferença entre eles e todos os outros legisladores – eles não terão nada a ver com o indivíduo ou com o Estado, e não inscreverão nenhuma lei, até que tenham encontrado, ou eles mesmos feito, uma superfície limpa.

Eles estarão muito certos, disse ele.

Tendo feito isso, eles continuarão a traçar um esboço da constituição?

Sem dúvida.

E quando eles estão completando o trabalho, como eu concebo, frequentemente voltam seus olhos para cima e para baixo: quero dizer que olharão primeiro para a justiça, beleza e temperança absolutas, e novamente para a cópia humana; e irão misturar e temperar os vários elementos da vida na imagem de um homem; e isso eles conceberão de acordo com aquela outra imagem, que, quando existe entre os homens, Homero chama a forma e semelhança divinas.

É verdade, disse ele.

E uma característica eles irão apagar e outra colocarão, até que tenham tornado os caminhos dos homens, tanto quanto possível, compatíveis com os caminhos dos deuses?

Na verdade, disse ele, de forma alguma eles poderiam fazer uma imagem mais justa.

> Os inimigos da filosofia, quando ouvirem a verdade, serão gradualmente persuadidos.

E agora, eu disse, estamos começando a persuadir aqueles que você descreveu como avançando contra nós com força e objetivo, que o pintor de constituições é aquele que estamos elogiando; com quem eles ficaram tão indignados porque em suas mãos entregamos o Estado; e eles estão ficando um pouco mais calmos com o que acabaram de ouvir?

Muito mais calmos, se é que há algum sentido neles.

Por que, onde eles ainda podem encontrar qualquer base para objeções? Duvidarão de que o filósofo ama a verdade e o ser?

Eles não seriam tão irracionais.

Ou que sua natureza, sendo tal como delineamos, é semelhante ao bem supremo?

Eles também não podem duvidar disso.

Mas, novamente, eles nos dirão que tal natureza, colocada em circunstâncias favoráveis, não será perfeitamente boa e sábia se alguma vez o foi? Ou eles vão preferir aqueles a quem rejeitamos?

Certamente não.

Então eles ainda ficarão zangados com a nossa afirmação de que, até que os filósofos controlem, os Estados e os indivíduos não terão descanso do mal, nem este nosso Estado imaginário jamais será realizado?

Acho que eles ficarão menos zangados.

> E em certo ponto se tornarão muito gentis.

Devemos presumir que eles não estão apenas menos zangados, mas bastante gentis, e que foram convertidos e, por muita vergonha, se por nenhuma outra razão, não podem se recusar a chegar a um acordo?

Certamente, ele disse.

> Pode ter havido o filho de um rei que tenha sido um filósofo, que permaneceu incorruptível e que teve um Estado obediente sob a sua vontade.

Então, vamos supor que a reconciliação foi efetuada. Alguém irá negar o outro ponto, que pode haver filhos de reis ou príncipes que são filósofos por natureza?

Certamente nenhum homem, disse ele.

E quando eles vierem a existir, qualquer um dirá que eles necessariamente devem ser destruídos; que dificilmente podem ser salvos não é negado nem mesmo por nós; mas que em todo o curso dos séculos nenhum deles pode escapar, quem se aventurará a afirmar isso?

Quem de fato!

Mas, disse eu, basta um; que haja um homem que tenha uma cidade obediente à sua vontade, e ele pode trazer à existência a política ideal sobre a qual o mundo é tão incrédulo.

Sim, um é o suficiente.

O governante pode impor as leis e instituições que estamos descrevendo, e os cidadãos podem estar dispostos a sujeitar-se a elas?

Certamente.

E que outros devam aprovar, do que nós aprovamos, não é milagre ou impossibilidade?

Eu acho que não.

Mas mostramos suficientemente, no que precede, que tudo isso, se apenas possível, é seguramente para o melhor.

Nós mostramos.

> Nossa constituição então não é inalcançável.

E agora dizemos não apenas que nossas leis, se pudessem ser promulgadas, seriam para o melhor, mas também que sua promulgação, embora difícil, não é impossível.

Muito bom.

E assim, com dor e trabalho, chegamos ao fim de um assunto, mas ainda há mais a ser discutido: como e por quais estudos e atividades os salvadores da constituição serão criados, e em que idades eles devem se aplicar a seus vários estudos?

Certamente.

> Recapitulação.

Omiti o problemático negócio da posse de mulheres e da procriação de filhos e da nomeação dos governantes, porque sabia que o Estado perfeito seria visto com ciúme e era difícil de obter; mas essa inteligência não me serviu muito, pois eu precisava discuti-los do mesmo jeito. As mulheres e crianças estão agora eliminadas, mas a outra questão dos governantes deve ser investigada desde o início. Estávamos dizendo, como você deve se lembrar, que eles deveriam ser amantes de seu país, experimentados pelo teste dos prazeres e dores, e nem nas adversidades, nem nos perigos, nem em qualquer outro momento crítico perderiam o patriotismo; aquele que falhasse seria rejeitado, mas aquele que sempre saía puro, como ouro provado no fogo do refinador, seria feito governante e receberia honras e recompensas na vida e após a morte. Esse era o tipo de coisa que estava sendo dita, e então a discussão se desviou e velou seu rosto; não gosto de mexer com a questão que agora surgiu.

Eu me lembro perfeitamente, disse ele.

> O guardião deve ser um filósofo, e o filósofo deve ser uma pessoa de raros talentos.

Sim, meu amigo, eu disse, e então evitei arriscar a palavra ousada; mas agora me atrevo a dizer que o guardião perfeito deve ser um filósofo.

Sim, disse ele, deixe-me afirmar.

E não suponha que haverá muitos deles; pois os dons que consideramos essenciais raramente crescem juntos; eles são encontrados principalmente em fragmentos e manchas.

O que você quer dizer?, ele disse.

> O contraste entre o temperamento ágil e o sólido.

Você sabe, eu respondi, que inteligência rápida, memória, sagacidade, capacidade e qualidades semelhantes não crescem frequentemente juntas, e que as pessoas que as possuem e, ao mesmo tempo são espirituosas e magnânimas, não são assim constituídas pela natureza para viver ordenadamente e de maneira pacífica e estável; elas são movidas de qualquer maneira por seus impulsos, e todos os princípios sólidos saem delas.

É verdade, disse ele.

Por outro lado, aquelas naturezas inabaláveis com as quais podemos contar, que em uma batalha são inexpugnáveis para o medo e inamovíveis, são igualmente imóveis quando há algo a ser aprendido; eles estão sempre em um estado entorpecido e tendem a bocejar e dormir por causa de qualquer trabalho intelectual.

Bem verdade.

> Eles devem ser unidos.

E ainda assim, estávamos dizendo que ambas as qualidades eram necessárias àqueles a quem a educação superior deve ser ministrada e que devem participar de qualquer cargo ou comando.

Certamente, ele disse.

E serão uma classe raramente encontrada?

Sim, de fato.

> Aquele que deverá estar no comando deve ser testado em diversos tipos de conhecimento.

Então, o aspirante não deve apenas ser testado nos trabalhos, perigos e prazeres que mencionamos antes, mas há outro tipo de provação que não mencionamos: ele deve ser exercitado também em muitos tipos de conhecimento, para ver se a alma será capaz de suportar o mais elevado de todos, ou desmaiar sob eles, como em quaisquer outros estudos e exercícios.

Sim, disse ele, você tem toda a razão em testá-lo. Mas o que você quer dizer com o mais alto de todos os conhecimentos?

Você deve se lembrar, eu disse, que dividimos a alma em três partes; e distinguimos as várias naturezas de justiça, temperança, coragem e sabedoria?

Na verdade, disse ele, se eu tivesse esquecido, não mereceria ouvir mais.

E você se lembra da palavra de cautela que precedeu a discussão deles?

A que você se refere?

> A exposição mais curta à educação, que já tenha sido dada, inadequada.

Estávamos dizendo, se não me engano, que quem quiser vê-los em sua beleza perfeita deve percorrer um caminho mais longo e mais tortuoso, no final do qual eles apareceriam; mas que poderíamos acrescentar uma exposição popular deles no mesmo nível da discussão anterior. E você respondeu que tal exposição seria suficiente para você, e assim a investigação foi continuada de uma maneira que me pareceu muito imprecisa; se você ficou satisfeito ou não, cabe a você dizer.

Sim, disse ele, pensei e os outros pensaram que você nos deu uma boa dose de verdade.

Mas, meu amigo, eu disse, uma medida de tais coisas que em qualquer grau fica aquém de toda a verdade não é uma medida justa; pois nada imperfeito é a medida de qualquer coisa, embora as pessoas estejam muito aptas a se contentar e pensam que não precisam procurar mais.

Não é um caso incomum quando as pessoas são indolentes.

Sim, eu disse; e não pode haver pior falha em um guardião do Estado e das leis.

Verdade.

> O guardião deverá tomar a estrada mais longa do mais alto conhecimento.

O guardião então, eu disse, deve ser obrigado a fazer o circuito mais longo e trabalhar tanto no aprendizado quanto na ginástica, ou ele nunca alcançará o mais alto conhecimento do todo, que, como acabamos de dizer, é sua vocação adequada.

O que, disse ele, existe um conhecimento ainda superior a este, superior à justiça e as outras virtudes?

Sim, eu disse, existe. E das virtudes, não devemos contemplar apenas o contorno, como no momento – nada menos do que o quadro mais acabado deve nos satisfazer. Quando as pequenas coisas são elaboradas com uma infinidade de dores, a fim de que possam aparecer em toda a sua beleza e clareza, como é ridículo que não consideremos as mais altas verdades dignas de atingir a maior exatidão!

Um pensamento nobre e correto[96]; mas você acha que devemos abster-nos de perguntar o que é este conhecimento mais elevado?

> Que leva a um patamar mais elevado, por fim, à ideia do bem.

Não, eu disse, pergunte se quiser; mas tenho certeza de que você já ouviu a resposta muitas vezes e agora ou não me entende ou, como prefiro pensar, está disposto a causar problemas; pois muitas vezes

---

[96] Ou, separando καὶ μάλα de ἄξιον, "Verdade, ele disse, e um pensamento nobre": ou ἄξιον τὸ διανόημα pode ser um brilho.

lhe foi dito que a ideia do bem é o conhecimento mais elevado, e que todas as outras coisas se tornam úteis e vantajosas apenas pelo seu uso nisso. Dificilmente você pode ignorar isso que eu estava prestes a falar, sobre o que, como você sempre me ouviu dizer, sabemos tão pouco; e, sem o qual, qualquer outro conhecimento ou posse de qualquer tipo não nos beneficiará de nada. Você acha que a posse de todas as outras coisas tem algum valor se não possuirmos o bem? Ou o conhecimento de todas as outras coisas, se não temos conhecimento da beleza e do bem?

Certamente não.

> Mas o que é o bem? Alguns dizem prazer, outros o conhecimento, cujo significado explicam à exaustão como o conhecimento do bem.

Você também sabe que a maioria das pessoas afirma que o prazer é o bem, mas os mais sagazes dizem que é o conhecimento?

Sim.

E você também sabe que esses últimos não podem explicar o que entendem por conhecimento, mas são obrigados, afinal, a dizer conhecimento do bem?

Que ridículo!

Sim, eu disse que eles deveriam começar nos censurando por nossa ignorância do bem, e então presumir nosso conhecimento dele, pois o bem que eles definem como conhecimento do bem, assim como se os entendêssemos quando eles usam o termo "bom" – isso é obviamente ridículo.

Verdade, disse ele.

E aqueles que fazem do prazer seu bem estão em igual perplexidade; pois são compelidos a admitir que existem tanto prazeres ruins quanto bons.

Certamente.

E, portanto, reconhecer que o mal e o bem são iguais?

Verdade.

Não pode haver dúvida sobre as inúmeras dificuldades em que esta questão está envolvida.

Não pode haver nenhuma.

Além disso, não vemos que muitos estão dispostos a fazer ou ter ou parecer ser o que é justo e honrado sem a realidade; mas ninguém está satisfeito com a aparência do bem, a realidade é o que procuram; no caso dos bons, a aparência é desprezada por todos.

É verdade, disse ele.

> Todo homem persegue o bem, mas sem conhecimento da sua natureza.

Disso então, que toda alma humana persegue e define como o fim de todas as suas ações, tendo um pressentimento de que existe tal fim, mas ainda hesitando por não conhecer a natureza, nem tendo a mesma certeza disso como de outras coisas, e, portanto, perdendo tudo o que há de bom nessas outras coisas – de um princípio tal e tão grande como este, devem os melhores homens em nosso Estado, a quem tudo é confiado, estar nas trevas da ignorância?

Certamente não, disse ele.

Estou certo, disse eu, que quem não sabe como o belo e o justo são igualmente bons, será um lamentável guardião deles; e eu suspeito que ninguém que ignore a boa vontade terá um verdadeiro conhecimento deles.

Isso, disse ele, é uma suspeita astuta sua.

E se tivermos apenas um tutor que tenha esse conhecimento, nosso Estado estará perfeitamente ordenado?

> O guardião deverá conhecer tais coisas.

Claro, ele respondeu; mas eu gostaria que você me dissesse se você concebe esse princípio supremo do bem como sendo o conhecimento ou o prazer, ou diferente de ambos?

Sim, eu disse, sempre soube que um cavalheiro[97] meticuloso como você não se contentaria com os pensamentos de outras pessoas sobre esses assuntos.

É verdade, Sócrates; mas devo dizer que alguém que, como você, passou a vida inteira estudando filosofia não deve repetir sempre as opiniões dos outros e nunca contar as suas.

---

[97] Lendo ἀνὴρ καλός: ou lendo ἀνὴρ καλῶς, "Eu sabia muito bem desde o início, que você etc."

Bem, mas alguém tem o direito de dizer positivamente o que não sabe?

Não, disse ele, com a garantia de uma certeza positiva; ele não tem o direito de fazer isso: mas pode dizer o que pensa, por uma questão de opinião.

E você não sabe, eu disse, que todas as meras opiniões são ruins, e as melhores delas são cegas? Você não negaria que aqueles que têm alguma noção verdadeira sem inteligência são apenas como cegos que tateiam o caminho ao longo da estrada?

Muito verdadeiro.

E você deseja ver o que é cego, torto e vil, quando outros lhe falarão de brilho e beleza?

> Sócrates, Glauco.

Mesmo assim, devo implorar-lhe, Sócrates, disse Glauco, que não se afaste quando está alcançando a meta; se você apenas der uma explicação do bem como você já deu de justiça e temperança e as outras virtudes, ficaremos satisfeitos.

> Nós somente podemos nos ater às coisas da mente através das coisas dos sentidos. Os 'filhos' do bem.

Sim, meu amigo, e ficarei pelo menos igualmente satisfeito, mas não posso deixar de temer que fracasse e que meu zelo indiscreto traga o ridículo sobre mim. Não, queridos senhores, não perguntemos agora qual é a verdadeira natureza do bem, pois alcançar o que está em meus pensamentos seria um esforço grande demais para mim. Mas sobre o filho do bom que é mais parecido com ele, eu adoraria falar, se pudesse ter certeza de que você deseja ouvir; do contrário, não.

Com certeza, disse ele, fale-nos sobre a criança, e você continuará em dívida conosco pela conta dos pais.

Eu realmente gostaria, respondi, de poder pagar, e você receber, a conta do pai, e não, como agora, apenas da prole; tome, no entanto, este último a título de juros[98], e ao mesmo tempo tenha o cuidado de não prestar contas falsas, embora não tenha a intenção de enganá-lo.

Sim, tomaremos todos os cuidados que pudermos: prossiga.

---

[98] Um jogo com τόκος, o que significa tanto "prole" quanto "interesse".

Sim, eu disse, mas devo primeiro chegar a um entendimento com você e lembrá-lo do que mencionei no decorrer desta discussão e em muitas outras vezes.

O quê?

A velha história, de que há muitos belos e muitos bons e, portanto, de outras coisas que descrevemos e definimos; a todos eles o termo "muitos" é aplicado.

Verdade, ele disse.

E há uma beleza absoluta e um bem absoluto, e de outras coisas às quais o termo "muitos" é aplicado, há um absoluto; pois eles podem ser trazidos sob uma única ideia, que é chamada de essência de cada um.

Muito verdadeiro.

Os muitos, como dizemos, são vistos, mas não são conhecidos, e as ideias são conhecidas, mas não vistas.

Exatamente.

E qual é o órgão com o qual vemos as coisas visíveis?

A visão, ele disse.

E com a audição, disse eu, ouvimos, e com os outros sentidos percebemos os outros objetos dos sentidos?

Verdade.

> Visão, o mais complexo dos sentidos.

Mas você já observou que a visão é de longe a obra de arte mais cara e complexa que o artífice dos sentidos já inventou?

Não, nunca havia observado, disse ele.

Então reflita: o ouvido ou a voz precisam de qualquer terceira natureza ou adicional para que um possa ouvir e o outro seja ouvido?

Nada do tipo.

Não, de fato, respondi; e o mesmo é verdade para a maioria, senão todos, os outros sentidos; você não diria que algum deles requer tal adição?

Certamente não.

Mas você vê que sem a adição de alguma outra natureza não há como ver ou ser visto?

O que você quer dizer?

A visão está, como eu concebo, nos olhos, e naquele que tem olhos querendo ver; estando a cor também presente neles, a menos que haja uma terceira natureza especialmente adaptada para o propósito, o dono dos olhos não verá nada e as cores serão invisíveis.

> É diferente dos outros sentidos, requer a adição de um terceiro elemento antes de ser usado. Esse terceiro elemento é a luz.

De que natureza você está falando?

Da que você chama de luz, respondi.

Verdade, ele disse.

Nobre, então, é o vínculo que une visão e visibilidade, e muito além de outros vínculos por não pequena diferença de natureza; pois a luz é o seu vínculo, e a luz não é coisa desprezível?

Não, disse ele, o reverso de desprezível.

E qual, eu disse, dos deuses no céu você diria que era o senhor deste elemento? De quem é essa luz que faz o olho ver perfeitamente e o visível aparecer?

Você quer dizer o sol, como você e toda a humanidade dizem.

Não pode a relação da visão com esta divindade ser descrita como segue?

Como?

Nem a vista, nem o olho em que reside a visão é o sol?

Não.

> O olho é parecido com o sol, mas não é igual a ele.

No entanto, de todos os órgãos dos sentidos, o olho é o mais parecido com o sol?

De longe o mais parecido.

E o poder que o olho possui é uma espécie de efluência que é dispensada do sol?

Exatamente.

Então o sol não é a visão, mas o autor da visão que por ela é reconhecida?

Verdade, ele disse.

E este é aquele a quem chamo de filho do bem, a quem o bem gerou à sua semelhança, para estar no mundo visível, em relação à visão e às coisas da visão, o que é o bem no mundo intelectual em relação à mente e às coisas da mente.

Você pode ser um pouco mais explícito?, ele disse.

Ora, você sabe, eu disse que os olhos, quando uma pessoa os dirige para objetos nos quais a luz do dia não brilha mais, mas apenas a da lua e das estrelas, veem vagamente e estão quase cegos; eles parecem não ter clareza de visão?

Muito verdadeiro.

> Os objetos visíveis só podem ser vistos quando o sol estiver brilhando sobre eles; a verdade só é conhecida quando iluminada pela ideia do bem.

Mas quando são direcionados para objetos nos quais o sol brilha, eles veem claramente e há visão neles?

Certamente.

E a alma é como o olho: quando repousa sobre aquilo sobre o qual a verdade e o ser brilham, a alma percebe e compreende, e é radiante de inteligência; mas quando se volta para o crepúsculo do devir e do perecer, então ela tem apenas opinião, e fica piscando, e primeiro é de uma opinião e depois de outra, e parece não ter inteligência?

Será bem assim.

> A ideia do bem ser mais elevado que a ciência ou a verdade (o objetivo do que é subjetivo).

Agora, aquilo que comunica a verdade ao conhecido e o poder de saber ao conhecedor é o que eu gostaria que você chamasse de ideia do bem, e isso você considerará ser a causa da ciência, e da verdade na medida em que esta se torna o sujeito do conhecimento; bela também, como o são a verdade e o conhecimento, você terá razão em considerar esta outra natureza mais bela do que qualquer outra; e, como no caso anterior, pode-se dizer que a luz e a visão são verdadeiramente como o sol, mas não são o sol, portanto, nesta outra esfera, a ciência e a verdade podem ser consideradas como o bem, mas não o são; o bem tem um lugar de honra ainda mais alto.

Que maravilha da beleza deve ser, disse ele, que é o autor da ciência e da verdade, e ainda assim os supera em beleza; pois você certamente não quer dizer que o prazer é o bem?

Claro que não, respondi; mas posso pedir-lhe que considere a imagem de outro ponto de vista?

De que ponto de vista?

Você diria, não é, que o sol não é apenas o autor da visibilidade em todas as coisas visíveis, mas da geração, nutrição e crescimento, embora ele próprio não seja gerador?

Certamente.

> Como o sol é a causa da origem, assim também o bem é a causa do ser e da essência.

Da mesma forma, pode-se dizer que o bem não é apenas o autor do conhecimento de todas as coisas conhecidas, mas de seu ser e essência, e ainda assim o bem não é a essência, mas a excede em muito em dignidade e poder.

Glauco disse, com uma seriedade ridícula: pela luz do céu, que maravilha!

Sim, eu disse, e o exagero pode ser atribuído a você; pois me fez expressar minhas ideias.

E por favor, continue a pronunciá-las; de qualquer forma, ouçamos se há algo mais a ser dito sobre a semelhança do sol.

Sim, eu disse, há muito mais.

Então não omita nada, por menor que seja.

Farei o meu melhor, eu disse; mas devo pensar que muita coisa terá de ser omitida.

Espero que não, disse ele.

Você tem de imaginar, então, que existem dois poderes governantes, e que um deles está estabelecido sobre o mundo intelectual, o outro sobre o visível. Não digo céu, para que você não imagine que estou brincando com os nomes ("ourhanoz, orhatoz")[99]. Posso supor que você tem essa distinção do visível e do inteligível fixada em sua mente?

Eu tenho.

---

[99] Do texto grego original, *ourhanoz*, que significa "dos céus" e *orhatoz*, que significa "do visível", em uma tradução livre (N.T.)

A REPÚBLICA

> As duas esferas da visão e do conhecimento são representadas por uma linha que é dividida em dois segmentos desiguais.

Agora tome uma linha que foi cortada em duas partes desiguais e divida cada uma delas novamente na mesma proporção, e suponha que as duas divisões principais respondam, uma para o visível e a outra para o inteligível, e então compare as subdivisões em respeito a sua clareza e falta de clareza, e você descobrirá que a primeira seção na esfera do visível consiste de imagens. E por imagens quero dizer, em primeiro lugar, sombras e, em segundo lugar, reflexos na água e em corpos sólidos, lisos e polidos e coisas do gênero: você entende?

Sim, eu entendo.

Imagine, agora, a outra seção, da qual esta é apenas a semelhança, para incluir os animais que vemos e tudo o que cresce ou é feito.

Muito bom.

Você não admitiria que ambas as seções dessa divisão têm diferentes graus de verdade, e que a cópia está para o original como a esfera de opinião está para a esfera do conhecimento?

Sem dúvida.

Em seguida, avance para considerar a maneira pela qual a esfera do intelecto deve ser dividida.

De que maneira?

> Imagem e hipótese.

Assim: há duas subdivisões, na inferior das quais a alma usa as figuras dadas pela primeira divisão como imagens; a investigação só pode ser hipotética e, em vez de subir para um princípio, desce para a outra extremidade; na mais alta das duas, a alma sai das hipóteses e sobe para um princípio que está acima das hipóteses, não fazendo uso de imagens como no primeiro caso, mas procedendo apenas nas próprias ideias e através delas.

Não entendo muito bem o que você quer dizer, disse ele.

> A hipótese da matemática.

Então vou tentar novamente; você me compreenderá melhor quando eu tiver feito algumas observações preliminares. Você está ciente de que os estudantes de geometria, aritmética e ciências afins assumem o ímpar e o par e as figuras e três tipos de ângulos e semelhantes em seus vários ramos da ciência; essas são suas hipóteses, que eles e todo mundo devem saber e, portanto, não se dignam a prestar contas delas, nem a si mesmos, nem aos outros; mas eles começam com eles e vão até chegar, por fim, e de maneira consistente, à sua conclusão?

Sim, ele disse, eu sei.

> Em ambas as esferas as hipóteses são utilizadas, na inferior assumindo a forma de imagens, na superior a alma ascende acima da hipótese para a ideia do bem.

E você não sabe também que, embora façam uso das formas visíveis e raciocinem sobre elas, não pensam nelas, mas sobre os ideais com os quais se assemelham; não nas figuras que desenham, mas no quadrado absoluto e no diâmetro absoluto, e assim por diante; as formas que desenham ou fazem, e que têm sombras e reflexos na água próprios, são convertidas por eles em imagens, mas eles estão realmente procurando ver as próprias coisas, que só podem ser vistas com os olhos da mente?

Isso é verdade.

E dessa espécie falei como o inteligível, embora na busca por ele a alma seja compelida a usar hipóteses; não ascendendo a um primeiro princípio, porque ela não consegue se elevar acima da região da hipótese, mas empregando os objetos dos quais as sombras abaixo são semelhanças por sua vez como imagens, tendo, em relação às sombras e reflexos deles, uma maior nitidez e, portanto, um valor mais alto.

Eu entendo, disse ele, que você está falando da área da geometria e das artes irmãs.

> A dialética, com o auxílio da hipótese, se eleva acima da hipótese.

E quando eu falo da outra divisão do inteligível, você me entenderá falando daquele outro tipo de conhecimento que a própria razão alcança pelo poder da dialética, usando as hipóteses não como primeiros princípios, mas apenas como hipóteses – isto é, digamos, como degraus e pontos de partida para um mundo que está acima das hipóteses, a fim de que ela possa voar além delas até o primeiro princípio do todo; e agarrando-se a isso e depois ao que depende disso, por passos sucessivos, ela desce novamente sem a ajuda de nenhum objeto sensível, das ideias, através das ideias, e nas ideias ela termina.

Eu entendo você, ele respondeu; não perfeitamente, pois você me parece estar descrevendo uma tarefa que é realmente tremenda; mas, de qualquer forma, entendo que você diga que o conhecimento e o ser, que a ciência da dialética contempla, são mais claros do que as noções das artes, como são denominadas, que procedem apenas de hipóteses, estas também são contempladas pelo entendimento, e não pelos sentidos; mesmo assim, porque eles partem de hipóteses e não ascendem a um princípio, aqueles que os contemplam parecem a você não exercer a razão superior sobre eles, embora quando um primeiro princípio é adicionado são reconhecíveis pela razão superior. E o hábito que se refere à geometria e às ciências cognatas, suponho que você chamaria de entendimento e não de razão, como sendo intermediário entre opinião e razão.

> Volta à psicologia.

Você entendeu perfeitamente o que quero dizer, eu disse; e agora, correspondendo a essas quatro divisões, que haja quatro faculdades na alma; a razão respondendo à mais elevada, o entendimento à segunda, a fé (ou convicção) à terceira e a percepção das sombras à última – e que haja uma escala delas, e suponhamos que as várias faculdades tenham clareza no mesmo grau que seus objetos tenham da verdade.

> Quatro faculdades: razão, entendimento, fé, percepção das sombras.

Eu entendo, respondeu ele, e concordo e aceito seu arranjo.

Livro VII

> *República VII*
> SÓCRATES,
> GLAUCO
> A caverna, os prisioneiros; a luz à distância.

E agora, eu disse, deixe-me mostrar em uma imagem até que ponto nossa natureza é iluminada ou não iluminada: observe! Seres humanos que vivem em uma caverna subterrânea, que tem uma boca aberta para a luz que alcança toda a caverna; estão aqui desde a infância e têm as pernas e o pescoço acorrentados de modo que não podem se mover, e só podem ver diante deles, sendo impedidos pelas correntes de virar suas cabeças ao redor. Acima e atrás deles, um fogo está aceso à distância, e entre o fogo e os prisioneiros há um caminho elevado; e você verá, se olhar, um muro baixo construído ao longo do caminho, como a tela que as marionetes têm diante de si, sobre a qual mostram os seus bonecos.

Eu vejo.

> A parede baixa e as imagens móveis das quais as sombras são vistas na parede oposta da caverna.

E você vê, eu disse, homens passando ao longo da parede carregando todos os tipos de vasos, e estátuas e figuras de animais feitos de madeira e pedra e vários materiais, que aparecem por cima da parede? Alguns estão conversando, outros em silêncio.

Você me mostrou uma imagem estranha, e eles são prisioneiros estranhos.

Como nós, respondi; e eles veem apenas suas próprias sombras, ou as sombras uns dos outros, que o fogo lança na parede oposta da caverna?

Verdade, ele disse; como eles poderiam ver qualquer coisa além das sombras, se eles nunca tiveram permissão para mover suas cabeças?

E dos objetos que estão sendo carregados da mesma maneira eles veriam apenas as sombras?

Sim, disse ele.

E se eles pudessem conversar um com o outro, eles não suporiam que estavam nomeando o que realmente existia diante deles?

Muito verdadeiro.

> Os prisioneiros erroneamente tomariam as sombras como a realidade.

E suponha ainda que a prisão tivesse um eco vindo do outro lado, eles não teriam certeza de imaginar, quando um dos transeuntes falasse, que a voz que eles ouviram veio da sombra que passava?

Sem dúvida, ele respondeu.

Para eles, eu disse, a verdade seria literalmente nada além das sombras das imagens.

Isso é certo.

E agora olhe novamente e veja o que acontecerá naturalmente se os prisioneiros forem libertados e desiludidos de seu erro. No início, quando qualquer um deles é libertado e subitamente compelido a se levantar e virar o pescoço e caminhar e olhar para a luz, ele sofrerá fortes dores; o brilho irá angustiá-lo, e ele será incapaz de ver as realidades das quais, em seu estado anterior, tinha visto as sombras; e então imagine alguém dizendo a ele que o que ele viu antes era uma ilusão, mas que agora, quando ele está se aproximando do ser e seus olhos estão voltados para uma existência mais real, ele tem uma visão mais clara, qual seria sua resposta? E você pode ainda imaginar que seu instrutor está apontando para os objetos à medida que

> E quando soltos, eles ainda persistiriam em manter a verdade suprema das sombras.

eles passam e exigindo que ele os nomeie. Ele não ficará perplexo? Ele não iria imaginar que as sombras que ele viu anteriormente são mais verdadeiras do que os objetos que agora lhe são mostrados?

Muito mais verdadeiras.

E se ele for compelido a olhar diretamente para a luz, ele não terá uma dor em seus olhos que o fará se virar para se refugiar nos objetos de visão que ele pode ver e que conceberá serem na realidade mais claros do que as coisas que agora estão sendo mostradas a ele?

Verdade, ele disse.

> Quando arrastados para cima, eles seriam ofuscados pelo excesso de luz.

E suponha mais uma vez, que ele é relutantemente arrastado por uma subida íngreme e acidentada e mantido firme até que ele próprio seja forçado a ficar na presença do sol, não é provável que se sinta aflito e irritado? Quando se aproximar da luz, seus olhos ficarão deslumbrados e não será capaz de ver absolutamente nada do que agora é chamado de realidade.

Nem tudo em um momento, disse ele.

Ele precisará se acostumar com a visão do mundo superior. E primeiro ele verá melhor as sombras, a seguir os reflexos de homens e outros objetos na água, e então os próprios objetos; então irá contemplar a luz da lua e as estrelas e o céu estrelado; e verá o céu e as estrelas à noite melhor do que o sol, ou a sua luz durante o dia?

Certamente.

> Finalmente eles veriam o sol e entenderiam a sua natureza.

Por fim, ele poderá ver o sol, e não seus meros reflexos na água, mas o verá em seu próprio lugar, e não em outro; e o contemplará como ele é.

Certamente.

Então irá perguntar se é ele quem dá a estação e os anos, e é o guardião de tudo o que está no mundo visível e, de certa forma, a causa de todas as coisas às quais ele e seus companheiros estão acostumados a contemplar?

Claramente, ele disse, ele primeiro veria o sol e então raciocinaria sobre ele.

> Eles se compadeceriam dos companheiros da caverna.

E quando se lembrasse de sua antiga habitação e da sabedoria da caverna e de seus companheiros de prisão, você não acha que ele se felicitaria pela mudança e teria pena deles?

Certamente, ele teria.

E se tivessem o hábito de conferir honras entre si aos que eram mais rápidos em observar as sombras que passavam e observar quais delas passaram antes e quais seguiram e quais estavam juntas; e que foram, portanto, os mais capazes de tirar conclusões sobre o futuro, você acha que ele se importaria com tais honras e glórias, ou invejaria os possuidores delas? Ele não diria como Homero,

"Melhor ser o pobre servo de um pobre senhor",

e suportar qualquer coisa, em vez de pensar como eles e viver de acordo com suas maneiras?

Sim, ele disse, acho que ele prefere sofrer qualquer coisa do que alimentar essas noções falsas e viver dessa maneira infeliz.

> Mas quando eles retornassem à caverna, eles veriam com mais dificuldade do que aqueles que nunca tivessem saído de lá.

Imagine mais uma vez, eu disse, alguém assim saindo repentinamente do sol para ser recolocado em sua antiga situação; ele não teria certeza de ter seus olhos cheios de escuridão?

Certamente, ele disse.

E se houvesse uma competição, e ele tivesse de competir na medição das sombras com os prisioneiros que nunca haviam saído da cova, enquanto sua visão ainda estava fraca, e antes que seus olhos se estabilizassem (e o tempo que seria necessário adquirir este novo hábito de visão pode ser muito considerável), ele não seria ridículo? Os homens diriam dele que subiu e desceu sem os olhos; e que era melhor nem pensar em subir; e se alguém tentasse soltar outro e conduzi-lo para a luz, que pegariam o ofensor e o matariam.

Sem dúvida, ele disse.

> A prisão é o mundo da visão, a luz da fogueira é o sol.

Esta alegoria inteira, eu disse, você pode agora acrescentar, caro Glauco, ao argumento anterior; a prisão é o mundo da visão, a luz do fogo é o sol, e você não me interpretará mal se entender a jornada para cima como a ascensão da alma ao mundo intelectual, de acordo com minha pobre crença, que, a seu desejo, eu expressei – se certo ou errado, os deuses sabem. Mas, seja ela verdadeira ou falsa, minha opinião é que, no mundo do conhecimento, a ideia do bem aparece por último e só é vista com algum esforço; e, quando vista, também se infere ser o autor universal de todas as coisas belas e corretas, pai da luz e do senhor da luz neste mundo visível, e a fonte imediata da razão e da verdade no intelecto; e que este é o poder sobre o qual aquele que agisse racionalmente, na vida pública ou privada, deveria ter seus olhos fixos.

Eu concordo, disse ele, pelo que consigo entender.

Além disso, eu disse, você não deve se surpreender que aqueles que alcançam essa visão beatífica não estejam dispostos a descer aos assuntos humanos; pois suas almas estão sempre correndo para o mundo superior, onde desejam habitar; cujo desejo é muito natural, se nossa alegoria for confiável.

Sim, muito natural.

> Nada extraordinário no fato de o filósofo não ser capaz de enxergar no escuro.

E há algo de surpreendente em quem passa das contemplações divinas ao mau estado do homem, comportando-se de maneira ridícula; se, enquanto seus olhos estão piscando e antes que se acostume com a escuridão circundante, ele é compelido a lutar em tribunais de justiça, ou em outros lugares, sobre as imagens ou sombras das imagens de justiça, e se esforça para ir ao encontro das concepções de quem ainda nunca viu a justiça absoluta?

Qualquer coisa menos surpreendente, respondeu ele.

> Os olhos podem ser impedidos de ver de dois modos: pelo excesso ou pela falta de luz.

Qualquer um que tenha bom senso se lembrará de que as perplexidades dos olhos são de dois tipos e surgem de duas causas, ou saindo da luz ou indo para a luz, o que é verdade para os olhos da mente, tanto quanto para os olhos corporais; e aquele que se lembra disso quando vê alguém cuja visão está perplexa e fraca, não estará muito pronto para rir; ele primeiro perguntará se aquela alma do homem saiu de uma vida mais brilhante e é incapaz de ver porque não está acostumada com a escuridão, ou tendo saído das trevas para o dia está ofuscada pelo excesso de luz. E ele vai considerar o primeiro feliz em sua condição e estado de ser, e terá pena do outro; ou, se ele deseja rir da alma que vem de baixo para a luz, haverá mais razão nisso do que na risada que saúda aquele que retorna de cima da luz para a caverna.

Isso, disse ele, é uma distinção muito justa.

> A conversão da alma é a rotação dos olhos da escuridão para a luz.

Mas então, se estou certo, alguns professores de educação devem estar errados quando dizem que podem colocar na alma um conhecimento que não existia antes, como a visão para olhos cegos.

Eles sem dúvida dizem isso, respondeu ele.

Considerando que nosso argumento mostra que o poder e a capacidade de aprendizado já existem na alma; e que, assim como o olho foi incapaz de passar das trevas para a luz sem todo o corpo, também o instrumento do conhecimento só pode ser transformado pelo movimento de toda a alma do mundo do devir para o do ser, e aprender gradualmente a suportar a visão do ser e do mais brilhante e melhor ser, ou em outras palavras, do bem.

Muito verdadeiro.

E não deve haver alguma arte que efetue a conversão de maneira mais fácil e rápida; não implantando a faculdade da visão, pois ela já existe, mas foi direcionada para a direção errada, e está desviando o olhar da verdade?

Sim, disse ele, essa arte pode ser presumida.

> A virtude da sabedoria tem um poder de mobilização que pode tanto ser usado para o bem como para o mal.

E enquanto as outras chamadas virtudes da alma parecem ser semelhantes às qualidades corporais, pois mesmo quando não são originalmente inatas, podem ser implantadas mais tarde por hábito e exercício, a virtude da sabedoria, mais do que qualquer outra coisa, contém um elemento divino que sempre permanece, e por essa conversão é tornado útil e lucrativo; ou, por outro lado, prejudicial e inútil. Você nunca observou a estreita inteligência brilhando do olho aguçado de um malandro astuto – quão ansioso ele está, quão claramente sua alma miserável vê o caminho para o seu fim; ele é o reverso do cego, mas sua visão aguçada é forçada a servir ao mal, e ele é malicioso em proporção à sua astúcia?

É verdade, disse ele.

Mas e se tivesse havido uma circuncisão de tais naturezas nos dias de sua juventude; e eles foram separados daqueles prazeres sensuais, como comer e beber, que, como pesos de chumbo, foram atados a eles em seu nascimento, e que os arrastam para baixo e desviam a visão de suas almas sobre as coisas que estão abaixo; se, eu digo, eles foram libertados desses impedimentos e viraram na direção oposta, a mesma faculdade neles teria visto a verdade tão agudamente quanto eles veem agora, para onde seus olhos estão voltados.

Muito provavelmente.

> Nem aquele com baixa educação nem o muito educado serão bons servidores do Estado.

Sim, eu disse; e há outra coisa que é provável, ou melhor, uma inferência necessária do que a precedeu, que nem os incultos e desinformados da verdade, nem aqueles que nunca terminam sua educação, serão hábeis ministros de Estado; não os primeiros, porque não têm um único objetivo de dever que é a regra de todas as suas ações, tanto privadas como públicas; nem os últimos, porque eles não agirão de forma alguma exceto sob compulsão, imaginando que já estão morando separados nas ilhas dos abençoados.

É verdade, respondeu ele.

Então, eu disse, a tarefa para nós, que somos os fundadores do Estado, será obrigar as melhores mentes a atingir aquele conhecimento que já demonstramos ser o maior de todos, eles devem continuar a ascender até que cheguem ao bem; mas quando eles tiverem ascendido e visto o suficiente, não devemos permitir que façam o que fazem agora.

O que você quer dizer?

A REPÚBLICA

> Os homens devem ascender ao mundo superior, mas devem também retornar ao inferior.

Quero dizer que eles permanecem no mundo superior: mas isso não deve ser permitido; eles devem ser levados a descer novamente entre os prisioneiros na caverna e participar de seus trabalhos e honras, sejam eles dignos ou não.

Mas isso não é injusto?, ele disse; devemos dar-lhes uma vida pior, quando eles poderiam ter uma melhor?

Esqueceste de novo, meu amigo, disse eu, a intenção do legislador, que não pretendia fazer feliz nenhuma classe do Estado acima das demais; a felicidade deveria estar em todo o Estado, e ele mantinha os cidadãos unidos por persuasão e necessidade, tornando-os benfeitores do Estado e, portanto, benfeitores uns dos outros; para esse fim, ele os criou, não para agradar a si mesmos, mas para serem seus instrumentos na aglutinação do Estado.

É verdade, disse ele, eu tinha esquecido.

> As obrigações dos filósofos.

Observe, Glauco, que não haverá injustiça em obrigar nossos filósofos a ter cuidado e providência pelos outros; vamos explicar-lhes que em outros Estados os homens de sua classe não são obrigados a participar nas labutas da política: e isso é razoável, pois eles crescem por sua própria e doce vontade, e o governo prefere não os ter. Sendo autodidatas, não se pode esperar que eles mostrem qualquer gratidão por uma cultura que nunca receberam. Mas nós os trouxemos ao mundo para serem governantes da colmeia, reis de si mesmos e dos outros cidadãos, e os educamos muito melhor e mais perfeitamente do que eles foram educados, e vocês são mais

> Suas obrigações para com o país os induzirão a assumir seu papel no governo.

capazes de compartilhar em um duplo dever. Portanto, cada um de vocês, quando chegar a sua vez, deve descer à grande morada subterrânea e adquirir o hábito de ver no escuro. Quando tiver adquirido o hábito, verá dez mil vezes melhor do que os habitantes da cova e saberá o que são as várias imagens e o que representam, porque viram o que é belo, justo e bom em sua verdade. E assim o nosso Estado, que também é o seu, será uma realidade, e não apenas um sonho, e será administrado com um espírito diferente dos outros Estados, em que os homens lutam entre si apenas pelas sombras e se distraem na luta pelo poder, que aos seus olhos é um grande bem. Ao passo que a verdade é que o Estado em que os governantes são mais relutantes em governar é sempre o melhor e mais discretamente governado, e o Estado em que eles estão mais ansiosos, o pior.

É verdade, respondeu ele.

E será que os nossos aprendizes, ao ouvirem isso, se recusarão a assumir sua vez nas labutas do Estado, quando têm permissão de passar a maior parte do tempo uns com os outros na luz celestial?

> Eles terão a iniciativa mas sem ansiedade para governar.

Impossível, ele respondeu; pois são homens justos e as ordens que lhes impomos são justas; não pode haver dúvida de que cada um deles assumirá o cargo como uma necessidade severa, e não à maneira de nossos atuais governantes de Estado.

> O estadista deverá ser beneficiado com uma vida melhor do que a do magistrado; e então ele não irá cobiçar o seu cargo.

Sim, meu amigo, eu disse; e aí está o ponto. Você deve criar para seus futuros governantes uma vida diferente e melhor do que a de um governante atual, e então você terá um Estado bem organizado; pois apenas no Estado que oferece isso, governarão os que são verdadeiramente ricos, não em prata e ouro, mas em virtude e sabedoria, que são as verdadeiras bênçãos da vida. Considerando que, se eles vão para a administração dos negócios públicos, pobres e famintos por sua própria vantagem privada, pensando que, portanto, eles devem arrebatar o bem principal, nunca poderá haver ordem; pois eles lutarão por cargos, e as turbulências civis e domésticas que assim surgirem serão a ruína dos próprios governantes e de todo o Estado.

Verdade, ele respondeu.

E a única vida que menospreza a vida da ambição política é a da verdadeira filosofia. Você conhece alguma outra?

Na verdade, eu não, ele disse.

E aqueles que governam não devem ser amantes da tarefa? Pois, se forem, haverá amantes rivais e eles lutarão.

Sem dúvida.

Quem, então, são aqueles a quem devemos obrigar a ser os guardiões? Certamente eles serão os homens mais sábios sobre os assuntos de Estado, por quem o Estado será mais bem administrado e que, ao mesmo tempo, terão outras honras e uma vida melhor do que a dos políticos?

Eles são os homens e eu os escolherei, respondeu ele.

E agora devemos considerar de que maneira tais guardiões serão produzidos, e como eles devem ser trazidos das trevas para a luz, como alguns dizem que ascenderam do mundo inferior aos deuses?

Certamente, ele respondeu.

> O treinamento dos guardiões.

O processo, eu disse, não é virar uma concha de ostra[100] mas girar uma alma, passando de um dia que é um pouco melhor que a noite, para o verdadeiro dia do ser, isto é, a subida da caverna, que afirmamos ser a verdadeira filosofia?

Isso mesmo.

E não deveríamos indagar que tipo de conhecimento tem o poder de efetuar tal mudança?

Certamente.

> Que conhecimento irá mover a alma para cima?

Que tipo de conhecimento existe que levaria a alma do devir ao ser? E outra consideração acabou de me ocorrer: você se lembra de que nossos jovens devem ser atletas guerreiros?

Sim, isso foi dito.

Então, esse novo tipo de conhecimento deve ter uma qualidade adicional?

Qual qualidade?

Utilidade na guerra.

Sim, se possível.

---

[100] Em alusão a um jogo em que duas partes fugiam ou perseguiam uma à outra, conforme uma concha que foi lançada ao ar caía com o lado escuro ou com o lado claro para cima. (N.T.)

> Havia duas partes em nosso antigo esquema de educação, não havia?

Recapitulação.

Havia duas partes em nosso sistema anterior de educação, não havia?

Era bem assim.

Havia ginástica, que governava o crescimento e a decadência do corpo, e pode, portanto, ser considerada como tendo a ver com geração e corrupção?

Verdade.

Então não é esse o conhecimento que procuramos descobrir?

Não.

Mas o que você diz da música, que também entrou até certo ponto em nosso esquema anterior?

A música, disse ele, como você deve se lembrar, era a contraparte da ginástica, e treinava os guardiões pelas influências do hábito, pela harmonia tornando-os harmoniosos, pelo ritmo, rítmicos, mas sem dar-lhes ciência; e as palavras, fossem fabulosas ou possivelmente verdadeiras, tinham elementos semelhantes de ritmo e harmonia nelas. Mas na música não havia nada que levasse ao bem que você agora busca.

Você é muito preciso, eu disse, em sua lembrança; na música certamente não havia nada parecido. Mas que ramo de conhecimento existe, meu caro Glauco, que seja da natureza desejada; já que todas as artes úteis foram consideradas insuficientes por nós?

Sem dúvida; e, no entanto, se a música e a ginástica forem excluídas e as artes também, o que resta?

Bem, eu disse, pode não haver mais nada de nossos assuntos especiais; e então teremos que usar algo que não seja especial, mas de aplicação universal.

O que pode ser isso?

Ainda restam para a educação secundária, aritmética.

Algo que todas as artes, ciências e inteligências usam em comum e que cada um deve primeiro aprender entre os elementos da educação.

Qual seria?

A pequena questão de distinguir um, dois e três, em uma palavra, os números e o cálculo: todas as artes e ciências necessariamente não compartilham deles?

Sim.

Então a arte da guerra compartilha deles?

Com certeza.

Então Palamedes, sempre que aparece em uma tragédia, prova que Agamenon é ridiculamente inadequado para ser general. Você nunca observou como ele declara que inventou os números, numerou os navios e organizou as fileiras do exército em Troia; o que significa que eles nunca haviam sido numerados antes, e deve-se supor que Agamenon literalmente não era capaz de contar seus próprios pés – como poderia ele se desconhecesse os números? E se isso for verdade, que tipo de general ele deve ter sido?

Eu diria um muito estranho, se é isso que você diz.

Podemos negar que um guerreiro deva ter conhecimento de aritmética?

Certamente que sim, se quiser ter o mínimo de compreensão de táticas militares, ou, na verdade, melhor dizendo, se quiser mesmo ser um homem.

Gostaria de saber se você tem o mesmo conhecimento que tenho deste estudo?

Qual é o seu conhecimento?

> Esse sendo um estudo que conduz à reflexão, para levar a alma do ser.

Parece-me um estudo do tipo que buscamos e que leva naturalmente à reflexão, mas nunca foi usado corretamente; pois seu verdadeiro uso é simplesmente levar a alma ao ser.

Você vai explicar o seu significado?, ele disse.

Vou tentar, eu disse; e gostaria que você compartilhasse a investigação comigo e dissesse "sim" ou "não" quando tento distinguir em minha própria mente quais ramos do conhecimento têm esse poder de atração, para que possamos ter uma prova mais clara de que a aritmética é, como eu suspeito, um deles.

Explique, ele disse.

Platão

> A reflexão é provocada pelas impressões contraditórias dos sentidos.

Quero dizer que os objetos dos sentidos são de dois tipos; alguns deles não convidam ao pensamento porque o sentido é um juiz adequado deles; enquanto, no caso de outros objetos, o sentido é tão indigno de confiança que mais investigação é necessária.

Você está se referindo claramente, disse ele, à maneira pela qual os sentidos são impostos pela distância, e pela pintura, em luz e sombra.

Não, eu disse, não é isso o que quero dizer.

Então, qual é o seu significado?

Quando falo de objetos indesejáveis, refiro-me àqueles que não passam de uma sensação para a oposta; objetos convidativos são aqueles que o fazem; neste último caso, o sentido vindo sobre o objeto, seja a distância ou perto, não dá ideia mais vívida de nada em particular do que de seu oposto. Uma ilustração tornará meu significado mais claro: há três dedos, um dedo mínimo, um segundo dedo e um dedo médio.

Muito bom.

Você pode supor que eles são vistos bem de perto: e aí vem o ponto.

Qual seria?

> Nenhuma dificuldade na percepção simples.

Cada um deles aparece igualmente como um dedo, seja visto no meio ou na extremidade, seja branco ou preto, ou grosso ou fino, não faz diferença; um dedo é um dedo da mesma forma. Nestes casos, o homem não é compelido a perguntar ao pensamento o que é um dedo? Pois a visão nunca sugere à mente que um dedo é outra coisa senão um dedo.

Verdade.

Portanto, eu disse, como poderíamos esperar, não há nada aqui que convide ou excite a inteligência.

Não há, disse ele.

> Mas o mesmo sentido ao mesmo tempo fornece impressões diferentes,

Mas isso é igualmente verdadeiro para a grandeza e pequenez dos dedos? A visão pode percebê-los adequadamente? E nenhuma diferença é feita pela circunstância de que um dos dedos está no meio e outro na extremidade? E da mesma maneira o toque

A República

> que a princípio são indistintas e precisam ser diferenciadas pela mente.

percebe adequadamente as qualidades de espessura ou finura, de maciez ou dureza? E o mesmo ocorre com os outros sentidos; eles dão sugestões perfeitas de tais assuntos? Não é seu modo de operação desta forma, o sentido que está relacionado com a qualidade da dureza está necessariamente preocupado também com a qualidade da suavidade, e apenas sugere à alma que a mesma coisa é sentida como dura e macia?

Você tem toda a razão, disse ele.

E não deve a alma ficar perplexa com esta sugestão que o sentido dá de algo duro que também é macio? Qual é, ainda, o significado de leve e pesado, se o que é leve também é pesado, e o que é pesado, leve?

> A ajuda dos números é invocada para remover a confusão.

Sim, disse ele, essas sugestões que a alma recebe são muito curiosas e precisam ser explicadas.

Sim, eu disse, e nessas perplexidades a alma naturalmente invoca em seu auxílio o cálculo e a inteligência, para que possa ver se os vários objetos que lhe são anunciados são um ou dois.

Verdade.

E se eles acabam sendo dois, cada um deles não é único e diferente?

Certamente.

E se cada um é um, e ambos são dois, ela conceberá os dois como num estado de divisão, pois se houvesse indivisibilidade, eles só poderiam ser concebidos como um?

Verdade.

O olho certamente via tanto pequenos quanto grandes, mas apenas de maneira confusa; eles não foram distinguidos.

Sim.

> O caos então começa a ser definido.

Considerando que a mente pensante, com a intenção de iluminar o caos, foi compelida a reverter o processo e olhar para o pequeno e o grande como separados e não confusos.

Muito verdadeiro.

Não foi este o início da pergunta "O que é ótimo?" e "O que é pequeno?"
Exatamente.

> A separação entre o visível e o inteligível.

E assim surgiu a distinção entre o visível e o inteligível.

Bem verdade.

Foi isso que eu quis dizer quando falei de impressões que convidam o intelecto, ou o contrário, aquelas que são simultâneas com impressões opostas, convidam o pensamento; aqueles que não são simultâneos, não.

Eu entendo, disse ele, e concordo com você.

E a que classe pertencem a unidade e os números?

Não sei, respondeu ele.

> O pensamento é estimulado pela contradição do uno e do múltiplo.

Pense um pouco e verá que o que precede fornecerá a resposta; pois se a unidade simples pudesse ser adequadamente percebida pela vista ou por qualquer outro sentido, então, como estávamos dizendo no caso dos dedos, não haveria nada para atrair para o ser; mas quando há alguma contradição sempre presente, e alguém é o oposto de outro e envolve a concepção de pluralidade, então o pensamento começa a surgir dentro de nós, e a alma perplexa e querendo chegar a uma decisão pergunta "O que é a unidade absoluta?". É assim que o estudo do um tem o poder de atrair e converter a mente à contemplação do verdadeiro ser.

E certamente, disse ele, isso ocorre notavelmente no caso do um; pois vemos que a mesma coisa ser uma e infinita nas multidões?

Sim, eu disse; e isso sendo verdade para um deve ser igualmente verdade para todos os números?

Certamente.

E toda aritmética e cálculo têm a ver com números?

Sim.

E eles parecem levar a mente para a verdade?

Sim, de uma maneira notável.

> A aritmética tem um uso prático e um filosófico, sendo este último o mais elevado.

Então este é o conhecimento do tipo que buscamos, tendo uma dupla utilidade, militar e filosófica; pois o homem de guerra deve aprender a arte do número ou ele não saberá como organizar suas tropas, e o filósofo também, porque ele tem de se levantar do mar da mudança e se apoderar do verdadeiro ser e, portanto, deve ser um aritmético.

Isso é verdade.

E nosso guardião é guerreiro e filósofo?

Certamente.

Então, este é um tipo de conhecimento que a legislação pode adequadamente prescrever; e devemos nos esforçar para persuadir aqueles que serão os principais homens de nosso Estado a aprender aritmética, não como amadores, mas devem continuar o estudo até que vejam a natureza dos números apenas com a mente; nem tampouco, como mercadores ou comerciantes do varejo, com vistas a comprar ou vender, mas por causa de seu uso militar e da própria alma; e porque esta será a maneira mais fácil de ela passar do devir à verdade e ao ser.

Isso é excelente, disse ele.

> A aritmética é considerada, não com objetos tangíveis ou visíveis, mas com os números abstratos.

Sim, disse eu, e agora, tendo falado nisso, devo acrescentar como a ciência é encantadora! E de quantas maneiras conduz ao nosso fim desejado, se perseguido com o espírito de um filósofo, e não de um lojista!

O que você quer dizer?

Como eu estava dizendo, que a aritmética tem um efeito muito grande e elevado, compelindo a alma a raciocinar sobre o número abstrato e se rebelando contra a introdução de objetos visíveis ou tangíveis no argumento. Você sabe com que firmeza os mestres da arte repelem e ridicularizam qualquer um que tente dividir a unidade absoluta quando ele está calculando, e se você dividir, eles se multiplicam[101], cuidando para que um continue um e não se perca nas frações.

---

[101] Significando (1) que integram o número porque negam a possibilidade de frações; ou (2) essa divisão é considerada por eles como um processo de multiplicação, pois as frações de um continuam a ser unidades. (N.T.)

Isso é muito verdade.

Agora, suponha que uma pessoa dissesse a eles: Oh, meus amigos, quais são esses números maravilhosos sobre os quais vocês estão raciocinando, nos quais, afirmam, existe uma unidade como vocês exigem, e cada unidade é igual, invariável, indivisível, o que eles responderiam?

Eles responderiam, como eu deveria imaginar, que estavam falando daqueles números que só podem ser descobertos em pensamento.

Então você vê que este conhecimento pode ser verdadeiramente chamado de necessário, necessitando como claramente o faz o uso da inteligência pura na obtenção da verdade pura?

Sim; essa é uma característica marcante dele.

> O aritmético é naturalmente mais rápido, e o estudo da aritmética fornece ainda maior rapidez.

E você já observou que aqueles que têm um talento natural para o cálculo são geralmente rápidos em qualquer outro tipo de conhecimento; e mesmo os estúpidos, se tiverem um treinamento aritmético, embora não possam tirar nenhuma outra vantagem disso, sempre se tornam muito mais rápidos do que teriam sido de outra forma.

É verdade, disse ele.

E, de fato, você não encontrará facilmente um estudo mais difícil, e nem outros tão difíceis.

Você não vai.

E, por todas essas razões, a aritmética é um tipo de conhecimento no qual as melhores naturezas devem ser treinadas, e que não deve ser abandonado.

Concordo.

Que isso então seja um dos nossos temas de educação. E a seguir, devemos indagar: a ciência afim também nos diz respeito?

Você quer dizer geometria?

Exatamente.

> A geometria tem aplicações práticas.

Claramente, disse ele, estamos preocupados com aquela parte da geometria que se relaciona com a guerra; pois ao armar um acampamento, ou assumir uma posição, ou fechar ou estender as linhas de um exército, ou qualquer outra manobra militar, seja em batalha real ou em marcha, fará toda a diferença se um general é ou não um geômetra.

Sim, disse eu, mas para isso bastará muito pouco de geometria ou cálculo; a questão relaciona-se antes com a parte maior e mais avançada da geometria, se isso tende em algum grau a tornar mais fácil a visão da ideia do bem; e para lá, como eu dizia, tendem todas as coisas que obrigam a alma a voltar o olhar para aquele lugar, onde está toda a perfeição do ser, que ela deveria, por todos os meios, contemplar.

> Esses, no entanto, são insignificantes em comparação com a grande parte das ciências que tende em direção ao bem.

Verdade, ele disse.

Então, se a geometria nos obriga a ver o ser, isso nos diz respeito; ao apenas tornar-se, não nos interessa?

Sim, é isso que afirmamos.

No entanto, qualquer pessoa que tenha o mínimo de familiaridade com a geometria não negará que tal concepção da ciência está em total contradição com a linguagem comum dos geômetras.

Como assim?

Eles têm em vista a prática apenas, e estão sempre falando, de maneira estreita e ridícula, em quadratura, extensão e aplicação e coisas semelhantes, eles confundem as necessidades da geometria com as da vida diária; ao passo que o conhecimento é o objeto real de toda ciência.

Certamente, ele disse.

Então, não deve ser feita outra afirmação?

Qual afirmação?

> E é preocupada com o eterno.

Que o conhecimento que a geometria visa é o conhecimento do eterno, e não de tudo que perece e é transitório.

Isso, respondeu ele, pode ser prontamente permitido e é verdade.

Então, meu nobre amigo, a geometria atrairá a alma para a verdade, e criará o espírito da filosofia, e elevará aquilo que agora, infelizmente, está autorizado a cair.

Nada terá mais probabilidade de ter esse efeito.

Então nada deveria ser mais severamente estabelecido do que os habitantes de sua bela cidade aprenderem geometria por todos os meios. Além disso, a ciência tem efeitos indiretos, que não são pequenos.

De que tipo? Ele disse.

Existem as vantagens militares de que você falou, eu disse; e em todos os departamentos do conhecimento, como a experiência prova, qualquer um que estudou geometria é infinitamente mais rápido de apreensão do que aquele que não o fez.

Sim, disse ele, há uma diferença infinita entre eles.

Então, devemos propor isso como um segundo ramo de conhecimento que nossos jovens irão estudar?

Vamos fazer isso, respondeu ele.

E suponha que tornemos a astronomia o terceiro, o que você diria?

> A astronomia, como as ciências anteriores, é inicialmente louvada por Glauco por seu uso na prática.

Estou fortemente inclinado a isso, disse ele; a observação das estações e dos meses e anos é tão essencial para o general quanto para o fazendeiro ou marinheiro.

Diverti-me, disse eu, com o seu medo do mundo, que o faz se precaver contra a aparência de insistir em estudos inúteis; e admito perfeitamente a dificuldade de acreditar que em cada homem há um olho da alma que, quando por outras atividades perdidas e obscurecidas, é por elas purificado e iluminado; e é muito mais precioso do que dez mil olhos corporais, pois somente por ele [o olho da alma] a verdade é vista. Agora, existem duas classes de pessoas: uma classe daqueles que concordarão com você e tomarão suas palavras como uma revelação; outra classe para a qual elas serão totalmente desprovidas de significado, e que naturalmente irá considerá-las como contos inúteis, pois tais pessoas não veem nenhum tipo de lucro a ser obtido delas. E, portanto, é melhor você decidir de uma vez com qual dos dois você se propõe a discutir. Você provavelmente dirá "com nenhum dos dois, e que seu principal objetivo ao continuar a discussão é o seu próprio aperfeiçoamento; ao mesmo tempo, você não inveja os outros por qualquer benefício que eles possam receber.

Acho que preferiria continuar a argumentar principalmente em meu próprio benefício.

> Correção na ordem.

Então dê um passo para trás, pois erramos na ordem das ciências.

Qual foi o erro?, ele perguntou.

Depois da geometria plana, eu disse, passamos imediatamente para os sólidos em revolução, em vez de tomar os sólidos em si; ao passo que depois da segunda dimensão, a terceira, que se refere a cubos e dimensões de profundidade, deveria ter sequência.

Isso é verdade, Sócrates; mas parece que tão pouco ainda se sabe sobre esses assuntos.

> A condição lastimável da geometria sólida.

Ora, sim, eu disse, e por duas razões: em primeiro lugar, nenhum governo os patrocina; isso leva a uma falta de energia em sua busca, e são difíceis; em segundo lugar, os alunos não podem aprender, a menos que tenham um patrono. Mas então um patrono dificilmente pode ser encontrado, e mesmo se pudesse, como as coisas estão agora, os alunos, que são muito vaidosos, não o atenderiam. Mas isso seria diferente se todo o Estado se tornasse o patrono desses estudos e os honrasse; então os discípulos desejariam vir, e haveria busca contínua e fervorosa, e descobertas seriam feitas; desde agora, desconsiderados como são pelo mundo, e mutilados de suas proporções justas, e embora nenhum de seus devotos possa dizer o uso deles, ainda assim esses estudos forçam seu caminho por seu encanto natural, e muito provavelmente, se eles contassem com a ajuda do Estado, um dia emergiriam à luz.

Sim, disse ele, há um encanto notável neles. Mas não entendo claramente a mudança na ordem. Primeiro você começou com uma geometria de superfícies planas?

Sim, eu disse.

E você colocou a astronomia a seguir e deu um passo para trás?

> O movimento dos sólidos.

Sim, e atrasei-o com a minha pressa; o ridículo estado da geometria sólida, que, na ordem natural, deveria ter ocorrido, fez-me passar por cima deste ramo e priorizar a astronomia, ou movimento dos sólidos.

PLATÃO

Verdade, ele disse.

Então, supondo que a ciência agora omitida passaria a existir se encorajada pelo Estado, passemos à astronomia, que será a quarta.

> Glauco se torna emotivo em relação à astronomia.

A ordem certa, ele respondeu. E agora, Sócrates, como você repreendeu a maneira vulgar com que eu elogiava a astronomia antes, meu louvor será feito em seu próprio espírito. Pois cada um, penso eu, deve ver que a astronomia obriga a alma a olhar para cima e nos leva deste mundo a outro.

Cada um menos eu, disse-lhe; para todas as outras pessoas isso pode ser claro, mas não para mim.

E então o que você diria?

Eu deveria antes dizer que aqueles que elevam a astronomia à filosofia me parece que nos fazem olhar para baixo e não para cima.

O que você quer dizer? Ele perguntou.

> Ele é derrotado por Sócrates.

Você, respondi, tem em mente uma concepção verdadeiramente sublime do nosso conhecimento das coisas do alto. E atrevo-me a dizer que, se uma pessoa jogasse a cabeça para trás e estudasse o teto desgastado, você ainda pensaria que sua mente é o perceptor, e não seus olhos. E você provavelmente está certo, e eu posso ser um simplório: mas, na minha opinião, aquele conhecimento que é apenas do ser e do invisível pode fazer a alma olhar para cima, e se um homem olha boquiaberto para o céu ou pisca na terra, procurando apreender algum sentido particular, eu negaria que ele possa aprender, pois nada desse tipo é matéria de ciência; sua alma está olhando para baixo, não para cima, quer seu caminho para o conhecimento seja pela água ou pela terra, quer ele flutue ou apenas se deite de costas.

Reconheço, disse ele, a justiça de sua repreensão.

> Que explica que a astronomia é uma ciência abstrata.

Ainda assim, gostaria de averiguar como a astronomia pode ser aprendida de uma maneira mais condizente com o conhecimento de que estamos falando.

Eu vou lhe dizer, eu disse: o céu estrelado que nós vemos é trabalhado em uma base visível e, portanto, embora a mais bela e mais perfeita das coisas visíveis, deve necessariamente ser considerada inferior aos verdadeiros movimentos de absoluta rapidez e/ou lentidão, que são relativos uns aos outros, e carregam consigo o que está contido neles, no número verdadeiro e em cada equação verdadeira. Agora, eles devem ser apreendidos pela razão e inteligência, mas não pela vista.

Verdade, ele respondeu.

Os céus cintilantes devem ser usados como um modelo e com vistas a esse conhecimento superior; sua beleza é como a beleza de figuras ou pinturas excelentemente trabalhadas pela mão de Dédalo, ou algum outro grande artista, que possamos ver; qualquer geômetra que os visse apreciaria o requinte de sua obra, mas nunca sonharia em pensar que neles poderia encontrar o verdadeiro igual ou o verdadeiro duplo, ou a verdade de qualquer outra proporção.

Não, respondeu ele, tal ideia seria ridícula.

E um verdadeiro astrônomo não terá a mesma sensação ao observar os movimentos das estrelas? Ele não pensará que o céu e as coisas no céu são moldados pelo Criador deles da maneira mais perfeita? Mas ele nunca imaginará que as proporções da noite e do dia, ou de ambos ao mês, ou do mês ao ano, ou das estrelas a estes e umas às outras, e quaisquer outras coisas que são materiais e visíveis também podem ser eternas e sujeitas a nenhum desvio – isso seria um absurdo; e é igualmente absurdo se esforçar tanto para investigar sua verdade exata.

Eu concordo, embora nunca tenha pensado nisso antes.

> O real conhecimento da astronomia ou da geometria é estar atento ao uso das abstrações.

Então, eu disse, na astronomia, como na geometria, deveríamos empregar os problemas e deixar o céu em paz, se quisermos abordar o assunto da maneira certa e, assim, fazer com que o dom natural da razão tivesse alguma utilidade real.

Isso, disse ele, é um trabalho infinitamente além de nossos astrônomos atuais.

Sim, eu disse; e há muitas outras coisas que também devem ter uma extensão semelhante dada a eles, se nossa legislação quiser ter algum valor. Mas você pode me falar de algum outro estudo adequado?

Não, disse ele, não sem pensar.

O movimento, eu disse, tem muitas formas, e não apenas uma; dois deles são óbvios o suficiente até para raciocínios não melhores que os nossos; e há outros, como eu imagino, que podem ser deixados para pessoas mais sábias.

Mas onde estão os dois?

Há um segundo, eu disse, que é a contrapartida daquele já mencionado.

E qual ele pode ser?

> O que a astronomia significa para o olhar, a harmonia é para os ouvidos.

O segundo, eu disse, pareceria relativamente aos ouvidos ser o que o primeiro é aos olhos; pois imagino que, assim como os olhos são projetados para olhar para as estrelas, o mesmo ocorre com os ouvidos para ouvir movimentos harmoniosos; e essas são ciências irmãs, como dizem os pitagóricos, e nós, Glauco, concordamos com elas?

Sim, respondeu ele.

Mas isso, eu disse, é um estudo trabalhoso e, portanto, é melhor irmos aprender com eles; e eles nos dirão se há alguma outra aplicação dessas ciências. Ao mesmo tempo, não devemos perder de vista nosso próprio objeto superior.

Qual seria?

> A astronomia e a harmonia devem ser estudadas com uma visão para o bem e não de maneira empírica ou ainda pitagórica.

Há uma perfeição que todo conhecimento deve alcançar, e que nossos alunos também precisam atingir, e não ficar aquém, conforme afirmei que fizeram com a astronomia. Pois na ciência da harmonia, como você provavelmente sabe, acontece a mesma coisa. Os professores de harmonia comparam os sons e consonâncias que são ouvidos apenas, e seu trabalho, como o dos astrônomos, é em vão.

Sim, pelos céus! Ele disse; e é quase tão bom quanto uma peça ouvi-los falando sobre suas notas condensadas, como eles as chamam; eles colocam seus ouvidos perto das cordas como pessoas captando um som da parede de seu vizinho[102] – um grupo deles declarando que eles distinguem uma nota intermediária e encontraram o menor intervalo que deveria ser a unidade de medida; os outros insistindo que os dois sons passaram para o mesmo – qualquer das partes colocando seus ouvidos antes de seu entendimento.

Você quer dizer, disse eu, aqueles cavalheiros que provocam e torturam as cordas e as prendem nas estacas do instrumento: eu poderia continuar a metáfora e falar à maneira deles dos golpes que o plectro dá, e fazer acusações contra as cordas, tanto de atraso quanto de adiantamento ao som; mas isso seria tedioso e, portanto, direi apenas que estes não são os homens, e que estou me referindo aos pitagóricos, aos quais eu estava propondo indagar sobre harmonia. Pois eles também estão errados, como os astrônomos; eles investigam os números das harmonias que são ouvidas, mas nunca chegam a problemas, isto é, eles nunca alcançam as harmonias naturais de número, ou refletem por que alguns números são harmoniosos e outros não.

Isso, disse ele, é algo mais do que conhecimento mortal.

Uma coisa, respondi, que prefiro considerar útil; isto é, se buscado com vistas ao belo e ao bom; mas se perseguido em qualquer outro espírito, é inútil.

É verdade, disse ele.

> Todos esses estudos devem estar correlacionados entre si.

Agora, quando todos esses estudos alcançam o ponto de intercomunhão e conexão uns com os outros, e passam a ser considerados em suas afinidades mútuas, então, eu acho, mas não até então, que a busca por eles terá um valor para nossos objetos; caso contrário, não haverá proveito neles.

Eu suspeito que sim; mas você está falando, Sócrates, de uma vasta obra.

O que você quer dizer? Eu disse; o prelúdio ou o quê? Você não sabe que tudo isso é apenas o prelúdio da verdadeira variedade que temos de aprender? Pois você certamente não consideraria o matemático habilidoso um dialético?

---

[102] Ou "feche ao lado dos instrumentos de seu vizinho, como se para captar um som deles".

> A falta do poder da razão nos matemáticos.

Claro que não, disse ele; quase nunca conheci um matemático que fosse capaz de raciocinar.

Mas você imagina que os homens que são incapazes de dar e receber uma razão terão o conhecimento que exigimos deles?

Nem isso pode ser suposto.

> A dialética avança somente pela razão, sem qualquer ajuda dos sentidos.

E assim, Glauco, disse eu, chegamos finalmente ao hino da dialética. Esta é aquela tensão que é apenas do intelecto, mas que a faculdade da visão, não obstante, irá imitar; pois a visão, como você deve se lembrar, foi imaginada por nós depois de um tempo para contemplar os animais e estrelas reais e, por último, o próprio sol. É assim com a dialética; quando uma pessoa começa na descoberta do absoluto apenas pela luz da razão, e sem qualquer ajuda dos sentidos, e persevera até que por pura inteligência chegue à percepção do bem absoluto, ela finalmente se encontra no final do mundo intelectual, como no caso da visão no fim do visível.

Exatamente, disse ele.

Então esse é o progresso que você chama de dialética?

Verdade.

> A conquista gradual da dialética pela busca das artes, antecipada na alegoria da caverna.

Mas a libertação dos prisioneiros das cadeias, e sua transição das sombras para as imagens e para a luz, e a subida da caverna subterrânea para o sol, enquanto em sua presença eles estão tentando em vão olhar para os animais e plantas e a luz do sol, mas são capazes de perceber mesmo com seus olhos fracos as imagens refletidas na água (que são divinas), e são as sombras da verdadeira existência (não sombras de imagens lançadas por uma luz de fogo, que comparadas ao sol são apenas uma imagem)[103], este poder de elevar o princípio mais alto da alma à contemplação do que há de melhor na existência, com o qual podemos comparar

---

[103] Omitindo ἐνταῦθα δὲ πρὸς φαντάσματα. A palavra θεῖα está entre colchetes, por Stallbaum.

a elevação daquela faculdade que é a própria luz do corpo à visão daquele que é mais brilhante no mundo material e visível, esse poder é dado, como eu estava dizendo, por todo o estudo e busca das artes que foram descritos.

Concordo com o que você está dizendo, respondeu ele, o que pode ser difícil de acreditar, mas, de outro ponto de vista, é ainda mais difícil de negar. Este, entretanto, não é um tema para ser tratado apenas de passagem, mas terá de ser discutido repetidamente. E assim, seja nossa conclusão verdadeira ou falsa, vamos supor tudo isso, e prosseguir imediatamente do prelúdio ou preâmbulo para a linhagem principal[104] e descrever da mesma maneira. Diga, então, qual é a natureza e quais são as divisões da dialética, e quais são os caminhos que levam até lá; pois esses caminhos também levarão ao nosso descanso final.

> A natureza da dialética só pode ser revelada àqueles que forem estudantes das ciências preliminares.

Querido Glauco, eu disse, você não poderá me seguir agora, embora eu fizesse o meu melhor, e você deveria contemplar não apenas uma imagem, mas a verdade absoluta, de acordo com minha noção. Se o que eu disse a você seria ou não uma realidade, não posso me aventurar a dizer; mas você teria visto algo parecido com a realidade; disso estou confiante.

Sem dúvida, ele respondeu.

Mas devo também lembrá-lo que só o poder da dialética pode revelar isso, e apenas para quem é um discípulo das ciências anteriores.

Nessa afirmação, você pode estar tão confiante quanto na última.

E certamente ninguém irá argumentar que existe qualquer outro método de compreender por qualquer processo regular toda a existência verdadeira ou de determinar o que cada coisa é em sua própria natureza; pois as artes em geral dizem respeito aos desejos ou opiniões dos homens, ou são cultivadas com vistas à produção e construção, ou à preservação de tais produções e construções; e quanto às ciências matemáticas que,

---

[104] Um jogo com a palavra grega νόμος, que significa "lei" e "linhagem". (N.T.)

como dizíamos, têm alguma apreensão do verdadeiro ser (geometria e coisas semelhantes), elas apenas sonham em ser, mas nunca podem contemplar a realidade desperta enquanto não examinam as hipóteses que usam, e são incapazes de dar conta delas. Pois quando um homem não conhece seu próprio primeiro princípio, e quando a conclusão e os passos intermediários também são construídos a partir do que ele não sabe, como pode imaginar que tal tecido de convenção possa algum dia se tornar ciência?

Impossível, disse ele.

> Que são suas criadas.

Então a dialética, e somente a dialética, vai diretamente para o primeiro princípio e é a única ciência que elimina as hipóteses para tornar seu fundamento seguro; o olho da alma, que está literalmente enterrado em um lamaçal estranho, é por sua ajuda gentil elevado; e ela usa como servas e ajudantes no trabalho de conversão as ciências que estivemos discutindo. Costumam chamá-los de ciências, mas deveriam ter algum outro nome, implicando maior clareza do que opinião e menos clareza do que ciência: e isso, em nosso esboço anterior, foi chamado de compreensão. Mas por que deveríamos disputar sobre nomes quando temos realidades de tal importância a considerar?

Por que, de fato, disse ele, quando qualquer nome servirá, que expresse o pensamento da mente com clareza?

> Duas divisões da mente, intelecto e opinião, cada qual com duas subdivisões.

De qualquer forma, estamos satisfeitos, como antes, com quatro divisões; duas para o intelecto e duas para a opinião, e para chamar a primeira divisão de ciência, a segunda compreensão, a terceira crença e a quarta percepção das sombras, a opinião preocupada com o devir e o intelecto com o ser; e assim fazer uma proporção:

> Assim como o ser está para o devir, o intelecto puro está para a opinião. E assim como o intelecto está para a opinião, a ciência está para a crença e a compreensão para a percepção das sombras.

Mas vamos adiar a posterior correlação e subdivisão dos assuntos de opinião e de intelecto, pois será uma longa investigação, muitas vezes mais longa do que tem sido.

Pelo que entendi, disse ele, concordo.

E você também concorda, eu disse, em descrever o dialético como aquele que atinge uma concepção da essência de cada coisa? E aquele que não possui e, portanto, é incapaz de transmitir essa concepção, em qualquer grau em que falhe, pode-se dizer que nesse grau também falhou em inteligência? Você vai admitir tanto assim?

Sim, ele disse; como posso negar isso?

> Nenhuma verdade existe, que não se alicerce na ideia do bem.

E você diria o mesmo da concepção do bem? Até que a pessoa seja capaz de abstrair e definir racionalmente a ideia do bem, e a menos que possa enfrentar todas as objeções, e esteja pronta para refutá-las, não por apelos à opinião, mas à verdade absoluta, nunca vacilando em qualquer passo do argumento, a menos que ele possa fazer tudo isso, você diria que não conhece a ideia do bem nem qualquer outro bem; ele apreende apenas uma sombra, se é que existe alguma coisa, que é dada pela opinião e não pela ciência; sonhando e cochilando nesta vida, antes de estar bem acordado aqui, ele chega ao mundo inferior e tem seu silêncio final.

Em tudo isso, certamente concordo com você.

E certamente você não teria os filhos de seu Estado ideal, a quem você está alimentando e educando, se o ideal um dia se tornar uma realidade, você não permitiria que os futuros governantes fossem como postes[105], não tendo nenhuma razão neles, e ainda assim tendo autoridade sobre os assuntos mais elevados?

Certamente não.

Então, você fará uma lei para que eles tenham uma educação que os capacite a obter a maior habilidade em fazer e responder perguntas?

---

[105] γραμμάς, literally 'lines,' probably the starting-point of a race-course. (literalmente "linhas", provavelmente o ponto de partida de uma pista de corrida)

Sim, ele disse, você e eu juntos vamos conseguir.

> Deve ocupar um lugar mais elevado.

A dialética, então, como você concordará, é a pedra de toque das ciências e está colocada sobre elas; nenhuma outra ciência pode ser mais elevada, a natureza do conhecimento não pode ir mais longe?

Eu concordo, ele disse.

Mas a quem devemos atribuir esses estudos, e de que maneira eles devem ser atribuídos, são questões que ainda precisam ser consideradas.

Sim, claro.

Você se lembra, eu disse, de como os governantes eram escolhidos antes?

Certamente, ele disse.

As mesmas naturezas ainda devem ser escolhidas, e a preferência dada novamente aos mais seguros e bravos e, se possível, aos mais justos; e, tendo temperamento nobre e generoso, devem também ter os dons naturais que facilitarão sua educação.

E o que são esses?

> Os dons naturais que são necessários à dialética: um entendimento completo; uma boa memória; força de caráter;

Dons como agudeza e pronto poder de compra; pois a mente desmaia mais frequentemente com a severidade do estudo do que com a severidade da ginástica: o trabalho é mais inteiramente da mente e não é compartilhado com o corpo.

É verdade, respondeu ele.

Além disso, aquele a quem estamos procurando deve ter uma boa memória e ser um homem sólido e incansável que ama o trabalho em qualquer ramo; ou ele nunca será capaz de suportar a grande quantidade de exercícios físicos e passar por toda a disciplina intelectual e estudo que exigimos dele.

Certamente, ele disse; deve ter dons naturais.

O erro hoje é que quem estuda filosofia não tem vocação, e esta, como dizia antes, é a razão pela qual ela caiu em descrédito: seus verdadeiros filhos deveriam tomá-la em suas mãos, e não os bastardos.

O que você quer dizer?

> indústria;

Em primeiro lugar, seu devoto não deveria ter uma habilidade manca ou hesitante, quero dizer, que ele não deveria ser meio trabalhador e meio ocioso: como, por exemplo, quando um homem é um amante da ginástica e da caça, e todos os outros exercícios corporais, mas odeia, em vez de ser um amante, o trabalho de aprender, ouvir ou inquirir. Ou a ocupação à qual se dedica pode ser de um tipo oposto, e ele pode ter o outro tipo de claudicação.

Certamente, ele disse.

> amor à verdade.

E quanto à verdade, eu disse, não é uma alma que seja apontada como parada ou hesitante, que odeie a falsidade voluntária e fique extremamente indignada consigo mesma e com os outros quando contam mentiras, mas é paciente com a falsidade involuntária e não se importa em chafurdar como uma besta suína na lama da ignorância, e não tem vergonha de ser detectada?

Com certeza.

> As virtudes morais.

E, novamente, com respeito à temperança, coragem, magnificência e todas as outras virtudes, não deveríamos distinguir cuidadosamente entre o filho verdadeiro e o bastardo? Pois onde não há discernimento de tais qualidades, os Estados e os indivíduos erram inconscientemente; e o Estado torna um governante, e o indivíduo um amigo, daquele que, sendo defeituoso em alguma parte da virtude, é uma figura coxa ou um bastardo.

Isso é verdade, disse ele.

Todas essas coisas, então, terão de ser cuidadosamente consideradas por nós; e se apenas aqueles que apresentamos a este vasto sistema de educação e treinamento são saudáveis de corpo e mente, a própria justiça nada terá a dizer contra nós, e seremos os salvadores da constituição e do Estado; mas, se nossos alunos forem homens de outra categoria, o inverso acontecerá, e derramaremos uma torrente de ridículo sobre a filosofia ainda maior do que ela tem de suportar atualmente.

Isso não seria digno de crédito.

> Sócrates brinca um pouco consigo mesmo e com seus súditos.

Certamente não, eu disse; e, no entanto, talvez, ao transformar assim o gracejo em assunto sério, eu seja igualmente ridículo.

Em que aspecto?

Eu tinha esquecido, disse eu, que não éramos sérios, e falava com muito entusiasmo. Pois quando vi a filosofia pisoteada de forma tão imerecida pelos homens, não pude deixar de sentir uma espécie de indignação com os autores de sua desgraça: e minha raiva tornou-me muito veemente.

De fato! Eu estava ouvindo, mas acho que não pensei isso.

> Para o estudo da dialética, o jovem deve ser escolhido.

Mas eu, que sou o orador, senti que sim. E agora, deixe-me lembrá-lo de que, embora em nossa seleção anterior tenhamos escolhido velhos, não devemos fazê-lo nesta. Sólon estava desiludido quando disse que um homem, quando envelhecer, pode aprender muitas coisas, pois não pode aprender muito mais do que pode correr; a juventude é a hora de qualquer trabalho extraordinário.

Claro.

> Os estudos preliminares devem ser iniciados na infância, mas jamais forçados.

E, portanto, cálculo e geometria e todos os outros elementos de instrução, que são uma preparação para a dialética, devem ser apresentados à mente na infância; não, entretanto, sob qualquer noção de forçar nosso sistema de educação.

Por que não?

Porque um homem livre não deve ser escravo na aquisição de conhecimento de qualquer tipo. O exercício corporal, quando obrigatório, não faz mal ao corpo; mas o conhecimento adquirido sob compulsão não se apodera da mente.

Muito verdadeiro.

Então, meu bom amigo, eu disse, não use a compulsão, mas deixe a educação infantil ser uma espécie de diversão; você será mais capaz de descobrir a curvatura natural.

Essa é uma noção muito racional, disse ele.

Você se lembra de que as crianças também deveriam ser levadas para ver a batalha a cavalo; e que, se não houvesse perigo, eles seriam levados bem perto e, como cães jovens, receberiam um gosto de sangue?

Sim, eu lembro.

A mesma prática pode ser seguida, eu disse, em todas essas coisas – trabalhos, lições, perigos – e aquele que se sente mais à vontade em todas elas deve ser inscrito em um número seleto.

Em que idade?

> O treinamento ginástico necessário deve ser completado primeiro.

Na idade em que termina a necessária ginástica: o período de dois ou três anos que se passa neste tipo de treino é inútil para qualquer outro fim; pois o sono e os exercícios não são propícios ao aprendizado; e a prova de quem é o primeiro nos exercícios de ginástica é uma das provas mais importantes a que nossos jovens são submetidos.

Certamente, ele respondeu.

> Aos vinte anos de idade os discípulos iniciarão seus estudos das correlações das ciências.

Após esse tempo, aqueles que forem selecionados na classe de vinte anos serão promovidos a uma honra superior, e as ciências que aprenderam sem qualquer ordem em sua educação inicial serão reunidas e eles serão capazes de ver a relação natural delas umas com as outras e para o verdadeiro ser.

Sim, disse ele, esse é o único tipo de conhecimento que cria raízes duradouras.

Sim, eu disse; e a capacidade para tal conhecimento é o grande critério do talento dialético: a mente abrangente é sempre a dialética.

Eu concordo com você, ele disse.

> Aos 30 anos, os mais destacados serão segregados em turmas especiais.

Esses, eu disse, são os pontos que você deve considerar; e aqueles que têm mais dessa compreensão, e que são mais constantes em seu aprendizado e em seus deveres militares e outros compromissos, quando chegarem aos 30 anos, devem ser escolhidos por você entre a classe selecionada e elevada para maior honra; e você terá de prová-los com a ajuda da dialética, a fim de verificar qual deles é capaz de desistir do uso da visão e dos outros sentidos, e em companhia da verdade para atingir o ser absoluto: e aqui, meu amigo, muito cuidado é necessário.

Por que esse cuidado?

<small>O crescimento do ceticismo.</small>

Você não vê, eu disse, quão grande é o mal que a dialética introduziu?

Que mal?, ele perguntou.

Os estudantes da arte estão cheios de ilegalidade.

É verdade, disse ele.

Você acha que há algo tão antinatural ou indesculpável no caso deles? Ou você vai fazer concessões para eles?

De que forma fazer concessões?

<small>nas mentes dos mais jovens ilustrado pelo caso de um filho ilegítimo,</small>

Quero que você, disse eu, paralelamente, imagine um filho ilegítimo que foi criado em grande riqueza; ele pertence a uma grande e numerosa família e tem muitos bajuladores. Quando chega à idade adulta, descobre que seus supostos pais não o são; mas quem são seus pais biológicos, ele não consegue descobrir. Você consegue adivinhar como ele provavelmente se comportará com seus bajuladores e seus supostos pais, primeiro de tudo durante o período em que ignora a falsa relação, e depois novamente quando descobre? Ou devo adivinhar para você?

Por favor.

<small>Que deixa de honrar seu pai quando descobre que ele não é seu genitor biológico.</small>

Então, devo dizer que, embora ele seja ignorante da verdade, provavelmente honrará seu pai e sua mãe e seus supostos pais mais do que os bajuladores; ele estará menos inclinado a negligenciá-los quando em necessidade, ou a fazer ou dizer qualquer coisa contra eles; e ele estará menos disposto a desobedecê-los em qualquer assunto importante.

Ele irá.

Mas quando ele fizer a descoberta, imagino que diminuirá sua honra e consideração por eles, e se tornará mais dedicado aos bajuladores; sua influência sobre ele aumentaria grandemente; ele agora viveria de acordo com seus costumes e se associaria abertamente a eles e, a menos que fosse de uma índole excepcionalmente boa, não se preocuparia mais com seus supostos pais ou outros parentes.

Bem, tudo isso é muito provável. Mas como a imagem é aplicável aos discípulos da filosofia?

Desta forma: você sabe que existem certos princípios sobre justiça e honra, que nos foram ensinados na infância, e sob a autoridade dos pais fomos educados, obedecendo e honrando-os.

Isso é verdade.

Existem também máximas e hábitos de prazer opostos que lisonjeiam e atraem a alma, mas não influenciam aqueles de nós que têm qualquer senso de direito, e eles continuam a obedecer e honrar as máximas de seus pais.

Verdade.

> Então o homem, quando começa a analisar os princípios da moralidade, deixa de respeitá-los.

Agora, quando um homem está neste Estado, e o espírito questionador pergunta o que é justo ou honrado, e ele responde como o legislador lhe ensinou, e então muitos e diversos argumentos refutam suas palavras, até que ele seja levado a acreditar que nada é honrado mais do que desonroso, ou justo e bom mais do que o contrário, e assim de todas as noções que ele mais valorizava, você acha que ele ainda os honrará e obedecerá como antes?

Impossível.

E quando ele deixa de considerá-los honrados e naturais como antes, e falha em descobrir a verdade, pode-se esperar que busque outra vida que não seja aquela que lisonjeia seus desejos?

Ele não deveria.

E por ser um guardião da lei, ele se converte em um transgressor dela?

Inquestionavelmente.

Agora, tudo isso é muito natural em estudantes de filosofia como eu descrevi, e, como eu estava dizendo agora, muito desculpável.

Sim, ele disse; e, devo acrescentar, lamentável.

Portanto, para que os vossos sentimentos não se transformem em piedade pelos nossos cidadãos que já completam agora trinta anos, deve-se ter todo o cuidado ao introduzi-los na dialética.

Certamente.

> Os jovens adoram deixar a verdade em pedaços e assim levarem a desgraça sobre si mesmos e sobre a filosofia.

Há o perigo de que provem o verdadeiro deleite muito cedo; para os jovens, como você deve ter observado, quando eles sentem o gosto pela primeira vez, argumentam por diversão e estão sempre contradizendo e refutando os outros, imitando aqueles que os refutam; como cachorrinhos, se alegram em morder e dilacerar todos que se aproximam deles.

Sim, disse ele, não há nada que eles gostem mais.

E quando fizerem muitas conquistas e receberam derrotas nas mãos de muitos, eles violenta e rapidamente entram em um estado de não acreditar em nada em que acreditavam antes e, portanto, não só eles, mas à filosofia, e tudo o que se relaciona com ela, é adequado receber a má fama com o resto do mundo.

É verdade, disse ele.

> O dialético e o erístico.

Mas quando um homem começa a envelhecer, ele não será mais culpado de tal insanidade; ele imitará o dialético que busca a verdade, e não o erístico, que está se contradizendo por diversão; e a maior moderação de seu caráter aumentará em vez de diminuir a honra da busca.

É verdade, disse ele.

E não fizemos provisão especial para isso, quando dissemos que os discípulos da filosofia deveriam ser ordeiros e constantes, não, como agora, qualquer aspirante ou intruso casual?

Muito verdadeiro.

Suponha, eu disse, o estudo da filosofia para tomar o lugar da ginástica e ser continuado diligente, séria e exclusivamente pelo dobro do número de anos que foram passados no exercício corporal, isso será suficiente?

Você diria seis ou quatro anos?, ele perguntou.

> O estudo da filosofia deve ser continuado por cinco anos: dos trinta aos trinta e cinco.

Digamos cinco anos, respondi; no final desse tempo, eles devem ser enviados novamente para a caverna e compelidos a ocupar qualquer cargo militar ou outro cargo que os jovens estejam qualificados para ocupar: dessa forma, eles obterão sua experiência de vida, e haverá uma oportunidade de testar se, quando atraídos por todos os tipos de caminhos pela tentação, eles permanecerão firmes ou recuarão.

E quanto tempo vai durar essa fase de suas vidas?

> Durante quinze anos, dos trinta e cinco aos cinquenta, deverão assumir seu cargo.

Quinze anos, respondi; e quando eles atingirem os cinquenta anos de idade, então que aqueles que ainda sobrevivem e se destacaram em todas as ações de suas vidas e em todos os ramos do conhecimento, finalmente cheguem à sua consumação: o tempo agora chegou em que devem elevar o olho da alma para a luz universal que ilumina todas as coisas e contempla o bem absoluto; pois esse é o padrão segundo o qual eles devem ordenar o Estado e a vida dos indivíduos, e também o restante de suas próprias vidas; fazendo da filosofia sua principal busca, mas, quando chega sua vez, labutando também na política e governando para o bem público, não como se estivessem realizando alguma ação heroica, mas simplesmente por uma questão de dever; e quando criarem em cada geração outros semelhantes a eles

> Ao final desse período deverão viver confortavelmente na contemplação do bem, mas ocasionalmente podem retornar à política.

e os deixarem em seus lugares para serem governadores do Estado, então eles partirão para as Ilhas dos Bem-aventurados e aí habitarão; e a cidade lhes dará memoriais públicos e sacrifícios e os honrará, se o oráculo Pítio consentir, como semideuses, mas se não, como em qualquer caso, abençoados e divinos.

Você é um escultor, Sócrates, e fez estátuas de nossos governantes impecáveis em beleza.

Sim, disse eu, Glauco, e das nossas governantas; pois você não deve supor que o que venho dizendo se aplica apenas aos homens e não às mulheres, tanto quanto sua natureza pode chegar.

Aí está você, disse ele, uma vez que as fizemos para compartilhar todas as coisas como os homens.

Bem, eu disse, e você concordaria (não?) que o que foi dito sobre o Estado e o governo não é um mero sonho, e embora difícil, não é impossível, mas apenas possível da forma que se supõe; isto é, quando os verdadeiros reis filósofos nascem em um Estado, um ou mais deles, desprezando as honras deste mundo atual que eles consideram mesquinhas e sem valor, estimando acima de tudo o que é certo e a honra que brota do direito, e considerando a justiça como a maior e mais necessária de todas as coisas, de quem serão eles ministros e de quem os princípios serão exaltados por eles quando puserem em ordem sua própria cidade?

Como eles irão proceder?

> Medidas práticas para uma rápida fundação do Estado.

Eles começarão enviando ao campo todos os habitantes da cidade que tenham mais de dez anos de idade, e tomarão posse de seus filhos, que não serão afetados pelos hábitos de seus pais; estes, eles irão treinar em seus próprios hábitos e leis, quero dizer, nas leis que lhes demos: e dessa forma o Estado e a constituição de que falávamos alcançarão a felicidade mais rápida e facilmente, e a nação que tem tal constituição, ganhará mais.

Sim, essa será a melhor maneira. E eu acho, Sócrates, que você descreveu muito bem como, se alguma vez tal constituição poderia vir a existir.

Basta, então, do Estado perfeito e do homem que carrega sua imagem, não há dificuldade em ver como o descreveremos.

Não há dificuldade, respondeu ele; e concordo com você em pensar que nada mais precisa ser dito.

Livro VIII

República VIII
SÓCRATES,
GLAUCO.
Recapitulação
do Livro V.

E assim, Glauco, chegamos à conclusão de que no Estado perfeito as esposas e os filhos devem ser comuns; e que toda a educação e as buscas de guerra e paz também devem ser comuns, e os melhores filósofos e os mais bravos guerreiros devem ser seus reis?

Isso, respondeu Glauco, foi reconhecido.

Sim, eu disse; e reconhecemos ainda que os governadores, quando nomeados, levarão seus soldados e os colocarão em casas como as que estávamos descrevendo, que são comuns a todos e não contêm nada privado ou individual; e sobre a propriedade deles, lembra o que combinamos?

Sim, lembro-me de que ninguém deveria possuir qualquer um dos bens comuns da humanidade; deviam ser atletas guerreiros e guardiões, recebendo dos demais cidadãos, em lugar do pagamento anual, apenas a sua manutenção, e deviam cuidar de si próprios e de todo o Estado.

Verdade, eu disse; e agora que essa divisão de nossa tarefa está concluída, vamos encontrar o ponto em que divagamos, para que possamos retornar ao antigo caminho.

Volta ao final do Livro IV.

Não há dificuldade em voltar; você deu a entender então, como agora, que havia terminado a descrição do Estado: você disse que tal Estado era bom, e que era bom o homem que respondia a ele, embora, como agora parece, você tivesse coisas mais excelentes para relatar tanto do Estado quanto do homem. E você disse ainda que se esta era a forma verdadeira, então as outras eram falsas; e sobre as formas falsas, você disse, pelo que me lembro, que havia quatro formas principais, e que seus defeitos, e os defeitos dos indivíduos correspondentes a elas, valiam a pena ser examinados. Depois de ver todos os indivíduos e finalmente concordar sobre quem era o melhor e quem era o pior deles, deveríamos considerar se o melhor não era também o mais feliz e o pior o mais infeliz. Eu perguntei quais eram as quatro formas de governo das quais você falou, e então Polemarco e Adimanto deram sua palavra; e você começou de novo, e encontrou seu caminho até o ponto a que agora chegamos.

Sua lembrança, eu disse, é a mais exata.

Então, como um lutador, ele respondeu, você deve se colocar novamente na mesma posição; e deixe-me fazer as mesmas perguntas, e você me dá a mesma resposta que estava prestes a me dar então.

Sim, se puder, eu vou, eu disse.

Desejo particularmente ouvir quais foram as quatro constituições de que falou.

> Quatro constituições imperfeitas, a cretense ou espartana, a oligarquia, democracia, tirania.

Essa pergunta, disse eu, é facilmente respondida: os quatro governos de que falei, na medida em que têm nomes distintos, são, em primeiro lugar, os de Creta e de Esparta, geralmente aplaudidos; o que é denominado oligarquia vem a seguir; isso não é igualmente aprovado, e é uma forma de governo que fervilha de males: em terceiro lugar, a democracia, que segue naturalmente a oligarquia, embora muito diferente: e por último vem a tirania, grande e famosa, que difere de todas elas, e é a quarta e pior desordem de um Estado. Eu não sei, você sabe? de qualquer outra constituição que possa ser considerada como tendo um caráter distinto. Existem senhorios e principados que são comprados e vendidos, e algumas outras formas intermediárias de governo. Mas esses não são descritos e podem ser encontrados igualmente entre os helenos e entre os bárbaros.

Sim, respondeu ele, certamente ouvimos falar de muitas formas curiosas de governo que existem entre eles.

> Os Estados são como os homens, pois são feitos pelos homens.

Você sabe, eu disse, que os governos variam conforme variam as disposições dos homens, e que deve haver tantos de um quanto do outro? Pois não podemos supor que os Estados são feitos de "carvalho e rocha", e nem fora das naturezas humanas que estão neles, e que em uma figura, viram a balança e desenham outras coisas depois deles?

Sim, disse ele, os Estados são como os homens; eles crescem a partir de personagens humanos.

Então, se as constituições dos Estados são cinco, as disposições das mentes individuais também serão cinco?

Certamente.

Aquele que corresponde à aristocracia, e a quem corretamente chamamos de justo e bom, já o descrevemos.

Nós fizemos.

Então, vamos passar a descrever o tipo inferior de natureza, sendo as contenciosas e ambiciosas, que respondem à política espartana; também o oligárquico, democrático e tirânico. Coloquemos o mais justo ao lado dos mais injustos, e quando os virmos, seremos capazes de comparar a felicidade ou infelicidade relativa daquele que leva uma vida de justiça ou injustiça pura. O inquérito será então concluído. E saberemos se devemos perseguir a injustiça, como aconselha Trasímaco, ou de acordo com as conclusões do argumento, dar preferência à justiça.

Certamente, respondeu ele, devemos fazer o que você diz.

> O Estado e o indivíduo.

Devemos seguir nosso antigo plano, que adotamos com uma visão para maior clareza, de tomar primeiro o Estado e depois passar para o indivíduo, e começar com o governo de honra? Não conheço outro nome para tal governo além de timocracia, ou talvez timarquia. Compararemos com isso o caráter semelhante do indivíduo; e depois, considere a oligarquia e o homem oligárquico; e então, voltaremos nossa atenção para a democracia e o homem democrático; e por último, iremos ver a cidade da tirania, e mais uma vez daremos uma olhada na alma do tirano, e tentaremos chegar a uma decisão satisfatória.

Essa forma de ver e julgar a questão será muito adequada.

> Como a timocracia surge da aristocracia.

Primeiro, então, eu disse, investiguemos como a timocracia (o governo de honra) surge da aristocracia (o governo dos melhores). Claramente, todas as mudanças políticas se originam em divisões do poder governante real; um governo que é unido, por menor que seja, não pode ser modificado.

É verdade, disse ele.

De que maneira, então, nossa cidade será modificada, e de que maneira as duas classes de auxiliares e governantes discordarão entre si ou dos outros? Devemos nós, à maneira de Homero, orar às Musas para nos dizer "como a discórdia surgiu pela primeira vez"? Devemos imaginá-los em zombaria solene, brincando e gracejando conosco como se fôssemos crianças, e se dirigindo a nós com uma veia trágica elevada, fazendo de conta que estamos falando sério?

Como eles se dirigiriam a nós?

> A inteligência que está ligada aos sentidos não saberá como regular os nascimentos e as mortes de acordo com o número que os controla.

Assim: – Uma cidade assim constituída dificilmente pode ser abalada; mas, visto que tudo que tem um começo também tem um fim, mesmo uma constituição como a sua não durará para sempre, mas com o tempo será dissolvida. E esta é a dissolução: – Nas plantas que crescem na terra, assim como nos animais que se movem na superfície terrestre, a fertilidade e a esterilidade da alma e do corpo ocorrem quando se completam as circunferências dos círculos de cada um, que existências curtas passam por um espaço curto e as existências longevas passam por um espaço longo. Mas, para o conhecimento da fecundidade e esterilidade humana, toda a sabedoria e a educação de seus governantes não serão alcançadas; as leis que os regulam não serão descobertas por uma inteligência mesclada com os sentidos, mas escaparão delas e trarão filhos ao mundo quando não deveriam. Agora, o que é de nascimento divino tem um período que está contido em um número perfeito[106], mas o período de nascimento humano é compreendido em um número no qual os primeiros incrementos por involução e evolução (ou ao quadrado e ao cubo) obtendo três intervalos e quatro termos iguais e diferentes, números crescentes e decrescentes, tornam todos os termos comensuráveis e agradáveis uns aos outros[107]. A base destes (3) com um terceiro adicionado (4) quando combinado com cinco (20) e elevado à terceira potência fornece duas harmonias; o primeiro, um quadrado que é cem vezes maior (400 = 4 × 100)[108], e o outro, uma figura com um lado igual ao anterior, mas oblongo, consistindo em cem números quadrados sobre diâmetros racionais de um quadrado (ou seja, omitindo frações), o lado do qual é cinco (7 × 7 = 49 × 100 = 4900), cada um deles sendo menos por um (do que o quadrado perfeito que inclui as frações, como 50) ou menos[109] por dois quadrados perfeitos de diâmetros irracionais (de um quadrado cujo lado é cinco = 50 + 50 = 100); e cem cubos de três (27 × 100 = 2700 + 4900 + 400 = 8000). Agora, esse número representa uma figura geométrica que tem controle sobre o bem e o mal dos nascimentos. Pois quando seus tutores ignorarem a lei de nascimento e unirem a noiva e o noivo fora da estação, os filhos não serão bons ou afortunados. E embora apenas os melhores deles sejam nomeados por seus antecessores, eles ainda serão indignos de ocupar o lugar de seus pais, e quando chegarem ao poder como guardiões, logo será descoberto que falharão em cuidar de nós, as Musas, primeiro por subvalorizar a música; cuja negligência logo se estenderá à ginástica; e, portanto, os jovens de seu Estado serão menos cultivados. Na geração seguinte serão indicados governantes que perderam

---

[106] Ou seja, um número cíclico, como o 6, que é igual à soma de seus divisores 1, 2, 3, de modo que quando o círculo ou tempo representado por 6 é completado, os tempos menores ou rotações representadas por 1, 2, 3 também são concluídas. (N.T.)

[107] Provavelmente os números 3, 4, 5, 6, dos quais os três primeiros = os lados do triângulo pitagórico. Os termos serão então 3 ao cubo, 4 ao cubo, 5 ao cubo, que juntos = 6 ao cubo = 216. (N.T.)

[108] Ou o primeiro um quadrado que é 100 x 100 = 10.000. O número inteiro será então 17.500 = um quadrado de 100 e um oblongo de 100 por 75. (N.T.)

[109] Ou, "consistindo em dois números ao quadrado sobre diâmetros irracionais", etc. = 100. Para outras explicações da passagem, veja a Introdução. (N.T.)

o poder de guardião de testar o metal de suas diferentes raças, que, como a de Hesíodo, são de ouro e prata e bronze e ferro. E assim o ferro se misturará com a prata, e o bronze com o ouro e, portanto, surgirão dissimilaridades, desigualdades e irregularidades, que sempre e em todos os lugares são causas de ódio e guerra. As Musas afirmam ser esta a origem da discórdia, onde quer que surja; e esta é a sua resposta para nós.

Sim, e podemos supor que elas respondem verdadeiramente.

Ora, sim, eu disse, é claro que respondem de verdade; como podem as musas falar falsamente?

E o que as musas dizem a seguir?

> Então a discórdia se fez e a propriedade individual tomou o lugar da propriedade coletiva.

Quando a discórdia surgiu, as duas raças foram traçadas de maneiras diferentes: o ferro e o bronze passaram a adquirir dinheiro, terras, casas, ouro e prata; mas as raças de ouro e prata, não querendo dinheiro, mas tendo as verdadeiras riquezas em sua própria natureza, eram inclinadas para a virtude e a antiga ordem das coisas. Houve uma batalha entre eles e, finalmente, concordaram em distribuir suas terras e casas entre os proprietários individuais; e eles escravizaram seus amigos e mantenedores, a quem haviam protegido anteriormente na condição de homens livres, e os tornaram súditos e servos; e eles próprios estavam empenhados na guerra e em vigiá-los.

Eu acredito que você concebeu corretamente a origem da mudança.

E o novo governo que assim surge será de uma forma intermediária entre a oligarquia e a aristocracia?

Muito verdadeiro.

Essa será a mudança, e depois que a mudança for feita, como eles irão proceder? É claro que o novo Estado, sendo um meio termo entre a oligarquia e o Estado perfeito, seguirá em parte um e em parte o outro, e terá algumas peculiaridades.

Verdade, ele disse.

Na honra dada aos governantes, na abstinência da classe guerreira da agricultura, do artesanato e do comércio em geral, na instituição das refeições comuns e na atenção dada à ginástica e ao treinamento militar, em todos esses aspectos este Estado se parecerá com o antigo.

Verdade.

> A timocracia irá reter o caráter militar e rejeitar o filosófico do Estado perfeito.

Mas no medo de admitir filósofos ao poder, porque eles não são mais para ser simples e sérios, mas são feitos de elementos mistos; e ao passar deles para personagens apaixonados e menos complexos, que são por natureza preparados para a guerra em vez da paz; e no valor por eles estabelecido em estratagemas militares e artifícios, e no travamento de guerras eternas, este Estado será na maior parte peculiar.

Sim.

> A classe dos soldados mesquinha e cobiçosa.

Sim, eu disse; e os homens desta categoria serão cobiçosos de dinheiro, como os que vivem nas oligarquias; eles terão um forte anseio secreto por ouro e prata, que acumularão em lugares escuros, tendo seus próprios depósitos e tesouros para o armazenamento e ocultação; também castelos que são apenas ninhos para seus ovos, e nos quais gastarão grandes somas com suas esposas, ou com quaisquer outras que desejem.

Isso é verdade, disse ele.

E são mesquinhos porque não têm meios de adquirir abertamente o dinheiro que prezam; eles vão gastar o que é de outro homem na satisfação de seus desejos, roubando seus prazeres e fugindo como crianças da lei, seu pai: eles foram educados não por influências gentis, mas pela força, pois negligenciaram aquela que é a verdadeira musa, a companhia da razão e da filosofia, e tem honrado a ginástica mais do que a música.

Sem dúvida, disse ele, a forma de governo que você descreve é uma mistura do bem e do mal.

> O espírito da ambição predomina em tais Estados.

Ora, há uma mistura, eu disse; mas uma coisa, e apenas uma coisa, é predominantemente vista: o espírito de contenda e ambição; e isso se deve à prevalência do elemento apaixonado ou espirituoso.

Com certeza, ele disse.

Tal é a origem e tal o caráter desse Estado, que foi descrito apenas em linhas gerais; a execução mais perfeita não era necessária, pois um esboço é suficiente para mostrar o tipo do mais perfeitamente justo e do mais perfeitamente injusto; e percorrer todos os Estados e todos os caracteres dos homens, sem omitir nenhum deles, seria um trabalho interminável.

É verdade, respondeu ele.

> SÓCRATES, ADIMANTO.
> O homem timocrático, sem cultura, mas orgulhoso da cultura, ambicioso, consciencioso, duro com seus escravos e cortês com os homens livres, um soldado, um atleta, caçador; que desprezava os ricos na juventude, orgulha-se deles à medida em que envelhece.

Agora, que homem responde a esta forma de governo, como ele surgiu e como ele é?

Acho, disse Adimanto, que no espírito de contenda que o caracteriza, ele não é diferente de nosso amigo Glauco.

Talvez, eu disse, ele possa ser como ele nesse ponto; mas há outros aspectos nos quais é muito diferente.

Em que aspectos?

Ele deveria ter mais autoafirmação e ser menos culto, mas também amigo da cultura; e ele deve ser um bom ouvinte, mas não um orador. Tal pessoa tende a ser rude com escravos, ao contrário do homem educado, que é orgulhoso demais para isso; e também será cortês com os homens livres e notavelmente obediente à autoridade; ele é um amante do poder e um amante da honra; alegando ser um governante, não porque seja eloquente, ou em qualquer terreno desse tipo, mas porque é um soldado e realizou façanhas com armas; também adora exercícios de ginástica e a caça.

Sim, esse é o tipo de personagem que responde à timocracia.

Tal pessoa desprezará as riquezas apenas quando for jovem; mas, à medida que envelhece, será cada vez mais atraído por elas, porque tem em si um pedaço da natureza avarenta, e não está voltado para a virtude, tendo perdido seu melhor guardião.

Quem era aquele? Disse Adimanto.

Filosofia, disse eu, temperada com música, que vem e faz morada no homem e é a única salvadora de sua virtude ao longo da vida.

Bom, ele disse.

Tal é, eu disse, o jovem timocrático, e ele é como o Estado timocrático.

Exatamente.

Sua origem é a seguinte: ele muitas vezes é o filho de um pai corajoso, que mora em uma cidade mal governada, da qual recusa as honras e cargos, e não vai a justiça, nem se esforça de qualquer forma, mas está pronto para renunciar a seus direitos para que possa escapar de problemas.

E como o filho nasceu?

O caráter do filho começa a se desenvolver quando ouve a mãe reclamar que o marido não tem lugar no governo, o que faz com que ela não tenha precedência entre outras mulheres. Além disso, quando ela vê seu marido não muito ansioso por dinheiro, e em vez de lutar e criticar nos tribunais ou assembleias, levando o que quer que aconteça com ele em silêncio; e quando ela observa que seus pensamentos estão sempre centrados em si mesmo, enquanto ele a trata com considerável indiferença, ela se irrita e diz a seu filho que seu pai é apenas meio homem e muito passivo: acrescentando todas as outras queixas sobre seus próprios maus-tratos, que as mulheres gostam tanto de ensaiar.

> O homem timocrático comumente nasce da reação ao caráter do seu pai, que é encorajado por sua mãe.

Sim, disse Adimanto, elas nos dão muitos, e suas queixas são tão próprias!

E você sabe, eu disse, que também os velhos servos, que deveriam ser ligados à família, de vez em quando falam em particular no mesmo tom com o filho; e se virem alguém que deve dinheiro a seu pai, ou está fazendo algo errado com ele, e ele não os processa, dizem ao jovem que quando ele crescer, deve retaliar pessoas desse tipo, e ser mais homem do que seu pai. Basta caminhar para o exterior e ele ouve e vê o mesmo tipo de coisa: quem faz seus próprios negócios na cidade é chamado de simplório e é desprezado, enquanto o intrometido é homenageado e aplaudido. O resultado é que o jovem, ouvindo e vendo todas essas coisas, e ouvindo também as palavras de seu pai e tendo uma visão mais

> e pelos servos mais velhos da casa.

próxima de seu modo de vida e fazendo comparações entre ele e os outros, é desenhado de maneiras opostas: enquanto seu pai está regando e nutrindo o princípio racional em sua alma, os outros estão encorajando os apaixonados e apetitosos; e ele, não sendo originalmente de uma natureza ruim, mas tendo mantido más companhias, é finalmente levado por sua influência conjunta a um ponto médio, e entrega o reino que está dentro dele ao princípio intermediário de contencioso e paixão, e se torna arrogante e ambicioso.

Você me parece ter descrito a origem desse jovem perfeitamente.

Então temos agora, eu disse, a segunda forma de governo e o segundo tipo de personagem?

Nós temos.

A seguir, vamos olhar para outro homem que, como diz Ésquilo,

"É colocado contra outro Estado";

ou melhor, conforme nosso plano exige, comece com o Estado.

Certamente.

Eu acredito que a oligarquia vem logo a seguir.

> Oligarquia.

E que tipo de governo você chama de oligarquia?

Um governo baseado na avaliação da propriedade, em que os ricos têm poder e os pobres são privados dele.

Eu entendo, ele respondeu.

Não devo começar descrevendo como surge a mudança da timocracia para a oligarquia?

Sim.

Bem, eu disse, não são necessários olhos para ver como um passa para o outro.

Como?

> Surge da acumulação e dos gastos crescentes entre os cidadãos.

A acumulação de ouro no tesouro de particulares é a ruína da timocracia; eles inventam modos ilegais de despesas; pois para que eles ou suas esposas se importam com a lei?

Sim, de fato.

> À medida que a riqueza aumenta, a virtude diminui; a primeira é honrada, a segunda, desprezada; a primeira é cultivada, a segunda, negligenciada.

E então um, vendo o outro enriquecer, procura rivalizar com ele, e assim a grande massa dos cidadãos torna-se amante do dinheiro.

Possivelmente.

E assim ficam cada vez mais ricos e, quanto mais pensam em fazer fortuna, menos pensam na virtude; pois, quando a riqueza e a virtude são colocadas juntas nos pratos da balança, uma sempre sobe, enquanto a outra cai.

Verdade.

E à proporção que as riquezas e os ricos são honrados no Estado, a virtude e os virtuosos são desonrados.

Claramente.

E o que é honrado é cultivado e o que não tem honra é negligenciado.

Isso é óbvio.

E assim, por fim, em vez de amar a contenda e a glória, os homens se tornam amantes do comércio e do dinheiro; honram e admiram o rico, fazem dele um governante e desonram o pobre.

Eles fazem isso.

> Em uma oligarquia, uma qualificação pelo dinheiro é estabelecida.

Em seguida, passam a fazer uma lei que fixa uma quantia como a qualificação da cidadania; a soma é maior em um lugar e menor em outro, pois a oligarquia é mais ou menos exclusiva; e não permitem que ninguém cuja propriedade caia abaixo do montante fixado tenha qualquer participação no governo. Essas mudanças na constituição são efetuadas pela força das armas, se a intimidação ainda não tiver feito seu trabalho.

Muito verdadeiro.

E esta, falando de modo geral, é a forma como a oligarquia se estabelece.

Sim, ele disse; mas quais são as características dessa forma de governo, e quais são os defeitos de que falávamos?

> Um governante é eleito porque é rico: quem iria eleger um condutor nesse princípio?

Em primeiro lugar, eu disse, considere a natureza da qualificação. Pense no que aconteceria se os pilotos fossem escolhidos de acordo com suas propriedades, e um homem pobre tivesse a permissão negada para pilotar, mesmo sendo um piloto melhor?

Quer dizer que eles naufragariam?

Sim; e isso não é verdade para a direção de qualquer coisa[110]?

Eu deveria imaginar isso.

Exceto uma cidade? Ou você incluiria uma cidade?

Não, disse ele, o caso de uma cidade é o mais forte de todos, visto que a direção de uma cidade é a maior e a mais difícil.

Será este, então, o primeiro grande defeito da oligarquia?

Claramente.

E aqui está outro defeito que é igualmente grave.

Qual defeito?

> A extrema divisão de classes em tal Estado.

A divisão inevitável: tal Estado não é um, mas dois Estados, o dos pobres, o outro dos ricos; e eles estão vivendo no mesmo lugar e sempre conspirando um contra o outro.

Isso, com certeza, é pelo menos tão ruim.

> Eles não ousam ir para a guerra.

Outra característica vergonhosa é que, pelo mesmo motivo, são incapazes de travar qualquer guerra. Ou eles armam a multidão e então têm mais medo dela do que do inimigo; ou, se não a convocam na hora da batalha, são oligarcas de fato, isto é, poucos para lutar e poucos para governar. E, ao mesmo tempo, sua predileção por dinheiro os torna relutantes em pagar impostos.

Que vergonha!

E, como dissemos antes, sob essa constituição, as mesmas pessoas têm muitas atividades, são lavradores, comerciantes, guerreiros, tudo em um. Isso parece bom?

Tudo menos isso.

---

[110] Omitindo ἤ τινος.

A República

Há outro mal que é, talvez, o maior de todos, e pelo qual este Estado começa a ser responsável.

Que mal?

> O homem arruinado, que não tem ocupação, antes um perdulário, agora um depauperado, ainda existe no Estado.

Um homem pode vender tudo o que possui e outro pode adquirir sua propriedade; contudo, após a venda, ele pode morar na cidade da qual não faz mais parte, não sendo nem comerciante, nem artesão, nem cavaleiro, nem hoplita, mas apenas uma criatura pobre e indefesa.

Sim, esse é um mal que também começa neste Estado.

O mal certamente não é evitado ali; pois as oligarquias têm os extremos de grande riqueza e extrema pobreza.

Verdade.

Mas pense novamente: em seus dias de riqueza, enquanto gastava seu dinheiro, um homem desse tipo era um pouco melhor para o Estado em termos de cidadania? Ou apenas parecia ser um membro do corpo governante, embora na verdade não fosse nem governante nem súdito, mas apenas um esbanjador?

Como você disse, ele parecia ser um governante, mas era apenas um esbanjador.

Não podemos dizer que este é o zangão da casa como o zangão da colmeia, e que um é a praga da cidade como o outro é da colmeia?

Exatamente assim, Sócrates.

E os deuses fizeram os zangões voadores, Adimanto, todos sem ferrões, enquanto dos zangões de duas pernas ele fez alguns sem ferrões, mas outros têm ferrões terríveis; na classe sem ferrão estão aqueles que na velhice acabam como indigentes; da dos ferrões vêm todas as classes criminosas, como são denominadas.

Verdade, disse ele.

> Onde há pobres, há ladrões.

Claramente, então, sempre que você vê indigentes em um Estado, em algum lugar naquela vizinhança existem ladrões escondidos, assaltantes e usurpadores de templos e todos os tipos de malfeitores.

Claramente.

Bem, eu disse, e nos Estados oligárquicos você não encontra indigentes?

Sim, ele disse; quase todo mundo é um pobre, quando não é um governante.

> E outros criminosos.

E podemos ter a ousadia de afirmar que neles também se encontram muitos criminosos, malandros com ferrões e que as autoridades têm o cuidado de conter pela força?

Certamente, podemos ser ousados em afirmar.

A existência de tais pessoas deve ser atribuída à falta de educação, à má formação e a uma má constituição do Estado?

Verdade.

Essa, então, é a forma e esses são os males da oligarquia; e pode haver muitos outros males.

Muito provavelmente.

Então a oligarquia, ou a forma de governo em que os governantes são eleitos por sua riqueza, pode agora ser dissolvida. A seguir, consideremos a natureza e a origem do indivíduo que responde a este Estado.

Certamente.

O homem timocrático não se transforma em oligárquico dessa maneira?

Como?

> A ruína do homem timocrático dá origem ao oligarca.

Chega um tempo em que o representante da timocracia tem um filho: primeiro, ele começa imitando seu pai e seguindo seus passos, mas depois o vê de repente naufragando por causa do Estado como em um recife submerso, e ele e tudo o que possui está perdido; pode ter sido um general ou algum outro alto oficial que é levado a julgamento sob uma denúncia levantada por informantes, ou condenado à morte, ou exilado, ou privado dos privilégios de cidadão, e tem todos os seus bens tomados.

Nada mais provável.

> Seu filho começa a vida como falido e passa a correr atrás de ganhar dinheiro.

E o filho viu e soube de tudo isso, ele é um homem arruinado, e seu medo o ensinou a derrubar a ambição e a paixão do trono de seu seio; humilhado pela pobreza, ele começa a ganhar dinheiro e, por meio de economias mesquinhas e miseráveis e trabalho árduo, junta uma fortuna. Não é provável que tal pessoa coloque o elemento concupiscente e ganancioso no trono vago e deixe-o bancar o grande rei dentro dele, cingido com tiara, corrente e cimitarra?

Verdade, ele respondeu.

E quando fez a razão e o espírito sentar-se no chão obedientemente em cada lado de seu soberano, e lhes ensinou a saber seus lugares, ele se obriga a pensar apenas em como somas menores podem ser transformadas em maiores, não permitindo que o outro adore e admire qualquer coisa, exceto fortunas e homens ricos, ou ambicione qualquer coisa, a não ser o domínio dos meios para aquisição de riqueza.

De todas as mudanças, disse ele, não há nenhuma tão rápida ou tão segura quanto a conversão do jovem ambicioso em avarento.

E o avarento, eu disse, é o jovem oligárquico?

Sim, ele disse; de qualquer forma, o indivíduo de onde ele veio é como o Estado de onde veio a oligarquia.

Vamos então considerar se existe alguma semelhança entre eles.

Muito bom.

Em primeiro lugar, então, eles se parecem no valor que atribuem à riqueza?

Certamente.

> O homem e o Estado oligárquicos se assemelham um ao outro na sua estima à riqueza; em seus modos de trabalho ininterrupto e de poupança, em sua falta de refinamento.

Também em seu caráter mesquinho e laborioso; o indivíduo apenas satisfaz seus apetites necessários e confina seus gastos a eles; seus outros desejos ele subjuga, sob a ideia de que são inúteis.

Verdade.

Ele é um sujeito miserável, que economiza algo de tudo e faz uma bolsa para si; e esse é o tipo de homem que o vulgar aplaude. Não é uma verdadeira imagem do Estado que representa?

Ele me parece ser assim; de qualquer forma, o dinheiro é altamente valorizado tanto por ele quanto pelo Estado.

Você vê que ele não é um homem de cultura, eu disse.

Imagino que não, disse ele; se tivesse sido educado, nunca teria feito um deus cego diretor de seu corpo, ou dado a ele a principal honra.

Excelente!, eu disse. No entanto, considere: não devemos mais admitir que, devido a essa falta de cultura, serão encontrados nele desejos semelhantes aos de um monge, como do pobre e do velhaco, que são reprimidos à força por seu hábito geral de vida?

Verdade.

Você sabe onde terá que procurar se quiser descobrir seus malandros?

Onde devo olhar?

> O homem oligarca mantém uma bela aparência, mas tem apenas uma virtude forçada e irá trapacear quando puder fazê-lo.

Você deve vê-lo onde ele tem alguma grande oportunidade de agir desonestamente, como na tutela de um órfão.

Sim.

Ficará bastante claro então que, em seus procedimentos normais, que lhe dão fama de honestidade, ele coage suas más paixões por meio de uma virtude forçada; não os fazendo ver que estão errados, ou domesticando-os pela razão, mas pela necessidade e pelo medo que os reprime, e porque ele teme por suas posses.

Com certeza.

Sim, de fato, meu caro amigo, mas você descobrirá que os desejos naturais do zangão geralmente existem nele, sempre que tem de gastar o que não é seu.

Sim, e serão fortes nele também.

O homem, então, estará em guerra consigo mesmo; ele será dois homens, e não um; mas, em geral, seus melhores desejos prevalecerão sobre os inferiores.

Verdade.

Por essas razões, tal pessoa será mais respeitável do que a maioria das pessoas; contudo, a verdadeira virtude de uma alma equânime e harmoniosa fugirá para longe e nunca se aproximará dela.

Eu deveria esperar isso.

> Sua mesquinhez em uma disputa; ele economiza seu dinheiro e perde o prêmio final.

E, certamente, o avarento individualmente será um competidor desprezível em um Estado por qualquer prêmio de vitória ou outro objeto de ambição honrosa; ele não gastará seu dinheiro na competição pela glória; ele tem tanto medo de despertar seus caros apetites e convidá-los a ajudar e se juntar à luta; na verdadeira forma oligárquica, ele luta apenas com uma pequena parte de seus recursos, e o resultado geralmente é que ele perde o prêmio e economiza seu dinheiro.

Muito verdadeiro.

Podemos ainda duvidar, então, que o avarento e fazedor de dinheiro responde ao Estado oligárquico?

Não pode haver nenhuma dúvida.

> A democracia surge das extravagâncias e do endividamento dos homens de família e posição.

Em seguida, vem a democracia; dela, a origem e a natureza ainda precisam ser consideradas por nós; e então investigaremos os costumes do homem democrático e o apresentaremos para julgamento.

Esse, disse ele, é o nosso método.

Bem, eu disse, e como surge a mudança da oligarquia para a democracia? Não é assim? O bem que esse Estado visa é tornar-se o mais rico possível, um desejo que é insaciável?

O que, então?

Os governantes, cientes de que seu poder repousa sobre sua riqueza, recusam-se a restringir por lei a extravagância dos jovens esbanjadores porque ganham com sua ruína; tiram juros deles e compram suas propriedades e, assim, aumentam sua própria riqueza e importância?

Com certeza.

Não pode haver dúvida de que o amor à riqueza e o espírito de moderação não podem coexistir em cidadãos de um mesmo Estado de extensão considerável; um ou outro será desconsiderado.

Isso está razoavelmente claro.

E nos Estados oligárquicos, devido à disseminação geral do descuido e da extravagância, os homens de boa família muitas vezes foram reduzidos à mendicância?

Sim, com frequência.

> Que permanecem na cidade, e formam uma classe perigosa, pronta a liderar uma revolução.

E ainda assim eles permanecem na cidade; lá estão eles, prontos para picar e totalmente armados, e alguns deles devem dinheiro, alguns perderam sua cidadania; uma terceira classe está em ambas as situações; e eles odeiam e conspiram contra aqueles que têm suas propriedades, e contra todos os outros, e estão ansiosos por uma revolução.

Isso é verdade.

Por outro lado, os homens de negócios, curvando-se enquanto caminham, e fingindo nem mesmo ver aqueles que eles já arruinaram, inserem seu ferrão – isto é, seu dinheiro – em alguém que não está em guarda contra eles, e recuperam a soma dos pais muitas vezes multiplicada em uma família de filhos: e assim eles fazem zangões e mendigos abundarem no Estado.

Sim, disse ele, há muitos deles, isso é certo.

> Duas soluções: (1) restrição ao uso livre da propriedade: a maldade queima como o fogo e eles não irão extingui-la, seja pela restrição do uso de sua propriedade privada, ou por qualquer outro método. Que outro? (2) contratos individuais que sejam feitos sob sua conta e risco.

O mal arde como um fogo; e eles não o extinguirão, seja restringindo o uso de sua própria propriedade por um homem ou por outro remédio.

Quais os outros?

Aquele que é o segundo melhor, e tem a vantagem de obrigar os cidadãos a olhar para seus personagens: que haja uma regra geral indicando que cada um deve fazer contratos voluntários por sua própria conta e risco, e haverá menos desse escandaloso acúmulo de dinheiro, e os males de que falávamos serão muito diminuídos no Estado.

Sim, eles serão bastante reduzidos.

No momento, os governadores, induzidos pelos motivos que mencionei, tratam mal seus súditos;

enquanto eles e seus adeptos, especialmente os jovens da classe governante, estão habituados a levar uma vida de luxo e ociosidade tanto do corpo quanto da mente; eles não fazem nada e são incapazes de resistir ao prazer ou à dor.

Muito verdadeiro.

Eles próprios se preocupam apenas em ganhar dinheiro e são tão indiferentes quanto o pobre ao cultivo da virtude.

Sim, igualmente indiferentes.

Esse é o estado de coisas que prevalece entre eles.

> Os súditos descobrem a fraqueza de seu governante.

E muitas vezes os governantes e seus súditos podem cruzar-se uns com os outros, seja em uma viagem ou em alguma outra ocasião de encontro, em uma peregrinação ou em uma marcha, como companheiros, soldados ou marinheiros; sim, e eles podem observar o comportamento um do outro no exato momento do perigo, pois onde existe perigo, não há medo de que os pobres sejam desprezados pelos ricos, e muito provavelmente o pobre homem bronzeado pode ser colocado na batalha ao lado de um rico, que nunca estragou sua pele e tem muita carne supérflua – quando ele vê alguém bufando e perdendo o juízo, como pode evitar chegar à conclusão de que homens como ele só são ricos porque ninguém tem coragem de despojá-los? E quando se encontrarem em particular, as pessoas não dirão umas às outras: "Nossos guerreiros não servem para muita coisa"?

Sim, disse ele, estou bem ciente de que essa é a maneira de falar deles.

> Uma pequena causa, interna ou externa, pode provocar uma revolução.

E, como em um corpo que está doente, o toque de um agente externo pode ter trazido a doença, e às vezes, mesmo quando não há provocação externa, uma comoção pode surgir de dentro do próprio corpo – da mesma forma, onde quer que haja fraqueza no Estado, também provavelmente haverá alguma doença que ocasionalmente pode ser muito sutil, como um partido introduzido de fora por seus oligarcas, ou um outro por seus aliados democráticos, e então o Estado adoece e entra em guerra consigo mesmo; e pode ser às vezes perturbado, mesmo quando não há causas externas.

Sim, certamente.

> Tal é a origem e a natureza da democracia.

E então a democracia passa a existir depois que os pobres conquistam seus oponentes, massacrando alguns e banindo outros, enquanto aos demais eles dão uma porção igual de liberdade e poder; e esta é a forma de governo em que os magistrados são comumente eleitos por sorteio.

Sim, disse ele, essa é a natureza da democracia, quer a revolução tenha sido feita pelas armas, quer o medo tenha causado a retirada do partido oposto.

E agora, qual é o seu modo de vida e que tipo de governo eles têm? Pois dependendo de como é o governo, tal será o homem.

Claramente, ele disse.

> A democracia permite ao homem fazer conforme sua vontade, e, portanto, contém a maior variedade de caráter e constituição.

Em primeiro lugar, eles não são gratuitos; e a cidade não está cheia de liberdade e franqueza – um homem pode dizer e fazer o que quiser?

Dizem que sim, ele respondeu.

E onde está a liberdade, o indivíduo é claramente capaz de organizar por si mesmo sua própria vida como quiser?

Claramente.

Então, neste tipo de Estado, haverá a maior variedade de naturezas humanas?

Haverá.

Este, então, parece ser o mais belo dos Estados, sendo como um manto bordado que é enfeitado com todo tipo de flor[111]. E assim como mulheres e crianças pensam que uma variedade de cores é o mais charmoso, então há muitos homens para quem este Estado, que é enfeitado com os modos e o caráter da humanidade, parecerá o mais belo dos Estados.

Sim.

Sim, meu bom senhor, e não haverá melhor onde procurar por um governo.

Por quê?

---

[111] Omitindo τί μήν; ἔφη.

Por causa da liberdade que reina lá – eles têm uma variedade completa de constituições; e aquele que pretende estabelecer um Estado, como temos feito, deve ir a uma democracia como faria a um bazar em que a vendem e escolher aquela que lhe convém; então, quando ele fizer sua escolha, pode fundar seu Estado.

Ele certamente terá padrões suficientes.

> A lei cai em suspensão.

E não havendo necessidade, eu disse, de você governar neste Estado, mesmo que tenha a capacidade, ou de ser governado, a menos que queira, ou vá para a guerra quando os outros vão para a guerra, ou esteja em paz quando os outros estão em paz, a menos que você esteja disposto, não havendo necessidade também, porque alguma lei o proíba de ocupar cargos ou ser um juiz, que você não deseje ocupar um cargo ou ser um juiz, se tiver uma fantasia – não é isso um estilo de vida que no momento é supremamente delicioso?

Por enquanto, sim.

E a humanidade deles para os condenados[112] não é, em alguns casos, encantadora? Você não observou como, em uma democracia, muitas pessoas, embora tenham sido condenadas à morte ou ao exílio, apenas ficam onde estão e caminham pelo mundo, o cavalheiro desfila como um herói, e ninguém o vê ou se importa?

Sim, ele respondeu, muitos e muitos.

> Todos os princípios da ordem e do bom gosto são pisados pela democracia.

Veja também, eu disse, o espírito perdoador da democracia, e o "não se preocupe" com ninharias, e o desprezo que ela mostra por todos os excelentes princípios que solenemente estabelecemos na fundação da cidade – como quando dissemos que, exceto no caso de alguma natureza raramente dotada, nunca haverá um bom homem que não tenha sido usado desde sua infância para brincar em meio a coisas belas e fazer delas uma alegria e um estudo – quão grandiosamente

---

[112] Ou "o temperamento filosófico dos condenados".

ela pisoteia essas nossas belas noções sob seus pés, nunca dando a mínima atenção para as atividades que fazem um estadista, e promovendo para homenagear qualquer um que professa ser amigo do povo.

Sim, ela tem um espírito nobre.

Essas e outras características afins são próprias da democracia, que é uma forma encantadora de governo, cheia de diversidade e desordem, e que oferece uma espécie de igualdade para iguais e desiguais.

Nós a conhecemos bem.

Considere agora, eu disse, que tipo de homem é o indivíduo, ou melhor, considere, como no caso do Estado, como ele passa a existir.

Muito bem, disse ele.

Não é este o caminho, ele é o filho do pai avarento e oligárquico que o treinou em seus próprios hábitos?

Exatamente.

> Quais são os prazeres necessários e desnecessários?

E, como seu pai, ele mantém sob a força os prazeres que são do tipo gastar e não do tipo obter, sendo aqueles que se chamam desnecessários?

Obviamente.

Você gostaria, por uma questão de clareza, de distinguir quais são os prazeres necessários e quais são os desnecessários?

Eu diria que sim.

> Os desejos necessários não podem ser eliminados.

Não são os prazeres necessários aqueles dos quais não podemos nos livrar e dos quais a satisfação é um benefício para nós? E são corretamente chamados assim, porque somos moldados pela natureza para desejar tanto o que é benéfico quanto o que é necessário, e não podemos evitar.

Verdade.

Não estamos errados, portanto, em chamá-los de necessários?

Nós não estamos.

E os desejos dos quais um homem pode se livrar, se ele se esforçar desde a juventude, dos quais a presença, além disso, não faz bem, e em alguns casos, o inverso do bem, não estaremos certos em dizer que todos esses são desnecessários?

Sim, certamente.

Suponha que selecionemos um exemplo de qualquer tipo, para que possamos ter uma noção geral deles.

Muito bom.

Não será o desejo de comer, isto é, de alimentos simples e condimentos, na medida em que são necessários para a saúde e as forças, ser da classe necessária?

Isso é o que devo supor.

O prazer de comer é necessário de duas maneiras; nos faz bem e é essencial para a continuidade da vida?

Sim.

> Mas podem ser levados a um excesso.

Mas os condimentos só são necessários na medida em que fazem bem à saúde?

Certamente.

> Ilustração sobre a comida e a bebida.

E o desejo que vai além disso, de alimentos mais delicados, ou outras luxúrias, que geralmente podem ser eliminados, se controlados e treinados na juventude, e é prejudicial para o corpo e para a alma, na busca de sabedoria e virtude, pode ser corretamente chamado de desnecessário?

Muito verdadeiro.

Não podemos dizer que esses desejos gastam e que os outros ganham dinheiro porque eles geram a produção?

Certamente.

E quanto aos prazeres do amor, e todos os outros prazeres, ele é válido?

Verdade.

E o zangão de quem falávamos era aquele que se fartava de prazeres e desejos desse tipo, e era escravo dos desejos desnecessários, enquanto aquele que estava sujeito apenas ao necessário era mesquinho e oligárquico?

Muito verdadeiro.

Novamente, vejamos como o homem democrático surge do oligárquico: o seguinte, como suspeito, é comumente o processo.

Qual é o processo?

> O jovem oligarca é conduzido por seus associados sem princípios.

Quando um jovem que foi criado como acabamos de descrever, de maneira vulgar e mesquinha, provou o mel de zangão e passou a se associar a naturezas ferozes e astutas que são capazes de fornecer a ele todos os tipos de refinamentos e variedades de prazer – então, como você pode imaginar, a mudança irá começar do princípio oligárquico dentro dele para o democrático?

Inevitavelmente.

> Existem aliados a ambas as partes dessa natureza.

E como na cidade o semelhante estava ajudando o semelhante, e a mudança foi efetuada por uma aliança sem ajudar uma divisão dos cidadãos, também o jovem é alterado por uma classe de desejos vindos de fora para atender aos desejos dentro dele, aquilo que é semelhante e afim, ajudando novamente o que é semelhante e afim?

Certamente.

E se houver algum aliado que auxilie o princípio oligárquico dentro dele, seja a influência de um pai ou parente, aconselhando ou repreendendo-o, então surge em sua alma uma facção e uma facção oposta, e ele vai para a guerra consigo mesmo.

Deve ser assim.

E há momentos em que o princípio democrático dá lugar ao oligárquico, e alguns de seus desejos morrem, outros são banidos; um espírito de reverência penetra na alma do jovem e a ordem é restaurada.

Sim, ele disse, isso às vezes acontece.

E então, novamente, depois que os antigos desejos foram expulsos, novos desejos surgem, que são semelhantes a eles, e porque o pai deles não sabe como educá-los, tornam-se ferozes e numerosos.

Sim, disse ele, esse é o caminho certo.

Eles o atraem para seus antigos associados e, mantendo relações secretas com eles, se reproduzem e se multiplicam nele.

A República

Muito verdadeiro.

Por fim, eles se apoderam da cidadela da alma do jovem, que eles percebem estar vazia de todas as realizações, atividades justas e palavras verdadeiras, que fazem sua morada nas mentes dos homens que são queridos pelos deuses e são seus melhores guardiões e sentinelas.

Nenhum pode ser melhor.

Frases e conceitos falsos e orgulhosos sobem e tomam seu lugar.

Eles estão certos de que o farão.

> O progresso do jovem oligarca ilustrado em uma alegoria.

E assim o jovem retorna ao país dos comedores de lótus, e passa a morar ali diante de todos os homens; e se qualquer ajuda for enviada por seus amigos para a parte oligárquica dele, os acima mencionados conceitos vazios fecham o portão da fortaleza do rei; e não permitirão a entrada da própria embaixada, nem se conselheiros particulares oferecerem o conselho paternal dos idosos, eles os ouvirão ou receberão. Há uma batalha e eles ganham o dia, e então a modéstia, que eles chamam de tolice, é ignominiosamente lançada no exílio por eles, e a temperança, que eles apelidam de falta de masculinidade, é pisoteada na lama e lançada fora; eles persuadem os homens de que moderação e gastos organizados são vulgaridade e mesquinhez, e assim, com a ajuda de uma turba de apetites malignos, eles os levam além da fronteira.

Sim, com vontade.

E quando eles esvaziaram e limparam a alma daquele que agora está em seu poder e que está sendo iniciado por eles em grandes mistérios, a próxima coisa é trazer de volta para sua casa a insolência, a anarquia, o desperdício e o atrevimento em brilhante disposição, tendo guirlandas em suas cabeças, e uma grande companhia com eles, cantando seus louvores e os chamando por nomes doces; eles chamam de insolência a procriação, liberdade de anarquia, magnificência de desperdício e coragem de impudente. E assim o jovem sai de sua natureza original, que foi treinada na escola da necessidade, para a liberdade e a libertinagem dos prazeres inúteis e desnecessários.

Sim, disse ele, a mudança nele é bastante visível.

> Ele se torna um libertino, mas às vezes interrompe precocemente sua carreira e dá vazão a prazeres bons e ruins sem qualquer distinção.

Depois disso, ele vive gastando seu dinheiro, trabalho e tempo em prazeres desnecessários tanto quanto nos necessários; mas se tiver sorte e não estiver muito desordenado em seu juízo, quando os anos se passarem e o apogeu da paixão acabar – supondo que então readmitisse na cidade alguma parte das virtudes exiladas, e não totalmente entregar-se aos seus sucessores –, nesse caso ele nivela seus prazeres e vive em uma espécie de equilíbrio, colocando o governo de si mesmo nas mãos daquele que chega primeiro e ganha a vez; e quando estiver farto disso, então irá para mãos de outro; ele não despreza nenhum deles, mas os encoraja a todos igualmente.

É verdade, disse ele.

> Ele rejeita qualquer conselho,

Nem recebe ou deixa passar para a fortaleza qualquer conselho verdadeiro; se alguém lhe disser que alguns prazeres são a satisfação de desejos bons e nobres, e outros de desejos maus, e que ele deve usar e honrar alguns e castigar e dominar os outros – sempre que isso lhe é repetido, ele balança a cabeça e diz que são todos iguais e que um é tão bom quanto o outro.

Sim, ele disse; assim é com este jovem.

> passando sua vida alternando entre um extremo e outro.

Sim, eu disse, ele vive dia após dia satisfazendo o apetite da hora; e às vezes é banhado em bebida e acordes de flauta; então se torna um bebedor de água e tenta emagrecer; então ele começa a fazer ginástica; às vezes preguiçosamente e negligenciando tudo, então novamente vivendo a vida de um filósofo; frequentemente está ocupado com política, e começa a se levantar e diz e faz tudo o que vem à sua cabeça; e, se ele é invejoso de qualquer um que seja um guerreiro, irá naquela direção, ou de homens de negócios, mais uma vez naquela direção. Sua vida não tem lei nem ordem; e essa existência perturbada ele chama de alegria, bem-aventurança e liberdade; e assim continua.

Sim, ele respondeu, ele é todo liberdade e igualdade.

> Ele não é único, mas é o suprassumo de toda a humanidade.

Sim, eu disse; sua vida é heterogênea e multifacetada e um epítome da vida de muitos; ele responde ao Estado que descrevemos como belo e brilhante. E muitos homens e muitas mulheres o tomarão como seu modelo, e muitas constituições e muitos exemplos de modos estão contidos nele.

Assim mesmo.

Que ele então seja colocado contra a democracia; pode realmente ser chamado de homem democrático.

Que esse seja o seu lugar, disse ele.

> A tirania e o tirano.

Por último, vem o mais belo de todos, o homem e o Estado iguais, a tirania e o tirano; estes temos de considerar agora.

É verdade, disse ele.

Diga então, meu amigo, de que maneira surge a tirania? Que ela tem uma origem democrática é evidente.

Claramente.

E a tirania não brota da democracia da mesma maneira que a democracia da oligarquia, quero dizer, de certa forma?

Como?

> O desejo insaciável de riqueza cria uma demanda para a democracia, o desejo insaciável pela liberdade cria a demanda pela tirania.

O bem que a oligarquia propunha para si e os meios pelos quais se mantinha eram o excesso de riqueza, não estou certo?

Sim.

E o desejo insaciável de riqueza e a negligência de todas as outras coisas para ganhar dinheiro também foi a ruína da oligarquia?

Verdade.

E a democracia tem seu próprio bem, do qual o desejo insaciável a leva à dissolução?

Que bem?

Liberdade, respondi; o que, como eles dizem em uma democracia, é a glória do Estado, e que, portanto, somente em uma democracia o homem livre da natureza se dignará a habitar.

Sim; o ditado está na boca de todos.

Eu ia observar que o desejo insaciável disso e a negligência de outras coisas introduzem a mudança na democracia, que ocasiona uma demanda por tirania.

Como assim?

Quando uma democracia que está sedenta de liberdade tem maus copeiros servindo na festa, e bebeu muito profundamente do vinho forte da liberdade, então, a menos que seus governantes sejam muito receptivos e deem um gole abundante, ela os chama a prestar contas e os castiga e diz que são oligarcas amaldiçoados.

Sim, respondeu ele, uma ocorrência muito comum.

> A liberdade, ao final significa anarquia.

Sim, eu disse; e cidadãos leais são insultuosamente chamados por seus escravos que abraçam suas correntes e homens de nada; ela teria súditos que seriam como governantes e governantes que seriam como súditos: estes são os homens segundo o seu coração, a quem ela elogia e honra tanto em privado como em público. Agora, em tal Estado, a liberdade pode ter algum limite?

Certamente não.

Aos poucos, a anarquia encontra um caminho para as casas particulares e acaba se envolvendo entre os animais e os infectando.

O que você quer dizer?

Quero dizer que o pai se acostuma a descer ao nível dos filhos e a temê-los, e o filho está no mesmo nível do pai, não tendo respeito ou reverência por nenhum dos pais; e esta é a sua liberdade, e o forasteiro é igual ao cidadão e o cidadão ao forasteiro, e o estrangeiro é tão bom quanto qualquer um deles.

Sim, disse ele, é assim que funciona.

A República

> A inversão de todas as relações sociais.

E esses não são os únicos males, eu disse, existem vários males menores: em tal Estado de sociedade, o mestre teme e bajula seus estudantes e os estudantes desprezam seus mestres e tutores; jovens e velhos são todos iguais; e o jovem está no mesmo nível do velho e pronto para competir com ele em palavras ou ações; e os velhos condescendem com os jovens e são cheios de graça e alegria; eles não são considerados taciturnos e autoritários e, portanto, adotam as maneiras dos jovens.

É verdade, disse ele.

O último extremo da liberdade popular é quando o escravo comprado com dinheiro, seja homem ou mulher, é tão livre quanto seu comprador; nem devo esquecer de falar da liberdade e igualdade dos dois sexos em relação um ao outro.

Por que não, como diz Ésquilo, proferir a palavra que sobe aos nossos lábios?

> Liberdade em meio aos animais.

É isso que estou fazendo, respondi. E devo acrescentar que ninguém acreditaria quão maior é a liberdade que têm os animais sob o domínio do homem em uma democracia, mais do que em qualquer outro Estado: pois, na verdade, as cadelas, como diz o provérbio, são tão boas quanto suas donas, e os cavalos e asnos têm uma maneira de marchar junto com todos os direitos e dignidades dos homens livres; e eles correrão sobre qualquer corpo que vier em seu caminho se não deixarem o caminho livre para eles: e todas as coisas estão prontas para explodir em liberdade.

Quando dou um passeio pelo campo, ele disse, muitas vezes experimento o que você descreve. Você e eu sonhamos a mesma coisa.

> Sem lei, sem autoridade.

E acima de tudo, eu disse, e como resultado de tudo, veja como os cidadãos se tornam sensíveis; irritam-se impacientemente ao mínimo toque de autoridade e, por fim, como você sabe, deixam de se importar até mesmo com as leis, escritas ou não; não aceitam ninguém acima deles.

Sim, disse ele, sei muito bem.

Tal é, meu amigo, eu disse, o começo justo e glorioso do qual brota a tirania.

De fato glorioso, disse ele. Mas qual é o próximo passo?

A ruína da oligarquia é a ruína da democracia; a mesma doença, ampliada e intensificada pela liberdade, domina a democracia; a verdade é que o aumento excessivo de qualquer coisa frequentemente causa uma reação na direção oposta; e este é o caso não apenas nas estações e na vida vegetal e animal, mas, acima de tudo, nas formas de governo.

Verdade.

O excesso de liberdade, seja nos Estados ou nos indivíduos, parece apenas passar para o excesso da escravidão.

Sim, a ordem natural.

E então a tirania surge naturalmente da democracia, e a forma mais agravada de tirania e escravidão, surge da forma mais extrema de liberdade?

Como podemos esperar.

> O mal mais comum da oligarquia e da democracia é a classe de esbanjadores inúteis.

Essa, porém, não era, como creio, sua pergunta, você preferia saber o que é essa desordem gerada tanto na oligarquia quanto na democracia, e é a ruína de ambas?

Só isso, ele respondeu.

Bem, eu disse, quis me referir à classe dos esbanjadores ociosos, dos quais os mais corajosos são os líderes e os mais tímidos os seguidores, os mesmos que comparávamos a zangões, alguns sem ferrão e outros com ferrões.

Uma comparação muito justa.

> Ilustração.

Essas duas classes são as pragas de cada cidade em que são geradas, assim como o que o catarro e a bile são para o corpo. E o bom médico e legislador do Estado deve, como o sábio apicultor, mantê-los à distância e impedir, se possível, que algum dia venham; e se eles de alguma forma encontrarem uma maneira de entrar, deve mandar extirpá-los e suas células o mais rápido possível.

Sim, sem dúvida, disse ele.

A República

>Juntas três classes na democracia.

Então, para que possamos ver claramente o que estamos fazendo, imaginemos que a democracia seja dividida, como de fato está, em três classes; em primeiro lugar, a liberdade cria muito mais zangões no Estado democrático do que no Estado oligárquico.

Isso é verdade.

E na democracia eles são certamente mais intensificados.

Como assim?

>(1) os zangões ou perdulários, que são mais numerosos e ativos do que na oligarquia.

Porque no Estado oligárquico eles são desqualificados e expulsos dos cargos e, portanto, não podem treinar ou reunir forças; considerando que, em uma democracia, eles são quase todo o poder governante e, enquanto os mais perspicazes falam e agem, os demais continuam falando sobre o altar e não permitem que uma palavra seja dita do outro lado; portanto, nas democracias, quase tudo é administrado pelos zangões.

É verdade, disse ele.

Depois, há outra classe que está sempre sendo separada da massa.

Qual seria?

>(2) os organizados ou da classe mais rica que são alimentados pelos zangões.

Eles são a classe ordeira, que em uma nação de comerciantes com certeza é a mais rica.

Naturalmente.

Eles são as pessoas mais compressíveis e fornecem a maior quantidade de mel aos zangões.

Ora, ele disse, há pouco a ser extraído das pessoas que têm pouco.

E isso é chamado de classe rica, e os zangões se alimentam deles.

Esse é o caso, disse ele.

>(3) a classe trabalhadora que também recebe sua parte.

Há uma terceira classe, formada por aqueles que trabalham com as próprias mãos; eles não são políticos e não têm muito do que viver. Esta, quando reunida, é a maior e mais poderosa classe de uma democracia.

Verdade, ele disse; mas então a multidão raramente está disposta a se reunir, a menos que consiga um pouco de mel.

E eles não compartilham?, perguntei. Seus líderes não privam os ricos de suas propriedades e as distribuem entre o povo; ao mesmo tempo, tendo o cuidado de reservar a maior parte para eles?

Ora, sim, disse ele, nessa medida as pessoas compartilham.

> Os abastados se defendem contra o povo.

E as pessoas cujas propriedades lhes são tiradas são obrigadas a se defender diante do povo da melhor maneira que podem?

O que mais eles podem fazer?

E então, embora não tenham desejo de mudança, os outros os acusam de conspirar contra o povo e de serem amigos da oligarquia?

Verdade.

E o fim é que quando eles veem o povo, não por sua própria vontade, mas por ignorância, e porque eles são enganados por informantes, procurando fazer-lhes mal, então finalmente são forçados a se tornarem oligarcas na realidade; não desejam ser, mas o aguilhão dos zangões os atormenta e alimenta neles a revolução.

Essa é exatamente a verdade.

Em seguida, vêm os impedimentos, processos e julgamentos uns dos outros.

Verdade.

> O povo tem um protetor que, quando experimentam do sangue, são convertidos em tiranos.

As pessoas sempre têm algum campeão a quem colocam sobre elas e nutrem até a grandeza.

Sim, esse é o jeito deles.

Esta e nenhuma outra é a raiz da qual brota um tirano; quando ele aparece acima do solo, ele é um protetor.

Sim, isso é bastante claro.

Como então um protetor começa a se transformar em um tirano? Claramente quando ele faz o que dizem que o homem faz no conto do templo Arcadiano de Zeus Licau.

Que história?

A história é que aquele que provou as entranhas de uma única vítima humana picada com as entranhas de outras vítimas está destinado a se tornar um lobo. Você nunca ouviu isso?

Ah, sim.

E o protetor do povo é como ele; tendo uma turba inteiramente à sua disposição, ele não é impedido de derramar sangue de parentes; pelo método favorito de falsa acusação, ele os traz ao tribunal e os mata, fazendo a vida do homem desaparecer, e com língua e lábios profanos provando o sangue de seus concidadãos; alguns ele mata, e outros, bane, ao mesmo tempo insinuando a abolição das dívidas e a repartição das terras: e depois disso, qual será o seu destino? Ele não deve morrer nas mãos de seus inimigos, ou de um homem. Torna-se um lobo, isto é, um tirano?

Inevitavelmente.

Este, eu disse, é aquele que começa a fazer festa contra os ricos?

O mesmo.

> Depois de algum tempo é expulso, mas retorna como um tirano em sua pior forma.

Depois de um tempo ele é expulso, mas volta, apesar de seus inimigos, um tirano adulto.

Isso é claro.

E se não conseguem expulsá-lo ou condená-lo à morte por acusação pública, conspiram para assassiná-lo.

Sim, ele disse, esse é o jeito usual deles.

> O guarda costas.

Em seguida, vem o famoso pedido de um guarda-costas, que é o estratagema de todos aqueles que chegaram até aqui em sua carreira tirânica – "Não deixe os amigos do povo", como dizem, "se perderem para eles".

Exatamente.

O povo concorda prontamente; todos os seus medos são para ele, não guardam nenhum para si.

Muito verdadeiro.

Platão

E quando um homem que é rico e é acusado de ser inimigo do povo vê isso, então, meu amigo, como o oráculo disse a Creso:

> "Pela costa de seixos de Hermes, ele foge e não descansa, e não tem vergonha de ser um covarde"[113].

E com toda a razão, disse ele, porque, se fosse, nunca mais teria vergonha.

Mas se for pego, ele morre.

Claro.

> O protetor sustentado na carruagem do Estado.

E ele, o protetor de quem falamos, deve ser visto, não "dominando a planície" com sua massa, mas ele mesmo o destruidor de muitos, de pé na carruagem do Estado com as rédeas na mão, não mais protetor, mas absoluto tirano.

Sem dúvida, ele disse.

E agora consideremos a felicidade do homem, e do Estado em que uma criatura como ele é gerada.

Sim, disse ele, consideremos isso.

No início, nos primeiros dias de seu poder, está cheio de sorrisos e saúda todos que encontra; deve ser chamado de tirano, que faz promessas em público e em particular! Libertando devedores, distribuindo terras ao povo e seus seguidores, e querendo ser tão gentil e bom com todos!

Claro, ele disse.

> Ele articula guerras e empobrece seus súditos pela imposição de impostos.

Mas quando ele se livra de inimigos estrangeiros por conquista ou tratado, e não há nada a temer deles, então está sempre incitando uma guerra ou outra, a fim de que o povo possa exigir um líder.

Com certeza.

Não tem ele também outro objetivo, o qual é que eles possam ser empobrecidos pelo pagamento de impostos e, portanto,

---
[113] Herodes.

compelidos a se devotar às suas necessidades diárias e, consequentemente, menos propensos a conspirar contra ele?

Claramente.

E se algum deles for suspeito por ele de ter noções de liberdade e de resistência à sua autoridade, terá um bom pretexto para destruí-lo, colocando-o à mercê do inimigo; e, por todas essas razões, o tirano deve estar sempre travando uma guerra.

Ele deve mesmo.

Agora ele começa a ficar impopular.

Um resultado necessário.

Então, alguns dos que se juntaram para armar contra ele, e que estão no poder, falam o que pensam a ele e uns aos outros, e os mais corajosos lançam em seus dentes o que está sendo feito.

Sim, isso pode ser esperado.

> Ele se livra de seus seguidores mais valentes e de atitude mais destemida.

E o tirano, se pretende governar, deve livrar-se deles; ele não pode parar enquanto tem um amigo ou inimigo que é bom para tudo.

Ele não deveria.

E, portanto, deve olhar em volta e ver quem é valente, quem é altivo, quem é sábio, quem é rico; homem feliz, ele é o inimigo de todos, e deve procurar ocasião contra eles, queira ou não, até que tenha feito uma purgação do Estado.

Sim, ele disse, e uma rara purgação.

> Sua purgação do Estado.

Sim, eu disse, não o tipo de purgação que os médicos fazem do corpo; pois eles tiram o pior e deixam a melhor parte, mas ele faz o contrário.

Se ele deve governar, suponho que não pode evitar a si mesmo.

Que alternativa abençoada, eu disse: ser compelido a morar apenas com os muitos maus e ser por eles odiado, ou não viver mais!

Sim, essa é a alternativa.

E quanto mais detestáveis suas ações são para os cidadãos, mais satélites e maior devoção neles exigirá?

Certamente.

E quem é a banda devotada e onde ele os encontrará?

Eles se reunirão a ele, respondeu, por conta própria, se os pagar.

> Mais zangões.

Pelo cachorro!, exclamei, aqui estão mais zangões, de todos os tipos e de todas as terras.

Sim, ele disse, estão.

Mas ele não deseja obtê-los imediatamente?

O que você quer dizer?

Ele roubará os escravos dos cidadãos; então os libertará e os inscreverá como seus guarda-costas.

Com certeza, ele disse, e será capaz de confiar neles o melhor que puder.

> Ele leva seus amigos à morte e vive com os escravos que emancipou.

Que criatura abençoada, eu disse, deve ser esse tirano; ele matou os outros e os tem como amigos de confiança.

Sim, ele disse; eles é bem desse tipo.

Sim, concordei, e estes são os novos cidadãos que ele criou, que o admiram e são seus companheiros, enquanto os bons o odeiam e evitam.

Claro.

> Eurípedes e os trágicos louvavam a tirania, que é um motivo excelente para os expulsarmos do nosso Estado.

Na verdade, então, a tragédia é uma coisa sábia e Eurípedes um grande trágico.

Por que, então?

Porque ele é o autor do sugestivo ditado,

"Tiranos são sábios por viverem com os sábios";

e claramente quis dizer que eles são os sábios que o tirano torna seus companheiros.

Sim, ele disse, e também elogia a tirania como divina; e muitas outras coisas do mesmo tipo são ditas por Eurípedes e por outros poetas.

E, portanto, eu disse, os poetas trágicos, sendo homens sábios, perdoarão a nós e a quaisquer outros que vivam de nossa maneira, se não os recebermos em nosso Estado, porque são os admiradores da tirania.

Sim, disse ele, aqueles que têm inteligência, sem dúvida, nos perdoarão.

Mas eles continuarão a ir para outras cidades e seduzir turbas, e contratar vozes justas, altas e persuasivas, atraindo-as para tiranias e democracias.

Muito verdadeiro.

Além disso, eles são pagos para isso e recebem honra – a maior honra, como se poderia esperar de tiranos, e a segunda maior, de democracias; mas quanto mais alto eles sobem a colina de nossa constituição, mais sua reputação decai, e parece incapaz de prosseguir com a falta de fôlego.

Verdade.

Mas estamos nos afastando do assunto: voltemos, portanto, e investiguemos como o tirano manterá aquele seu exército justo, numeroso, variado e em constante mudança.

> Os tiranos saqueiam os tesouros dos templos, e quando estes escasseiam, se alimentam às custas da população.

Se, disse ele, houver tesouros sagrados na cidade, o tirano os confiscará e gastará; e à medida que as fortunas das pessoas atingidas sejam suficientes, ele será capaz de diminuir os impostos que, de outra forma, teria de impor ao povo.

E quando ele falha?

Ora, claramente, ele disse, então ele e seus companheiros de farra, sejam homens ou mulheres, serão mantidos fora da propriedade de seu pai.

Você quer dizer que as pessoas, das quais derivou seu ser, irão mantê-lo e a seus companheiros?

Sim, ele disse; eles não podem fazer nada por si mesmos.

> Eles se rebelam e então ele castiga seus próprios pais, ou seja, seu povo.

Mas e se as pessoas se apaixonarem e declararem que um filho adulto não deve ser sustentado pelo pai, mas que o pai deve ser sustentado pelo filho? O pai não o criou, nem o estabeleceu em vida, para que, quando seu filho se tornasse homem, ele próprio fosse servo de seus próprios servos e sustentasse a ele e a sua escória de escravos e companheiros; mas que seu filho o protegesse, e que com sua ajuda ele pudesse ser emancipado do governo dos ricos e aristocráticos, como são chamados. E então ordena que ele e seus companheiros partam, assim como qualquer outro pai poderia expulsar de casa um filho rebelde e seus companheiros indesejáveis.

Pelo céu, disse ele, então o pai descobrirá que monstro ele está criando em seu seio; e, quando quiser expulsá-lo, descobrirá que está fraco e seu filho forte.

Por que, você não quer dizer que o tirano usará violência? O quê! Bater em seu pai se ele se opuser a ele?

Sim, ele o fará, tendo-o primeiro desarmado.

Então ele é um parricida e um guardião cruel de um pai idoso; e esta é a verdadeira tirania, sobre a qual não pode haver mais engano: como diz o ditado, o povo que queria escapar da fumaça que é a escravidão dos homens livres caiu no fogo que é a tirania dos escravos. Assim, a liberdade, saindo de toda ordem e razão, passa para a forma mais dura e amarga de escravidão.

Verdade, ele disse.

Muito bem; e não podemos dizer com razão que discutimos suficientemente a natureza da tirania e a maneira de transição da democracia para a tirania?

Sim, chega, disse ele.

Livro IX

<small>República IX.
Sócrates.
Adimanto.</small>

Por último, vem o homem tirânico; sobre quem devemos perguntar mais uma vez, como ele se formou a partir do democrático? E como ele vive, na felicidade ou na miséria?

Sim, ele disse, é o único que resta.

Há, no entanto, eu disse, uma questão anterior que continua sem resposta.

Qual questão?

<small>Uma digressão com um propósito.</small>

Não creio que tenhamos determinado adequadamente a natureza e o número dos apetites e, até que isso seja cumprido, a investigação sempre será confusa.

Bem, disse ele, não é tarde para suprir a omissão.

<small>A besta selvagem latente no homem espreita durante o sono.</small>

É verdade, eu disse; e observe o ponto que desejo compreender: alguns dos prazeres e apetites desnecessários eu considero ilegais; todos parecem tê-los, mas em algumas pessoas são controlados pelas leis e pela razão, e os melhores desejos prevalecem sobre eles, ou são totalmente banidos ou se tornam poucos e fracos; enquanto no caso de outros eles são mais fortes, e há mais deles.

A que apetites você se refere?

Refiro-me àqueles que estão acordados quando o raciocínio e o poder humano e governante estão adormecidos; então a fera dentro de nós, farta de comida ou bebida, levanta-se e, tendo sacudido o sono, sai para satisfazer seus desejos; e não há loucura ou crime concebível, sem exceção para incesto ou qualquer outra união não natural, ou parricídio, ou comer comida proibida, que em tal momento, quando ele se despede de toda a vergonha e bom senso, um homem pode não estar pronto para se comprometer.

Verdade, disse ele.

> O contraste do homem equilibrado cujas paixões estão sob o controle da razão.

Mas quando o pulso de um homem é saudável e temperado, e quando antes de dormir, despertou seus poderes racionais e os alimentou com nobres pensamentos e indagações, recolhendo-se na meditação; depois de ter primeiro saciado seus apetites, nem muito nem pouco, mas apenas o suficiente para colocá-los para dormir e evitar que eles e seus prazeres e dores interfiram com o princípio superior – que deixa na solidão da pura abstração, livre para contemplar e aspirar ao conhecimento do desconhecido, seja no passado, presente ou futuro: quando ele novamente apaziguar o elemento passional, se tem uma disputa contra alguém, digo, quando, depois de pacificar os dois princípios irracionais, ele desperta a terceira, que é a razão, antes de descansar, então, como você sabe, ele atinge a verdade mais de perto e é menos provável que seja o divertimento de visões fantásticas e sem lei.

Eu concordo plenamente.

Ao dizer isso, estou entrando em uma digressão; mas o ponto que desejo observar é que em todos nós, mesmo nos homens bons, existe uma natureza selvagem e sem lei, que espreita durante o sono. Por favor, considere se estou certo e se você concorda comigo.

Sim, eu concordo.

> Recapitulação.

E agora lembre-se do personagem que atribuímos ao homem democrático. Supunha-se que ele, desde a juventude, fora treinado por um pai avarento, que encorajava nele os apetites salvadores, mas desprezava o desnecessário, que visa apenas diversão e enfeite?

Verdade.

E então ele entrou na companhia de um tipo de pessoa mais refinado e licencioso, e levando a todos os seus modos devassos, correu para o extremo oposto de uma aversão à maldade de seu pai. Por fim, sendo um homem melhor do que seus corruptores, ele foi atraído em ambas as direções até que parou no meio do caminho e levou uma vida, não de paixão vulgar e servil, mas do que ele considerava indulgência moderada em vários prazeres. Desta forma o democrata foi gerado a partir do oligarca?

Sim, ele disse; essa era a nossa visão dele, e é tão pacífica.

E agora, eu disse, anos terão se passado, e você deve conceber este homem, como ele é, para ter um filho, que foi criado nos princípios de seu pai.

Eu posso imaginá-lo.

Depois, você deve ainda imaginar que o mesmo acontece ao filho que já aconteceu ao pai: é levado a uma vida perfeitamente sem lei, que por seus sedutores é chamada de liberdade perfeita; e seu pai e amigos participam de seus desejos moderados, e a parte contrária auxilia os contrários. Assim que esses terríveis mágicos e fazedores de tiranos descobrem que estão perdendo seu domínio sobre ele, planejam implantar nele uma paixão mestra, ser o senhor de seus desejos ociosos e esbanjadores – uma espécie de zangão alado monstruoso – que é a única imagem que o descreverá adequadamente.

Sim, disse ele, essa é a única imagem adequada dele.

E quando suas outras luxúrias, em meio a nuvens de incenso e perfumes e guirlandas e vinhos, e todos os prazeres de uma vida dissoluta, agora se soltam, zumbem ao seu redor, nutrindo ao máximo a pontada de desejo que implantam em sua natureza como a de um zangão, então, finalmente, este senhor da alma, tendo a Loucura como capitã de sua guarda, irrompe em um frenesi: e se encontra em si mesmo quaisquer boas opiniões ou apetites em formação[114], e há nele algum sentimento de vergonha remanescente, ele põe fim a esses princípios melhores e os lança adiante até que tenha purgado a temperança e trazido a loucura ao seu grau máximo.

> O homem tirano é construído pelos desejos e apetites. Amor, bebida, loucura, são diferentes formas de tirania.

Sim, disse ele, é assim que o homem tirânico é gerado.

E não é esta a razão pela qual o antigo amor foi chamado de tirano?

Eu não deveria me perguntar.

Além disso, eu disse, não tem um homem bêbado também o espírito de um tirano?

Ele tem.

E você sabe que um homem que está enlouquecido e não está bem em sua mente, vai imaginar que é capaz de governar, não apenas sobre os homens, mas também sobre os deuses?

Isso ele vai.

E o homem tirânico no verdadeiro sentido da palavra passa a existir quando, seja sob a influência da natureza, ou do hábito, ou de ambos, ele se torna embriagado, lascivo, passional? Oh, meu amigo, não é assim mesmo?

Certamente.

Esse é o homem e essa é sua origem. E a seguir, como ele vive?

Suponha que, como as pessoas dizem jocosamente, você me contasse.

Eu imagino, eu disse, no próximo passo em seu progresso, que haverá festas e carrosséis e festanças e cortesãs, e todo esse tipo de coisa; o amor é o dono da casa dentro dele e comanda todas as preocupações de sua alma.

Isso é certo.

Sim; e todos os dias e todas as noites os desejos crescem, variados e formidáveis, e suas demandas são muitas.

São de fato, disse ele.

Suas receitas, se houver, logo são gastas.

---

[114] Ou "opiniões assim como apetites são considerados bons".

A República

Verdade.

Depois vêm as dívidas e o corte de sua propriedade.

Claro.

> Seus desejos se tornam maiores e seus recursos, menores.

Quando ele não tem mais nada, seus desejos, amontoados no ninho como jovens corvos, não devem gritar por comida; e, instigado por eles, e especialmente pelo próprio amor, que é de certa forma o capitão deles, está em um frenesi, e gostaria de descobrir quem ele pode defraudar ou espoliar de sua propriedade, a fim de que possa gratificá-los?

Sim, com certeza é esse o caso.

Ele deve ter dinheiro, não importa como, se quiser escapar de horríveis dores e angústias.

Ele deve mesmo.

> Ele irá roubar seu próprio pai e sua mãe.

E como em si mesmo houve uma sucessão de prazeres, e o novo levou a melhor sobre o antigo e tirou seus direitos, então ele sendo mais jovem alegará ter mais do que seu pai e sua mãe, e se gastou sua própria parte da propriedade, pegará uma fatia deles.

Sem dúvida, ele o fará.

E se seus pais não cederem, ele tentará, inicialmente, enganá-los.

Muito verdadeiro.

E se falhar, usará a força e os pilhará.

Sim, provavelmente.

E se o velho e a velha lutarem pelos seus, o que acontecerá, meu amigo? A criatura sentirá algum remorso em tiranizá-los?

Não, ele disse, eu não deveria me sentir confortável sobre seus pais.

> Ele irá preferir o amor de uma garota ou de uma jovem aos seus pais idosos, e poderá até ser induzido a surrá-los.

Mas, ó céus! Adimanto, por causa de algum amor novo por uma prostituta, que é tudo menos uma conexão necessária, você pode acreditar que ele golpearia a mãe, que é sua velha amiga e necessária para sua própria existência, e a colocaria sob a autoridade da outra, quando for colocada sob o mesmo teto que ela; ou que, em circunstâncias semelhantes, ele faria o mesmo com seu velho e decadente pai, primeiro e mais indispensável dos amigos, por causa de algum jovem florescente recém-descoberto que é o reverso do indispensável?

Sim, de fato, ele disse; eu acredito que sim.

Na verdade, então, eu disse, um filho tirânico é uma praga para seu pai e sua mãe.

Ele é mesmo, ele respondeu.

> Ele se torna um bandoleiro, rouba templos, perde seus princípios, e transforma em realidade o seu pior pesadelo, que o atormentava no sono.

Ele primeiro toma a propriedade dos pais, e quando isso falha, e os prazeres começam a enxamear na colmeia de sua alma, então ele invade uma casa ou rouba as vestes de algum viajante noturno; em seguida, ele começa a saquear um templo. Enquanto isso, as velhas opiniões que ele tinha quando criança, sobre o bem e o mal, são derrubadas por aqueles que acabaram de ser libertados, e agora são guarda-costas do amor e compartilham de seu império. Isso em seus dias democráticos, quando ainda estava sujeito às leis e ao seu pai, só se soltava nos sonhos do sono. Mas agora que está sob o domínio do amor, transforma-se sempre, na realidade desperta, o que era então muito raramente apenas em sonho; ele cometerá o pior assassinato, comerá comida proibida ou será culpado de qualquer outro ato horrível. O amor é seu tirano, e nele vive de maneira senhorial e sem lei, e sendo ele mesmo um rei, o conduz, como um tirano conduz um Estado, para a realização de qualquer ato imprudente pelo qual possa manter a si mesmo e à turba de

> Ele junta seguidores perto de si.

seus associados, se aqueles que as más comunicações trouxeram de fora, ou aqueles que ele mesmo tem permitido se libertar dentro dele por causa de uma natureza maligna semelhante em si mesmo.

Não temos aqui uma imagem de seu modo de vida?

Sim, de fato, disse ele.

E se houver apenas alguns deles no Estado, e o resto do povo estiver bem disposto, eles vão embora e se tornam guarda-costas ou soldados mercenários de algum outro tirano que provavelmente os quer para uma guerra; e se não houver guerra, eles ficam em casa e fazem muitos pequenos estragos na cidade.

Que tipo de estragos?

Por exemplo, eles são os ladrões, assaltantes, batedores de carteiras, ladrões de templos, sequestradores da comunidade; ou, se podem falar, viram informantes, prestam falso testemunho e aceitam subornos.

Um pequeno catálogo de males, mesmo que os perpetradores deles sejam poucos.

> Uma pessoa em particular pode causar pouco dano em comparação ao tirano.

Sim, eu disse; mas pequeno e grande são termos comparativos, e todas essas coisas, na miséria e no mal que infligem a um Estado, não chegam a mil milhas do tirano; quando esta classe nociva e seus seguidores se tornam numerosos e se tornam cônscios de sua força, auxiliados pela paixão do povo, eles escolhem entre si aquele que tem mais tirania em sua própria alma, e a este eles aclamam seu tirano.

Sim, ele disse, e ele será o mais adequado para ser um tirano.

Se o povo se render, muito bem; mas se eles resistirem, como ele começou batendo em seu próprio pai e mãe, então agora, se tem o poder, ele os derrotará e manterá sua querida pátria ou pátria materna, como dizem os cretenses, em sujeição a seus jovens retentores que ele apresentou como seus governantes e senhores. Este é o fim de suas paixões e desejos.

Exatamente.

> O comportamento do tirano com seus seguidores mais antigos.

Quando esses homens são apenas indivíduos e antes de obterem o poder, esse é o seu caráter; eles se associam inteiramente com seus próprios aduladores ou instrumentos; ou, se querem alguma coisa de alguém, por sua vez estão igualmente dispostos a se curvar diante deles: eles professam todo tipo de afeição por eles; mas quando alcançam seu objetivo, eles não os reconhecem mais.

Sim, é verdade.

> Ele é sempre o mestre ou o servo, sempre traiçoeiro, injusto, a realidade nua e crua de nossos sonhos, um tirano por sua natureza, um tirano de fato.

Eles são sempre os senhores ou servos e nunca os amigos de ninguém; o tirano nunca experimenta a verdadeira liberdade ou amizade.

Certamente não.

E não podemos chamar esses homens de traiçoeiros?

Sem dúvida.

Eles também são totalmente injustos, se estávamos certos em nossa noção de justiça?

Sim, disse ele, e estávamos perfeitamente certos.

Resumamos então em uma palavra, disse eu, o caráter do pior homem: ele é a realidade desperta do que sonhamos.

Bem verdade.

E este é aquele que, sendo por natureza mais um tirano, domina, e quanto mais ele vive, mais tirano ele se torna.

> SÓCRATES, GLAUCO.

Com certeza, disse Glauco, voltando a responder.

> Os fracos também são os mais infelizes.

E aquele que se mostrou o mais iníquo não será também o mais infeliz? E aquele que mais tiranizou e por maior tempo, mais continuamente e verdadeiramente infeliz; embora esta possa não ser a opinião dos homens em geral?

Sim, disse ele, inevitavelmente.

> Assim como o homem, o Estado.

E o homem tirânico não deve ser como o Estado tirânico, e o homem democrático como o Estado democrático; e o mesmo dos outros?

Certamente.

E como o Estado está para o Estado em virtude e felicidade, o homem também está em relação ao homem?

Com certeza.

> O oposto ao rei.

Então, comparando nossa cidade original, que estava sob um rei, e a cidade que estava sob um tirano, como eles se posicionam quanto à virtude?

Eles são os extremos opostos, disse ele, pois um é o melhor e o outro é o pior.

Não pode haver engano, eu disse, quanto a qual é qual, e, portanto, imediatamente perguntarei se você chegaria a uma decisão semelhante sobre a felicidade e a miséria relativa deles. E aqui não devemos nos permitir entrar em pânico com a aparição do tirano, que é apenas uma unidade e talvez tenha alguns apoiadores ao seu redor; mas vamos, como devemos, a cada canto da cidade e olhemos ao redor, e então daremos nossa opinião.

Um convite justo, respondeu ele; e vejo, como todos devem ver, que a tirania é a forma mais infeliz de governo, e o governo de um rei a mais feliz.

E ao estimar os homens também, não posso justamente fazer um pedido semelhante, para que eu tenha um juiz cuja mente possa penetrar e ver através da natureza humana? Ele não deve ser como uma criança que olha para fora e se deslumbra com o aspecto pomposo que a natureza tirânica assume para o observador, mas que ele seja aquele que tem uma visão clara. Posso supor que o julgamento é dado na audiência de todos nós por alguém que é capaz de julgar, e morou no mesmo lugar com ele, e esteve presente em sua vida diária e o conheceu em suas relações familiares, onde ele pode ser visto despido de sua vestimenta de tragédia, e novamente na hora de perigo público – ele nos contará sobre a felicidade e a miséria do tirano quando comparado com outros homens?

Novamente, disse ele, é uma proposta muito justa.

Devo presumir que somos juízes capazes e experientes e já nos encontramos com essa pessoa? Teremos então alguém que responderá às nossas perguntas.

Certamente.

Peço-lhe que não esqueça o paralelo entre o indivíduo e o Estado; tendo isso em mente e passando os olhos de um para o outro, pode me dizer as respectivas condições?

O que você quer dizer?, ele perguntou.

> O estado não está livre, mas escravizado.

A começar pelo Estado, respondi, diria que uma cidade governada por um tirano é livre ou escravizada?

Nenhuma cidade, disse ele, pode ser mais completamente escravizada.

E, no entanto, como você vê, existem homens livres e senhores em tal Estado?

Sim, ele disse, vejo que existem – alguns; mas o povo, falando em geral, e os melhores deles são miseravelmente degradados e escravizados.

> Como um escravo, o tirano é cheio de maldades, e a sua maior parte é a loucura.

Então, se o homem é como o Estado, disse eu, não deve prevalecer a mesma regra? Sua alma está cheia de mesquinhez e vulgaridade, os melhores elementos nele estão escravizados; e há uma pequena parte governante, que também é a pior e a mais louca.

Inevitavelmente.

E você diria que a alma de tal pessoa é a alma de um homem livre ou de um escravo?

Ele tem alma de escravo, na minha opinião.

E o Estado que está escravizado por um tirano é totalmente incapaz de agir voluntariamente?

Totalmente incapaz.

> A cidade que se sujeita a ele é instigada por moscas varejeiras;

E a alma que está sob um tirano (estou falando da alma considerada como um todo) é menos capaz de fazer o que deseja; há uma mosca que a incita, e ela está cheia de problemas e remorso?

Certamente.

E a cidade que está sob o domínio de um tirano é rica ou pobre?

Pobre.

> pobre;

E a alma tirânica deve ser sempre pobre e insaciável?

Verdade.

E não devem tal Estado e tal homem estar sempre cheios de medo?

Sim, de fato.

> Miserável.

Existe algum Estado em que você encontrará mais lamentação e tristeza e gemidos e dor?

Certamente não.

E existe algum homem em quem você encontrará mais deste tipo de miséria do que no homem tirânico, que está em fúria de paixões e desejos?

Impossível.

Refletindo sobre esses e outros males semelhantes, você considerou o Estado tirânico o mais miserável dos Estados?

E eu estava certo, disse ele.

> Ainda, o homem tirânico é muito infeliz.

Certamente, eu disse. E quando você vê os mesmos males no homem tirânico, o que você diz dele?

Eu digo que ele é de longe o mais infeliz de todos os homens.

Pronto, eu disse, acho que você está começando a errar.

> Mesmo assim, existe um ser ainda mais infeliz. O homem tirânico que é um tirano em público.

O que você quer dizer?

Não creio que ele ainda tenha atingido o extremo da miséria.

Então quem é mais miserável?

Um de quem vou falar.

Que é esse?

Aquele que é de natureza tirânica, e em vez de levar uma vida privada, foi amaldiçoado com a desgraça adicional de ser um tirano público.

Pelo que foi dito, concluo que você está certo.

Sim, respondi, mas neste argumento elevado você deveria estar um pouco mais certo, e não deveria apenas conjeturar; pois de todas as questões, essa a respeito do bem e do mal é a maior.

É verdade, disse ele.

Deixe-me então apresentar-lhe uma ilustração que pode, penso eu, lançar uma luz sobre este assunto.

Qual é a sua ilustração?

O caso de pessoas ricas em cidades que possuem muitos escravos: deles você pode ter uma ideia da condição do tirano, pois ambos têm escravos; a única diferença é que ele tem mais escravos.

Sim, essa é a diferença.

> Nas cidades existem vários donos de escravos conhecidos, e eles atuam para protegerem-se mutuamente.

Você sabe que eles vivem com segurança e nada têm a recear de seus servos?

O que eles devem temer?

Nada. Mas você percebe a razão disso?

Sim; a razão é que toda a cidade está unida para a proteção de cada indivíduo.

É verdade, eu disse. Mas imagine um desses proprietários, o mestre, digamos, de cerca de cinquenta escravos, junto com sua família e propriedade e escravos, levado por um deus para o deserto, onde não há homens livres para ajudá-lo – ele não terá a agonia de medo de que ele, sua esposa e filhos sejam mortos por seus escravos?

> Mas suponha que um proprietário de escravos e seus cativos fossem levados para um lugar selvagem, o que aconteceria depois? Assim é a condição do tirano.

Sim, disse ele, ele sentirá o maior medo.

Chegou a hora em que ele será obrigado a agradar vários de seus escravos e fazer muitas promessas de liberdade e outras coisas a eles, muito contra sua vontade, ele terá que bajular seus próprios servos.

Sim, disse ele, essa será a única maneira de se salvar.

E suponha que o mesmo deus, que o levou embora, o rodeie de vizinhos que não permitirão que um homem seja senhor de outro, e que, se pudessem pegar o ofensor, tirariam a sua vida?

Seu caso será ainda pior, se você supuser que ele está em toda parte cercado e vigiado por inimigos.

> Ele é o mais delicado dos homens e tem de encarar as durezas do cárcere.

E não é este o tipo de prisão em que o tirano será preso, aquele que, sendo por natureza tal como descrevemos, está cheio de todos os tipos de medos e luxúrias? Sua alma é delicada e gananciosa e, ainda assim, sozinho, de todos os homens da cidade, ele nunca tem permissão para fazer uma viagem ou ver as coisas que outros homens livres desejam ver, mas ele vive em seu buraco como uma mulher escondida em casa, e tem ciúmes de qualquer outro cidadão que vai ao estrangeiro e vê algo de interessante.

É verdade, disse ele.

> Infeliz em si mesmo, ele é ainda mais infeliz quando ocupa um cargo público.

E em meio a males como esses não será aquele que é mal governado em sua própria pessoa, o homem tirânico, quero dizer – a quem você acabou de decidir ser o mais infeliz de todos – não será ainda mais infeliz quando, em vez de levar sua vida privada, é obrigado pelo destino a ser um tirano público? Ele tem de ser senhor dos outros quando não é senhor de si mesmo: é como um homem doente ou paralítico que é compelido a passar a vida, não aposentado, mas lutando e combatendo com outros homens.

Sim, disse ele, a semelhança é a mais exata.

> Ele então vive a pior das piores vidas,

Não é seu caso totalmente infeliz? E o verdadeiro tirano não leva uma vida pior do que aquela cuja vida você determinou ser a pior?

Certamente.

> na infelicidade,

Aquele que é o verdadeiro tirano, seja o que for que os homens possam pensar, é o verdadeiro escravo, e é obrigado a praticar a maior adulação e servidão, e a ser o adulador do mais vil na humanidade. Ele tem desejos que é totalmente incapaz de satisfazer, e tem mais necessidades do que qualquer um, e é verdadeiramente pobre, se você souber como inspecionar toda a sua alma: durante toda a sua vida ele está assediado pelo medo e cheio de convulsões e distrações, mesmo como o Estado com o qual ele se assemelha: e certamente a semelhança se mantém?

É verdade, disse ele.

> E na maldade.

Além disso, como dizíamos antes, ele fica pior por ter poder: torna-se e é necessariamente mais ciumento, mais infiel, mais injusto, mais sem amigos, mais ímpio do que no início; é o provedor e acalentador de todo tipo de vício, e a consequência é que ele é extremamente infeliz e torna todos os outros tão infelizes quanto ele.

Nenhum homem de qualquer senso contestará suas palavras.

> O juiz decide que

Venha então, eu disse, e como o árbitro geral nas competições teatrais proclama o resultado, você também decide quem, em sua opinião, está em primeiro lugar na escala de felicidade, e quem está em segundo lugar, e em que ordem os outros seguem: há cinco deles em tudo, eles são reais, timocráticos, oligárquicos, democráticos, tirânicos.

A decisão será dada facilmente, respondeu ele; serão coros entrando em cena, e devo julgá-los na ordem em que entram, pelo critério da virtude e do vício, da felicidade e da miséria.

> o melhor é o mais feliz, e o pior é o mais infeliz. Essa é a proclamação do filho de Ariston.

Precisamos contratar um arauto, ou devo anunciar, que o filho de Ariston (o melhor) decidiu que o melhor e o mais justo é também o mais feliz, e que este é o homem mais real e rei sobre si mesmo; e que o pior e mais injusto homem é também o mais infeliz, e que este é aquele que sendo o maior tirano de si mesmo é também o maior tirano de seu Estado?

Faça você mesmo a proclamação, disse ele.

E devo acrescentar, "visto ou não visto por deuses e homens"?

Deixe as palavras serem adicionadas.

Então esta, eu disse, será nossa primeira prova; e tem outra, que também pode ter algum peso.

Qual seria?

> Prova, derivada dos três princípios da alma.

A segunda prova é derivada da natureza da alma: visto que a alma individual, como o Estado, foi dividida por nós em três princípios, a divisão pode, eu acho, fornecer uma nova demonstração.

De que natureza?

Parece-me que a esses três princípios correspondem três prazeres; também três desejos e poderes governantes.

A República

O que você quer dizer?, ele disse.

Há um princípio com o qual, como dizíamos, um homem aprende, outro com o qual está zangado; o terceiro, tendo muitas formas, não tem nome especial, mas é denotado pelo termo geral apetitoso, devido à extraordinária força e veemência dos desejos de comer e beber e os outros apetites sensuais que são seus principais elementos; também amante do dinheiro, porque esses desejos geralmente são satisfeitos com a ajuda do dinheiro.

Isso é verdade, disse ele.

> (1) O apetitoso:

Se disséssemos que os amores e prazeres dessa terceira parte estão relacionados ao ganho, poderíamos então recorrer a uma única noção; e pode descrever verdadeira e inteligivelmente esta parte da alma como ganho amoroso ou dinheiro.

Concordo com você.

Novamente, o elemento apaixonado não está totalmente voltado para governar, conquistar e obter fama?

Verdade.

> (2) O ambicioso:

Suponha que o chamemos de contencioso ou ambicioso, o termo seria adequado?

Extremamente adequado.

> (3) O princípio do conhecimento e da verdade.

Por outro lado, cada um vê que o princípio do conhecimento está totalmente voltado para a verdade, e se preocupa menos do que os outros com ganho ou fama.

Muito menos.

"Amante da sabedoria", "amante do conhecimento", são títulos que podemos adequadamente aplicar àquela parte da alma?

Certamente.

Um princípio prevalece na alma de uma classe de homens, outro em outras, pode isso acontecer?

Sim.

Platão

Então podemos começar assumindo que existem três classes de homens: amantes da sabedoria, amantes da honra, amantes do lucro?

Exatamente.

E existem três tipos de prazer, os quais são seus vários objetos?

Muito verdadeiro.

> Cada um irá depreciar o outro, mas apenas o filósofo terá o poder de julgar.

Agora, se você examinar as três classes de homens e perguntar a eles qual de suas vidas é mais agradável, cada um elogiará a sua própria e depreciará a dos outros: o fazedor de dinheiro contrastará a vaidade da honra ou do saber se não trouxerem dinheiro com as vantagens sólidas do ouro e da prata?

Verdade, ele disse.

E o amante da honra, qual será a sua opinião? Não pensará ele que o prazer das riquezas é vulgar, enquanto o prazer de aprender, se não traz distinção, é todo fumaça e absurdo para ele?

Muito verdadeiro.

> Porque somente ele tem a experiência dos maiores prazeres e está acostumado aos inferiores também.

E devemos supor, disse eu, que o filósofo atribui algum valor a outros prazeres em comparação com o prazer de conhecer a verdade e, nessa busca, permanecer, sempre aprendendo, não muito longe do céu dos prazeres? Ele não considera os outros prazeres necessários, sob a ideia de que, se não houvesse necessidade para eles, ele preferia não os ter?

Não pode haver dúvida disso, respondeu ele.

Já que, então, os prazeres de cada classe e a vida de cada uma estão em disputa, e a questão não é qual vida é mais ou menos honrada, ou melhor ou pior, mas qual é a mais agradável ou indolor, como saberemos quem fala a verdade?

Eu mesmo não sei dizer, disse ele.

Bem, mas qual deve ser o critério? Existe algo melhor do que experiência, sabedoria e razão?

Não pode haver melhor, disse ele.

Então, eu disse, reflita. Dos três indivíduos, qual tem a maior experiência de todos os prazeres que enumeramos? O amante do ganho, ao aprender a natureza da verdade essencial, tem maior experiência do prazer do conhecimento do que o filósofo tem do prazer do ganho?

O filósofo, respondeu ele, tem uma grande vantagem; pois ele necessariamente sempre conheceu o sabor dos outros prazeres de sua infância em diante: mas o amante do ganho em toda a sua experiência não provou necessariamente, ou, melhor dizendo, mesmo se ele desejasse, dificilmente poderia ter provado, a doçura de aprender e conhecer a verdade.

Então o amante da sabedoria tem grande vantagem sobre o amante do lucro, pois tem uma experiência dupla?

Sim, muito bom.

Novamente, ele tem maior experiência dos prazeres da honra, ou o amante da honra dos prazeres da sabedoria?

Não, disse ele, todos os três são homenageados na proporção em que alcançam seu objetivo; pois o homem rico, o homem valente e o homem sábio têm sua multidão de admiradores, e como todos recebem honra, todos experimentam os prazeres da honra; mas o deleite que se encontra no conhecimento do verdadeiro ser é conhecido apenas pelo filósofo.

Sua experiência, então, o capacitará a julgar melhor do que qualquer um?

Muito melhor.

> Somente o filósofo possui o julgamento e a experiência.

E ele é o único que tem sabedoria e experiência?

Certamente.

Além disso, a própria faculdade que é o instrumento de julgamento não é possuída pelo homem avarento ou ambicioso, mas apenas pelo filósofo?

Qual faculdade?

Razão, na qual, como dizíamos, deve caber a decisão.

Sim.

E o raciocínio é peculiarmente seu instrumento?

Certamente.

Se riqueza e ganho fossem o critério, então o elogio ou a culpa do amante do ganho certamente seria o mais confiável?

Certamente.

Ou se honra, vitória ou coragem, nesse caso o julgamento do ambicioso ou combativo seria o mais verdadeiro?

Claramente.

> Os prazeres que ele aprova são os prazeres verdadeiros: ele coloca (1) o amor da sabedoria, (2) o amor da honra, (3) e por último o amor pelo ganho.

Mas, uma vez que experiência, sabedoria e razão são os juízes...

A única inferência possível, respondeu ele, é que os prazeres aprovados pelo amante da sabedoria e da razão são os mais verdadeiros.

E assim chegamos ao resultado, que o prazer da parte inteligente da alma é o mais agradável dos três, e aquele de nós em quem este é o princípio dominante tem a vida mais agradável.

Inquestionavelmente, disse ele, o homem sábio fala com autoridade quando aprova sua própria vida.

E o que o juiz afirma ser a vida que vem depois e o prazer que vem depois?

Claramente o do soldado e amante da honra; que está mais perto de si mesmo do que o fazedor de dinheiro.

Por último vem o amante do ganho?

É verdade, disse ele.

> O prazer verdadeiro não é relativo, mas absoluto.

Duas vezes consecutivas, então, o homem justo derrotou o injusto neste conflito; e agora vem a terceira prova, que é dedicada ao olímpico Zeus, o salvador: um sábio sussurra em meu ouvido que nenhum prazer, exceto o dos sábios, é totalmente verdadeiro e puro, todos os outros são apenas uma sombra; e certamente esta será a maior e mais decisiva das quedas?

Sim, a maior; mas você vai se explicar?

Vou resolver o assunto e você responderá às minhas perguntas.

Prossiga.

Diga, então, o prazer não se opõe à dor?

Verdade.

E existe um estado neutro que não é prazer nem dor?

Há sim.

Um estado intermediário e uma espécie de repouso da alma sobre qualquer um deles – é isso que você quer dizer?

Sim.

Você se lembra do que as pessoas dizem quando estão doentes?

O que elas dizem?

Afinal, nada é mais agradável do que saúde. Mas elas nunca souberam que esse era o maior dos prazeres até que ficaram doentes.

Sim, eu sei, ele disse.

> Os estados intermediários entre o prazer e a dor são chamados de prazeres da dor apenas em relação aos seus opostos.

E quando as pessoas estão sofrendo de dores agudas, você deve tê-las ouvido dizer que não há nada mais agradável do que se livrar da dor?

Eu tenho.

E há muitos outros casos mais de sofrimento, em que o mero descanso e a cessação da dor, e não qualquer gozo positivo, são exaltados por eles como o maior prazer?

Sim, ele disse; no momento, eles estão satisfeitos e bem contentes por estar em repouso.

Novamente, quando o prazer cessa, esse tipo de descanso ou cessação será doloroso?

Sem dúvida, ele disse.

Então o estado intermediário de repouso será prazer e será dor?

Assim parece.

Mas aquilo que não é, não pode se tornar ambos?

Eu deveria dizer que não.

E tanto o prazer quanto a dor são movimentos da alma, não são?

Sim.

> O prazer e a dor são ditos como estados de repouso, mas são, na verdade, estados de movimento.

Mas o que não é nenhum dos dois foi agora mostrado como repouso e não movimento, e em um meio-termo entre eles?

Sim.

Como, então, podemos estar certos ao supor que a ausência de dor é prazer, ou que a ausência de prazer é dor?

Impossível.

Isso então é apenas uma aparência e não uma realidade; isto é, o resto é prazer no momento e em comparação com o que é doloroso, e doloroso em comparação com o que é agradável; mas todas essas representações, quando experimentadas pelo teste do verdadeiro prazer, não são reais, mas uma espécie de imposição?

Essa é a inferência.

> Os prazeres não são mera cessação das dores, ou das dores dos prazeres: por exemplo, os prazeres do olfato não o são.

Olhe para a outra classe de prazeres que não têm dores anteriores e você não vai mais supor, como talvez possa no momento, que o prazer é apenas a cessação da dor, ou a dor do prazer.

O que são, disse ele, e onde devo encontrá-los?

São muitos: tome como exemplo os prazeres do olfato, que são muito grandes e não têm dores antecedentes; eles vêm em um momento, e quando partem não abandonam nenhuma dor.

Verdade, disse ele.

Não sejamos, então, induzidos a acreditar que o puro prazer é a cessação da dor, ou a dor do prazer.

Não.

Ainda assim, os prazeres mais numerosos e violentos que alcançam a alma por meio do corpo são geralmente desse tipo, são o alívio da dor.

Isso é verdade.

E as antecipações de prazeres e sofrimentos futuros são da mesma natureza?

Sim.

Devo dar uma ilustração deles?

Deixe-me ouvir.

Você concordaria, eu disse, que existe na natureza uma região superior, inferior e média?

Eu diria que sim.

> Ilustração da irrealidade de certos prazeres.

E se uma pessoa fosse da região inferior para a média, ela não imaginaria que está subindo; e quem está no meio e vê de onde veio, imaginaria que já está na região superior, se nunca viu o verdadeiro mundo superior?

Para ter certeza, ele disse; como ele pode pensar de outra forma?

Mas se fosse levado de volta, ele iria imaginar, e realmente imaginar, que estava descendo?

Sem dúvida.

Tudo isso surgiria de sua ignorância das verdadeiras regiões superior, média e inferior?

Sim.

Então você pode se perguntar que pessoas que são inexperientes na verdade, visto que têm ideias erradas sobre muitas outras coisas, também deveriam ter ideias erradas sobre prazer e dor e o estado intermediário; de modo que, quando eles estão apenas sendo atraídos para a dor, sentem dor e pensam que a dor que experimentam é real, e da mesma forma, quando são atraídos da dor para o estado neutro ou intermediário, acreditam firmemente que alcançaram a meta de saciedade e prazer; eles, não conhecendo o prazer, erram ao contrastar a dor com a ausência de dor, que é como contrastar o preto com o cinza em vez do branco – você pode se perguntar, eu digo, isso?

Não, de fato; eu deveria estar muito mais disposto a questionar o contrário.

Veja a questão da seguinte forma: fome, sede e coisas semelhantes são inanições do estado corporal?

Sim.

E a ignorância e a loucura são inanições da alma?

Verdade.

E comida e sabedoria são as satisfações correspondentes de ambos?

Certamente.

> O intelectual mais real do que o sensual.

E a satisfação derivada daquilo que tem menos ou daquilo que tem mais existência é mais verdadeira?

Claramente, daquilo que tem mais.

Que classes de coisas têm uma parcela maior de existência pura, em seu julgamento: aquelas das quais comida e bebida e condimentos e todos os tipos de sustento são exemplos, ou a classe que contém opinião e conhecimento verdadeiros e mente e todos os diferentes tipos de virtude? Coloque a questão da seguinte forma: quem tem um ser mais puro, aquele que se preocupa com o invariável, o imortal e o verdadeiro, e é dessa natureza, e é encontrado em tais naturezas; ou aquele que está relacionado com e encontrado na variável e mortal, e é ela própria variável e mortal?

Muito mais puro, respondeu ele, é o ser daquele que se preocupa com o invariável.

E a essência do invariável participa do conhecimento no mesmo grau que da essência?

Sim, do conhecimento no mesmo grau.

E da verdade no mesmo grau?

Sim.

E, inversamente, aquilo que tem menos verdade também terá menos essência?

Necessariamente.

Então, em geral, esses tipos de coisas que estão a serviço do corpo têm menos verdade e essência do que aqueles que estão a serviço da alma?

Muito menos.

E não tem o próprio corpo menos verdade e essência do que a alma?

Sim.

O que está preenchido com uma existência mais real, e na verdade tem uma existência mais real, é mais preenchido do que aquilo que está preenchido com uma existência menos real e é menos real?

Claro.

A República

> Os prazeres dos sentidos e também dos elementos da paixão são irreais e confusos.

E se houver prazer em ser preenchido com o que é de acordo com a natureza, o que é mais realmente preenchido com o ser mais real desfrutará mais real e verdadeiramente do verdadeiro prazer; ao passo que aquele que participa de um ser menos real ficará menos verdadeira e seguramente satisfeito, e participará de um prazer ilusório e menos real?

Inquestionavelmente.

Aqueles, então, que não conhecem a sabedoria e a virtude, e estão sempre ocupados com a gula e a sensualidade, descem e sobem de novo até o meio; e nesta região eles se movem aleatoriamente ao longo da vida, mas nunca passam para o verdadeiro mundo superior; para lá eles nem olham, nem encontram seu caminho, nem estão verdadeiramente preenchidos com o verdadeiro ser, nem experimentam o prazer puro e duradouro. Como o gado, com os olhos sempre voltados para baixo e a cabeça inclinada para o chão, isto é, para a mesa de jantar, engordam, alimentam-se e se reproduzem e, em seu amor excessivo por essas delícias, chutam e batem uns nos outros com chifres e cascos de ferro; e se matam por causa de sua luxúria insaciável. Pois eles se preenchem com o que não é substancial, e a parte de si mesmos que preenchem também é insubstancial e incontinente.

Na verdade, Sócrates, disse Glauco, você descreve a vida de muitos como um oráculo.

Seus prazeres se misturam com dores, como podem ser de outra forma? Pois eles são meras sombras e imagens da verdade, e são coloridos pelo contraste, que exagera tanto a luz quanto a sombra, e assim eles implantam nas mentes dos tolos desejos insanos de si mesmos; e são disputados como Estesícoro diz que os gregos lutaram ao redor da sombra de Helena em Troia por ignorância da verdade.

Algo desse tipo deve acontecer inevitavelmente.

E o mesmo não deve acontecer com o elemento espirituoso ou apaixonado da alma? Não será o homem apaixonado que leva sua paixão em ação, no caso semelhante, seja ele invejoso e ambicioso, ou violento e contencioso, ou zangado e descontente, se estiver procurando obter honra e vitória e a satisfação de sua raiva sem razão ou sentido?

Sim, disse ele, o mesmo acontecerá com o elemento espirituoso também.

> Ambos os tipos de prazer são atingidos no mais alto grau quando os desejos que os perseguem estão sob a orientação da razão.

Então, não podemos afirmar com segurança que os amantes do dinheiro e da honra, quando buscam seus prazeres sob a orientação e na companhia da razão e do conhecimento, perseguem e conquistam os prazeres que a sabedoria lhes mostra, também terão os prazeres mais verdadeiros no mais alto grau que lhes é possível, visto que seguem a verdade; e terão os prazeres que são naturais para eles, se o que é melhor para cada um também é mais natural para ele?

Sim, certamente; o melhor é o mais natural.

E quando a alma inteira segue o princípio filosófico, e não há divisão, as várias partes são justas, e cada uma delas faz sua própria vida e desfruta individualmente dos melhores e mais verdadeiros prazeres de que são capazes?

Exatamente.

Mas quando qualquer um dos outros dois princípios prevalecem, ele falha em atingir seu próprio prazer e obriga o resto a perseguir um prazer que é apenas uma sombra e que não é o deles?

Verdade.

E quanto maior o intervalo que os separa da filosofia e da razão, mais estranho e ilusório será o prazer?

Sim.

E não é o que está mais longe da razão o que está mais longe da lei e da ordem?

Claramente.

E os desejos lascivos e tirânicos estão, como vimos, à maior distância?

Sim.

E os desejos reais e ordeiros estão mais próximos?

Sim.

Então o tirano viverá na maior distância do prazer verdadeiro ou natural, e o rei, na menor?

Certamente.

Mas se for assim, o tirano viverá da forma mais desagradável e o rei da forma mais agradável?

Inevitavelmente.

Você saberia a medida do intervalo que os separa?

Você vai me contar?

> A medida do intervalo que separa o rei do tirano.

Parece haver três prazeres, um genuíno e dois espúrios: agora a transgressão do tirano atinge um ponto além do espúrio; ele fugiu da região da lei e da razão, e fixou sua morada com certos prazeres escravos que são seus satélites, e a medida de sua inferioridade só pode ser expressa em uma figura.

O que você quer dizer?

Presumo, disse eu, que o tirano está em terceiro lugar em relação ao oligarca; o democrata estava no meio?

Sim.

E se há verdade naquilo que o precedeu, ele se casará com uma imagem de prazer que é três vezes afastada como verdade do prazer do oligarca?

Ele irá.

E o oligarca é o terceiro do real; já que contamos como um real e aristocrático?

Sim, ele é o terceiro.

Então o tirano é removido do verdadeiro prazer pelo espaço de um número que é três vezes três?

Manifestamente.

> Expressado pelo símbolo de um cubo correspondente ao número 729.

A sombra do prazer tirânico, determinada pelo número do comprimento, será uma figura plana.

Certamente.

E se você aumentar o poder e tornar o plano um sólido, não há dificuldade em ver quão vasto é o intervalo em que o tirano se separa do rei.

Sim; o aritmético fará a soma facilmente.

Ou se alguma pessoa começa do outro lado e mede o intervalo em que o rei se separa do tirano na verdade do prazer, ele o encontrará, quando a multiplicação for completada, vivendo 729 vezes mais agradavelmente, e o tirano mais dolorosamente neste mesmo intervalo.

Que cálculo maravilhoso! E quão enorme é a distância que separa o justo do injusto em relação ao prazer e à dor!

> Que se aproxima do número de dias e noites em um ano.

No entanto, um cálculo verdadeiro, disse eu, e um número que quase diz respeito à vida humana, se os seres humanos se preocupam com dias e noites, meses e anos[115].

Sim, disse ele, a vida humana certamente se preocupa com eles.

Então, se o homem bom e justo for assim superior em prazer ao mau e injusto, sua superioridade será infinitamente maior em propriedade de vida, beleza e virtude?

Imensuravelmente maior.

> Refutação de Trasímaco.

Bem, eu disse, e agora tendo chegado a este estágio da discussão, podemos voltar às palavras que nos trouxeram aqui: não estava alguém dizendo que a injustiça era um ganho para o perfeitamente injusto que era considerado justo?

Sim, isso foi dito.

Agora então, tendo determinado o poder e a qualidade da justiça e da injustiça, vamos conversar um pouco com ele.

O que devemos dizer a ele?

Façamos uma imagem da alma, para que suas próprias palavras sejam apresentadas diante de seus olhos.

De que tipo?

> O animal triplo que é externamente a imagem de um homem.

Uma imagem ideal da alma, como as criações compostas da mitologia antiga, como a Quimera, Cila ou Cérbero, e existem muitas outras nas quais duas ou mais naturezas diferentes se transformam em uma.

---

[115] 729 é *quase* igual ao número de dias e noites no ano. (N.T.)

Diz-se que existiram tais uniões.

Então você agora modela a forma de um monstro multitudinário de muitas cabeças, tendo um anel de cabeças de todos os tipos de feras, domesticadas e selvagens, que ele é capaz de gerar e metamorfosear à vontade.

Você supõe poderes maravilhosos no artista; mas, como a linguagem é mais flexível do que a cera ou qualquer substância semelhante, que exista o modelo que você propõe.

Suponha agora que você faça uma segunda forma como a de um leão e uma terceira forma de um homem, a segunda menor que a primeira e a terceira menor que a segunda.

Isso, disse ele, é uma tarefa mais fácil; e eu os fiz como você diz.

E agora junte-se a eles, e deixe os três crescerem em um.

Isso foi realizado.

Em seguida, modele o exterior deles em uma única imagem, como a de um homem, de modo que aquele que não é capaz de olhar para dentro e vê apenas o casco externo, possa acreditar que a besta é uma única criatura humana.

Eu fiz isso, ele disse.

> Alguém poderá dizer que devemos fortalecer o monstro e o leão com o sacrifício do homem?

E agora, àquele que sustenta que é lucrativo para a criatura humana ser injusto e não lucrativo ser justo, respondamos que, se ele estiver certo, é lucrativo para essa criatura banquetear o monstro multitudinário e fortalecer o leão e as qualidades de leão, mas para matar de fome e enfraquecer o homem, que é consequentemente sujeito a ser arrastado à mercê de qualquer um dos outros dois; e ele não deve tentar familiarizá-los ou harmonizá-los uns com os outros – ele deve antes permitir que lutem, mordam e devorem uns aos outros.

Certamente, ele disse; é o que diz o aprovador da injustiça.

A ele, o defensor da justiça responde que deve sempre falar e agir de modo a dar ao homem dentro dele de uma forma ou de outra o domínio mais completo sobre toda a criatura humana. Ele deve zelar pelo monstro de muitas cabeças como um bom lavrador, promovendo e cultivando as qualidades gentis e evitando que as selvagens cresçam; deve fazer do coração de leão seu aliado, e no cuidado comum de todos eles deve estar unindo as várias partes entre si e consigo mesmo.

Sim, disse ele, isso é exatamente o que diz o mantenedor da justiça.

E assim, de todos os pontos de vista, seja de prazer, honra ou vantagem, o aprovador da justiça está certo e fala a verdade, e o desaprovador é errado, falso e ignorante?

Sim, de todos os pontos de vista.

> Pois o nobre princípio sujeita as feras ao homem, o homem ignóbil às feras.

Venha, agora, e vamos argumentar suavemente com o injusto, que não está intencionalmente errado. "Doce senhor", diremos a ele, "o que pensa das coisas consideradas nobres e desprezíveis? Não é o nobre aquilo que sujeita a besta ao homem, ou melhor, ao deus no homem; e o desprezível aquilo que sujeita o homem à besta?" Ele dificilmente pode evitar dizer sim – pode agora?

Não se ele tiver alguma consideração pela minha opinião.

> Um homem não sairá vencedor se vender seu filho: pior ainda, se tiver que vender sua alma!

Mas, se ele concordar até agora, podemos pedir-lhe que responda a outra pergunta: "Então, como um homem lucraria se recebesse ouro e prata com a condição de que deveria escravizar a sua parte mais nobre ao pior? Quem pode imaginar que um homem que vendeu seu filho ou filha como escravo por dinheiro, especialmente se os vendeu nas mãos de homens ferozes e perversos, seria o ganhador, por maior que seja a soma que recebeu? E alguém dirá que ele não é um caitiff miserável que implacavelmente vende seu próprio ser divino àquilo que é mais ímpio e detestável? Erífile aceitou o colar como o preço da vida do marido, mas ele está aceitando suborno para arrumar uma ruína ainda pior.

Sim, disse Glauco, muito pior – responderei por ele.

Não foi o intemperante censurado antes, porque nele o enorme monstro multiforme se deixa escapar?

Claramente.

E os homens são culpados pelo orgulho e mau humor quando o elemento leão e serpente neles cresce e ganha força desproporcionalmente?

> Provas: (1) Os homens são acusados pela predominância da natureza inferior,

Sim.

E o luxo e a suavidade são culpados, porque relaxam e enfraquecem essa mesma criatura, e fazem dela um covarde?

Muito verdadeiro.

E não é um homem censurado por lisonja e mesquinhez que subordina o animal espirituoso ao monstro rebelde, e, por causa do dinheiro, do qual ele nunca pode ter o suficiente, o habitua nos dias de sua juventude a ser pisoteado na lama, e de ser um leão para se tornar um macaco?

Verdade, ele disse.

> assim como pela maldade de seus atos e caráter;

E por que empregos mesquinhos e artes manuais são uma reprovação? Apenas porque implicam uma fraqueza natural do princípio superior; o indivíduo é incapaz de controlar as criaturas dentro dele, mas tem de cortejá-las, e seu grande estudo é como adulá-las.

Essa parece ser a razão.

> (2) É admitido que todos devem servir a uma regra divina, ou em qualquer nível manter-se sob o controle de uma autoridade externa;

E, portanto, desejosos de colocá-lo sob uma regra como a dos melhores, dizemos que ele deve ser o servo do melhor, em quem o Divino governa; não como Trasímaco supôs, para prejuízo do servo, mas porque é melhor que cada um seja governado pela sabedoria divina que habita dentro dele; ou, se isso for impossível, então por uma autoridade externa, para que possamos estar todos, na medida do possível, sob o mesmo governo, amigos e iguais.

Verdade, ele disse.

> (3) O cuidado dispensado às crianças demonstra que buscamos estabelecer nelas princípios elevados.

E essa é claramente a intenção da lei, que é a aliada de toda a cidade; e é visto também na autoridade que exercemos sobre as crianças, e a recusa em deixá-las serem livres até que tenhamos estabelecido nelas um princípio análogo à constituição de um Estado, e pelo cultivo deste elemento superior tenhamos estabelecido em seus corações um guardião e governante como o nosso, e quando isso for feito, eles podem seguir seus caminhos.

Sim, disse ele, o propósito da lei é manifesto.

De que ponto de vista, então, e com base em que podemos dizer que um homem se beneficia com a injustiça ou a intemperança ou outra baixeza, que o tornará um homem pior, mesmo que adquira dinheiro ou poder por sua maldade?

De nenhum ponto de vista.

> O sábio empregará suas energias em libertar e harmonizar os elementos mais nobres de sua natureza e em regular seus hábitos corporais.

O que ele lucrará, se sua injustiça não for detectada ou ficar impune? Aquele que não é detectado apenas piora, enquanto aquele que é detectado e punido tem a parte brutal de sua natureza silenciada e humanizada; o elemento mais gentil nele é liberado, e toda a sua alma é aperfeiçoada e enobrecida pela aquisição de justiça, temperança e sabedoria, mais do que o corpo jamais é recebendo presentes de beleza, força e saúde, na proporção em que a alma é mais honrada do que o corpo.

Certamente, ele disse.

Para este propósito mais nobre, o homem de entendimento devotará as energias de sua vida. E em primeiro lugar, ele honrará os estudos que marcam essas qualidades em sua alma e desprezará os outros?

Claramente, ele disse.

> Seu alvo principal não é a saúde, mas a harmonia da alma.

Em seguida, ele regulará seus hábitos e treinamento corporais, e tão longe estará de ceder aos prazeres brutais e irracionais, que considerará até mesmo a saúde como uma questão secundária; seu primeiro objetivo não será poder ser justo ou forte ou bom, a menos que seja provável que ganhe temperança, mas sempre desejará tentar o corpo a fim de preservar a harmonia da alma?

Certamente ele o fará, se tiver música verdadeira.

E na aquisição de riqueza há um princípio de ordem e harmonia que ele também observará; não se deixará deslumbrar pelo aplauso tolo do mundo e acumular riquezas para seu próprio dano infinito?

Certamente não, disse ele.

> Ele não irá acumular riquezas,

Ele olhará para a cidade que está dentro dele e tomará cuidado para que nenhuma desordem ocorra nela, como pode surgir tanto do supérfluo quanto da necessidade; e, segundo este princípio, ele regulará sua propriedade e ganhará ou gastará de acordo com seus recursos.

Muito verdadeiro.

> E aceitará as honras políticas que não puderem deteriorar seu caráter.

E, pela mesma razão, ele aceitará de bom grado e desfrutará das honras que julgar possíveis para torná-lo um homem melhor; mas aqueles, sejam privados ou públicos, que podem perturbar sua vida, ele evitará?

Então, se esse for o seu motivo, ele não será um estadista.

Pelo cachorro do Egito, ele vai! Na cidade que é sua ele certamente o fará, embora na terra de seu nascimento talvez não, a menos que ele tenha um chamado divino.

> Ele tem uma cidade para si, e o padrão ideal da sua vontade será a lei de sua vida.

Compreendo; você quer dizer que ele será um governante na cidade da qual somos os fundadores, e que existe apenas em ideias; pois não acredito que exista tal em qualquer lugar da terra?

No céu, respondi, existe um padrão disso, creio eu, que aquele que desejar pode contemplar e, contemplando, pode pôr sua própria casa em ordem[116]. Mas se tal pessoa existe, ou existirá de fato, não importa; pois viverá à maneira daquela cidade, nada tendo a ver com nenhuma outra.

Acho que sim, ele disse.

---

[116] Ou "assuma sua morada lá".

LIVRO X

República X.
SÓCRATES,
GLAUCO.

Das muitas excelências que percebo na ordem do nosso Estado, não há nenhuma que me agrade mais à reflexão do que a regra da poesia.

A que você se refere?

À rejeição da poesia imitativa, que certamente não deve ser aceita; pois vejo muito mais claramente agora que as partes da alma foram distinguidas.

O que você quer dizer?

As imitações potenciais são ruinosas para a mente dos ouvintes.

Falando confidencialmente, pois não gostaria que minhas palavras fossem repetidas aos trágicos e ao resto da tribo imitativa; mas não me importo de dizer a você que todas as imitações poéticas são prejudiciais para a compreensão dos ouvintes, e que o conhecimento de sua verdadeira natureza é o único antídoto para eles.

Explique o significado de sua observação.

Bem, direi a você, embora desde a mais tenra juventude sempre tenha tido admiração e amor por Homero, o que mesmo agora faz as palavras vacilarem em meus lábios, pois ele é o grande capitão e mestre de toda aquela encantadora e trágica companhia; mas o homem não deve ser mais reverenciado do que a verdade e, portanto, falarei.

Muito bem, disse ele.

Então me escute, ou melhor, me responda.

Faça sua pergunta.

> A natureza da imitação.

Você pode me dizer o que é imitação? Pois eu realmente não sei.

Uma coisa provável, então, que eu deveria saber.

Por que não? Pois o olho mais opaco muitas vezes pode ver algo mais cedo do que o mais aguçado.

É verdade, disse ele; mas na sua presença, mesmo que eu tivesse alguma vaga noção, não conseguiria reunir coragem para pronunciá-la. Você vai se perguntar?

> A ideia é única, mas os objetos compreendidos sob ela são muitos.

Pois bem, vamos começar a investigação da nossa maneira usual: sempre que vários indivíduos têm um nome comum, presumimos que também tenham uma ideia ou forma correspondente: você me entende?

Sim.

Tomemos qualquer exemplo comum; existem camas e mesas no mundo, muitas delas, não é?

Sim.

Mas existem apenas duas ideias ou formas delas: uma a ideia de uma cama, a outra de uma mesa.

Verdade.

E o fabricante de qualquer uma delas faz uma cama ou uma mesa para nosso uso, de acordo com a ideia, é nossa maneira de falar neste e em exemplos semelhantes, mas nenhum artífice faz as próprias ideias: como poderia?

Impossível.

E há outro artista, gostaria de saber o que diria dele.

Quem é ele?

Platão

> O criador universal é uma pessoa extraordinária. Mas note-se que todos somos criadores de algum modo. Pois todas as coisas podem ser construídas pelos seus reflexos em um espelho.

Aquele que é o criador de todas as obras de todos os outros trabalhadores.

Que homem extraordinário!

Espere um pouco e haverá mais motivos para você dizer isso. Pois este é aquele que é capaz de fazer não apenas vasos de toda espécie, mas plantas e animais, ele mesmo e todas as outras coisas, a terra e o céu, e as coisas que estão no céu ou embaixo da terra; ele faz os deuses também.

Ele deve ser um mago e não se engane.

Oh! Você está incrédulo, não é? Você quer dizer que não existe tal construtor ou criador, ou que em um sentido pode haver um criador de todas essas coisas, mas em outro não? Você vê que existe uma maneira pela qual você pode fazer todas elas sozinho?

Qual maneira?

Uma maneira bastante fácil; ou melhor, há muitas pelas quais a façanha pode ser realizada de forma rápida e fácil, nenhuma mais rápida do que girar um espelho sem parar – você logo faria o sol e os céus, a terra, você e outros animais e plantas, e todas as outras coisas das quais estávamos falando agora, no espelho.

Sim, ele disse; mas seriam apenas aparências.

> Mas isso é apenas uma aparência: e o pintor também é um construtor de imitações.

Muito bem, eu disse, você está chegando ao ponto agora. E o pintor também é, a meu ver, apenas esse outro, um criador de aparências, não é?

Claro.

Mas então suponho que você dirá que o que ele cria não é verdade. E ainda há um sentido em que o pintor também cria uma cama?

Sim, ele disse, mas não uma cama de verdade.

E quanto ao fabricante da cama? Não disse que ele também faz, não a ideia que, a nosso ver, é a essência da cama, mas apenas uma cama particular?

Sim, eu disse.

Então, se ele não faz o que existe, ele não pode fazer a existência verdadeira, mas apenas alguma aparência de existência; e se alguém dissesse que o trabalho do fazedor da cama ou de qualquer outro trabalhador tiver existência real, dificilmente se poderia supor que ele estivesse falando a verdade.

De qualquer forma, ele respondeu, os filósofos diriam que ele não estava falando a verdade.

Não admira, então, que sua obra também seja uma expressão indistinta da verdade.

Não admira.

Suponha agora que, à luz dos exemplos que acabamos de oferecer, questionemos quem é esse imitador.

Por favor.

> Três camas e os construtores de camas.

Pois bem, aqui estão três camas: uma existente na natureza, que é feita por um dos deuses, como acho que podemos dizer, pois ninguém mais pode ser o criador?

Não.

Existe outra que é obra do carpinteiro?

Sim.

E o trabalho do pintor é a terceira?

Sim.

As camas, então, são de três tipos, e há três artistas que as supervisionam: um deus, o fabricante da cama e o pintor?

Sim, existem três deles.

Algum deus, seja por escolha, seja por necessidade, fez uma cama na natureza e apenas uma; duas ou mais camas ideais nunca foram nem serão feitas por ele.

Por quê?

> (1) O criador, Deus poderia ter feito apenas uma cama; se tivesse feito duas, uma terceira ainda apareceria depois delas.

Porque mesmo que ele tivesse feito apenas duas, uma terceira ainda apareceria atrás delas, que ambas teriam como ideia, e essa seria a cama ideal e não as outras duas.

É verdade, disse ele.

O deus sabia disso, e desejava ser o verdadeiro fabricante de uma cama real, não um fabricante específico de uma cama particular, e, portanto, criou uma cama que é essencialmente e por natureza apenas uma.

Então, nós acreditamos.

Devemos, então, falar dele como o autor natural ou o criador da cama?

Sim, ele respondeu; visto que, pelo processo natural da criação, ele é o autor disso e de todas as outras coisas.

E o que diremos do carpinteiro, não é ele também o fabricante da cama?

(2) O fabricante humano.

Sim.

Mas você chamaria o pintor de criador e fabricante?

Certamente não.

No entanto, se ele não é o criador, o que ele é em relação à cama?

(3) O imitador, ou seja, o pintor ou poeta,

Acho, disse ele, que podemos justamente designá-lo como o imitador daquilo que os outros fazem.

Bom, eu disse; então você chama aquele que é o terceiro descendendo da natureza de imitador?

Certamente, ele disse.

E o poeta trágico é um imitador e, portanto, como todos os outros imitadores, ele está três vezes afastado do rei e da verdade?

Parece que sim.

Então, sobre o imitador, estamos de acordo. E o pintor? Eu gostaria de saber se ele pode ser considerado uma imitação do que existe originalmente na natureza ou apenas as criações dos artistas?

Esta última.

Como são ou como aparecem? Você ainda tem que determinar isso.

O que você quer dizer?

cuja arte é uma imitação da aparência e a uma distância muito longa da verdade.

Quero dizer, você pode olhar para uma cama de diferentes pontos de vista, obliquamente ou diretamente ou de qualquer outro ponto de vista, e a cama parecerá diferente, mas não há diferença na realidade. E o mesmo de todas as coisas.

Sim, disse ele, a diferença é apenas aparente.

Agora, deixe-me fazer outra pergunta: qual é a arte da pintura projetada para ser – uma imitação das coisas como são, ou como aparecem – da aparência ou da realidade?

Da aparência.

> Qualquer um que faça todas as tarefas, fará apenas uma pequena parte delas.

Então o imitador, eu disse, está muito longe da verdade e pode fazer todas as coisas porque ele toca levemente em uma pequena parte delas, e essa parte é uma imagem. Por exemplo: um pintor pintará um sapateiro, carpinteiro ou qualquer outro artesão, embora não saiba nada de suas artes; e, se for um bom artista, pode enganar as crianças ou as pessoas simples, quando lhes mostra a distância o quadro de um carpinteiro, e elas vão imaginar que estão olhando para um carpinteiro de verdade.

Certamente.

> Qualquer pessoa que julgue conhecer todas as coisas é ignorante da verdadeira natureza do conhecimento.

E sempre que alguém nos informa que encontrou um homem que conhece todas as artes e todas as outras coisas que todos conhecem, e todas as coisas com um grau mais alto de precisão do que qualquer outro homem – quem quer que nos diga isso, acho que nós só podemos imaginá-lo como uma criatura simples que provavelmente foi enganada por algum feiticeiro ou ator que conheceu, e que ele pensava que tudo sabia, porque ele mesmo era incapaz de analisar a natureza do conhecimento, da ignorância e da imitação.

Bem verdade.

> E aquele que atribui tal conhecimento universal aos poetas é igualmente enganado.

E assim, quando ouvimos pessoas dizendo que os trágicos, e Homero, que está à sua frente, conhecem todas as artes e todas as coisas humanas, virtudes e vícios, e coisas divinas também, pois o bom poeta não pode compor bem a menos que conheça o assunto, e quem não tem esse conhecimento nunca pode ser poeta, nós devemos considerar se aqui também não pode haver uma ilusão semelhante. Talvez eles tenham se deparado com imitadores que os enganaram; eles podem não ter se lembrado, quando viram suas obras, de que essas eram apenas imitações três vezes distantes da verdade, e que poderiam facilmente ser feitas sem qualquer conhecimento da verdade, porque são apenas aparências e não realidades? Ou, afinal, eles podem estar certos, e os poetas realmente sabem as coisas sobre as quais parecem falar tão bem?

A questão, disse ele, deve ser considerada por todos os meios.

> Aquele que conseguir produzir o original não poderia fazer a imagem.

Agora, você acha que se uma pessoa fosse capaz de fazer o original assim como a imagem, ela se dedicaria seriamente ao ramo de fazer imagens? Ele permitiria que a imitação fosse o princípio dominante de sua vida, como se não tivesse nada superior nele?

Eu deveria dizer que não.

O verdadeiro artista, que sabia o que estava imitando, estaria interessado nas realidades e não nas imitações; e gostaria de deixar como memoriais de si mesmo muitas e belas obras; e, em vez de ser o autor dos elogios, preferia ser o tema deles.

Sim, disse ele, isso seria para ele uma fonte de muito maior honra e lucro.

> Se Homero fosse um legislador, ou general, ou inventor,

Então, eu disse, devemos fazer uma pergunta a Homero; não sobre medicina, ou qualquer das artes às quais seus poemas se referem apenas incidentalmente: não vamos perguntar a ele, ou a qualquer outro poeta, se curou pacientes como Asclépio, ou deixou para trás uma escola de medicina como os Asclepíades, ou se ele apenas fala sobre medicina e outras artes em segunda mão; mas temos o direito de saber a respeito de táticas militares, política, educação, que são os assuntos principais e mais nobres de seus poemas, e podemos perguntar a ele com justiça. "Amigo Homero", então dizemos a ele, "se você estiver apenas no segundo afastado da verdade no que diz da virtude, e não no terceiro – não é um criador de imagens ou imitador – e se você é capaz de discernir que atividades tornam os homens melhores ou piores na vida privada ou pública, diga-nos que Estado foi mais bem governado pela sua ajuda? A boa ordem da Lacedemônia é devida a Licurgo, e muitas outras cidades, grandes e pequenas, foram igualmente beneficiadas por outras; mas quem disse que você foi um bom legislador para eles e lhes fez algum bem? A Itália e a Sicília se orgulham de Carondas, e há Sólon, que é famoso entre nós; mas que cidade tem algo a dizer sobre você?" Existe alguma cidade que ele possa nomear?

Acho que não, disse Glauco; nem mesmo os próprios homéridas fingem que ele era um legislador.

Bem, mas há alguma guerra registrada que foi travada com sucesso por ele, ou auxiliada por seus conselhos, quando ele estava vivo?

Não há.

Ou existe alguma invenção[117] sua, aplicável às artes ou à vida humana, como Tales, o Milesiano, ou Anacarsis, o Cita, e que outros homens engenhosos tenham concebido, que seja atribuída a ele?

Não há absolutamente nada desse tipo.

Mas, se Homero nunca prestou nenhum serviço público, ele foi em particular um guia ou professor de algum? Teve em sua vida amigos que gostavam de se associar a ele, e que transmitiram à posteridade um modo de vida homérico, como o estabelecido por Pitágoras, que era tão amado por sua sabedoria, e cujos seguidores são até hoje bastante celebrados pela ordem que recebeu o nome dele?

Nada disso é registrado sobre ele. Certamente, Sócrates, Creófilo, o companheiro de Homero, aquele filho da carne, cujo nome sempre nos faz rir, poderia ser mais justamente ridicularizado por sua estupidez, se, como se diz, Homero fosse muito negligenciado por ele e outros em seu próprio dia quando ele estava vivo?

Sim, respondi, essa é a tradição. Mas você pode imaginar, Glauco, que se Homero tivesse realmente sido capaz de educar e melhorar a humanidade – se ele possuísse conhecimento e não fosse um mero imitador – você pode imaginar, eu digo, que ele não teria tido muitos seguidores, e sido honrado

> ou tivesse feito qualquer outra coisa para o aprimoramento da humanidade, ele não teria sido deixado faminto.

---

[117] Omitindo εἰς.

e amado por eles? Protágoras de Abdera e Pródico de Ceos, e muitos outros, têm apenas de sussurrar para seus contemporâneos: "Vocês nunca serão capazes de administrar sua própria casa ou seu próprio Estado até que nos nomeiem seus ministros da educação", e este engenhoso dispositivo deles tem tal efeito em fazer os homens amá-los que seus companheiros quase os carregam nos ombros. E é concebível que os contemporâneos de Homero, ou novamente de Hesíodo, tivessem permitido que qualquer um deles andasse como rapsodista, se tivessem realmente sido capazes de tornar a humanidade virtuosa? Não estariam tão indispostos a se separar deles como com o ouro, e os compeliram a ficar em casa com eles? Ou, se o mestre não quisesse ficar, os discípulos o teriam seguido por toda parte, até que tivessem educação suficiente?

Sim, Sócrates, acho que isso é bem verdade.

> Os poetas, como os pintores, são meramente imitadores;

Então, não devemos inferir que todos esses indivíduos poéticos, a começar por Homero, são apenas imitadores; eles copiam imagens de virtude e coisas do gênero, mas a verdade nunca alcançam?

O poeta é como um pintor que, como já observamos, fará a semelhança de um sapateiro, embora não entenda de remendagem; e sua imagem é boa o suficiente para aqueles que não sabem mais do que ele e julgam apenas pelas cores e figuras.

Isso mesmo.

Da mesma maneira, pode-se dizer que o poeta, com suas palavras e frases, aplica as cores das várias artes, compreendendo ele mesmo sua natureza apenas o suficiente para imitá-las; e outras pessoas, que são tão ignorantes quanto ele, e julgam apenas por suas palavras, imaginam que se ele fala de paralelepípedos, ou de táticas militares, ou de qualquer outra coisa, em metro, harmonia e ritmo, ele fala muito bem, tal é a doce influência que a melodia e o ritmo têm por natureza. E eu acho que você deve ter observado repetidas vezes que aparência pobre têm os contos dos poetas, quando despojados das cores que a música lhes confere, e recitados em prosa simples.

Sim, disse ele.

São como rostos que nunca foram realmente belos, apenas florescendo; e agora a flor da juventude se foi deles?

Exatamente.

> Eles não conhecem nada da verdadeira existência.

Aqui está outro ponto: o imitador ou criador da imagem nada sabe da existência verdadeira; ele conhece apenas as aparências. Eu não estou certo?

Sim.

Então, vamos ter um entendimento claro, e não nos contentarmos com meia explicação.

Prossiga.

Do pintor dizemos que ele vai pintar renas, e ele vai pintar um pouco?

Sim.

E o operário em couro e bronze os fará?

Certamente.

> O fabricante tem maior conhecimento do que o imitador, mas menor do que o usuário. Três artes: utilização, fabricação, imitação.

Mas o pintor conhece a forma correta da broca e das rédeas? Não, quase nem mesmo os trabalhadores de latão e couro que os fazem; apenas o cavaleiro que sabe como usá-los – ele conhece sua forma correta.

Bem verdade.

E não podemos dizer o mesmo de todas as coisas?

O quê?

Que existem três artes que se preocupam com todas as coisas: uma que usa, outra que faz, uma terceira que as imita?

Sim.

> A qualidade das coisas é relativa ao uso; portanto, o fabricante delas é instruído pelo usuário.

E a excelência ou beleza ou verdade de cada estrutura, animada ou inanimada, e de cada ação do homem, é relativa ao uso para o qual a natureza ou o artista as destinou.

Verdade.

Então, o usuário deve ter a maior experiência deles e deve indicar ao fabricante as qualidades boas ou más que se desenvolvem no uso; por exemplo, o flautista dirá ao fabricante da flauta qual de suas flautas é satisfatória para o executante; ele lhe dirá como deve fazê-los, e o outro atenderá às suas instruções?

Claro.

Um sabe e, portanto, fala com autoridade sobre as qualidades e defeitos das flautas, enquanto o outro, confiando nele, fará o que ele disser?

Verdade.

> O fabricante tem a crença, mas não o conhecimento; o imitador, nenhuma das duas.

O instrumento é o mesmo, mas quanto à sua excelência ou deficiência, o criador só alcançará uma crença correta; e isso ele ganhará daquele que sabe, falando com ele e sendo compelido a ouvir o que tem a dizer, enquanto o usuário terá conhecimento?

Verdade.

Mas o imitador também terá? Ele saberá pelo uso se seu desenho é correto ou bonito? Ou terá ele opinião correta por ser compelido a se associar a outro que conhece e lhe dá instruções sobre o que deve desenhar?

Nenhum.

Então, ele não terá mais opinião verdadeira do que terá conhecimento sobre a bondade ou a maldade de suas imitações?

Suponho que não.

O artista imitativo estará em um estado brilhante de inteligência sobre suas próprias criações?

Não, muito pelo contrário.

E ainda assim ele continuará imitando sem saber o que torna uma coisa boa ou má, e pode-se esperar, portanto, que imite apenas o que parece ser bom para a multidão ignorante?

Assim mesmo.

Até agora, concordamos perfeitamente que o imitador não tem nenhum conhecimento digno de menção do que imita. A imitação é apenas uma espécie de jogo ou esporte, e os poetas trágicos, quer escrevam em verso jâmbico ou heroico, são imitadores no mais alto grau?

Muito verdadeiro.

> A imitação se provou três vezes mais distante da verdade.

E agora diga-me, eu te conjuro, a imitação não foi mostrada por nós como uma preocupação com o que é três vezes distante da verdade?

Certamente.

E qual é a faculdade do homem a que se dirige a imitação?

O que você quer dizer?

Vou explicar: o corpo que é grande quando visto de perto, parece pequeno quando visto de longe?

Verdade.

E o mesmo objeto parece reto quando visto fora da água, e torto quando na água; e o côncavo torna-se convexo, devido à ilusão das cores a que a vista está sujeita. Assim, todo tipo de confusão é revelado dentro de nós; e esta é aquela fraqueza da mente humana sobre a qual se impõe a arte de conjurar e enganar pela luz e sombra e outros dispositivos engenhosos, tendo um efeito sobre nós como mágica.

Verdade.

> A arte da medição dada ao homem para que pudesse corrigir a diversidade das aparências.

E as artes de medir, numerar e pesar vêm em socorro do entendimento humano, aí está a beleza delas, e o aparente maior ou menor, ou mais ou menos pesado, não tem mais domínio sobre nós, mas cede antes do cálculo e medida e peso?

Bem verdade.

E isso, certamente, deve ser o trabalho do princípio calculista e racional na alma?

Com certeza.

E quando este princípio mede e certifica que algumas coisas são iguais, ou que algumas são maiores ou menores que outras, ocorre uma aparente contradição?

Verdade.

Mas não estávamos dizendo que tal contradição é impossível – a mesma faculdade não pode ter opiniões contrárias ao mesmo tempo sobre a mesma coisa?

Muito verdadeiro.

Então aquela parte da alma que tem uma opinião contrária à medida não é a mesma que tem uma opinião de acordo com a medida?

Verdade.

E a melhor parte da alma provavelmente será aquela que confia na medida e no cálculo?

Certamente.

E o que se opõe a eles é um dos princípios inferiores da alma?

Sem dúvida.

Essa era a conclusão a que eu procurava chegar quando disse que a pintura ou o desenho, e a imitação em geral, ao fazer seu próprio trabalho, estão muito distantes da verdade, e os companheiros e amigos e associados de um princípio dentro de nós que está igualmente alheio à razão, e que eles não têm um objetivo verdadeiro ou saudável.

Exatamente.

A arte imitativa é um inferior que se casa com um inferior e gera descendência inferior.

> A produção das artes imitativas é bastarda e ilegítima.

Muito verdadeiro.

E isso se limita apenas à visão, ou se estende também à audição, relacionando-se de fato com o que denominamos poesia?

Provavelmente, o mesmo aconteceria com a poesia.

Não confie, eu disse, em uma probabilidade derivada da analogia da pintura; mas examinemos mais a fundo e vejamos se a faculdade de que se trata a imitação poética é boa ou má.

Certamente.

Podemos colocar a questão assim: a imitação imita as ações dos homens, sejam elas voluntárias ou involuntárias, nas quais, como eles imaginam, resultou um bom ou mau resultado, e eles se regozijam ou se entristecem de acordo. Tem mais alguma coisa?

Não, não há mais nada.

> Eles imitam os opostos;

Mas em toda essa variedade de circunstâncias o homem está em unidade consigo mesmo, ou melhor, como no caso da visão havia confusão e oposição em suas opiniões sobre as mesmas coisas, então também aqui não há conflito e inconsistência em sua vida? Embora nem precise levantar a questão novamente, pois me lembro de que tudo isso já foi admitido; e a alma foi reconhecida por nós como estando cheia dessas e de dez mil oposições semelhantes ocorrendo no mesmo momento?

E estávamos certos, disse ele.

Sim, eu disse, até agora estávamos certos; mas havia uma omissão que agora deve ser suprida.

Qual foi a omissão?

Não estaríamos dizendo que um homem bom, que tem a infelicidade de perder seu filho ou qualquer outra coisa que lhe é cara, suportará a perda com mais equanimidade do que outro?

Sim.

> eles encorajam a fraqueza;

Mas ele não terá tristeza, ou devemos dizer que embora não possa evitar o sofrimento, moderará sua tristeza?

A última, disse ele, é a declaração mais verdadeira.

Diga-me: será que ele terá mais probabilidade de lutar e resistir à tristeza quando for visto por seus iguais ou quando estiver sozinho?

Fará uma grande diferença se ele for visto ou não.

Quando ele estiver sozinho, não se importará de dizer ou fazer muitas coisas que teria vergonha de alguém ouvi-lo ou vê-lo fazer?

Verdade.

Há nele um princípio de lei e de razão que o leva a resistir, assim como um sentimento de infortúnio que o obriga a ceder à sua dor?

Verdade.

Mas quando um homem é atraído em duas direções opostas, de e para o mesmo objeto, isso, como afirmamos, implica necessariamente dois princípios distintos nele?

Certamente.

Um deles está pronto para seguir as orientações da lei?

O que você quer dizer?

Platão

> eles estão em desacordo com as exortações da filosofia;

A lei diria que ser paciente sob o sofrimento é o melhor e que não devemos ceder à impaciência, pois não há como saber se tais coisas são boas ou más; e nada se ganha com a impaciência; também, porque nada humano é uma coisa de grande importância, e a dor se interpõe no caminho do que no momento é mais necessário.

O que é mais necessário?, ele perguntou.

Que devemos nos aconselhar sobre o que aconteceu, e quando os dados forem lançados, organizar nossos negócios da maneira que a razão considerar melhor; não como crianças que caíram, segurando a parte atingida e perdendo tempo em soltar um grito, mas sempre acostumando a alma imediatamente a aplicar um remédio, levantando o que está doente e caído, banindo o grito de tristeza pela arte da cura.

Sim, disse ele, essa é a verdadeira maneira de enfrentar os ataques do destino.

Sim, eu disse; e o princípio superior está pronto para seguir essa sugestão de razão?

Claramente.

> eles evocam problemas e sofrimento;

E o outro princípio, que nos inclina à lembrança de nossos problemas e à lamentação, e nunca nos cansamos deles, podemos chamar de irracional, inútil e covarde?

Na verdade, podemos.

E este último – refiro-me ao princípio rebelde – não fornece uma grande variedade de materiais para imitação? Já o temperamento sábio e calmo, sendo sempre quase igual, não é fácil de imitar ou apreciar quando imitado, especialmente em uma festa pública quando uma multidão promíscua se reúne em um teatro. Pois o sentimento representado é aquele para o qual eles são estranhos.

Certamente.

Então, o poeta imitativo que almeja ser popular não é feito por natureza, nem sua arte pretende agradar ou afetar o princípio racional da alma; mas ele preferirá o temperamento apaixonado e intermitente, que é facilmente imitado?

Claramente.

> eles pregam um modo inferior para um princípio inferior na alma.

E agora podemos seguramente tomá-lo e colocá--lo ao lado do pintor, pois é como ele de duas maneiras: primeiro, na medida em que suas criações têm um grau inferior de verdade; nisso, eu digo, ele é como o pintor; e também é como ele no que diz respeito a uma parte inferior da alma; e, portanto, estaremos certos em recusar admiti-lo em um Estado bem ordenado, porque desperta e nutre e fortalece os sentimentos e prejudica a razão. Como em uma cidade onde o mal pode ter autoridade e o bem é posto fora do caminho, assim na alma do homem, como afirmamos, o poeta imitador implanta uma constituição má, pois ele condescende com a natureza irracional que não tem discernimento do maior e do menor, mas pensa a mesma coisa uma vez grande e outra pequena – ele é um fabricante de imagens e está muito distante da verdade[118].

Exatamente.

Mas ainda não apresentamos a contagem mais pesada em nossa acusação: o poder que a poesia tem de prejudicar até os bons (e há muito poucos que não são prejudicados), é certamente uma coisa horrível?

Sim, certamente, se o efeito for o que você diz.

> Como podemos estar certos em simpatizarmos com as tristezas da poesia, quando de bom grado refreamos as tristezas da vida real?

Ouça e julgue: os melhores de nós, como eu concebo, quando ouvimos uma passagem de Homero, ou um dos trágicos, em que ele representa algum herói lamentável que está prolongando suas tristezas em uma longa oração, ou chorando, e batendo em seu peito – os melhores de nós, você sabe, adoram ceder à simpatia e ficam extasiados com a excelência do poeta que mais desperta nossos sentimentos.

Sim, claro que sei.

---

[118] Leitura εἰδωλοποιοῦντα ... ἀφεστῶτα.

Mas quando qualquer sofrimento próprio acontece conosco, então você pode observar que nos orgulhamos da qualidade oposta, ficaríamos felizes e seríamos pacientes; esta é a parte masculina, e a outra que nos encantou na recitação agora é considerada a parte de uma mulher.

É verdade, disse ele.

Agora, podemos estar certos em elogiar e admirar outro que está fazendo o que qualquer um de nós abominaria e se envergonharia em sua própria pessoa?

Não, disse ele, isso certamente não é razoável.

Não, eu disse, bastante razoável de um ponto de vista.

Que ponto de vista?

> Nós falhamos em observar que uma piedade sentimental logo gera uma fraqueza real.

Se você considerar, eu disse, que quando no infortúnio sentimos uma fome natural e desejo de aliviar nossa tristeza com choro e lamentação, e que esse sentimento que é mantido sob controle em nossas próprias calamidades é satisfeito e encantado pelos poetas; a natureza melhor em cada um de nós, não tendo sido suficientemente treinada pela razão ou pelo hábito, permite que o elemento simpático se solte porque a dor é do outro; e o espectador imagina que não pode haver desgraça para si mesmo em elogiar e ter pena de qualquer um que venha lhe dizer que homem bom ele é, e fazendo alarde sobre seus problemas; ele pensa que o prazer é um ganho, e por que deveria ser arrogante e perder isso e o poema também? Poucas pessoas refletem, como eu devo imaginar, que do mal de outros homens algo de mal é comunicado a elas. E assim o sentimento de tristeza que se fortaleceu ao ver os infortúnios dos outros é com dificuldade reprimido em nós mesmos.

Como é verdade!

> Do mesmo modo como o amor à comédia pode transformar um homem em um bufão.

E o mesmo não vale para o ridículo? Existem gracejos que você teria vergonha de fazer para si mesmo, e ainda no palco cômico, ou mesmo em particular, quando você os ouve, você se diverte muito com eles e não fica enojado de sua indecência; o caso da pena se repete; – existe um princípio na natureza humana que está disposto a provocar risos, e isso que você outrora reprimiu pela razão, porque temia ser considerado um bufão, agora é revelado; e, tendo estimulado a faculdade risível no teatro, você é traído inconscientemente para si mesmo para fazer o papel do poeta cômico em casa.

É verdade, disse ele.

E o mesmo pode ser dito da luxúria e raiva e todas as outras afeições, do desejo e da dor e do prazer, que são considerados inseparáveis de toda a ação, em todos eles a poesia alimenta e rega as paixões em vez de secá-las; ela os deixa governar, embora devam ser controlados, se a humanidade quiser crescer em felicidade e virtude.

Não posso negar.

> Somos apaixonados por Homero, mas deveríamos expulsá-lo de nosso Estado.

Portanto, Glauco, eu disse, sempre que você se encontrar com algum dos elogiadores de Homero declarando que ele foi o educador da Hélade, e que é proveitoso para a educação e para o ordenamento das coisas humanas, e que você deve assumi-lo novamente e, novamente, para conhecê-lo e regular toda a sua vida de acordo com ele, podemos amar e honrar aqueles que dizem essas coisas, eles são pessoas excelentes, até onde se estendem suas luzes; e estamos prontos para reconhecer que Homero é o maior dos poetas e o primeiro dos escritores de tragédias; mas devemos permanecer firmes em nossa convicção de que hinos aos deuses e louvores aos homens famosos são a única poesia que deve ser admitida em nosso Estado. Pois se você for além disso e permitir que a musa doce entre, seja em verso épico ou lírico, não a lei e a razão da humanidade, que por consentimento comum sempre foi considerada a melhor, mas o prazer e a dor serão os governantes em nosso Estado.

Isso é verdade, disse ele.

> Desculpas aos poetas.

E agora, uma vez que voltamos ao assunto da poesia, que essa nossa defesa sirva para mostrar a razoabilidade de nosso julgamento anterior em mandar para fora de nosso Estado uma arte com as tendências que descrevemos; porque a razão nos constrangeu. Mas, para que ela não nos atribua nenhuma rudeza ou falta de polidez, digamos-lhe que existe uma antiga disputa entre a filosofia e a poesia; da qual há muitas provas, como o ditado de "o cão uivando para seu senhor", ou de um "poderoso na conversa vã de tolos", e "a multidão de sábios contornando Zeus" e os "pensadores sutis que são mendigos afinal"; e existem inúmeros outros sinais de inimizade antiga entre eles. Não obstante, asseguremos a nossa doce amiga e às artes irmãs da imitação, que se ela apenas provar que seu título existe em um Estado bem ordenado, teremos o maior prazer em recebê-la, estamos muito conscientes de seus encantos; mas não podemos trair a verdade por causa disso. Ouso dizer, Glauco, que você fica tão encantado com ela quanto eu, principalmente quando ela aparece em Homero?

Sim, fico muito encantado.

Devo propor, então, que ela tenha permissão para retornar do exílio, mas somente com esta condição: que faça uma defesa de si mesma na lírica ou em alguma outra medida?

Certamente.

E podemos ainda conceder aos seus defensores que são amantes da poesia, mas não poetas, a permissão para falar em prosa em seu nome: que eles mostrem não só que ela é agradável, mas também útil para os Estados e para a vida humana, e nós vamos ouvir com um espírito bondoso; pois, se isso puder ser provado, certamente seremos os ganhadores, quero dizer, se houver um uso na poesia assim como um deleite?

Certamente, disse ele, seremos os ganhadores.

> A poesia é atraente, mas não é verdadeira.

Se sua defesa falhar, então, meu querido amigo, como outras pessoas que estão apaixonadas por algo, mas se restringem quando pensam que seus desejos se opõem aos seus interesses, assim também devemos, como os amantes, abandoná-la, embora não sem luta. Também nós somos inspirados por aquele amor pela poesia que a educação dos nobres Estados implantou em nós e, portanto, queremos que ela apareça no seu melhor e mais verdadeiro; mas enquanto ela for incapaz de fazer uma boa defesa, este nosso argumento será um encanto para nós, que repetiremos para nós mesmos enquanto ouvimos seus acordes; para que não possamos cair no amor infantil dela que cativa a muitos. Em todo caso[119], estamos bem cientes de que a poesia, como descrevemos, não deve ser considerada seriamente como uma forma de alcançar a verdade; e quem a escuta, temendo pela segurança da cidade que está dentro dele, deve estar atento contra suas seduções e fazer de nossas palavras sua lei.

Sim, disse ele, concordo plenamente com você.

Sim, disse eu, meu caro Glauco, porque grande é a questão em jogo, maior do que parece, se o homem deve ser bom ou mau. E de que lucrará alguém se sob a influência da honra, do dinheiro ou do poder, sim, ou sob o entusiasmo da poesia, negligenciar a justiça e a virtude?

Sim, ele disse; fui convencido pelo argumento, como acredito que qualquer outra pessoa estaria.

E, no entanto, nenhuma menção foi feita aos maiores prêmios e recompensas que aguardam a virtude.

O que, existe alguma maior ainda? Se houver, devem ser de uma grandeza inconcebível.

> As recompensas da virtude se estendem não apenas para o pequeno espaço da vida humana, mas por toda a existência.

Por que, eu disse, o que já foi ótimo em pouco tempo? Todo o período de três vintenas de anos e dez é certamente uma coisa pequena em comparação com a eternidade?

Em vez disso, diga "nada", respondeu ele.

E um ser imortal deveria pensar seriamente neste pequeno espaço em vez do todo?

Do todo, certamente. Mas por que você pergunta?

Você não sabe, eu disse, que a alma do homem é imortal e imperecível?

Ele olhou para mim com espanto e disse: Não, pelo céu. E você está realmente preparado para manter isso?

Sim, eu disse, devo estar, e você também; não há dificuldade em provar isso.

Eu vejo uma grande dificuldade; mas eu gostaria de ouvi-lo declarar este argumento que você torna tão leve.

---

[119] Ou, se aceitarmos a emenda genial mas desnecessária de Madvig ἀσόμεθα 'Em todas as ocasiões cantaremos aquela' etc.

Ouça então.

Eu estou participando.

Existe uma coisa que você chama de bem e outra que você chama de mal?

Sim, respondeu ele.

Você concorda comigo em pensar que o elemento que corrompe e destrói é o mal, e o elemento que salva e melhora é o bem?

Sim.

> Em tudo existe o bem e o mal, e se não for destruído pelo mal contido em si, não será destruído pelo mal de outro.

E você admite que tudo tem um bem e um mal; como a oftalmia é o mal dos olhos e a doença, de todo o corpo; como o mofo é do milho, e a podridão da madeira, ou a ferrugem do cobre e do ferro: em tudo, ou em quase tudo, existe um mal e uma doença inerentes?

Sim, disse ele.

E tudo o que é infectado por qualquer um desses males se torna mau e, por fim, se dissolve totalmente e morre?

Verdade.

O vício e o mal que são inerentes a cada um são a destruição de cada um; e se isso não os destruir, nada mais o fará; pois o bem certamente não os destruirá, nem tampouco o que não é bom nem mau.

Certamente não.

Se, então, encontrarmos qualquer natureza que, tendo essa corrupção inerente, não pode ser dissolvida ou destruída, podemos estar certos de que dessa natureza não há destruição?

Isso pode ser assumido.

Bem, eu disse, não há mal que corrompa a alma?

Sim, disse ele, existem todos os males que acabamos de passar em revista: injustiça, intemperança, covardia, ignorância.

> Portanto, se a alma não pode ser destruída pela maldade moral, ela certamente não será destruída pela maldade física.

Mas algum desses a dissolve ou a destrói? E aqui não vamos cair no erro de supor que o homem injusto e tolo, quando é detectado, perece por sua própria injustiça, que é um mal da alma. Faça a analogia do corpo: o mal do corpo é uma doença que destrói, reduz e aniquila o corpo; e todas as coisas das quais acabamos de falar chegam à aniquilação por meio de sua própria corrupção ligada a eles e inerentes a eles, destruindo-os assim. Não é verdade?

Sim.

Considere a alma da mesma maneira. A injustiça ou outro mal que existe na alma a desperdiça e consome? Eles, por se apegarem à alma e por herdarem nela, finalmente a levam à morte, e assim a separam do corpo?

Certamente não.

E ainda, eu disse, é irracional supor que qualquer coisa pode perecer de fora por causa da afeição do mal externo, que não poderia ser destruído de dentro por uma corrupção própria?

É, respondeu ele.

Considere, eu disse, Glauco, que mesmo a maldade da comida, seja ela envelhecida, decomposta ou de qualquer outra má qualidade, quando confinada à comida real, não deve destruir o corpo; embora, se a maldade da comida comunica a corrupção ao corpo, então devemos dizer que o corpo foi destruído por uma corrupção de si mesmo, que é a doença, provocada por isso; mas que o corpo, sendo uma coisa, pode ser destruído pela maldade da comida, que é outra, e que não engendra nenhuma infecção natural – isso nós negaremos absolutamente?

Muito verdadeiro.

> A maldade significa o contágio do mal, e o mal do corpo não afeta a alma.

E, no mesmo princípio, a menos que algum mal corporal possa produzir um mal da alma, não devemos supor que a alma, que é uma coisa, pode ser dissolvida por qualquer mal meramente externo que pertença a outra?

Sim, disse ele, há uma razão para isso.

Ou, então, refutemos esta conclusão, ou, enquanto não for refutada, nunca digamos que febre, ou qualquer outra doença, ou a faca colocada na garganta, ou mesmo o corte de todo o corpo em pequenos pedaços, pode destruir a alma, até que ela mesma se torne mais profana ou injusta em consequência dessas coisas serem feitas ao corpo; mas que a alma, ou qualquer outra coisa, se não for destruída por um mal interno, pode ser destruída por um externo, não deve ser afirmado por nenhum homem.

E certamente, ele respondeu, ninguém jamais provará que as almas dos homens se tornam mais injustas em consequência da morte.

Mas se alguém que prefere não admitir a imortalidade da alma nega ousadamente isso, e diz que os moribundos realmente se tornam mais maus e injustos, então, se o falante estiver certo, suponho que a injustiça, como a doença, deve ser assumida fatal para os injustos, e que aqueles que tomam essa desordem morrem pelo poder inerente natural de destruição que o mal possui, e que os mata mais cedo ou mais tarde, mas de uma maneira completamente diferente daquela em que, atualmente, os ímpios recebem a morte nas mãos de outros como pena de seus atos?

Não, disse ele, nesse caso a injustiça, se fatal para o injusto, não será tão terrível para ele, pois ele será libertado do mal. Mas eu prefiro suspeitar que o oposto seja a verdade, e aquela injustiça que, se tiver o poder, matará outros, mantém o assassino vivo – sim, e bem acordado também; tão distante está sua morada de ser uma casa de morte.

Verdade, eu disse; se o vício natural inerente ou o mal da alma for incapaz de matá-la ou destruí-la, dificilmente aquilo que foi designado para ser a destruição de algum outro corpo, destruirá uma alma ou qualquer outra coisa, exceto aquela de que foi designado para ser a destruição.

Sim, isso dificilmente pode ser.

Mas a alma que não pode ser destruída por um mal, seja inerente ou externo, deve existir para sempre e, se existir para sempre, deve ser imortal?

Certamente.

> Se a alma é indestrutível, o número de almas não poderá aumentar ou decrescer.

Essa é a conclusão, eu disse; e, se uma conclusão verdadeira, então as almas devem ser sempre as mesmas, pois se nenhuma for destruída, não diminuirão em número. Nem aumentarão, pois o aumento das naturezas imortais deve vir de algo mortal, e todas as coisas terminariam assim na imortalidade.

Muito verdadeiro.

Mas não podemos acreditar nisso, a razão não nos permite, mais do que podemos acreditar que a alma, em sua natureza mais verdadeira, seja cheia de variedade, diferença e dessemelhança.

O que você quer dizer?, ele disse.

A alma, eu disse, sendo, como agora está provado, imortal, deve ser a mais bela das composições e não pode ser composta de muitos elementos?

Certamente não.

> A alma, se vista através da verdade, deve ser despida dos acidentes terrenos.

Sua imortalidade é demonstrada pelo argumento anterior, e há muitas outras provas; mas para vê-la como ela realmente é, não como a vemos agora, desfigurada pela comunhão com o corpo e outras misérias, você deve contemplá-la com os olhos da razão, em sua pureza original; e então sua beleza será revelada, e a justiça e injustiça e todas as coisas que descrevemos serão manifestadas mais claramente. Até agora, falamos a verdade a respeito dela como ela aparece no momento, mas devemos lembrar também que a vimos apenas em uma condição que pode ser comparada à do deus do mar, Glauco, cuja imagem original dificilmente pode ser discernida porque seus membros naturais são quebrados, esmagados e danificados pelas ondas de todas as maneiras, e incrustações cresceram sobre eles de algas, conchas e pedras, de modo que se parece mais com um monstro do que com sua própria forma natural. E a alma que vemos está em uma condição semelhante, desfigurada por dez mil males. Mas não lá, Glauco, devemos olhar.

Onde então?

> Seu verdadeiro diálogo é com o eterno.

Em seu amor pela sabedoria. Vamos ver quem ela afeta, e que sociedade e conversa ela busca em virtude de sua próxima família com o imortal e eterno e divino; também como ela se tornaria diferente se seguisse totalmente este princípio superior, e fosse levada por um impulso divino para fora do oceano em que agora está, e se desprendesse das pedras e conchas e coisas de terra e rocha que, em grande variedade, surgem ao seu redor porque ela se alimenta da terra e é dominada pelas coisas boas desta vida, como são chamadas: então você a veria como ela é e saberia se ela tem apenas uma forma ou muitas, ou qual é sua natureza. De seus afetos e das formas que ela assume na vida presente, acho que já dissemos o suficiente.

Verdade, ele respondeu.

> Tendo sido colocada de lado por uma questão de argumentação, a recompensa da virtude deve ser retomada.

E assim, eu disse, cumprimos as condições do argumento[120]; não apresentamos as recompensas e as glórias da justiça que, como você dizia, se encontram em Homero e Hesíodo; mas a justiça em sua própria natureza mostrou-se melhor para a alma em sua própria natureza. Deixe um homem fazer o que é justo, tendo ou não o anel de Gyges, e mesmo que, além do anel de Gyges, ele coloque o capacete de Hades.

Muito verdadeiro.

E agora, Glauco, não haverá mal nenhum em enumerar ainda mais quantas e quão grandes são as recompensas que a justiça e as outras virtudes proporcionam à alma dos deuses e dos homens, tanto na vida como depois da morte.

Certamente não, disse ele.

Você vai me reembolsar, então, o que você pegou emprestado na discussão?

O que eu peguei emprestado?

A suposição de que o homem justo deveria parecer injusto e o injusto, justo: pois você era de opinião que, mesmo que o verdadeiro estado do caso não pudesse escapar aos olhos dos deuses e dos homens, ainda assim essa admissão deveria ser feita em nome do argumento, para que a justiça pura pudesse ser comparada com a injustiça pura. Você se lembra?

Eu seria muito culpado se tivesse esquecido.

Então, quando a causa está decidida, exijo em nome da justiça que a estima dedicada a ela por deuses e homens e que reconhecemos ser devidamente sua, seja agora devolvida a ela por nós[121]; visto que foi mostrado como ela confere a realidade, e não para enganar aqueles que realmente a possuem, deixe que seja devolvido o que foi tirado dela, para que possa ganhar aquela palma da aparência que é sua também, e que ela dá a si mesma.

A demanda, disse ele, é justa.

---

[120] Leitura de ἀπελυσάμεθα.
[121] Leitura de ἡμῶν.

Em primeiro lugar, eu disse – e esta é a primeira coisa que você terá de retribuir – a natureza do justo e do injusto é verdadeiramente conhecida pelos deuses.

Concedido.

> O homem justo é o amigo dos deuses, e tudo trabalha em conjunto para o seu benefício.

E se os dois são conhecidos por eles, um deve ser o amigo e o outro o inimigo dos deuses, como admitimos desde o início?

Verdade.

E o amigo dos deuses deve receber deles todas as coisas da melhor maneira, exceto o mal que é a consequência necessária de pecados anteriores?

Certamente.

Então esta deve ser nossa noção do homem justo, que mesmo quando ele está na pobreza ou doença, ou qualquer outro infortúnio aparente, todas as coisas no final contribuirão para o bem dele na vida e na morte: pois os deuses têm cuidado de alguém cujo desejo é se tornar justo e ser semelhante a Deus, na medida em que o homem pode atingir a semelhança divina, pela busca da virtude?

> Com o injusto é o contrário.

Sim, ele disse; se ele é como um deus, certamente não será negligenciado por ele.

E do injusto não se pode supor o oposto?

Certamente.

Tais são, então, as palmas das mãos da vitória que os deuses dão aos justos?

Essa é minha convicção.

> Ele pode ser comparado ao corredor que só é bom no início.

E o que eles recebem dos homens? Olhe para as coisas como realmente são e verá que os injustos espertos estão no caso dos corredores, que correm bem desde o ponto de partida até à baliza, mas não voltam da baliza: partem a grande velocidade, mas no final apenas parecem tolos, fugindo furtivamente com as orelhas penduradas nos ombros e sem uma coroa; mas o verdadeiro corredor termina, recebe o prêmio e é coroado. E assim é com o justo; aquele que persevera até o fim de cada ação e ocasião de sua vida inteira tem uma boa fama e leva consigo o prêmio que os homens devem conceder.

Verdade.

> Recapitulação das coisas impróprias para os ouvidos educados, que foram descritas por Glauco no Livro II.

E agora você deve me permitir repetir sobre o justo as bênçãos que você estava atribuindo aos injustos afortunados. Direi deles, o que você estava dizendo dos outros, que à medida que envelhecem, tornam-se governantes em sua própria cidade, se assim o desejarem; eles se casam com quem gostam e dão em casamento a quem eles querem; tudo o que você disse dos outros, agora digo deles. E, por outro lado, dos injustos, eu digo que a maior parte, mesmo que escapem na juventude, são finalmente descobertos e parecem tolos no final de sua carreira, e quando chegam a ser velhos e miseráveis são desprezados igualmente por estranho e cidadão; eles são espancados e então vêm aquelas coisas impróprias para ouvidos educados, como você realmente as chama; eles serão torturados e os olhos queimados, como você dizia. E você pode supor que repeti o resto de sua história de horrores. Mas você vai me deixar supor, sem recitá-los, que essas coisas são verdadeiras?

Certamente, disse ele, o que você diz é verdade.

Estes, então, são os prêmios e recompensas e presentes que são concedidos aos justos por deuses e homens nesta vida presente, além das outras coisas boas que a própria justiça proporciona.

Sim, ele disse; e eles são justos e duradouros.

E ainda, eu disse, tudo isso não é nada em número ou grandeza em comparação com aquelas outras recompensas que aguardam justos e injustos após a morte. E você deve ouvi-los, e então os justos e os injustos terão recebido de nós o pagamento integral da dívida que o argumento tem para com eles.

Fale, ele disse; há poucas coisas que eu gostaria de ouvir com mais prazer.

> A visão de Er.

Bem, eu disse, vou lhe contar uma história; nenhuma das histórias que Odisseu conta ao herói Alcino, mas esta também é a história de um herói, Er, o filho de Armênio, um panfílio de nascimento. Ele foi morto em

A República

batalha e, dez dias depois, quando os corpos dos mortos foram recolhidos já em estado de putrefação, seu corpo não foi afetado pela decomposição e levado para casa para ser enterrado. E no décimo segundo dia, enquanto ele estava deitado na lixeira, voltou à vida e contou a eles o que tinha visto no outro mundo. Ele disse que quando sua alma deixou o corpo, ele partiu em uma jornada com uma grande companhia, e que eles chegaram a um lugar misterioso no qual havia duas aberturas na terra; eles estavam próximos um do outro, e em frente a eles havia duas outras aberturas no céu acima. No espaço intermediário estavam sentados juízes, que comandavam os justos, após terem julgado e amarrado suas sentenças diante deles, para ascenderem pelo caminho celestial à direita; e da mesma maneira os injustos foram ordenados por eles a descerem pelo caminho inferior à esquerda; estes também traziam os símbolos de suas ações, mas presos em suas costas. Ele se aproximou e disseram-lhe que seria o mensageiro que levaria o relato do outro mundo aos homens, e ordenaram-lhe que ouvisse e visse tudo o que havia para ser ouvido e visto naquele lugar. Então ele contemplou e viu de um lado as almas partindo em qualquer abertura do céu e da terra quando a sentença foi dada a elas; e nas duas outras aberturas outras almas, algumas ascendendo da terra empoeiradas e desgastadas pela viagem, algumas descendo do céu limpas e brilhantes. E chegando de vez em quando, pareciam ter vindo de uma longa jornada, e saíam com alegria para o prado, onde acamparam como em um festival; e aqueles que se conheciam se abraçaram e conversaram, as almas que vieram da terra curiosamente indagando sobre as coisas de cima, e as almas que vieram do céu sobre as coisas de baixo. E eles contaram um ao outro o que havia acontecido pelo caminho, aqueles de baixo chorando e tristes com a lembrança das coisas que eles suportaram e viram em sua jornada sobre a terra (agora a jornada durou mil anos), enquanto aqueles de cima estavam

> O julgamento.

> As duas aberturas no céu e as duas na terra pelas quais passaram aqueles que iniciavam e aqueles que completavam sua peregrinação.

> O encontro no gramado.

descrevendo delícias celestiais e visões de beleza inconcebível. A história, Glauco, demoraria muito para ser contada; mas a soma era essa: ele disse que por cada injustiça que haviam feito a alguém, sofreram dez vezes mais; ou uma vez a cada cem anos, sendo esta considerada a duração da vida do homem, e a pena sendo assim paga dez vezes em mil anos. Se, por exemplo, houvesse alguém que tivesse sido a causa de muitas mortes, ou tivesse traído ou escravizado cidades ou exércitos, ou fosse culpado de qualquer outro comportamento maligno, por cada uma e todas as suas ofensas recebeu punição dez vezes, e as recompensas da beneficência e justiça e santidade eram na mesma proporção. Nem preciso repetir o que ele disse a respeito da morte de crianças pequenas assim que nasceram. De piedade e impiedade para com deuses e pais, e de assassinos, havia outras retribuições e muito maiores do que ele descreveu. Ele mencionou que estava presente quando um dos espíritos perguntou a outro: "Onde está Ardieu, o Grande?" (bem, este Ardieu viveu mil anos antes da época de Er: ele foi o tirano de alguma cidade da Panfília, e assassinou seu pai idoso e seu irmão mais velho, e dizem que cometeu muitos outros crimes abomináveis). Do outro espírito ouviu: "Ele não vem para cá e nunca virá. E esta", disse ele, "foi uma das cenas terríveis que nós mesmos testemunhamos. Estávamos na entrada da caverna e, tendo completado todas as nossas experiências, estávamos prestes a reascender, quando de repente apareceu Ardieu e vários outros, a maioria dos quais eram tiranos; e havia também, além dos tiranos, particulares que haviam sido grandes criminosos: eles estavam, como imaginavam, prestes a retornar ao mundo superior, mas a boca, em vez de admiti-los, deu um rugido, sempre que algum desses pecadores incuráveis ou alguém que não foi suficientemente punido tentou ascender; e então homens selvagens de aspecto ígneo, que estavam por perto e ouviram o som, os agarraram e carregaram; e Ardieu e outros amarraram cabeça, pé e mão, jogaram-nos no chão e esfolaram-nos com açoites e arrastaram-nos ao longo da estrada ao lado, cardando-os em espinhos como lã e declarando aos transeuntes quais eram seus crimes e que estavam sendo levados para serem lançados no inferno." E de todos os muitos terrores que eles suportaram, ele disse que não havia nenhum igual ao terror que cada um deles sentiu naquele momento, para que não ouvissem a voz; e quando havia silêncio, um por um eles subiam com grande alegria. Essas, disse Er, eram as penalidades e retribuições, e havia bênçãos igualmente grandes.

Agora, quando os espíritos que estavam na campina haviam demorado sete dias, no oitavo eles foram obrigados a prosseguir em sua jornada e, no quarto dia depois, ele disse que chegaram a um lugar onde podiam ver de cima de uma linha de luz, reta como uma coluna, estendendo-se por todo o céu e pela terra, em cor semelhante ao arco-íris, apenas mais brilhante e mais pura; a jornada de outro dia os trouxe para o lugar, e lá, no meio da luz, eles viram as pontas das correntes do céu descidas do alto: pois essa luz é o cinto do céu e mantém unido o círculo do universo, como as vigas de uma trirreme. Dessas pontas se estende o fuso da Necessidade, sobre o qual giram todas as revoluções. O eixo e o gancho desse fuso são feitos de aço, e o verticilo é feito parcialmente de aço e de outros materiais. Agora, o verticilo está na forma como o que é usado na terra; e a descrição dele implicava que há um grande verticilo oco que é bastante escavado, e nele é encaixado outro menor, e outro, e outro, e quatro outros, perfazendo oito ao todo, como vasos que se encaixam um no outro; os verticilos mostram suas bordas no lado superior, e no lado inferior todos juntos formam um verticilo contínuo. Este é perfurado pelo fuso, que é conduzido para casa através do centro do oitavo. O primeiro e mais externo verticilo tem a borda mais larga, e os sete verticilos internos são mais estreitos, nas seguintes proporções – o sexto é próximo ao primeiro em tamanho, o quarto próximo ao sexto; então vem o oitavo; o sétimo é o quinto, o quinto é o sexto, o terceiro é o sétimo, o último e o oitavo vêm o segundo. A maior (ou estrelas fixas) é brilhante, e a sétima (ou sol) é a mais brilhante; a oitava (ou lua) colorida pela luz refletida da sétima; o segundo e o quinto (Saturno e

> As espirais representando as esferas dos corpos celestiais.

Mercúrio) são da mesma cor e mais amarelos do que os anteriores; o terceiro (Vênus) tem a luz mais branca; o quarto (Marte) é avermelhado; o sexto (Júpiter) está na brancura em segundo lugar. Agora, todo o fuso tem o mesmo movimento; mas, como o todo gira em uma direção, os sete círculos internos se movem lentamente na outra, e destes o mais rápido é o oitavo; a seguir em rapidez estão o sétimo, o sexto e o quinto, que se movem juntos; o terceiro em rapidez parecia mover-se de acordo com a lei deste movimento invertido do quarto; o terceiro apareceu em quarto e o segundo em quinto. O fuso gira sobre os joelhos da Necessidade; e na superfície superior de cada círculo há uma sirene, que circula com eles, cantando um único tom ou nota. Os oito juntos formam uma harmonia; e ao redor, em intervalos iguais, há outro bando, três em número, cada um sentado em seu trono: estes são os destinos, filhas da Necessidade, que estão vestidas com túnicas brancas e têm chapelins na cabeça, Láquesis e Cloto e Átropos, que acompanham com suas vozes a harmonia das sereias – Láquesis cantando do passado, Cloto do presente, Átropos do futuro; Cloto de vez em quando auxiliando com um toque de sua mão direita na revolução do círculo externo do verticilo ou fuso, e Átropos com sua mão esquerda tocando e guiando os internos, e Láquesis segurando um de cada vez, primeiro com uma mão e depois com a outra.

Quando Er e os espíritos chegaram, seu dever era ir imediatamente para Láquesis; mas antes de tudo veio um profeta que os colocou em ordem; então ele tirou dos joelhos de Láquesis lotes e amostras de vidas, e tendo subido um alto púlpito, falou o seguinte: "Ouça a palavra de Láquesis, a filha da Necessidade. Almas mortais, contemplem um novo ciclo de vida e mortalidade. Seu gênio não será atribuído a você, mas você escolherá seu gênio; e quem tira o primeiro lote tenha a primeira escolha, e a vida que ele escolher será o seu destino. A virtude é gratuita, e como um homem a honra ou desonra, ele terá mais ou menos dela; a responsabilidade é de quem escolhe – deus é justificado." Quando o intérprete havia falado assim, ele espalhou indiferentemente entre todos eles, e cada um pegou o lote que caía perto de si, todos menos o próprio

> A proclamação da liberdade de escolha.

A República

Er (ele não foi autorizado), e cada um ao pegar seu lote percebeu o número que tinha obtido. Então o Intérprete colocou no chão diante deles as amostras de vidas; e havia muito mais vidas do que as almas presentes, e eram de todos os tipos. Havia vidas de todos os animais e do homem em todas as condições. E havia tiranias entre eles, algumas que perduraram a vida do tirano, outras que se partiram no meio e terminaram na pobreza, no exílio e na mendicância; e havia vidas de homens famosos, alguns que eram famosos por sua forma e beleza, bem como por sua força e sucesso nos jogos, ou, novamente, por seu nascimento e as qualidades de seus ancestrais; e alguns que eram o reverso dos famosos pelas qualidades opostas. E de mulheres também; não havia, entretanto, nenhum caráter definido neles, porque a alma, ao escolher uma nova vida, deve necessariamente tornar-se diferente. Mas havia todas as outras qualidades, e todas misturadas umas com as outras, e com elementos de riqueza e pobreza, e doença e saúde; e havia estados médios também.

> A complexidade das circunstâncias,

E aqui, meu caro Glauco, está o perigo supremo de nosso estado humano; e, portanto, o máximo cuidado deve ser tomado. Que cada um de nós deixe todos os outros tipos de conhecimento e busque e siga apenas uma coisa, se porventura puder aprender e encontrar alguém que o torne capaz de aprender e discernir entre o bem e o mal, e assim escolher sempre e em toda parte a vida melhor conforme tiver oportunidade. Ele deve considerar a influência de todas essas coisas que foram mencionadas separada e coletivamente sobre a virtude; ele deve saber qual é o efeito da beleza quando combinada com a pobreza ou riqueza em uma alma particular, e quais são as consequências boas e más de um nascimento nobre e humilde, de posição pública e privada, de força e fraqueza, de esperteza e estupidez, e de todos os dons naturais e adquiridos da alma, e a operação deles quando combinados; ele então vai olhar para a natureza da alma e, a partir da consideração de todas essas qualidades, será capaz de determinar qual é melhor e qual é pior; e assim ele escolherá, dando o nome do mal à vida que tornará sua alma mais injusta, e do bem à vida que tornará sua alma mais justa; tudo

> e sua relação com a alma humana.

o mais ele irá desconsiderar. Pois vimos e sabemos que esta é a melhor escolha tanto na vida como depois da morte. Um homem deve levar consigo para o mundo inferior uma fé inflexível na verdade e no direito, para que lá também ele possa ser imperturbável pelo desejo de riqueza ou outras de seduções do mal, sob pena de, ao se deparar com tiranias e vilanias semelhantes, cometer erros irremediáveis para os outros e sofra ele mesmo ainda mais consequências; mas deixe-o saber como escolher o meio e evitar os extremos de ambos os lados, tanto quanto possível, não apenas nesta vida, mas em tudo o que está por vir. Pois este é o caminho da felicidade.

E de acordo com o relato do mensageiro do outro mundo, foi o que o profeta disse na ocasião: "Mesmo para o último, se escolher sabiamente e viver diligentemente, é designada uma existência feliz e não indesejável. Aquele que primeiro escolhe não seja descuidado, e não deixe o último no desespero." E quando ele falou, aquele que tinha a primeira escolha se adiantou e em um momento escolheu a maior tirania; tendo sua mente escurecida pela loucura e sensualidade, ele não havia pensado em todo o assunto antes de escolher, e não percebeu à primeira vista que estava destinado, entre outros males, a devorar seus próprios filhos. Mas quando teve tempo para refletir e viu o que havia no lote, começou a bater no peito e a lamentar sua escolha, esquecendo-se da proclamação do profeta; pois, em vez de jogar a culpa de sua desgraça sobre si mesmo, ele acusou o acaso e os deuses, e tudo mais fora ele mesmo. Agora ele era um daqueles que vieram do céu, e em uma vida anterior havia vivido em um Estado bem organizado, mas sua virtude era apenas uma questão de hábito, e ele não tinha filosofia. E era verdade para outros que foram surpreendidos de forma semelhante, que a maior parte deles veio do céu e, portanto, eles nunca foram educados por provações, enquanto os peregrinos que vieram da terra, tendo sofrido e visto outros sofrerem, não tinham pressa para escolher. E devido a essa inexperiência deles, e porque o sorteio era uma chance, muitas das almas trocaram um destino bom por um mal ou um mal por um bom. Pois se

> O hábito não é suficiente sem a filosofia quando as circunstâncias se alteram.

um homem sempre, ao chegar a este mundo, tivesse se dedicado desde o início à boa filosofia, e tivesse sido moderadamente afortunado no número do lote, ele poderia, como relatou o mensageiro, ser feliz aqui, e em sua jornada para outra vida e retorno a esta, em vez de ser áspera e subterrânea, seria suave e celestial. O mais curioso, disse ele, era o espetáculo – triste, risível e estranho; pois a escolha das almas foi, na maioria dos casos, baseada na experiência de uma vida anterior. Lá ele viu a alma que um dia fora Orfeu escolhendo a vida de um cisne por inimizade com a raça das mulheres, odiando nascer de uma mulher porque elas haviam sido suas assassinas; ele viu também a alma de Tamires escolhendo a vida de um rouxinol; pássaros, por outro lado, como o cisne e outros músicos, querendo ser homens. A alma que obteve a vigésima sorte escolheu a vida de leão, e esta era a alma de Ajax, filho de Télamo, que não seria homem, lembrando a injustiça que lhe foi feita no julgamento das armas. O próximo foi Agamenon, que levou a vida de águia, porque, como Ajax, ele odiava a natureza humana por causa de seus sofrimentos. Mais ou menos no meio, vinha o lote de Atalanta; ela, vendo a grande fama de uma atleta, foi incapaz de resistir à tentação; e depois dela seguiu a alma de Epeu, o filho de Panopeu, passando para a natureza de uma mulher astuta nas artes; e longe, entre os últimos que escolheram, a alma do bobo da corte Térsites estava assumindo a forma de um macaco. Veio também a alma de Odisseu, que ainda não tinha feito uma escolha, e seu destino foi o último de todos. Agora, a lembrança de antigas labutas o desencantara de ambições, e ele passou um tempo considerável em busca da vida de um homem privado que não se importava; ele teve alguma dificuldade em encontrar, que estava mentindo e fora negligenciado por todos os outros; e quando ele viu isso, disse que teria feito o mesmo se sua sorte fosse a primeira em vez de a última, e que ele estava encantado por tê-la. E não apenas os homens se transformaram em animais, mas devo também mencionar que havia animais domesticados e selvagens que se transformavam uns nos outros e em naturezas humanas correspondentes – o bom em gentil e o mau em selvagem, em todos os tipos de combinações.

> O espetáculo da eleição.

Todas as almas tinham agora escolhido suas vidas, e eles foram na ordem de sua escolha para Láquesis, que enviou com eles o gênio que escolheram separadamente, para ser o guardião de suas vidas e o realizador da escolha: este gênio conduziu as almas primeiro a Cloto, e as atraiu para dentro da revolução do fuso impulsionado por sua mão, ratificando assim o destino de cada uma; e então, quando foram amarrados a isto, carregaram-nos para Átropos, que fiou os fios e os tornou irreversíveis, de onde sem se virar eles passaram sob o trono da Necessidade; e quando todos passaram, marcharam em um calor abrasador para a planície do Esquecimento, que era um deserto estéril desprovido de árvores e verdura; e então, ao anoitecer, acamparam perto do rio da Desatenção, cuja água nenhum barco pode conter; desta, todos eram obrigados a beber uma certa quantidade, e os que não eram salvos pela sabedoria bebiam mais do que o necessário; e cada um, enquanto bebia, esqueceu todas as coisas. Agora, depois de terem ido descansar, por volta do meio da noite houve uma tempestade e um terremoto, e então em um instante eles foram empurrados para cima de todas as maneiras até o nascimento, como estrelas disparando. Ele próprio foi impedido de beber a água. Mas de que maneira ou por quais meios voltou ao corpo, ele não sabia dizer; apenas, pela manhã, acordando repentinamente, viu-se deitado na pira.

E assim, Glauco, a história foi salva e não pereceu, e nos salvará se formos obedientes à palavra falada; e passaremos com segurança pelo rio do Esquecimento e nossa alma não será contaminada. Portanto, meu conselho é que nos apeguemos sempre ao caminho celestial e sigamos sempre a justiça e a virtude, considerando que a alma é imortal e capaz de suportar todo tipo de bem e todo tipo de mal. Assim viveremos como queridos uns pelos outros e pelos deuses, enquanto permanecemos aqui e quando, como vencedores nos jogos que vão para juntar presentes, recebermos nossa recompensa. E estará bem conosco tanto nesta vida quanto na peregrinação de mil anos que estamos descrevendo.